顺庆年鉴

SHUNQING NIANJIAN

2018

南充市顺庆区人民政府 主管
南充市顺庆区地方志办公室 编

方志出版社
Publishing House of Local Records

图书在版编目（CIP）数据

顺庆年鉴. 2018 / 南充市顺庆区地方志办公室 编. --北京：方志出版社，2019.1

ISBN 978-7-5144-3487-3

Ⅰ.①顺…　Ⅱ.①南…　Ⅲ.①区（城市）-南充-2018-年鉴
Ⅳ.①Z527.14

中国版本图书馆 CIP 数据核字（2019）第 011029 号

顺庆年鉴（2018）

编　　者：南充市顺庆区地方志办公室
责任编辑：罗　滔
出 版 人：冀祥德
出 版 者：方志出版社
地址　北京市朝阳区潘家园东里 9 号（国家方志馆 4 号）
邮编　100021
网址　http://www. fzph.org
发　　行：方志出版社图书经销中心
电话　（010）67110500
经　　销：各地新华书店
印　　刷：成都勤德印务有限公司
开　　本：889×1194　　1/16
印　　张：28
字　　数：713 千字
版　　次：2019 年 1 月第 1 版　　2019 年 1 月第 1 次印刷
印　　数：001~400 册
ISBN 978-7-5144-3487-3　　定价：200. 00 元

领导视察
LING DAO SHI CHA

2017 年 2 月 15 日，四川省政协主席柯尊平（前排右一）调研四川日上金属工业有限公司

2017 年 8 月 8 日，南充市人民政府市长吴群刚（前）到顺庆区调研指导重点项目建设工作

2017 年 7 月 19 日，南充市人民政府副市长、顺庆区委书记朱华（前排中）到搬罾镇四水厂项目地督查环保工作

领导活动

LING DAO HUO DONG

2017 年 8 月，顺庆区委书记陈泽斌（左四）调研指导国际商贸城项目推进工作

2017 年 2 月 14 日，顺庆区人民政府区长刘松（前排左二）到绿地城调研清华同方电子产业园建设情况

2017 年 10 月 17 日，顺庆区人大常委会主任陈琳（前排左四）带领部分区人大代表视察调研脱贫攻坚工作

2017 年 5 月 4 日，顺庆区政协党组书记、主席吴斌（左二）带领相关政协委员深入大润发超市视察调研食品安全监管工作

2017 年 8 月，顺庆区委副书记尹成平（前排中）到西门市场检查指导安全工作

2017 年 8 月 31 日，顺庆区委常委、纪委书记胡文骥（中）参加顺庆区乡镇“三场持久战”暨党风廉政建设社会评价工作现场推进会

2017 年 9 月，顺庆区委常委、组织部部长张勇（前排右一）到雅邦百货指导开业筹备工作

2017 年 3 月 17 日，顺庆区区委常委、统战部长、对口帮扶汶川工作组领队、汶川县委常委、副县长李建中（右三）到漩口小麻沟指导新型装配式建材项目选址

2017 年 7 月 6 日，顺庆区委常委、宣传部长邱跃峰（右一）到金台镇调研水库安全工作

2017 年 4 月，顺庆区委常委、政法委书记任洁平（中）到同仁乡调研脱贫攻坚工作

2017 年 10 月 26 日，顺庆区人武部部长王华（右一）到龙桂乡何家店村督促指导脱贫攻坚工作

2017 年 9 月，顺庆区人民政府副区长张益萍（左二）到潆溪街道指导督查环保工作

特载图片

TE ZAI TU PIAN

2018年1月17日，中共南充市顺庆区委六届六次全体（扩大）会议在果城会堂召开

2018年1月22日，南充市顺庆区人民代表大会第二次会议在果城会堂召开

2018年1月21日，中国人民政治协商会议六届南充市顺庆区委员会第二次会议在果城会堂召开

决胜扶贫攻坚
建设美丽顺庆

城市建设
CHENG SHI JIAN SHE

美丽的西河廊桥

2017 年 11 月 11 日，顺庆区召开重大城建项目攻坚誓师大会

2017 年 11 月，顺庆区已建成的高铁公园

2017 年春节前，顺庆城区街道光亮工程

2017 年春节前，繁星点点照亮顺庆城区街道

2017 年，清泉坝片区开发建成的街道

2017 年 11 月 28 日，正在改造的滨江大道铺设水稳层

2017 年 11 月 20 日，正在改造的滨江大道半幅通车

2017 年，清泉坝片区开发建成的高楼

2017 年 11 月，城市主干道——玉带路改造建设如火如荼

2017 年 12 月，立面改造后的红光路

工业
GONG YE

2017年，日上金属集团生产的钢圈

2017年11月建成的中国重汽厂房雏形

2017 年 7 月 20 日，鑫达二期项目场地平整现场

2017 年底鑫达一期项目全部建成投产

2017 年，四川天喜车用空调有限公司生产车间

农业
NONG YE

2017 年，顺庆区在金台镇建成的大学生虫草花创业园

2017 年，顺庆区在搬罾镇青山湖建成的水果公园里生产出多个优质品种葡萄

2017 年建成的蔬菜新品种植试验大棚

2017 年渔溪乡的脱贫奔康产业园

2017 年，顺庆区在搬罾镇为大学生搭建的创业园

2017 年 4 月，顺庆区大林镇建成脱贫奔康猕猴桃产业园

2017 年 7 月，渔溪乡的油桃喜获丰收

2017 年 7 月，市民在葡萄园现场采摘葡萄

2017 年 9 月，大林镇石马嘴村脱贫奔康产业园成熟的猕猴桃

2017 年 11 月 17 日，顺庆区召开"五个一""三个一"帮扶力量工作培训会

2017 年 11 月 7 日，顺庆区举办农村党员示范培训

2017 年 3 月 24 日，顺庆区农技专家服务团成员深入田间现场讲解农业生产技术

2017 年 4 月 18 日，顺庆区召开农业机械化耕种现场会

2017 年 12 月 11 日，顺庆区委书记陈泽斌调研七坪寨旅游项目建设情况

2017 年 9 月 6 日，顺庆区召开脱贫攻坚百日攻坚动员会

美丽新村——青山湖综合体

2017 年 1 月 13 日，顺庆区双桥镇贫困户乔迁新居迎新春

2017 年 7 月 15 日，顺庆区在搬罾镇举办第二届葡萄采摘节

2017 年 1 月 23 日，顺庆区工商质监局、个私协与帮扶户贺新春、过大年

2017 年新复乡长远沟村建成乡村大舞台

民生事业

MIN SHENG SHI YE

2017 年 6 月 10 日，顺庆区召开燕儿窝片区棚户区改造项目（二期）房屋拆迁补偿安置工作动员大会

2017 年 8 月建成的任家沟还房

2017 年 5 月建成的五里店棚户区还房

2017 年 5 月 23 日，顺庆区召开五里店棚户区改造回迁安置动员大会

2017 年建成的潆华工业集中区二期还房

2017 年建成的潆华工业集中区三期还房

2017年6月20日，顺庆区开展幸福养老进社区公益宣传活动

2017年5月21日，顺庆区委政法委在南充市特殊教育学校开展扶残助残传递爱心活动

2017年6月26日，顺庆区举行归雁协会扶贫济困仪式

2017 年 6 月 6 日，顺庆区开展关爱留守儿童、带留守儿童进城体验生活活动

2017 年 6 月，省市区开展创业沙龙进社区活动

2017 年 6 月 13 日，南充市首届工匠杯百万产业工人技能大赛顺庆赛区在南充市职工大学开幕

2017 年 4 月 21 日，顺庆区潆溪街道办事处汽贸城社区成立

2017 年 6 月，顺庆区开展拆除小

2017 年 5 月 10 日，顺庆区承办南充市 2017 防汛抢险综合应急演练

专项整治活动

2017 年 7 月，顺庆公安分局新办证大厅正式运行，更加方便群众办事

2017 年 8 月建成的油缘路市场一角

2017 年 8 月 2 日，顺庆区严查歌城噪音污染

教育文化体育

JIAO YU WEN HUA TI YU

2017 年 6 月 29 日，顺庆区政府与西华师大签订战略合作框架协议

2017 年 9 月，顺庆区开展传统文化入校园活动

2017 年，正在修建的白土坝幼儿园

2017 年 2 月 11 日，顺庆区在西山广场举行“欢乐顺庆闹元宵”文艺演出

2017 年 1 月 24 日，顺庆区委、区人民政府举办新春团拜会

2017 年 2 月 11 日，顺庆区开展元宵节游园活动

2017 年 11 月 17 日，顺庆区在乡镇开展“文化 · 科技 · 卫生”三下乡活动

2017 年 5 月 18 日，“中国流动科技馆”顺庆巡展启动仪式

2017 年 10 月 9 日，顺庆区召开学校安全综合整治工作推进会

2017 年 12 月 10 日，顺庆区在果城

2017 年 8 月 15 日，顺庆区东南街道办事处举办百姓大讲堂

办教育大讲堂

2017 年 7 月 11 日，顺庆区委常委、宣传部部长邱跃峰调研新复古民居保护

2017 年 7 月 31 日，顺庆区举办“建军 90 周年”文艺演出

2017 年 5 月 11 日，顺庆区举办第三届街道社区老年人运动会

2017 年 9 月 24 日，顺庆区在南充文庙举行祭孔大典

2017 年 7 月 27 日，在罗瑞卿故居举办红色旅游校园行暨第七届全国大学生红色旅游创意策划大赛采风活动

2017 年 4 月 23 日，顺庆区开展世界读书日“弘扬传统文化 吟诵国学经典”活动

2017 年 4 月 28 日，顺庆区举办第十一届中小学、幼儿园艺术节

交通
JIAO TONG

2017 年 9 月新建成的桂花路延长线

2017 年 10 月 18 日，顺庆区委书记陈泽斌在全省"四好农村路"建设现场会上作经验交流发言

2017 年 8 月，顺庆区被省人民政府表彰为"四好农村路"省级示范县

2017 年，顺庆区建成 50 公里立体标美路——潆新路顺庆段

2017 年 3 月，顺庆区建成标美乡道路——金梵路

2017 年底建成的顺蓬营一级公路顺庆段 300 米标美示范路

2017 年 9 月，顺庆区启动顺蓬营公路顺庆段建设

卫生服务

WEI SHENG FU WU

2017 年，顺庆区在金台镇建成顺庆区妇孺医院医联体金台镇卫生院

2017 年 9 月 17 日，国医大师石学敏传承工作室在南充市中医院建立

2017 年底，顺庆区公共卫生服务中心大楼初步建成

2017 年，顺庆区启动县级医院改扩建项目

2017 年 5 月 12 日，顺庆区开展庆祝 5.12 护士节文艺演出

2017 年 6 月 7 日，顺庆区举办“建设健康顺庆 · 我们在努力”演讲比赛

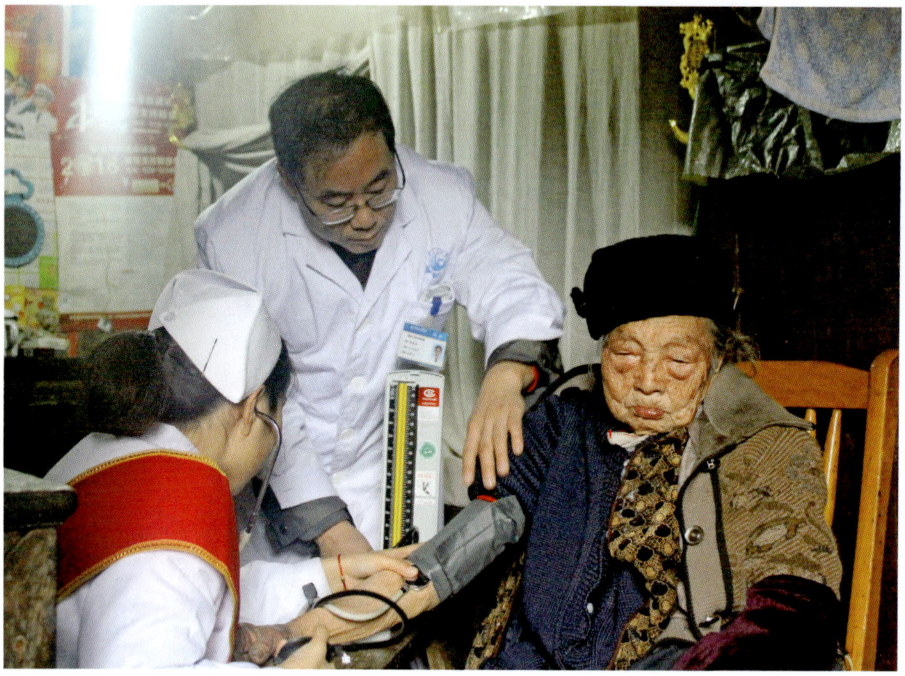

2017 年 12 月 21 日，顺庆区组织医护人员到精准贫困户家中为老人诊病

2017 年 12 月 26 日，顺庆区开展先天

2017 年 6 月 12 日，顺庆区在芦溪镇开展无偿献血活动

免费筛查活动

2017 年 6 月 27 日，顺庆区组织医护人员到双桥镇开展卫生扶贫义诊活动

2017 年 3 月 16 日，顺庆区开展机关干部义务献血活动

金融商贸业

JIN RONG SHANG MAO YE

2017 年 10 月 31 日，顺庆区签约南充国际商贸城项目

2017 年 8 月 16 日，南充市顺传进出口贸易公司与厦门优传供应链有限公司签约仪式

2017 年 4 月 19 日，网库集团与川北凉粉签署合作协议

2017 年 11 月，顺庆区启动高铁商务区建设现场

2017 年 9 月 8 日，雅邦百货正式开业

编辑说明

一、《顺庆年鉴（2018）》是中共南充市顺庆区委领导、南充市顺庆区人民政府主持编辑出版的综合地方年鉴。其宗旨是全面、系统、客观、翔实地记载和反映顺庆区地域内各方面所取得的新成就、新经验及出现的新情况，为今人和后辈资以借鉴，为撰修地方志保存史料；同时也为国内外、社会各界了解顺庆、研究顺庆、参与建设提供可靠、系统、翔实的资料；为领导、机关、企事业单位决策和科学研究提供依据，为顺庆区的精神文明、物质文明、政治文明、生态文明建设发挥应有的作用。

二、《顺庆年鉴（2018）》上限自2017年1月1日，下限至2017年12月31日，特载及图片资料时间适当上延和下延。

三、《顺庆年鉴（2018）》除特载外，分设顺庆概况、政治、经济、文化、社会、人物、乡镇（街道）7篇和附录。体例上采取篇目、章目、类（分）目、条目的梯级编辑法，内容尽可能条目化。

四、《顺庆年鉴》在文字记述的同时，刊载具有一定资料价值的彩色图片，所用图片均由区外宣办和有关单位提供。文字稿件由有关单位指派专人撰写。数据以区统计局数据为准。

五、《顺庆年鉴（2018）》在编辑过程中，得到了驻区各级部门、企事业单位、街道、乡镇的热忱支持，通力合作，在此一并致谢。由于编辑水平有限，存在疏漏和不足之处在所难免，希望各界人士及广大读者提出宝贵意见和建议，以便今后改进。

南充市顺庆区地方志编纂委员会

王定华　区司法局局长
唐俐斌　区民政局局长
何晓文　区财政局局长
罗维成　区人社局局长
吉　磊　区环保局局长
郑胜伟　区规建局局长
黄　俊　区交通局局长
任建中　区水务局局长
曹　明　区农牧业局局长
赵国力　区商粮局局长
杨海峰　区文旅广局局长
罗锦昆　区卫计局局长
唐学亭　区统计局局长
青文中　区档案局局长
文义泽　区地志办主任
青维鹄　区地志办《年鉴》主编

《顺庆年鉴》编辑组

主　　编： 青维鹄　文义泽
副 主 编： 冯　瑛　冯先波
编　　辑： 王　敏　姚　兰
特邀摄影： 陈均先　曾江林　罗迪兴

《顺庆年鉴》供稿单位及编写人员名单

区委办：王海朋
区人大办：覃鑫平
区政府办：李晓雨
区政协办：安智清
区纪委：李荣林
区人武部：段　丽
区法院：李建华
区检察院：何征玲
区委组织部：张露宁
区委宣传部：郭志刚
区文明办：吕幸翼
区委统战部：强桢杰
区委政法委：朱君明
区直机关工委：何康辉
区委群众工作部（区人民政府信访局）：
　　赵金华
区委农工委：陈　斌
区委老干部局：邓小莉
区委党校：杨胤玲
区发展和改革局：任　清
区教育局：袁世璋
区工业集中区管委会：李之虎
区经济和科学技术局：张　莉
市公安局顺庆分局：康　靖　邱志忠
区司法局：刘　静
区民政局：滕　华
区财政局：肖评夕
区人力资源和社会保障局：李　帆
区环境保护局：范　东
区城乡规划建设局：陈　军　武婷婷
区交通运输局：朱万钦
区公路管理局：杜卓艺
区水务局：邓碧良
区升钟灌区管理局：杨　虎
区农牧业局：范　虎
区农村经营管理局：谢　姝
区商务和粮食局：魏　来
区文化旅游广播影视局：谢　瑞
区卫生和计划生育局：黄　涛　陆沿竹
区人民医院：周　飒
市中医医院：谢凡前
市四人民医院：伍恒学
区妇幼保健院：李秋菊
区疾控中心：杜云鹤
区卫生计生监督执法大队：范吉涛
区审计局：龙　游
区城市管理局：杨清平
区安全生产监督管理局：吕唐勇
区统计局：刘月玲
区扶贫和移民工作局：贾代光
区食品药品监督管理局：范　萍
区林业局：秦雪梅
区体育局：蒋欣汶
区政务服务中心：冯彦斌

区机关事务管理局：陈春阳
区档案局：宋柯蔓
区投资促进合作局：胡志超
区供销社：李中俊
区地方志办公室：王　敏
区国税局：谢雨彤
开发区国税局：陈泓羽
区地税局：胡　毅
开发区地税局：张　珊
市地税局第一直属税务分局：李　瑞
市地税局第二直属税务分局：邓超凡
区工商和质量技术监督局：胡成俊
区个体私营协会：赵玉霞
市国土资源局顺庆分局：赵海兵
市环卫处：林莉华
区气象局：龙　裔
市住房公积金管理中心顺庆管理部：
宋海鸥
市广播电视台驻顺庆记者站：杨建平
区总工会：冯　刚
团区委：杨勇军
区妇联：贾　琳
区工商联：唐益斌
区科协：韩　画
区残联：曾国强
区红十字会：胡陈娟
民革顺庆基层委员会：何泓春
民盟顺庆总支：潘菊英
民建顺庆区基层委员会：刘克荣
民进顺庆区基层委员会：田　平
九三学社顺庆区基层委员会：吴开科
农工民主党顺庆支部：陈　玉
市西山风景区管理局：戚智化
北城街道：陈春成
中城街道：邓晗晞
西城街道：赵伟君
东南街道：谭文生
和平路街道：袁　野
新建街道：田　烈
舞凤街道：张栋波
华凤街道：冯薇儒
潆溪街道：莫仙琴
荆溪街道：祝新民
西山街道：吴海艳
共兴镇：郑　靓
新复乡：冯国勇
同仁乡：张　敏
芦溪镇：曹荣春
金台镇：张晓梅
大林镇：王冬梅
灯台乡：张　潇
梵殿乡：陈　鹏
顺河乡：苟乾学
李家镇：邹长春
辉景镇：王璟煜
桂花乡：何沁宇
双桥镇：王翊帆
龙桂乡：张舒瑶
永丰镇：吕东岳
搬罾镇：苏　刚
凤山乡：王牧昆
渔溪乡：唐雪梅
南充农商银行顺庆支行：吕泉材
人寿保险顺庆支公司：蒲亨莉
人保财险顺庆支公司：黄　黄
邮政分公司：蒲梅英

目　录

特　载

顺庆概况

政　治

经　济

文　化

社　会

乡镇街道

人　物

附　录

Table of Contents

Reprinted

Shunqing Overview

Politics

Economy

Culture

Society

Township streets

Figure

Appendix

特　载

SHUNQINGNIANJIAN

贯彻新思想　践行新理念　实现新作为 为开创“成渝第二城核心功能区”新局面而不懈奋斗

——在中共南充市顺庆区委六届六次全会第一次全体会议上的讲话

（2018 年 1 月 17 日）

陈泽斌

这次全会的主要任务是深入学习贯彻落实党的十九大、省委十一届二次全会和市委六届七次全会精神，审议通过《中共南充市顺庆区委关于全面深入贯彻落实党的十九大精神大力实施“155 发展战略”加快建设“成渝第二城核心功能区”的决定》，总结报告过去一年区委常委会工作，安排部署 2018 年工作，进一步凝心聚力、加压奋进，不断开创“成渝第二城核心功能区”崭新局面，为建设“南充新未来·成渝第二城”贡献顺庆力量。下面，我代表区委常委会讲三点意见。

一、关于区委常委会一年以来的主要工作

2017 年是六届区委工作的开局之年。一年来，我们深入学习领会党的十九大精神，坚决贯彻落实中央、省委和市委决策部署，紧紧围绕建设“成渝第二城核心功能区”的发展定位，团结奋进、攻坚克难，推动顺庆经济社会发展在新起点上实现了新收获、取得了新成效、展现出新变化。

回顾过去一年的工作，“三大收获”令人鼓舞：

——坚持继往开来、接续奋斗，进一步明确了思路、优化了思路。我们着眼形势的发展变化，深化区情认识，立足新的起点和更大空间谋划全局，成功召开了区委六届五次全会，优化了以建设“成渝第二城核心功能区”为目标引领，着力加快科学发展、加快城乡建设，促进民生改善、促进社会和谐的发展路径，确立了顺庆当前和今后一个时期的发展目标、奋斗目标、工作目标，明确了“八个坚持”的工作重点，得到了全区上下的一致认同，成为干部群众的统一行动。

——坚持总揽全局、协调各方，进一步增进了共识、凝聚了共识。始终把党的领导贯穿经济社会各项事业中，充分发挥了区委总揽全局、协调各方的核心作用，支持人大依法履职，支持政府依法行政，支持政协按章程开展工作。充分调动各方积极性，形成了“发展没有局外人、人人都是责任人”的工作局面。全面加强了区委常委班子建设，完善常委分工负责制，区委把方向、谋大局、定政策、促改革的能力和定力不断加强。

——坚持稳中求进、蓄势突破，进一步推动了发展、加快了发展。全年实现地区生产总

值345.6亿元、同比增长8.5%，固定资产投资311.3亿元、同比增长18.2%，社会消费品零售总额228.4亿元、同比增长13.3%，一般公共预算收入15.5亿元、同比增长20.1%，四项指标分别占到全市总量的1/5、1/6、1/6和1/7，保持了强劲有力的发展势头，巩固了领先领跑的发展地位。

回顾过去一年的工作，“三大成效”令人振奋：

——项目建设在高举高打中，实现了突围突破。一年来，我们始终把项目作为经济工作的第一抓手，全年实施重点项目112个，完成年度投资194.4亿元，北湖新天地、城北中央森林公园启动实施；滨江路、玉带路、西华路综合改造完工在即；鑫达二期、中国重汽、和泰通讯项目加快实施；红光路特色街区风貌打造、火车站片区立面改造、城区光亮工程全面竣工。

——脱贫攻坚在决战决胜中，实现了连战连捷。一年来，我们完成12个脱贫奔康产业园和10个脱贫示范村建设，集中连片打造“新复—同仁”农旅结合扶贫项目示范线，“一超六有”全面达标、“两线合一”全面覆盖、政策兜底保障全面落实，年度任务顺利通过市级验收，省级脱贫交叉检查圆满结束，助力汶川高标准通过省州摘帽考评。

——民生事业在加快发展中，实现了共建共享。一年来，我们下决心整治砂石乱采、污水直排、畜禽养殖“三大毒瘤”，全面实行封山育林，生态环境更美；深入实施“三个城乡一体化”，加快推进保障性安居工程，大力发展教育卫生事业，公共服务更优；全民参保入户登记圆满结束，“五险统征”全面实施，城乡低保全面提标，民生保障更有力；全面实施“七五”普法工作，深入推进平安顺庆建设，“天网工程”“雪亮工程”覆盖扩面，社会大局更和谐。

回顾过去一年的工作，“三大变化”令人欣喜：

——在工作作风上，更快、更实、更狠。始终坚持突出“快”、体现“实”、强调“狠”的工作作风，在城市干道改造、重大项目建设中，我们与时间赛跑，为荣誉而战，创造了拼搏奋进的“顺庆速度”；在中央环保督察、十九大维稳中，我们超常付出、严防死守，展现了立说立行的“顺庆效率”；在取缔非法采砂、推进“两项清查”中，我们果断决策、逗硬到底，彰显了攻坚破难的“顺庆决心”，全区上下干出了精气神、干出了新形象。

——在管党治党上，更严、更细、更紧。我们扎实推进管党治吏、正风肃纪、惩贪治腐“三场持久战”，充分发挥巡察利剑作用，开展3轮巡察，覆盖9个单位。纪检监察机关全年共立案132件，给予党纪处分105人，政纪处分35人，立案数同比增长314%，数量之多、力度之大、范围之广前所未有，极大震慑了腐败行为、遏制了不正之风、巩固了良好政治生态。

——在干事创业上，更加用心、更有激情、更在状态。全区党员干部紧扣区委中心工作，在攻坚克难、务实进取中，表现出主动谋事、主动想事、主动干事的行动自觉，彰显出敢挑重担、敢下深水、敢打硬仗的使命意识，展现出善于发现问题、敢于正视问题、勇于解决问题的责任担当，全区上下心往一处想、劲往一处使、拧成一根绳，形成推动顺庆科学发展、转型发展、加快发展的强大合力。

成绩来之不易，值得倍加珍惜。在此，我代表区委常委会，向全区各级党组织和广大党员干部，向各民主党派、工商联和无党派人士，向所有参与、支持、关心顺庆发展的各界朋友，表示衷心的感谢，并致以崇高的敬意！

在看到成绩的同时，我们也要清醒的认识到，我们的工作还存在一些问题和不足，主要是：经济发展质量还不够优，经济结构还不够合理；社会新旧矛盾叠加，群众多种诉求交织，民生问题量大面宽；个别干部还存在庸懒散浮拖的现象，个别单位还存在门好进、脸好看、事难办的情况。以上问题和不足，我们将高度重视，并认真切实加以解决。

二、关于今年工作的主要安排

2018年是贯彻党的十九大精神的开局之年，是改革开放40周年，是决胜全面建成小康、实施"十三五"规划承上启下的关键一年，抓好今年各项工作意义重大。

今年工作的总体思路是：坚持以习近平新时代中国特色社会主义思想为指导，深入贯彻党的十九大、中央经济工作会议精神，全面落实省第十一次党代会、省委十一届二次全会、省委经济工作会议和市委六届七次全会、市委经济工作会议决策部署，坚持稳中求进总基调，突出高质量发展新要求，围绕加快科学发展、加快城乡建设，促进民生改善、促进社会和谐的战略路径，推动全区经济社会持续发展、行稳致远。

新时代要有新气象，新时代呼唤新作为。做好顺庆当前和今后一个时期工作，我们务必要做到"五个不动摇"：

——要紧紧围绕"党的十九大和省委、市委决策部署"的方向引领不动摇。党的十九大宣告了中国特色社会主义进入新时代，描绘了建设社会主义现代化强国的宏伟蓝图；省委十一届二次全会制定了"一个愿景、两个跨越、三大发展战略、四项重点工程"的行动规划，开启了建设美丽繁荣和谐四川的新征程；市委六届七次全会提出了"三稳三进三突破"的奋斗目标，作出了坚决打赢"九场战役"，坚决抓好"五大统筹"的全面部署。我们必须坚定方向引领不动摇，坚持学用结合、知行合一，切实把中省市精神转化为顺庆发展的生动实践。

——要紧紧围绕"保住全市第一、冲进全省前十"的奋斗目标不动摇。市委对顺庆发展提出了"保住全市第一、冲进全省前十"的重要要求，对顺庆的发展给予重托、赋予重责、寄予厚望，为推动顺庆各项工作提供了根本遵循和行动纲领。我们必须坚定不移地沿着"保住全市第一、冲进全省前十"的方向指引，坚持雷厉风行与久久为功相结合，既登高望远、全面谋划，又立足当前、加压奋进；既对标先进、追赶跨越，又立足自身、突围突破，以钉钉子精神朝着"十强县"的目标砥砺前行。

——要紧紧围绕"建成名副其实的成渝第二城核心功能区"的发展定位不动摇。一座城市的地位，从来不是自封的，也不是谁命名的，一切都要用实力说话。面对"三区一马当先、县市竞相发展、全市击鼓奋进"的竞争局面，我们既要巩固经济中心、文化中心的传统地位，又要放大科技教育中心、医疗卫生中心的领先优势，更要全面加强区域交通综合枢纽的辐射带动，让"核心功能区"的地位更具有说服力、更有硬底气。

——要紧紧围绕"加快科学发展、加快城乡建设，促进民生改善、促进社会和谐"的战略路径不动摇。"两加快、两促进"的路径安排，体现了区委对"经济发展新常态"的深刻领会，对"以人民为中心"发展思想的准确把握，对"高质量发展"总要求的坚决贯彻。办好顺庆的事，必须始终坚持发展第一要务、民生第一目标、稳定第一责任，认真谋划好发展、民生、稳定"三篇文章"，实现顺庆更高质量、更可持续的发展，满足人民更加幸福、更有尊严的生活向往，共同打造更为公正、更加和谐的社会环境。

——要紧紧围绕"三大目标任务"的具体要求不动摇。一方面，紧扣"全省第一梯队、川东北第一位次、全市一马当先"的发展目标，坚持逐一分解、逐项突破，推动县域经济综合排位在全省第14位、丘区第4位的基础上，前进1个位次。二方面，紧扣"各项指标快于全国、高于全省、领先全市”的奋斗目标，坚持超常举措、超强突破，实现地区生产总值增长 8.6% 以上、力争增长 9.2%、突破 380 亿元，固定资产投资增长 16% 以上、力争增长 20%、突破 360 亿元，一般公共预算收入增长 9% 以上、力争增长 15%、突破 18 亿元。三方面，紧扣“在全市考核中，各项工作守 5 保 3 争 1”的工作目标，坚持全程加力、全面发力，实现每一个目标都要进位，每一项工作都有突破。

实现上述目标任务，我们务必突出抓好七个方面工作：

——突出产业“大升级”。坚定不移地大抓产业、抓大产业，持续推进产业发展取得新成效、再上新台阶。要推进三产繁荣发展。坚持“促集群、抓高端、出特色”的思路，出台产业扶持政策，强化产业整体规划，大力推进南门坝商圈提档升级、五星商圈转型升级、白土坝商圈优化业态、清泉坝商圈特色发展，加快推进市政新区城市综合体、舞凤山片区综合体、万汇国际商贸城建设，形成集群组团发展。依托绿地·智慧城、泰合青年城、恒河金融街、欧香智慧小镇等平台载体，加快填充智能制造、文化创意、电子商务、金融服务、总部经济等业态，推动楼宇经济实现新突破。围绕西山片区、西河两岸、文庙府衙和清泉坝片区，着力打造一批铭刻顺庆记忆、富有顺庆味道的历史古韵街区、美食文化街区、精品特色街区，形成新的引爆点。要加快工业转型升级。坚持“建平台、强实体、优保障”的思路，加快推进高新技术产业园建设，着力完善配套、拓展空间、优化布局。科学制定楼宇产业园发展规划，统筹做好楼宇产业园布局。突出抓实业、强实体，加大对现有企业的扶持力度，鼓励做大规模、提升层次、转型发展。推动中国重汽海乐基地、汉能移动能源产业园、和泰通讯光纤光棒等项目加快实施，重点以鑫达为龙头，全力打造省内一流、西部领先的新材料产业生产研发基地，力争形成百亿级的产业集群。加大以商招商、沿产业链招商的力度，推动工业经济提升质量、优化增量、做大总量。要实现农业突破突围。农为邦本，不能忘、不能丢。坚持“扩规模、创品牌、活机制”的思路，扎实做好全域农业发展规划，重点布局近郊智慧精品农业示范区、搬大线现代设施农业示范带、潆新线高效品牌农业示范带、西河片区民俗体验农业示范带、嘉陵江休闲观光农业示范带和“一乡一品”产业园，推动形成“一区、四带、多园”的产业发展格局。大力推进农旅结合，重点抓好七坪寨“花好月圆”、黄伞坝“嘉陵江景”、桂花湖湿地公园建设，加快打造一批特色小镇，大力发展庭院经济，打造特色乡村旅游品牌。打破传统农业发展机制，抢抓承包地“三权分置”改革政策机遇，鼓励多种形式适度规模经营，培育新型农业经营主体，增加农民财产性收入，实现“农业强、农村美、农民富”的发展目标。

——突出项目“大会战”。坚持以项目组织经济工作、统揽全局工作，按照“项目年”的安排部署，全面掀起项目会战新高潮。要全力抓项目推进。全面完成西华路、玉带路、滨江路、白土坝路和西河中路综合改造，加快推进滨江路延长线、通江大道建设和北湖片区综合改造。加快推进顺蓬营、顺仪顺庆段建设，启动实施将军路嘉陵江大桥建设，全力争取蓉京高铁、汉巴南铁路在顺庆设站停靠，启动高铁综合交通枢纽工程项目建设，形成公铁一体、内畅外联的综合交通体系。全力推动鑫达二期、中国重汽建成投产和南充高铁商务区配套设施建设。抢抓政策机遇，围绕“十件大事”，精心包装储备一批重大项目，力争更多项目进笼子、入盘子、进规划。要统筹抓项目保障。持续加大闲置土地清理力度，积极协调水电气等工作，做好要素保障工作。综合统筹政府投资、向上争取、对外招引等方式，多渠道破解资金瓶颈。全面优化政务服务，坚决打击“不作为、慢作为、乱作为”，坚决查处“吃拿卡要”和“中梗阻”，全力保障项目建设。要严格抓项目督查。全面建立完善重大项目区级领导牵头责任制，做到挂帅出征、挂图作战、挂责问效。坚持监察审计提前介入、关口前移、全程跟踪，目标考核倒排工期、顺排工序、全程督办，安全管理严查隐患、严防事故、全程到位，共同营造项目“大会战”的良好环境。

——突出城市“大发展”。牢固树立“城市让生活更美好”的理念，着力提高城市发展持续性、宜居性。要拓展城市空间。坚持山水田园西线、产业发展中线、现代都市东线“三箭齐发”，统筹推进城市空间向北拓展，进一步完善发展规划、优化产业布局、加快基础配套，拓展城市向北新空间。要提升城市品质。启动实施桑树坝生态文旅城、北湖新天地项目，加快推进城北中央森林公园、双女石公园、舞凤山公园建设和气象公园提档升级，优化提升城市绿化景观，改造城市园林景观，完善提升城市光亮工程，进一步凸显城市文化，彰显城市魅力。要加强城市管理。坚持严管重罚不动摇，深入开展“车乱停、摊乱摆、棚乱搭、牌乱挂、人乱行”专项整治。扎实推进城市主要街道临街防护栏标美化，加大背街小巷、老旧小区、卡口棚户改造力度。深入推进“两项清查”工作，防止问题反弹，有序推进“厕所革命”，补齐民生短板，着力打造“互联网＋城市管理”新模式，积极推进“智慧城市”建设。

——突出对外“大开放”。以更加开放的姿态，积极融入对外开放大格局，是顺庆发展的必由之路。思想要更加解放。定位决定地位，思路决定出路。要主动摒弃“小成即满”“小富即安”“小打小闹”的思维，坚持用全球眼光、国际视野、战略思维来谋划和推动顺庆工作。坚持招大引强、招强引优不动摇，做到算大账、算综合账、算长远账，吸引各类生产要素向顺庆流动和富集，构建更大范围、更宽领域、更高层次的对外开放新格局。政策要更加优惠。对契合顺庆产业布局、符合顺庆发展需要、满足生态环境要求的大项目、好项目，要在政策法律框架内给予最大力度的支持，让企业享受最大限度的优惠，吸引企业落户发展、做大做强。要讲究诚信、信守承诺，出台的政策、签订的协议、约定的事项，不管困难多大、阻力多大，都要说到做到、不打折扣。路径要更加多元。要加大对外推介力度，积极参加中省市重大招商活动，在更大的平台展示顺庆形象。要主动对接国内外大企业、大集团，敲门招商长三角、珠三角地区，精准承接京津冀产业转移，全方位加速融入成渝经济区。要加强招商力度，进一步配强招商队伍、研究招商政策、提高招商效果，确保实现招引项目和到位资金“双提升、双突破”。坚持改革不停步，开放无止境，深入推进中省市改革试点，进一步释放发展活力。

——突出脱贫“大决战”。紧紧围绕市委脱贫攻坚冲刺之年、决胜之年的安排部署，立下“愚公志”、下足“绣花功”、打赢攻坚战。要率先实现脱贫。围绕17个村退出、3280人脱贫的年度任务，对照“两不愁、三保障”和“四个好”标准，扎实推进脱贫示范村和奔康产业园建设，力争率先实现基本脱贫。全力做好汶川对口帮扶工作，如期实现脱贫奔康。要持续巩固提升。坚持以乡村振兴战略为抓手，持续推进住房安全、基础建设、产业发展、教育医疗、文明乡风等重点工作。突出标本兼治、注重统筹兼顾，推动贫困户与非贫困户同步受益、贫困村与非贫困村共同发展。有序做好“回头看”“回头帮”工作，稳定脱贫成果，严防贫困反弹。要严格落实责任。坚持“对象不变、干部不换、力度不减、劲头不松”，严格执行“五个一”帮扶责任，逗硬实行“三个一律”问责机制，层层传导压力、层层压实责任，坚决打赢精准脱贫攻坚战。

——突出民生“大改善”。坚持“以人民为中心”的发展理念，推动民生优先向民生优质转变，不断增强人民群众获得感和幸福感。要办好教育卫生事业。一方面，大力推进教育事业发展，坚持民办与公办相结合，均衡化与集群化相结合，着力打造荆溪基础教育板块、潆溪职业教育板块、搬罾大学城板块，进一步放大优势、形成支撑；统筹优化城乡学前教育、义务教育功能布局。另一方面，要大力推进医疗卫生发展，加快公共卫生服务中心、康养中心、日间照料中心建设，实施中医院改扩建项目，支持三医院转型发展，加快妇孺医院、妇幼保健院升级进位，优化公共服务供给。要提高民生保障水平。推进城市棚户区和农村危旧房改造，加快保障性住房建设。积极开发公益性岗位，多渠道解决就业问题，加强各项社会救助制度统筹衔接，全面提升社会保障工作水平，积极发展养老事业，建立健全多层次养老服务体系。

要提升社会治理能力。全面推进依法治区，深入推进平安建设，完善矛盾隐患排查预警化解机制，坚持用法治思维和法治方式开展信访工作，切实维护社会大局和谐稳定。加强安全生产和食品药品监管，推进“天网工程”“雪亮工程”全覆盖，真正做到“发展为了人民、发展依靠人民、发展成果由人民共享”。

——突出生态“大保护”。牢固树立“绿水青山就是金山银山”的理念，坚守生态“底线”、筑牢生态“防线”，走好绿色发展之路。要加强环境整治。持续巩固环保督察、禁养区养殖场关闭、非法采砂场取缔的“三大”成果，严防死灰复燃。扎实推进污染防治、全面落实河长制、整治农村面源污染，加快实施水环境综合治理工程，打好“蓝天、碧水、净土”保卫战。要推进全域绿化。全面实行植树造林、禁采禁伐，重点围绕江河两岸、道路两旁、荒坡山头、林间地头实施绿化行动，扎实推进嘉陵江绿色走廊建设，力争全区森林覆盖率达36%。要倡导绿色生活。鼓励简约适度、绿色低碳的生活方式，提高市民文明素养，鼓励绿色消费，提倡绿色出行，发展绿色能源，推广绿色建筑，让人民群众养成低碳、环保、节俭、理性的生活方式，实现人与自然和谐共生。

三、关于加强党的建设

事业成败，关键在党，关键在人。跨进新时代、站在新起点、踏上新征程，必须以更大的决心、更大的勇气、更大的气力抓紧抓好管党治党，把党建设得更加坚强有力。

——提高政治站位，牢固树立“四个意识”。要坚决捍卫核心。始终把捍卫习近平总书记的核心地位，作为最大的政治、最大的规矩、最严的纪律，坚决维护习近平总书记在党中央和全党的核心地位，真正做到在思想上高度认同核心、政治上绝对捍卫核心、组织上坚决维护核心、情感上衷心爱戴核心、行动上始终紧跟核心。要坚定理想信念。坚持把坚定理想信念作为党的思想建设的首要任务，解决好世界观、人生观、价值观这个“总开关”问题，扎实开展“不忘初心，牢记使命”主题教育，持续深入推进“两学一做”学习教育，始终挺起共产党人的精神脊梁，坚守共产党人的精神家园。要坚持党性锤炼。始终把党性锤炼摆在突出位置，既要内化于心，又要外化于行，做到知行统一。始终不忘初心、牢记使命，大力弘扬“红船精神”，永葆共产党人政治本色。

——坚持从严从实，坚决打赢“三场战役”。按照市委“三场持久战”的安排部署，推动全面从严治党向纵深发展。要狠抓管党治吏。坚持用习近平新时代中国特色社会主义思想武装头脑、指导实践、推动工作，全面提升党员干部的“八大本领”。坚持抓班子、强队伍，鲜明正确用人导向，落实“好干部”标准，倡导“345”品质，做到“三个不搞”“三个坚决反对”，选优配强领导干部。要狠抓正风肃纪。持续加强作风建设，紧盯“四风”问题十种新表现，坚持一把手负总责，严防反弹回潮。扎实推进常态化巡察，注重巡察结果运用。持续开展“三项整治”“三类巡察”“三类清理”，深入推进“两项清查”工作。要狠抓惩贪治腐。积极抓好区监察委的组建、运行，始终坚持有案必查“零放过”、有贪必肃“零容忍”、有腐必反“零姑息”，推动全面从严治党向基层延伸拓展。持续抓好制度建设，全面规范权力运行，强化不敢腐的震慑、扎牢不能腐的笼子、增强不想腐的自觉。

——着力基层基础，充分发挥“两个作用”。党的根基在基层，活力在基层。要重视基层基础工作。基础不牢，地动山摇，要始终坚持重视基层、关心基层、支持基层，严格落实基层基础工作的主体责任，切实把基层基础工作摆上更加重要的位置，做到落实到基层、落实靠基层，努力把党的工作基础打得更牢更扎实。要充分发挥基层组织的战斗堡垒作用。全面加强基层党组织建设，着力解决一些基层党组织弱化、虚化、边缘化问题，进一步增强基层组织服务群众、服务发展、服务党员、服务基层能力，实现组织全覆盖、力量全覆盖、工作全覆盖。要充分发挥基层党员的先锋模范作用。加强基层党组织带头人队伍建设，坚持把选好用好管好带头人作为关键举措，拓宽选人视野，加强教育培训，强化管理监督，注重关心关爱，不断增强党员队伍的凝聚力、向心力、战斗力。

——突出总揽协调，共同凝成“一股力量”。坚持加强常委会自身建设，用共同的事业凝聚人心，用共同的目标汇聚力量。充分发挥区委统揽全局、协调各方的领导核心作用，支持人大及其常委会依法履职，支持政府履行法定职能，支持政协按章程行使职能。巩固发展爱国统一战线，认真做好新形势下统战工作，更好发挥工青妇等群团组织的桥梁纽带作用，凝聚推动发展的“向心力”，绘就共谋发展的“同心圆”。

同志们，奋斗是永恒的底色，前行是不变的方向。让我们更加紧密团结在以习近平同志为核心的党中央周围，在省委、市委的坚强领导下，不忘初心，牢记使命，以坚忍不拔的毅力和锲而不舍的决心，奋力走好新时代的长征路，为开创“成渝第二城核心功能区”新局面而继续奋斗！

名词解释

1. 五险统征：指养老保险、医疗保险、失业保险、工伤保险、生育保险五项社会保险费的统一征缴，并统一核定缴费基数。

2. 七五普法：指中央宣传部、司法部关于在公民中开展法治宣传教育的第七个五年规划（2016－2020年）。

3. 天网工程：指为满足城市治安防控和城市管理需要，利用图像采集、传输、控制、显示等设备和控制软件组成，对固定区域进行实时监控和信息记录的视频监控系统。

4. 雪亮工程：指以区、乡、村三级综治中心为指挥平台、以综治信息化为支撑、以网格化管理为基础、以公共安全视频监控联网应用为重点的“群众性治安防控工程”。因为“群众的眼睛是雪亮的”，故称之为“雪亮工程”。

5. 一个愿景、两大跨越、三大发展战略、四项重点工程：省委十一届二次全会作出的战略谋划，“一个愿景”：即建设美丽繁荣和谐四川；“两个跨越”：即从经济大省向经济强省跨越、从总体小康向全面小康跨越；“三大发展战略”：即实施多点多极支撑发展战略、实施“两化”互动城乡统筹发展战略、实施创新驱动发展战略；“四项重点工程”：即全面创新改革试验、天府新区建设、天府国际机场和国际空港新城建设、中国（四川）自由贸易试验区建设。

6. 三稳三进三突破：市委六届七次全会提出的奋斗目标，“三稳”：即稳住高于全国、高于全省、高于去年的良好增长态势，稳住风清气正、崇廉尚实、干事创业、遵纪守法的良好政治生态，稳住安全不出事、稳定不出事、干部不出事的良好社会局面；“三进”：即在实现经济总量增长、结构优化、动力转换上进，在实施重大项目、深化改革开放、培育产业集群上进，在建设宜居城市、推动乡村振兴、提升民生福祉上进；“三突破”：即地区生产总值突破1900亿、向“2000亿俱乐部”迈进、增长8.5%以上，固定资产投资突破2000亿（原计算口径）、增长15%以上，一般公共预算收入突破110亿、向120亿迈进、增长10%以上。

7. 九场战役：市委六届七次全会部署的全市2018年工作重点，即：精准脱贫攻坚战、污染防治攻坚战、风险防控攻坚战、项目建设攻坚战、对外开放攻坚战、改革创新攻坚战、管党治吏持久战、正风肃纪持久战、惩贪治腐持久战。

8. 五大统筹：市委六届七次全会安排的五项举措，即：统筹推进民生保障工作、统筹推进法治南充建设、统筹推进宣传文化工作、统筹推进民主政治建设、统筹推进常委会自身建设。

9. 十件大事：本届区委任期内具有引领性、战略性、支撑性的十个重大项目，具体为：实施城市干道建设提升工程、打造新丝路国际生态文旅城、建设南充城市中央森林公园、打造北湖新天地、打造高端商贸中心、推进顺庆全域都市乡村旅游建设、创建国家级高新技术开发区、建设“大学城”、实施高铁（综合）交通枢纽工程、建设嘉陵江将军路大桥。

10. 两项清查：指在全区城市规划区暨近郊乡镇集中开展集体建设用地清查和城市社区（居委会）资产清查工作。

11. 厕所革命：指对厕所进行改造的一项举措，直接关系到人民的健康和卫生状况，是改善人居环境、提升幸福指数的重要民生工程。

12. 智慧城市：指运用信息和通信技术手段感测、分析、整合城市运行核心系统的各项关键信息，实现城市管理运行智能化，进而为人们创造更美好的生活。

13. 两不愁、三保障：指稳定实现扶贫对象不愁吃、不愁穿，保障其义务教育、基本医疗和安全住房。

14. 四个好：住上好房子、过上好日子、养成好习惯、形成好风气。

15. 五个一：每个贫困村有一名责任领导、一个帮扶单位、一名第一书记、一个驻村工作组、一名驻村农技员。

16. 红船精神：习近平总书记带领新一届中共中央政治局常委瞻仰中共一大会址和嘉兴红船时指出，要弘扬开天辟地、敢为人先的首创精神，坚定理想、百折不挠的奋斗精神，立党为公、忠诚为民的奉献精神。

17. 八大本领：学习本领、政治领导本领、改革创新本领、科学发展本领、依法执政本领、群众工作本领、狠抓落实本领、驾驭风险本领。

18. 345品质：区委六届五次全会上提出的优秀干部标准，“3”即是：忠诚、干净、担当；“4”即是：想干事、能干事、干成事、不出事；“5”就是好干部“五条标准”，即是：信念坚定、为民服务、勤政务实、敢于担当、清正廉洁。

19. 三个不搞、三个坚决反对：区委六届五次全会上提出的选人用人要求，即：不搞论资排辈、不搞远近亲疏、不搞攀比平衡，坚决反对跑官要官、坚决反对讨价还价、坚决反对架天线找关系。

20. 三项整治、三类巡察、三类清理：整治不作为、慢作为、乱作为，巡察项目建设、脱贫攻坚、国企经营，清理扶贫资金、国有资产、教育卫生。

南充市顺庆区人大常委会工作报告

——在南充市顺庆区第六届人民代表大会第二次会议上

（2018 年 1 月 22 日）

南充市顺庆区人大常委会主任　陈　琳

各位代表：

我受南充市顺庆区第六届人民代表大会常务委员会委托，向大会报告工作，请予审查，并请列席会议的同志提出意见。

2017 年工作回顾

2017 年，区人大常委会在区委的坚强领导下，紧紧围绕中心，依法履行职责，广泛汇集民意，充分凝聚共识，全力推动“成渝第二城核心功能区”建设。一年来，组织视察、检查 7 次，召开常委会议 9 次、主任会议 15 次，听取“一府两院”专项报告 31 次，作出决定、决议 20 件，发出审议意见 5 件，顺利完成年初确定的各项工作任务。

一、坚持党的领导，在明确方位中增强政治定力

始终把坚持党的领导作为做好工作的根本保证，切实增强政治意识、大局意识、核心意识、看齐意识，自觉维护以习近平同志为核心的党中央权威和集中统一领导，认真落实区委决策部署，确保常委会工作与区委中心工作同轴运转、同频共振、同向发力。

强化贯彻区委决策的思想自觉。紧紧围绕区委确定的建设“成渝第二城核心功能区”目标定位和区第六次党代会作出的战略部署，统筹谋划人大工作的基本思路和着力重点，选择确定年度专项监督调研议题 53 项。坚持重大问题、重要事项及时主动向区委请示报告，切实把区委决策部署贯穿到常委会工作的各方面、全过程。

强化实现区委意图的政治自觉。坚持党管干部和人大依法任免有机统一，严守政治纪律，严明政治规矩，进一步完善干部任免机制，抓好任前法律考试、投票表决任命和就职宪法宣誓等关键环节，确保组织意图圆满实现。换届以来，共审议表决任职事项 37 人次、免职事项 19 人次，组织任前法律知识考试 5 次、宪法宣誓 37 人次。依法终止代表资格 9 人，届中选出区人大代表 6 名。

强化落实区委要求的行动自觉。健全落实《南充市顺庆区人民代表大会常务委员会讨论决定重大事项暂行办法》，根据区委工作要求，及时作出城市主干道提升改造、西河生态乡村

旅游开发、高铁商务区配套基础设施等PPP项目建设的决定和《关于在全区进行封山育林并禁伐的决定》《关于加强对司法工作监督的决定》《关于调整下中坝行政区划的决定》。

二、坚持服务中心，在聚焦发展中提升监督实效

始终把推动发展作为第一要务，紧紧抓住影响经济发展的关键问题，切实加强工作监督，积极助推经济社会持续健康运行。

紧扣稳增长、防风险抓监督。密切关注宏观经济政策变化，定期听取全区经济运行情况报告，系统分析存在的问题，及时提出应对措施建议。密切关注财政体制改革，邀请财政专家开展《预算法》专题讲座，增强区人民政府依法理财的自觉性。密切关注审计结果运用，制定《关于完善审计工作和审计查出突出问题整改情况向区人大常委会报告机制的意见》，促进审计查出问题整改。密切关注政府债务情况，专题听取区人民政府负债情况报告，要求切实做到敢于负债、善于负债、合理负债。

紧扣建项目、破难题抓监督。围绕“五大千亿产业集群”培育和“五大板块重大工程项目”建设，组织省、市人大代表和部分区人大代表进行视察，检查项目开工及建设情况，推动项目加快实施。年初，专题听取2017年项目实施情况报告，要求区人民政府准确定位谋划项目，做深做细包装项目，锲而不舍争取项目，扭住关键报批项目，蹄疾步稳建设项目。年中，专项听取审议重点项目推进情况报告，督促区人民政府重点突破关键障碍，统筹抓好要素保障，加快项目落实落地。审议城区主干道改造项目施工组织方案和交通组织方案，要求区人民政府坚持效率服从质量、速度服从安全的原则，科学组织施工，强化缓堵保畅，确保按时竣工。

紧扣强产业、促转型抓监督。坚持“强三优二特一”的产业发展定位，调研现代服务业发展，视察仁和春天、南充盘古天地电商产业园等项目建设，推动“雅邦百货”正式开业，同步推进“大楼宇、大总部、大商贸”建设，助力“服务业大区”向“服务业强区”跨越。听取审议科技创新基地建设情况报告，要求区人民政府把握“创新驱动、转型升级、支撑引领、全面小康”四个关键，高标准定位、高水平建设、高强度投入、高品质招引、高质量服务，促进科技成果转化。视察并审议农村供水一体化建设，督促区人民政府扎实推进项目建设，着力理顺建管体制，为加快城乡统筹、促进三次产业融合发展提供基础保障。

三、坚持为民务实，在关注短板中推动民生改善

始终把人民利益摆在至高无上的地位，突出民生弱项，回应群众关切，在推动社会事业全面进步中奋发作为。

围绕民生事业持续用力。聚焦“上学难”，视察城市基础教育项目建设，调研普通高中教育发展，听取幼儿园建设情况报告，督促区人民政府在教育供给侧改革上持续加大投入，补齐教育短板，争创一流品牌。聚焦“就医难”，听取审议公立医院发展情况报告，调研卫生专业人才引进工作，督促区人民政府把推动公立医院发展作为建设“核心功能区”的重大举措，加快公立医院改革，提高医疗卫生服务质量。聚焦“城管难”，开展城市管理专题询问“回头看”，推动城市管理工作从管理为主向服务为主转变，从粗放管理向精细管理转变，从专业管理向全民管理转变。聚焦残疾人“生活难”，视察残联基层组织规范化建设，听取残联工作情况报告，要求区人民政府进一步落实政策推动，强化协调联动，实施就业带动，切实解决残疾人生活困难。

围绕脱贫攻坚定向发力。调研审议全区脱贫攻坚政策落实情况，督促区人民政府瞄准标尺标准，精准产业就业，对准脱贫返贫，打赢

脱贫摘帽攻坚战。积极开展“脱贫攻坚——人大代表再行动”，广泛发动各级人大代表积极参与脱贫攻坚，实现代表帮扶全覆盖。“10·17”国家扶贫日，组织部分省、市、区人大代表捐助资金57万元，帮助龙桂乡贫困村改善基础条件。

围绕绿色发展凝心聚力。针对我区环境保护短板，广泛宣传《环境保护法》等法律法规，最大力度凝聚共识，深度参与“河长制”实施，着力推进饮用水源保护，全力支持砂石码头限时取缔，大力推动畜禽养殖场关闭搬迁。调研环卫管理工作，高度关注医废处置中心扩容改造，督促环卫经费分步落实，助力环卫管理提质增效。听取城市规划建设情况报告，要求区人民政府始终把绿色作为城市发展的生命，科学规划，工匠雕琢，多出“作品、精品、艺术品”。

四、坚持厉行法治，在狠抓落实中优化发展环境

始终把法制建设作为人大工作的重要任务，切实加强法律监督，努力促进依法治理，为顺庆科学发展、加快发展创造良好法治环境。

切实督促依法行政。扎实开展《环境保护法》“百人百日”执法大检查，推进《环境保护法》贯彻落实。组织区乡两级人大代表开展“八个一”专项活动，深入各乡镇、街道和22个职能部门、30多个项目单位，召开座谈会11次，发放调查问卷1200份，发现环境问题271处，梳理“十大环境保护整改事项”交区人民政府限期办理。调研审议商事制度改革工作，推动政务信息公开，加快构建主体自治、行业自律、社会监督的信用监管体系。依法备案审查区人民政府规范性文件11件，确保合法合规。开展区人民政府组成部门主要负责人年度履职测评，不断增强国家机关工作人员依宪履职、依法行政的责任感和使命感。

切实加强司法监督。听取审议区人民法院司法改革工作情况报告，要求正确处理公平与效率、数量与质量、判决与执行的关系，切实把司法为民理念和公正司法原则体现到每一个司法案件之中。听取区人民检察院未成年人刑事检察工作情况报告，要求始终坚持“教育为主、惩罚为辅”的原则，贯彻“教育、感化、挽救”的工作方针，健全未成年人司法保护机制，提高工作规范化水平。关注法律援助、司法救助工作，维护弱势、困难群体在司法活动中的合法权益。

切实强化法制宣传。加强“七五”普法监督，开展法制宣传讲座11次，听取区人民政府普法教育工作报告，作出《关于进一步加强“七五”普法工作的决议》，督促区人民政府深入开展法制宣传教育，大力提升公民法律素质，加快推进法治顺庆建设。扎实做好信访工作，接待群众来信来访244件次，宣传法律法规，化解社会矛盾，维护和谐稳定。

五、坚持代表主体，在创新方式中提高履职水平

始终把提升代表履职能力作为重要抓手，尊重代表主体地位，积极探索代表工作新思路、新途径，努力为代表履职创造便利条件。

着力改进服务方式。组织开展新任区人大代表履职能力培训，有效提升代表依法履职水平。落实常委会组成人员联系代表和代表联系选民制度，邀请人大代表列席常委会议50余人次，组织代表参加调研、视察和检查工作200余人次，参加“一府两院”工作测评及研讨等活动60余人次。优化代表小组结构，加强小组活动指导，及时提供经济社会发展、预算编制执行、常委会工作动态等履职信息，充分保障代表知情权。

着力搭建履职载体。开通“顺庆人大”微信公众号，广泛便捷宣传人大工作，打造公民知情知政和代表联系交流平台。提高“代表之

家”运行质量，努力把“代表之家”建设成为代表履职的加油站，服务群众的连心桥。加强代表履职监督，开展代表向选民述职评议工作，切实增强代表履职意识。

着力提升办理质效。采取重点督办、跟踪督办、现场督办等方式，确保区六届人大一次会议代表所提121件建议全部办结，代表满意率不断提升。注重闭会期间代表意见、建议的收集督办，编发《代表之声》转交区人民政府办理。采取听取办理情况汇报、满意度测评等方式，加强常委会议审议意见跟踪问效，确保审议意见办理质量。

六、坚持从严从实，在规范管理中强化自身建设

始终把加强自身建设摆在重要位置，时刻保持与时俱进的精神状态，促进人大工作注入新动力、焕发新活力、开创新局面。

全面加强机关建设。坚持把从严治党要求作为机关党的建设新常态，努力建设“首善人大”“活力机关”。加强思想建设，及时传达贯彻中央、省委、市委和区委会议精神，引导党员干部不忘初心、牢记使命，不负重托、依法履职。加强组织建设，突出政治功能，规范组织活动，充分发挥战斗堡垒作用。加强作风建设，着力纠正“心浮气躁、妄自尊大，拖拖拉拉、漫不经心，事不关己、高高挂起”三种状态，不断改进工作作风。加强纪律建设，深入学习贯彻《准则》《条例》，严肃常委会“四项会议纪律”，树立敬畏意识，筑牢自律防线，塑造人大干部良好形象。加强制度建设，修订完善议事、行权、内控、廉政等各类规章制度21项，确保管理严实并进、工作运行有序。

全面加强调研宣传。围绕区委中心工作，制定年度调研计划，开展专题调查研究，完成《“绵阳现象”对顺庆普高教育的启示》《关于全区城市环境卫生管理工作的调研报告》等专项课题，为区委政府决策提供有效参考。其中，《“绵阳现象”对顺庆普高教育的启示》获市人民政府和市人大常委会主要领导批示肯定。注重人大信息宣传，在省、市媒体发表稿件100余篇，用稿质量排名全市前列，荣获省、市人大新闻评选特等奖和组织奖。

全面加强基层基础。切实加强对街道人大工委的领导和对乡镇人大的指导，深入推进基层人大规范化建设。定期召开基层人大工作会议，坚持乡镇人大主席、街道人大工委主任列席常委会议制度，组织参加集中视察检查、学习培训、考察交流等活动，不断提升基层人大工作水平。

各位代表，过去一年，我们携手走过了难忘的奋斗历程，不仅在团结进取中收获了丰收的喜悦，而且在开拓创新中积累了宝贵的经验，为今后工作打下了良好的基础。这些成绩的取得是区委坚强领导的结果，是“一府两院”、区级机关和乡镇街道密切配合的结果，是全区广大人民群众和社会各界人士大力支持的结果。在此，我谨代表区人大常委会向所有关心、支持人大工作的各界人士表示衷心感谢，并致以崇高的敬意！

同时，我们也清醒地认识到，与新时代新要求相比，与广大群众的期盼期待相比，常委会工作在改进监督方式、提高履职水平、加强自身建设等方面仍然有待提高。在今后的工作中，我们将认真研究，切实改进。

2018年主要工作

2018年是贯彻党的十九大精神的开局之年，是改革开放40周年，是决胜全面建成小康社会、实施“十三五”规划承上启下的关键一年。今年，区人大常委会工作的总体要求是：坚持以习近平新时代中国特色社会主义思想为指导，认真贯彻党的十九大精神，坚决落

实区委六届六次全会安排部署，依法履行监督、决定、任免三大职能，紧跟新时代，迈开新步伐，重锤敲响鼓，快马再加鞭，全力助推产业大升级、项目大会战、城市大发展、对外大开放、脱贫大决战、民生大改善和生态大保护，为顺庆应对挑战、加快发展、再创辉煌贡献人大力量。

一、围绕中心，服务大局，切实加大监督力度

发展是解决一切问题的基础和关键。坚持区委确定的方向引领、奋斗目标、发展定位、战略路径和具体要求“五个不动摇”，贯彻新理念、聚焦新目标、落实新部署，督促区人民政府“抓重点、补短板、强弱项”，深化供给侧结构性改革，推动经济发展质量变革、效率变革、动力变革。持续强化经济运行监督，常态化听取区人民政府经济运行情况报告，继续加强财政预决算执行情况监督审查，积极搭建财政监管专线，逐步实现全口径预算、全方位参与、全过程监督。持续助力项目建设，加大推进重点项目建设的检查力度，组织人大代表视察政府性投资重点项目，听取审议交通板块项目推进情况，推动项目落实落地。持续聚焦产业发展，视察现代服务业发展、乡村振兴战略和创新驱动发展战略实施情况，审议农业产业基地建设，促进产业提档升级。持续做好政府性债务和国有资本运营的监管审查工作，听取国有土地出让情况报告，督促区人民政府抢抓发展机遇，防范债务风险，促进经济稳健运行。

二、顺应民意，助力民生，努力增进群众福祉

人民群众对美好生活的向往就是我们的奋斗目标。要扭住脱贫攻坚不放松，听取审议扶贫开发项目实施情况，督促区人民政府尽锐出战，精准施策，助推脱贫攻坚决战全胜。广泛组织发动人大代表深度参与脱贫攻坚，齐奏交响乐，打好攻坚战。扭住群众关切不放松，调研公办职业高中教育和特色高中教育开展情况，听取医疗卫生体制改革和城乡医疗卫生一体化建设情况报告，视察全民健身活动开展，督促区人民政府多谋民生之利，多解民生之忧，在解决群众最关心、最直接、最现实的利益问题上有更大作为、更大成效。扭住绿色发展不放松，聚焦“十大环境保护整改事项”开展监督，调研天然林保护工程，听取农村污水处理厂建设及运行情况报告，推动经济社会永续发展。

三、依法治区，治之必行，持续推动法治进程

全面依法治国是国家治理的一场深刻革命。要坚持以建设法治顺庆为抓手，健全人大代表和人民群众监督机制，进一步发挥人大在推动依法治区中的主导作用。调研基层安全监督执法队伍建设，视察政务服务中心建设运行情况，评议食品药品监督管理局工作，促进依法行政。推动“七五”普法工作，开展宪法宣传活动，检查法律法规落实情况，保证宪法和法律的遵守和执行，努力建设社会主义法治文化。听取区人民法院多元化解矛盾纠纷工作情况报告、区人民检察院公益诉讼工作情况报告，促进公正司法，维护公平正义。认真落实全国人大常委会《关于在全国各地推开国家监察体制改革试点工作的决定》，全力支持监察体制改革试点。依法做好人事任免工作，完善方法程序，强化过程监督，提高常委会任免水平。

四、创新机制，优化服务，全面激发代表活力

人大代表是人大工作的直接参与者和实施者。要持续开展履职专题培训，切实增强代表宗旨意识、法治观念、民本思想，着力提升依

法履职能力。完善代表履职保障机制，积极创造有利条件，支持代表建言发展、服务发展、投身发展。健全代表履职档案，逐步推进代表基本信息公开，加强代表履职网络服务平台建设，组织好闭会期间代表小组活动。深化人大代表列席常委会议和参加执法检查、专题调研、工作评议等活动，发挥代表在脱贫攻坚、项目建设、社会评价等工作中的模范作用，建立代表履职激励机制，探索代表退出机制，促进代表密切联系群众，增强履职责任。

五、紧跟时代，提升效能，着力加强自身建设

新气象新作为是新时代对人大工作的新要求。要认真学习贯彻党的十九大精神，全面落实十九大报告关于“健全人大组织制度和工作制度，使各级人大及其常委会成为全面担负起宪法法律赋予的各项职责的工作机关，成为同人民群众保持密切联系的代表机关”的要求，进一步完善组织架构，健全工作制度，改进工作方法，建立更加务实高效、科学合理的工作体系。扎实开展“不忘初心、牢记使命”主题教育，引导人大干部牢固树立“四个意识”，切实增强“四个自信”，始终坚持正确政治方向，以改革思维创新工作，以法治方式推进工作。深化区乡联动，不断拓宽区乡两级人大沟通联系渠道，加强乡镇人大和街道人大工委建设，切实提升基层人大工作水平。

各位代表，“积力之所举，则无不胜；众智之所为，则无不成”。让我们紧密团结在以习近平同志为核心的党中央周围，高举中国特色社会主义伟大旗帜，在区委的坚强领导下，拥抱新时代、践行新思想、实现新作为，为建设“成渝第二城核心功能区”，同步全面小康而努力奋斗！

名词解释

1. 八个一：一次《环境保护法》专题宣讲活动、一次专题问卷调查工作、一次环保宣传专题活动、一次环境保护“代表接待日”活动、一次《环境保护法》执法检查、一次问题收集及对策研究工作、一次专题评议、一次问题整改跟踪问效工作。

2. 十大环境保护整改事项：城市生活污水全截流、全收集、全处置、全达标；完成农村污水处理厂改造、扩容、提标、新建及场镇雨污分流管网建设；启动小流域综合治理；生活、医疗、餐厨、固废、弃土、建渣、农资废弃物、病死家禽等八类垃圾分类处置；餐饮企业安装油烟净化器、油水分离器，严禁直排；明确执法主体整治营业性文化娱乐场所环境污染；全面取缔非法砂石开采、堆码场；开展“小散乱污”企业专项整治；建立大气、水、土壤在线监测机制；增设环保专项基金，推动生态文明建设。

3. 四项会议纪律：一是参会不得任性，要按时准时。不得无故不到，不得早退迟到，不得中途溜号。二是开会不得散漫，要聚精会神。不得跑光走神玩手机，不得交头接耳发杂音，不得乱窜穿梭离会场。三是发言不得含糊，要简明扼要。不得拖泥带水主题不明，不得拉拉杂杂言之无物，不得态度暧昧无明确意见。四是穿戴不得随意，要体现严肃。常委会组成人员参加常委会议必须着正装，不得各行其是，不得五花八门，不得奇装异服。

政府工作报告

——在南充市顺庆区第六届人民代表大会第二次会议上

（2018年1月22日）

南充市顺庆区人民政府区长　刘　松

各位代表：

我代表南充市顺庆区人民政府向大会报告工作，请予审查，并请区政协委员和其他列席会议的同志提出意见。

2017年工作回顾

2017年，在市委、市政府和区委的坚强领导下，在区人大、区政协的监督支持下，区政府牢固树立和践行新发展理念，与全区人民一道，紧紧围绕“建设成渝第二城核心功能区”奋斗目标，攻坚克难，砥砺前行，经济社会平稳较快发展，各项事业取得长足进步，圆满完成全年目标任务。

——经济发展在激烈竞争中展现“顺庆实力”。全年实现地区生产总值345.6亿元，增长8.5%；规模以上工业增加值增长10%；全社会固定资产投资311.3亿元，增长18.2%；社会消费品零售总额228.4亿元，增长13.3%；一般公共预算收入15.5亿元，增长20.1%；城乡居民人均可支配收入达到35125元、15873元，分别增长9.1%、9.7%。经济运行稳中有进、进中向好、好中提质，增速高于全国、高于全省、高于预期，区域经济综合实力提升2位，跻身全省第14位、丘区第4位，保持川东北第1位。

——项目推进在攻坚克难中体现“顺庆速度”。和泰光纤、暴风启智等项目从跟踪洽谈到签约落地仅用1个月时间。中国重汽南充海乐生产基地主体工程提前6个月完工。新复七坪寨农旅项目不到3个月时间，完成道路建设和主体景观打造，成为全域旅游新亮点。112个年度重点项目完成投资194.4亿元，同比增长21.4%。一批重大项目推进有力有效，投资量、实物量、工作量实现“三量齐增”。

——重大任务在担当落实中彰显“顺庆精神”。环保督察期间，坚持重拳出击，强力整治整改，顺利通过中省环保专项督察，成功打赢环保督察“保卫战”。党的十九大及重要节点期间，坚持依法处理，突出矛盾化解，圆满实现“三零”目标，成功打赢信访维稳“攻坚战”。城市主干道施工期间，坚持创新方式，科学组织施工，抢进度、保质量、出形象，成功打赢城市建设“大会战”。

——多项工作在创先争优中赢得“顺庆荣

誉”。我区先后被评为国家级知识产权试点区，省级“四好农村路”示范区、妇幼健康优质服务示范区。成功创建国家级卫生乡镇1个、充分就业社区1个、文明村1个，省级“四好村”8个。人力资源和社会保障、司法行政、招商引资、卫生计生、统计等多项工作获得全省表彰。

一年来，我们主要抓了以下重点工作。

一、着力提质增效，产业发展优化升级

服务业实现转型发展。启动万汇国际商贸城建设，打造全省领先的大型现代商贸中心。顺庆府特色商业街区提档升级，香港雅邦百货顺利开业。清华同方等骨干电商企业入驻绿地智慧城，中国丝绸产业网上线运营，南充外滩金融中心、泰合青年城等楼宇经济初具规模，以电子商务、金融服务和文化创意为主的新兴产业蓬勃发展。

工业实现创新发展。鑫达项目一期全面投产、二期启动建设。中国重汽南充海乐生产基地主体完工。实施技改项目21个，完成投资15.2亿元。7户企业实现“小升规”，规模以上企业达到97家。南充高新技术孵化园被列入省级科技企业孵化器，一批高科技企业入驻欧香智慧小镇，“孵化器+加速园+产业园”创新创业链条基本形成。培育科技型中小微企业102户，获得专利授权139件，新增省级企业技术中心1个。

农业实现特色发展。嘉陵江沿线现代农业开发等项目加快实施，改造高标准农田1.2万亩，新（改、扩）建蔬菜基地6000亩、经果林基地1万亩、农业产业园25个，新增专合组织63个。实施新复七坪寨、同仁四方寨农旅结合项目，启动西河生态乡村旅游开发，基本形成体验农业、近郊休闲、全域旅游融合发展格局。

二、着力品质提升，城乡建设全面加快

城市建设全面推进。滨江路、玉带路、西华路等城市主干道改造提升工程完工在即，将成为城市道路新标杆。顺蓬营一级公路顺庆段建成路基5公里、打造标美大道300米。高铁商务区站前广场建设顺利推进，高铁公园建成开园，潆华污水处理厂投入使用，片区路网等基础设施加快建设。实施棚户区改造7处，整治背街小巷30余条、老旧小区10余处，新增城市绿地3000余平方米，城区光亮工程和火车站片区、高速公路出入口风貌打造基本完工。

乡村建设全面提速。城乡安全饮水一体化工程深入实施，完成10个集镇水网提升改造。灯（台）—桂（花）公路完成路基施工，建成通村公路100公里，整治农村危桥10座。城乡公交一体化持续推进，农村公交线路覆盖13个乡镇。芦溪扩权镇，李家省级特色镇，搬罾、共兴重点镇建设步伐加快，打造幸福美丽新村12个。

城乡管理全面加强。建立大城管数据管理中心，试点“街长制”“楼长制”管理模式，打造便民服务街区11处。实施“两项清查”，拆除违法建设16万平方米。开展“摆顺、扫干净、不拥堵”系列行动，推行临时占道停车智能化管理，街面“见管率”大幅提升。城乡环境综合整治深入开展，农村垃圾清运、集中处理实现全覆盖。

三、着力改革开放，发展动能明显增强

重点改革蹄疾步稳。供给侧结构性改革加快实施，出台支持现代服务业发展等稳增长政策，降低企业用电用气成本1.2亿元。建立健全顺投集团公司现代企业制度，新组建市政建设、金融管理、社会服务等子公司8个。农村

"七项"产权确权通过省级验收。简政放权行政审批事项121项。城管体制改革顺利完成，其他重点领域改革有序推进。

*开放合作多点突破。*强化与央企省企、大学院校及金融机构深度合作。与企业共同组建产业扶持基金，支持新兴产业、高新技术发展。与西华师范大学签署全面战略合作协议，助推西南交通大学与天喜车用空调公司合作，电子科技大学裸眼3D项目落户顺庆。争取农发行、国开行等政策性贷款16.3亿元。加强与社会资本合作，实施PPP项目5个，融资82亿元。大力发展对外贸易，实现外贸出口1.7亿元。

*招商引资成果丰硕。*积极参加中外知名企业四川行、西部投资大会等重要招商活动。依托北部新城、工业园区等平台，成功引进暴风科技集团、东方园林公司等知名企业入驻发展，实现百亿级项目招引"零突破"。全年新签约亿元以上项目27个，到位省外资金72.1亿元，同比增长21.5%。

四、着力补齐短板，民生福祉持续增进

*脱贫攻坚连战连捷。*建成脱贫奔康产业园12个、脱贫示范村10个。实施危房改造1253户，易地搬迁入住183户，全面完成脱贫户"三建五改"。实现贫困户低保全覆盖、子女义务教育零辍学、县域内住院医疗"零支付"。顺利通过市级验收和省级交叉考核，7个贫困村退出，2204人脱贫。实施汶川县对口帮扶项目28个，打造木上村脱贫奔康样板，助力汶川县高标准通过省州摘帽考评。

*民生保障更加有力。*全面完成十大民生工程和20件民生实事。区政务服务新中心投入使用。城乡低保全面提标，社会救助力度加大。全民参保入户登记工作圆满完成，"五险统征"全面实施，社会参保率稳步提高。新增城镇就业1.3万人。全年民生支出达26.1亿元，同比增长22.7%。

*生态环境持续改善。*实施"小散乱污"企业整治，辖区砂石全面禁采、堆码场全部拆除，禁养区养殖场全部关闭。全面落实区、乡、村三级河长制，实施水环境综合治理工程23个，新建乡镇污水处理厂4座，提标升级污水处理站18座，城乡水体质量明显改善。持续开展大气污染防治，空气质量稳步提升。全面实施封山育林，巩固退耕还林6万亩、生态公益林12.7万亩，13个乡镇达到省级生态乡镇标准。

*社会治理成效明显。*法治顺庆建设加快推进，"七五"普法深入实施，全民法治意识明显增强。平安顺庆建设不断深入，完善社区"网格化"管理体系，建立健全区、乡、村三级治安巡控机制，城区"天网工程"、农村"雪亮工程"覆盖扩面。信访稳定工作全面加强，应急处置能力不断提升。安全生产工作扎实开展，全年无较大以上生产安全事故发生。

五、着力优势优先，社会事业巩固提升

*优质教育提质增量。*新（改、扩）建白土坝幼儿园等学校10所，新城学校开班招生。改善9所义务教育薄弱学校基本办学条件。实施名师名校培育工程，教师培训、轮岗、交流力度加大，新增国省级特色学校20所，基础教育优生面扩大，高考上线率全市第一。

*城乡医疗均衡共享。*市中医院南院区、区公共卫生服务中心项目主体完工。城乡医疗卫生一体化深入推进，建成区妇孺医院—荆溪卫生院等城乡医联体4个，分级诊疗制度不断完善。引进医疗卫生专业人才123名，名医生、名专家、名科室培育力度加大。20个卫生院、203个村卫生室基础设施全部达标。

*文体事业蓬勃发展。*张澜纪念馆完成修缮，顺庆府署陈列布展。区图书馆、村级文化室功能不断优化，公共文化服务体系更加健

全。建成区体育中心。承办国省级重要体育赛事2项，举办群众体育赛事200余场，向国省级运动队输送人才30名，启动全国武术之乡、全省高水平体育后备人才基地创建工作。

国防动员、民兵预备役和双拥优抚工作扎实推进，政府自身建设得到加强，监察、审计、国土、档案、工商质监、食品药品、住房公积金、外事台侨、供销社、机关事务等工作取得新成绩，民族宗教、妇女儿童、工商联、红十字、地方志、共青团、残联、工会、科协、老龄等工作发挥了积极作用。

各位代表，过去一年，全区上下积极应对你追我赶、竞相发展的激烈态势，敢想敢干、敢为人先，打赢了一场又一场硬仗；主动出击、主动作为，取得了一个又一个突破；奋力拼搏、奋勇争先，获得了一项又一项荣誉。发展有目共睹，成绩鼓舞人心。这些成绩的取得，得益于市委、市政府和区委的科学决策、正确领导，得益于区人大、区政协的有效监督、大力支持，得益于全区干部群众的无私奉献、辛勤付出。在此，我代表区人民政府，向全区人民，向人大代表、政协委员，向各民主党派、工商联、无党派人士，向驻区部队，向所有关心支持顺庆发展的各界人士和朋友，致以崇高的敬意和衷心的感谢！

各位代表，在看到成绩的同时，我们也清醒地认识到，发展中还存在一些问题和不足，主要表现为：区域经济总量不够大、增速不够快、质量不够优；社会新旧矛盾叠加，群众多种诉求交织；城乡二元结构依然突出，乡村振兴任重道远。对此，我们一定高度重视、认真研究，采取有力措施，切实加以解决。

2018年工作安排

2018年，是贯彻党的十九大精神开局之年，是改革开放40周年，是决胜全面建成小康社会、实施“十三五”规划承上启下的关键一年。鞍马犹未歇，战鼓又催征。立足当前，我们同心同德、信念坚定；展望未来，我们同向同行、信心满怀。这份信心来自中省市的政策机遇，来自历年工作奠定的坚实基础，来自全区干部群众团结拼搏的磅礴力量。只要我们坚定信心、不忘初心、勠力同心，就一定能够在开拓创新中再获佳绩，在继往开来中再创辉煌。

2018年政府工作总体要求是：以习近平新时代中国特色社会主义思想为指导，全面贯彻党的十九大精神和中省市相关会议精神，坚持“稳中求进”工作总基调，坚持新发展理念，紧紧围绕区委“两加快、两促进”“八个坚持”工作要求，全面贯彻落实区委六届六次全会和区委经济工作会议精神，加快推进“成渝第二城核心功能区”建设，奋力推动全区经济社会在高质量发展上取得新成效，实现新突破。

2018年经济社会发展主要预期目标是：地区生产总值增长8.6%；规模以上工业增加值增长10.4%；全社会固定资产投资增长16%；社会消费品零售总额增长13%；一般公共预算收入增长9%；城乡居民人均可支配收入分别增长8.9%、9.9%。

实现上述目标，重点抓好以下工作。

一、全面深化改革开放，不断释放发展活力

改革生动力，开放出活力。坚持深化改革、扩大开放、推进创新，着力解决制约经济社会发展的瓶颈问题，进一步优化发展体制机制。

推进重点领域改革。全面完成212项年度改革任务。深化供给侧结构性改革，围绕“三去一降一补”，全面推行棚户区改造货币化安置。加大公共服务、基础设施、环境保护等领域政策倾斜和投入力度，着力解决经济社会发

展和民生改善等突出问题。推动国企国资、财税金融、投融资等重点领域改革不断取得新突破。

提高开放合作水平。主动融入成渝经济区发展，抢抓川陕革命老区振兴、秦巴山区连片开发等发展机遇，积极向上争取项目资金。加强与国内知名高校、科研院所合作，包装策划一批校地合作项目。紧盯世界500强、国内100强和行业领军企业，开展蹲点招商、产业链招商，持续招大引强，力争全年招引亿元以上项目30个、到位省外资金70亿元以上。

突出创新驱动发展。推进大众创业、万众创新，力争新增省市级众创空间3—5家。加强“双创”加速园、南充高新技术孵化园等创新载体建设，鼓励市场前景好的创新型企业加快发展，培育10户以上成长型科技企业。全面实施“嘉陵江英才工程”“果城·菁英人才计划”，加快引进一批高层次人才。

二、构建现代产业体系，不断增强发展实力

产业是支撑，产业是基础。坚持质量第一、效益优先原则，按照“强三优二特一”思路，提升三次产业发展水平，增强区域经济综合实力。

着力做强现代服务业。推动五星花园、南门坝、白土坝等商圈提档升级，围绕西山、清泉坝等片区打造一批特色街区。加快万汇国际商贸城、芦溪粮食储备库建设。科学规划楼宇经济产业布局，增强绿地智慧城、泰合青年城、南充外滩金融中心等特色楼宇集聚功能。积极发展电子商务、信息技术、文化创意等新业态，巩固商贸中心地位。

着力做优现代工业。大力发展新材料、智能科技、高端装备制造等新兴产业，加快鑫达二期、和泰光纤等项目建设，建成南充通用航空产业园，推动南充智能机器人产业园投入运营，打造高新技术产业集群。依托中国重汽、日上金属等骨干企业，促进高新技术与传统产业有机融合，提高汽车汽配产业核心竞争力。实施企业技改项目12个，完成投资18.2亿元。加快工业园区建设，积极创建国家级高新技术开发区。

着力做特现代农业。建设潆（溪）新（政）线经果林1万亩、沿江线蔬菜产业基地1万亩，加快市农科院科研基地、搬（罾）金（台）大（林）生态循环农业园区建设，打造七坪寨“花好月圆”、黄伞坝“嘉陵江景”等休闲观光农业示范点。大力培育新型经营主体，力争新增省级农业龙头企业2家、农民专业合作社120家，新申报认证“三品一标”农产品5个以上。

三、加快推进城市建设，不断做优发展载体

城市是经济发展的“主战场”，是项目建设的“大工地”。坚持老城有机更新、新城有效拓展，着力打造交通便捷、功能完善、宜居宜业的品质城市。

拓展城市发展空间。实施桑树坝生态文旅城、南充城市中央森林公园项目，建成北部新城一路延长线。加快建设市政新区商业综合体。建成高铁商务区站前广场，打造“双子塔”新地标。启动华新路至四海街隧道建设，完成212线马市铺至潆溪段改道，促进荆溪片区、市政新区、潆华片区串联发展。

完善城市枢纽功能。完成白土坝—西河北路等城市干道综合改造，实施滨江大道延长线、通江大道、将军路大桥等项目，加快顺蓬营一级公路顺庆段建设，保障顺仪、西顺嘉、西蓬一级公路顺庆段顺利施工。助推火车北站客运站建设，积极争取蓉京、汉巴南高铁站点选址顺庆，逐步构建公铁一体、内畅外联的综合交通体系。

提升城市形象品质。深入实施西河生态乡村旅游开发，启动北湖新天地、舞凤山片区综

合改造，建成双女石公园，提档升级气象公园。实施棚户区、城中村改造12处，推进背街小巷整治和老旧小区改造，完善城市光亮工程。加强城市综合执法管理，深入开展“两项清查”专项整治，提升城市科技化、精细化、智能化管理水平，打造和谐宜居中心。

四、实施乡村振兴战略，不断挖掘发展潜力

乡村振兴是“三农”工作的抓手，城乡融合是统筹发展的方向。坚持规划引领、率先突破、全域推进原则，努力打造“望得见山、看得见水、记得住乡愁”的美丽乡村。

优化乡村发展机制。深化农业供给侧结构性改革，积极培育新型经营主体，发展壮大集体经济，推动城乡劳动力转移互动，不断释放“三农”发展活力。制定出台产业发展、项目建设等配套政策措施，推进基础设施、公共服务、社会保障等要素向农村延伸，加快城乡公交、安全饮水、医疗卫生一体化进程，努力形成城乡互补、普惠共享、全面融合的城乡关系。

夯实乡村发展基础。围绕“一区、四带、多园”布局，启动新一轮农田水利专项建设规划，加快永丰水库建设，建成高标准农田9000亩，整治升钟渠系35公里。完善农村路网，新（改、扩）建乡村道路100公里。建立健全人才和资金投入保障机制，鼓励各类人才投身乡村创业。落实粮食安全省长责任制各项措施。加大农业技术推广力度，不断提高农业创新力和竞争力。

打造特色美丽乡村。适度放活乡镇建设用地指标，放宽试点镇自主发展空间，深入推进芦溪扩权镇、李家省级特色镇和搬罾、共兴重点镇建设。建立健全乡村治理体系，培育文明乡风、良好家风、淳朴民风，不断提高乡村社会文明程度。争创省级“四好村”8个，建成幸福美丽新村30个。

五、突出生态文明建设，不断提升发展质量

绿水青山就是金山银山，绿色发展才是最优发展。坚持标本兼治、源头防治、全民共治，让蓝天常驻、碧水常流、青山常在。

开展突出问题整治。深入推进大气、水、土壤污染防治，实施减排、抑尘、治车、控秸专项行动，提升城区空气质量达标率。持续开展水环境综合治理，实现水源水质全面达标。强化土壤重金属污染防控，严控农村面源污染，保持土壤环境质量总体稳定。

加强生态环境保护。严守资源消耗上限、环境质量底线、生态保护红线，坚持最严格的耕地保护制度，加大饮用水源保护力度。加快生态绿化项目、嘉陵江生态走廊建设，推进桂花湖湿地公园旅游开发，全面实行植树造林、禁采禁伐，实施人工造林1000亩、森林抚育5000亩，争创省级生态示范区。

推行绿色低碳发展。坚持绿色生产，支持节能环保、清洁能源等产业发展，加强新能源技术研发应用。实行绿色办公，创建2—3家省级公共机构节能示范单位。倡导绿色出行，引导全民在衣食住行游等方面向绿色低碳、文明健康方式转变，推动全社会形成绿色环保新风尚。

六、持续加强民生改善，不断共享发展成果

民生改善是根本，全民共享是目标。坚持把人民利益放在首位，不断满足人民日益增长的美好生活需要，进一步提升群众获得感、安全感、幸福感。

决战全胜脱贫攻坚。始终坚持把脱贫攻坚作为首要政治任务和最大民生工程来抓，全面落实教育、医疗、最低生活保障等兜底扶贫政策。深入实施危房改造和“三建五改”。建成脱贫奔康产业园12个，完成17个贫困村退

出、3280人脱贫。继续加大汶川县对口帮扶力度，助推汶川县如期脱贫奔康。

办好民生大事实事。深入实施十大民生工程和20件民生实事。推进“厕所革命”，建成一批城乡公共厕所。加快保障性住房和顺庆康养中心、乡镇敬老院建设。积极关爱孤儿、残疾人、留守儿童等弱势群体，完善城乡社会救助体系。全面推进“五险统征”。大力开展就业创业工作，新增城镇就业1.1万人。启动创建省级和谐劳动关系综合试验区。

协调发展社会事业。加快打造荆溪基础教育板块、潆溪职业教育板块、搬罾大学城板块，启动川北医学院整体搬迁，新（改、扩）建清泉小学等学校14所，持续改善一批义务教育薄弱学校基本办学条件，实现新荆溪小学、白土坝幼儿园秋季开班招生。推进市中医医院、区人民医院、妇孺医院基础配套建设，建成芦溪等3个区域医疗次中心。完善顺庆图书馆配套功能，启动区文创产业园建设，挖掘本土特色文化潜力，创作一批文化文艺精品，提升文化软实力。大力实施全民健身计划，推动其他社会事业全面进步。

提升社会治理水平。健全重大决策社会稳定风险评估机制，开展矛盾纠纷“多元化解”活动，妥善解决群众合理诉求。加强安全隐患排查整治，提高突发事件应急处置能力，坚决遏制较大以上生产安全事故发生。深化平安顺庆创建，完善社会治安防控体系，提升街面“见警率”，提标扩面城区“天网工程”和农村“雪亮工程”，依法打击违法犯罪行为，保持社会大局和谐稳定。

政府自身建设

各位代表，新时代、新征程对政府工作提出了新要求。我们将牢固树立“四个意识”，以人民为中心，以职能转变为重点，履行新使命、展现新作为，尽心竭力为人民服务、对人民负责，努力打造人民满意政府。

致力建设法治政府。认真贯彻落实法治政府建设实施纲要，不断完善政府常务会学法制度，健全重大行政决策公众征询制度、重大事项社会公示制度和合法性审查制度。强化法治思维，规范行政行为，严格依法行政。坚持重大事项向区委、区人大常委会报告制度，自觉接受区人大及其常委会的法律监督和工作监督、区政协的民主监督，主动接受群众和社会监督。认真办理人大代表建议、议案和政协委员提案。

致力建设效能政府。弘扬实干作风，强化担当精神，坚决整治“庸政、懒政、怠政”行为和“不作为、慢作为、乱作为”现象。大力推行“互联网+政务服务”模式，加强政务服务标准化清单建设。全面落实政府服务承诺、首问负责、限时办结制度，进一步精简审批事项，优化审批流程。完善重大项目、重点工作督查机制，加大问责追责力度，确保各项决策部署掷地有声、落地见效。

致力建设廉洁政府。扎实开展“不忘初心、牢记使命”主题教育，进一步加强党性修养，强化宗旨意识。严格落实党风廉政建设责任制，坚决贯彻中央“八项规定”精神，驰而不息纠正“四风”。加强项目招标、土地出让、政府采购等重点领域和关键环节监督，强化公共资金、国有资产、国有资源管理，始终保持政府清廉、政风清新、政治清明。

各位代表，新时代赋予新使命，新作为创造新未来。让我们更加紧密地团结在以习近平同志为核心的党中央周围，在市委、市政府和区委的坚强领导下，不忘初心，牢记使命，以更加解放的思想、更加敬业的精神、更加务实的作风，迎难而上，锐意进取，为开创“成渝第二城核心功能区”新局面而继续奋斗！

名词解释

1. “三零”目标：指零到市、零赴省、零进京非访的目标。

2. 楼宇经济：指利用城区新开发楼盘和闲置用房，通过出租、售卖、合作等形式，招商引进现代服务企业和都市型工业，从而培植新税源和新的经济增长点，促进城市经济发展的经济活动。

3. “小升规”：指规模以下小微企业（即年主营业务收入2000万元以下的企业）转型升级为规模以上企业。

4. “两项清查”：指在全区城市规划区内暨近郊乡镇集中开展集体建设用地清查和城市社区（居委会）资产清查工作。

5. 供给侧结构性改革：旨在调整经济结构，使要素实现最优配置，提升经济增长的质量和数量。供给侧主要有劳动力、土地、资本、制度创造、创新等要素。

6. PPP：全称 Public - Private Partnership，又称PPP模式，指政府和社会资本合作，是公共基础设施中的一种项目运作模式。在该模式下，鼓励私营企业、民营资本与政府进行合作，参与公共基础设施的建设。

7. “三建五改”：指按照新农村建设的要求，进行“建园、建池、建家和改厕、改水、改圈、改厨、改路”。

8. “五险统征”：指养老保险、医疗保险、失业保险、工伤保险、生育保险五项社会保险费的统一征缴，并统一核定缴费基数。

9. “七五”普法：指中央宣传部、司法部关于在公民中开展法治宣传教育的第七个五年规划（2016－2020年）。

10. “天网工程”：指为满足城市治安防控和城市管理需要，利用图像采集、传输、控制、显示等设备和控制软件组成，对固定区域进行实时监控和信息记录的视频监控系统。

11. “雪亮工程”：指以区、乡、村三级综治中心为指挥平台、以综治信息化为支撑、以网格化管理为基础、以公共安全视频监控联网应用为重点的“群众性治安防控工程”。因为“群众的眼睛是雪亮的”，故称之为“雪亮工程”。

12. “两加快、两促进”：指加快科学发展、加快城乡建设，促进民生改善、促进社会和谐。

13. “三去一降一补”：指去产能、去库存、去杠杆、降成本、补短板五大任务。

14. “三品一标”：指无公害农产品、绿色食品、有机农产品和农产品地理标志。

15. “一区、四带、多园”：指打造近郊智慧精品农业示范区，搬大线现代设施农业示范带、潆新线高效品牌农业示范带、西河片区民俗体验农业示范带、嘉陵江休闲观光农业示范带和“一乡一品”产业园。

16. “厕所革命”：指对厕所进行改造的一项举措，直接关系到人民的健康和卫生状况，是改善人居环境、提升幸福指数的重要民生工程。

17. “四个意识”：指政治意识、大局意识、核心意识、看齐意识。

18. “四风”：指形式主义、官僚主义、享乐主义和奢靡之风。

中国人民政治协商会议 第六届南充市顺庆区委员会常务委员会工作报告

——在政协第六届南充市顺庆区委员会第二次会议上

（2018 年 1 月 21 日）

吴　斌

各位委员，同志们：

我代表政协第六届南充市顺庆区委员会常务委员会，向大会报告工作，请各位委员审议，请列席会议的同志们提出意见。

2017 年工作回顾

2017 年是第六届区政协的开局之年。一年来，在中共南充市顺庆区委的坚强领导下，我们深入贯彻落实中共十八大和十八届三中、四中、五中、六中全会精神，认真学习贯彻中共十九大和习近平总书记系列重要讲话精神，坚持以毛泽东思想、邓小平理论、“三个代表”重要思想、科学发展观、习近平新时代中国特色社会主义思想为指导，高举爱国主义、社会主义伟大旗帜，牢牢把握团结和民主两大主题，围绕“顺庆新未来、政协新作为”的目标定位，动员和组织政协各参加单位及广大政协委员，切实履行政治协商、民主监督、参政议政职能，为顺庆经济社会又好又快发展和顺庆政协事业创新发展作出了积极贡献。

一年来，我们坚持区委领导，用心谋事干事，合力开创良好工作局面

区委坚强领导。一年来，区委总揽全局、协调各方，着眼全区工作大局发挥政协作用，制定政协年度协商计划，将政协工作纳入党委总体工作部署和年度目标考核，大力支持政协依法遵章履职。注重把重大事项提交政协协商监督，支持政协参政议政。区委常委会专题研究政协工作，听取区政协党组汇报，审议有关工作报告，及时解决政协工作中的重大问题，支持政协委员队伍、机关干部队伍建设和政协机关办公环境改善，为政协工作指明了前进方向、提供了坚强保障。

政府大力支持。区政府切实加强同政协的联系与配合，坚持区政协领导列席政府常务会议制度，积极邀请政协有关领导和专委会负责人列席政府其他重要会议，高度重视委员提案办理和社情民意落实工作，大力支持政协履行好各项职能。区政府领导带头参加政协专题协商、视察调研、提案督办等履职活动，面对面与委员协商交流，认真听取意见和建议，重视协商意见的批办、督办和反馈工作，形成了政府工作与政协工作相互支持、相互配合、相互

促进的良好工作格局。

*政协主动作为。*我们坚持在区委领导下开展工作，主动向区委汇报重要工作、请示重要事项、报告重大活动，自觉把政协工作置于区委工作大局之中，坚决执行区委决定和要求，使区委的各项决策部署在政协得到了不折不扣的贯彻执行。紧扣区委“建设成渝第二城核心功能区”和“保住全市第一，冲进全省前十”决策部署，确立了“顺庆新未来、政协新作为”的目标定位，并围绕中心积极谋事，主动干事，努力成事，做到了党政中心工作推进到哪里，政协履职工作就跟进到哪里。

*多方协同互动。*切实加强与上级政协的沟通衔接和协同互动，配合省、市政协开展城市低保工作、项目攻坚、全面创新改革试验、食品安全、棚户区改造等课题调研和重点项目民主监督，实现了优势互补、上下联动和力量聚合，为顺庆经济社会发展争取了更多的支持和帮助。健全主席会议成员联系民主党派、工商联、无党派制度，积极邀请民主党派、工商联、无党派等各界人士集中学习中共十九大精神、参加政协例会和视察、调研、提案督办等履职活动，增进合作共识，形成工作合力。不断强化区政协专委会与区级部门的对口联系和协作配合，通过视察调研、座谈联谊等多种方式交流信息、互通情况、加深理解，为更好地履行政协职能营造了良好的外部工作环境。

一年来，我们紧扣大局履职，广泛协商议政，切实发挥参谋助手作用

*广泛开展整体协商。*区政协六届一次会议期间，委员们通过与区委、区政府领导面对面协商、小组讨论、书面建言等方式，围绕区人民政府、区人民法院、区人民检察院工作报告及财政预算等报告和群众关心关注的热点难点问题协商议政，提出了“加快‘城市会客厅’建设，打造城市地标”“加大砂石随意开采等乱象的整治力度”“完善教育人才引进机制，出台优秀教师引进政策”“加强潆溪片区污水排放治理”等意见和建议100余条，得到区委、区政府及相关部门的高度重视，许多建议已转化为党政的工作决策或相关单位的工作举措。

*深入开展专题协商。*区政协常委会议紧扣改革发展中的重点、难点问题，深入调查研究，认真开展专题协商。全年共召开常委会议4次，围绕区政府2017年上半年经济和项目工作、农村脱贫攻坚、党风廉政建设等工作认真协商建言，提出了“算好当前和长远、投资和效益、速度和质量、收入和负债‘四笔账’，高起点高标准规划实施项目，高质量高速度推进经济运行”“做好产业富民文章、强化扶贫要素保障、加强主体作用引导、建立扶贫长效机制”等40余条有针对性、建设性和可操作性的意见及建议，大多数意见及建议被采纳吸收。关于脱贫攻坚的意见建议得到区委领导的充分肯定和批示办理，为党政决策提供了有益参考。

*扎实开展重点协商。*坚持大视野、小切口，进一步健全主席会议重点协商机制，紧扣党政和政协工作重点，认真开展重点协商。全年共召开主席会议10次，就全域乡村旅游发展、教育产业发展、棚户区改造、重点提案办理、健全政协工作制度等重点工作，提出意见建议60余条。“加强规划引领，坚持农旅结合，打造一批各具特色、内涵丰富的乡村旅游项目”“在北部新城建设‘教育城’，重点发展优质高等教育、职业教育和高中教育”等建议被区委全委会报告采纳吸收。

*认真开展对口协商。*区政协各专委会充分发挥专业优势和对口联络优势，切实加强同党政部门的联系沟通，积极开展对口协商。全年共组织政协委员对非物质文化遗产保护、流通环节食品安全监管、人才工作、规范停车管理、群众文化工作、天网工程建设等工作开展对口协商17次，提出了“加强协作配合，坚

持全程监管，强化宣传引导，构建流通环节食品安全监管长效机制”“进一步健全育才政策体系，搭建人才培养和成长平台”等意见建议80余条，许多意见建议得到相关部门的及时采纳和反馈，有效地促进了相关工作。

一年来，我们突出破阻解难，强化民主监督，积极贡献政协智慧力量

深化提案办理监督。健全常委会、主席会议、专委会、民主党派多层次督办提案机制，在提案督办中广泛开展民主监督，提案办理深度和民主监督广度不断拓展，形成了“委员提、共同议、合力办”的良好工作格局。区政协六届一次会议以来，委员们共提交提案162件、立案108件。截至2017年11月，所立提案已全部办复完毕，委员对提案办理结果满意率为99.1%。市房管局顺庆办事处承办的“加强小区物业管理”提案，办理结果委员不满意，为使该提案建议得到进一步落实，我们将委员意见函告市政协办和市房管局，并提请市政协对市级部门驻区机构工作开展民主评议。

注重视察调研监督。坚持把视察调研作为强化民主监督的重要抓手，在视察调研中加强民主监督，在民主监督中强化协商建言。一年来，我们围绕“顺庆府”特色商业街区建设及管理、县乡道路管护、城乡医疗卫生一体化、医保工作、西河生态环境保护、川东北汽贸中心汽车4S店污水排放及处理、专业市场消防安全等工作开展具有监督性的视察或调研活动16次，形成《突出特色，优化业态，打造特色商业街区品牌》《坚持综合施策，提升县乡道路养护水平》《关于推进我区城乡医疗卫生一体化的思考》等专题视察、调研报告，共提出意见建议70余条，得到了党政领导及有关部门的高度重视，为推动相关工作发挥了积极作用。

用好社情民意监督。充分发挥社情民意“绿色通道”和“直通车”作用，积极履行民主监督职能，有效提升了民主监督时效。一年来，我们共收集社情民意信息90余条，编发社情民意专刊30期。“规范共享单车管理”“加强宗教场所文物保护和安全管理”“村道缺少交通标识”“对畜禽养殖场关闭拆迁后土地复耕及利用的建议”“落实涉税信息共享，促进地方财力稳定增长”“加强青少年生命教育”“家庭茶坊扰民，建议专项整治”等社情民意得到党政有关部门的认真采纳和办理落实，促进了一大批问题的有效解决。

强化特约民主监督。区政协主席会议成员应邀对区人民检察院未成年人刑事检察工作进行监督建言。部分政协委员应邀视察区法院工作，参加经济发展软环境测评、市级部门及各县（市、区）工作绩效暨民生工程社会满意度测评、农村居民管道天然气阶梯价格制度听证。全年共推荐30余名政协委员担任行风政风监督员、廉洁征兵监督员，对相关部门和单位执行法律法规、贯彻方针政策、开展依法行政、作风效能建设等情况进行了有效监督。

一年来，我们发挥独特优势，助力中心工作，充分展现政协担当作为

躬身实践勤干事。区政协主席会议成员分别在北湖片区改造、三原实验学校管理、李家特色商贸物流小镇建设、崇仙境森林公园开发、新复—同仁脱贫奔康产业园及顺蓬营沿线农业项目、党风廉政建设和平安建设社会满意度测评、中央环保督察反馈问题整改等重点项目和工作中负责组织指挥或联系协调工作，为我区改革发展鼓实劲、出实力、干实事。区政协机关干部积极参与西河生态乡村旅游项目、双女石公园建设、督导西华大道改造等工作，协力推动相关工作顺利开展。广大政协委员立足岗位，敬业奉献，在经济社会发展主战场建功立业，为顺庆经济社会发展作出了积极贡献。

联谊交流广聚力。切实加强与上级、兄弟县（市、区）及外地政协组织的联谊交往，宣传展示我区发展成就，学习借鉴先进经验。2017年，共接待广东省佛山市高明区、绵阳市涪城区、自贡市自流井区、雅安市雨城区等省内外政协组织来访考察10余次，组织委员外出学习交流8次，先后学习考察了教育产业发展、农业产业化经营、生态康养旅游发展、委员履职服务管理、反映社情民意信息等先进工作经验。通过这些活动，提升了顺庆知名度，推进了对外交流合作，深化了友谊和共识。

协调关系解难事。充分发挥政协联系各界的桥梁纽带作用，主动协助党委、政府做好协调关系、理顺情绪、化解矛盾、凝聚人心的工作，共同维护和谐稳定发展大局。区政协主席会议成员包案处置挂牌信访案件、牵头负责联系乡镇的信访安全稳定工作，做了大量艰苦细致和卓有成效的工作。广大政协委员和政协机关干部积极协助党委政府做好党风廉政建设社会评价、平安建设社会评价、城市主干道改造等工作的宣传解释和舆论引导，认真参加“缓堵保畅”义务执勤，主动摸排化解矛盾纠纷，在维护社会和谐稳定方面发挥了积极作用。

集力汇智助脱贫。深入推进“企业帮村、界别帮点、委员帮户”脱贫攻坚行动，动员208名政协委员和37名机关干部全员参与精准扶贫，累计协调争取扶贫专项资金、部门项目资金、委员捐赠资金等各类资金2000余万元，实施特色产业、基础设施、民生工程等脱贫项目12个，开展“送技送医送关爱”等活动20余次，促进贫困村村容村貌明显改善、贫困群众持续稳定增收。区政协机关定点帮扶的梵殿乡董干沟村和区政协领导联系帮扶的梵殿乡徐家沟村实现整村脱贫摘帽。董干沟村被省委、省政府评定为省级“四好村”。

在助推脱贫攻坚实践中，广大委员有钱出钱、有力出力、有智出智，办了大量实事好事。如李林委员成立归雁扶贫济困协会，筹集资金1000余万元，资助贫困对象300余人，扶持产业项目6个；屈乐委员免费为贫困村制定乡村旅游发展规划；安民、张钦峰等委员以“公司+基地+农户”模式建产业基地1.2万余亩，带动周边贫困户增收致富；周劲松委员为贫困户赠送价值1.6万元的全套家具，等等。这些感人事迹，充分展现了政协委员强烈的为民情怀和履职担当。

一年来，我们立足强基固本，加强自身建设，有效提升服务保障水平

加强履职能力建设。采取集中学习、专家辅学、外出培训、专委会专题学、实践锻炼、举办“政协大讲堂”等方式，组织委员和机关干部深入学习中共十九大精神、统一战线、人民政协理论及规章制度，认真学习提案撰写、视察调研、收集反映社情民意信息等履职方法，切实提高了履职积极性和履职本领。制定《委员履职服务管理考核办法》，建立委员履职档案，健全委员激励和退出机制，增补10名政协委员，增强了委员队伍的生机与活力，有效夯实了履职基础。

加强机关自身建设。健全《常务委员会工作规则》《主席会议工作规则》《提案工作规则》《政协机关管理制度》等规章制度32项，实现政协工作有章可循、有据可依。优化机关岗位设置和人员配备，机关工作效能得到进一步提升。实施政协办公楼改造，完善功能设施，机关面貌得到明显改善。加强政协文化建设，营造浓厚政协氛围，丰富“委员之家”内涵，进一步提升了政协委员和政协机关干部的荣誉感、自豪感和归属感。

加强文史宣传工作。坚持“亲历、亲见、亲闻”原则，认真搜集、挖掘和研究整理顺庆宗教专题文史资料，编辑出版《顺庆宗教》文史专辑，填补了我区宗教文史资料空白。配合市政协征编“回望升钟水库”、《南充文史》等文史资料，丰富了地方史料。切实加强与宣

传部门和新闻媒体的协作配合，在“人民政协网”“团结网”、《四川政协报》《南充日报》及上级内部刊物发表各类稿件30余篇，在南充电视台推出新闻报道40余次，更新顺庆政协网工作动态110余条，编发《顺庆政协》《调研与建议》等自办内刊80余期，编辑《顺庆政协履职实录》，筹办“人民政协之声”文艺演出，为扩大政协影响，推进政协事业创新发展营造了良好的氛围。

各位委员、同志们，第六届区政协在继承中创新，在创新中发展，实现了本届政协工作的良好开局。这得益于中共南充市顺庆区委的坚强领导和高度重视，得益于区人大、区政府及社会各界的大力支持和密切配合，得益于历届顺庆政协人的接续奋斗和接力探索，得益于区政协各参加单位及全体区政协委员的共同努力和辛勤付出。在此，我代表第六届区政协常委会，向区委、区人大、区政府，向历届区政协领导和同志们，向政协各参加单位和全体政协委员，向所有关心和支持政协工作的各界人士，表示衷心的感谢并致以崇高的敬意！

在肯定成绩的同时，我们也清醒地认识到工作中还存在一些不足，需要加强和改进。比如，委员履职积极性有待进一步增强；建言献策的水平有待进一步提高；履职成果转化有待进一步加强，等等。希望各位委员和各位同志提出宝贵意见，以便我们把今后的工作做得更好。

2018年工作总体安排

2018年是全面贯彻落实中共十九大精神的开局之年，是改革开放40周年，是决胜全面小康、实施“十三五”规划承上启下的关键之年。区政协的总体工作思路是：高举爱国主义、社会主义伟大旗帜，以毛泽东思想、邓小平理论、“三个代表”重要思想、科学发展观、习近平新时代中国特色社会主义思想为指导，坚持团结和民主两大主题，深入学习贯彻中共十九大和习近平总书记系列重要讲话精神，在中共南充市顺庆区委的坚强领导下，紧扣“顺庆新未来、政协新作为”的目标定位，围绕全区改革发展大局，认真履行职能、建言献策，主动协调关系、汇聚力量，为助推顺庆经济社会科学发展和政协事业创新发展发挥政协作用、贡献政协力量。

一、切实加强学习教育，进一步把准履职方向

大力开展主题鲜明、形式多样的学习教育活动，深入贯彻中共十九大和习近平总书记系列重要讲话精神，团结引导民主党派、工商联、无党派等各界别、各阶层人士不断增进政治思想共识。准确把握新时代对政协工作的新要求，用十九大精神和习近平新时代中国特色社会主义政协思想指导实践、推动工作。认真学习贯彻区委六届六次全会精神，切实把思想和认识统一到区委“五个不动摇”的决策部署上来，落实到实现“两加快两促进”的具体行动中，引导全体政协委员与党委政府思想同心、目标同向、工作同步，形成团结和谐、齐心协力、干事创业的良好氛围。

二、切实突出履职重点，进一步提高履职质效

围绕区委六届六次全会确定的战略目标和区政府今年的重点工作，认真履行职能，提出有分量、有见地的意见和建议，促其落实落地。围绕推进产业提振、项目攻坚、城市提升、乡村振兴、惠民解忧、改革开放、文化兴盛和枢纽提升等课题，组织政协委员和相关专家学者深入调研、认真协商，形成高质量的视察调研报告、提案、社情民意信息等履职成果，更好地促进顺庆科学发展、加快发展、转型发展。围绕教育产业发展、污染防治、基本

公共卫生服务、食品安全、社会保障等民生问题，综合运用政协各项职能，积极建言献策，促进一批群众最急最盼的问题有效解决。

三、切实加强民主监督，进一步增强监督实效

认真贯彻中共中央、中共四川省委关于加强和改进人民政协民主监督工作的意见精神，按照市委相关要求，协助区委制定我区的实施意见，明确民主监督主要内容、完善民主监督形式、规范工作程序、健全工作机制。完善各民主党派、工商联、无党派通过政协平台开展民主监督的制度和机制，使各民主党派、工商联、无党派人士在政协监督中的作用得到充分发挥。加强同人大、纪检（监察）新闻媒体等单位的协作配合，形成监督合力，增强民主监督实效。在常态化开展会议监督、视察监督、提案监督、社情民意监督、特约监督的同时，对1－2个区级部门的工作开展民主评议。

四、切实推进探索创新，进一步激发工作活力

不断完善各党派、团体通过政协平台参政议政的机制，邀请各界群众代表列席政协常委会议、主席会议，直接通过政协渠道反映问题和诉求。着力创新政协界别活动的形式、内容和保障机制，加强界别之间的交流协作，更好地发挥界别作用。积极发挥住区省、市政协委员的优势，联合开展履职活动，促进优势互补，发挥整体效能。加快健全履职成果整理报送、跟踪反馈和转化运用机制，切实增强履职实效，进一步激发委员履职尽责的积极性、主动性和创造性。

五、切实加强自身建设，进一步夯实履职基础

按照“懂政协、会协商、善议政”的要求，进一步加强委员队伍建设，强化委员履职服务管理，着力建设有责、有能、有为的高素质委员队伍。健全专委会对口联系区级部门制度，创新履职方式和载体，更加灵活、更为经常、更重实效地开展对口协商，切实增强履职针对性和实效性。加强政协机关制度化、规范化、程序化“三化”建设，着力提高办文办会办事能力、协调关系能力和服务群众能力，为政协充分履行职能提供更加优质的服务和保障。

各位委员、同志们，新时代孕育新机遇，新时代当有新作为。让我们更加紧密地团结在以习近平同志为核心的中共中央周围，在中共南充市顺庆区委的坚强领导下，凝聚更强合力，发挥更大作用，不断推动我区人民政协事业创新发展，为开创“成渝第二城核心功能区”新局面而努力奋斗！

名词解释

1. 企业帮村、界别帮点、委员帮户：南充市政协响应省政协“扶贫攻坚委员在行动”活动号召，在全市政协组织开展的扶贫攻坚行动。企业帮村：即动员、倡导和激励委员所在企业定点帮扶1个贫困村；界别帮点：即要求各界别委员小组分别定点帮扶1个贫困点或社；委员帮户：即要求每名委员至少结对帮扶1名贫困户。

2. 两加快两促进：中共南充市顺庆区委六届五次全会作出的“加快科学发展、加快城乡建设，促进民生改善、促进社会和谐”战略路径。

3. 五个不动摇：中共南充市顺庆区委六届六次全会强调，做好顺庆当前和今后一个时期的工作，必须做到“紧紧围绕‘党的十九大和省委、市委决策部署’的方向引领不动摇；紧紧围绕‘保住全市第一、冲进全省前十’的奋斗目标不动摇；紧紧围绕‘建设名副其实的成

渝第二城核心功能区’的发展定位不动摇；紧紧围绕‘加快科学发展、加快城乡建设，促进民生改善、促进社会和谐’的战略路径不动摇；紧紧围绕‘三大目标任务’（‘全省第一梯队、川东北第一位次、全市一马当先’的发展目标；‘各项指标快于全国、高于全省、领先全市’的奋斗目标；‘在全市考核中，各项工作守5保3争1’的工作目标）的具体要求不动摇”。

顺庆概况

SHUNQINGNIANJIAN

南充市顺庆区是南充市人民政府所在地，是南充市的政治、经济、文化中心，川东北金融、商贸、物流中心，交通信息枢纽，省级“历史文化”名城、优秀旅游城市和三国文化之源，是朱德、胡耀邦、张澜学习、生活和战斗过的地方，是大将罗瑞卿的故乡。

2017 年，全区幅员面积 544 平方公里，耕地面积 23991 公顷，城区面积 64.84 平方公里，辖 11 个街道办事处，18 个乡镇。

地理位置范围

南充市顺庆区位于四川省东北部，四川盆地中部，嘉陵江中游西岸，北纬 30°41′～31°16′，东经 106°～107°1′之间。东临嘉陵江，与蓬安县、高坪区隔江相望；北与南部县、西充县接壤；西与西充县和嘉陵区毗邻；南连嘉陵区。南北长 38.5 公里，东西宽 32 公里，总面积 544 平方公里。

气候概况

2017 年，气候特点温度偏高，总降水量偏多，夏旱一般，伏旱较重，秋绵雨偏轻，全年光热条件丰富。

气温　平均气温 17.5℃，比历年偏高 0.1℃。年极端最低气温 0.6℃，出现在 12 月 20 日，年极端最高气温 40.1℃，出现在 7 月 27 日。

降水量　总降水量 1204.5 毫米，与历年偏多 20%。冬季降雨量偏多；春季降雨量偏多；夏季降雨量偏多；秋季降雨量略偏多。

7 月 6 日日降水量达 219.3 毫米，为今年日最大降水量。

全市降水日数 153 天。与历年相比偏多 16 天。

日照　全市总日照时数 1352.9 小时，与历年相比偏多。从年内日照的分布来看，秋季偏少，其余三季偏多。

历史沿革

新石器时期市境内就有先民生息。远古时为“有果氏之国”，唐虞时为巴人之国，周为巴子国地。秦属巴郡阆中县。西汉初年（公元前 201 年或公元 200 年）设安汉县（故城在今北城五里店附近）。王莽建新朝时，改名安新县，东汉时复名安汉。隋文帝开皇十八年（公元 598 年）并安汉、巴西县为南充县。历代先后为果州、顺庆府（路）、嘉陵道及四川省第十一行政督察区治所。

1950 年 3 月，析南充县城关区所辖的东南镇、西城镇、北城、舞凤乡、华凤乡、河东乡、文峰乡置南充市。为川北人民行政公署直辖市（地级）。1952 年 8 月，川北行署撤销后，于 1953 年 1 月 12 日改隶南充区专员公署。

1993 年 7 月，经国务院批准撤销原南充市，原南充市所辖的东南、西城、中城、北城 4 个街道办事处及舞凤、华凤、新建 3 个乡与原南充县所辖的潆溪镇（辖潆溪、鱼龙、新复片区）、芦溪镇（辖芦溪、梵殿、灯台片区）、搬罾镇（辖搬罾、风山、荆溪片区）、李家镇（辖李家、桂花、辉景片区）及金台乡（辖金台、大林片区）、双桥乡（辖双桥、永丰片区）、共兴乡（辖共兴、同仁、黄金片区）、顺河乡，建立南充市顺庆区。1994 年 9 月，经四川省人民政府批准，将高坪区的渔溪乡划入顺庆区。2003 年，顺庆区有东南、西城、中城、北城 4 个街道办事处；舞凤、华凤、新建、潆溪、芦溪、李家、搬罾、金台、荆溪、共兴、双桥11镇以及顺河、凤山、渔溪、黄金、梵殿、灯台、同仁、新复、永丰、桂花、辉景、鱼龙、大林、龙桂14乡。2011年辖北城、西城、中城、东南、和平路、舞凤、新建、华凤、潆溪、荆溪等10个街道办事处，芦溪、金台、搬罾、李家、双桥、共兴等6个镇，顺河、凤山、渔溪、梵殿、新复、桂花、灯台、同仁、永丰、辉景、大林、龙桂等12乡。2014年辖北城、西城、中城、东南、和平路、舞凤、新建、华凤、潆溪、荆溪、西山等11个街道办事处，芦溪、金台、搬罾、李家、双桥、共兴等6个镇，顺河、凤山、渔溪、梵殿、新复、桂花、灯台、同仁、永丰、辉景、大林、龙桂等12乡。

2015年辖北城、西城、中城、东南、和平路、舞凤、新建、华凤、潆溪、荆溪、西山等11个街道办事处，芦溪、金台、搬罾、李家、双桥、共兴、永丰、辉景、大林等9个镇，顺和、凤山、渔溪、梵殿、新复、桂花、灯台、同仁、龙桂等9乡。

地名演变

顺庆古称安汉县。公元前204年，楚汉争战，汉王刘邦被困荥阳城中。大将军纪信“为王诳楚”而被项羽烧死，刘邦乘机得以脱身。前202年西汉建立后，刘邦为褒扬纪信舍身安汉之功，分阆中县在其家乡置安汉县。县城在今舞凤镇清泉坝五里店。

公元8年，王莽废西汉刘氏皇朝，建立“新”国。安汉县更名安新县。公元25年，东汉建立后，地方建置又恢复西汉旧制。安新县更名安汉县。

公元583年，隋文帝取消郡，改为州、县两级行政区划制。598年，合并安汉、巴西两县为一县，因地处古充国县之南，故定名为南充县。一直沿用至1950年。

公元1221年，宋太祖赵匡胤第十世孙赵贵诚作果州团练使；1224年，宋宁宗诏立赵贵诚为太子，改赐名昀；宁宗驾崩后，赵昀继位是为理宗。1227年，理宗下诏将果州升为顺庆府。府治南充县城。从宋至元、明、清，乃至到民国时期，顺庆成为南充县城的代名词。明洪武年间，县城由清泉坝南迁至莲池坝（今模范街以南旧城区）。

1950年3月，析南充县城关区所辖的东南、西城、北城、舞凤、华凤、河东、文峰4乡置南充市。

1993年7月，南充行政区划调整，撤销南充市，原南充市所辖4个街道办事处及3个乡与原南充县所辖4镇4乡19片区建立南充市顺庆区。

自然条件

地质构造顺庆区地处四川盆地东北部，地质构造属四川盆地褶带构造区南充小区。出露岩层为侏罗系上、中统内陆湖相碎屑沉积岩，岩层极不稳定，厚度变化大，有的突然消失，层理不发育，主要出露侏罗系中统沙溪庙组、遂宁组，上统蓬莱镇组地层。岩性为灰棕紫色、红棕紫色和棕紫色粘土岩，沙质粘土岩为主，内夹厚薄不均的任意长石矿质沙岩。顺庆区土地主要为红棕紫泥北部有少量棕紫泥。

地形地貌顺庆区地处四川盆地东北部丘陵地区，由于受地质构造、岩性、河流侵蚀的影响，地势西北高，东南低，由西北向东南缓倾，海拔在260—500米之间。嘉陵江顺境东南自东北向西南流过，沿岸多为平坝，流径41.5公里。水系较为发达，垂直嘉陵江，自东北向西南分布着渔溪、芦溪、潆溪和西河四条溪水河流。境内地貌属风化剥蚀形成的丘陵地貌，分布着河谷平坝、浅丘宽谷、中丘中谷和浑丘窄谷四种地貌类型。

气候区属中亚热带湿润季风气候区，气候温和，四季宜农。受四川盆地地形和气候影响，日照时数略多于四川盆地。年平均日照时数1267小时，最多年可达l656小时，最少年仅929小时，较同纬度的长江中下游地区少l000小时左右。年均太阳总辐射3558.72兆焦耳/平方米，相当于西藏西部地无功负荷的三分之一；年平均气温17.4℃，1月份最冷，平均气温为6.4℃；8月份最热，平均气温达27.7℃，极端最高气温为41.3℃，极端最低气温－2.8℃，年无霜期300天左右，全年日平均气温均在0℃以上，年总积温6356℃；常年平均降雨量l021毫米，最多年达1529毫米，最小年仅741毫米。从降水的季节分布来看，夏季降雨量最多达44%，秋春季次之。

水系境内河流属嘉陵江流域嘉陵江水系，主要河流有嘉陵江及其支流西河、芦溪河、潆溪河等，流向多由北而南。河流总长约48.3公里，平均每2.3平方公里有1公里长的河流。

自然资源

土地资源全区幅员面积中：耕地23991公顷，其中，灌溉水田106874.4亩，望天田11503.9亩，旱地224665.5亩，菜地l056亩，水浇地21.2亩，园地14004.5亩，林地124084.5亩，建设用地114444.2亩，水域中，河流水面19921.1亩，水库水面1678.3亩，坑塘水面6981.4亩，苇地3876.5亩，滩涂9924.4亩，沟渠4398.7亩，水工建筑物526.9亩，未利用地50350.1亩，其中荒草地577.7亩，裸土地3477.5亩，裸岩石砾地12964.5亩，田坎12753亩。由此可见，人地矛盾突出，人均耕地仅0.657亩，人均未利用地0.248亩，均低于全国和全省平均水平。而且坡耕地占耕地的比重相当大，全区现有坡度在15—25度坡耕地95434.3亩，约占耕地总量的1/4。

水资源顺庆区有一江四河，多年平均径流总量15630万立方米，地下水储量2266万立方米，过境水资源量263.89亿立方米，理论水能蕴藏量31718千瓦。嘉陵江全长1120公里，顺庆区段44.7公里，境内流域面积545.45km^2，建国以来最大洪水流量为29500m3/s，1981年，顺庆段最高洪水位276.25米（吴松高程）。历史最大流量33100m3/S，最小流量86.4m3/S，多年平均入境水量261.1亿立方米。理论水能蕴藏量26918千瓦。流经顺庆区的西充河、潆溪河、芦溪河和渔溪河均是嘉陵江的支流，四条河流均在区境内汇入嘉陵江。

矿产资源目前，已探明和开发的矿产资源有石油、天然气、建筑夹砂石、砂岩、陶土（粘土）、页岩、建筑用石材、少量矿泉水。油气开发由省上直接管理，我区开发的矿产资源以砂卵石、砖瓦用粘土、页岩为主。页岩分布广、较丰富，已探明砂卵石场的储备量为1500万方，分布在沿嘉陵江从渔溪乡到舞凤镇二十几公里沿江村社。

植物资源按四川森林分区系统，顺庆区属亚热带常绿阔叶林为主，川中方山丘陵小区。森林植被种类较多，常见的乔木树种有柏木、马尾松、刺槐、构树、小叶榕、女贞、重阳木等24种；竹类以慈竹为主，其次有苦竹、斑竹、棕竹等；灌木有黄荆、马桑、紫穗槐、夹竹桃、野蔷薇、山麻柳、山枇杷、栎类、救军粮、三颗针、五加皮等；经济林树种分属9个科23个种50余个品种，以柑桔、桃子、桑树为主；草本类植物有大芭茅、小芭茅、扁茅草、苦蒿、茜草、狗尾草等；珍贵树种有苏铁、银杏、红豆树、水杉、罗汉松、雪松等。现有森林植被全系人工栽植，成片分布的以柏木、马尾松、杨树纯林为主，其次是柏木刺槐，柏木桤木混交林，柑桔纯林，散生分布以柏木为主，其次是桉树、千丈、桤木、枫杨、栓树、香樟、红椿、苦楝等，慈竹多分布在农舍周围，形成林盘。

动物资源由于建国后对天然林的破坏，动物资源保存较少。顺庆区境内无国家一级保护动物，有部分二级保护动物，如：小灵猫、红腹锦鸡。由于生态环境的逐年改善，森林植被的次第增长，野生动物呈逐年增长的态势，现野生动物中禽类 36 个科 110 种，兽类 14 个种 22 种，其中属省重点保护，省有益野生动物的有 8 种（类），属国家保护有 2 种。境内有白鹭自然保护区 1 个。

人　口

2017 年，全区城乡居民年未常住人口 71.92 万人，户籍人口 65.86 万人。

民　族

主要民族为汉族。占总人口的 99.79 %。有蒙古、回、藏、维吾尔、苗、彝、壮、朝鲜、布依、满、侗、瑶、白、土家、哈尼、傣、傈僳、佤、畲、水、纳西、景颇、土、产、布朗、撒拉、锡伯、俄罗斯、门巴等 29 个少数民族。

国民经济

2017 年，顺庆区生产总值（GDP）完成 358.3 亿元，增长 8.9%，第一产业完成 23.4 亿元，增长 3.9%，第二产业完成 157.1 亿元，增长 8%，第三产业完成 177.8 亿元，增长 10.4%；固定资产投资完成 311.3 亿元，增长 18.2%；社会消费品零售总额完成 228.3 亿元，增长 13.3%；非公有制经济增加 218.3 亿元，增长 9%。粮食总产量 1436 万吨，比 2016 年增长 1.2%，农民人均纯收入达 15873 元，增长 9.7%；城镇居民人均可支配收入 35125 元，增长 9.1%。地方一般公共预算收入 16.24 亿元，增长 21.8%；地方一般公共预算支出 34.98 亿元，增长 14.3%。区域经济综合实力保持全市第一。

教　育

2017 年，全区有公民办中小学、幼儿园、职业中专（学）共计 138 所。其中，幼儿园 68 所，单设小学 31 所，单设初中 6 所，九年制义务教育学校 19 所，高中 7 所，中等职业技术学校 7 所。各级各类在校学生总数为 105446 名。其中，在园幼儿 20552 名，在校小学生 41759 名，在校初中生 18717 名，在校高中生 14176 名，在校职业中专生 9912 名。全区有公民办教师 6412 名。其中，公办教师 4132 名，民办教师 2280 名。

2017 年顺庆区普通高校招生报名考生共 7371 人，比 2016 年增长 377 人。其中文科考生 2818 人，理科考生 3828 人，职教师资和对口高职考生 725 人。全国统考普招类全区本科上线 3063 人（文科 833 人，理科 2230 人），上线率为 46.1%。其中一本上线 1461 人，一本上线率为 22%。全国统考全区共录取考生 6305 人，录取率 85.6%。本科批次共录考生 2991 人，占录取总数的 47.4%。专科批次共录取 3314，占录取总数的 52.6%。

卫 生

2017年，辖区共有医疗机构744个，其中医院49个（公立医院省驻区1个、市驻区3个、区属3个，民营医院市驻区15个、区属27个），公共卫生机构8个（妇幼保健机构2个、疾病预防控制2个、卫生计生监督执法机构2个、市采供血机构1个、市急救中心1个），基层医疗卫生机构686个（社区卫生服务中心8个、社区卫生服务站40个、乡镇卫生院20个、村卫生室248个，诊所、门诊部、医务室370个），其他卫生机构1个。卫生机构总量较2016年增加24个，增加3.33%。2017年，全区卫生人力资源总数13525人（含村卫生室总人员数376人），与2016年相比，增加880人，增长6.96%。顺庆区每千人拥有执业（助理）医师5.01人，每千人拥有注册护士6.51人。

金 融

2017年，全区年末金融机构存款余额10877506万元，比2016年增长0.3%，年末金融机构贷款余额7026931万元，比2016年增长14.2%。

2017年南充市顺庆区经济社会发展主要指标

项 目	总量	增速（%）	备注
地区生产总值（亿元）	358.3	8.9	
第一产业增加值（亿元）	23.4	3.9	
第二产业增加值（亿元）	157.1	8	
第三产业增加值（亿元）	177.8	10.4	
非公有制经济增加值（亿元）	218.3	9	
粮食总产量	1436	1.2	
肉类总产量	363	1.1	
社会消费品零售总额（亿元）	228.3	13.3	
全社会固定资产投资（亿元）	311.3	18.2	
城镇居民人均可支配收入（元）	35125	9.1	
农村居民人均可支配收入（元）	15873	9.7	
地方一般公共预算收入（亿元）	16.24	21.8	
地方一般公共预算支出（亿元）	34.98	14.3	
年末金融机构存款余额（万元）	10877506	0.3	
年末金融机构贷款余额（万元）	7026931	14.2	
年末户籍总人口（万人）	65.86	——	数据来源于公安
年末常住人口（万人）	71.92	——	

政　治

SHUNQINGNIANJIAN

中国共产党南充市顺庆区委员会

全区幅员面积544平方公里，辖18个乡镇、11个街道办事处、231个行政村，户籍总人口65.86万人，常住人口71.92万人，人口出生率、自然增长率呈现低水平增长态势。2017年，全区实现地区生产总值358.3亿元，同比增长8.9%；全社会固定资产投资311.3亿元，同比增长18.2%；社会消费品零售总额228.3亿元，同比增长13.3%；规模以上工业总产值508.1亿元，同比增长16.3%；一般公共预算收入16.24亿元，同比增长21.8%；城乡居民可支配收入分别达到35125元、15873元，同比增长9.1%、9.7%。全面完成7个贫困村出列、729户、2204人的脱贫年度目标任务。全区经济社会发展稳中有进、稳中向好。

【项目建设】 2017年，全区共实施重点项目112个，总投资1026.12亿元，年度计划投资194.40亿元，其中：省重点项目5个，总投资97.76亿元，年度计划投资14.10亿元；市级重点项目22个（含5个省重点项目），总投资524.86亿元，年度计划投资112.69亿元。全区重点项目实际开工建设112个，开工率100%；2017年实际完成投资235.87亿元，完成率121.33%。按项目类别划分，2017年，实施产业发展项目40个，总投资479.5亿元，年度计划投资68.62亿元，全年实际完成投资88.62亿元，完成率129%；基础设施项目39个，总投资336.8亿元，年度计划投资68.7亿元，全年实际完成投资75.7亿元，完成率110.2%；民生及社会事业项目33个，总投资209.83亿元，年度计划投资57.08亿元，全年实际完成投资71.08亿元，完成率124.5%。南充国际商贸城、北湖片区综合改造、城北中央森林公园等重大项目前期工作稳步推进；城市主干道综合改造提升、顺蓬营公路顺庆段建设、南充高铁商务区配套基础设施建设等一批重大基础设施项目加快推进；中国重汽集团南充海乐生产基地建设、智能终端产业园、汉能移动能源产业园、通讯光纤光棒等一批重大产业项目加快实施；白土坝幼儿园、新城学校、新复同仁脱贫奔康产业园等一批重大民生项目有序推进，实现了投资量、实物量、工作量“三量齐增”。这些项目的实施，对于推动顺庆区产业提档升级、改善城乡环境、促进社会民生和谐起到了积极作用。

【脱贫攻坚】 2017年，省上下达我区的脱贫任务：7个建档立卡贫困村退出，2204名建档立卡贫困人口减贫。对照“一低五有”贫困村退出省标，长远沟村、四方寨村、包包田村、七沟村、盐井坝村、徐家沟村、董干沟村实现顺利出列；按照“一超、两不愁、三保障、三有”的退出标准，对全区763户、2364名贫困人口进行了脱贫验收。加大投入，夯实基础。区本级财政今年投入6600万元，统筹各方资金共计2.61亿元，用于脱贫攻坚工作。新建改建通村道路50公里，新建文化阵地10处、提档升级2处，配套村卫生室12个，实现全区所有预脱贫户水、电、广播电视信号全覆盖。落实政策，对标补短。实现贫困户低保全覆盖，县域内就医“零支付”，子女义务教育零辍学；对763户预脱贫户全面实施C、D级危改和“三建五改”，完成145户443人易地扶贫搬迁；为贫困户提供公益岗位508个。培育产业，带动增收。大力实施乡村振兴战略，结合区位优势，实行全域旅游规划，打造南充最佳乡村休闲目的地。全面建成12个脱贫奔康产业园和10个脱贫示范村。通过“土地租金收益、小额信贷入股、入园务工增收、资产量化分红”等多种途径建立贫困户与产业园的利益联结机制。金融扶持，助推脱贫。2017年底，个人精准扶贫贷款余额27336.3万元，户均余额11.2万元，覆盖率95.1%。产业精准扶贫贷款余额21784.9万元。项目扶贫贷款余额78749万元。产业扶贫贷款新增15348万元，项目扶贫贷款新增18900万元。未发生一笔不良贷款。党建促脱贫，组织引领。推动各帮扶力量沉入一线，探索出“组织领办、营销外包、营运托管、众筹共享”的集体经济发展新模式；结合脱贫攻坚“五大教育”，探索成立脱贫“互助组”，通过党员提名、群众点评等方式推动乡风民风改善。法治助推，解困解忧。组成100余人扶贫法治小分队，化解矛盾纠纷30余件，协调区级部门解决了62名“三留”人员和残障人员的基本生活和权益保障等问题。

【改革开放】 2017年，全区审议通过改革方案35个，持续推进改革任务109项，上报备案文件83个；共承担中省市改革试点共7项，分别是省上部署的改革试点3项，市上部署的改革试点3项，自主创新改革试点1项。改革工作目标任务加紧推进。制定《区委全面深化改革领导小组2017年度工作台账》，采取“清单制+责任制”工作法，将目标细化为278项。经济体制改革不断深化。对2017年实施的西华路、滨江大道改造等19个重大项目主要推行PPP投资模式，有效解决了资金瓶颈问题；建立“互联网+政务服务”机制，清理行政权力事项5435项。农业农村改革不断深化。保障农业转移人口利益，出台区财政转移支付同农业转移人口市民化挂钩机制专项改革方案，建立健全支持农业转移人口市民化的财政政策体系，实现基本公共服务常驻人口全覆盖。社会事业改革不断深入。实施全民参保登记计划，参保登记率达90%以上，基本医疗保险覆盖全区城乡居民，建立农村最低生活保障制度。司法体制改革不断深入。探索推行简易案件速裁机制，努力实现“难案精审、简案快审”的目标；推行“点援制”、受理窗口前移等一系列便民利民措施，让困难群众享受最有效的法律援助服务。改革试点成效突出。结合顺庆实际和发展需要，自主推进“城乡公交、安全饮水、医疗卫生“三个一体化”等自选改革项目，全面完成区域卫生信息平台建设，贫困人群签约覆盖率100%；作为全国首批公立医院改革试点市的中心城区成绩斐然，“三大卫生项目为群众撑起‘健康伞’” “投资近4000万元，顺庆建公共卫生服务中心”等经验做法在中省媒体报道。司法体制改革深入推进。着力破解“两法衔接”难题、强力破解“执行难”，加快推进网络执行查控系统和信用惩戒体系建设；2017年，区法院受理各类案件2081件，信用惩戒921人，依托“互联网+”拓宽普法渠道，全面启动“七五”普法，深入推进“法律七进”。党的建设改革不断深入。坚持以党的制度改革为基础，出台区委常委会会前学党章党规、学系列讲话和会前学习法律法规等常态化制度化实施方案，稳步推进“三重一大”等制度落地落实，突出党组织作用发挥，不断深化社区治理，建立“五级网络”等运行机制，其“双化竞投”模式被省委党的建设改革小组办公室表彰为“创新提名奖”。

【防汛减灾】 2017年，全区认真开展隐患排查整治，突出防汛预案演练，做好防汛物资保障，实行24小时值班值守，确保了安全度汛，未出现人员伤亡和重大汛期事故。重点设防，坚持防灾预警到位。以“一城、一江、四河、六坝、二十八库”为防汛重点，按照“安全第一、常抓不懈、以防为主、全力抢险”的方针，精心组织、充分准备；修订完善了《南充市顺庆区防洪总体预案》，审批收集了全区18个乡镇、11个街道办事处的防汛预案，提前准备储备防汛物资，确保全区防汛需求。防患未然，坚持保障机制到位。认真落实以行政首长负责制为核心的各级防汛机制和应急响应机制，按“横向到边，纵向到底”的原则，开展汛前检查，对存在隐患的部位及时进行了整改。督练结合，坚持隐患排查到位。全力承办“南充市2017年防汛抢险综合应急演练”，认真组织区防汛系统业务工作培训会，成立了顺庆区防汛减灾与地质灾害防治督导组，持续开展防汛隐患点排查，持续开展防汛减灾督导工作。

【环境保护】 2017年，全区认真做好中央和省委环保督察工作，中央环保督察转办信访件办结率达91%，省环保督察转办信访件办结率达94%。环境保护考核机制建立健全。成立区环境保护委员会和区环委会办公室，统一领导、组织、联络和协调全区环境保护工作；明确各单位环保职能，全面落实环保“党政同责”和“一岗双责”责任制，将环保工作纳入年度目标任务考核并占比15%。环境质量提升明显。全年优良天数为289天；全区乡镇集中式饮用水源地水质优良比例达100%，西充河、芦溪河及渔溪河常年保持Ⅲ类水质以上，潆溪河由劣Ⅴ类好转为Ⅳ类水质。污染防治成效显著。全面打响大气、水、土壤污染防治“三大战役”。打赢蓝天保卫战，关闭拆除燃煤锅炉111台，完成9家砖瓦厂整改验收，完成全区2024辆黄标车淘汰任务，完成21家加油站合格验收，完成辖区108家挥发性有机物排放源企业排查核实上报，建筑工地扬尘治理“一硬四有”设施比例达100%，城区内道路机械化清扫保洁率达75%。打赢碧水保卫战，全面落实河长制提升全区水环境，禁养区内的179家畜禽养殖场全部关闭，32家砂石堆码场全部关停，24家排污不达标屠宰场全部关闭拆除；完成西河治理工程和农村环境连片治理工程竣工验收，完成李家、芦溪、金台新建污水管网主体工程，完成大林、顺河、龙桂、梵殿4个新建污水处理厂主体工程及设备安装。打赢净土保卫战。开展农用地土壤污染源详查，划定详查单元2个，核实农用地详查点位19个，完成辖区工业企业、医疗机构等涉危企业备案管理500余家，安全转移处置135家企业危险废物263.98吨。环境监管常态运行。落实“双随机”环境监管制度，实现对系统内83家企业常态化监管；建立网格化监管体系，全年通过环境监管所（办公室）处理各类信访投诉377件。2017年，全区立案查处环境违法案件93件，累计处罚金额820.26万元，其中，环境违法处罚案件移送法院强制执行2件，环境违法案件移送公安机关10件，行政拘留案件8件，行政拘留8人，刑事立案案件2件，刑事拘留5人。全年区内无较大以上突发环境事件发生，无20人以上的群众因环境问题引发的越级上访。

【安全稳定】 落实“三零”保安全，坚持“零死角”排查、“零容忍”整治、“零放过”惩罚，约谈危险化学品、非煤矿山、烟花爆竹企业法人或管理人员25人，查处非法违法行为532起，依法查处隐患整改不到位企业7家，组织各行业领域开展应急救援演练23次，检查企业1842家，排查一般安全隐患2123

条，整治完成较大以上安全隐患34处。健全了安委会书记区长“双主任制”，建立定期开展安全生产大巡查、定期组织安全暗访、学习教育、安全研判等工作机制。率先在全市建立科级以上领导干部安全生产档案及安全生产痕迹管理制度，完善了安全隐患排查、整治、督办、验收、销号“五本台账”的闭环式管理制度，实行了“一隐患一台账”管理，全区安全事故起数、死亡人数、直接经济损失同比下降37.5%、33.3%、16%。不断探索创新信访和群众工作新模式，妥善解决群众各类信访问题426件，成功处置群体性上访事件126批次、3246人，实现了十九大、省第十一次党代会等特殊敏感时段信访稳定“零通报、零非访、零影响”的“三零目标”。扎实开展平安建设，组织开展“打击盗抢骗”“三打击一整治”“破案会战”三大专项行动，群众的安全感明显提升。

【管党治吏】 2017年，围绕党的十九大精神和省第十一次党代会精神，专题开展大讨论，明确党建主体职责，全面落实从严治党政治责任。狠抓“两学一做”学习教育常态化制度化，建立区委中心组、区委常委会理论学习制度，指导各级党组织开展学习教育活动；紧扣“四讲四有”标准，围绕项目一线、脱贫一线开展主题活动；投入100余万元研发顺庆智慧党建云平台，实现党建基础工作模块化、党员管理在线化、党员教育培训实时化。狠抓领导干部主体责任，持续强化政治责任和政治担当，制定区委班子主体责任清单，区委常委会研究党风廉政建设11次，听取党风廉政建设汇报4次；对6名落实党风廉政建设“两个责任”不力的党员领导干部党纪政纪处理，对17名落实主体责任不到位的党员领导干部给予问责处理；将党建工作与业务工作同研究、同部署、同考核，落实19项具体举措抓实党建述职问题整改；细化38项党风廉政建设工作任务、56项肃清南充拉票贿选案余毒工作措施，分项分级压实责任；区委书记坚持“四个亲自”，专题研究党风廉政建设工作5次，开展全区科级干部廉政谈心谈话1860人（次）；深入推动监察体制改革，顺利组建区监委。狠抓统筹推动落实，建立区级领导定点督导等制度，共同推动各乡镇（街道）、部门落实“两个责任”。开设党风政风人民满意栏目，对120名党（工）委（组）书记、纪（工）委书记（纪检组长）进行访谈，明确措施、公开承诺、压实责任；在全市率先建立全区400余名科级领导干部廉政档案，出具党风廉政意见434人（次），“叫停”2人。狠抓依法执政，制定《南充市顺庆区党政主要负责人履行法治建设第一责任人职责的实施办法》保障责任履行到位，全面落实领导干部“五法”机制，区委中心组集中学法3次、区委常委会会前学习法14次、领导干部分层级讲法40余场次，县级领导带队督导依法治区1次。

【正风肃纪】 持之以恒正风肃纪，巩固落实八项规定精神成果。持续开展专项检查。按季度开展中央八项规定精神落实情况专项检查，2017年全区“三公”经费562.32万元，占2016年的38.59%；取消公务用车135辆，保留的69辆全部统一标识、集中管理；全区12名领导干部、130名党员干部主动报备婚丧喜庆事项。持续推进作风转变。推进党风廉政建设社会评价“进村入户”活动，建好“三本台账”，按照“3个100%”分类处置群众反馈问题5500余个，推动反馈问题大解决、干部作风大转变；开展2次政风行风测评，37个部门召开管理服务对象恳谈会，整改干部作风、办事流程等问题458个；持续开展“不作为慢作为乱作为”专项整治，通报批评24人，约谈提醒18人；督促办理96960行政效能投诉735件，办结率100%，群众满意率93.6%。持续开展巡察工作。出台《区委巡察工作实施办法（试行）》，开展9个单位常规巡察和3个单位专项巡察，发现并向被巡察党组织反馈违反“三大问题”“六大纪律”等方面问题100个，提出整改意见61条，移送问题线索39条；加大“两个责任”问责力度，对17名领导干部进行了组织处理，对金台镇、辉景镇、食药局等单位的9名领导干部立案审查并给予纪律处分。

【惩贪治腐】 深化腐败源头治理，充分运用四种形态，巩固反腐败斗争压倒性态势。强化警示教育。深入推进党的十九大精神、“两准则四条例”宣传学习，组织党员干部集中观看《镜鉴》《永远在路上》等警示教育片，组织33个区级部门168名副科级领导干部到嘉陵监狱接受警示教育；制作《顺庆. 你和我共同的家园》《为顺庆点赞》两部党风廉政建设宣传片。强化信访处置。全面建立区、乡、村三级纪检信访举报网络，严格按照信访线索“五类处置标准”分片督办、分片审查、挂牌通报，累计受理信访件数139件、办结135件，办结率97.1%，受理件数同比下降29.8%。强化反腐败协调。充分发挥反腐败协调小组作用，累计召开协调会议9次，公安、检察等部门移送案件线索37件；建立“3+”办案片区协作机制，推动乡镇（街道）纪（工）委全面履责，全区29个乡镇（街道）全部实现办案“零的突破”。强化案件审查力度。全区共立案审查132件132人，给予党纪处分105人、政纪处分35人、双重处分8人，其中科级干部27人；一般性问题的谈话函询174人（次），轻处分107人，重处分25，移送司法2人，有效遏制了不正之风、巩固了良好政治生态。

【领导名录】

书　记：陈泽斌（8月起）
　　　　朱　华（8月止）
副书记：刘　松
　　　　曹　健（4月止）
　　　　尹成平（5月起）
常　委：秦水平
　　　　胡文骥
　　　　张　勇
　　　　李建中
　　　　邱跃峰
　　　　任洁平
　　　　李兴贵（12月起）

区委办公室

【概况】 区委办公室设有秘书股、常委办、信息办、经济社会事业股、法规股、行政股、法治综合股，管理下属事业单位区委党史研究室、区委政研室、区应急保障服务中心。

【参谋辅政】 抓好综合文稿。强化文稿的实效性、针对性，严把文字关、政策关，在文稿上精钻研，文字上细雕琢，2017年区委办公室起草制发各类文件366个；组织撰写领导讲话稿及各种综合材料200余篇；整理印发区委常委会会议及各类专题会会议纪要32期。抓好调查研究。紧紧围绕区委、区政府中心工作，广泛深入开展调查研究，切实加强全区调研工作的组织、协调和撰写等工作，完成《全区领导干部调研文集》编印工作，牵头编写调查研究报告80余篇，编印《顺庆调研》35期，“抓住四个关键问题，推进百镇建设试点”等15篇改革经验文章在省委《调查与决策》等刊物发表，“‘四则运算法’推进城乡医疗一体化”等35篇文章在市委《决策与务实》刊物上发表。抓好信息报送。紧贴区委中心工作，深入挖掘热点焦点、时时关注区情要情、全面收集各类信息、及时应对突发事件，2017

年编印《区委要情》50期，《信息专报》2期；向省委办、市委办报送各类信息480余条，被采用100余条；完成省委办和市委信息办约稿45篇，参与协调处理突发应急事件50余起，为领导掌握情况、科学决策提供了坚强的信息保障。抓好督查督办。重点对全年目标任务、区委全体会议、区委常委会会议、区委专题会议确定的事项以及区委领导交办的事情进行督查督办，实现会议议定事项、领导交办事情，件件有结果、事事有回音。

【服务保障】 抓好公文处理。严格按照《国家党政机关公文处理工作条例》办理文件，坚持从细节入手，对公文的签收、传阅、审核、发文、立卷、归档等进行规范。2017年收发电子公文、运转文件3576份，印制文件资料11000份，完成公文校核437次，上报市委、市政府公文480份，公文运转做到了及时、安全、保密，无一公文因不符合要求而被退文。抓好会务服务。统筹协调全区性重要会议的承办，高质量、高水平承办六届区委全会会议、区委常委会会议、省市电视电话会议等173次；衔接并通知市、区组织召开的相关会议、活动265次，圆满完成了区“两会”会务工作，办会能力进一步提高。抓好机要保密。规范运行OA系统，各乡镇、街道和区级各部门的网络审批全覆盖，文件审批效率明显提高。严格执行24小时值班制度，确保密码安全和通信畅通，全面完成涉密人员、涉密网站（络）摸底统计，不断完善保密工作制度，增添保密设施设备，保密工作效率显著提高。抓好群众来访。热情接待群众来访，认真听取群众的诉求，及时联系责任部门政策解释，依法依规化解矛盾，全年未发生上访群众冲击机关、影响工作秩序事件。

【精准脱贫】 2017年，区委办公室继续帮扶潆溪街道板凳垭村，组织帮扶干部持续结对帮扶潆溪街道已脱贫户巩固脱贫成果。持续巩固脱贫成果。积极发挥党员干部的先锋模范作用，大力实施“党建促扶贫”计划，巩固脱贫成效。持续扶持脱贫产业。帮扶板凳垭村打造农旅结合产业，发展藤椒种植及中药材产业200余亩、莲藕莲藕产业190余亩、稻花鱼养殖150余亩、孔雀、小龙虾养殖300余亩；大力发展种养殖农业合作社，集体增收2万元左右。解决公益性岗位2户，协调务工3户，促进就业50人以上。持续巩固基础设施建设。帮扶板凳垭村修建入户便道4000米，完善维水利设施2000米，维护加固蓄水池6处、囤水田3处、山坪塘5处、水库1处。持续结对“送暖”。区委办干部职工分3个扶贫小组持续深入潆溪街道板登垭村、混元观村、鱼池寺村等9个自然村33户已脱贫户家中进行帮扶，全年走访调研50余次，解决问题200余件，为计划脱贫户协调产业扶持资金每户2000元。通过结对帮扶，实现2017年脱贫的6户贫困户全脱贫，巩固脱贫27户，圆满完成全年脱贫攻坚任务。

【深化改革】 2017年，全面对接中、省、市全面深化改革各项决策部署，确定经济体制等9个改革专项小组共256项重点改革事项，将26个改革事项纳入年度重大改革任务清单，将95个专项改革方案纳入审议计划，制定和上报备案改革类文件131个，保障改革工作有序有效推进。完成省改革试点3项，市改革试点3项，试点示范工作取得实效。区委办印发《关于调整区委全面深化改革领导小组专项小组组成人员的通知》（南顺委办〔2017〕71号）文件，调整、完善充实9个专项小组组成人员。区委改革办印发《关于进一步明确区委全面深化改革工作相关职能职责的通知》（南顺改办发〔2017〕1号）文件，进一步明确各专项小组及下设办公室职能职责。形成责任倒逼、贴身紧逼、调度强逼工作常态，责任进一步落实。

【依法治区】 2017年，全面落实领导干部学法、讲法、考法、述法、督法“五法”机制，协调落实区委中心组学习（扩大）会议集中学法3次，区委常委会、政府常务会会前学习《环保法》《招投标法》等法律法规14次，领导干部分层级讲法40余场次，县级领导带队督导依法治区1次。全面启动“七五”普法，深入推进“法律七进”，通过现场咨询互动，以案释法等方式，推动宣传方式从“单向灌输”向“双向互动”转变。不断探索创新信访和群众工作新模式，健全“三问五诊”“阳光信访”等机制，妥善解决群众各类信访问题，实现了十九大、省第十一次党代会等特殊敏感时段信访稳定“三零目标”。协调区级部门解决了62名“三留”人员和残障人员的基本生活和权益保障等问题。

【党史资政】 坚持“一突出、两跟进”，围绕中心，服务大局，充分发挥“资政育人”职能职责，2017年开展多种形式学习活动10余次，受教人数1万余人。全面记录区委工作成就，编辑完成《2016年区委大事记》《区委2016年执政实录》。全力参谋资政，申报《南充改革开放实录》选题工作、参与《中共南充历史经典故事选编》工作，并编写上报《张澜南充创办实业教育》《罗瑞卿抗典当捐》等16篇党史故事，组织上报“泸顺起义—中国共产党武装起义的先声”征文等资政编写工作；深入开展了“党史进校园”活动。

【自身建设】 加强干部思想建设。2017年，认真开展理论学习，组织深入学习党的十九大精神、习近平总书记新时代中国特色社会主义思想及党在新形势下的新理论、新成果60余次；组织观看《山谷中挺起不倒的脊梁》《为灾区撑起一片天》《榜样》等党的先进典型影片，不断增强党员干部的党性意识、坚定理想信仰，切实增强组织的凝聚力、创造力和战斗力。加强干部队伍建设。2017年，着力开展党员干部业务能力培训，坚持以“细节服务零失误、协调办事零差错、联系群众零距离”标准要求办公室党员干部，不断提高提高“三服务”的能力，努力打造一支立场坚定、业务精通、素质过硬、作风优良的委办队伍。加强党风廉政建设。2017年，持续推进党风廉洁建设和反腐败工作，认真落实“一岗双责”。全力抓好党员干部廉洁自律，学习贯彻“两条例一准则”，严格落实中央“八项规定”和六项禁令，坚决反对“四风”问题，认真落实制定办公室党风廉政建设责任书，签订了《个人廉政承诺书》《党风廉政建设责任书》，落实了党风廉政建设领导责任分工，做到有部署、有落实、有检查、有考核。从严从紧抓好公务活动，厉行勤俭节约，杜绝铺张浪费，严格执行财务、政务公开制度，严格把关，着力加大制度制约和民主监督力度，确保了全年办公室全体人员没有违纪违法现象发生。

【领导名录】

主　任：伍建春

副主任：彭志成（12月止）

　　　　陈　威

　　　　莫　骄（12月起）

纪检员：任　慧（女）

（王海鹏）

组织工作

【概况】 截至2017年末，中共南充市顺庆区委组织部在编职工25人，正副部长6人（含兼职部长3人），部内设办公室、干部股、组织股（调研股）、综干股、干监股。区委党建领导小组办公室、区人才开发暨知识分子工作领导小组办公室、区“两新”组织党工委、区委党员干部远程教育管理办公室作为区委职能部门挂靠区委组织部。全区建有党组织961个，其中党（工）委91个，党总支27个，党支部829个；全区共有党员26187人。

【思想政治建设】 突出抓好党的十九大和省第十一次党代会精神学习宣传。党的十九大胜利闭幕后，顺庆区庚即召开区委常委会、区委中心组学习会、区委全委会专题传达大会精神，通过专家讲座、举办领导干部读书班等5种方式，围绕省第十一次党代会精神专题开展“怎么看、怎么办、怎么干”大讨论，围绕党的十九大精神开展“如何应对挑战、如何加快发展、如何再创辉煌”大讨论，进一步统一思想、形成共识、明确方向。组建宣讲团到机关、村社、学校、企业开展专题盖宣讲，充分运用“今日顺庆”手机APP、“美丽顺庆”等报刊媒体，多角度、全覆盖宣传，确保一个不漏、人人知晓。

着力推进“两学一做”学习教育常态化制度化。坚持真学深学，建立区委中心组理论学习、区委常委会会前学党章党规、学系列讲话制度，指导各级党组织以党支部为单位，按年度作出学习安排，以季度、月份为时间节点研究制定学习计划，专题划分学习内容，做到年度有安排、月月有计划、学习有重点。坚持真做实做，紧扣“四讲四有”标准，围绕项目一线、脱贫一线开展“做合格党员、当干事先锋”“扶贫帮困进农家”等主题活动9轮，党员干部走在前、干在先，涌现出倒在脱贫一线的优秀党员干部李和林，带着妻子在农村“安家落户”的54岁第一书记谢志忠等先进典型，被新华社、四川农村日报等媒体广泛报道。

强力推动党建工作责任落实。区委主要领导带头履行党建主体责任，将党建工作与业务工作同研究、同部署、同考核，落实19项具体举措抓实党建述职问题整改。分层分类建立机关（部门）党委（党组）书记、村（社区）党组织书记抓党建问题清单、任务清单、责任清单，创新PPT方式开展乡镇（街道）党（工）委书记抓党建述职评议考核，得到市委组织部领导高度肯定。出台《党建工作问责办法》，建立党建工作常态化督查机制，按季按月深入基层党组织开展督查督导，动真碰硬通报问责，全年约谈抓党建工作不力党委（党组）书记15人次，免职调整7人，从严传导压力、倒逼责任，确保党建工作时刻抓在手中、落到实处。

【基层组织建设】 突出堡垒作用抓基础。坚持把支部建设作为最重要的基本建设，在农村创新“家庭农场党支部”“支部+专合社”模式，在北城、东南等街道深化推广“大党工委”模式，构建全覆盖、全方位的组织体系。坚持“问题导向”的资源配置理念，改变传统党建“锦上添花”做法，将全区党建工作重心转向战斗力弱、矛盾纠纷多、拆迁压力大的基层党组织。着力整顿12个软弱涣散党组织，面向班子不团结、群众满意率较低的凤山乡等单位，通过选派党委“第一书记”，进行“蹲点服务”等方式，促进组织升级进位。采取“公益性+市场化”方式，全覆盖解决村级办公阵地不达标的问题，高规格启动16个基层党组织示范点建设工作，向同仁乡、灯台乡、梵殿乡等5个工作出彩的单位注入资金逾3000万元，安排示范点位6个，增配专兼职党务工作者7人，为基层党组织发挥作用提供了保障。

突出先锋作用抓示范。圆满完成312个村（社区）“两委”换届工作，为区乡村三级换届全胜划下圆满句号。增配27名村（社区）支部专职副书记，培育474名村级后备干部，大学生村官在全市率先消化完毕，为基层注入新生活力。启动大规模党员教育培训，持续开展村党组织书记、村干部、农村党员普遍轮训。创新党员教育管理机制，投入100余万元研发顺庆智慧党建云平台，将全区946个基层党组织全部纳入信息化管理，完成《顺庆先锋》网站和微信公众号改造升级，在100个村（社区）活动阵地安装“互联网+数字电视”远程教育设备，党建基础工作模块化、党员管理在线化、党员教育培训实时化变为现实。整合资金2000余万元，实施31个党员精准扶贫示范工程，探索出“党建+电商”“党建+农旅”扶贫产业模式，党员先锋模范作用进一步显现。

突出群众满意抓服务。在搬罾、梵殿等乡镇试点推广“民事代办”制度，按照民“愿”收集、民“情”分析、民“事”办理、民“盼”反馈、民“心”评议5步流程，让600余个问题发现在一线，矛盾化解在一线。在龙桂村、桑园路社区等13个村（社区）探索实施“双化竞投”服务机制，引进日照护理、电子物流等无偿、低偿服务机构60余个，实施项目341个，直接受益党员群众2.8万人，该模式受到省委党的建设制度改革专项小组办公室表彰。

突出党建引领抓脱贫。聚焦中心主责，出台《关于进一步严明“五个一”帮扶力量工作纪律的五条规定》等4项规章制度，采取信息化考核方式将160多名帮扶干部全面纳入管理，常态化开展抓党建促脱贫督查督导，推动各帮扶力量沉入一线。2017年度全省脱贫攻坚交叉考核验收满分通过，9名第一书记被省、市表彰。聚焦人才保障，提拔19名第一书记等脱贫攻坚一线干部进入乡镇领导班子，交流重用脱贫一线表现优秀干部58名，脱贫攻坚基础力量进一步增强。聚焦机制创新，尝试“无中生有”工作思路，在同仁、灯台等地探索出“组织领办、营销外包、营运托管、众筹共享”的集体经济发展新模式，“四方寨田园湿地旅游”“灯台儿童欢乐村”被《搜狐网》《市委要情》等媒介平台多次刊文报道。结合脱贫攻坚“五大教育”，在马家山村、四方寨村、石佛寺村等贫困村探索成立脱贫“互助组”，通过党员提名、群众点评等方式推动乡风民风改善，受到省级脱贫攻坚交叉考核验收组充分肯定。全力做好对口帮扶汶川工作，顺庆代表3次在全省交流会上发言，省脱贫攻坚领导小组简报、《四川日报》等重要媒体16次专题报道，市委书记宋朝华亲笔批示予以肯定。

【干部人才队伍建设】 完善作用发挥机制，强化干部队伍执行落实能力。坚定不移落实区委决策部署，聚焦“环保督察”“砂石整治”“主干道改造”“缓堵保畅”等急难险重任务，由组织部门牵头实施督查增效工作，抽调216名青年骨干组成的24支督查队伍，创新推行“1175”工作机制，坚持问题与对策、问责与激励双线并行，实现督查方式由“单一查找问题”向“协同解决问题”转变，督查形式由“简单文字表述”向“综合数据分析”转变，督查方向由“负面典型问责”向“先进典型选塑”转变，在全区形成大干实干的工作氛围，有力地推动1200余项重点任务落实落地。

完善选人用人机制，鲜明重实绩用人导向。坚持问题导向，完善《不适宜担任现职领导干部调整处理办法（试行）》、出台《严肃党管干部的六条原则》等制度，倒逼干部“能干事、干成事”，构建形成能者上、平者让、庸者下、劣者汰的用人导向和从政环境。依托智慧平台，为628名科级干部建立“线上”实绩档案，把分散在各部门的29项“碎片信息”串联起来，为2017年134名干部调整选拔提供了“大数据”支撑。注重在一线培养使用干部，先后选派56名80后、90后干部赴招商、拆迁等一线顶岗锻炼，遴选41名年轻干部开展“双挂双派”，增派79名干部远奔藏区挂职，汶川木上村成为对口帮扶样板，数次被省脱贫攻坚领导小组通报表扬，18名年轻干部被提拔到项目、处突等重要岗位。拓宽遴选后备干部范围，打破体制藩篱和行业壁垒，分层分级选拔第三批递进培养科级后备干部100名、学校后备干部76名，储备一批优秀年轻干部，确保顺庆事业发展后继有人。

完善关心培育机制，优化干部干事创业环境。把干部监督管理拓展到工作、生活、思想的日常经常，探索建立“部长会客厅”，采取“线上+线下”的方式，全天候、全时段、全覆盖为干部畅通意见表达渠道，今年以来全覆盖谈心谈话700余人次，专题开展“书记局长谈心谈话会”“乡镇长街道主任谈话会”，搭建起与干部交心谈心、勉励约谈的平台。聚焦乡村振兴、产城融合等新课题，首次安排全区150个单位主要领导赴浙大、复旦、清华等高校研修深造，在西南财大、毛泽东思想应用学院等地举办示范培训班80余期，涵盖4000余人，形成高质量调研报告241篇，被区委高度认可。出台《激励干部干事创业二十条措施》，实施“团聚”“安心”“安居”等工程，完善子女就学、家属就业、住房保障措施，落实干部体检、带薪休假政策。设立100万元困难党员关爱基金，旗帜鲜明地为担当者担当、为负责者负责、为改革创新者撑腰鼓劲，最大限度调动激发干部“快干、实干、狠干”精气神。

完善招才引智机制，巩固人才工作快速健康发展局面。完善人才引进与开发关键政策制度，出台《“十三五”人才发展规划》《果城·菁英人才计划》《“三名”工作室建设工程实施意见》等多个纲领性文件，创新设立科研经费资助政策、住房生活保障政策，引进5类高层次人才，促进人才集聚、产业集群；推进人才示范工程建设，打造“三名”工作室，培育一批专业领先、行业知名的名师、名医、名家，打造具有顺庆特色的人才品牌；建立县级领导联系人才、专家制度，定期开展交心谈心和走访慰问工作，定期组织专家健康体检、休假、疗养，着力为各类人才创新创业提供全方位服务保障；依托西华师大、西南石油大学等科研院校以及绿地智慧城载体平台，建成3个人才聚集高地，培育创新创业人才100余名，为加快传统产业转型升级、新兴产业跨越发展奠定人才基础。

【组织部门自身建设】 政治素质明显提升。带头学习贯彻党的十九大精神，认真学习党章党规和系列重要讲话，用习近平新时代中国特色社会主义思想武装组工干部头脑、指导组织工作实践。着力加强党性教育，定期开展“三会一课”和“川中监狱警示教育”等部机关支部活动，不断增强组工干部最讲政治、对党忠诚的政治定力，最讲认真、放不下心的担当精神，最讲规矩、公道正派的职业操守。

能力水平显著提高。按照“创评模范组织部门”部署，坚持开展“组工干部大讲堂”，安排每名组工干部轮流担任活动“学长”，开展专题学习讨论、组工沙龙、部机关开放日等主题活动50余次。强化实践锻炼，选派干部到省、市上挂锻炼或跟班学习，安排年轻干部到项目、招商等一线顶岗锻炼，加大交流轮岗力度，推动组工干部在实践实战中历练成长，有效锻炼组工干部提笔能写、开口能讲、问策能对、遇事能办的综合素质。

严实作风基本形成。大力弘扬“严细深实”作风，启用“钉钉”APP，在部机关实现“线上考勤”“线上审批”“线上协作”，极大提升了工作效率。推进“挂图作战”“清单管理”，每周“跟踪督办”、每月“量化排位”，引导组工干部“心思在工作，工作在状态”。坚持深入基层，部领导带头担任定点联系帮扶贫困村驻村工作组组长，全体组工干部定期深入基层开展结对帮扶、调研督查，集中到项目建设、环保督查、信访维稳等一线承担急难险重任务，为全区党员干部作好示范表率。

外宣工作有声有色。持续加强信息员队伍

建设，在都江堰市专题举办全区组织系统信息员综合能力提升培训班，组织组工干部常态开展内外宣信息写作指导，确保基层有人发声。全年向中省主流媒体报送网评文章1000余篇，采用915篇，网宣信息工作全市第一、遥遥领先。创新宣传手段，结合“七一”、年终等时间节点，通过视频宣传片形式展现我区组织工作思路成效、典型经验和有益探索，得到市、区领导同志好评，鼓舞了党员干部干事创业激情。

【领导名录】

部　长：张　勇
副部长：任利民
　　　　罗维成
　　　　白亚军
　　　　青　靖
　　　　唐健波
　　　　蹇森国（9月止）
纪检员：周剑兰（女）
人才办主任：唐健波
副主任：易春晖
党建办主任：蹇森国（9月止）
“两新”组织党（工）委副书记：卢河东
远程办主任：彭　湘

（张露宁）

老干部工作

【概况】 中共南充市顺庆区委老干部局内设办公室、老干部活动中心，下设老干部休养所，现有干部职工7人，其中：公务员4人、参公1人、工勤人员2人；服务管理全区离休及副县级以上退休干部和老干部遗孀213人，其中：离休干部26人、副县级以上退休干部145人、异地老干部4人、老红军遗孀3人，退休干部遗孀35人。

【正能量活动】 开展“畅展”系列主题活动。围绕“畅谈十八大以来新变化、展望十九大胜利召开”主题，引导老同志开展“看神州大发展、话天府新变化、谈果城新成就、谋顺庆新跨越”座谈、“喜看顺庆五年新变化”征文、“大城崛起第一年、我看南充新变化、助力顺庆新发展”调研、“顺庆发展我有一策”金点子征集、“铭记‘两史’、践行‘三爱’”校园宣讲、“喜迎十九大，永远跟党走”文艺展演、“迎十九大召开、庆建军90周年”书画展、“入党记忆诗词诵”“腾飞的顺庆”摄影展、“做健康老人、与时代同行”运动会等10项活动。18幅老同志书画摄影作品入选全市“辉煌五载、继往开来”书画摄影作品展；《脊梁丰碑》《献给党的歌》两首原创诗歌，分获全市“喜迎十九大、永远跟党走”诗歌朗诵展演第二、第三名；1条意见建议入围全市十佳“金点子”，被宋朝华书记批示。

开展助力脱贫“三五行动”。发动老同志组建党建指导、科技服务、感恩教育、文化医疗，扶弱关爱“五支队伍”，掀起“双联双带共建”带党建、“一园多点带N”促产业、“四项宣讲”抓教育、“以城带乡互动”送文体医疗，“三有帮扶”解民困“五项行动”，引导老同志建言献策38条，举办各类宣讲8次，开展法律咨询等便民服务12次，赠送药品包，健身扩音器、过冬物资等累计7万余元，扶持同仁乡四方寨村大雁坎农民专业合作社发展柑橘基地180亩，建成党建组织林200亩，指导李家祠食用菌种植专业合作社建成产业示范园86亩，带动60余户贫困户实现增收。

开展志愿服务活动。组织老同志到社区乡村开展“法制进乡村”“发展成就进乡村”“文明新风进乡村”等义务宣讲20余场，送法制咨询8场、字画春联6000余幅、科普宣传7

场。为联系社区争取发展资金 2 万元，协调解决社区邻里纠纷 16 起。为 100 名贫困留守儿童及 20 名贫困大学生送去助学金 9 万元，举办联谊性趣味活动，展送科普进乡小活动 8 场，帮助民办学校育红小学粉刷教学楼，安装篮球架 2 个。

【服务管理】 强化思想政治建设。组织老同志深入学习党的十八届六中全会，十九大和省委十届九次全会，第十一次党代会及市、区第六次党代会以及区纪委六届二次全会等精神，通过“顺庆区老干部局”微信公众号和“顺庆区老干部之家”微信交流群上传十九大系列纪录片等视频及学习资料，为老同志征订《求是》《晚霞》等报刊杂志 20 余种。先后邀请区人大主任讲党课，市委党校副校长解读有关政策；组织部分退休干部代表共同学习研讨党的十九大精神。

落实政治待遇和生活待遇。严格执行定期通报、传阅文件、参观考察、邀请老干部参加重要会议和重大活动等政治待遇制度。组织老干部赴省外红色革命地学习考察，邀请老干部参加座谈会议 4 次，及时向老同志传达省市党代会等重要会议精神，通报老干工作情况和市区发展动态；在中秋、重阳等重大节日，上门看望、发放慰问礼品累计 8 万余元。始终做到节庆、生辰、住院、困难、纠纷、离世“六个必访”，看望慰问离退休干部 150 余人，送去慰问金 12.2 万余元，赠送生日礼品累计 5 万元，调解老同志家庭纠纷 4 起。组织老同志参加健康体检 1 次，安排离休干部及副厅级以上退休干部到九皇山休养 15 天。

丰富文体娱乐活动。坚持“活动开展经常化，项目设置多元化，竞技交流定期化”，引导老干部男女乒乓球队、象棋队等 7 个文化娱乐团队积极开展活动，区老干部活动中心日均接待量超过 40 人次，集中举办象棋，桥牌，乒乓球等综合竞技活动 4 次，发放活动纪念品 262 件次。组建区老年摄影协会，配合区老干部书画研究协会等开展户外采风活动 7 次，协调市老年大学扩大校舍面积 200 平米。

【特困帮扶】 对区委常委和区人大、政协主要领导联系部分离休干部及副县级以上退休干部名单进行调整，干部职工每人联系 15－20 名老同志，各部门联系本单位离退休干部，建立特殊困难老同志档案，定期开展走访慰问活动。全年帮扶常年重病、经济拮据、重大变故等老同志及老同志遗孀 42 人次，支出帮扶资金 8.86 万元。将全区 4 名无工作无固定收入企业离休干部遗属生活困难补助提高至 920 元/月，对 26 名生活长期完全不能自理离休干部护理费标准调整至 2500 元/月，落实了特需费提标政策，解决了姜涛等个别离休干部待遇落实特殊问题。坚持专人专办，立办立结建章立制，受理老干部信访件 21 件，切实解决老干部诉求。

【脱贫攻坚】 按照“项目跟着规划走，资金跟着项目走，监管跟着资金走”要求，围绕“补齐短板，一个不少全面小康”目标，坚持问题导向，结对帮扶灯台乡袁家庙村贫困户 6 户，规划到户产业 6 项，上门走访 60 余次，入户慰问 4 次，捐资捐物及村产业发展资金 6 万元，组织贫困户到南充市中医院参加健康体检。

【领导名录】

局　长：青　靖

纪检员：李文化

（邓小莉）

宣传工作

【理论武装】 理论学习主题突出。2017 年，区委中心组学习紧紧围绕“建设成渝第二城核心功能区”以及“产城融合示范区、统筹城乡先行区、和谐宜居中心区”等主题，举办区委中心组学习会16次，先后邀请萧山日报社社长王平、四川电子科技大学教授平力、上海自贸区管委会政策研究局局长张湧等专家学者前来授课。理论宣讲深入人心。通过公益广告牌、LED电视屏等载体，深入开展中央、省委、市委和区委重大决策部署氛围营造。借助市委党校政治、经济、文化、产业等方面的专家学者资源，组建区委宣讲团，围绕中央、省委重大决策部署和省、市、区党代会精神开展宣讲，目前已深入基层开展宣讲300多场次。理论研究特色鲜明。今年，围绕市委“建设成渝第二城”这一发展定位和奋斗目标，申报省、市级重点课题近10个。

【宣传载体】 借力中省市宣传平台。围绕顺庆中心工作和重点工作，邀请驻区中省市媒体深入顺庆开展采风活动，借助中省市媒体平台，讲好顺庆故事，传递顺庆声音。今年以来，顺庆在中、省、市主流媒体刊发稿件1800余条，其中，省级以上媒体130多条，在《南充日报》一版和南充电视台“南充新闻”用稿量在全市领先。抢占社会宣传资源。经区委、区政府同意，牵头组建顺意文化传播有限公司，加强城区户外LED平面媒体建设。目前，已完成点位选择，方案设计。创新宣传载体和平台。集时政要闻、政策解读、民计民生、基层动态、社会热点、美食美景、便民服务等为一体的“今日顺庆”APP新媒体平台成功上线，探索建立新闻分片联系制度，畅通新闻信息报送渠道，改版美丽顺庆、顺庆手机报、微博微信，构筑起全媒体、多触角、立体化新闻宣传格局。

【文明创建】 大力弘扬社会主义核心价值观。编印社会主义核心价值观宣传挂图资料3万余份，通过“三下乡”“元宵节”“扶贫日”等活动免费向群众发放。加强示范点位创建。丰富乡村学校少年宫活动内容，规范档案管理，对辖区160多个文明单位进行考核验收。注重先进模范带动。完成“四川好人”和四川省第五届道德模范评选推荐工作，在全区范围内积极开展“学雷锋”志愿服务活动，倡导文明新风。加强农村精神文明建设。将农村精神文明建设与脱贫攻坚紧密结合，开展“勤劳致富家庭”“遵纪守法家庭”“尊老爱幼家庭”等评比活动，指导贫困村按照“七有”要求完善贫困村硬件设施和软件资料。

【文化活动】 广泛开展群众文化活动。牵头完成2017年春节城区氛围营造灯饰工程；举办春节团拜会、“三下乡”、新春闹元宵等系列文化活动。精心策划大型主题文化活动。开展首届“民间文艺汇演”，围绕三国文化、丝绸文化，完成精品节目创排2个。注重文艺人才队伍建设。成功召开顺庆区文艺社科界座谈会。争取市上资源，完成诗歌、音乐、舞蹈、摄影等10多个协会的组建，文艺人才队伍进一步壮大。

【舆情处置】 提升舆情技术监测手段。加强与麻辣社区、三国源论坛等省、市重点社区论坛的合作，引进先进舆情监测设施设备，实行重大舆情“24”小时值班制度，确保了舆情第一时间发现。强化舆情处置时效。创新推出舆情快报、舆情专报和舆情周报制度，每天将舆情收集情况、处置建议报送区委、区政府主要领导，涉及舆情的县级分管领导和部门主要负责人，每周通报舆情办结情况，确保重点舆情及时办结，一般舆情3个工作日办结。加强舆情考核力度。经区委、区政府同意，将网络舆情工作单独纳入各乡镇、街道、区级各部门的年度目标考核。全年共监测发现舆情900余件，每一件都通过短信、提示函的形式报送分管领导和责任单位，所有舆情件件有回音，成功处置了禽流感、下穿火灾、滨江路道路塌陷等重大舆情30余件。特别是网传南充城管打人事件，在快速发声和正确引导的工作中，成功得到了反转。

【精准扶贫】 统筹协调推进金台镇包包田村、凤山乡马家山村、灯台乡尹家祠和任家祠村的精准扶贫工作，各个村的年度基础设施建设、产业发展、三建五改、五大教育、“五个一”帮扶力量等工作任务全面完成。

【领导名录】

部　长：邱跃峰
常务副部长：杨海峰（7月止）
副部长：欧维佳（女）
机关党委书记：罗冠斌（12月起）
机关支部书记：任志伟
纪检员：岳云臻
文明办主任：胡良荣
新闻办主任：孙先胜（12月止）
社科联主席：董清文
文联主席：张　筠（女）
干部秘书股股长（办公室主任）：李邦华
新闻办副主任：陈钧先

（郭志刚）

精神文明工作

【概况】 2017年，全区精神文明建设以培育和践行社会主义核心价值观为核心，统筹推进公民思想道德建设、群众性精神文明创建、未成年人思想道德建设和志愿服务工作，取得了显著成效。区文明办获得第二十三届全国青少年爱国主义读书教育活动组织优秀奖。

【选树道德楷模】 2017年，广泛开展“我推荐、我评议身边好人”系列活动，选树推荐敬业奉献类“中国好人”何家全，助人为乐类“四川好人”杨淋杰、爱岗敬业类“四川好人”王昌武、助人为乐类“四川好人”唐海燕。积极推荐第五届四川省道德模范候选人和第四届南充市道德模范候选人，并开展了第四届顺庆道德模范选树活动。文明家风建设扎实推进，我区王文静家庭入选四川省第一届文明家庭，开展的顺庆区第一届“文明家庭”评选活动反响热烈，在今日顺庆APP和微顺庆上进行投票活动，群众参与度颇高。

【社会主义核心价值观宣传教育】 2017年，区文明办印发了“图说我们的价值观”社会主义核心价值观系列宣传画3万余份，分发市文明办印制的《文明的力量》宣传画5000份到全区所有精准扶贫户，街道社区、车站、公园等积极开展“图说我们的价值观”、播出梦娃系列动画视频等社会主义核心价值观宣传片。打造申报康源水务、五星小学、西城街道办事处、南充市国税局、搬罾青山湖培育和践行社会主义核心价值观工作示范点5个。

【“我们的节日”主题活动】 2017年，顺庆区开展了“清明祭英烈”活动，干部群众近3万人次以扫墓、网上祭奠等方式，表达对先烈、先贤、先人的感恩和敬仰。区文明办开展“文明出行”“文明旅游”宣教活动，强化市民文明出行习惯和旅游行业规范。

【群众性精神文明创建】 2017年，区文明办将道德建设与文明单位、文明村镇建设紧密相连，康源水务、市国税局等40多家省级（含以上）文明单位及部分市、区级文明单位“道德讲堂”活动常态化开展；并且在全区搬罾、凤山、李家等多个乡镇开设了“道德讲堂”，让“道德讲堂”也走进了农家，“道德模范现场宣讲、先进人物作报告、同诵国学经典”活动内容丰富多彩，群众反响强烈。南充市国税局、南充市气象局被中央文明委授予“全国文明单位”称号，搬罾镇干堰塘村被中央文明委授予“全国文明村镇”称号，南充市地税局、康源水务、国网南充供电公司通过全国文明单位复查。南充市住房公积金管理中心和中国农业银行股份有限公司南充分行成功创建为四川省最佳文明单位，南充市公安消防支队成功创建为四川省文明单位，凤山乡马家山村成功创建为四川省文明乡镇。南充市军队离退休干部修养所、南充水文水资源勘测局、南充出入境检验检疫局、南充市第十一中学校、南充读与写出版有限责任公司成功创建为市级最佳文明单位，顺庆区委宣传部、马市铺汽车客运站、国家统计局南充调查队、南充市中医医院成功创建市级文明单位，西山街道办事处兵马堂社区和李家镇郑家沟村成功创建为市级文明村镇（社区）。全年顺庆区向《精神文明报》投稿7篇，刊发7篇，向四川文明网报送信息22条，其中19条信息被采用，胡良荣同志的《强化文明单位创建管理》的经验文章更同时被《精神文明报》及中国文明网刊登。全区广泛开展区级文明村（社区）、“四好村”创建活动，目前已经命名省级四好村19个，即将验收的市级四好村45个，即将验收的区级文明村（社区）93个。以“新家园、新生活、新风尚”为主题，以幸福美丽新村建设为重点，结合精准扶贫工作，开展文明村镇、文明家庭、星级文明户等文明细胞创建，实施农村精神文明建设精准扶贫。大力实施精准扶贫，多次深入凤山乡小坝子村对口帮扶的4户困难村民家中调查摸底，分析拟定帮扶措施，资助他们发展种养殖业，积极帮助对口帮扶村凤山乡马家山村开展精神文明建设，为该村筹集文化建设活动资金，帮助指导该村成功创建为省级文明村，得到省委省政府表彰。

【未成年人思想道德建设】 2017年，区文明办广泛开展童心向党、网上祭英烈、青少年爱国主义读书教育活动等主题活动，“向国旗敬礼，做一个有道德的人”“学雷锋，做美德少年”“做一个有道德的人”等教育实践活动机制化，德育教育体系建设日益完善。以中小学校为依托、以中小学生为主体，校园中华经典诵读活动如火如荼，同时文明单位积极参与、街道社区和机关单位广泛开展。成功举办2017年“百年追梦　全面小康”青少年爱国主义读书教育活动。开展了第二届“顺庆区美德少年”选树活动并积极推荐第三届“南充市美德少年”候选人，陈纪舟、刘时送被评为“南充市十佳美德少年”，岳子兴、吕琦奕、唐艺佳被评为“南充市美德少年”。全区以文明校园创建和迎接省、市验收为契机，着力营造良好的育人读书环境。西华师范大学、南充高中、五星小学、涪江路小学、城北小学、西华师大附属小学、西河路小学、南充五中、南充七中、李家初级中学、南充职业技术学院附属中学11所学校创建为第一届“四川省文明校园”，人民南路小学、三原实验学校、南充一中等14所学校创建为南充市首届文明校园。胡良荣获得第二届四川省未成年人思想道德建设工作先进工作者的荣誉称号。争取乡村学校少年宫中央项目专项资金18万元，同时自建项目累计投入经费240余万元，保障了乡村学校少年宫的正常运转。在“童眼看四川　最美是家乡”的未成年人文艺作品征集评选活动中，顺庆区实验小学周怡为的《元宵缘宵》，南充市第五中学许曾珍的《山水话南充》和南充市顺庆区十二中蒋风的《爆米花》，谢漫、张佳玉和谢杨梦帆的《顺庆府》，刘雅丽的《绸都情（一）》，何静的《童眼看川剧》，苟雪莉《绸都情（二）》被评选为优秀作品并展出。

【学雷锋志愿服务】 2017年，顺庆区40多家省级（含以上）文明单位及部分市区级文明单位完成了网络文明志愿传播志愿服务平台登记，每家单位成立了 3—5 人的网络文明传播志愿服务队伍，全区网络文明志愿服务队伍达到 100 人以上，网络文明传播志愿者利用微博、微信、论坛等积极开展网络文明志愿传播活动，网络文明传播志愿服务工作常态化开展，并纳入文明单位建设与管理，作为文明单位考核的一项重要指数。道德模范队伍成为志愿服务队伍的重要力量，国道德模范提名奖何艳、“中国好人”何家全深入文明单位等开展先进事迹报告；四川省道德模范叶千秀进学校看望长期支助的贫困学生和留守儿童，多次参加道德讲堂讲述自己的感人故事；区级道德模范刘代碧深入各中小学校开展法律和未成年人思想道德知识专题讲座等，文明单位志愿服务纳入文明创建全过程，干部职工共同参与，文明示范引领带动作用发挥突出。区级各部门单位结合自身工作特点，政策宣讲、党员义工、法制进社区、卫生下基层、文化惠民等志愿服务活动竞相开展，志愿服务社会氛围浓厚。

【领导名录】

区文明办主任：胡良荣

（吕幸翼）

党校·行政学校

【概况】 中共南充市顺庆区委党校、顺庆区行政学校：设有办公室、教务股、教研室（含图书资料室）、后勤股。现有职工 39 人，其中在职 20 人，退休 19 人。

【干部培训】 全年共举办各类培训班 6 期，培训各类干部达 1020 人次，超额完成了年初下达的培训任务。承办了芦溪镇第十届村（居）干部培训班、全区村（社区）党组织书记培训班、顺庆区民政干部培训班、顺庆区卫计系统党员培训班、顺庆区农村党员示范培训班、顺庆区第三批优秀干部人才递进培养区委党校培训班。特别是第三批优秀干部人才递进培训班，精心设置专题，采用军训和理论学习两段式教学模式先例，并于省公安厅战训基地进行军训，聘请了省委、市委党校专家教授以及市、区两级相关领导授课，并互动研讨，赴南充市监狱（8432）开展警示教育。民政干部培训班也采用了两段式教育，第二阶段组织学员到延安干部学院开展红色教育。通过灵活的教育培训模式，加强了学员的理想信念、组织纪律、务实作风、担当精神等方面的党性锻炼，得到学员很高的评价。在保证干部培训任务完成的同时，不断深化教学改革，突出教学的针对性和实效性。树立“以人为本，按需培训”的理念，使党校的培训贴近区委要求，贴近顺庆实际，贴近学员需求。为全区干部培训和农民夜校编写了《党的基本理论教育与党性教育》《十九大精神解读》《“155”发展战略与创建“成渝第二城核心功能区”的理论与研究》《法制建设的理论与实践》《农村党员“两学一做”学习教育简明读本》等五本教材，充实了教学内容。

【理论调研】 把科研作为强校之基，大力实施科研精品战略，不断提升科研成果质量。全年围绕区委、区政府中心工作，积极调研，完成省级课题 2 个《南充市城市内涝调查分析》和《农民工公民意识现状调查》；市级课题 4 个《成渝第二城核心功能区研究》《南充市城市内涝现状调查及治理分析》《农民工意识培育》《马克思主义公民意识理论研究》。其中《南充城市内涝现状调查及治理分析》成为四川省委党校年度调研课题，并中标市委党校的招标课题，获得资金支持，高质量结题后，被评为优秀课题，是课题工作的最高奖项，被市委党校拟报为市委决策咨询课题；《农民工公民意识》2017 年 5 月立项为四川省委党校年度调研课题，并获得四川省委党校调研课题的最高奖项“优秀”，也是南充市唯一获得此奖项的课题。在国家级核心刊物发表论文两篇：《马克思主义公平理论视域下的农村义务教育均衡发展分析》《关于新形势下党内政治生活的若干准则的继承性与创新性》；在市级刊物上发表文章两篇：《农民工公民意识培育》《马克思主义公民意识理论研究》。参加理论研讨会文章 3 篇：《抓住主要矛盾促进顺庆社会经济平衡充分发展》《论党的十九大报告文本特点》《奋力推进全面依法治国基本方略》，均入选《优秀论文集》。

【对外宣讲】 紧紧围绕党的十九大精神、十八届六中全会精神、省十一次党代会精神、区委历次全体扩大会精神、党风廉政建设等主题，派出 5 名领导及骨干教师深入到我区 82 个单位和驻市其他单位等，宣讲达 230 多场次，效果良好，深受各界好评。特别是我校主持日常工作的领导主动在区第六次党代会小组讨论会上解读会议精神和“155”发展规划，受到区委主要领导的肯定，党校主动在全区宣讲的意见得到采纳，主动承担宣讲任务一直持续到 2017 年，宣讲达到 180 场次。对统一全区干群思想起到了重要推动作用。

【脱贫攻坚】 按照“两不愁三保障”“四个好”目标，结合金台镇肖家庙村 7 户精准贫困户实际情况，制定切实可行的帮扶计划，并落到实处。2017 年度学校和职工自筹帮扶资金共计 21300 元，对卢朝明、肖金理的住房进行了异地重建，对冯昌杰的住房改厨改厕、新建杂物间，对周成银的院坝进行硬化、加外楼梯、改造二楼。帮助因腿被摔伤无法正常劳动的肖金理收谷子。为父亲不幸因病去世的贫困户陈金碧送上了慰问金 500 元。为贫困户冯昌杰送去棉被、被套等物资帮助其御寒过冬。春节前夕开展“送温暖献爱心”活动，为 7 户贫困户送去共计价值 2000 余元的生活必需品和床上用品。春耕之际，给每户送去大春备耕款 200 元。在中秋、国庆之际，采购了米、油、牛奶、月饼等慰问品，看望慰问了精准脱贫贫困户。

【队伍建设】 师资队伍建设是党校队伍建设的重点，学校高度重视，采取多种形式和措施，加强教师学习进修培养和实践锻炼。鼓励教师不断学习新知识，适应新形势；选派多名骨干教师分别到人民大学、浙江大学、毛泽东思想应用学院等进修、培训、研讨。积极支持教师开展深入广泛的调研工作。掌握好第一手资料，注重好理论与实际的紧密结合和科研成果的运用。全校教师以“大规模培训干部，大幅度提高干部素质”为己任，苦练内功，努力把学习成果转化为教研成果，在教学研讨和教学实践中创新教学方式和教学内容，增强了教学的针对性和实效性，教师队伍整体综合素质和教师水平取得明显提高。

【硬件建设】 本着务实、节俭、高效的原则，不断改善办公环境和条件，美化校园环境，有效地保障了各项工作任务的完成。认真开展创“平安校园”活动，不断完善学校的治安管理制度，定期检查治安防范措施的落实，全年无安全事故，无违法违纪事件，无上访事件发生。努力构建和谐校园、绿色校园、美丽校园。切实搞好服务保障，进一步优化办学条件，加强党校、行政学校软硬件建设，努力营造一个有利于党校科学发展的良好环境。

【领导名录】

党校校长：张　勇

行政学校校长：秦水平

常务副校长：唐维林

副校长：苏兴旭（9月起）

张　丽（女）

（杨胤铃）

统战工作

【组织建设】　召开了2017年度统战重点工作、新的社会阶层人士统战工作、区人大代表和政协委员增补以及宗教场所建设专题会议，为我区推进统战工作提供了坚强的组织保障。将统一战线工作纳入区委重要议事日程，纳入乡镇（街道）、区级部门党政领导班子和领导干部考核内容，把统一战线理论和方针政策纳入区委党校的教学内容，把统一战线理论和方针政策纳入宣传和国民教育内容。区委班子集中学习宣传、贯彻落实党的统一战线理论、政策和法律法规3次，区委书记、区委副书记、统战部长等成员参加统一战线重要活动20余次，区委常委经常深入民主党派、企事业单位、统战团体等，广交深交党外朋友。

【制度建设】　调整区委统一战线工作领导小组，出台《顺庆区委统一战线领导小组工作职责和办公室工作规则》，进一步明确工作职责。完善《区委贯彻落实统一战线实施细则责任分工方案》相关内容，明确工作措施，落实工作责任，做到目标任务、时间进度、责任主体逐一落实到位。建立统战工作联席会议制度，明确29个联席单位的相关职责，每季度定期召开1次联席会，研究统战工作组织建设、干部配备、经费保障等问题。

【队伍建设】　明确了各乡镇、街道副书记具体分管统战工作。统战工作任务重的乡镇、街道配备专（兼）职统战委员（兼民宗助理），村（社区）设置统战联络员，三级基层统战工作网络形成。干部队伍建设常抓不懈，以统战部机关党建为突破口，持续深入推进“两学一做”学习教育活动，加强党性教育。抓早抓实党风廉政建设，组织干部参加各类培训，提升素质，锻造一支优秀的统战干部队伍。

【政党合作】　出台了《关于区委常委联系民主党派、工商联负责人和无党派知识分子的通知》和《关于加强我区政党协商实施意见》等文件，认真落实区级各民主党派、无党派人士向区委建言的直通车、情况通报会等制度，召开统一战线座谈会、谈心会、党风廉政建设情况通报会、重大工程项目通气会，充分发挥民主党派、无党派人士的参政议政、履职尽责的积极作用。区政府出台《关于在政府工作中进一步加强同各民主党派、工商联联系的通知》，有效指导民主党派、工商联发挥参政议政、民主监督的作用，促进全区经济社会全面健康快速发展。成立我区特约人员领导小组，进一步完善特约人员制度，建立我区特约人员库，今年为法院选送15名特约陪审员，切实发挥其民主监督作用。把好民主党派选人关，对党派预发展人员实行报告备案制，确保党派成员高素质均衡发展。今年发展党派新成员14名，其中，机关干部4名。支持党派自身建设，安排经费31万元，用于办公条件改善和活动开展。9月，民革党员李婷参加了市委统战部“不忘合作初心·助力大城崛起”主题演讲比赛，荣获一等奖，区委统战部也获得先进单位殊荣。在全区统一战线开展“建言‘155’·助力成渝第二城核心功能区”行动，不定期组织区级各民主党派、工商联和无党派人士围绕区委、区政府中心工作和重大项目，开展参观考察和专题协商活动，为区委、区政府的科学决策提供参考。今年开展调研活动18次，撰写调研材料6篇。其中，《关于促进顺庆区乡村旅游产业发展的建议》和《关于加快清泉坝基础设施的建议》被编入政府工作报告，助力顺庆经济社会发展。

【脱贫攻坚】 组织统一战线开展“同心 +”和“万企帮万村”精准扶贫行动，通过结对帮扶、引进产业，精心打造统一战线脱贫攻坚示范基地。两年来，共结对帮扶贫困户 65 户，累计投入 2000 余万元。2017 年，引进民意虫草花、天屹农业等 4 个产业项目入驻金台镇包包田村，解决近 200 名农民就业，实现收入 300 万元。目前，民意虫草花基地已成为全省最大的虫草花生产基地，包包田村已被市政府批准退出贫困村行列。

【党外干部工作】 把党外干部纳入干部和人才队伍建设总体规划。建立了 160 余人的党外后备干部人才库，确保了党外干部在各级后备干部队伍中的比例不少于 10%。去年以来，共推荐近 200 名党外干部任市区两级人大代表、政协委员，严格落实了中省市关于党外代表人士在人大常委会副主任中应当占有适当比例以及在政协领导班子中副主席不少于 50% 的刚性规定。在换届中，提拔党外干部 10 人，其中提拔为县级干部 2 人；提拔正科级干部 1 人；提拔副科级干部 7 人。坚持把党外干部培训工作纳入全区干部培训整体计划。2017 年，推荐 7 名党外干部参加副科级领导干部培训班，选派 20 余名优秀党外干部参加民主党派省委、市委统战部的培训、调训。5 月，举办党外干部培训班一期，培训 50 余人，效果良好。开辟党外干部实践锻炼新渠道。全年共推荐 17 名党外干部纳入全区递进人才培养，7 名党外干部纳入校级后备队伍建设。安排 2 名党外干部到街道办事处任主任助理，1 名到区级部门任局长助理。为党外干部接受多岗锻炼，加快成长，搭建平台。

【民族团结】 积极开展民族团结进步示范单位创建活动。在全区启动了民族团结进步创建进机关、企业、社区、乡镇、学校、寺庙六进活动，开展了先行试点，积累了经验。清真寺被授予“全省民族团结进步创建示范寺庙”称号。开展贫困少数民族结对帮扶活动。已结对帮扶少数民族困难群众 20 余人，协调解决低保和困难救济、大病救助 6 户，协调区教育局帮助 3 名流动少数民族子女入学入园。积极做好民族领域维稳工作。相关部门成功化解四起流动少数民族在城管综合执法中的矛盾纠纷。深入开展宗教界人士思想引领工作。开展宗教法规政策学习月活动及和谐寺观教堂创建活动。2017 年，省委宣传部、省民宗委领导先后到顺庆区调研，对我区开展思想引领的做法和成效给予了高度评价。积极推动宗教场所自主建设，完善功能。争取市级相关部门支持天主教南充教区主教府项目建设，完成栖乐寺二期和舞凤山道观规划设计，指导集凤观道观做好筹备建设工作，指导清泉寺完成佛像建设以及寺庙排危、风貌改造等工作。宗教场所年度完成固定资产投资 6000 万元。协助区政协完成《顺庆宗教》文史资料的编撰工作。

【新的社会阶层人士统战作】 围绕绿地城、高新孵化园、双创加速园和电商产业园打造顺庆区新的社会阶层人士统战工作新格局。顺庆区与西南石油大学合作共建，在南充高新孵化园创建新的社会阶层人士统战工作实践基地，并成立“顺庆区新的社会阶层人士联谊会孵化园分会”，目前，已吸纳单位会员 9 家，个人会员 32 人。该基地被市委统战部评为“新的社会阶层人士创新创业实践基地”，并多次迎接省委统战部、省委党校及兄弟县区考察调研。开展双社统战探索，将社会组织和社区统战有机结合起来，社区为社会组织提供平台，社会组织为社区提供服务，两个统战领域相互叠加，互动融合，互利共赢。2017 年，顺庆区已在东南桑园路社区试点，授牌了区怡然志愿者协会为南充市顺庆区首个社会组织统战示范单位。依托桑园路社区，由志愿者协会组织，不定期的开展各项志愿者社区服务活动，更大程度上汇聚了力量，更好地发挥了新阶层人士的重要作用。目前，该志愿者协会已拥有会员987名，其中民主党派16名，无党派8名。开展扶贫慰问、军属抚慰等活动20余次，得到了群众的高度认可。

【非公经济统战工作】 做好会员服务培训工作，着重建好信息交流、政企沟通、投资融资、维权协商、联谊交友五大平台。今年共组织会员赴上海、天津、成都等地外出学习和培训10余次。并聘请专家学者开展专题讲座5次。区人大主任陈琳为非公经济人士做了理想信念教育的培训会。努力协调企业解决困难，积极构建亲清新型政商关系。建立了非公人士评价体系。在人大代表，政协委员、工商联执委的安排上，严格把控，凡进必评，凡用必评。目前有130人被纳入非公评价。发挥工商联招商引资第五驾马车的作用，加强与成渝工商联的对接，在异地商会建设上取得突破，区政协领导、区工商联、经科局、部分企业赴重庆和成都青羊区、龙泉驿区考察异地商会建设。目前，重庆果州商会、成都青羊顺庆商会建设已完成筹备，将实现成渝顺产业互动，产业融合，为顺庆产城融合发展贡献力量。

【宣传工作】 在《四川统一战线》发表信息1条，报送市委统战部信息30余条。顺庆统战影响力不断提升。2月创建的顺庆统战微信平台发挥思想引领导航器作用，提升统战关注度，目前已发布信息143期。平台阅读量已达到6万余人，10余条信息被南充统战微信公众号采用。利用好区本级宣传平台，报送《区委要情》信息12条，《美丽顺庆》报告我区统战工作9期，21条新闻被顺庆手机报采用报到。广泛宣传了统一战线各项工作，受到社会各界好评，有力凝聚党心民心，汇聚了统战力量。

【领导名录】

部　长：李建中

副部长、区工商联党组书记：

王国猛（6月起）

副部长、区民宗局局长：苟安勇

纪检员：蒲　娟（女）

（强桢杰）

政法工作

【概况】 2017年，在区委的坚强领导下，全区政法工作服务大局、忠诚使命、敢于担当、创新实践，打赢了一场场攻坚战，啃下了一块块硬骨头，实现了党的十九大期间信访维稳“三零”目标，维护了全区社会政治稳定，以全胜战绩捍卫了顺庆的崇高荣誉，得到市委、市政府的充分肯定，荣获全省维稳工作先进集体，全市九县（市、区）政法工作第一名、大调解工作第二名，平安建设群众满意度测评在全省上升28位。

【维护稳定】 强化源头稳控，压实属地责任，深入开展社会矛盾排查化解专项行动，努力把问题解决在当地、人员吸附在当地；强化情报预警、联动处置，筑牢属地稳控、车站码头蹲守和中途劝阻三道防线，胜利完成各级“两会”、省第十一次党代会和党的十九大等重大敏感时期的安保维稳任务，特别是在党的十九大期间，全区上下以超常的勇气和智慧、超常的付出和艰辛，24小时值守机场车站、重点人员，有效处置非法集资、95和96级中专生、涉军等群体拟到市赴省进京30余次，在全市九县市区中唯一实现到省进京“零通报、零非访、零影响”的“三零”工作目标，夺取了十九大安保维稳工作的重大胜利，得到了市委、市政府的充分肯定和区委、区政府的高度赞扬。

【反恐防暴】 坚持情报先行、主动进攻，保持严打高压威慑态势，决不让暴恐分子有喘息之机；深化涉恐隐患排查整治专项行动，强化党政机关和人员密集场所安全防范，完善落实扁平化应急处置体系，组织开展反恐防暴演练，动员全社会力量，打好反恐防暴人民战争。牢固树立公共安全无小事的理念，严厉打击黑恶势力、制贩枪支和传统盗抢骗、电信网络新型犯罪，集中整治地域性职业犯罪重点地区，坚决遏制违法犯罪高发势头。发挥好武警、民警和群防群治力量的重要作用，完善落实联合巡逻机制，提高社会面整体防控水平。加强对高危人群动态管控，防止发生个人极端事件。深化道路交通源头隐患“清零”行动和城市道路交通秩序整治行动，全面排查整治高层建筑、人员密集场所火灾隐患，加强对易燃易爆等危化品和寄递物流专项整治，确保了公共安全。

【平安建设】 宣传发动。为营造浓厚的平安建设氛围，印发《平安建设致全区人民的一封信》40 万份、标语 5 万份、海报 8 万张、温馨提示 20 万份、红袖标 1 万余个，利用 1600 余辆公交车、出租车轮番播放平安建设宣传标语，并制作宣传片一部，让平安建设家喻户晓。重点治乱各乡镇、街道、村（社区）网格员、人民调解员、基层政法干警走村入户，登记受理各类信访案件 688 起，办结 681 起；办结治安案件 101 起，办结率达 99%，解决了一大批群众反映的热点难点问题。公安机关共盘查可疑车辆 1277 余辆、可疑人员 2188 人、清查各类场所 506 家、检查重点单位 60 余家、排查整治治安乱点 10 余处，有效解决了社会治安突出问题，筑牢了治安防范基础。

群防群治。为弥补警力不足，组建“红袖标”巡控队 110 支，参与人数 1500 余人，加强治安巡逻，起到良好作用。强化内保对银行、企业、学校、医院等重点单位进行安全大排查，强化职工安全教育，完善内保组织，健全安保人员值班制度，发挥技防设施的作用，看好自己的门，看好自己的人，办好自己的事。

加强指导。区综治委各成员单位加强对本行业、本系统综治工作的检查指导，督促各基层单位按照平安顺庆建设的总体要求，认真贯彻落实属地管理原则，服从所在地党委、政府和综治部门的组织、协调、指导和检查，严防“条块”分割、各自为战现象的发生，确保基层综治工作和平安建设有序有力有效推进。

【矛盾化解】 按照“谁主管，谁负责”的原则，在全区开展“横到边，竖到底”的矛盾纠纷大排查，切实做到情况清，底数明。对在排查过程中发现的多发性矛盾纠纷，坚持抓早、抓小、抓苗头，及时就地化解。对涉及民生的拖欠农民工工资、劳动争议、山林土地、征地拆迁、医疗纠纷、道路交通事故、治安案件、民事损害赔偿等特殊行业和专门领域的纠纷，行业性、专业性人民调解组织要充分发挥专业优势及时化解。对于有可能引发群体性事件和群众性械斗的矛盾纠纷、有可能导致多人赴省进京非正常上访的矛盾纠纷、有可能引发打砸抢、堵塞交通等突发性事件的矛盾纠纷、有可能引发请愿、罢课、非法集会、游行示威事件的矛盾纠纷和有可能影响社会稳定、国家安全和公共安全等其他矛盾纠纷，采取有效措施最大限度地就地及时化解；对于一时不能化解的矛盾纠纷，加强疏导教育，并建立动态台账，及时掌握人员信息，做好当事人的稳控工作。

【专项工作】 成立区委副书记、区长刘松为组长的工作专班，同时成立 16 个综治专项工作领导小组，明确了牵头单位和各部门的具体职责，形成了综治委、专项领导小组和成员单位三个层面相互支撑的综治工作框架。各小组牵头单位和综治成员单位积极主动参与平安建设，充分发部门挥职能作用，加强沟通协作，注重整体作战，确保综治各专项工作平稳有序发展；先后召开6次全区大会、印发了5个具体工作方案，对平安建设进行安排部署，对工作任务进行细化量化，把平安建设任务落实到乡镇（街道）、村（社区），具体到人。一是加强校园及周边综合整治工作，确保校园及周边安全有序。二是加强流动人口管理服务。推动建立流动人口信息综合管理平台，健全流动人口管理动态管控体系。推动有关部门解决流动人口在劳动就业、社会保障、子女入园入学、医疗卫生等方面存在的问题，逐步实现基本公共服务由户籍人口向常住人口全覆盖。三是加强特殊人群管理服务。建立特殊人群综合管理服务平台，加大特殊人群管控服务力度，建立集教育、管控、救助、矫治、就业于一体的特殊人群综合管理服务平台。四是加强预防青少年违法犯罪工作。对社会闲散人员、有不良行为青少年的教育、帮扶、矫治、管理，严厉打击教唆控制、操纵流浪未成年人违法犯罪活动。五是加强对精神病人、艾滋病人服务管理。卫计、公安等部门强化对具有肇事肇祸倾向精神病人、违法犯罪艾滋病人等高危人群的管控，督促相关单位落实救治救助、以奖代补等政策，建立常态化的管控机制。六是强化网格化服务管理工作。区政务中心统筹指导乡镇（街道）和部门网格化服务管理工作，做好宣传、网格员培训及信息采集分流督办工作。区民政局全面推动落实村（社区）网格化工作。在社区内划分若干基础网格，以各类综治工作力量为主组成网格管理团队，逐步把人、地、事、物等要素全部纳入网格进行管理。七是充分发挥综治委各专项工作领导小组办公室职能作用，牵头部门切实发挥牵头统揽作用，定期召开联席会议，研究解决专项工作，尽快形成齐抓共管工作格局，确保综治各项措施的落地落实。

【督查督办】 为进一步明确和落实全区各级领导班子、领导干部的社会治安综合治理工作责任，出台了《南充市顺庆区健全落实社会治安综合治理领导责任制实施办法》，明确了综治工作的基本原则、责任主体、工作职责和表彰问责情形，为综治工作的开展提供了考核问责依据。区综治委成立了督察督办领导小组，对全区开展了三轮督导，对工作落后乡镇（街道）通报了30余次，对工作严重滞后的5名乡镇党委书记进行了约谈，督促基层党委政府履职尽责。

【领导名录】

书　记：任洁平

副书记：郑　毅

曹　帆（女）

王中红

区综治（维稳）办主任：吉小虎

副主任：廖志瑛（女）

机关党委书记：贾正林

区矛盾多元化解中心主任：武文强

政治处主任：张壹宇

执法监督室主任：王晓彪

（朱君明）

直属机关工委

【思想政治建设】 2017年，组织机关干部参加市直机关工委举办的“我为市委155发展战略作贡献”演讲比赛；持续开展“书香盈溢机关、知识丰富人生”全民阅读进机关活动，选送24篇“影响我的一本好书”优秀征文上报上级工委，被市直机关工委评为先进单位，多篇征文获奖；全年共牵头举办党员干部培训班4期，培训400余人次，党员干部队伍的能力素质进一步提升。会同区委组织部举办发展对象暨新党员培训班1期，集中对全区200余名入党积极分子进行为期三天的系统培训，采取观看纪录片、专家集中授课讲解等方式，进一步提升发展对象、新党员的理想信念，激发干事创业热情。

【基层党组织建设】 全年开展4次党建督查，每次组建3个检查组，采取听取汇报、查阅资料、查看活动阵地、座谈交流等方式，每季度定期对各机关党建工作进行督查，特别是对各支部落实党内政治生活制度、党费收缴、党组织关系排查等11项重点任务进行督导，有力的推动了机关党建工作持续提升；切实做好党员发展工作。按照“控制总量、优化结构、提高质量、发挥作用”的总要求，严把入口关，做到成熟一个发展一个。全年区级机关共发展党员24名，预备党员转正30名，为党组织输入了一批德才兼备的新生力量；着力优化27个机关党委功能属性，分类建立工作台账，严格落实《中共中央组织部关于建立健全基层党组织按期换届提醒督促机制的通知》文件精神，对即将换届的党组织提前提醒；指导全区15个机关党组织完成换届选举，7个党组织完成改选，为机关党建健康发展奠定了坚实的基础；实行工委委员分片、领导干部联系点制度，将全区82个机关单位分为3个片区，重点打造了区委宣传部、区公安分局、区城管分局、南充市中医院等机关党建示范点，机关党建品牌逐渐形成。

【开展主题活动】 督促指导机关各党组织深入推进“双联”及驻村帮扶工作，制定联系领导、驻村工作组、帮扶单位管理办法检查考核细则，指导、督促机关各党组织深入推进“双联”“五个一”帮扶力量活动和干部直接联系服务群众工作，对全区31个省级贫困村的驻村工作组、帮扶单位工作人员开展了到村教育培训和政策咨询，培训达500余人次。开展驻村工作督查，对工作开展不力的帮扶单位和驻村工作组下发近20份任务通知书，督促整改。在年底全省脱贫攻坚交叉考核验收中，负责的“三个一”工作满分通过。

同时，区直工委每月定期组织党员干部到联系户走访，帮助其厘清发展思路，制定切实可行的帮扶措施，年内共为顺河盐井坝、法华沟6户贫困户送去帮扶资金、物资5000余元，受到贫困户的好评。

【领导名录】

书　记：张　勇（6月起）
　　　　李碧昌（3月止）
副书记：姚　勇
　　　　杨　伟
纪工委书记：邬　谨

（何康辉）

纪检监察

【概况】 2017年，在市纪委和区委的坚强领导下，全区各级纪检监察组织全面学习贯彻党的十九大精神，深入学习领会习近平新时代中国特色社会主义思想，以党章为根本遵循、以党纪为基本准绳，敢于担当，忠诚履职，为建设“成渝第二城核心功能区”提供了坚强纪律保障。

【压实两个责任】 区委持续强化全面从严治党的政治责任和政治担当，制定区委班子主体责任清单；区委常委会11次研究党风廉政建设工作；细化38项党风廉政建设工作任务、56项肃清南充拉票贿选案余毒工作措施。区委书记主动当好监察体制改革“施工队长”，组织提名人选全票当选、区监委顺利组建挂牌。建立区级领导定点督导、区纪委班子成员分片联系制度。开设党风政风人民满意栏目，对120名党（工）委（组）书记、纪（工）委书记（纪检组长）进行访谈。5名区委领导和10名乡镇（街道）党（工）委书记、部门党组书记向区纪委全会述责述廉。在全市率先建立科级领导干部廉政档案，出具党风廉政意见434人（次），“叫停”2人。出台《区委巡察工作实施办法（试行）》，开展9个单位常规巡察和3个单位专项巡察，发现并向被巡察党组织反馈违反“三大问题”“六大纪律”等方面问题100个，提出整改意见61条，移送问题线索39条。加大“两个责任”问责力度，对17名领导干部进行了组织处理、9名领导干部立案审查并给予纪律处分。

【持续正风肃纪】 紧盯三公经费、高档烟酒、津补贴发放等领域，每季度开展一次中央八项规定精神落实情况专项检查。2017年全区“三公”经费562.32万元，减少到2016年38.59%。取消公务用车135辆，保留的69辆全部统一标识、集中管理。全区12名领导干部、130名党员干部主动报备婚丧喜庆事项。推进党风廉政建设社会评价“进村入户”活动，建好“三本台账”，按照“3个100%”分类处置群众反馈问题5500余个。开展2次政风行风测评，37个部门召开管理服务对象恳谈会，整改干部作风、办事流程等问题458个。持续开展“不作为慢作为乱作为”专项整治，通报批评24人，约谈提醒18人，立案审查38件38人。督促办理96960行政效能投诉735件，办结率100%，群众满意率93.6%。助力脱贫“百日攻坚”，对全区贫困村进行全覆盖督查，督促整改问题213个，约谈提醒19人，诫勉谈话2人，立案审查5件5人。持续开展侵害群众利益的不正之风和腐败问题集中整治，从严查处涉农、涉医、涉学领域案件，整改问题50余个，约谈提醒12人，立案审查68件68人。开展区属民营医院医保情况专项清理，查纠42家医院违规问题134个，拒付医保资金213.6万元。

【服务发展大局】 在中央、省环保督查期间，先后牵头成立督查组共计15个，环保督查3轮，现场督办140余次，印发督查通报共计27期、督促整改问题43个、约谈乡镇（街道）主要领导29人、诫勉谈话6人，立案审查2件4人，督促办结的中央环保督察组32批次、138件反馈信访投诉案件无一退件。建立重大建设项目“四联合”评审勘验、“五证合一”审批服务和重大项目服务经理、重点企业科级领导联系、重点企业服务经理公开承诺等制度，为全区重大项目和重点企业提供优质服务。核查市委六届六次全会曝光的“未开工”“欠进度”项目17个，约谈提醒4人、诫勉谈话4人。32个部门、177项行政审批项目、5项公共服务项目整体入驻区政务服务中心，梵殿乡、灯台乡等7个单位开展“民事代办”试点，政务服务效率、便民服务效率不断提升。开展“乱告状乱炒作乱上访”治理，加大信访案件化解力度，实现特殊敏感时期信访稳定“三零目标”。抓好行政权力依法规范公开运行，发出督办66次，约谈提醒58人，立案审查2件2人。牵头开展“两项清查”工作，全区累计清查出违法用地违法建设面积116.5万平方米，有效遏制违法用地违法建设势头。

【强力惩贪治腐】 畅通“信访绿色邮政”、12388信访举报热线、网络等信访举报渠道，全面建立区、乡、村三级纪检信访举报网络。建立信访线索集体排查制度，组建11个“两人制”战斗小组，对积存信访线索进行大起底处置。严格按照信访线索“五类处置标准”分片督办、分片审查、挂牌通报，累计受理信访件数139件、办结135件，办结率97.1%，受理件数同比下降29.8%。充分发挥反腐败协调小组作用，强化反腐败信息通报机制和案件线索移送处置机制，累计召开协调会议 9 次，公安、检察、审计、司法等部门移送案件线索 37 件，参与协助案件查处 120 余人（次）。建立“3 +”办案片区协作机制，推动乡镇（街道）纪（工）委全面履责，全区 29 个乡镇（街道）本年度全部实现办案“零的突破”。保持惩贪治腐高压态势，全区共立案审查 132 件 132 人，给予党纪处分 105 人、政纪处分 35 人、双重处分 8 人，其中科级干部 27 人；一般性问题的谈话函询 174 人（次），轻处分 107 人，重处分 25，移送司法 2 人，“四种形态”得到了充分运用。

【强化源头治理】 深入推进党的十九大精神、“两准则四条例”宣传学习，向区级领导赠阅《忏悔实录 VI》警示读本，组织党员干部集中观看《镜鉴》《永远在路上》《巡视利剑》等警示教育片，组织 33 个区级部门 168 名副科级领导干部到嘉陵监狱接受警示教育。制作《顺庆. 你和我共同的家园》《为顺庆点赞》两部党风廉政建设宣传片，全方位展示全区经济社会发展、民生改善、党风廉政建设成果。借用“百姓大讲堂”“道德大讲堂”，让群众讲述自身的小故事，用群众身边的小榜样引导社会风尚。将廉政文化融入西河沿线景观打造。在搬罾打造从镇到村的一体化党风廉政建设示范点，并将“搬罾模式”全区推广，实现了 29 个乡镇（街道）廉政教育基地建设统一化、312 个村（社区）党务村（居）务财务公开规范化。建立廉政风险防控“三三三”工作机制，110 个单位自查一级风险点位 1153 个，制定防控措施 2000 余条，抽查审计 4 个单位廉政风险岗位，督促整改问题 26 条。牵头制定《政府投资工程建设项目监督管理办法》《小额项目管理暂行办法》《政府采购管理实施办法》《国有资产管理办法》，并提请区委区政府审定。清理取消村（社区）证明 141 项、保留 12 项，制定村（社区）干部履职十条规定，推行村（社区）干部廉洁服务承诺公开化、制度化。

【加强队伍建设】 组织纪检监察干部认真学习党的十九大精神、习近平新时代中国特色社会主义思想，牢固树立“四个意识”、坚定“四个自信”，提高政治站位、坚定政治方向。组织学习《中共中央关于部分纪检监察干部违纪案件及教训警示的通报》，强化“监督者更要带头接受监督”意识，筑牢拒腐防变思想防线。蹄疾步稳推进监察体制改革，区监察委员会顺利挂牌组建，全体干部合编合力合心、同心同向同德。注重能力素质提升，先后开展业务培训 750 余人（次），外派学习 7 人（次），抽调上挂锻炼 110 人（次）。认真落实《促进乡镇纪委履责十项措施》，规范乡镇（街道）纪（工）委书记分工，率先在全市完成 29 个乡镇（街道）标准谈话室建设，得到省、市纪委领导的充分肯定。强化纪检监察系统廉政风险防控机制，逢会必讲纪律、讲忠诚干净担当。以“零容忍”的态度对 2 名履责不力的纪检监察干部给予纪律处分，严防“灯下黑”。

【领导名录】

书记：胡文骥
副书记、监察局局长：庞　军
副书记：高　艳（女）
区纪委常委：吴　斐（女，兼案件审理室主任）
　　朱　雨
　　杨　龙（兼监察一室主任）
　　牛　宁
区监察局副局长：何　政（女，5 月止）
　　朱　华（女，5 月止）
　　朱　雨（3 月起）
机关党委书记：曾广州
办公室主任：汪　健
案件监督管理室主任：李　震

招监室主任：于　萍（女）

党风政风监督室主任：杨铃铃（女）

预防腐败工作室（法规室）主任：

赵小松

区纪委纪检监察二室主任：熊　挺

区纪委执法和效能监察室主任：杜　雄

区纪委信访室（举报中心）主任：王永明

区纪委干部管理室主任：

梁　茵（女，6月止）

（李荣林）

信访和群众工作

【概况】　2017年，顺庆区面临投资理财问题进入深水区，五星下穿商铺业主反复集访，涉军、95－96级中专生等特殊利益群体串联到省进京非访等严峻形势，全区信访工作在市区党委政府的坚强领导下，坚持“稳控指标、事了治本、依法树威”的要求，以全力护航省第十一次党代会和党的十九大胜利召开为核心，多措并举强源头，百日攻坚化难案，动真碰硬抓树威。1－11月，全区共接待群众来访759批次、11656人次，其中集访373批次，9944人次。群众到市上访272批次、4465人次，到省上访15批次、32人次，进京上访11批次、46人次。在重大活动和特殊敏感时段均信访稳定实现“三零目标”，没有发生一起有较大影响的不稳定事件和信访恶性事件，全区大局和谐稳定，得到市区领导充分肯定，全面完成了市委市政府下达的各项目标任务。

【组织保障】　区委区政府始终把信访和群众工作列入重要议事日程，区委常委会、政府常务会坚持每两月至少专题研究1次信访和群众工作，各乡镇（街道）每月必须研究信访维稳工作，适时召开信访专题会议和信访联席会议，安排部署工作，研究解决信访突出问题。全年区委常委会、区政府常务会召开信访专题会6次，信访联席会议10余次。区人大常委会、区政协主席团上下半年各听取1次信访和群众工作专题汇报；为进一步落实信访部门改进工作、完善政策、强化责任追究“三项建议权”，全年区委群工部代“两办”拟文6件，给区委政府专题报告20余件，促进信访工作顺利开展；坚持信访干部培养和交流机制，今年区委区政府选派区政务中心优秀年轻干部到我局顶岗锻炼，任局长助理，增加1名信访干部到区群众工作中心，公开考调法律专业公务员1名，增加公务员编制3名。区政府足额保障信访和群众工作经费，年初预算全额保障，同时对化解信访案件，特殊时段维稳工作，突发信访事件处置等信访维稳经费不折不扣的专项保障，全年共支出信访维稳资金约2000万元，并专门出台信访维稳资金使用管理办法，编制、经费、人员得到进一步充实和加强。

【规范信访】　着力开展信访工作基层基础建设，“三无创建”成效初显，纵深推进信访“四民平台”—“顺庆民声”晴雨表，三问五诊化民怨；“民生110”桥头堡，街道三网联动解民难；乡镇“民情茶馆”主阵地，五进举措连民心；社区“民众之家”服务站，“三零”创建促民和。2017年，信访、维稳、公安等部门敢于直面矛盾，积极妥善处置到中省市区集访非访事项共计143批次、3200余人次，没有发生一起因处置不及时，方法不当导致势态扩大，造成重大负面影响的事件。面对异常严峻的信访工作形势，顺庆区党委政府迎难而上，精心组织安排，花费了大量的信访维稳精力，成效显著。在中省市区“两会”、省第十一次党代会、党的十九大等重大活动和特殊敏感时段均实现“三零目标”，圆满完成40多起重点活动和领导调研等活动期间信访维稳工作任务，特别是党的十九大期间，全区上下心往一处想，劲往一处使，在工作异常艰难的情况下，凝心聚力，众志成城，在全市九县市区中唯一实现“三零”工作目标，受到市委、市政府主要领导的点名表扬和充分肯定。

【落实“三个文件”】 坚持矛盾纠纷排查化解常态化。每半月、乡镇（街道）部门每周、村（社区）每天定期排查梳理信访问题，分类建好台账，逐件落实化解责任。坚持督查督办问责追究常态化。严格落实“属地管理”和“谁主管，谁负责”以及党政一把手负总责、分管领导具体抓、其他领导“一岗双责”的工作责任制。区委成立信访维稳工作常年督导组，组长由区委领导担任，成员由纪检、目标、信访、维稳等部门领导组成，不定期开展信访维稳工作督导检查；重要节点和重大活动期间成立多个督导组开展专项检查，全年开展信访维稳工作督导检查6次，及时解决信访突出问题180余件。

【案件办理】 全年共受理群众来信851件，其中中央环保督察交办件136件（主办118件，协办18件），省环保督察交办114件，中省市区信访类交办件62件。办理网上信访件672件，其中国家信访局交转办40件，省信访局转交办30件，人民网留言212件，市委书记市长信箱市网上投诉平台177件，区委书记区长信箱区网上投诉平台213件。所有收到的信件均按规定认真核实处理，分别交办、转办相关责任单位，由相关责任单位协调处理与信访人见面，并限期将处理情况并存档，所有自办、转办、交办件均按要求办理回复，做到结案率100%。所有网络信访件均按要求办理回复，结案率达到100%。重复信访率仅13%，重复信访案件息访率达85%以上。

【信访积案化解】 充分发挥联系协调作用，积极组织化解投资理财领域的复杂矛盾，妥善化解欧香小镇、五星现代城等楼盘的种种问题引发群众不断集访等信访突出问题152件。建立区委区政府主要领导召开综合性信访联席会议和区委区政府分管领导分线召开专题性信访联席会议相结合的联动机制，协调解决了西河南路“南充花园”小区电梯停运、中南尚座小区环境污染、北岭颐园办证、东风公司唐亚林、母胜全等改制遗留问题以及斯良全、青友旭涉军个案等信访突出问题60余件，研究落实信访维稳经费800余万元。四是推动各司其职，合力攻坚信访复杂难案。对涉军、投资理财、五星地下商铺业主、95和96级中专生等16个重点群体逐一明确牵头县级领导和责任单位推动化解；对处非工作实行一个公司一个群众工作组，一个专案组，全区47个工作组协调联动；成立16个重点楼盘联系协调工作专班，由县级领挂帅出征，举全区之力推动信访积案难案妥善化解。抓好特殊疑难信访案件化解和专项资金的管理使用，争取中央特殊疑难资金4万元，全区匹配308万元，成功化解了付月仙、欧国平信访事项，信访人自愿签订了息诉息访协议，化解了跨时11年的信访积案。

【“顺庆民声”有序运行】 按照区委、区政府提出的“定位准确、设施配套、功能完善”总要求，2011年5月投入资金100万余元建成投入使用，内设“顺庆民声”接访窗口，每年投入20余万元资金对接待大厅进行维护，配备视频监控、LED显示屏、网上信息系统便民查询机、投影仪、一体化音响等设备。几年来，中心运行机制健全，设备齐全，功能完善，确保了“接待群众在大厅，矛盾调处在大厅，案件终结在大厅”，真正实现“一站式接待、一条龙服务、一揽子解决”，实现中心接访、受理、查询常态化。2017年我区继续推广“顺庆民声”平台，推出“三问五诊”工作法，10月份省十九大信访督导组现场参观，给予了高度评价。明年，我区将整合区政务中心办公场地和资源，将“顺庆民声”品牌做大做强，推动我区信访席位得到提升。

【网上信访】 2017年按照国家信访局要求，全区信访信息系统、视频接访系统、投诉受理平台如期全面建成并投入使用，区委群工部对全区各级各部门信访干部举办了4期业务培训，各单位落实专人负责此项工作，信访事项办理网上按时录入率和办结率均达到100%。按照《信访条例》规定，区人民政府依法对7件信访案件复查，所有复查复核案件适用证据充分，依据政策法规准确，7件案件全部息诉息访，无一例向市级单位申请复核，实现已终结信访事项的有序退出。

【信息调研】 着力信访法治宣传，5月和10月，全区集中开展了信访法治大宣传活动，制作宣传光盘200个，设置宣传点120个，印制宣传手册10000份，宣传单3万份；加强信访调研，突出信息报送，2017年，加强信访工作调研，7月，到新疆、青海、甘肃等西北一带实地调研处非工作；10月，到阆中考察我局联系的银友投资理财项目。一年来，向市级以上有关单位报送各类信息26篇，采用10余篇，其中《下好“一盘棋”，力保“四方稳”—顺庆区全力保障国省重要活动期间辖区稳定》被市联席办转发后获得市委常委、政法委单木真书记的充分表扬和肯定；《“五诊并举”，打通信访绿色通道》被市委办采用，《顺庆区坚持“四个”抓住，全面打赢全国“两会”期间信访维稳工作硬仗”》《顺庆区坚持“五着力、五到位”，做深做细特殊敏感时期信访维稳工作》《全力以赴布防线，严防死守不漏人，顺庆区扎实做好省第十一次党代会期间信访工作》《坚持“五个突出”，多措并举化积案》等6篇被市联席办采用，《出重拳，动实招，依法严厉打击乱上访行为》等多篇信息类文章均被区级各部门发表采用。认真开展信访稳定风险评估，把信访稳定风险评估工作作为制定政策、推动改革、实施项目、举办活动的前置“硬杠子”，纳入党委政府的重要工作，纳入领导干部信访维稳工作“一岗双责”重点考核，先后出台《顺庆区社会稳定风险评估实施办法》等文件，建立社会稳定风险评估专项运行机制，成立了稳评工作领导小组和专兼职人员，建立重大决策前置审查制度，并强化责任追究机制，对房屋征收社会稳定风险评估工作方案等10多件信访事项进行社会稳定风险评估，通过评审进一步细化责任和措施，消除不稳定隐患30多个，化解矛盾纠纷20余起，有效保障了重大事项、重大项目的顺利实施。

【领导名录】

部长（局长）：冯勇刚（6月止）
郑绍平（6月起）

副部长、副局长：郑绍菊（女，6月止）
冷　虹（女，12月起）
何小平

纪检员：韩　刚

区群众来访接待中心主任：冯光红

（赵金华）

南充市顺庆区人民代表大会常务委员会

【概况】 2017年，南充市顺庆区人民代表大会常委会在区委的坚强领导下，紧紧围绕中心，依法履行职责，广泛汇集民意，充分凝聚共识，全力推动“成渝第二城核心功能区”建设。一年来，组织视察、检查7次，召开常委会议9次、主任会议15次，听取“一府两院”专项报告31次，作出决定、决议20件，发出审议意见5件，顺利完成年初确定的各项工作任务。

【党的领导】 强化贯彻区委决策的思想自觉。紧紧围绕区委确定的建设“成渝第二城核心功能区”目标定位和区第六次党代会作出的战略部署，统筹谋划人大工作的基本思路和着力重点，选择确定年度专项监督调研议题53项。坚持重大问题、重要事项及时主动向区委请示报告，切实把区委决策部署贯穿到常委会工作的各方面、全过程。

强化实现区委意图的政治自觉。坚持党管干部和人大依法任免有机统一，严守政治纪律，严明政治规矩，进一步完善干部任免机制，抓好任前法律考试、投票表决任命和就职宪法宣誓等关键环节，确保组织意图圆满实现。换届以来，共审议表决任职事项37人次、免职事项19人次，组织任前法律知识考试5次、宪法宣誓37人次。依法终止代表资格9人，届中选出区人大代表6名。

强化落实区委要求的行动自觉。健全落实《南充市顺庆区人民代表大会常务委员会讨论决定重大事项暂行办法》，根据区委工作要求，及时作出城市主干道提升改造、西河生态乡村旅游开发、高铁商务区配套基础设施等PPP项目建设的决定和《关于在全区进行封山育林并禁伐的决定》《关于加强对司法工作监督的决定》《关于调整下中坝行政区划的决定》。

【经济监督】 紧扣稳增长、防风险抓监督。密切关注宏观经济政策变化，定期听取全区经济运行情况报告。密切关注财政体制改革，邀请财政专家开展《预算法》专题讲座，增强区人民政府依法理财的自觉性。密切关注审计结果运用，制定《关于完善审计工作和审计查出突出问题整改情况向区人大常委会报告机制的意见》，促进审计查出问题整改。密切关注政府债务情况，专题听取区人民政府负债情况报告，要求切实做到敢于负债、善于负债、合理负债。

紧扣建项目、破难题抓监督。围绕“五大千亿产业集群”培育和“五大板块重大工程项目”建设，组织年初，专题听取2017年项目实施情况报告，要求区人民政府准确定位谋划项目，做深做细包装项目，锲而不舍争取项目，扭住关键报批项目，蹄疾步稳建设项目。年中，专项听取审议重点项目推进情况报告，督促区人民政府重点突破关键障碍，统筹抓好要素保障，加快项目落实落地。审议城区主干道改造项目施工组织方案和交通组织方案，要求区人民政府坚持效率服从质量、速度服从安全的原则，科学组织施工，强化缓堵保畅，确保按时竣工。

紧扣强产业、促转型抓监督。坚持“强三优二特一”的产业发展定位，调研现代服务业发展，视察仁和春天、南充盘古天地电商产业园等项目建设，推动“雅邦百货”正式开业，同步推进“大楼宇、大总部、大商贸”建设，助力“服务业大区”向“服务业强区”跨越。听取审议科技创新基地建设情况报告，要求区人民政府把握“创新驱动、转型升级、支撑引领、全面小康”四个关键，高标准定位、高水平建设、高强度投入、高品质招引、高质量服务，促进科技成果转化。视察并审议农村供水一体化建设，督促区人民政府扎实推进项目建设，着力理顺建管体制，为加快城乡统筹、促进三次产业融合发展提供基础保障。

【民生监督】 围绕民生事业持续用力。聚焦“上学难”，视察城市基础教育项目建设，调研普通高中教育发展，听取幼儿园建设情况报告，督促区人民政府在教育供给侧改革上持续加大投入，补齐教育短板，争创一流品牌。聚焦“就医难”，听取审议公立医院发展情况报告，调研卫生专业人才引进工作，督促区人民政府把推动公立医院发展作为建设“核心功能区”的重大举措，加快公立医院改革，提高医疗卫生服务质量。聚焦“城管难”，开展城市管理专题询问“回头看”，推动城市管理工作从管理为主向服务为主转变，从粗放管理向精细管理转变，从专业管理向全民管理转变。聚焦残疾人“生活难”，视察残联基层组织规范化建设，听取残联工作情况报告，要求区人民政府进一步落实政策推动，强化协调联动，实施就业带动，切实解决残疾人生活困难。

围绕脱贫攻坚定向发力。调研审议全区脱贫攻坚政策落实情况，督促区人民政府瞄准标尺标准，精准产业就业，对准脱贫返贫，打赢脱贫摘帽攻坚战。积极开展“脱贫攻坚——人大代表再行动”，广泛发动各级人大代表积极参与脱贫攻坚，实现代表帮扶全覆盖。“10·17”国家扶贫日，组织部分省、市、区人大代表捐助资金57万元，帮助龙桂乡贫困村改善基础条件。

围绕绿色发展凝心聚力。针对我区环境保护短板，广泛宣传《环境保护法》等法律法规，最大力度凝聚共识，深度参与“河长制”实施，着力推进饮用水源保护，全力支持砂石码头限时取缔，大力推动畜禽养殖场关闭搬迁。调研环卫管理工作，高度关注医废处置中心扩容改造，督促环卫经费分步落实，助力环卫管理提质增效。听取城市规划建设情况报告，要求区人民政府始终把绿色作为城市发展的生命，科学规划，工匠雕琢，多出“作品、精品、艺术品”。

【法制监督】 切实督促依法行政。扎实开展《环境保护法》“百人百日”执法大检查，推进《环境保护法》贯彻落实。组织区乡两级人大代表开展“八个一”专项活动，深入各乡镇、街道和22个职能部门、30多个项目单位，召开座谈会11次，发放调查问卷1200份，发现环境问题271处，梳理“十大环境保护整改事项”交区人民政府限期办理。调研审议商事制度改革工作，推动政务信息公开，加快构建主体自治、行业自律、社会监督的信用监管体系。依法备案审查区人民政府规范性文件11件，确保合法合规。开展区人民政府组成部门主要负责人年度履职测评，不断增强国家机关工作人员依宪履职、依法行政的责任感和使命感。

切实加强司法监督。听取审议区人民法院司法改革工作情况报告，要求正确处理公平与效率、数量与质量、判决与执行的关系，切实把司法为民理念和公正司法原则体现到每一个司法案件之中。听取区人民检察院未成年人刑事检察工作情况报告，要求始终坚持“教育为主、惩罚为辅”的原则，贯彻“教育、感化、挽救”的工作方针，健全未成年人司法保护机制，提高工作规范化水平。关注法律援助、司法救助工作，维护弱势、困难群体在司法活动中的合法权益。

切实强化法制宣传。加强“七五”普法监督，开展法制宣传讲座11次，听取区人民政府普法教育工作报告，作出《关于进一步加强“七五”普法工作的决议》，督促区人民政府深入开展法制宣传教育，大力提升公民法律素质，加快推进法治顺庆建设。扎实做好信访工作，接待群众来信来访244件次，宣传法律法规，化解社会矛盾，维护和谐稳定。

【代表服务】 着力改进服务方式。组织开展新任区人大代表履职能力培训，有效提升代表依法履职水平。落实常委会组成人员联系代表和代表联系选民制度，邀请人大代表列席常委会议50余人次，组织代表参加调研、视察和检查工作200余人次，参加“一府两院”工作测评及研讨等活动60余人次。优化代表小组结构，加强小组活动指导，及时提供经济社会发展、预算编制执行、常委会工作动态等履职信息，充分保障代表知情权。

着力搭建履职载体。开通“顺庆人大”微信公众号，广泛便捷宣传人大工作，打造公民知情知政和代表联系交流平台。提高“代表之家”运行质量，努力把“代表之家”建设成为代表履职的加油站，服务群众的连心桥。加强代表履职监督，开展代表向选民述职评议工作，切实增强代表履职意识。

着力提升办理质效。采取重点督办、跟踪督办、现场督办等方式，确保区六届人大一次会议代表所提121件建议全部办结，代表满意率不断提升。注重闭会期间代表意见、建议的收集督办，编发《代表之声》转交区人民政府办理。采取听取办理情况汇报、满意度测评等方式，加强常委会议审议意见跟踪问效，确保审议意见办理质量。

【自身建设】 全面加强机关建设。坚持把从严治党要求作为机关党的建设新常态，努力建设“首善人大”“活力机关”。加强思想建设，及时传达贯彻中央、省委、市委和区委会议精神，引导党员干部不忘初心、牢记使命，不负重托、依法履职。加强组织建设，突出政治功能，规范组织活动，充分发挥战斗堡垒作用。加强作风建设，着力纠正“心浮气躁、妄自尊大，拖拖拉拉、漫不经心，事不关己、高高挂起”三种状态，始终保持工作激情。加强纪律建设，深入学习贯彻《准则》《条例》，严肃常委会“四项会议纪律”，树立敬畏意识，筑牢自律防线，塑造人大干部良好形象。加强制度建设，修订完善议事、行权、内控、廉政等各类规章制度21项，确保管理严实并进、工作运行有序。

全面加强调研宣传。围绕区委中心工作，制定年度调研计划，开展专题调查研究，完成《“绵阳现象”对顺庆普高教育的启示》《关于全区城市环境卫生管理工作的调研报告》等专项课题，为区委政府决策提供有效参考。其中，《“绵阳现象”对顺庆普高教育的启示》获市人民政府和市人大常委会主要领导批示肯定。注重人大信息宣传，在省、市媒体发表稿件100余篇，用稿质量排名全市前列，荣获省、市人大新闻评选特等奖和组织奖。

全面加强基层基础。切实加强对街道人大工委的领导和对乡镇人大的指导，深入推进基层人大规范化建设。定期召开基层人大工作会议，坚持乡镇人大主席、街道人大工委主任列席常委会议制度，组织参加集中视察检查、学习培训、考察交流等活动，不断提升基层人大工作水平。

【领导名录】

党组书记、主任：陈　琳

党组副书记、副主任：缪　红（女）

副主任：王润生

　　　　贺　频（女）

　　　　韩大平

常委会机构设置

办公室

主　任：涂　进

副主任：冯俊谦

　　　　姚姝汶（女）

　　　　袁国志（3月起）

纪检组长、机关党委书记：张　燕（女）

人事代表工作委员会

主　任：胡英华

副主任：刘于果

人民群众来信来访办公室

主　任：李黎明

副主任：伍志凡

专委会设置

法制委员会

主任委员：冯金伟

副主任委员：唐余林

　　　　　　张学军

财政经济委员会

主任委员：邱　玲（女）

副主任委员：王泗安

教育科学文化卫生委员会

主任委员：张先奎

副主任委员：蒲　忠

　　　　　　张光祥

农业与农村委员会

主任委员：刘明雄（12月止）

副主任委员：文林

城乡建设环境资源保护委员会

主任委员：于文全

副主任委员：刘俊柏

　　　　　　吕　刚

民族宗教外事侨务委员会

主任委员：张华德

副主任委员：巫俊芳（女）

（覃鑫平）

南充市顺庆区人民政府

【概况】 2017年，在市委、市政府和区委的坚强领导下，在区人大、区政协的监督支持下，区政府牢固树立和践行新发展理念，与全区人民一道，紧紧围绕“建设成渝第二城核心功能区”奋斗目标，攻坚克难，砥砺前行，经济社会平稳较快发展，各项事业取得长足进步，圆满完成全年目标任务。

【经济发展】 全年实现地区生产总值358.3亿元，同比增长8.9%；规模以上工业增加值同比增长10%；社会消费品零售总额228.3亿元，同比增长13.3%；全社会固定资产投资311.3亿元，同比增长18.2%；一般公共预算收入15.54亿元，同比增长20.1%；城镇居民人均可支配收入35125元，同比增长9.1%；农村居民人均可支配收入15873元，同比增长9.7%。经济运行稳中有进、进中向好、好中提质，顺利完成“争一保三守五”的预期目标。

【产业发展】 服务业实现转型发展。启动万汇国际购物小镇建设，打造全省领先的大型现代商贸中心。顺庆府特色商业街区提档升级，香港雅邦百货顺利开业。清华同方等骨干电商企业入驻绿地智慧城，中国丝绸产业网上线运营，南充外滩金融中心、泰合青年城等楼宇经济初具规模，以电子商务、金融服务和文化创意为主的新兴产业蓬勃发展。

工业实现创新发展。鑫达项目一期全面投产、二期启动建设。中国重汽南充海乐生产基地主体完工。实施技改项目21个，完成投资15.2亿元。7户企业实现“小升规”，规模以上企业达到97家。南充高新技术孵化园被列入省级科技企业孵化器，一批高科技企业入驻欧香智慧小镇，“孵化器+加速园+产业园”创新创业链条基本形成。培育科技型中小微企业102户，获得专利授权139件，新增省级企业技术中心1个。

农业实现特色发展。嘉陵江沿线现代农业开发等项目加快实施，改造高标准农田1.2万亩，新（改、扩）建蔬菜基地6000亩、经果林基地1万亩、农业产业园25个，新增专合组织63个。实施新复七坪寨、同仁四方寨农旅结合项目，启动西河生态乡村旅游开发，基本形成体验农业、近郊休闲、全域旅游融合发展格局。

【城乡建设】 城市建设全面推进。滨江路、玉带路、西华路等城市主干道改造提升，成为城市道路新标杆。顺蓬营一级公路顺庆段建成路基5公里、打造标美大道300米。高铁商务区站前广场建设顺利推进，高铁公园建成开园，潆华污水处理厂投入使用，片区路网等基础设施加快建设。实施棚户区改造7处，整治背街小巷30余条、老旧小区10余处，新增城市绿地3000余平方米，城区光亮工程和火车站片区、高速公路出入口风貌打造基本完工。

乡村建设全面提速。城乡安全饮水一体化工程深入实施，完成10个集镇水网提升改造。灯（台）—桂（花）公路完成路基施工，建成通村公路100公里，整治农村危桥10座。城乡公交一体化持续推进，农村公交线路覆盖13个乡镇。芦溪扩权镇，李家省级特色镇，搬罾、共兴重点镇建设步伐加快，打造幸福美丽新村12个。

城乡管理全面加强。建立大城管数据管理中心，试点“街长制”“楼长制”管理模式，打造便民服务街区11处。实施“两项清查”，拆除违法建设16万平方米。开展“摆顺、扫干净、不拥堵”系列行动，推行临时占道停车智能化管理，街面“见管率”大幅提升。城乡环境综合整治深入开展，农村垃圾清运、集中处理实现全覆盖。

【改革开放】 重点改革蹄疾步稳。供给侧结构性改革加快实施，出台支持现代服务业发展等稳增长政策，降低企业用电用气成本1.2亿元。建立健全顺投集团公司现代企业制度，新组建市政建设、金融管理、社会服务等子公司8个。农村“七项”产权确权通过省级验收。简政放权行政审批事项121项。城管体制改革顺利完成，其他重点领域改革有序推进。

开放合作多点突破。强化与央企省企、大学院校及金融机构深度合作。与企业共同组建产业扶持基金，支持新兴产业、高新技术发展。与西华师范大学签署全面战略合作协议，助推西南交通大学与天喜车用空调公司合作，电子科技大学裸眼3D项目落户顺庆。争取农发行、国开行等政策性贷款16.3亿元。加强与社会资本合作，实施PPP项目5个，融资82亿元。大力发展对外贸易，实现外贸出口1.7亿元。

招商引资成果丰硕。积极参加中外知名企业四川行、西部投资大会等重要招商活动。依托北部新城、工业园区等平台，成功引进暴风科技集团、东方园林公司等知名企业入驻发展，实现百亿级项目招引“零突破”。全年新签约亿元以上项目27个，到位省外资金72.1亿元，同比增长21.5%。

【民生改善】 脱贫攻坚连战连捷。建成脱贫奔康产业园12个、脱贫示范村10个。实施危房改造1253户，易地搬迁入住183户，全面完成脱贫户“三建五改”。实现贫困户低保全覆盖、子女义务教育零辍学、县域内住院医疗“零支付”。顺利通过市级验收和省级交叉考核，7个贫困村退出，2204人脱贫。实施汶川县对口帮扶项目28个，打造木上村脱贫奔康样板，助力汶川县高标准通过省州摘帽考评。

民生保障更加有力。全面完成十大民生工程和20件民生实事。区政务服务新中心投入使用。城乡低保全面提标，社会救助力度加大。全民参保入户登记工作圆满完成，“五险统征”全面实施，社会参保率稳步提高。新增城镇就业1.3万人。全年民生支出达26.1亿元，同比增长22.7%。

生态环境持续改善。实施“小散乱污”企业整治，辖区砂石全面禁采、堆码场全部拆除，禁养区养殖场全部关闭。全面落实区、乡、村三级河长制，实施水环境综合治理工程23个，新建乡镇污水处理厂4座，提标升级污水处理站18座，城乡水体质量明显改善。持续开展大气污染防治，空气质量稳步提升。全面实施封山育林，巩固退耕还林6万亩、生态公益林12.7万亩，13个乡镇达到省级生态乡镇标准。

社会治理成效明显。法治顺庆建设加快推进，“七五”普法深入实施，全民法治意识明显增强。平安顺庆建设不断深入，完善社区“网格化”管理体系，建立健全区、乡、村三级治安巡控机制，城区“天网工程”、农村“雪亮工程”覆盖扩面。信访稳定工作全面加强，应急处置能力不断提升。安全生产工作扎实开展，全年无较大以上生产安全事故发生。

【社会事业】 优质教育提质增量。新（改、扩）建白土坝幼儿园等学校10所，新城学校开班招生。改善9所义务教育薄弱学校基本办学条件。实施名师名校培育工程，教师培训、轮岗、交流力度加大，新增国省级特色学校20所，基础教育优生面扩大，高考上线率全市第一。

城乡医疗均衡共享。市中医院南院区、区公共卫生服务中心项目主体完工。城乡医疗卫生一体化深入推进，建成区妇孺医院—荆溪卫生院等城乡医联体4个，分级诊疗制度不断完善。引进医疗卫生专业人才123名，名医生、名专家、名科室培育力度加大。20个卫生院、203个村卫生室基础设施全部达标。

文体事业蓬勃发展。张澜纪念馆完成修缮，顺庆府署陈列布展。区图书馆、村级文化室功能不断优化，公共文化服务体系更加健全。建成区体育中心。承办国省级重要体育赛事2项，举办群众体育赛事200余场，向国省级运动队输送人才30名，启动全国武术之乡、全省高水平体育后备人才基地创建工作。

国防动员、民兵预备役和双拥优抚工作扎实推进，政府自身建设得到加强，监察、审计、国土、档案、工商质监、食品药品、住房公积金、外事台侨、供销社、机关事务等工作取得新成绩，民族宗教、妇女儿童、工商联、红十字、地方志、共青团、残联、工会、科协、老龄等工作发挥了积极作用。

【自身建设】 认真落实“三会一课”等党员教育管理制度，推进“两学一做”学习教育常态化制度化，利用政府常务会、政府党组（扩大）会、区长办公会等会议，深入学习贯彻党的十九大精神，认真领会习近平新时代中国特色社会主义思想，巩固拓展落实中央八项规定精神成果。始终把依法行政落实到各个方面、各个环节，成功组建政府法律顾问团，深入开展“七五普法”，将“法律七进”纳入依法治区“大篮子”，突出领导干部“关键少数”，强化会前学纪学法，利用读书班期间开展专家法制知识讲座，全面增强领导干部法治信仰、法治思维、法治观念。

区人民政府办公室

【政务服务】 严把各类文件起草关、审核关、发送关、时效关，全年共处理文件8848件，其中，请示报告3267件，签发文1227件，市上文件2705件，市委、市政府领导批示件133件，区委转办件260件，信访件111件，机要件45件，其他杂件1100余件，实现了运转不过夜、处理无差错。完成区政府领导讲话材料、综合汇报材料等各类文稿270余篇。承办政府全体会议、政府常务会议、专题会议等各种会议200余次，并编印区政府常务会议纪要21期，专题会议纪要41期。协调各级领导视察、调研活动35次，现场会16次，考察活动17次，做到了准备充分，安排紧凑。

【信息调研】 全年累计报送政务信息2300余条，全面反映全区经济发展、项目实施、城市建设、民生改善等方面成就。完成调研文章14篇，《构建五大环境 护航顺庆发展》《顺庆区养老服务体系建设的现状与思考》《加快城市建设 助力大城崛起》等调研文章被《顺庆调研》《决策与务实》刊载，为政府决策和工作指导提供了重要参考。

【督查督办】 专项督查政府常务会等会议议定事项、政府工作报告落实情况、政府主要领导批示交办事项86项，限时办结86项，办结率达 100%。完成提案、建议和议案办理 229 件，办结率 100%、满意率 98.7%，有效确保“事事有回音、件件有落实”。

【应急工作】 制定出台全区总体应急预案，就地质灾害、公共卫生、防汛抗旱、食品安全等相关事故分类制定 20 余个专项预案；加大应急宣传，市区联合举办“应急七进”大型活动；健全突发事件信息报送制度，严格落实 24 小时值班和节假日领导带班、专人值班制度，完善应急处突工作机制，全年共开展各类应急演练 80 余场次，处理突发公共事件 40 余起，突发事件应急处置和快速反应能力得到进一步增强。

【法制工作】 全年共审核规范性文件 20 余件，制订出台 11 件；收到行政复议申请 7 件，受理 7 件，正在审理 1 件，办结 6 件，其中，作出维持决定 4 件，驳回申请 1 件，转送其他机关 1 件；受区政府委托参与行政应诉案件 31 件；组织全区 130 余人参加了全市行政执法资格考试；积极推进“两法衔接”工作，全区通过“两法衔接”平台及时移送涉嫌犯罪案件 38 件；牵头开展规范性文件清理，共清理规范性文件 62 件，其中继续有效的 29 件（待修改 3 件），废止的 4 件，失效的 29 件；完善依法行政制度体系，制定规范性文件合法性审查、定期清理等八项制度。

【脱贫攻坚】 结对帮扶灯台乡高板桥村和字库碑村，高板桥村于 2016 年整村脱贫。积极开展脱贫村“回头帮、回头看”活动，及时调整帮扶工作领导小组，安排一名班子成员和一名中层干部具体衔接落实，两村 61 户精准贫困户由办公室 29 名干部职工结对帮扶，人均帮扶 2 户，按照轮流走访形式，在保障工作运转的同时，确保每周 1 次进村入户，开展帮扶对象情况调查，研究、制定、落实帮扶措施，协调解决帮扶工作中的具体困难和问题。全年协调解决资金 20 余万元，通过支持发展庭院经济、帮助解决基础设施建设、保障困难群众政策兜底、落实“三建五改”改善居住条件、节假日送生产生活慰问物资等方式，全面帮助两村脱贫脱困。

【人防工作】 集中开展人防相关政策宣传 8 次，发放宣传资料 15000 余份，人防知识教材 5000 余本。组织搬罾等民防志愿队积极开展各项培训、应急演练及志愿服务活动，有效提高应对突发事件的能力。完成芦溪疏散基地 5 条村道建设，完成同仁疏散基地规划设计。全年向上争取人防疏散基地建设补助经费近 400 万元。

【电子政务】 加强区政府门户网站日常管理维护，完成全区政府网站清理整顿，按上级要求，关停区政各部门和乡镇街道网站，完成区政府网站集约化建设，强化政府网站管理，坚决防止政府网站出现不及时、不准确、不回应、不实用的“四不”问题。按照国、省、市要求，坚持以公开为常态、不公开为例外，推进行政决策公开、执行公开、管理公开、服务公开和结果公开，以公开促落实，以公开促规范，以公开促服务，主动做好政府信息公开工作，完成群众关心的十项重点信息公开，指导和督促乡镇（街道）、政府部门做好信息公开工作，全年主动公开区本级政务信息 3900 多条。有序推进“互联网＋政务服务”工作，完成我区一体化政务服平台建设，与全省同步上线运行。深入推进政务信息系统平台整合共享工作，编制上报我区政务信息系统资源共享目录 2000 多条。办理市政府网站转交的“市长短信”“咨询投诉”450 余件，及时公布办理结果，群众满意率 99.6%。

【领导名录】

区人民政府

区　长：刘　松

副区长：秦水平

李洪长（7月止）

李兴贵（12月止）

张益萍（女）

刘向阳（7月起）

李献丰

杨　瞽（12月起）

区人民政府办公室

主　任：高彬郎

机关党委书记：于小菊（女）

副主任：邓鸿娟（女）

田　黎

杜小涛（1月起）

纪检组长：佘　岭（女，彝族）

（李晓雨）

政务服务中心

【概况】 2017年，南充市顺庆区人民政府政务服务中心紧紧围绕把我区建成“成渝第二城核心功能区”这一战略目标，深入推进“放管服”工作、产权交易工作、网格化监管和12345热线工作、精准扶贫和信息外宣工作，主动作为、创新举措、狠抓工作落实，各项工作扎实有序推进，亮点纷呈。

【简政放权】 加大“放管服”工作力度，及时承接中、省、市下放的行政审批项目，进一步优化办理流程，减少办理环节，压缩办理时限，平均承诺时限比法定时限提速了63.1%。进一步落实行政审批“两集中、两到位”工作，提高并联审批效率，尽力实现“进一扇门，办一揽事”的目标。清理不必要的前置审批。全区共削减20多项前置审批条件，实行“先照后证”，方便大众创业。清理中介服务机构，严格实行市场化运作，业主自由选择，已实现部分中介服务费由政府集中采购。

【放管结合】 做好事中事后监管工作，稳步推进“双随机一公开”。组织制定“双随机”抽查措施，出台了《南充市顺庆区推广随机抽查规范事中事后监管实施方案》，明确了工作任务和要求。及时总结反馈“双随机一公开”抽查工作中出现的问题、遇到的困难，以推动“双随机”抽查工作顺利开展。先后两次开展“双随机一公开”专项督查活动。做好对独立办事大厅的视频监管工作。加强对便民服务中心及各独立办事大厅的监管，按月考核通报，促进规范运行。切实抓好行政权力依法规范运行监管工作。督促行权单位配好人员、配好设备、全年同步录入行权事项总计7.8万余件，坚持每月排名，每月通报制度，对排名靠后或多月为零、报警率高的单位启动问责机制，确保行政权力依法规范公开运行。

【优化服务】 2017年，中心政务大厅共办件3.6万余件、按时办结率100%、获得群众锦旗10余副，群众满意率100%。着力优化发展环境，开展专项督察。由区纪委监察局牵头，区政务中心、区优化办参与组建了3个督查组，对全区33个行权单位的行政权力依法规范公开运行工作、“双随机一公开”工作、“两集中两到位”工作进行了全覆盖督查。

【建设新政务大厅】 围绕打造省内一流政务大厅目标，加快推进新政务大厅建设。中心政务服务工作考察组先后赴宁夏银川、安徽亳州、江西鹰潭对网上政务大厅、网上审批工作、公共资源交易工作进行了考察。高起点规划设计新政务大厅建设方案，快节奏推进新政务大厅建设。年底，已建成一个省内一流、全市第一的政务大厅，并计划于2018年初正式服务群众。

【民生工作】 农村产权交易量全市第一。2017 年，中心共完成农村土地承包经营权交易 8 宗，交易面积 509.14 亩，交易金额 28 万余元，协助完成首个国有土地竞拍项目，被南充日报、南充市政府官网、今日顺庆等新闻媒体广泛报道。高效有序推进网格化监管，12345 热线办理量全市第一。2017 年，全区网格员共上报事件 56528 条，其中街道上报事件 54215 条，乡镇上报事件 2313 条；共上报“三项重点”工作信息 9694 条，其中街道上报 9494 条，乡镇上报 200 条。2017 年，共接收市民来电工单 6878 件，工单量位居全市之首，且逐月递增，办结市民来电诉求 6022 件，办结率 87%，位居三区之首。

【脱贫攻坚】 全体工作人员深入基层实地调研，进村入户走访、分析致贫原因并找准帮扶突破口，结合实际认真制定出了具有可操作性的帮扶计划。针对扶贫对象的具体情况制定并实施了养殖家禽，种植蔬菜以及生活设施维修等方案，帮扶各项资金近万元，解决了贫困户的基本生活问题，并为其谋划出一条可持续发展的道路，扶贫工作得到了当地党委、政府充分肯定，贫困户冯宗胜成为脱贫模范，走上致富路。

【外树形象】 积极有效撰写网评组工信息，投稿 4 篇，在中央媒体中国网发表 3 篇，分别是《不忘初心、先修“三心”》《“四转”助推地方绿色 GDP 发展》和《“四措并举”搭建基层引才留才舞台》，发表数量名列全区前茅，走进了全区第一方阵。积极有效撰写党委信息，被区委要情第十九期、第三十七期分别采用 1 篇。积极撰写政务信息，被省政务中心采用 5 篇、市政务中心采用 4 篇，信息考核总分名列全市前列。积极报送宣传信息，向区委宣传部报送信息 100 余条，被采用 10 余条，为全方面宣传顺庆政务服务工作贡献了积极力量。

【领导名录】

主　任：王　波

副主任：朱　伟

（冯彦斌）

机关事务管理局

【车改工作】 完成全区保留一般公务用车 71 辆过户至区机关事务管理局并实行集中统一管理，以及公务用车标识张贴；建立了公务用车运行费用报销管理制度，保障了公务用车运行经费的正常支付；与区监察局、区发改局、区财政局、区人社局联合发文，印发了《顺庆区一般公务用车委托管理使用办法》，为公务用车管理提供了可行性依据；按照公务用车配置依据，为中医院等单位购置特种专业技术车辆 4 辆，完成 1 辆一般公务用车报批等相关业务工作；实现了全区 22 名聘用驾驶员统一管理，统一签订劳务合同，统一制定工资福利标准，统一缴纳“五险一金”等规范化管理的落实工作。

【公共机构节能】 按照“节约型公共机构示范单位”创建标准，督促指导市中医院认真做好第三批创建示范单位验收达标相关工作；以建立健全节能管理体系，普查能耗状况，落实节能举措为重点，扎实开展节水、节电能源资源消耗监测，适时在线分析各相关部门消耗情况，发现问题及时整改，切实做好节能降耗落实工作。经统计，区机关集中办公区年均节电 40 余万度，节约电费 34 余万元，减少二氧化碳排放量 300 余吨，节水 1.4 万吨，节约水费 4.5 万元；围绕“节能领跑绿色发展”主题，积极开展节能政策法规宣传，施行节能宣传进校园、“光盘行动”、健康绿色徒步、乘座定制公交上下班、共享单车骑游体验等活动，在区机关形成了依法节能、人人参与节能，带领家人及社会节能的良好氛围。

【基础设施建设】　按照区委、区政府工作安排，实施了育英路原人社局和公安分局搬迁后旧办公楼的维修改造，为区机关35个部门入驻提供了良好的办公环境。完成维修改造工程；区人大扩展果城会堂301、302会议室为区人大常委会议室的通过招标、竞标程序完成相关设施设备采购安装；争取政府投资180余万元，完成区政协、区人社局、区政府1号办公楼、川北大厦办公楼采购安装5部电梯，以及政协办公楼强弱电改造工程；完成原区公安分局办公区第2食堂建设工程；完成区机关大院果城会堂及宿舍区1、3、4、5、14、18幢和区老干局办公楼外墙风貌整治工程。

【综治安全维稳】　着力实施保安队伍精细化管理，加强作风纪律整顿，制定管理举措，实行每周一召开早会一次，每月召开例会一次，落实定期与不定时的督查制度，建立督查工作记录台账与量化考核相结合，对不服从管理且屡教不改，群众意见大的个别人员实行教育与处罚相结合，使保安队伍形象明显提升。对区机关重点部位实行24小时守护制，有效保证了各办公区域内未发生治安刑事案件。对区机关办公区、停车库、停车点位及宿舍区安装一体化智能指挥平台监控系统，实现盲点全覆盖。与集中办公区60余部门签订了安全责任书，形成了齐抓共管、人人参与的群防意识。配合有关部门谨慎、稳妥处理群众上访诉求秩序维护工作100余起，近2000余人次，有效确保了区机关正常有序办公。

【环境卫生】　在负责区机关各集中办公区的卫生管理工作中，督促指导各办公区责任单位及保洁人员，做好所辖区域卫生保洁工作，生活垃圾、杂物定时清运，卫生死角定期清除，经上级相关部门考核验收，继续保持省级“最佳卫生先进单位”及“省级无吸烟单位”殊荣。

【后勤保障服务】　果城会堂切实加强基础设施设备维护管理，努力提升会议服务质量和水平，全年共接待各类重要会议服务近400余场次，完成区重要活动现场音响服务保障40余场次无失误。去年9月，启动了原公安分局食堂维修改造工程，并于10月正式营业，在服务管理运行中，切实抓好菜品质量和卫生安全保证，使800余名就餐人员吃得开心、放心。在安全管理工作中，认真做好电梯、供电、消防等设备的安全维护，对原公安分局办公楼墙体瓷砖脱落、玻璃幕墙存在安全隐患，以及果城会堂和生活区10、11幢房顶隔热棚受极端天气影响造成的安全隐患进行了及时整治；加强全区71辆一般公务用车的安全管理，年内无任何安全责任事故发生。

【脱贫攻坚】　2017年，在承担桂花乡龙凤村12户精准脱贫的帮扶工作任务中，局主要领导定期或不定期带领帮扶人员深入帮扶对象家中了解所需所帮，征求“不满意”意见，及时向乡政府及村委会反馈信息，协调制定整改措施，及时解决了贫困户的实际困难和需求；今年为该村12户精准扶贫户资助解困所需资金1.68余万元，购买猪仔9头，鸡、鸭、鹅苗300余只赠送给贫困户饲养，户均年增收2000余元；每逢重要节日，局主要领导带上慰问物品，逐一入户慰问，让受助户感受党和政府的关爱。

【自身建设】　按照党的十九大和习总书记系列重要讲话精神，局党组始终把党风廉政建设和反腐败工作作为重大政治任务抓紧抓实抓落地。落实党风廉政建设责任制，根据分工认真履行“一岗双责”；加强领导班子成员廉洁自律意识教育，签订廉洁自律承诺书，定期开展警示教育活动，筑牢党员干部拒腐防变防火墙；建立健全规章制度，切实加强“三公”经费支出管控，均无乱发钱物等违规行为；严格执行政府投资项目管理规范，实行阳光操作，均无吃、拿、卡、要等不廉行为发生。在抓党建工作中，以“两学一做”为载体，“三会一课”为契机，组织党员开展党的基本理论、纲领、路线、方针及党的十九大精神学习教育；利用“七一”进行重温入党誓词，开展结对帮扶“走亲戚”和支部评先评优等活动，凝聚了支部党员的向心力、战斗力。对2名入党积极分子按发展党员流程进行培养考察。对区委第三巡察组巡察我局工作反馈的5大类23个问题，落实整改措施，加大整改力度，按规定时限完成了整改任务。

【精神文明建设】 切实抓好群众性精神文明相关活动的持续开展。利用“三八节”“重阳节”和机关运动会等时机，积极开展形式多样的集体活动，营造了文明和谐氛围；利用集中学习时间，组织干部职工认真学习党的十八届四、五、六中全会和党的十九大会议精神，以及习总书记重要论述，及时传达省、市、区委重要会议精神，教育启发大家紧跟形势与时俱进；教育培养干部职工树立爱国、敬业、诚信、友善、富强、民主、文明、和谐，自由、平等、公正、法治精神；通过媒介载体及时宣传本局工作动态，及时完成上级相关部门安排的氛围营造工作。2017年，被四川省人力资源和社会保障厅、四川省机关事务管理局授予“全省机关事务管理工作集体”荣誉称号。

【领导名录】

局　长：杨建伟

副局长：申小红（12月起）

　　　　张科林

纪检组长：徐　彬

（陈春阳）

民　政

【城乡低保】 2017年全区现有城乡低保对象66752人，其中城镇低保对象10804户，30947人。全年累计发放城镇低保金9473.4万元，月发放城镇低保金789.45万元，月人均补差标准为250.1元，完成目标任务的100%。现有农村低保对象13764户，35805人。今年累计发放农村低保金6105.3万元，月发放农村低保金508.8万元，月人均补差标准为150.2元，完成目标任务的100.1%。今年全区新增城乡低保对象4619户，13773人，取消不符合条件城乡低保对象4942户，7859人，基本做到了应保尽保，应退尽退，对象准确，动态管理。

【医疗救助】 2017年全区累计直接医疗救助城乡困难群众13050人次，救助资金1269.2万元。其中累计住院救助11012人次，救助资金1136.2万元；累计门诊救助2038人次，救助资金133万元。资助城镇低保对象参保50356人，资助资金816.8万元。

【特困供养】 2017年共有农村特困供养人员4517人，全年共发放供养金2170.2万元。资助特困供养对象4771人，57万余元，并全部纳入大病医疗救助，实现特困对象生病住院治疗全额补助。“5.12”防灾减灾日开展形式多样的宣传活动，稻香路社区被评为“2017年度全国综合减灾示范社区”。大林敬老院荣获2017年度全省“敬老文明号”。积极加强与省慈善总会等上级部门的衔接沟通，努力争取福彩项目等慈善资金，为慈善事业的推进提供资金保障。

【双拥安置】　优抚工作：全面落实兑现了全区4327名优抚对象的定期抚恤及补助政策。发放定期抚恤补助款2956万元，比2016年增长11.5%。资助1926人（次）治病就医和维持正常生活，共计下发解“三难”资金388万元。

安置工作：对2017年冬季从部队退伍（转业）的301名城乡退役士兵（官）实行货币补偿安置，打卡直发货币安置补助金1406万元，安排转业士官41名。

退役军人信访工作：2017年共接待退役军人来信来访1500余人（件）次，采取有效措施，对部分参战涉核部队退役人员及企业下岗志愿兵等群体进行了关爱帮扶，配合区人社部门对辖区失业志愿兵、复员干部、伤残军人、转业士官、复员士官等群体进行了就业援助，安排了452名涉军群体再就业。分次拨出专款共250余万元补差，解决退役军人的临时困难求助100余万元，实现了重大节日期间零上访。

军休工作：全区新接收军休干部2名，全年共发放工资及各种补助1667.5万元，比2016年增长15.2%。同时，积极关心和落实军休干部的待遇，落实了健身活动场所，提高了军休管理服务水平。

双拥工作：顺庆区努力为争创省第八届双拥模范区做准备。现已获第七届“省级双拥模范区”。区双拥办春节和“八一”期间组织了大规模地对驻区部队慰问和军地联欢，军民共建双拥模范城活动共计投入资金600万元，军队支援地方工农业建设投入人力1900余人（次）。

【基层民主政治建设】　体育场社区、桑园路社区、干堰塘村3个村（社区）通过了市级检查验收，评为2017年度市级民主示范社区；第十届村（居）换届选举一次性圆满成功，完成上级“决战全胜”的要求；深入推进了全区村（居）务公示公开工作，激发了群众对本村（居）委会的法治治理积极性，进一步夯实了顺庆的基层民主工作。

全区80周岁以上老人享受高龄津贴，其中80－89岁，每人每月25元；90－99岁，每人每月100元；100岁以上，每人每月600元。2017年，共为全区18574位高龄老人发放634万元高龄津贴。其中，80－89岁高龄老人16032人，90－99岁高龄老人2489人，百岁老人53人。

【社会事务管理】　2017年全年依法办理结婚登记4375对，补发婚姻证件2936对，离婚登记2196对，补发离婚证件345对，出具婚姻登记记录证明3件，办理网上预约300余对。收养登记8件，协助公、检、法等部门核查婚姻资料200余起，为市民查询婚姻档案4300余次。依法进行民间组织登记管理，全年登记民办非28个，社团组织登记10个。民间组织年检率95%。继续实施惠民殡葬工作，全年对符合优惠政策的各类对象275人免除基本殡葬服务费用41.2万元。孤儿供养工作，全区孤儿供养实际人数229人，其中机构供养（市福利院）72人，社会散居供养157人，全年支付孤儿供养金140.9万元。下中坝片区行政区划调整给高坪区，两区对“顺高线”进行了重新界定，与高坪区民政局对“顺高线”边境联检，对其余四条边界线界桩、地理实体进行了巡视检查，2017年度“平安边界”活动创建工作圆满完成。

【救助管理】　2017年，救助站在全区范围内开展“寒冬送温暖”“清泉寺集中救助”“夏季送清凉”“打击传销专项救助”等多项专项救助行动，并加大主动救助力度，完善应急预案，坚持街头巡查，及时发放必要的饮品、食品、取暖或防暑降温物品，确保了流浪乞讨人员和遇到临时生活困难的群众得到及时有效救助。全年共救助流浪乞讨人员2434人次，其中男性1966人次，女性468人次，老年人395人次，未成年人83人次，残疾人631人次，精神病人146人次，智障35人次；出动救助车辆800余台次，投入并发放各类救助物资5000余件。

【自身建设】 深入学习贯彻习近平新时代中国特色社会主义思想和党的十九大精神，学习宪法、党章，把“每周一学、每月一讲、每季度一主题”活动常态化。坚持“民政为民、民政爱民”的新理念和“民生民政、创新民政、智慧民政、法治民政、文化民政”建设的新要求，切实加强党组和干部队伍建设。举办民政干部培训班，有效提高了民政为民服务的业务水平。认真落实党风廉政建设责任制，提升了全体民政人整体政治素养和廉洁从政意识。

【领导名录】

局长、党组书记：唐俐斌

机关党委书记：李　军

副局长：潘朝福（12月止）

　　　　吴晓嘉（女）

　　　　邓斌豪

纪检组长：赵　云

（滕　华）

中国人民政治协商会议南充市顺庆区委员会

【概况】 政协南充市顺庆区委员会2017年增补委员10人，年底有委员208人，机关工作人员47人。

【协商议政】 协调联合区委办、区政府办共同制定并实施《区政协2017年度协商计划》，全年共召开各类协商议政会议47次，形成百余条协商意见和建议，许多协商成果被区委、区政府采纳并转化为决策部署，较好地发挥了政协围绕中心、服务大局的作用。

【常委会议】 共召开常委会议4次，围绕区政府2017年上半年经济和项目工作、农村脱贫攻坚、党风廉政建设等工作认真协商建言，提出了40余条有针对性、建设性和可操作性的意见及建议，大多数意见及建议被采纳吸收。

【主席会议】 共召开主席会议10次，就全域乡村旅游发展、教育产业发展、棚户区改造、重点提案办理、健全政协工作制度等重点工作，提出意见建议60余条。

【提案工作】 健全常委会、主席会议、专委会、民主党派多层次督办提案机制，在提案督办中广泛开展民主监督，提案办理深度和民主监督广度不断拓展，形成了“委员提、共同议、合力办”的良好工作格局。区政协六届一次会议以来，委员们共提出提案162件，立案108件。截至2017年11月，所立提案已全部办复完毕，委员对提案办理结果满意率为99.1%。

【视察调研】 组织委员对“顺庆府”特色商业街区建设及管理、县乡道路管护、城乡医疗卫生一体化、医保工作、西河生态环境保护、专业市场消防安全等工作开展专项视察13次、专题调研10次，形成《突出特色，优化业态，打造特色商业街区品牌》《坚持综合施策，提升县乡道路养护水平》《关于推进我区城乡医疗卫生一体化的思考》等专题视察、调研报告10余篇，共提出意见建议130余条，得到了党政领导及有关部门的高度重视，为推动相关工作发挥了积极作用。

【民主监督】 区政协主席会议成员应邀对区人民检察院未成年人刑事检察工作进行监督建言。部分政协委员应邀视察区法院工作，参加经济发展软环境测评、市级部门及各县（市、区）工作绩效暨民生工程社会满意度测评、农村居民管道天然气阶梯价格制度听证。全年共推荐30余名政协委员担任行风政风监督员、廉洁征兵监督员，对相关部门和单位执行法律法规、贯彻方针政策、开展依法行政、作风效能建设等情况进行了有效监督。

【社情民意】 共收集社情民意信息90余条，编发社情民意专刊30期。“规范共享单车管理”“加强宗教场所文物保护和安全管理”“村道缺少交通标识”“对畜禽养殖场关闭拆迁后土地复耕及利用的建议”“落实涉税信息共享，促进地方财力稳定增长”“加强青少年生命教育”“家庭茶坊扰民，建议专项整治”等社情民意得到党政有关部门的认真采纳和办理落实，促进了一大批问题的有效解决。

【联络联谊】 健全主席会议成员联系民主党派、工商联、无党派制度，积极邀请民主党派、工商联、无党派等各界人士集中学习中共十九大精神、参加政协例会和视察、调研、提案督办等履职活动，增进合作共识，形成工作合力。加强与上级、兄弟县（市、区）及外地政协组织的联谊交往，共接待广东省佛山市高明区、绵阳市涪城区、自贡市自流井区、雅安市雨城区等省内外政协组织来访考察10余次，组织委员外出学习交流8次，宣传展示我区发展成就，学习借鉴先进经验。

【参与中心工作】 主席会议成员分别在北湖片区改造、三原实验学校管理、李家特色商贸物流小镇建设、崇仙境森林公园开发、新复—同仁脱贫奔康产业园及顺蓬营沿线农业项目、党风廉政建设和平安建设社会满意度测评、中央环保督察反馈问题整改等重点项目和工作中负责组织指挥或联系协调工作，为顺庆区改革发展鼓实劲、出实力、干实事。区政协机关干部积极参与西河生态乡村旅游项目、双女石公园建设、督导西华大道改造等工作，协力推动相关工作顺利开展。

【脱贫攻坚】 深入推进“企业帮村、界别帮点、委员帮户”脱贫攻坚行动，动员208名政协委员和37名机关干部全员参与精准扶贫，累计协调争取扶贫专项资金、部门项目资金、委员捐赠资金等各类资金2000余万元，实施特色产业、基础设施、民生工程等脱贫项目12个，开展“送技送医送关爱”等活动20余次，促进贫困村村容村貌明显改善、贫困群众持续稳定增收。

【文史宣传】 坚持“亲历、亲见、亲闻”原则，认真搜集、挖掘和研究整理顺庆宗教专题文史资料，编辑出版《顺庆宗教》文史专辑，填补了顺庆区宗教文史资料空白。配合市政协征编“回望升钟水库”、《南充文史》等文史资料，丰富了地方史料。加强与宣传部门和新闻媒体的协作配合，在“人民政协网”“团结网”、《四川政协报》《南充日报》及上级内部刊物发表各类稿件30余篇，在南充电视台推出新闻报道40余次，更新顺庆政协网工作动态110余条，编发《顺庆政协》《调研与建议》等自办内刊80余期，编辑《顺庆政协履职实录》，筹办“人民政协之声”文艺演出，为扩大政协影响，推进政协事业创新发展营造了良好氛围。

【自身建设】 健全《常务委员会工作规则》《主席会议工作规则》《提案工作规则》《政协机关管理制度》等规章制度32项，实现政协工作有章可循、有据可依。优化机关岗位设置和人员配备，机关工作效能得到进一步提升。实施政协办公楼改造，完善功能设施，机关面貌得到明显改善。加强政协文化建设，营造浓厚政协氛围，丰富“委员之家”内涵，进一步提升了政协委员和政协机关干部的荣誉感、自豪感和归属感。

【领导名录】

党组书记、主席：吴　斌
党组副书记：张　霞（女）
副主席：张　霞（女）
　　　　李天祥
　　　　杨小虎
党组成员、秘书长：杨忠国
党组成员、机关党委书记：赵俊怡
副秘书长：颜　瑛

办公室主任：任建中
副主任：寇灵通
魏　谦
纪检员：杨书育
城市经济委主任：林国莹
副主任：伍行果
唐洪霞（女）
提案工作委主任：李茂云
副主任：郑金芬（女）
教科文卫体委主任：高兴春
副主任：朱兴安
学习文史联谊委主任：周学比
副主任：杜欣玉（女）
谭泽兴
人口资源环境委主任：谢爱平
副主任：吴红海
王志敏
农村工作委主任：魏进成
副主任：蒲正平
蔡　勇
法制工作委主任：罗兴凯
副主任：颜　瑛（11月止）
张信东（11月起）

（安智清）

民主党派

民盟顺庆区总支

【概况】　2017年，中共十九大胜利召开，进一步阐述了共产党人的初心和使命，各民主党派更加明确了在实现中国梦和伟大祖国复兴路上的责任和担当。民盟顺庆总支在民盟南充市委的悉心指导下，在顺庆区委、区政府的正确领导下，在区委统战部的大力支持下，以新时期习近平建设中国特色社会主义制度新思想为指导，紧紧围绕国家“十三五”规划这条主线，立足全市聚力“成渝第二城”建设和“155发展战略”，服务全区经济发展大局，紧抓“精准扶贫”这一中心工作，集聚总支全体盟员的智慧和力量，在思想建设、组织发展、参政议政、社会服务等方面取得了显著成效。

【思想建设】　总支始终把加强思想政治工作作为民盟工作的灵魂和向导，牢固树立思想政治工作的主导地位。总支继续开展“不忘合作初心，继续携手前行”专题教育活动，组织盟员参加各级各类培训，加强对盟员的传统教育。各支部按照总支要求，积极开展了各种形式的学习活动，提升了盟员的精神境界和参政议政的能力。

【组织建设】　为了保持队伍的蓬勃生机，总支十分注重新人的培养，不断壮大盟总支队伍。如经过组织考察，吸纳了覃鑫平、胡大勇等11位优秀同志入盟，从仪陇、营山县调入盟员2名，目前总支盟员人数达到350人，其中市人大代表2人，区人大常委1人，区人大代表3人；市政协委员5人，区政协常委2人，区政协委员10人。总支特别注重对青年盟员的培养，尤其注重对总支年轻有为的后备干部罗洪美、何姝睿、覃鑫平、李鑫、范虎、李云祥等的培养，推荐张其仁为区政协委员。

【参政议政】　参政议政是民主党派的一项重要任务，是提高民盟组织的生命力与凝聚力的重要方式。在形势不断发展、时代不断前进的背影下，总支自觉增强自身建设的责任感和紧迫感，早在2016年，潘菊英主委就提出了开展“三个一”工作（即一个调研报告、一个委员或代表一个提案或议案、一个盟员一条信息或建设）的目标，组织盟员积极深入调查研究，反映社情民意，在城市建设、基础教育、农村扶贫、产业发展、商贸流通等领域提出的提案和建议近20件。其中：《关于H7N9流感不能简单地一关了之》《关于支持南充市公益组织——南充市水上救援队发展的调研报告》《关于严厉打击以欺骗手段向老年人售卖保健品行为的建议》《二孩政策开放后医院产科建设面临的问题调研》《整合高中资源发挥区域优势促进顺庆高中教育跨越式发展》等得到民盟省委、民盟市委等有关部门的积极回应。

【社会服务】 总支围绕顺庆区委、区政府的工作重心，积极参与顺庆区的精状扶贫工作，给扶贫家庭送去盟组织的温暖。1月19日，总支主委潘菊英、秘书长张智慧陪同区委统战部领导对金台镇包包田村贫困家庭进行了走访慰问，并为定点帮扶的贫困户罗朝发送去衣服、床单被套、毛巾、洗化用品等春节慰问品及慰问金1000元。4月14日，三医院支部盟员及十余名医护人员到北湖公园进行义诊宣传活动。盟员张芳琼为200余名市民监测了血压，朱朝华免费测血糖100余人次，张智慧向市民发放健康宣传材料500余份。5月23日，总支主委潘菊英、副主委何正贵、阳琼、秘书长张智慧再次深入到金台镇包包田村帮扶对象罗朝发家中，了解他的近期困难，并主动衔接金台镇政府领导进行现场办公，力争让帮扶措施尽早落地。7月13日，为认真贯彻落实中央和省、市、区委关于扶贫开发的决策部署，发扬中华民族乐善好施、扶贫济困的传统美德，总支主委潘菊英、总支副主委何正贵带领总分年轻盟员，来到顺庆区金台镇包包田村四组，对帮扶对象罗朝发进行慰问。8月11日，总支主委潘菊英、副主委杨国斌、阳琼、秘书长张智慧到金台镇包包田村四大队帮扶对象罗朝发家中，对已竣工的罗家危房改造工程进行实地察看，了解情况，解决问题。9月13日，民盟顺庆总支主委潘菊英、副主委何正贵、副秘书长何姝睿再次深入顺庆区金台镇包包田村，看望贫困帮扶对象罗朝发，送去了牛奶、月饼等慰问品，并详细的了解了罗朝发老人的饮水安全、生病就医等情况以及前期帮扶发展的种鸭鹅养殖情况。11月8日，主委潘菊英，秘书长张智慧带领盟员刘文德、陈茜到金台镇包包田村，走访帮扶群众罗朝发，并为他送去了便携式衣柜、衣架、桌布以及旧衣裳。11月10日，三医院支部主委杨国斌副院长带领的内、外、康复专家一行六人，来到了顺庆区大林乡进行医疗精准扶贫。医疗专家来到贫困户家里为患病村民测血糖、量血压、听诊心肺、体格检查。12月23日，民盟顺庆总支潘菊英主委、何正贵副主委及秘书长张智慧一行三人于新年前夕，到金台镇包包田村，看望慰问贫困户罗朝发。为他家送去了菜油、干香菇、黄花、木耳等食品。

【荣誉表彰】 2017年，民盟顺庆总支获得了“学习实践活动先进集体”“组织发展优秀集体”“思想宣传先进集体”“参政议政先进集体”“社会服务先进集体”等荣誉称号。成员们在各项评比和竞赛中，也获得了佳绩。总支主委潘菊英撰写的论文《初中生学习自我监控能力培养的研究》获得“十三五全国新形势下教育创新理论与实践论坛”大赛一等奖；主研课题《初中生自我管理中存在的问题与对策》获得市教学科学研究所三等奖。盟员蒙长碧获得2017年南充市“德育先进工作者”、2017年“高考政治教学质量一等奖”；盟员沈文霞获得2017年“高考语文教学质量二等奖”；盟员魏玲获得2017年“高考历史教学质量三等奖”；盟员朱朝华获得顺庆区卫计局2017年“党建知识竞赛优秀奖”；盟员黄英获得2017年南充市“志愿者服务先进个人”（市卫计局）、2017年顺庆区“先进护理管理者”（区卫计局）；盟员阙兰兰、李晓莉获得2017年顺庆区“优秀护士”（区卫计局）；盟员张金兰撰写的论文《如何在小学语文教学中发挥多媒体技术的优势》获得国家级论文一等奖；盟员余海燕撰写的《树立正确的消费观》获得市教学科学研究所一等奖；盟员邓遗志撰写的《在实践中追求和发展基理》获得市教学科学研究所一等奖；盟员覃鑫平撰写的《应依规按时发放代表误工补助》荣获南充市第25届人大好新闻；盟员王兴堂撰写的《南充宋代窑藏瓷器研究》获南充市2017年度科研立项（编号NC2017B091）；盟员郑娟获得2017年顺庆区“全民参保登记试点工作先进个人”（区社保局）；盟员蒲志杰于2017年5月带领十二中校足球队获得“南充市2017青海年校园足球联赛（初中组）”一等奖，11月带队获得“2017顺庆区第三届校园足球联赛（高中组）”一等奖；盟员杨国斌获得2017年南充市优秀人大代表。盟员们在各自的岗位上勇于拼搏、敢于挑战，取得了不俗佳绩，展现了一代盟员乐观向上、充满朝气的精神风貌。

【领导名录】

主　委：潘菊英（女）

（潘菊英）

民革顺庆区基层委员会

【概况】　截至2017年12月31日，民革顺庆区基层委员会共有党员44人，支部3个，专委会3个，其中市人大代表1名，市政协委员3名，区人大代表2名（其中副主任1名），区政协委员8名（其中常委2名）。

【理论武装】　2017年，民革顺庆基层委员会围绕深入学习贯彻习近平总书记系列重要讲话精神和治国理政新理念新思想新战略，学习贯彻中共十八大、十八届历次全会、十九大和民革南充市十三届历次全会精神，充分结合民主党派自身特点，采取与民革党员所在单位学习教育有效衔接、相互补充、相得益彰的学习形式和教育方式，选取民革党员思想和认识上亟需解决的重大问题开展专题讲座、辅导培训、研讨交流，教育和引导民革党员牢固树立政治意识、大局意识、核心意识、看齐意识，不断提高政治站位和政治觉悟，增强“四个意识”，坚定“四个自信”，自觉坚持中国共产党的领导，在思想上、政治上、行动上与以习近平同志为核心的中共中央保持高度一致，切实把思想和行动统一到中、省、市、区的决策部署上来，把智慧和力量凝聚到实现南充市委和顺庆区委确定的目标任务上来，不断夯实团结奋斗的共同思想政治基础。全年共组织开展主委会议5次，全体党员会议14次，专题培训讲座6次。

【组织建设】　2017年，民革顺庆区基层委员会继续抓好组织建设，围绕工作机制、队伍建设、对口联系、关爱党员等方面出发，从以下方面做出了努力：

健全工作机制。重新修订综合、文卫、机关三个支部；妇女、老龄、参政议政三个专委会具体工作制度，明确年度工作计划，明确工作目标。

加强队伍建设。弘扬团结合作、勇于奉献、苦干实干、开拓创新“四个精神”。通过严格考核，从各行业吸收精英，新发展陈蓉、陈源军、李勇、陶李梅等新党员4名，增补区政协委员一名。

完善对口联系。与市、区统战部进行青峰农业等专题调研4次，撰写调研文章3篇。专题学习民革市委会精神4次，配合民革市委进行果州教育集团等专题调研2次。与对口联系单位顺庆区经科局进行“双创”专题调研1次，与顺庆区商粮局举办“中山林”主题植树活动1次。

关爱老弱党员。关心关爱老党员、困难党员，送温暖、送爱心，千方百计为他们排忧解难，切实让老弱党员感受到了顺庆民革的温暖和关怀，增强了基层委员会的凝聚力。

【参政议政】　2017年，顺庆民革围绕市区改革发展重大问题和人民群众关心关注的民生问题，组织党员深入开展调查研究和议政建议。

市人大代表尹文莉参与的《南充市城市园林绿化条例》和市政协委员覃瑜莉参与的《南充市城镇环境卫生管理条例》是南充市首次制定的两部实体法规；

顺庆民革提交的《关于定期在南充文庙安排公益演出的建议》、《采取有效措施 推进我市养老服务业健康发展》，市人大代表尹文莉提交的《关于立法规范市民行为 提升城市形象的议案》、《关于进一步整治南充市顺庆实验小学校园周边环境的建议》、《关于尽快制定整治“烂尾楼”办法的议案》、《关于尽快处置西山风景区的“桂园小区”烂尾楼的建议》，市、区政协委员覃瑜莉提交的《关于更换中小学校不合适课桌椅的建议》、《关于在中小学开展武术课教育的建议》、《关于改善城市交通的建议》、《关于完善城市公共设施配套的建议》，张钦峰提交的《关于加大有实力的农业龙头企业的支持力度》、《低碳出行缓减交通投放共享单车》，何泓春提交的《关于将“门前五包”制度落到实处的建议》、《关于增强城市管理执法力量的建议》，李婷提交的《关于强化流通领域食品药品企业主体责任的建议》、《全面整治城市交通秩序》、《思想扶贫亟待重视》，陈岗提交的《关于顺庆区政府门口及市区街道的废弃公共电话亭的拆除的建议》、《五星花园、人民花园增添喷泉水景，城市标志性雕塑，提升城市名片》等提案议案内容丰富，涉及面广；

《关于嘉陵江河道南充主城区段全线禁采砂石的建议》、《关于在中小学加强经典诵读的建议》、《关于改善农村交通助推乡村旅游发展的建议》等社情民意贴近民生，操作性强；

撰写的《多措并举 开拓创新 切实履行民主党派职能》、《南充市主城区基础教育发展情况》、《建设成渝第二城 同心同向促双创》等调研报告从党政所需、群众所盼、民革所能出发，选准议题，选好角度，秉持公心，实事求是，努力发挥民主监督的特色和优势，积极协助解决问题，促进工作。

【公益服务】 2017 年，民革顺庆基层委员会党员立足自身实际，在积极参加自身单位组织的各项救助活动外，还多次在社会公益组织活动中表达爱心。

在扶贫帮困上，针对精准扶贫户金台镇包包田村村民陈德双，顺庆民革多次开展慰问活动，共送去帮扶资金 2000 元，床上四件套和部分食品，为其改建厕所，并根据实际情况每月给予其正在读书的女儿一定生活补助，并在扶贫移民局为其申请了 1000 元的扶贫款项。年终为其安装电视一台。

公益活动中，顺庆民革在南充各高校举办了“汉式婚礼摄影巡回展”，丰富了学生校园生活，扩大了川北历史文化特别是传统文化的影响力，弘扬了中华民族的传统美德，为推动社会主义精神文明做贡献。联合与和平路街道共创安全社区，进行安全文化主题宣传 1 次，提升了市民安全意识。积极响应中共十八大作出的“推进社会主义文化事业建设”的号召，凸显“千年绸都”厚重的历史文化底蕴，通过在南充市政协书画院举办书画作品展等方式，发挥平台、宣传、传播作用，为繁荣社会主义文化事业做贡献。由民革党员李乐创作的木偶剧《丝路驼铃》在 2017 年南充国际木偶艺术周上荣获导演奖、编剧奖、集体表演奖、最佳剧目奖等多项大奖，为果州璀璨文化走向世界做贡献。

【领导名录】

主　委：覃瑜莉（女）

（何泓春）

民进顺庆区基层委员会

【概况】 2017年，民进顺庆区基层委员会下设14个支部，现有会员284人，其中民进省委委员1人，市政协委员4人，区人大代表3人（常委1人），区政协委员11人（常委1人），特约监督员5人，人民陪审员2人。现任主委是张益萍同志。

【思想建设】 2017年，民进顺庆区基层委员会在中共顺庆区委和民进南充市委的正确领导、区统战部的指导下，紧紧围绕南充“155”发展战略，建设“成渝第二城”这个总体目标，以顺庆“建设成渝第二城核心功能区”的具体任务为主导，深入学习习近平同志新时代中国特色社会主义思想和十九大精神，加强组织建设和思想文化建设。

【脱贫攻坚】 认真做好“精准扶贫”工作，通过种药材、种果树、养家禽等产业扶贫措施，使金台镇包包田村帮扶对象唐善用达到脱贫标准；协调资金20万元帮助顺庆区三百梯村建成“脱贫奔康产业园”300多亩，为该村打造“玫瑰花节”出谋划策。

【参政议政】 积极参政议政，2017年，基层委员会共提交集体提案2件，委员个人提案22件，其中1件被列为年度督办提案；完成的调研报告荣获民进四川省委调研课题评审二等奖。

【工作业绩】 2017年基层委员会在四川民进坚持和发展中国特色社会主义学习实践活动中荣获“先进集体”，会员获得国家级奖励2人次，省级奖励3人次，市级奖励11人次；被《四川民进》《南充民进》杂志采用稿件34篇。

【领导名录】

主　委：张益萍（女）

（田　平）

民建顺庆区基层委员会

【概况】 2017年，民建顺庆区基层委员会在中共南充市顺庆区委和民建南充市委领导下，不记初心，继续前进，以昂扬向上的工作激情，永不懈怠的精神状态，围绕“建设成渝第二城核心功能区”、谱写“155发展战略顺庆篇”奋斗目标，全面实施思想建设，推动组织发展，开展调研建言，落实社会服务，会务工作取得了新的进步，获得民建市委年度先进基层组织表彰。

【思想建设】 2017年，基层委继续开展坚持和发展中国特色社会主义学习教育。在基层委全委扩大会、主委办公会、支部组织生活会上，各级班子组织集中学习，带头讲“五位一体”，讲“四个全面”，讲四个意识，讲四个自信，讲“两学一做”，带头践行中国特色社会主义，并贯穿组织建设、参政议政、社会服务和会务工作的全过程，给会员们做表率，做示范。9月，召开基层委扩大会议，集中学习习近平总书记十八大以来的系列重要讲话精神，系统学习民建会内重要会议精神。国庆前夕，举办了主题学教座谈会，对前三季度学教成效进行了经验总结。全体会员深刻理解，积极行动，基层组织的向心力、凝聚力、执行力进一步巩固。

十九大胜利闭幕后，及时召开集体学习大会，迅速带领全区各级组织和会员，进入全面学习贯彻十九大精神、锐意进取、埋头苦干的崭新状态。重阳节，召开十九大精神学习布置会议，集中解读学习十九大报告，重点掌握了习近平新时代中国特色社会主义思想的精神实质和丰富内涵，党对全面工作的总体布局和战略部署，以及确立习近平为全党当之无愧的领袖和维护党中央领导核心地位的重要意义。结合纪念民建南充市委成立六十五周年，提交主题征文2篇，积极组织训练选拔会员参加民建市委“不忘合作初心，继续携手前进”主题演讲赛，获得一个组织奖和两个二等奖、一个三等奖。此外，基层委班子成员还经常参加区委、区人大、区政协和各部门的集中学习，组织会员赴遂宁参加民建省委的片区宣讲会。十二月，民建第十一次全国代表大会召开后，组织学习传达会议精神。通过学习宣讲，习近平新时代中国特色社会主义思想深入领导班子和全体会员心髓，“四个意识”“四个自信”更加牢固树立，“五位一体”“四个全面”更加清楚明白，新战略新征程更加坚定跟随。

与此同时，“大宣传”工作取得好成效，全年在纸媒、电视及新媒体发表宣传信息达292条，好于2016年。年轻会员发挥了信息员骨干作用，郑靖编写初稿达8项之多。

【组织建设】 随着中国特色社会主义政治文化的发展，地方基层组织活动的吸引力越来越大，社会各界特别是经济界要求入会的党外同志逐渐增多，既给“人才强会”提供了选贤用能新机遇，也给“特色立会”提出了坚持健康发展的新要求。基层委为适应新情况制定了先期考察办法，实行“三阶段”考察法。交朋友阶段，强调新人介绍从认识朋友开始，要求引荐人介绍人和组织工作负责人和新同志交朋友，深入了解个人品行、口碑、政治觉悟、思想文化、生活背景、就业创业等基础情况，并实地访问。确认其符合基本条件后，邀请新人观摩组织活动，进入双向考察阶段。如新人入会意愿坚定，组织认识深刻，经支部、基层委分级确认后，再进行组织协商推荐，纳入市级组织和统战部门的联合考察阶段。考察合格后，由市委会批准入会。今年基层委考察入会6名新会员，其中新媒体2名，保险业1名，实业界1名，公职人员2名，均是大专以上文化，年龄在45岁以下，坚持了经济界为主、兼顾了发展新阶层要求。

学习培训是会组织教育培养新人、骨干和后备干部的重要手段。基层委今年选送参加市区统战部门培训会员6名，参加民建省委培训1名，参加民建市委培训5名。基层委自主开展教育培训2次，参加会员达120人次。

加强组织选拔推荐是培训人才的捷径。基层委特别重视骨干会员的推举任用。2017年，基层委主动与区政协、区委统战部联络协调，成功推荐一名支部主委增补成区政协委员。

组织生活是我会活跃基层工作富有魅力特色的主要形式。基层委紧密融合会的中心工作，主持举办的主题活动有8次，如召开年度总结表彰大会，南充第36届爱鸟周活动，集体调研顺庆区地质灾害防治工作，联合民革支部纪念全面抗战爆发80周年活动，端午节入村帮扶，国庆中秋主题学教座谈会，马家山村国庆节期间脱贫攻坚捐赠仪式，代表委员议政日活动等。各支部发挥会员特长，整合资源，开展了灵活多样的小规模集体活动，约达35次以上，其中，对外交流联谊3次。花鸟园林支部的活动频度高，主题丰富，是顺庆支部组织生活的典型代表。机关支部、企业支部、建安支部也有较为稳定的组织活动。其他支部借支部联合的形式也开展了基本的组织生活。

关心老会员是顺庆组织工作的突出要求。顺庆的组织活动必须考虑老会员参与的便利性和适应性，基层委和支部都在资源安排上加以倾斜支撑。出于安全稳定考虑，每次活动都要求参加者的健康状态良好，能独立行动并申明自愿承担意外责任。尤其是户外活动，强调必须坚持这一原则。同时，为保持高龄会员联系，基层委约定，80 岁以上的老会员，各支部班子必须实行年度慰问联系制度，每年每人不少于 2 次，应借元旦春节、中秋重阳等传统节日，落实家访，送达慰问品，宣传会的精神，传递组织信息。2017 年，基层委统一安排了春节、中秋两次集中慰问。市委会老委会也安排了重阳节慰问。

【践行理念】 中国共产党南充市顺庆区第六次代表大会确立了“着眼当好‘城市经济领头羊’，统筹推进‘产城融合示范区、统筹城乡先行区、和谐宜居中心区发展’”的主要任务。区委六届五次会议更提出了“两加快、两促进”的方向引领。在新形势下，基层委在参政议政工作上增强了组织领导作用。

加强调研视察，撰写调研成果。如开展了地质灾害防治集体视察，各级班子成员通过各种途径开展了嘉陵江顺庆段治污治乱、顺庆宗教场所文物管理、重点项目建设管理等专题调研，刘高润同志主笔向统战部门提交了《我区政府投资建设项目管理中存在的问题及对策》。

促进代表委员精准履职。在市区“两会”前，召集民建的人大代表、政协委员、骨干会员，共商计划，广集思路，锁定议题，组织人员撰写提案议案。2017 年区属 12 名市区政协委员共提交集体提案 2 件，个人提案 15 件，5 名人大代表提交议案 6 件。其中：纳入市新一届政协提案专辑 1 件（《大力建设城市森林公园》），列入区党派提案督办 1 件（郑靖的《加强区行业商〈协〉会组织建设与规范管理》，获区政协优秀提案表彰），向民建市委报送并向市政协提交集体提案 4 件。定期组织社情民意撰写工作，坚持“会员即信息员”“看到就能写出”的理念，实施信息员网络化。全年共向各方提交社情民意 9 条，其中《帮助宗教场所开展文物鉴定管理》受到区政府及部门的重视，专门追加了预算经费，鉴定文物对象 2000 多件，促进了文物保护工作。

实行考核激励机制，按年初主委会通过的《年度工作任务及奖励办法》，兑现撰写调研报告、信息稿件、提案议案和辅助会务工作等各项奖补，有效调动了各方面的工作积极性。

督促干部认真落实岗位责任。基层委要求在各级各部门的会员，在岗位向党的干部看齐，向党员看齐，追求工作的质量和成效，展现会员风采，体现担当作为，内强素质，外塑形象。

【社会服务】 全市 2017 年脱贫攻坚经历“春季攻势”“夏季攻势”“秋季攻势”和“冬季冲刺”四个阶段，顺庆区委提出“保满分争第一，高水平高质量打赢脱贫攻坚战”的目标。基层委坚持“统筹资源，竭力担当，做出实效”，将有限的力量集中投放，主要帮扶马家村、包包田村的脱贫摘帽工作。

在马家山村，基层委组织春节、端午节、国庆进村慰问贫困户外，还针对整村脱贫工作，在会员和区政协委员、人大代表中定向募捐 41200 元，在村上举办了捐赠仪式，捐款送达了村委会。48 名民建会员参加了捐赠，其中李云捐款 10000 元，鄢建国捐款 3000 元，姜强 2000 元，伍小明、韩玖强、兰盈风、苏占彪、覃佳秀、刘平、江春慧、刘洹岑、饶正忠、孙君、任军（机关支部所联系的新同志）等捐款每人 1000 元，还有 34 名会员个人捐款 200—500 元不等。特别赞赏的是，花鸟园林支部在本次捐款行动中，组织工作出色，会员政治意识强烈，全部会员和新同志都参加捐款，体现了集体主义精神和团结奉献精神，值得各支部学习。

在包包田村，5 月，基层委组织花鸟园林支部罗雷捐助 3000 元理疗费。6 月，举办端午节帮扶慰问，姜氏骨科送去药品价值 2500 元，郑靖募集洗漱物品价值 3000 元，并带领美容美发协会免费为村民理发美甲。1 月和 12 月，基层委为联系贫困户送去电炉、两床优质棉被。基层委还协调解决民建会员脱贫奔康产业园建设开业问题，实现了顺利生产开工，该园可吸纳周围就业人员 50 多名，租用土地 100 亩，受益农户约 200 户。包包田村已顺利通过验收，退出了“贫困村”。

基层委十分重视会员企业服务，日常开展企业走访，宣传政策，传达精神，进行调查研究，交流经营管理思想。对有困难有需要协调的，热情施以援手，给予指导，帮助衔接，促进问题解决。如帮助民意公司解决政策扶持问题，帮助中匠科技解决场地装饰问题。

【领导名录】

主　委：杨小虎

（刘克荣）

九三学社顺庆区基层委员会

【概况】　九三学社顺庆区基层委员会下设 3 个支社，现有社员 45 人，其中市区政协委员 6 人，市区人大代表 3 人。

2017 年，九三学社顺庆区基层委员会在中共顺庆区委、九三南充市委的正确领导下，始终坚持四项基本原则，认真学习习近平新时代中国特色社会主义思想；深入学习中共十九大文件精神；贯彻落实社中央全会精神，加强自身建设，努力提高参政议政和民主监督水平；全年活动紧密围绕区委区政府年度的中心工作，全体社员团结进取，开拓创新，立足本职工作，为顺庆区的发展和建设做出了应有的贡献。

【思想建设】　九三学社顺庆区基层委员会始终把社员的政治思想学习作为社务的重要工作之一，注重社员的政治思想理论学习，努力建设“学习型”参政党。坚持定期组织社员学习时事政治、社章社史，领会“中国梦”实质，提高了社员的政策、理论水平。

在全年的常规组织生活中，全社认真组织社员重点学习了习近平同志的系列讲话精神、中央统战工作会议精神、《中国共产党统一战线工作条例》及九三市委、区统战部的相关文件。

中共十九大召开后，全社及时组织社员学习相关文件，领会中央精神，要求社员无论是思想还是行动都要与中国共产党保持高度一致。

本年度选送了 4 名社员分别到各级社会主义学院（学校）学习。

【组织建设】　一直以来，九三学社顺庆区基层委员会始终坚持“发展是为了工作”的原则，高标准、高质量、有计划地进行组织发展工作，十分注重社员发展质量。2017 年全社严把质量关，发展了 2 名年富力强、在单位中是业务骨干的社员。目前，全社社员平均年龄 48.5 岁，整个组织老中青结合，比例适当，有较好的年龄结构。

2017 年全年，全社坚持定期组织社员过组织生活，坚持开展丰富多彩的社务活动，使整个组织充满了活力与生机、具有较高的凝聚力。

【参政议政】　九三学社顺庆区基层委员会的班子成员积极参加中共顺庆区委、区政府主持召开的协商会、座谈会、征求意见会、情况通报会、报告会等，就我区经济和社会发展若干重大问题进行协商、讨论，并坦诚地提出意见和建议。

全社领导班子十分重视参政议政工作，每年市、区两会召开之前，均会专门组织本社的人大代表、政协委员进行会前培训，要求大家围绕我区中心工作和社会热点问题，积极撰写议案、提案，广泛搜集社情民意，积极建言献策，认真履职尽责。全社两会委员在六届一次会议期间提出议案提案12件。这些议案提案内容新颖、起点较高，有一定的前瞻性，关系到人民群众的切身利益。其中立案12件，采纳6件。

2017年全社共撰写社情民意4件，其中《关于促进共享单车健康发展的建议》被市政协采用。

全社市、区六届人大代表、政协委员多次参加市、区人大政协组织的会议和视察活动，提出了一些积极的建议。

全社推荐了8名社员为顺庆区特约人员，参与了政府诸多部门的监督工作。

在庆祝九三学社成立七十二周年暨表彰大会上，九三学社顺庆区基层委员会荣获九三市委颁发的“2015——2017年度参政议政工作先进集体”称号。

【社务工作】 2017年，九三学社顺庆区基层委员会继续以丰富多彩的社务活动为载体，坚持经常性地组织全体社员开展活动，丰富了社员的业余生活，增强了组织的凝聚力。

2017年全社继续坚持对每一个社员进行生日慰问，对生病住院的社员进行现场慰问，体现了组织关怀，温暖了人心。

1月25日，全社举行了“新春团拜会”，向全体社员致以节日的问候与祝福并专门慰问了社内70岁以上的老社员。

2月24日，全社在共兴现代观光农业基地龙腾庄园过组织生活，总结了全社上年度工作并对优秀社员和信息调研先进个人予以了表彰。

6月6日，全社组织社员学习了省十一次党代会精神，部署了迎接党的十九大召开的相关工作。

6月27日，全社组织了一批医疗卫生专家到顺庆区双桥镇举行了“‘精准扶贫’在行动．爱心义诊”活动。

11月2日，全社组织部分社员学习了党的十九大精神，并到省统一战线教育基地邓小平故居和武胜县白坪新农村接受教育。市政协副主席、九三市委王翠花主委亲自到会并做了十九大主题宣讲。活动得到市政协肯定并登载于市政协机关刊物之上。

12月21日，全社部分社员参加了在西南石油学院孵化园举办的区统战系统趣味运动会，取得了较好成绩。

这些丰富多彩的活动增强了全社的凝聚力，收到了良好的社会效果，得到了九三市委、区委统战部的好评。社内4名社员被九三市委表彰为“2015——2017年度优秀社员”。

【社会服务】 顺庆区金台镇包包田村的尹国洪、周小芬一家6口是九三学社顺庆区基层委员会定点帮扶的对象，从2015年起，全社广大社员积极投入到帮扶活动之中，热心地为他家捐款捐物，积极为他家脱贫致富筹谋划策。全社的班子成员和部分社员每个月都会到他家看望慰问，要么送去慰问金、要么送去生活用品、要么帮助解决孩子读书的事情、要么帮助修房造屋布设线路……切实帮助尹国洪一家6口改善生活条件，逐步摆脱贫困。

早在2016年8月，九三学社顺庆区基层委员会就努力协调为尹国洪一家争取到了19万的保险赔偿款，为他们脱贫打下了坚实的基础。2017年全社上下仍然持续不懈地帮扶他们：

1月18日，帮助尹国洪家销售生猪、鸡鸭等牲畜，并为他家送去价值1000余元的年货。

3月6日，探望生病住院的周小芬，送去慰问品、慰问金，价值600元。

5月24日，帮助周小芬的第三个小孩落实在镇上读小学的有关事情。

7月6日，慰问尹国洪一家，送去慰问品价值300余元。

8月4日，开学在即，为尹国洪、周小芬的孩子送去1000元学费及400余元慰问品。

9月27日，国庆、中秋前夕，为尹国洪、周小芬一家送去月饼、菜油及慰问金，价值

500余元。

10月18日，为尹国洪家扩建的住房安装照明线路及灯具，价值2000余元。

12月下旬，到尹国洪家送温暖贺新年。

由于在“精准扶贫”活动中表现突出，九三学社顺庆区基层委员会在庆祝九三学社成立七十二周年暨表彰大会上荣获了九三市委颁发的“2015——2017年度社会服务工作先进集体”称号。

【宣传报道】 九三学社顺庆区基层委员会重视宣传工作，每次活动都及时向相关部门和主流媒体报送了活动信息，扩大了影响，收到了良好的效果。

主委李剑宣传南充的2幅摄影作品在全国政协主办的《人民政协报》发表、1幅在《南充政协》发表，支委吴开科的多篇报道登载在《四川政协报》、九三省委、九三市委和顺庆区统战部的网站上；社员黄铁山、林洋的图文作品也经常发表。

在庆祝九三学社成立七十二周年暨表彰大会上，吴开科荣获了九三市委颁发的“2015—2017年度宣传报道工作先进个人”称号。

【领导名录】

主　委：李　剑

（吴开科）

农工民主党顺庆支部

【概况】 农工民主党顺庆支部于2011年3月11日成立，成立之时有党员6人，选举产生第一届农工民主党顺庆支部委员会，由陈玉同志担任第一届农工民主党顺庆支部主委，陈杨任副主委。2015年11月25日，农工党顺庆支部进行了换届选举，选举产生了第二届委员会主委，副主委，委员，陈玉同志继续担任农工党顺庆支部主委，陈杨任副主委，陈慧琳，李超群，蒋红玲任委员，时有党员12人，市政协委员1人，区政协委员3人，区政协常委2人。2017年底共有农工党党员16人，市政协委员1人，区政协委员3人，区政协常委2人。五年来，农工党顺庆支部在理论学习、参政议政、社会服务、自身建设等方面都取得了显著成绩，为推动顺庆区科学发展，促进社会和谐做出了积极的贡献。

2017年，在中共南充市顺庆区委的领导下、在区委统战部的指导和帮助下，农工党顺庆支部团结全体党员同志，认真学习贯彻习总书记系列重要讲话、十八大和十九大精神，紧紧围绕党的中心工作，不断加强自身建设，积极发挥参政议政的作用。经过一年的努力，在思想建设、参政议政、组织发展等方面作出了应有的贡献。

【思想建设】 以学习为主旋律，确保每季度组织党员学习一次，及时贯彻学习党的十九大和习总书记系列讲话精神，结合“两学一做”专题教育活动要求和上级农工党重要会议精神，通过集中学习与自学相结合的方式，让党员更多地了解党务工作的重心与发展，以达到交流信息，交换思想，探讨问题，把议政与学习有机结合起来的目的。进一步激发广大党员的爱国热情和民族自豪感，坚定了社会主义信念，进一步增强了与中国共产党肝胆相照、荣辱与共、风雨同舟的决心。

【社会服务】 有规律的开展组织生活，内容丰富多样，形式生动活泼。有学习，有座谈，有扶贫助困活动，深受党员欢迎。

开展精准扶贫活动。多次组织党员同志看望慰问扶贫对象，了解扶贫对象需求，为扶贫对象送米、送油，中秋节送月饼等慰问活动，积极沟通村委落实危房改建款项，解决扶贫对象住房和生活上的困难。

开展义诊咨询服务，5 月 25 日农工党顺庆支部发挥党派优势，安排了中心医院、川北医学院、南充卫校的党员走进贫困村包包田村。村民积极排队前来咨询体检，给村民测血糖 18 人次，量血压 32 人次，听心率 24 人次，检查颈椎 8 人次，做 B 超 12 人次，开出处方笺 3 张，发放肺病、乙肝、疟疾等预防传染病的宣传单 110 余张。

开展慰问留守儿童活动。5 月 27 农工党顺庆支部走进同仁乡、对 10 名留守儿童进行慰问，为他们带去书包、文具、跳绳、乒乓球拍等。6 月 1 日再次走进金台镇包包田村，和 53 名留守学生互动交流，给学龄儿童送上了书包和文具盒，并鼓励他们刻苦学习，奋发图强；叮嘱家长要随时关注孩子身心健康，为他们营造良好的成长环境。

开展给贫困村送药活动。先后为金台镇和梵殿贫困户送去价值 39420 元的连花清瘟胶囊 5 箱。通过开展这些有益活动，进一步增进了党员之间的团结，加强了组织的凝聚力。

【队伍建设】 支部坚持“注重质量，人才兴党”的原则，积极慎重地做好组织发展工作，吸收了政治素质好、作风正派、富有朝气的 2 名同志入党，为支部注入新鲜血液。积极参加党派组织的培训，选派三名党员同志去参加农工党四川省委员会直属工作委员会组织的新党员的培训班，还选派了三名党员参加区委统战部在新都校区的培训，进一步提高了党员对我国基本政治制度优越性的认识，提高了接受中国共产党领导的自觉性和坚定性，并进一步认识到了加强民主党派自身建设的紧迫性。

【参政议政】 参政议政、民主监督是参政党的重要职能，也是提高组织活力和凝聚力的重要方式。在形势不断发展、时代不断进步的背景下，支部自觉增强在新形势下做好参政议政工作的责任感和紧迫感，关注人民群众普遍关心的热点、难点问题，体察民意，了解实情，深入调查研究，积极反映问题，切实履行参政议政的“职能”，提出了《关于加强市政新区城北公园维护管理的建议》《关于亮化嘉陵江清泉大桥及上下路段的建议》和《关于加快农村卫生人才队伍建设的建议》《关于实现我市医疗就诊一卡通的建议》等四个提案，提交《浅谈进出口食品安全问题》调研文章一篇，还提交社情民意《关于加强石油南路管理的建议》一篇，其中《关于加强市政新区城北公园维护管理的建议》受到区委政府的高度重视，被列入 2019 年区上的重点项目建设，为各级领导研究情况、分析问题、科学决策提出了重要参考。

【工作业绩】 支部党员来自不同岗位，不同职业，但是敬业奉献，积极为我区经济社会发展是全体党员不懈努力的方向。用一颗平和的心去面对周围的一切，用自己的朴实去无私地奉献。面对不同的情况、不同的问题，不盲目、不蛮干，讲方法、讲技巧，力求使每一句话、每一项措施都有足够的科学依据，都能够经得起科学和实践的检验，并且把实干、苦干和巧干很好地结合起来，切实提高工作的效率。一年来，农工党顺庆支部被市直工委评为《综合考核先进集体》，支部主委陈玉被省直工委评为《优秀基层支部负责人》，党员陈慧琳被农工党四川省委评为《优秀党员》，陈杨、李超群被市直工委评为《优秀党员》。

【领导名录】

主　委：陈　玉（女）

（陈　玉）

群众团体

团 委

【概况】 2017年，共青团顺庆区委内设工农青年工作部、学少部、办公室。行政编制6人，实际人数6人（行政在编4人，总辅导员1人，工勤人员1人）。区直属团委（团总支、团支部）84个，团员3万余人，区属少先队组织52个，少先队员8万余人。

【服务党政中心】 2017年，团区委紧紧围绕区委建设“成渝第二城核心功能区”、谱写“155发展战略顺庆篇”的总体部署，在服务中心工作中融入全区大局，在汽车汽配、油气化工、丝纺服装、现代物流、现代农业“五大千亿产业集群”等优势产业中，大力实施“青春建功”工程，引导团员青年积极投身“三场攻坚战”“三场保卫战”主战场，大力提升团员青年工作水平。在参与民生工程中促进社会和谐，全面完成了留守儿童心灵驿站、志愿者招募、创新就业等民生工程；深化“红伞计划”“爱心助学”“缓堵保畅”等民生项目，促进民生改善、社会和谐。在助推加快发展中培养青年人才，以“双争双创”为载体，举办“嘉英荟——南充青年创客汇”顺庆现场会，搭建创业孵化器，大力培育优秀青年企业家和青年创业能手，在“嘉英荟—南充青年创客汇”总决赛中，我区参赛项目“驾了么学车app”荣获一等奖、最佳网络人气奖、最佳现场人气奖。实施“逐梦计划”，组织150名大学生到区商务局、区人社局、区审计局等30多个基层单位锻炼成长。

【青少年思想引导】 2017年，团区委紧扣喜迎党的十九大胜利召开，践行社会主义核心价值观，大力加强青少年思想道德建设。强化思想引领。以“喜迎十九大”“建团95周年”为契机，大力开展“党旗辉映团旗红”“红领巾相约中国梦”等丰富多彩的思想教育活动，培养青少年爱党、爱国的朴素感情。开展了纪念建团95周年表扬大会，“一学一做”教育实践活动，纪念建队68周年、“一二·九”82周年等活动，坚定了信念，增强了团员青年的责任和担当。抓好主题活动。1月，团区委、区少工委举办了共青团假日剧场《小红帽与大灰狼》，填补了我市大型公益原创童话舞台剧的空白。此外，开展了“学雷锋、树新风”“喜迎十九大，共圆中国梦”夏令营、“科普进校园”“喜迎十九大，我向习爷爷说句心里话”等主题教育活动，大力加强青少年思想道德教育。注重新媒体运用。以新媒体平台为着力点，构架“2+N”新媒体矩阵，围绕社会主义核心价值观，着力做好思想引领工作。2017年来，团区委微博阅读量突破1000万，微信阅读量突破 50 万，一点资讯、凤凰新闻等平台阅读量超过 200 万。“共青团顺庆区委”入选四川共青团十大微博，名列第 10 名；在全省微信、微博排行榜上，“共青团顺庆区委”微博、“顺庆青年”微信稳居全省前三。

【服务青少年成才】 2017 年，在促进青少年成长成才方面，团区委工作取得一系列新成果。青年创新创业实现新突破。协办了团市委组织的第四届“创青春”四川青年创新创业大赛暨第八届高校毕业生创业大赛。新增青年创业孵化基地 1 个，新增青年创业导师 10 名，开展青年创业培训 600 人次，完成年度目标任务 100%，有效的促进了青年创新创业。青年志愿者工作呈现新亮点。在团区委的指导下，顺庆志愿者协会和顺庆怡然志愿者协会，全年组织 1 万人次志愿者开展了“火车站志愿服务岗亭”“红伞计划”“爱的背包”“关爱抗战老兵”等大量卓有成效的青年志愿者服务活动，赢得了社会的充分肯定和广泛赞誉。顺庆怡然志愿者协会被共青团中央青年志愿者工作部和中国青年志愿者协会秘书处授予“优秀志愿者服务团队”荣誉称号。青春济贫助困取得新实效。大力实施“青春扶贫”工程，开展了“百村百团”扶贫行动、“爱心圆梦大学”“金秋助学”“暖冬行动”等工作，投入帮扶资金 50 万余元，受助人数 411 人。留守学生关爱开创新局面。建成留守儿童心灵驿站 10 个，结对帮扶留守儿童、“五失”青少年 2000 余人；继续推进“红伞计划”—农村留守儿童心理援助项目，组织 113 名志愿者为我区 13 所农村小学 1028 名留守学生开展心理健康援助公益活动，有效的促进了留守儿童健康成长。青少年权益保护再上新台阶。开展了“法制进校园”“法制讲座”10 场，免费发放《四川省未成年人保护法》《预防未成年人犯罪法》2 万余册，1.5 万名学生接受了法制教育；大力宣传 12355 青少年维权热线，收集青少年舆情动态，引导青少年理性表达利益诉求，整合青少年事务窗口等权益维护平台和资源，接收群众来信来访 12 件，办结率达 100%。

【自身建设】 加强团组织建设，夯实基层基础。坚持党建带团建，新建基层团组织 5 个，非公建团 6 个。投资 10 万元建设东南街道桑园路社区“青年之家”群团服务中心示范点，搭建联系青年的阵地，定期开展活动。全面深化改革攻坚，大力推进从严治团。认真探索群团改革，坚持从严治团。严格控制团学比，下达团员指标 2300 名，目前初中团员占学生比例 30% 左右，高中团员占学生比例 68% 左右；从严管好团的组织，严格落实“三会两制一课”制度，并把落实情况作为集体和团干部评优表彰的考核内容。

【领导名录】

书　记：文　琴（女）

副书记：杜亚宇（女）

（杨勇军）

总工会

【工会组织】 基层工会组织全行业覆盖，会员总数不断增长。着力推进“双措并举、二次覆盖”的工会组建工作，条（行业工会、行业工会联合会）块（乡镇、街道工会）结合，构建完善工会组织网络，扩大工会覆盖面，在建立工会组织的同时一并建立经审组织和女工组织。目前全区共有基层工会组织 814 个，会员累计为 88591 人，较去年新增 3254 人，入会率达到 95.19%。加强工会干部队伍建设工作。10 月中旬在南充锦绣万泰大酒店举办了 2017 年基层工会主席培训班，来自全区各乡镇（街道）及重点企业的工会干部 70 余人次参加了培训。

邀请了省总干校原校长万群定到场授课，教师和学员现场互动热烈，学员普遍表示获益良多。利用以会带训的模式，先后对全区工资集体协商指导员进行培训。加强对相关单位和企业筹建工会和换届改选的业务指导，制定了《南充市顺庆区基层工会建会换届工作指南》。

【职工之家】 在全区基层工会广泛开展“争创模范职工之家、争做职工信赖娘家人”活动。充分发动会员大力开展模范职工之家、模范职工小家评选。“会员评家”活动面达到90%以上。深入推进基层工会组织规范化建设。把乡镇（街道）、社区和企业工会规范化建设作为2017年区总工会组织工作的重点，高质量培育工作试范点，全区职工之家建家达标率达到80%以上。建设“职工电子书屋”3个，农民工文化驿站2个。针对企业职工学习需求差异、求知范围广等特点，建成了顺庆区人民法院、镇泰路社区、鑫达集团等三个“职工书屋”。

【换届工作】 根据顺庆区委提名和市总批复文件精神，顺庆区总工会于2017年3月17日召开五届四次全委会，表决通过同意孙双全、陈玲、漆俊、胡英华4名同志不再担任南充市顺庆区总工会第五届委员会委员职务，替补杨静、冷虹、石亚娟、李小平4名同志为南充市顺庆区总工会第五届委员会委员。

【厂务公开民主管理】 进一步完善厂务公开民主管理相关制度规范，大力开展厂务公开示范单位创建活动。出台了《顺庆区创建厂务公开示范单位活动评估细则》，制定完善了有关厂务公开、职工代表大会制度的运行标准和实施细则，保障了职工的民主权利。全区公有制企事业单位厂务公开、职代会建制率达100%，非公有制企业建制率稳步上升，涌现出城北小学、三源小学、万象出租等一批先进典型。

【维权工作】 大力推行平等协商和签订集体合同制度。17年全区共签订工资专项集体合同120份，委托书658份，覆盖企业716个，覆盖职工53214人；共总结推广示范单位6个。同时，建立了南充市顺庆区劳动人事争议仲裁委员会“三方驻会”制度。同时完成了9期网络舆情的调查处理。培训基层工会普法人员近200名，先后设立宣传站点50余个，累计发放宣传资料1.43万份。

【工会“四季送”活动】 配合区委、政府在“四季送”活动中，总工会送出慰问金和慰问品共计157.9万元，累计帮扶困难职工900多人，积极参与各类结对帮扶活动。

开展“送温暖”活动。配合区委、政府在元旦春节开展送温暖活动，看望慰问全区困难职工、困难劳模、精准扶贫农民工1000多人，送出慰问金共计105万元。

开展“春风行动”专项活动。召开招聘洽谈会2场次，免费发放“春风卡”等宣传材料1万余份，邀请区内外130余家企业参会，发布用工信息3000条，提供各类就业岗位4000多个，约1万余求职者参加各种招聘会，达成就业意向1000余人，成功就业800余人。

开展“送清凉”活动。亲切看望和慰问了区属重点企业、道路养护工地等20余家单位在高温下仍然坚守岗位的一线职工，代表区委、区政府将采购的藿香正气液4800余盒、牛奶1000余件、毛巾2200余条共计近10万元的防暑降温用品发放到高温一线职工手中。

开展“金秋助学”活动。资助困难学生377人，发放资助金42.9万元，其中：救助单亲女职工子女41人7.3万元，困难农民工农民工子女199人15.15万元。

【劳模工作】 2017年打卡发放各级劳模荣誉津贴、春节慰问金、生活困难补助金及特困帮扶金共计18.12万元，并对全区84名各级劳模进行了健康体检。

【群众性经济技术创新活动】　教育、道交、工业园区、商贸、卫生等行业产业工会共开展劳动竞赛30多场次，规模以上企业参与面达90%以上，共有职工2万余人参加了劳动竞赛。

【群众性劳动生产安全工作】　每月在职工大学、文化宫召开一次安全生产例会，开展“安康杯”竞赛活动，报送南充万象出租汽车有限公司等6家企事业单位参评2017年四川省安康杯竞赛活动。

【女职工工作】　关心关爱女职工。全面推进《女职工权益保护专项集体合同》的签订，截止2017年，签订《女职工权益保护专项集体合同》18份，累计签订160份，涵盖499个单位。建立职工心灵驿站，聘请国家二级心理咨询师、四川华西医院首届心理督导师李宁佳为心理咨询师，开通职工心灵热线4001600817，发放各类心理健康宣传资料共8000余份，并开展“职工心理健康知识大讲堂”活动和现场咨询活动累计42场次。加大“女职工大病互助保险”和“职工住院互助保险”的宣传力度，2017年“女职工大病互助保险”参保852人、1300份，累计参保13186人、16685份，赔付10人，赔付金额16万元，累计赔付71人，赔付金额95万元；“职工住院互助保险”参保15个单位，参保人数931人，累计参保188个单位，参保人数5893人，赔付39例，赔付金额45743.00元，累计赔付296人，累计赔付267138.29元。

【职工大学】　2017年5月，职工大学新校区一期建设完成，投入使用。顺利承办了南充市首届“工匠杯”百万产业工人技能大赛顺庆区分赛；与多个单位合作开展职业技术教育，其中包括谢君宪中式烹饪大师工作室，成都铁路局司乘人员培训等。加大对精准扶贫的桂花乡法华寺村12户贫困户的帮扶力度，完善了各项资料的整理和归类，积极总结经验，为2018年脱贫工作奠定基础。

【南充市工人文化宫】　2017年，南充市工人文化宫以职工素质建设为主线，举办学习会、座谈会、培训班共35余次；组织文化宫演员深入街道、村镇，开展了23场文艺演出与游园活动；加强对李家镇杨柳湾村9户贫困户的帮扶力度；成功举办“桃李杯·搜星中国人才选拔活动”；邀请南充影中人文化传媒有限公司共同出资百万打造南充绸都百人古筝乐团；厚朴足球举办足球联赛30场，参与人数300人次；中老年活动中心接纳群众近2000人次，全年累计接待群众60多万人次；举办5次“川东北收藏品市场交流会”；邀请南充市川剧民间研究会公演川剧52次，为推动南充地区川剧的繁荣发展做了很大的贡献。

【信访工作】　信访工作领导小组，通过落实领导信访接待日制度和专人接待记录调处制度，全年接待来访40批次60余人（次），通过积极与当事单位及主管部门衔接和扎实做好信访人员的思想工作，均得到了妥善处置。

【脱贫攻坚】　脱贫攻坚落实到实处。2017年，选派副主席王琴作为驻村工作组长驻村开展帮扶，全年累计支持帮扶村蔬菜产业发展、基础设施建设、“三建五改”等资金共计10万余元；开展党员示范进农家、新春茶话会等多项走访活动，为帮扶户送去米面油等生活物资和慰问金共计5万余元；出资11万元支持8户贫困户入股水产养殖合作社，壮大集体经济盘子。建成“盐井坝村劳动者之家”，举办“脱贫攻坚劳动美·感恩奋进奔小康”慰问演出联欢活动。帮扶工作被《四川工人日报》和《中工网》等媒体宣传报道，获得全省交叉检查组的好评。

【自身建设】 加强自身队伍建设。通过党组会、支部会、职工大会等多种形式，组织全体干部职工学习党的十九大精神和习近平总书记新时代中国特色社会主义思想；以两学一做为契机，党员示范进农家讲党课、干农活、吃农家饭；党风廉政建设落到实处，向区委汇报了《南充市顺庆区总工会党组2017年落实党风廉政建设情况汇报》《南充市顺庆区总工会党组关于严肃换届纪律的情况汇报》等文件，强化管理，规范行为；依法收、管、用好工会经费。通过这些举措，确保单位领导、职工、家属无一人有违章、违纪、违法行为。

【媒体宣传】 加强工会工作的对外宣传，扩大工会工作影响力。全年编发《顺庆工会信息》6期，市总采用转发5篇；与新闻媒体共同完成新闻稿件7篇，《四川新闻网·南充》采用1篇，《中国网·锦绣天府》采用2篇，《中工网》采用1篇，《今日顺庆》采用2篇，《四川工人日报》刊用1篇，撰写调查报告1篇。

【领导名录】

主　　席：秦水平

党组书记、常务副主席：况定山

党组成员、副主席：王　琴（女）

党组成员、纪检员：李正春

（冯　刚）

妇　联

【概况】 南充市顺庆区妇女联合会核定编制5人，实际在岗6人。区妇联内设机构有城乡工作部、维权工作部、儿童工作部、办公室。区人民政府妇女儿童工作委员会办公室均设在区妇联，由区妇联负责日常工作。

【发展环境】 加大宣传力度，结合“三八”维权周、综治宣传月等活动，印发了《妇女权益保障法》《未成年人保护法》等宣传资料10000余份，现场接受咨询人数1000人次；印发新“两纲”宣传资料5000余份，分发到各乡镇、区级部门、企事业单位，扩大宣传面；开展普法宣传，深入推动法制进学校，以及法律服务进社区、进家庭、进工地、进企业等志愿服务活动，不断提高广大妇女和青少年知法、学法、守法、用法的意识和能力。开展专题宣传，积极推动各类媒体、特别是主流媒体，宣传男女平等基本国策和儿童优先理念，提高全社会对妇女儿童事业的支持率和关注度。开展典型宣传，宣传各领域涌现出的妇女儿童先进事迹，推报表彰各类先进典型。召开“三八”国际劳动妇女节107周年庆祝大会，全区评选出了“三八红旗手”10名、“三八红旗集体”10个、区“最美家庭”5个、区“创新创业标兵”5名，激励了广大妇女和妇女集体弘扬“四自”精神，充分发挥了先进典型的示范带动作用。

【服务民生】 坚持社会化运作、实事化推进的工作思路，把实施重点项目作为改善民生的突破点。

两癌免费筛查工作全面落实。区政府将实施农村贫困妇女“两癌”筛查工作纳入了全区的民生工程，妇联通过印发妇女健康知识宣传册、举办健康知识讲座等活动，深入社区、家庭，开展社会宣传动员，引导农村妇女积极参加“两癌”项目检查，提高妇女健康意识，帮助广大农村妇女树立文明健康理念，培养良好的生活方式。区妇联与区妇幼保健院联系协商，确定了妇女“两癌”筛查的项目和金额，采取按年龄段分类、按任务分步实施的办法，引导农村妇女积极参加“两癌”项目检查，对全区18—55岁的1000余名农村贫困妇女进行筛查。申报国家“两癌”救助项目录入库，今年对6名“两癌”患者给予每人1万元的救助。

妇女小额担保贷款成效显著。妇联主动联系有创业意向的妇女，宣传农村妇女小额担保贷款财政贴息政策，鼓励她们申请农村妇女小额担保贷款，积极创业，发展和扩大种养规模。对各乡镇、街道妇联初审推荐的贷款对象，及时推荐。进一步健全和优化创业服务，组织引导贷款妇女利用“基地+农户”“公司+农户”等经营模式，推动贷款妇女参与产业化经营。今年共发放妇女小额担保贷款220万元，圆满完成全年任务，为妇女发展提供支持。加强政策宣传引导，以“三八”维权周、综治宣传月等活动为平台，利用标语、宣传手册和12338电话热线进行小贷政策的宣传、解疑和咨询，进一步提高小贷政策的群众知晓度。加强部门配合，先后多次与区财政局、区扶贫移民局、农村信用社等部门召开联系协调会，就妇女小额担保贷款工作简化申贷流程、充实担保基金等问题进行了研究。加强实地调查，严格审批程序。按照“三个明确、四个坚持”工作原则，区妇联联合区财政局、区扶贫移民局等小贷审批部门坚持对符合申报条件的妇女小贷贴息经营现场进行实地调查，确保申报资料与经营实地向符，保证了妇女小贷能真正发放到符合条件的妇女手中。

妇女培训全面推进。提供免费培训提高就业技能。我区举办妇女创业就业婴幼儿护理、手工刺绣和手工艺品制作等培训班5期，培训人数550人。结合实际开发岗位。联系顺庆本地企业，开发符合妇女就业的婴幼儿护理、家政服务、手工艺制作等岗位，为妇女就业提供基础保障。

创建“妇女儿童之家”，促进未成年人健康成长。加快“社区+社工+志愿者”新型模式探索，组织专家学者、专业社工、大学生志愿者、巾帼志愿者队伍等，进入妇女儿童之家，吸引巾帼志愿者团队和女性社会组织负责人到妇女儿童之家担任“家长”。

全力推进脱贫攻坚工作。开展“最整洁农家、最勤劳农家”评选活动。结合全区上下正在全力推进的脱贫攻坚工作开展“最整洁农家、最勤劳农家”评选活动启动仪式，旨在通过基层妇女群众的积极参与与帮助，让全区农家特别是精准贫困农家都干净起来，让院落迅速整洁起来，助推我区脱贫攻坚工作决战全胜。

贯彻落实省市妇联“六大行动”发展规划，统筹推进妇联工作品牌化。实施素质提升行动。进一步推进“自尊自信展巾帼风采 自立自强助顺庆腾飞”女性素质提升活动，通过个人带动家庭成员，以家庭文明促进社会文明。实施巾帼建功行动。深化城乡妇女“巾帼建功”活动内容，开展城乡“巾帼文明岗”创评活动，大力促进妇女创业就业，着力提升农村留守妇女、城乡失地失业妇女、返乡农民工劳动技能，做响果城月嫂、东方巧娘钩编等妇女居家灵活就业工作品牌。实施幸福家庭行动。利用各种宣传平台，倡导“孝、爱、亲、和、廉”的文明家风，以深入开展法律法规、家庭美德、文明建设、婚育新风、爱心奉献等为主要内容的幸福观教育，提升家庭文明素养，深度挖掘我区的先进典型，创建幸福家庭。实施巾帼维权行动。积极推进《妇女权益保障法》《未成年人保护法》等法律法规的落实；围绕建设法治顺庆，进一步完善妇女维权机制，加强妇女儿童维权站、法律援助中心等维权阵地的建设；壮大“巾帼维权志愿服务队”“果城和事姐”等妇女维权队伍建设，积极引导社会组织参与妇女维权工作。实施强基固本行动。认真落实《中共四川省委关于进一步加强和改进新时期工会、共青团、妇联工作的意见》（川委发〔2013〕18号）文件精神，加大在“两新”组织中建立妇女组织的力度。

实施巾帼惠民行动。做好“两纲”工作及省市妇联、区委政府交办的工作，大力实施妇女民生工程，继续做好金秋助学、“两癌”筛查救助、妇女小额贷款等项目。

【重点工作】 做好妇代会改建妇联工作。根据《全国妇联改革方案》“积极推动在城乡社区普遍建妇联”的精神，进一步加强服务型基层妇联组织建设，5月底顺庆区下发《关于开展村（社区）妇代会改建村（社区）妇联工作的实施方案》，6月15日在大林镇饶家墙村开展会改联的现场会，全区所有村（社区）在8月底已完成会改联工作。11月3日，我区验收全区会改联工作，总结经验，并对新成立的基层妇联组织人员进行培训。

借力“互联网+”，试点建立“阳光宝贝”便民亭家庭教育终端。在人口集中的社区，依托长期性、公益性的“智能化便民服务亭”这一智能终端，将有利于少年儿童成长的国学、脑科学、儿童心理学、学前教育学、课程辅导等知识作为模块植入终端机，极大地弥补留守儿童的家庭教育这一缺失。今年4月中旬，“阳光宝贝”便民亭家庭教育终端现已在白土坝路佳兆业社区开展了试点，试点以来，深受小区居民和少年儿童的好评。

【创新工作】 加快“巾帼创新创业孵化园”建设。按照年初建设规划要求，将在绿地城打造巾帼创新创业孵化园，引导全区妇女积极投入“双创”工作。目前，区妇联配合区政府相关部门已经完成创业园前期设计及装修进场，正在全力争取省“妇女居家灵活就业示范基地”项目，力争在年底将完成省级创妇女创新创业园的建设，孵化创新型科技企业3家。

加快规范发展家政行业工作。继续开展各种层次，各种类型的农村妇女实用技术培训；进一步加强对妇女的创业指导，努力培植一批巾帼创业带头人、“妇字号”家政企业带头人等优秀女性创业群体。高标准完成省妇联交办的“天府妹子“家政服务品牌，使顺庆成为“天府妹子”家政品牌的生产基地，做强我区妇女劳务输出。

【领导名录】

主　席：申　敏（女）

副主席：杨　蓉（女）

（贯　琳）

工商联

【参政议政】 2017年，南充市顺庆区工商业联合会充分发挥工商联是党和政府联系非公有制经济人士的桥梁纽带作用，组织工商联界别政协委员、人大代表积极参政议政，围绕区委政府的中心工作和群众关注的热点难点开展调研视察活动，撰写提案、议案。1月区“两会”上，向区政协提交《关于完善村道公路交通安全设施的建议》等提案26件，审查立案13件，其中集体提案4件。向区人大提交《关于建议修改小区停车位售卖规定，解决城市道路交通拥堵的议案》等议案5件，审查立案3件，其中集体议案3件，反映了行业和企业发展面临的困难问题及意见建议，为区委政府科学决策、制定政策提供了有益参考。其中，《关于关于促进我区乡村旅游产业发展的建议》和《关于加快清泉坝基础设施的建议》等被区委政府采用，编入了政府工作报告。为促进顺庆经济社会发展起到了积极的推动作用。

【组织建设】 2017年，区工商联在会员发展中按照不求数量、注重质量、成熟一个发展一个的原则，重点发展一批经济实力强、思想觉悟高、热爱工商联工作、热心社会公益事业的非公有制经济代表人士入会。为充实顺庆商会力量，助推顺庆非公经济发展，全年新发展新会员企业6个。从而提高了会员整体素质，有力地促进了工商联乃至社会各项事业的发展。

【会员服务】 围绕会员需要，着重建好“信息交流、政企沟通、投资融资、维权协商和联谊交友”五大平台。以平台为载体，加强服务会员工作。区工商联（商会）已建了顺商微信公众号官方网站，定期组织召开政企、银企交流会，聘请法律顾问为企业维权服务，组织商协会、企业交流考察学习，以优质的服务聚集会员，以优质的服务取信会员，以优质的服务引领会员，进一步增强工商联的凝聚力和向心力。2月23日，召开工商联常执委会，就加强非公经济党建工作进行了专题培训。3月2日，李天祥主席率领区工商联和部分企业赴重庆考察异地商会建设。7月7日，为加强非公经济人士理想信念教育，我们举办“企业影响力与“亲”“清”政商关系的讲座，引导非公人士“诚信、守法”经营，促进非公企业健康发展，非公人士健康成长。7月27日，区政协吴斌主席率领区工商联、经科局、部分企业赴成都青羊区、龙泉驿区考察异地商会建设。10月中旬，为提升民营企业家的战略管理能力、经营决策能力、市场运作能力和开拓创新能力，选送邓泽荣、李华、安民、苏荟灵等市委统战部在上海交大举办的非公有制代表人士专题研修班。11月中旬，组织各商协会、会员企业深入学习贯彻党的十九大和区委六届五次全会精神，把党的精神及时传达到每位会员。

【社会公益】 开展扶贫等社会公益活动达10余次。1月12日，区工商联组织部分民营企业家出资10万元，赴汶川县刻苦乡木上村开展产业扶贫活动；组织南充永和房产、天成实业、南充大酒店、兴华集团等企业深入所联系的村开展春节帮扶慰问活动，送去慰问金和慰问品共计20余万元；南充草本堂药业出资1万元支持西城街道惠民服务中心建设；新世纪房产、康达集团、现代农业商会、永才实业等等企业，积极参与脱贫攻坚、扶贫济困、捐资助学活动。通过企业家们的善举，充分彰显了顺庆区企业家的社会责任和担当。

【脱贫攻坚】 开展“万企帮万村”精准扶贫行动。为全力助力脱贫攻坚战，7月上旬，区工商联召开了“万企帮万村”精准扶贫工作推进会，进一步加大企业帮村力度。截止目前，全区42家民营企业、6个商协会组织与全区31个省建档立卡贫困村签约结对，投入帮扶资金1000余万元，实施帮扶项目9项，其中：产业帮扶2个，就业帮扶3个，技能帮扶3个，公益帮扶1个。安置就业人员500余人，开展智力帮扶培训100余人次。其中：南充大酒店、新世纪房产、康达集团出资5万余元为搬罾镇杨世坝村7户精准贫困户维修住房、修建入户便道、硬化地坝，购买家具、家电、被褥等帮扶慰问物资。本草堂药业出资1万元，支持西城街道便民服务中心建设。南充永和房产、兴华集团、美宇集团、川北凉粉、南充蜀乌木金丝楠博物馆、永和房产、南充医药协会等捐款捐物达50元，开展扶贫助困，捐资助学。现代农业商会、汽贸中心商会、南充民意开发有限公司等农业龙头企业，利用自身优势，投资近1000万元，发展现代农业，充分吸纳贫困家庭就业，增收致富。开展机关结对帮扶工作。区工商联确定了7名机关干部与与杨世坝村7户精准贫困户结成帮扶对子，组织干部职工定期或不定期地深入搬罾镇杨世坝村7户结对帮扶户走访调研，与帮扶户交心谈心，了解他们的生产生活情况，因户制宜给予帮助，帮助他们发展产业，改善居住条件，解决就业岗位等，重塑帮扶户的信心，力争早日脱贫。同时还从多方寻求帮扶力量，筹集资金6万余元，为7户帮扶户改善居住条件，修建入户便道、硬化地坝、购买家具家电帮扶物资等。其中，捐款4万元帮助结对贫困户维修住房、修建入户便道、硬化地坝；捐款2万多元为帮扶户寇琼芳、杨奎、乐三娃、陈素碧、郑光友购买桌椅、床、衣柜、写字台、被褥等帮扶物资；节日期间带着慰问金、慰问品深入结对贫困户“送温暖”；还为贫困户寻找就业岗位、提供农户产品销售渠道等，帮助增收致富。

【效能建设】 建立健全各项规章制度，推行“首问责任、限时办结、责任追究”制度，落实“政务公开、会务公开、财务公开”制度，规范管理，按章办事。认真开展“三严三实”“两学一做”活动，以活动促学习，以学习促理论水平和实践能力提升。认真贯彻执行中央“八项规定”，加强党风廉政建设，加强党组织建设，弘扬社会主义核心价值观，清白做人，干净干事，机关作风进一步改善，队伍素质进一步提升。

【领导名录】

主席（会长）：李天祥

党组书记：王国猛

副主席（副会长）：侯清梅（女）

彭晓惠（女）

（唐益斌）

科　协

【概况】 2017年，顺庆区科学技术学会全民科学素质工作扎实推进，科普宣传工作形式多样，科普示范创建成效明显，农村示范协会（基地）科普阵地巩固。完成国家级“基层科普行动计划”项目1个，省级项目2个、市级项目5个，制作科普宣传栏38个，添置“科普社区e站”设备3台套，举办大型科普活动11余次，发放各类宣传资料14万份（册），为全区经济社会发展做出了应有贡献。

【科普】 结合“三下乡”、法制宣传、综治宣传和安全生产等工作，组织志愿者服务队在各乡镇、街道等进行各种宣传活动6次，受益群众达1.1万人次。邀请了西华师范大学生命科学院100多名师生于4月8日在南湖凯旋广场开展了第36届“爱鸟周”宣传活动，现场给市民展示和讲解了20多种珍惜野生鸟类标本和爱鸟护鸟知识，还邀请了顺庆摄影家协会，现场展示优秀鸟类摄影作品40余副。此次科普宣传活动以诗歌朗诵、文艺表演、现场讲解等多种形式进行了爱鸟护鸟、保护生态环境的宣传，发放宣传资料1000余份，受到市民的极大好评。开展了主题是“体验科学”的“中国流动科技馆”顺庆站巡展活动，设置了声光体验、电磁探秘、运动旋律、数学魅力、健康生活、安全生活、数字生活七个主题展区，50件活动展品为公众提供参与科学实践的场所，让更多的人能享受科技馆这种互动体验式的科普教育。此次巡展活动共接待观展人员达8万余人（次）。加强“站－栏－员”建设，在发展较好且具有带动作用的农技协和基地建立“科普惠农服务站”，开通“专家信息栏”，建科普惠农兴村宣传栏4个，完成农村实用技术培训17场（次），培训农民600余名。结合“科普宣传月”“科技活动周”“全国科普日”积极开展“崇高科学，破除迷信”和健康知识讲座及青少年法制培训；“走进消防，远离火灾”消防知识活动；开展“讲文明、除陋习”活动，组织青少年培养青少年爱劳动、爱科学以及尊老爱幼的传统美德。全年开展各类科普宣传活动10余次，发送各类技术资料7万余份，举办技术讲座、现场会13次，参加活动群众近2.6万余人次。

【学会】 加强区级学（协）会的建设工作。区级学（协）会全年开展科普宣传17场（次）、科普讲座18场（次）、专业培训21场（次），受益群众达2万人以上。积极组织区级学会加大培训力度。区农学会开展了“基层科技人员科技创新知识培训”，并组织全区各级农村科技人员参加了全国农民素质网络知识竞赛活动。委托南充畅通科技服务有限公司进行了《无人机知识普及培训》。继续做好“基层科普行动计划项目”。顺庆区蔬菜产销协会荣获四川省科协、财政厅表彰的“科普惠农兴村计划”先进单位称号。大力开展“金桥工程”工作，上报了《CNG发动机节温器室制造的新技术及新工艺》《新型石油物探钻机》和《无糠壳固态化酿酒新工艺》3个金桥工程项目。

【青少年科技活动】 举办了1期科技辅导员培训班，开展了“魅力科学进校园”活动；在全区中、小学校开展了“城乡手拉手、科技伴我行”活动，促进了我区青少年科技教育的不断发展，激发了广大青少年学生学科学、爱科学、用科学热情，提高了他们的科学素养和创新能力。积极与区教育局对青少年科技活动进行了安排和部署，组织参加了第26届青少年科技创新大赛，选送作品57件，获省级基层优秀组织等奖1件，省级儿童科幻画一等奖1件、三等奖3件，市级奖励20件。同时，对明年的青少年科技创新大赛进行了相关的准备工作。

【领导名录】

主　席：杨小虎（5月止）
　　　　汪勤修（6月起）

（韩　画）

残　联

【概况】 2017年，顺庆区残联在区委、区政府正确领导下，在市残联精心指导下，紧紧围绕全区工作大局，以教育就业为根本，以康复服务为抓手，以脱贫攻坚为重点，顽强拼搏，真抓实干，切实做好惠残民生项目的落实，扎实推进残疾人事业向前发展。

【扶贫就业】 全面落实农村精准识别重度残疾人生活补贴、精准识别残疾人全面纳入低保政策，充分利用“量服”平台，摸底情况，制定扶持方向。全年共为742名农村精准扶贫重度残疾人提供生活补贴46.872万元。开展“温暖万家行”活动。积极协调发改、住建等部门，推动贫困残疾人家庭危房改造等政策落实；为残疾人提供项目开发、就业指导、税费减免、政策咨询、资金帮扶等“一条龙”服务。今年共扶持432名残疾人开展创业就业，培训残疾人创业就业典型12名，共计落实资金103.2万元。同时帮助残疾人创业典型刘吉平、陈隆君、殷明华、李兵向省残联申请“四川省残疾人‘双创’示范基地”称号。

【民生项目】

残疾人家庭无障碍改造。通过入户调查摸底，为有需求的符合条件的残疾人家庭进行无障碍改造“个性化”定制方案，力求改造后能最大程度方便残疾人的家庭生活、提高其生活质量。全年投入资金共计31.926万元，为113户残疾人家庭进行了无障碍改造，完成全年目标任务的226%。

适配辅助器具。今年，在市残联配发辅助器具的基础上，我会投入了37.8万元采购残疾人辅助器具向残疾人免费发放。全年总计为

1320名残疾人发放辅助器具，已完成全年任务的280%。

救助脑瘫儿童。经过审核通过后救助贫困脑瘫儿童达82名，投入资金92.3万元，完成全年任务的170%。

白内障患者手术复明。投入资金14.88万元，救助贫困白内障患者手术复明186名，完成全年任务的124%。

救助听力残疾儿童。投入资金3.6万元，救助5名听力残疾儿童开展助听器验配、人工耳蜗手术筛查及听力康复训练，完成全年任务的120%。

重度残疾人护理补贴。投入资金528万元，对7901名重度残疾人发放护理补贴，完成全年任务的173.2%。

【康复】 投入资金13.34万元，为117名符合条件的在训残疾人儿童发放每人每天5元的生活补贴；投入资金14.88万元，救助贫困白内障患者手术复明186名，完成全年目标任务的124%；投入资金16.2万元，实施假肢安装15例，完成全年目标任务的100%；投入资金1.78万元，实施盲人定向行走训练89例；投入资金6.08万元，实施贫困精神病患者服药救助76例，落实完成全年目标任务的152%；投入资金24.8万元，救助贫困精神病患者住院62例。

除了实施项目外，今年区残联已与布法罗机器人科技（成都）有限公司达成合作意向，明年将在顺庆区打造川东北第一家残疾人智能康复中心，建成后将成为全市高端残疾人康复第一品牌。

【宣传文体】 充分利用国际残疾人日、全国助残日等时间节点，积极举办助残扶残活动，广泛宣传残疾人自强模范，努力营造爱残助残良好氛围；始终把抓好残疾人文化体育工作，作为展示残疾人自强不息的有力载体。今年7月，组织74名残疾人参加市第五届残疾人运动会，在11个大项124个小项的比赛中，顺庆区残疾人获得了114枚金牌，名列全市金牌榜、积分榜榜首。

【信访稳定维权】 开展“法律知识进家庭”活动，帮助残疾人知法守法，加强残疾人法律援助工作指导，构建法律助残志愿服务体系，为残疾人联系法律咨询及援助共计28起，有效维护了残疾人的权益。针对重点人员，采用“一对一”定点、定位、定人的工作方式，全年共接待群众来信来访50余起，处理涉及残疾人的群体事件3起，有效化解涉残社会矛盾。全年没出现一起进京进省事件。

【领导名录】

党组书记、理事长：唐　玲（女）

副理事长：钟　武

纪检员：赖小清（女）

（曾国强）

红十字会

【概况】 2017年，南充市顺庆区红十字会不忘初心、牢记使命，大力弘扬“人道、博爱、奉献”的红十字精神，深入开展救灾、救护、救助和无偿献血捐献等各项常规核心业务工作，充分发挥政府在人道领域的助手作用，完善慈善福利事业，扎实推动全区红十字事业健康持续发展，为建设“成渝第二城核心功能区”贡献力量。

【自身建设】 强化思想政治建设。学习贯彻十九大和区委六届五次全会精神，把思想和行动统一到战略目标和工作安排部署上；强化组织建设。召开第二届六次理事会，审议通过了常务理事、会长更换事项，选举产生新的常务副会长；完善内部目标管理考核及相关制度。发挥内部工作激情，增强员工业务能力培训，将临聘人员纳入我会年度目标责任制综合考核体系；壮大红十字会的队伍。率先在全市组建成立了3个社区红十字服务站，解决社区居民的困难和问题；加强业务能力建设。成立“顺庆区红十字志愿者协会”志愿者协会，传播红十字精神。

【履职履责】 加强应急救护培训。加快推进应急救护知识“五进”步伐，提升了应急救护知识在群众中的普及率。开展系列急救知识培训6次500人参加，并在三原实验小学等学校社区设立急救知识宣传点，以点盖面普及急救知识。

开展人道救助工作。围绕“三场攻坚战”，助力扶贫攻坚投入资金和物资共计60余万元。一是募集扶贫资金17余万元、募集物资20万元，共计37万元。全部发放到了学校和贫困户手中；二是发放救助资金2万元，对辖区内的大病困难家庭一次性救助15人；三是争取到近20万元的中国红基会救助基金，辖区内的5名白血病、4名先天性心脏病和2名白内障患者享受了基金会的救助款；四是开展“博爱送万家”活动，为300户贫困家庭发放价值6万元的慰问品；五是组织干部职工多次深入到帮扶户家中走访、打扫和慰问，宣传国家政策，并利用节日送去物资6000余元。

提高红十字的救援、救护。围绕“三场保卫战”的防汛减灾工作，7月面对的暴雨灾害，争取到救灾物资9万余元，发放到受灾严重的11个乡镇和街道。

推进无偿献血、献造血干细胞、献遗体器官的宣传。以北湖公园为中心场地，开展了“3·16献血日活动”“5·8世界红十字纪念日”“6·14世界献血日”等大型宣传活动，全区参加无偿献血6000余人，献血总量达158万毫升，超额完成全年目标任务。遗体器官捐献3人，实现零突破。同时还在今日顺庆、美丽顺庆、博爱四川、南充晚报等各类新闻媒体上发表宣传报道近70余篇，印发《顺庆红会动态》简报13期，加强了顺庆红十字的宣传。

加强应急物资管理。加强仓库物资日常管理，保障物资的规范管理和存储安全。

【领导名录】

常务副会长：朱　华

（胡陈娟）

军　事

人武部

【思想政治建设】　扎实开展两项重大教育。坚持把学习习主席系列重要讲话作为基础和统领，大力开展“维护核心、听从指挥”主题教育活动和推进“两学一做”学习教育常态化制度化，结合人武部自身实际，制定了《人武部党委推进“两学一做”学习教育常态化制度化措施》和计划表。扎实抓好专题学习、承诺践诺、党委民主生活会、主题党日等重点环节，以抓考勤促落实，每次学习、会议、专题活动和组织生活都严格实施考勤，引导干部职工紧跟习主席思想步伐，坚定强军信念、自觉看齐追随，投身改革实践，牢牢把握人武部建设的政治方向。切实抓好党委中心组理论学习。结合调整改革专题教育和年度主题教育实施，根据单位倾向性问题和个人思想实际，面对面搞教育，一对一做工作，深入开展大谈心活动，了解干部职工对改革的认识态度、个人真实想法和实际困难，摸清思想底数，化解矛盾困惑，解开思想扣子。在军分区第三季度党委中心组理论学习中，人武部部长王华同志以《充分认识纪律建设的基本要求，认真落实请示报告的具体规定》为主题，为全分区官兵上了一堂内容丰富的党课。2018 年人武部荣贺省军区表彰《全面建设先进人武部》和《军事训练先进单位》，副部长李平被表彰为《军事训练先进个人》。谢力受到军分区嘉奖。

【十九大学习】　十九大前，人武部认真组织对人员、营区、车辆、水电气、财经、信息保密安全等要素进行了安全隐患排查，研究制定了《十九大期间安全管理措施》，认真组织干部职工学习政治纪律“十不准”、手机微信使用“十不准”等规定，引导干部职工严守政治纪律。十九大召开后，迅速掀起学习宣传贯彻十九大精神的热潮。一是在营区设置宣传十九大精神的横幅、板报和标语，办公楼门口 LED 屏滚动播放十九大精神要点，以十九大关于强军兴军的要点为主要内容更换了办公楼走道的宣传画。二是联系书店及时为每名干部职工购买了《十九大报告单行本》《党章修订版》《十九大报告辅导读本》等学习资料，人武部制作下发了《十九大基本知识手册》，包含十九大报告中 40 个“前所未闻”、10 个政治新话语，十九大应知应会 100 题等内容。三是召开党委会、支委会、干部职工大会深入学习十九大报告原文，组织讨论发言，人人撰写心得体会并张贴展示。每周三政治教育和每周五组织生活时间，组织学习新修订的党章，学习习主席在十九大闭幕会、十九届中央政治局常委同中外记者见面会、军队领导干部会议、十九届中央军委第一次集体学习、瞻仰中共一大会址等重要讲话精神。四是在军地媒体上积极宣传人武部学习贯彻十九大的成果。《学习十九大精神，加强基层武装工作建设》一文被国防时报、中国网、嘉陵江在线等多家媒体刊载。全年在各种报刊共发表文章21篇。

【干部队伍建设】 部党委一班人坚持民主集中制原则，主官带头搞好团结，发扬民主，重大事情都经过集体研究，班子成员心齐风正，事业心强。同时，注重利用经常性思想教育凝心聚气，在干部职工队伍中营造爱岗敬业激励机制，通过适时引导、岗位调整、选送参加培训学习，交工作、压担子等办法，加强对机关干部、职工的培养和锻炼，干部、职工队伍的综合能力素质得到进一步提高。加强对专武干部的培养和锻炼，注重利用经常性思想教育凝心聚气，干部队伍的综合能力素质得到进一步提高。配齐配强全区29个乡镇、街道的专武部长，真正把文化程度高、综合素质好、工作能力强的专武干部选入乡镇同级党委班子，专武干部全部具有大专以上学历，本科以上75%。7月底，组织全区专武干部集训，进一步提高了专武干部的能力素质和业务水平。3月，政委李伟明转业到市环保局工作。5月，马勇到顺庆人武部任政委。7月，部长喻新调任军分区工作，后勤科长杨陶自主择业。同月，王华到顺庆人武部任部长，政治工作科科长许刚调任高坪人武部，参谋谢力任顺庆人武部军事科科长。

【军事斗争动员准备】 认真落实战备训练工作。积极抓好人武部机关训练和民兵训练，持续抓好战备值班，强化战备一体，提高战备水平，按照“三分四定”要求，结合人武部和基层武装部正规化达标建设，组织人员修订完善相关方案，落实各种战备物资器材储备，严格落实各类值班、值勤，确保一旦有事，能立即出动，遂行任务。严密抓好民兵组织整顿。全区编基干民兵3198人，其中应急队伍27支975人（市应急营1连，区综合应急连，24个应急排，2个护路分队），支援队伍12支753人，储备队伍8支1470人。扎实抓好征兵工作。大力开展征兵宣传，将国防教育暨征兵宣传点开设在高考考场外、大学校园和毕业生双选会现场，宣传效果明显。征兵工作期间，认真按照“五率”要求抓落实。全年共征集新兵318人（男兵305人、女兵4人，直招士官9人），从目前的自评情况看，“五率”得分可得满分。严密组织2017年度入伍新兵服现役前教育训练，淘汰入伍意愿不坚定、不适应部队生活新兵9人，安全圆满顺利完成训练。大学新生军训正规安全。指导西华师范大学和西南石油大学及辖区南充高中、一中等完成了16000余名新生的军事训练，并现场开展国防讲座和征兵宣传，取得了较好的效果。

【国防动员】 扎实抓好国防动员中心工作，开展国防动员基础理论学习和组织指挥训练，加强转型建设、潜力调查、大学生征兵等重大课题研究，积极探索民兵组织转型建设方法路子，提升了国防动员质量效益。始终围绕军委国防动员部提出的“五部”职能使命和国防动员“六大战略定位”狠抓国防动员和后备力量建设，实抓国防潜力动员调查，深化民兵改革转型发展，抓实建强用好民兵应急队伍，做到中心居中，主业主抓。在区国防潜力调查领导小组的统一领导下，由区国动委综合办牵头，对国防潜力调查数据进行更新完善，进一步摸清了国防潜力底数，为科学实施动员打下了坚实基础。组织火箭军部队预编士兵2名回营点验。顺庆区委、政府高度重视和加强人武部和国防后备力量建设，将国防教育、国防动员、兵员征集等各项任务纳入地方党委政府统筹考虑，将民兵预备役工作经费、基层武装部工作经费全部纳入财政预算。协调区委、区政府将武装工作纳入目标考核，与地方经济工作、社会事业等一同考核，极大的提高了武装工作地位。

【安全工作】 兜住安全底线，始终把安全工作贯穿始终，按照“六个管好”要求，以上级组织的安全大检查为契机，扎实开展“百日安全活动”，坚持每月进行一次安全形势分析，每月开展一次安全大检查，每周交班会，每月行政办公会都必须讲安全。加大技防投入，投入资金10万余元升级改造了营院安防系统和营门警卫设施。严格人员管理，门卫24小时值班巡逻。

【风气建设】 认真学习贯彻中央八项规定、军委十项规定以及各级关于改进作风的规定，持续开展党风廉政建设和专项清理整治，下大力抓好党性党风党纪和警示教育，坚持刀口向内，查找自身存在的问题、开展办公用房、公寓住房、伙食费、通信费专项清理整治，清理补交房租费3327元、伙食费5125元，通信费实报实销，狠刹“四风问题”，单位风清气正，干部职工凝心聚气。全面肃清郭徐流毒影响。按照《关于中央军委开展全面彻底肃清郭徐流毒影响专项巡视的通知》要求，专题分析肃清流毒影响、加强党风廉政建设形势，制定全面肃清工作计划表，组织人武部18名干部职工全员参与清理清查，按照上级明确的清理范围，尤其是对容易出现遗漏的图书室、荣誉室等重要场所、密级文件、书籍画册和各类电子文档、图片、音视频资料逐本逐页进行清理，共清理办公室、库室等19个房间、书柜资料柜等726个，21台办公电脑使用排查软件一台一台的扫，1000余本旧书籍画册一本一本的翻、一页一页的查，对于拿捏不准，一时难以辨别的再次焚烧处理500余本。人武部全体干部职工人人签订责任书，做到百分之百“全面、放心、彻底”。持续抓好思想作风清理，认真清理受郭伯雄、徐才厚流毒影响的思想观念、价值标准、作风做派，特别是形式主义、官僚主义、铺张浪费、作风不实，以及组织生活不严肃、党内生活形式化等问题，搞好剖析反思，及时纠治整改。

【参建参制】 认真组织抢险维稳演练，5月初，出动区民兵综合应急连参加南充市防汛救灾综合演练，参加5个科目的训练演练，提高了应急民兵遂行任务能力，受到观演领导和人民群众的高度评价。9月份，组织应急民兵30人参加市应急维稳演练。全年共出动民兵1600余人次参加治安巡逻、应急维稳，重大节假日和“十九大”召开期间均组织民兵在人员密集区域开展巡逻。结合今年降雨量偏大的实际，组织城区11个街道武装部，到易发内涝区域进行现场勘查，做好抢险应急准备。强力推进精准扶贫。人武部定点帮扶顺庆区龙桂乡何家店村。2017年上半年以来，该村发展养猪18头、养鱼2000条、养鸡2000只、改良核桃树200亩。部领导带领全体干部职工多次深入村上调研，促进工作有序进行。有13户自愿申请2017年脱贫，为2018年整村脱贫打下坚实基础。春节以来，人武部干部职工多次慰问贫困群众，送去现金、大米和食用油。11月，经人武部党委研究，为帮助困难群众御寒过冬，为贫困群众购置迷彩大衣40套，共计14400元。多方协调，积极争取资金修建断头路0.5公里并联系引进资金30万元。针对该村集体经济薄弱的现状，下一步计划人武部投入资金和引进资金相结合的方式，发展核桃种植园等产业经济。

【双拥共建】 八一建军节前夕，顺庆区举办了大型“双拥文艺晚会”，邀请军地领导共度八一。节日期间慰问驻顺部队80万元，慰问物资100万元。今年落实全区4327名各类优抚对象定期抚恤和定期补助金的发放，发放金额2957万元。全年给全区各乡镇、街道办事处下拨“解三难”资金388万元。对全区因患重大疾病发放临时困难补助金90万元。全区优抚对象住院和门诊医疗救助支付医疗补助金120万余元。全年发放义务兵家庭优待金421万元。发放地方一次性安置补偿金950万元，安置符合政策转业士官41人，安置率达到100%。对城乡退役士兵303人全部实现免费职业技能培训，有285名谋取了适合自己的职业，两用人才开发率达到90%以上。支付1－6级伤残军人参保金40万元，支付农村籍重点优抚对象基本医疗参保金23万元。积极稳妥协调处理涉军维权事宜，与区法院、区司法局建立长期协作关系，努力协调解决涉军案件，全年共协调处理涉军维权案件3起，提供涉军法律援助2次，帮助协调解决涉军问题3件，确保了军人军属、地方单位双满意。

【领导录名】

部　　长：王　华（7月起）
　　　　　喻　新（7月止）
政治委员：马　勇（5月起）
　　　　　李伟明（3月止）
副 部 长：李　平
军事科长：谢　力
政治科长：蒋长治（7月起）
　　　　　许　刚（7月止）
保障科长：杨　陶（7月止）
军事科参谋：谭　忠

（段　丽）

法　治

审　判

【概况】　2017年，顺庆区人民法院在区委、区政府的大力支持、区人大和社会各界有力监督和全院干警的共同努力下，坚持以大局为重、以改革为先、以办案为要、以队伍为本，借审判办公楼搬迁契机，凝聚人心，创新推动，各项工作整体提升。累计受理各类案件13856件（含旧存2119件），审执结13033件，结案率94.06%，员额法官人均结案246件。刑事审判、执行工作、网络宣传、司法保障、纪检监察、裁判文书上网等多项工作受到上级表彰。受国、省、市通报表彰的先进个人34人、先进集体10个。

【刑事审判】　受理刑事案件629件，审结598件。始终保持对严重刑事犯罪的打击力度，严厉惩治涉恶、涉暴、涉毒犯罪，破坏经济秩序等刑事犯罪。6月，全市法院庭审实质化刑事案件庭审观摩活动在我院举行，刑庭法官先后作了轻刑快审和庭审实质化工作示范。成功审理涉及投资人3600多人的“聚宝堂”非法集资等大要案件。

【民事审判】　受理民商事案件9671件，审结8942件。注重引导市场主体诚信交易，维护良好的金融秩序，保障市场健康发展。审理好涉及项目建设的各类民事纠纷案件，为项目推动提供良好的法治环境。加强企业破产案件和去库存去产能案件审理，稳妥处置“僵尸企业”，扎实开展“执转破”工作，促进产业结构调整和优化升级。配合中级法院对华塑建材有限公司和华塑型材有限公司进行破产清算、重整，为盘活该企业及引进战略投资创造条件。

【行政审判】　受理行政案件231件，审结222件。配合有关部门强化工作落实和问题整改，完善有关体制机制，防范政策法律风险。对行政机关申请的27件非诉执行案件裁定准予执行，保障环保督察、防汛减灾等重点工作顺利推进。及时审查并准予强制执行。区环保局申请执行的大百合养殖公司非法排污行政处罚案，有力支持环保督察。邀请党政干部旁听庭审200余人次，帮助提升行政管理水平。

【执行工作】　受理执行案件3325件，执结3271件。共拘传被执行人489人，拘留87人，罚款378万元，移送公安机关追究刑事责任5起，移送公安机关查控、控制被执行人136人，纳入失信被执行人名单1382人。相继开展夏季“亮剑行动”“执行大会战”，对一批老难案件挂图作战、全市法院在我院召开执行工作座谈会总结经验，我院被省法院评为“执行大会战”先进集体。

【司法改革】 大力推进司法体制改革，相继完成了人员分类管理、审判团队组建、专业法官会议制度建设等一系列改革任务，落实了“审理者裁判、裁判者负责”的司法责任制要求。首批通过公开遴选确定 50 名员额法官，其余 39 人全部转为审判辅助人员、司法行政人员。法官等级及各类人员工资调整基本落实，绩效考核全面启动。

【脱贫攻坚】 定点帮扶芦溪镇雍家沟村，选派一名干警作为“第一书记”进驻贫困村开展工作，全院干警与芦溪镇 42 户贫困户结成帮扶对子，为雍家沟村协调村级公路建设指标完成 3.4 公里，建设花椒种植基地。

【队伍建设】 扎实开展“四对照四提升做忠诚卫士”等专题教育活动，组织干警聆听党的十九大报告，以党组中心组、党支部以及各部门为单位进行学习讨论，法官及工作人员对党的十九大精神入脑入心，增强了“四个自信”“四个意识”。以审判大楼搬迁为契机，组织隆重的升国旗仪式和法官宣誓仪式，确定“敬法敬业、至公至义”的院训，由全体干警自编自导举办“阳光路上”文艺演出，切实增强法官和工作人员国家意识、角色意识以及职业自豪感、责任感，有效激发内生动力。

【基础建设】 2017 年 3 月 31 日，我院正式从文化路搬迁到潆华中路。新审判大楼占地 26 亩，建筑面积 18000 平方米，包括诉讼服务中心、执行指挥中心、信息集控中心、审判法庭（科技法庭）、刑事羁押、安全监控、信访接待等功能配套设施设备，极大地改善了办公办案条件，更好地满足了执法办案及群众参与诉讼活动需要。新建、舞凤、潆溪、芦溪、李家 5 个派出人民法庭全部按照最高人民法院要求标准化建成，均配备了科技法庭并实现与院机关互联互通。网上立案、庭审直播、裁判文书网上公开等工作受到上级法院通报表彰。

【领导名录】

党组书记、院长：邹九九

党组副书记、副院长：张少龙

党组成员、副院长：庞冬云

粟含敏

党组成员：全　亮

党组成员、政治处主任：何冰冰

党组成员、执行局局长：席　涛

（李建华）

检　察

2017 年，全面贯彻落实党的十八届历次全会和十九大精神，深入学习贯彻习近平总书记新时代中国特色社会主义思想，始终坚持围绕中心、服务大局，认真履行监督职责，扎实推进检察改革，着力打造过硬队伍，检察工作取得新进展。

【服务发展大局】 强化服务发展担当。积极参与整顿和规范市场经济秩序，依法批准逮捕金融诈骗，危害税收征管等破坏社会主义市场经济秩序犯罪嫌疑人 21 人；提起公诉集资诈骗、非法吸收公众存款等涉众型经济犯罪嫌疑人 18 人。主动推出服务新举措，围绕建设“成渝第二城核心功能区”出台了《关于充分发挥检察职能为“成渝第二城核心功能区”建设提供有力司法保障的实施意见》，围绕区域经济发展，出台了《顺庆区人民检察院关于服务保障企业健康发展的意见》，效果良好。

深化青少年犯罪预防。积极探索未成年人刑事检察工作机制建设，制定了《附条件不起诉①宣布暨训诫会实施办法》《观护单位管理办法》规范性文件，建立了附条件不起诉训诚、观护考察多项制度，创新建立了“检察机关+公益组织+爱心企业”的帮教模式，通过搭建工作技能培训平台、德育教育培训平台、文化知识培训平台、亲职教育培训平台，挽救未成年人，促使他们正常回归社会。积极延伸检察职能，密切关注校园安全，走进中小学集中开展“防治校园欺凌”法治宣讲20余场次，从源头上减少未成年人犯罪。

加强生态环境保护。践行绿水青山就是金山银山的理念，依托行政执法与刑事司法信息共享平台，积极开展打击“破坏环境资源违法犯罪”专项活动，对重大环境污染案件，坚持提前介入，引导侦查，发出督促行政机关履行环境保护职责检察建议2件，批准逮捕了全市首例污染环境案件3名犯罪嫌疑人，实现了全市环境检察案件零的突破。

严惩危害民生犯罪。开展危害食品药品安全犯罪专项立案监督活动，依法起诉制售假药犯罪嫌疑人1人，从重从快批准逮捕使用地沟油生产火锅底料涉嫌生产、销售有毒、有害食品犯罪4件7人，全力保障人民群众“舌尖上的安全”。严肃查办征地拆迁、涉农惠农等民生领域的职务犯罪嫌疑人6人，批捕起诉了拒不支付劳动报酬罪犯罪嫌疑人5人，坚决维护群众合法利益。

注重矛盾纠纷化解。规范开展检调对接工作，建成“一站式”为民服务中心，完善多元化纠纷解决机制。全年受理群众信访案678件（次），依法妥善办结疑难复杂信访案48件，确保全年无涉检信访人员赴省进京上访。重视弱势群众司法保护，建立刑事特困被害人救助机制，给8名特困人员发放救助金10万元，开展律师参与化解和代理涉法涉诉信访案件工作，帮助9名当事人获得法律援助。

加大脱贫攻坚力度。围绕帮扶村贫困群众农业产业增收、人居生活环境改善、技能培训、社会保障、新型经济主体培育等方面加大力度。院党组带领全院干警多次分批深入贫困户家中开展精准扶贫工作，协调相关部门帮助产业结构调整、解决修建村道路缺口资金共计50余万元，联系机构培训贫困群众养殖、种植技能，提高帮扶对象发展致富能力；切实解决帮扶对象在低保、读书、大病救助方面的困难，支持帮扶对象开展多种形式的经营模式。

【反腐倡廉】 持续保持反腐高压态势。紧紧围绕人民群众反映强烈的问题，大力查处职务犯罪，全年共立案侦查17件18人，其中查处涉嫌贪污贿赂犯罪12件13人，涉嫌渎职犯罪5件5人。通过办案为国家和集体挽回经济损失800余万元。查办了涉农惠民领域贪污受贿案6人（其中正科级干部3名），成功侦破上级交办的重特大案件5人，查办了西充北部新城拆迁窝案、太原铁路局设备科刘某贪污受贿等大要案。严肃查处围猎腐蚀干部的行贿犯罪，立案查处行贿大案3件3人。在办案中自觉规范办案行为，确保办案的法律效果和社会效果。

坚持标本兼治源头预防。推进制度防腐，结合职务犯罪查处，发出检察建议3份、召开案例剖析会5次，督促案发单位建章立制，堵塞管理漏洞；突出工程预防，探索建立“预防跟着项目走－－1227工作机制”②成效明显，得到了市委政法委充分肯定，在顺庆区重点民生工程“舞凤棚户区改造项目”设立服务站；坚持正本清源，全面推行行贿档案查询制度，开展行贿犯罪档案查询1600次，坚决杜绝“不良记录者”参与市场招投标，促进社会诚信体系建设。

【诉讼监督】 强化刑事诉讼监督。2017年共受理刑事案件734人，批捕487人，起诉838人。坚持适时提前介入、案件信息通报制度，建立重点案件跟踪、量刑建议等监督机制，强化对有案不立、以罚代刑、非法取证、量刑畸轻畸重等问题的监督。提前介入公安侦查23

件，监督立案 13 件；纠正漏捕 3 人、漏诉 7 人，对公安侦查活动提出纠违意见 11 件，均被采纳并纠正；完善审判监督制度，提请和提出抗诉 5 件，发出刑事再审检察建议 1 件。创建行政执法与刑事司法信息共享平台，强化对行政执法活动监督，督促行政执法机关移送刑事案件 9 件，公安机关均已立案。推出侦查监督新举措，在区公安分局华凤派出所和集中办案区设立检察室，强化对案前、案中、案后的监督，此创新做法得到了省、市领导的充分肯定。

强化民事行政监督。适应《民事诉讼法》《行政诉法法》修改新要求，运用多元化监督手段，积极开展民事行政诉讼监督，提请抗诉和再审检察建议 2 件；对裁判正确的，耐心释法说理，依法息诉 13 件，努力维护司法权威。与区法院建立执行活动监督沟通机制，发出执行监督检察建议 4 份。积极探索公益诉讼工作，办理公益诉讼案件 3 件，发出行政公益诉讼诉前检察建议 2 份，促使被污染的近 20 亩土地得到治理恢复。

强化刑事执行监督。完成监内纠违案件 18 件、监外纠违案件 21 件，监督暂予监外执行裁定 2 次，财产刑执行监督 2 件，监督社区矫正机构重新收监罪犯 1 件，完成羁押必要性审查案件 18 件，纠正执行错案 1 件。充分保障被执行人合法权益和刑事执行活动的正常开展。创新建立顺庆区矫正中心检察工作室，实现对社区矫正活动的动态监督，有效防止脱管、漏管、虚管现象。

【队伍建设】 扎实强化思想政治建设。院新一届党组紧紧抓住领导班子这一关键少数，不断强化班子建设。专题研究部署了我院未来五年检察工作的总体思路，提出了争创“三个一流”奋斗目标，明确了行为规范，凝聚了发展力量。同时，深入开展“两学一做”“四对照四提升 做忠诚卫士”等主题教育活动，院党组和班子成员带头查摆突出问题，积极落实整改措施，确保教育活动落到实处，见之行动。

大力推进司法能力建设。坚持“文化育检、人才强检”战略，加快推进人才培养规划，开展分层分类分岗培训，坚持系统培训与岗位练兵相结合，不断提高干警岗位技能，坚持以培养青年干警为重点，建立青年导师制度，通过传帮带、挂职交流、定期轮岗等方式，增设青年干警锻炼舞台，拓展检察人才成长空间。坚持创先争优活动，通过创作院歌、院训、举办读书会、兴趣小组活动，积极营造良好氛围，激发干警干事创业热情。

从严抓实纪律作风建设。深入开展纪律作风整顿活动，推行领导干部廉洁从检公开承诺、干警廉洁办案制度，严格落实“两个责任”，细化“一岗双责”要求，突出对班子成员、关键办案环节的监督；坚持重要事项、重大案件请示报告制度，对苗头性问题及时预警、有效干预；依托网上办案平台，实行办案全程的动态监管。持续深化正风肃纪，加大检务督察力度。出台了《顺庆区人民检察院党风廉政建设约谈工作暂行办法》，促使廉政约谈与思想教育工作有机结合。

认真落实检察改革举措。扎实推进司法责任制改革，顺利完成检察官员额制选任，新的办案机制正式运行，人员分类管理等措施正有序开展。深化人民监督员制度改革，强化人民监督员对重点案件、重要办案环节的监督。加快推进检察信息化建设，积极打造“智慧检务”，全面实行案件网上办理、网上监督、网上管理，创建远程提讯、远程接访、远程监督等视讯平台，促进司法规范化建设。

【外部监督】 主动接受人大监督。坚持重要工作部署、重大执法活动报告制度。2017 年，就未成年人刑事检察工作向区人大常委会作了专项报告，诚恳接受人大常委会审议意见并认真落实。主动开展人大代表联络活动，通过走访座谈、视察调研、观摩庭审等形式，广泛听取人大代表对检察工作的意见建议，促进代表联络工作常态化。

积极接受民主监督。加强与政协委员、民主党派和无党派人士联系，经常性通过检察工作通报、邀请视察、走访座谈等形式，虚心听取意见。通报的公益诉讼工作、未成年人刑事检察工作获得区政协主要领导的肯定批示。

自觉接受社会监督。大力推进检务公开，积极打造阳光检务。定期开展检察开放日，举办宣传周活动，主动邀请群众参观检察窗口、办公办案区；利用案件信息公开网等平台，公开案件程序信息1328条、法律文书695份，公布重要案件信息53条，进一步保障人民群众的知情权和监督权。注重保障律师权利，优化律师案件查询、阅卷服务，积极构建良性互动的检律关系。

【领导名录】

党组书记、检察长：何晓荣
党组副书记、副检察长：龙　敬
党组成员、副检察长：孙　林
　　　　　　　　　　席章勇
党组成员、反渎局局长：王　康（12月止）
政治部主任：唐红兵
党组成员、纪检组长：许　锐

（何征玲）

公　安

【维护社会稳定】　年内，严密注视危害国家安全苗头，深入开展反邪教斗争，加大对“法轮功”等非法功法组织的监管，建立邪教专案2起，打击处理2人。在“6.4”敏感期落实网上监控、落地查控、街面稳控措施，对2名网上发布敏感信息的违法人员给予行政拘留处罚。全面夯实反恐基础工作，紧紧围绕重点关注对象、危爆危化物品、重点防恐部位，压实责任，强化举措，落实五见措施300余人，管控人员18人，杜绝暴恐活动和个人极端事件发生。特别是在“3·14”敏感期，坚持防范为先，全面落实稳控措施，保持了绝对安全。加强维稳处突，收集上报情报信息800余条，现场参与处置10人以上的涉稳聚集事件192起，参与现场值守120余次。完成招录飞行人员政审共计64人。完成新疆招录民辅警政审30余人。确保十九大、中央省市区两会、省十一次党代会、高考、自考、成考期间顺庆区的治安秩序良好。全年受理办结信访案件80件，做到事事有结果，件件有回复。基层各派出所及巡控组织调处各类矛盾纠纷5100余起，确保全区社会大局平稳可控。

【侦破刑事案件】　年内立各类刑事案件4764件，破刑事案件2614件，刑事拘留797人，逮捕507人，移送起诉926人，抓获上网逃犯197人，其中历年在逃人员9人；打掉犯罪团伙26个113人。圆满完成“命案积案攻坚”专项行动，侦破了“5·14”命案、“5·15”杀人碎尸案、“6·6”命案、“6·16”故意伤害致人死亡案、“8·26”故意伤害致人死亡案、“9·23”故意伤害致人死亡案共6件，达到命案必破的工作目标。全年以“打黑除恶”为龙头，严厉打击黑恶势力犯罪，形成对暴力犯罪的高压态势。坚持“黑恶必除、除恶务尽、打早打小、露头就打”的原则，建立完善以刑侦大队为主体，其余部门协同配合的打黑除恶工作责任制，坚决铲除人民群众深恶痛绝的黑恶势力，阻止其坐大成势，危害一方。全面发动深入排查、广泛摸排线索，共摸排上报线索80余条，移送起诉涉恶犯罪分子126人，其中寻衅滋事6案7人，聚众斗殴6案28人，非法拘禁16案42人，故意毁坏财物1案1人，组织卖淫8案37人，开设赌场2案11人。取得了打一伙、保一片、铲一批、稳一方的良好效果，遏制了各类重特大刑事案件上升趋势。先后开展了打击“盗抢骗”“三打击一整治”“破案会战”专项行动，加大专案侦查、串并侦查、跨区域协作的力度，重创了各类严重侵财刑事犯罪。全年共破五类侵财案件2036件、逮捕181人、移送起诉264人，追缴汽车13辆、摩托车86辆，追赃总额836万余元，确保了顺庆社会治安稳定，人民群众安居乐业。

【解救被拐卖妇女儿童】 2017年共解救被拐妇女26人、儿童34人，出动警力127人次。在三八妇女节、六一儿童节设点开展宣传工作，悬挂宣传横幅9幅，印制发放防拐宣传单、册2300余册，现场接待咨询群众610余次。并在西华师大附属小学、星宇国际幼儿园、英伦国际幼儿园开展反拐警示教育和演练共3次。

【打击经济犯罪】 全年办理经济案件立案33件、破案29件，刑事拘留33人、逮捕27人、取保候审42人、监视居住14人、移送起诉86人，办理非法集资类案件清理偿还11亿余元。撰写经侦业务调研文章，被省厅、市局各采用3篇，被《公安调研与实践》杂志采用1篇。被省公安厅授予全省经济工作突出集体荣誉称号。在全市经侦信息化比武中荣获第一，经侦工作成绩名列全市之首。

【打击涉毒违法犯罪】 年内分局共查破毒品案件145件，打击处理145人，行政处罚685人，强制隔离戒毒117人，缴获毒品数量15千克。其中禁毒大队抓获涉毒人员87人，打击处理37人、逮捕30人、行政处罚50人、抓获网上逃犯4人。同时，加强全民防毒意识宣传教育。春节期间，分局在火车站设宣传站，农村派出所利用逢场天，在合适地点开展对返乡人员的禁毒宣传教育活动。共悬挂禁毒宣传标语10余幅，展板20余张，发放宣传资料10000余份。5月11日下午顺庆禁毒会议在分局召开，组织观看了全区禁毒工作专题片，区禁毒办、区法院、区教育局、东南街道办事处、区委防邪办等单位作了经验交流发言。会议对去年在禁毒工作中做出突出成绩的先进集体和先进个人进行了表彰。6月26日上午，市区两级禁毒办联合组织全市“禁毒自愿者”队伍200余人，携手市人民法院、市检察院、疾控中心等单位，在北湖公园广场设置大型禁毒宣传站，集中开展以“为爱汇聚·拥抱未来·无毒无悔”为主题，以毒品危害、毒品常识为宣传重点的纪念“6·26”国际禁毒日成立三十周年的禁毒宣传活动，共发放宣传单5000余份，赠送宣传环保袋2000余个，宣传围裙1000余个，接待群众咨询2000余人次，受教育群众万余人。12月6日，全区禁毒工作会议，区禁毒委员会各成员单位及各派出所负责人参加了会议。会上区综治办、维稳办主任吉小虎通报了全区禁毒工作形势，对如何开展好社区戒毒、社区康复“8·31”工程和青少年毒品预防教育“6·27”工程讲了意见；区禁毒办主任、分局副局长舒斌就全区开展联合打击制毒犯罪“4·14”专案集中攻坚行动和集中查处吸毒人员作了安排。年初，禁毒大队破获何君财等人贩卖毒品案、张建等人制造、贩卖毒品案省督办案件2件，缴获毒品5000余克、制毒辅料和工具若干。

【创新户籍办证管理】 分局先后启用了潆华路、金泉路户籍办证大厅，负责11个主城区派出所辖区40余万城镇人口的户籍登记异动手续（即迁入、迁出、出生、死亡、变更、更正等手续）和身份证申办、招领、挂失等户籍办证工作。一是做到缩短部分业务办理时间，如临时身份证，由3个工作日取证提速为即办即取；14周岁以下变更姓名业务，由原30个工作日办结，提速为手续齐备的可当场办结。

二是为返乡农民工和办理军人身份证的现役军人分别开通了身份证办理绿色通道；异地居民身份证的受理范围也覆盖到全国各地。三是开通了省内居民户籍迁移“一站式”办结业务，即：凡户籍在四川省内的居民、户籍迁入本区均不用再回原籍办理相关手续，为办证群众节省了来回往返跑路的时间和经济负担。四是主动衔接内部流转，为彻底改善群众户籍管理知识缺乏、婚后不及时迁移户口、新生婴儿入户时手续不齐全等问题，采取内部沟通衔接核实户籍证明材料的合理处理方式，让信息多跑路让群众少跑腿，有效解决存在的问题，为群众提供方便。全年办理出生入户4245件，死亡注销3959件，迁入9326件，迁出8122件，为群众补录户口1188人，完成户籍项目变更19111人次；受理第二代居民身份证35735件，其中异地身份证2816件，临时身份证11472件。年内，还积极开展了九项业务数据的清理核查工作以及20余万流动人口的服务管理、居住证办理、证明打印；对20个派出所（2个城区所、18个农村所）的户籍业务指导、考核；区政务中心公安窗口业务受理等工作。

【出入境管理】 年内共办理护照4826本，双程证3666本，大陆证1975本，办理港澳签证共1095人次。收到评价器评价1402条，发送短信评价286条，群众满意率得到100%。

【社会治安管理】 年内以“黄赌”专项整治，打假“利剑”行动和打击环境污染犯罪“清水蓝天”专项行动为推手，强化特业场所危爆物品、寄递行业的管理，推广“两车”智能防盗系统，实现了治安管控有序。年内受理治安行政案件3885件，查处1251件，查处人数1506人，行政拘留1256人，罚款248人，警告54人。

扫黄禁赌。年内共办理涉黄涉赌案件102件，打击处理342人，起诉44人，刑事拘留29人，行政拘留149人，行政罚款149人，收缴、捣毁赌博机996台，收缴赌资143867元，净化了社会治安环境。

整治涉枪涉爆。年内破获涉枪案件15起，查处非法携带管理刀具案件14起，收缴各类管制器具600余把，警告存在安全隐患涉枪单位1家。

推广“两车”智能防盗系统。年内分局在指挥大厅建立“行车卫士”监控指挥平台，专人24小时全天候值守，同时特巡警大队街面巡逻中队负责对被盗车辆及时追踪，对作案人员进行查缉抓捕。截至11月24日，已安装“行车卫士”6806台，通过“两车”智能防盗系统追回被盗车辆49台，打击处理犯罪嫌疑人4人。推广安装8个月以来，发生“两车”被盗案与去年同期相比下降了51%。

强化危险物品监管。年内对全区30家危化使用单位、4家民爆仓库、4家剧毒化学品生产经营企业的生产、存储、销售、运输、使用等环节实施全过程监管，依法整改2家危爆企业，罚款1家，警告2家。9月22日，分局会同区运管、安监局联合召开全区重点行业治安管理暨安全生产工作会，与危化、物流寄递、民爆等企业逐一签订了安全责任书，再次全面落实企业主体和部门监管责任。

加强寄递行业安全监管。8月4日，分局会同市邮政管理局、区安监局、区交通局、区道路运输管理局、区工商和质检局等联合召开危爆物品和寄递物流行业专项整治行动会。再次对全区寄递、物流企事业的基础信息逐一梳理，完善基础档案，录入警综系统，对所有的物流寄递公司开展深入全面的安全大检查，行政警告61家物流寄递网点，责令整改40家。

深入落实旅馆业“实名制”登记。分局对全区390家大、中、小型旅馆落实抽查通报制度，以明察暗访、随机抽查、突击检查等方式，对严格落实旅馆业“四实”登记制度进行实地测试，同时加大对旅馆业违法违规的处罚力度，年内对未实名录入旅馆业治安管理系统的44家旅馆作出了顶格处罚。通过旅馆业信息系统抓获上网逃犯17人。

【交通管理】 年内狠抓交通管理安全宣传。邀请省市内多家新闻媒体高密度参与交通安全宣传活动，曝光重点交通违法行为70余件次；利用移动短信平台向驾驶员发送安全提示信息2万余条；与南充交通音乐电台等主流媒体，先后开展执法大联播活动3次。成立公安服务监督办公室，专人专职处理领导交办、网上反映、电话投诉、短信反馈、群众上门五类信访工作，有效改善接处警、车辆管理、事故处理、违法处理等窗口工作作风，初步建立了公安交通管理工作服务监督平台。认真办理中央环保督察组第24批交办的货车整治案件，组织专人深入社区、进企业、进学校、进机关实地察看，办交通事故案例专题讲座，开展主题宣传8场次，走访小区10余次，发放宣传资料12000份，听取居民建议100余条，现场体验模拟酒驾、FM91.5交通连线10余次。组织专人收集整理高峰时段、城区各路段的交通流量预判，制作易堵路段分流绕行路线图，张贴注意事项，利用主流媒体或标牌告之等办法，提前发布车辆绕行通知。加强入城货车管理力度，切实解决了道路改造、下穿遂道维修等造成的拥堵，以及万年东路至规划八路大重型货车产生的大量噪声和扬尘、夜间扰民严重和清泉寺嘉陵江大桥24小时噪声扰民等问题，避免了辖区路段出现长时间大面积拥堵情况发生。年内8月3日央视CCTV13台《新闻直播间》对交警一大队民警，为患儿送医开辟绿色通道作了专题报道。

切实加强车辆管理。年内交警一、四大队注册登记非机动车7681辆，发牌证7681副，补发牌证61幅，驾证补换9154起，注销登记280起，年度体检49起，驾证转出106起，信息变更71起，驾驶人审验5769起，机动车注销登记477起，校车登记18起，换牌证合格标志1103起，受托检验291起，转出/注销登记46起，校发检验合格标志4663起。同时开展重点车辆清理淘汰工作。辖区黄标车总数1142辆，已完成132辆；四类重点车辆逾期未检验、报废总数203辆，已全部清零；重点驾驶人逾期未审验1007人，已全部清零；重点驾驶人逾期未换证195人，已清理处置184人。交警四大队对所辖区的46个十字路口推行红绿灯人工智能化调控，确保路口不出现车辆积压。依靠缉查布控系统，在C212线多扶、共兴治超站和府荆南路设立了3个电子监控卡口，对套（空）牌，逾期未年检、未审验等重点监控车辆进行网上巡查管理，预警后设卡、拦截查处。率先在全市交警系统范围内推行“钉钉”办公软件，对外勤、走访、值守、接访与岗位进行实时动态管理，并安装红外线人脸识别系统。同时购买无人机1辆，对城区十字路口交通流量、安全隐患进行精确摸排和判断，对动态交通管理工作提供信息数据支撑。在兰渝铁路增设了移动测速监控设备1套，实行C212线进出潆溪场镇车辆动态监控、违法抓拍查处等功能一体运作。

强化交通事故预防处置。年内顺庆主城区共发生统计类交通事故22起，死亡3人，受伤19人，直接经济损失57700元。年内开展“猫猫”“碎瓶”集中酒驾整治行动以来，因酒驾造成的人员财产损失同比下降81.3%。全年共排查出道路交通安全隐患96起，分期进行了整改。年内，交警一、四大队共查处交通违法总量341899起，乱停乱放70505起，违法处理业务办理266313起，翻越护栏、闯红灯、逆向行驶等交通违法10692起，无证驾驶221起，涉牌证1436起，超员5起，酒后驾驶777起（醉驾96人），查辑布控拦截处罚505起，整治三轮车、四轮观光车、黄标车交通违法行为，查获驶入禁区等各类交通违法行为412起，注销黄标车119辆。交警四大队依托共兴“整治站”全天候开展城区货车“双超”治理工作，在兰渝铁路桥、北部新城一路，清源南北路、搬罾、渔溪设立联合整治点，会同城管、交管等部门集中开展货车夜间整治行动21次，查获违法行为1026起，暂扣无牌无证摩托车188辆。办理危险驾驶罪18起，刑事拘留7人、行政拘留11人。

【消防监督】 年内，强化火灾防控。区委、区政府召开常委会、常务会2次研究消防工作，党政主要领导对消防工作作指示、批示8次。召开年度消防工作会，签订《2017年消防工作目标责任书》，强调布置年内消防工作，将消防安全管理工作纳入年度绩效考评内容实行“党政同责、一岗双责”。组织召开消委会联席会议4次专题会议推动落实部门职能；提请政府发文开展“高层建筑消防安全治理专项行动。大队年内争取消防经费251万余元，为消防中队配备了600余件套消防器材装备和个人防护装备。潆华消防站新址已确定。年内大队新增20名政府专职消防队员和2名文职人员。大队按照“网络化”和“户籍化”管理要求，深入街道、社区、单位开展培训指导工作40余次。将舞凤山社区打造成为示范社区在全区推广。年内有71个社区通过创建达到了消防安全社区建设标准。大队依托万晨商务大酒店建立了一支志愿消防宣传服务队。在得益时代广场片区、火车站片区、市政府新区片区、大都会五星商圈建立了区域联防协助组织，稳步推进辖区消防工作社会化进程。年内，组织全区“两委、两长”消防培训1次，派出所消防业务培训3次，“网格化”管理培训工作20余次，“户籍化”管理培训20余次，组织开展教育、卫生、商务、治安等行业系统的消防安全业务培训10次。同时大队以“119”消防宣传周活动为契机，制作一万余份宣传手册发放给辖区各单位。在高层建筑消防综合治理专项活动中，大队制作1000余块展板张贴至辖区323幢高层建筑小区。在政府领导下，会同安监局、民政局、教育局等单位开展联合执法10次，在全区先后开展了“冬春防火”“夏季消防检查”“高层建筑消防安全综合治理”和“党的十九大消防安全保卫”等专项活动。全年大队共检查单位场所1500余家，发现火灾隐患6300余起，督促整改6200余起，办理行政案件184件，行政拘留29人，临时查封65家，责令三停66家，罚款59万余元。开展火灾调查8起，受理举报投诉28起，有效震慑了消防违法行为。年内顺庆区共接警1085起，出警1085次，出动消防车1678辆次，消防人员8416人次，抢救被困人员89人，疏散人员354人，抢救财产价值18.2万元。辖区发生火灾487起、直接损失24万余元，过火面积1270平方米，受灾户3户。同比去年接警起数上升37.8%，出动次数上升37.87%，出动车辆数上升22.13%，出动消防人员数上升9.16%，抢救被困人员数上升122.5%，疏散人员数上升807.69%，抢救财产价值下降44.85%。

【公安法制建设】 年内进一步夯实执法保障，对案管中心予以实体化改造，将新通过司法考试和执法资格高级考试的民警纳入分局法制人才库，其中新取得公职律师的1名民警确定为法律顾问。年内充实10人，其中辅警7人，由刑事执法监督组协助集中办案区管理办案，进一步深化源头治理和同步录音录像制度。提高执法主体的能力举办执法办案培训活动，年内举办法制培训2期，3次组织办案民警旁听庭审100余人次。同时组织执法资格考试3次，目前全局219人、373人、10人分别通过了初级、中级、高级执法资格考试，并对取得高级执法资格等级的民警予以表彰奖励。对执法场所进行升级改造，不断强化执法制度建设，加强案件审核，严把监督质量关。全年共审核刑事拘留748人，取保候审317人、监视居住175人、批捕460人、起诉812人，行政处罚1372人、行政拘留1160人，强制隔离戒毒132人。强化执法案件评查工作。全年发出纠正违法通知书5份，执法建议书21份，开展受立案督导5次，案管通报3期，取保、监视居住突出问题督导2次，整改消极执法和不严格执法4件次，将日常执法质量考评制度情况纳入年度执法质量考评。

【网络安全管理】 年内3次召开专题会议进行安排布署，并以派出所为单位督导召开网吧业主会进行宣传动员，组织业主学习有关法律、法规，签订责任书，落实业主经营安全责任。网安大队坚持巡查通报，强化网吧实名制监管。行政处罚违规违法网吧24起，均给予警告并罚款处理。上报网络安全信息33篇，落地查证210人（其中涉韩人员107人），打击处罚诽谤他人、散布谣言等违法人员9人，其中诫勉谈话8人，罚款并警告1人。年内主侦陈福林等人涉嫌非法买卖枪支弹药案、冯军银行卡被盗案、罗扬等人涉嫌侵犯公民个人信息案3件。抓获上网在逃人员19人。配合职能部门抓获负案在逃、网上在逃人员69人（其中省督捕A级逃犯1名），协助破获各类涉网案件62件。配合其他部门完成案件勘验39次，出具勘验报告39份。在打击“盗抢骗”专项行动中，协助打掉团伙6个、破案件31件，人员35人。在十九大期间涉枪涉爆线索的清查工作中，圆满完成公安部下发252条线索的核查工作，自主发现并核线索1条，共核查人员30人、收缴各类气枪9支、枪支零配件31个、钢珠弹若干，刑拘1人、取保2人，对购买人、使用人进行了训诫教育。

【情报工作】 年内，完成大情报合成作战体系及机制设计，拟定方案、规范、细则，积极发挥专业情报优势，获得全市综合情报实战比武全市排名第一，通过合成作战模式成功抓获历年命案逃犯2人，协助禁毒、刑侦侦破省厅督办案件3件，侦破非法吸收公众存款、故意杀人、诈骗、入室盗窃、组织卖淫、故意伤害等案件23起，抓获各类违法犯罪嫌疑人19人，网上逃犯49人，为实战部门提供精准分析线索500余条。

【公安科技信息化建设】 一是“天网”工程，起于年前11月，完工于年内5月、6月正式投入使用，历时半年，项目按照“圈、块、格、线、点”的思路进行科学布点，东起滨江路沿线、南至玉带路、西至西山风景区、北到潆溪镇的主城区所有街、小巷、路口，闹市区的人行道、广场、人员集聚地，重点单位、社区新建设高清探头2013个，涉及1850处前端监控点位（高清卡口143处、620个车道），截至2017年6月顺庆区的天网监控总数达到2786个，覆盖率达到每平方公里38个监控探头，基本做到了监控区域无死角。分局天网监控系统共发现各类线索1395起（其中刑事案件136件、行政案件312件、处理交通事故10起，处置群体性事件47起、上访线索81起、纠纷线索454起、公民求助线索279起，通过视频监控协助打击各类违法犯罪人员121人，抓获逃犯60人）。二是完成分局350M公安数字集群通信系统建设。在顺庆主城区的人民中路、火车站、马市铺、潆溪、李家等11处建设公安350M数字基站，实现主城区基站信号全覆盖，国道、省道和重点场镇公安350M基站信息全覆盖。目前全省公安350M应急通信指挥系统已投入使用。三是分局完成西城、东南、舞凤派出所三级应急指挥平台建设和分局会议系统MCU高级改造工作。包含6套高清视频会议系统，29块55吋LCD大屏显示系统，为应急指挥调度靠前指挥打下了坚实基础。年内实战部门共配发新一代移动警务终端182部。分局集中办案区完成建设省厅标准化询（讯）问系统13套，标采设备3套，滨江、火车站责任区刑警队完成建设省厅标准化询（讯）问系统13套，标采设备2套，确保了办案场所规范、安全。大力开展视频侦查和新一代移动警务终端应用。年内，分局一线民警通过移动警务终端盘查车辆39402辆次，盘查人员139326人次，抓获上网在逃人员25人，移交打击处理吸毒人员57人次，盘查吸毒前科人员无新违法犯罪记录并放行379人次，移交、打击处理前科人员26人次，盘查后无新违法犯罪记录放行前科人员484人次。

【保安监管服务】 分局以贯彻《保安监管条例》为契机大力开展保安市场监管整治。年内两次组织10个保安公司负责人在分局治安大队会议室召开动员大会，并由保安监管大队组织5位民警，分成3个调查组、协同工商、住建、教育、人社等部门，分区域对全区保安服务市场，特别是近年纳入保安监管的从事营运服务的企业进行全面梳理，核查保安服务公司10家，审查重点要害单位54个、重点要害部门保安人员1354人（其中华质保安公司5个35人、城北保安公司5个33人、市局保安公司27个999人、顺庆公安保安公司15个264人、雷鹰保安公司2个23人）。按照《全国保安服务市场专项行动工作方案》17个重点内容，逐一比对，逐一核实、逐一查找，在调查中发现未经许可从事保安培训单位1家，自招保安员单位573家，未在保安服务公司聘用保安的物业服务企业103家，保安员无证上岗人员635人，保安员未穿着2011式保安服装953人。共查处刑事案件1件，开除保安人员1人；取缔非法保安组织1家；责令设立保安服务公司未备案的企业，按规定和程序备案1家；责令573家自招保安员单位到正规的保安服务公司聘请保安；责成17家保安服务公司按规定持证上岗，责令保安公司严格落实着装规定，协调处理保安员工作期间负伤引发的工作赔偿案1起，协调经济赔偿26000余元。

【治安防范】 年内充分调动发挥巡（特）警、治安、派出所、保安人员、社区治保会的“红袖标”等组织的力量以及高科技的电子探头作用，强化了全区的治安防范。仅巡（特）警在街面巡控中就处警820余起，行政拘留35人，刑事拘留7人，查破各类刑事案件71起，刑事拘留19人、逮捕22人。查处治安案件15起，治安拘留27人、追逃17人、移交各类违法犯罪嫌疑人员37人。使街面“两抢”案件同比下降，群众安全感满意度提升。东南派出所社区成立近320余人的红袖标巡逻队在所防控中队指导和带领下，开展校园高峰联合巡逻和重点时段、路段、部位的巡逻防控，挡获违法犯罪人员62人，服务群众800余次，现场调纠500余次。

【安全保卫】 年内先后圆满完成元旦、春节、市、区两级党代会、四川省第二届农民艺术节、第二届南充国际木偶艺术周、首届嘉陵江之春C—POP流行音乐会、全省公开考试录用公务员、全国统考、高考、党的十九大、省十一次党代会等30余项重大活动安保任务，确保了活动期间的绝对安全。

【队伍建设】 年初分局研究出台了“一个要点、两个意见、五个文件”，以此作为全年政治工作发展蓝图。4月中旬召开了政治工作推进会，确保了分局党委思想政治工作和目标要求真正在各职能部门贯彻落实。

抓思想引领，落实了政治建警新要求。深入推进“两学一做”学习教育常态化制度化，以“三强一创”教育实践活动为统揽；统筹推进“关键少数”专项教育、“迎接十九大忠诚保平安”“四对照四提升”主题教育活动，将学习十九大精神作为当前和今后一个时期的重要政治任务，把“四句话，十六个字”作为政治建警的总方略、立警从警的座右铭。在学习上推行“互联网”+教学模式制作电子展板和内网主题教育专栏，将党校教授、领导视频教学PPT课件上传至微信、QQ、钉钉群，打造微课堂品牌，利用美篇APP编发了政策理论热点，推动网上、网下党建工作同步推进。在载体上开展“清明祭先烈·忠诚铸警魂”主题纪念活动，举行喜迎十九大、公安怎么办“演讲比赛，用互动体念的方式切实打牢了旗帜鲜明讲政治的思想根基。

抓素质强警，掀起了提升素质新热潮。紧扣“训为战”目标合理安排一期52名、4期182名辅警、5期116名民警参加“战训合一”；组织教官深入一线，开展送教下基层，实行订单式小班培训；开展体能达标普测，参测率、合格率均达到80%以上，在省厅抽测中，参测民警合格率达到94%。7月份，特警大队街面巡组模拟劫持人质暴恐案事件、群体性事件开展了针对性的集训，并参加全市汇报演练收到很好效果。

抓典型选树，树立工作学习新标杆。启动“杰出民警工程”，推出“十佳民警”，挖掘“警营名探”，培育“岗位标兵”，寻找“最美人民警察”和“敬业男神女神”，表彰“一标三实”采集能手、社区“警务之星”等先进典型，以典型感染人、教育人、激励人，不断增强民警的工作魄力和政治定力，形成比学赶帮、奋勇争先的良好局面。年内经侦大队被省厅评为“经侦工作先进集体”，法制大队被市局荣记“集体三等功”；6人荣立个人“三等功”，80余人获得各级表彰。

抓人文关怀，激活了队伍新活力。坚持文化育警，从优待警。年初在局办二楼已建成警营文化中心大厅，队建科开通了“9·25顺警书屋”微信公众号，举办了读书交流会、书画会，为全局民警提供了一个展示个人才艺的文化平台。“五四”前夕邀请南充民乐团与青年民警共飨革命歌曲的文化盛宴。依托“金韬”警官俱乐部，广泛开展篮球、羽毛球、乒乓球、摄影等警营文化活动。组建了警史馆、荣誉室，抓好编修公安史志工作。坚持以警为本，按照就高不就低原则，在政策范围内最大限度落实各项从优待警举措；局机关食堂营运实行1+2+1餐费制；多数派出所小食堂开上灶，基本实现民警午餐负费待遇；年休假制度、生病住院看望制度等得到落实。年内休假民警达80%以上，看望住院民警50余人次。协调相关部门解决40余名民警子女就近入学困难，对考入大学的民警子女进行慰问帮助。

抓宣传引领，彰显顺庆公安新形象。紧紧围绕中心工作，在各级各类报刊媒体投递稿件1000余篇，中央电视台、四川电视台等新闻媒体多次对分局案侦工作进行专题报道，新闻宣传的整体质效有所提升。官方自媒体、微信公众号粉丝达5万，综合排名连续5个月蝉联南充政法系统公众号第1名，与区教育局联合开展的顺庆首届“我是顺庆萌警，我为平安代言”最萌小警察评选活动，短短5天时间就吸引25万余名网友关注。官方微博稳居全省公安政务微博前矛，落实涉警舆情处置5+X工作机制，完善引导队伍建设，成功处置“5·3”南充一中华凤校区学生坠亡事件、“5·4”故意杀人案、“5·15”杀人碎尸案等重大涉警网络舆情。

抓战时激励，展示队伍昂扬向上的新风貌。十九大安保工作期间，分局以“三个贯彻始终”推动思想政治工作上一线。第一时间把民警的思想和行动统一到上级的决策部署上来。会同省厅心理服务小分队开展民警心理健康服务工作，对9名情绪偏差民警进行一对一的心理干预和治疗跟进，确保身心健康；为了放松身心，在战斗间隙组织举办了小型体育运动会，200余名民辅警参加了羽毛球、篮球、田径比赛；组织警务实战教官深入25个派出所、4个治安点卡，开展送教到一线活动；同时举办了功模报告会和功模座谈会，及时开展表彰工作，分局向市局申请表彰12人，其中荣记个人三等功3人，获嘉奖4人，分局表彰41名。整合内外宣传资源，精神策划“全城平安、游在四川”“国庆我在岗”“我在平安在”等主题宣传活动。精心制作的《在最黑的夜里看见了最美的光》《路在远，有我一步一步陪你“走”完》《看，他们把责任扛在肩上》《你在走他在看，眼睛一刻不停为你转》等新媒体作品，图文并茂地展现了民警的感人瞬间，受到了省厅官方微博及主流媒体、网络大V集中推送，赢得网友纷纷点赞。安保期间，共在各级媒体发稿50余篇。

【警务督导】 年内，开展各类专项督导共出动警力120余人次，发现问题45个，责令当面整改32个，约谈10人。上级交办案件核查17件，开具督察通知书2份。全年办理维权案件5起，其中妨害公务案3起，阻碍人民警察依法执行职务案2起，刑事拘留4人，行政拘留3人。

【纪检工作】 年内，分局纪委对工作中发现存在问题的14个部门负责人及民警共计19人进行了约谈，对23个部门共30人次，采取通报批评责令整改等措施。年内纪委直接受理警务投诉9件；受理办结信访80件，做到事事有着落，件件有回复。同时出台了《2017年度综合评价工作考核细则》，每月进行考核排名通报。年内处理回复市局服务监督中心不满工单1480起，督导整改省厅、市局监测发现问题321起，每季度对全局开展一次政风、行风测评，并排名通报，对辖区工作开展情况进行暗访4次，发现问题10起，逐一督促整改。年内电话测评8120人，问卷调查580人。核实处理效能办96960投诉72起、12345市局热线150起、局长信箱45起。印制宣传资料15万余份，发送短信28万余条。

【警务保障】 年内切实加强经费保障、制度建设、财务、票据、收费和罚没款管理，扎实推进装备建设、固定资产管理，民警被装按需申领发放。做到涉案财物建档保管，涉案物品保管规范、机制完善、台账齐全、出入库手续清楚。年内各类重大活动保卫任务日益增多，警务保障室在第一时间保障了装备、运兵车辆、民警用餐等需求，在第一时间为执勤民警送盒饭5000余份、饮用水1000余件、调集运兵车辆300余次。及时为新录民警和调动退休民警办理医保、住房公积金、退休金和工资业务，及时上报财政、医保部门，确保民警个人保障及时全部到位，确保无后顾之忧。同时加强了对机关公用车辆、大院各项设施的维护及日常管理工作。

【脱贫攻坚】 分局按照中省市区有关脱贫攻坚工作部署，围绕精准贫困户“一超两不愁六有四好”总体目标，年内分局投入31万余元，用于精准贫困户改善生活环境、致富技能培训、发展庭院经济，圆满完成金台、大林、李家、共兴、搬罾5个乡镇25个行政村内58户人口的脱贫攻坚年度任务。

【领导名录】

党委书记、局长：李洪长（7月止）
刘向阳（7月起）
党委副书记、政治委员：方树生
党委副书记、副局长：杨勇刚
党委委员、副局长：王　勇
赵　晋
党委委员、纪委书记：李俊伟
党委委员、政治处主任：张　强
党委委员、副局长：张　波
舒　斌
兰　耀
党委委员、机关党委书记：吴　忠

典型案例

【“5·15”杀人碎尸案】 犯罪嫌疑人缪云杰，男，23岁，身份证号码513425199404018614，户籍地：四川省会理县仓田乡仓田村2组，现住址：顺庆区师大路西华师范大学二期17公寓518寝室，大学本科，系西华师范大学政治与行政学院在校学生。2017年5月18日，缪云杰因涉嫌故意杀人罪被刑拘，5月31日缪云杰被依法执行逮捕，羁押于南充市看守所。

该案由报案人唐传礼于2017年5月15日报案，顺庆公安分局于2017年5月17日将其抓获归案。

现侦查查明：犯罪嫌疑人缪云杰于2014年通过高考进入西华师范大学。2016年10月底犯罪嫌疑人缪云杰在顺庆区和平西路认识某发廊小姐唐珊珊，两人发生关系后相互留下联系方式。而后犯罪嫌疑人缪云杰多次跟唐珊珊联系，并相约在宾馆发生性关系，自2016年11月开始唐珊珊以各种理由多次找犯罪嫌疑人缪云杰借钱，犯罪嫌疑人缪云杰因同情唐珊珊，但自身经济拮据，遂用自己的身份证在多家网络平台上借贷后，用于自身消费并分数次借款3000元给唐珊珊。

犯罪嫌疑人缪云杰因无经济来源，每月需向贷款平台还款，遂催促唐珊珊还钱，唐珊珊经多次催款后仅归还500元，犯罪嫌疑人由此对唐珊珊心生怨恨。2017年5月1日犯罪嫌疑人缪云杰因急需归还贷款，加上对唐珊珊的怨恨，遂产生将唐珊珊叫到酒店杀害的恶念。于是嫌疑人缪云杰前往顺庆区学府花园天天乐超市购买作案使用的菜刀、封口胶后，于5月3日下午通过短信联系到唐珊珊，并邀约唐珊珊当晚至顺庆区铁昌路锦宏连锁酒店8702房相会，当晚23时许，受害人唐珊珊受约前往，在8702房间同缪云杰发生了性关系。当受害人唐珊珊向缪云杰索要嫖资未果穿衣欲离去时，缪云杰将唐抱至床上，用床尾巾活活将受害人勒死，将尸体拖至宾馆卫生间，持菜刀割破死者右颈血管放血后，在楼下宜之家具超市购买大行李箱一个，然后将尸体肢解后分批运走。

犯罪嫌疑人缪云杰将肢解下来的头颅、左下肢与死者的裙子、鞋子、手提包、胸罩、宾馆的一根床尾巾一起装进一蛇皮口袋内，而后搭乘“的士”前往顺庆区师大路下车，缪云杰步行至兴源街桥边，从石板路下至西路河堤处前行一百余米。在河岸边将尸体的头颅、左下肢、手提包、鞋子丢至西河中，在河堤处将死者的裙子、胸罩、床尾巾及蛇皮口袋焚烧；随后犯罪嫌疑人缪云杰将剩余的尸块装在行李箱内，于5月4日早上6时许搭乘出租车至西华师范大学华凤校区二期一桥边，上至山坡处，将装有尸块的行李箱丢至山坡下。

犯罪嫌疑人缪云杰在处理尸体后，在网吧上网浏览贴吧时有贴子反映一名叫陈丽华的女子行骗，缪云杰立即与陈丽华联系，并表示要前往重庆将陈丽华杀害。5月6日缪云杰赶至重庆与陈丽华见面未果后潜逃至缅甸，联系当地一名叫“扎扎木”的男子准备从事人体贩毒。2017年5月17日，缪云杰在翻越国境进入中国姐告境内时，被云南省德宏州瑞丽市公安局姐告边境贸易区分局国防派出所民警当场挡获。

以上犯罪事实有报案材料、证人证言、西河体育公园河堤处监控、锦宏连锁酒店处监控，现场指认笔录及视频等证据佐证；犯罪嫌疑人缪云杰亦对犯罪事实供认不讳。

【“1·3”网络买卖枪支系列案】 2017年1月3日，顺庆公安分局刑侦民警在工作中发现区内有人利用网络贩卖枪支，分管刑侦的副局长舒斌立即调集精干警力组成专案组开展侦办工作。专案组成立当晚，在区内新生巷一出租房抓获贩卖枪支的犯罪嫌疑人杨洋（男，19岁，顺庆区渔溪乡人，有贩毒前科）、许钊沛（男，19岁，顺庆区渔溪乡人），当场缴获射钉枪改制火药枪1支，射钉弹95发，钢珠弹358颗。经突审，该两人对贩卖枪支的犯罪事实供认不讳，其所贩枪支系从淘宝网一名卖家处所获。专案民警随即对淘宝网的上家开展案侦工作。在辗转多省、市开展查证工作后，最终锁定网络贩卖枪支上家为湖北省荆州市沙市区岑河镇的陈福林（男，35岁）。7月27日，专案民警将陈福林抓获归案。陈到案后，据不交待犯罪事实，企图蒙混过关。专案民警制定了详细的审讯计划，适时抛出有力证据击穿其谣言。在强大的法律政策攻势下，犯罪嫌疑人陈福林终于放弃抗拒，交待了作为中间商在网上多次贩卖枪支及相关零部件的犯罪事实。专案民警通过对该员淘宝网关联信息梳理，共清理出制贩枪支及零部件上家线索19个、买家线索71个、交易线索135条，涉及全国23省、自治区。专案民警连线奋战10个月，辗转行程三万里，奔赴新疆、云南、贵州、广州、内蒙古、甘肃、重庆等23个省、市，成功侦破全市首起网络买卖枪支系列案件。截至年内10月18日，专案组先后抓获网络贩卖枪支犯罪嫌疑人3人，购买枪支犯罪嫌疑人2人，购买枪支零部件违法人员6人，移交外地公安机关购买枪支犯罪嫌疑人3人，缴获火药枪4支、射钉弹500发、钢珠弹1200余颗、火药枪零部件100余件、气枪零部件1套。该案已报送公安部立为部督案件发起全国集群战役攻坚打击。

目前，犯罪嫌疑人杨洋、许钊沛因涉嫌非法买卖枪支罪已被依法判刑。犯罪嫌疑人陈福林因涉嫌非法买卖枪支罪已被执行逮捕，犯罪嫌疑人杨卓（云南省红河市人）因涉嫌非法买卖枪支罪被取保候审等待起诉。犯罪嫌疑人田玉齐（甘肃省陇南市城关镇人）待枪支鉴定后作处理，其余违法人员已做相应处理。

【“6·7”非法出售、提供考试答题案】 年内5月底开始，顺庆公安分局在市局网安支队的统一部署下，抽调民警到支队组建了6人网络舆情巡查小组，采取“白加黑”24小时不间断的巡查模式，开展网上舆情巡查和突发事情处置。6月8日接公安部通报线索，有人在顺庆辖区内通过互联网，在QQ群内传播全国高考试题答案。市区两级公安机关领导十分重视，迅速抽调精干警力组成专案组开展案侦工作，当日在市局网安支队的技术支撑下对公安部下发线索进行排查，侦控定位，锁定犯罪嫌疑人所在位置。下午2时许，专案组迅速出动，在铁欣路向阳宾馆房间内将正在作案的犯罪嫌疑人刘滨（男，35岁，嘉陵区人）抓获，当场缴获作案电脑1台，手机1部。经突审，嫌疑人刘滨对自已通过网络贩卖高考答案的犯罪事实供认不讳。经对作案电脑、手机进行勘验，发现嫌疑人刘滨于6月7日在该宾馆房间内通过电脑，从QQ呢称为“卡卡全国1”“KAKA—卷”和“明天”等人处分别获得国1和国2高考考试答案后，通过自己建立的QQ群向QQ呢称为“陪你看星星” “彩虹猪”“winngr”“小桌桌”“一切稳定”等人员提供作弊答案，并获利6600元。

专案组兵分4路，分别赶赴辽宁、山西、山东、广西等地，对案件相关嫌疑人开展全力抓捕。6月15日晚，专案组在山西省介休市七中将犯罪嫌疑人郭盛（男，28岁，山西省榆杜县人）抓获。经查嫌疑人郭盛在高考期间，伙同游某、王某等人通过QQ从嫌疑人刘滨处购买高考答案，并通过作弊设备传送给考场内王某的亲戚帮助其作弊获得高分。6月20日凌晨，专案组在辽宁省盘锦市一洗浴中心将犯罪嫌疑人李长胜（满族，男，29岁，辽宁省大洼县人）抓获。经查嫌疑人李长胜于高考期间通过QQ即时聊天工具在互联网贩卖，提供2016年度普通高考考试答案。

目前，犯罪嫌疑人刘滨、郭盛、李长胜已被依法刑拘。

司法行政

【概述】 2017年，全区司法行政工作紧紧围绕中心工作，认真履行法治宣传、法律保障、法律服务等职能职责，为建设“成渝第二城核心功能区”、服务“155”发展战略提供了优质高效的法律服务和法治保障。

【普法依法治理】 召开“六五”普法总结暨“七五”普法启动会议，制定下发了“七五”普法规划；建立法治宣传短信平台，在全区范围内推送法治宣传教育短信26期；组织拍摄了法治微电影《界线》，在公路沿线设置法治宣传广告、标语、漫画墙、指示牌100余处；成立区“七五”普法讲师团，深入全区302个村（社区）进行巡回授课、宣讲；在中小学学校开展了新学期“法治教育第一讲”为主题的法律知识宣讲活动；建立了10所村民（居民）法治示范学校，并逐步在全区所有乡镇、街道挂牌；抽派政法干警、法律工作者、法治指导员等100余人组成法治扶贫小分队，到贫困村开展“一对一”“面对面”法治宣讲和解疑释惑。全年，共开展“1＋10”法治宣传、“进村入社”系列宣讲和法治扶贫等活动50余场次，受教育群众达40000余人。

【人民调解】 全力推进矛盾纠纷多元化解。积极建立公调对接、诉调对接机制，在全区25个派出所和区人民法院设立调解室，参与治安案件和诉前调解。全年参与调处治安案件100余件，参与诉前调解和接受委托调解案件600余件；引进律师作为第三方力量，参与矛盾纠纷化解及涉法涉诉和信访案件的代理；在新建街道试点推广人民调解群众代表评议制度，被列为省级优秀创新项目，市委政法委单木真书记批示在全市推广。加强人民调解法治文化建设，积极推进人民调解信息化建设。全年全区各级调解组织共排查调解矛盾纠纷1619件，调解成功1607件，调解成功率99%，涉案金额1763万元，涉及人数2967人。

【安置帮教】 运用网格化管理平台，完善安置帮教工作管控机制，加强监狱与司法所、家庭、单位、社区的有效衔接，防止重新犯罪。依托顺庆区华标家私厂、顺庆区环卫处等企业和单位建立了过渡性安置和技能培训基地，做到“因人施教，安置到位”。2017年，全区共接收刑满释放人员187人，重点帮教对象接送率100%；安置刑满释放和解除社区矫正人员203人，安置率94%；对刑满释放人员进行就业培训247人次，进行心理疏导52人次，累计帮教率达到98%。

【社区矫正】 建成办公面积400余平方米的多功能社区矫正中心，设宣告室、心理测评室、沙盘治疗室等14个功能室。向社会购买心理矫正服务，全年开展团体心理辅导14场，受益社区矫正人员800余人次；编制并发放了学习教材，制作了社区矫正人员教育培训课表，全年对547名社区矫正人开展了19场次集中教育培训；对12名社区矫正人员进行了困难帮扶，共发放帮扶资金23300元；对全区279名社区矫正人员进行GPS电子腕表实时定位管理，定位率达到80%，定期对腕表的佩戴和运行情况进行抽查，杜绝了脱管、漏管情况的发生。

【法律援助】 2017年建成搬罾、金台、荆溪、西山、潆溪5个规范化法律援助工作站，全区共设立346个法律援助工作站和联系点，构建了覆盖城乡的法律援助网络；坚持降低援助门槛，推行法律援助“点援制”和法律援助受理窗口前移等便民惠民措施，会同区人社局成立援助中心驻劳动人事仲裁点，会同区法院在法院立案庭设立援助点，会同公安部门在各派出所设立调解点，会同民政部门在婚姻登记处设援助点，有力地延伸了法律援助的触角；向辖区内建档立卡贫困户及其他困难人群免费发放法律援助联系卡片6000余份；全年共受理法律援助案件419件，解答法律咨询2474人次，提供法律援助3190人次。

【公证工作】 积极配合区委、区政府及有关职能部门，主动介入市区党委、政府重点中心工作，全力为重大项目、重点工程和民生工程顺利推进严把法律关。2017年，顺庆公证处为渔溪乡凤庄新村、舞凤街道办事处五里新城和任家沟（四海新城、仁和新城）、潆华工业园区、伍家坡等3500余安置户共3790余套安置房办理了拆迁还房现场公证服务；为人民北路下穿隧道、清泉坝400多户危房拆除、搬罾镇20多家砂石场拆除、中央环保督查期间舞凤屠宰场拆除等重点项目进行了现场证据保全。全年共办理现场监督公证21件次，为行动不便、无法亲自到公证处申请办公证的老弱病残、监狱服刑人员等特殊人群提供上门服务，办理各类公证援助案件230件次，为经济困难人员减免公证费33元。2017年，共办理各类公证事项4578件。

【法律服务】 狠抓公证质量和法律服务质量建设，加强对法律服务的监管和执业培训，严把法律服务人员入口关，建立了法律服务机构、人员诚信档案，签订了诚信执业承诺书，建立健全了投诉查处工作机制，规范了法律服务市场。引进律师作为第三方力量参与矛盾纠纷化解和涉法涉诉信访案件的代理，全年参与区级领导大接访12次，参加信访局组织的纠纷调解10件；全面推行法律顾问和“一村一社区一名法治指导员”制度。指派区属四川罡兴律师事务所担任凤山乡9个村委会的法律顾问，开展普法宣传、法治讲座10余次；积极指派律师参与“处非”法律援助工作，先后指派律师事务所对22家理财公司2万余出借人提供法律援助事务，累计涉及金额25亿元。全年全区律师共代理各类案件673件，其中代理诉讼类法律事务459件，非诉讼法律事务156件，办理刑事法律援助案件58件，解答法律咨询2388人次，担任法律顾问66家。

【队伍建设】 严格落实党组中心学习组、“三会一课”“学习交流等学习制度；建立干部学习考勤制度，完善监督检查机制；建立干部集中学习制度，邀请专家学者、行业能手作专题讲座或辅导报告；以“文化建设与内涵发展”为主题，开展文学鉴赏等系列活动，邀请区文联主席张筠、五中副校长张涛等文人学者开展专题讲座；按照省、市、区委政法委的安排部署，深入开展“四对照四提升　做人民忠诚卫士”“忠诚型、为民型、担当型、公正型、廉洁型”五型司法行政机关、“三提升”工程等主题教育活动；深入开展“推动司法行政十件大事”及先进人物评选活动，充分发挥先进典型示范带动作用。进一步加强对外宣传，加大与报刊杂志、新闻网络等媒体的沟通力度，及时报送新闻稿件，报道典型案例，全年刊发各类信息200余篇。

【信息化建设】 按照省司法厅打造“智慧司法”的要求精神，依托电子政务外网接入全省司法行政工作平台及公共法律服务平台。将社区矫正信息采集、人民调解案件录入、法律援助案件录入等司法行政业务工作及人员考勤、请销假等内容，全部整合到工作平台上，实现全部非涉密公文网上运行、干部考勤网上签到、业务信息网上录入。全年通过司法行政工作平台及公共法律服务平台录入信息3000余条，运转公文1000余份，实现了资源高效配置及共享。

【领导名录】

局　长：王定华

副局长：唐富兵

　　　　邓　敏

　　　　曹向阳

纪检组长：王荣光

（刘　静）

经 济

SHUNQINGNIANJIAN

经济和科技

【单位搬迁】　单位由川北大厦11楼搬迁至川北大厦9楼、10楼。

【新增职能】　南充市顺庆区经济和科学技术局为南充市顺庆区盐业主管部门，承担原南充市顺庆区盐政市场稽查所的盐业行业管理职能。新增盐业股，负责实施全区盐业行业管理工作，承担食盐专营管理工作，组织编制盐业发展规划，制定、组织实施产业政策；负责辖区内盐业行业管理与食盐专营管理工作。

【经济运行】　实现规模以上工业增加值同比增长10%，位列全市第五；完成销售收入495.4亿元，同比增长15.6%；工业投资34亿元，同比增长47.2%；技改投资15.2亿元，同比增长11.4%；工业增值税1.68亿元，同比增长17.2%；完成工业用电量同比增长8.65%；新增驭云航空、铭鑫设备等规上企业7户；人民币存贷款余额481亿元，贷款余额266亿元，排位均居全市第一。全区经济工作获市局4个专项第一。

【项目建设】　鑫达项目一期70条生产线全部投入生产，实现利税9000万元，产值43亿元，同比增长19%。项目二期完成投资16.5亿元，完成了地质勘察编制和基总平面布置图、施工图设计。中国重汽集团南充汽车零部件生产基地建设项目完成投资3.5亿元，并于12月底提前6个月完成厂房主体建设。新建通用航空产业园，引入驭云航空等企业入驻。成功签约四川和泰光纤有限公司，建设占地150亩的光纤、光棒及光电器件生产项目，2017年项目已开工。浪潮集团云计算中心完成部分设备安装，双路市电和机房机柜安装到位，消防验收合格。南充甲骨文信息产业创新创业基地和南充大数据创新创业产业园均已落户绿地智慧城。

【项目资金】　完成资金争引12200.74万元，其中含鑫达二期项目配套基础设施建设地方政府债券资金10000万元，实际发展专项资金1707.5万元，科技类专项资金493.24万元。

【科技工作】　全区已建成双创中心加速园、南充高新孵化园、欧香智慧小镇等科技型企业孵化基地，形成了“孵化器+加速器+产业园”的创新创业链条，启动了欧香智慧小镇建设，引入裸眼3D、暴风VR、中匠科技等企业入驻。科技型创新企业迅猛发展，累计投入创新创业类资金6000余万元，支持800余人自主创业。高新技术产业总值72亿元，培育科技型中小微企业102户，专利申请量373件，其中发明专利120件。鑫达集团的四川省高分子复合材料产业技术研究院通过省级认定，规上企业驭云航空和工塑分别被认定为国家高新技术企业。顺庆区通过了国家知识产权局的验收，顺庆成为国家知识产权强县工程试点示范县（区）。泰鑫实业有限公司获批国家驰名商标（泰鑫·玛柯）。

【信息化工作】 信息基础设施建设加快推进，全区231个行政村已全部通光纤，最高带宽可达100M。通信扶贫工作稳步开展，新增1个行政村通宽带，全面完成2017年度16个计划脱贫村通信建设任务。电子信息企业发展迅猛，已有德尔博睿、紫牛电子2户企业获高新技术企业，其中德尔博睿公司2017年产值超3000万元。

【金融工作】 组织开展预防和打击非法集资、经济犯罪等宣传，引导群众远离非法集资，切实提高群众的金融安全意识。协调有关部门做好互联网金融、校园贷、非法集资专项排查和整顿、对驻区的融资担保公司、小额贷款公司进行摸底调查。浙江坤益资产与顺投集团联合成立顺庆区首个政府类产业基金项目，基金规模10亿，有效解决区属企业融资难问题。老虎云网络科技公司在成都（川藏）股权交易中心挂牌。

【安全工作】 狠抓安全生产责任制的落实，强化企业的主体责任，与各企业签订了安全生产目标责任书；大力开展安全生产系列活动，坚持做到“三个一”，即：1个月一次重点会；1季度召开一次安全生产会议；1年一个总结会。开展了“安全生产月”“安全生产顺庆行”以及平安顺庆“夏季会战”等工作活动。着力抓安全生产检查和隐患整治，对中国重汽（氰化钠）等涉及危化的企业、川磊电子等人员密集场所、日上金属等对涉及特种设备的企业和加油站开展检查200余厂次，发现安全隐患30余处，全部督促整改到位。全年没有重大安全事故发生。

【脱贫攻坚工作】 开展行业专项扶贫工作，开展了信息通信、工业、科技、金融4个专项扶贫工作方案并认真实施。完成了新复乡七坪寨、同仁乡四方寨脱贫奔康产业园的通信和电力保障工作。组织中国重汽海乐机械有限公司、四川鑫达企业集团等5户龙头企业对口帮扶今年的5个省级贫困村，解决了80多名贫困人员就业问题。实施“科技三下乡”项目，为贫困户脱贫致富提供技术保障。实施金融扶贫，为13395位建档立卡贫困户发放贷款2.75亿元，覆盖率101%；产业精准扶贫贷款3.7亿元，项目精准扶贫贷款9.76亿元，增长16.4%，所涉金融精准扶贫贷款均运行良好，未发生不良贷款。认真开展“五个一”的帮扶工作，指导制定了临江寺村帮扶计划，规划发展中药材及籽莲种植产业，为临江寺村拨付帮扶资金4万元，通过走访座谈、送温暖、讲党课、吃坝坝宴等，提升群众满意度。

【环保工作】 深入推进“环保进企业”，采取印发环保宣传资料、赠送书籍、举办讲座等方式加大环保等法律宣传力度，增强企业环保的法律意识。开展小散乱污企业整治，出台《关于开展取缔“十五小”“新六小”企业的实施方案》和《关于取缔无证加工小作坊专项整治工作实施方案》等一系列文件，全区已取缔小散乱污企业10家，整治116家。推动燃煤锅炉整治，已改清洁能源28台，煤改气3台，煤改电2台，拆除112台，（其中拆除报废90台，去功能化拆除22台）。办理锦泰绢纺、舞凤110变电站等中环督办案件13件。大力开展河长制工作，迅速推进潆溪河的整治。关闭拆除潆溪河两岸养殖场共计120家。严格排污口的管理，建立排污口信息台账，积极开展整治工作。扎实开展清理河道，建立日常保洁制度，常态化保洁河道及两岸卫生，实施农村生活垃圾治理，目前初步形成“户分类、村收集、乡镇（街道）转运”的农村生活垃圾处置机制。

【领导名录】

党组书记、局长：孙　鹏

党组成员、机关党委书记：席文波

党组成员、副局长：曹　林

张　宇

党组成员、纪检组长：杨泳淑（女）

（张　莉）

工业集中区管理委员会

【概况】 2017年，高新区实现工业销售收入225亿元，增幅11.94%；实现税金2.63亿元，增长4.78%；主导产业实现销售收入142亿元，占比提高12.9%；全年累计完成政府投资5.94亿元，增幅21.38%；吸纳外来投资13亿元，增幅11.58%；全社会固定投资41.95亿元，同比增长16.5%；企业投入研发和实验经费6.19亿元，占比3.01%。园区呈现基础配套完善、高新高端集聚、创新创业活跃的良好态势。

【园区建设】 2017年，园区积极构筑宜居宜业新中心，持续提升城市功能和服务形象，承载能力不断增强。C、I、P、R及鑫达周边3公里支线道路建成通车，修建防洪渠2公里，市政排污管1.5公里；打包采用PPP模式，启动潆华片区道路管网、排洪渠、火车北站站前广场、212国道改线、隧道、学校、城市公园等基础和配套设施项目建设；启动园区以北道路及场平工程，新增工业用地500亩，供地保障、闲置用地收储等土地管理工作进一步加强。功能形象不断提升。潆华大道景观绿化提档升级工程全部完成，卫生服务中心项目封顶，绿地二期、鸿通春天、欧香小镇、博雅豪庭、等商住项目全部建成移交，绿地大厦4号楼建成运营，金色广场、仁和春天商贸中心内外装修基本完成，计划2018年开业，园区人气商气加速集聚。生态环境不断优化。园区雨污分流，二期干道边坡绿化工程竣工，园区环境重点整治任务完成，企业有机废气减排、城市扬尘治理等工作扎实开展，城市纯电动公交车开通，园区宜居宜业环境持续提升。

【科技创新】 2017年，园区紧紧围绕创建国、省高新技术产业园区工作目标，大力推动"大众创业，万众创新"。创新氛围日趋浓厚。《国家开发区审核公告目录》的申报已报送至国务院审批，重新上报了省高新区申报材料，预计2018年初完成创建工作，南充高新孵化园被认定为省级孵化器，南充清华同方电商产业园入驻智慧城，亿元产业基金项目成功设立。园区创新创业孵化中心、双创加速器，开展创新创业活动，全年吸纳孵化企业36个。创新资源加快集聚。鑫达国家级企业技术中心、鑫达院士工作站、鑫达博士工作站和新材料产业研究院等项目开工建设，西南石油国家大学科技园正加快推进；全年新增公共服务平台项目11个，新增企业技术中心1个，引进各类科技创新人才13人。创新成果不断涌现。园区顺利通过复查，成为四川省知识产权试点园区，新增专利申请166件，企业发明专利授权量增长46%，新增国家高新技术企业1家，5家企业成为高新技术企业计划入库企业，全年完成科技投资约1.73亿元。

【特色产业】 园区始终以高端产业和产业高端为主攻方向，突出发展装备制造、新材料、电子信息三大新兴产业集群。高科项目大力引进。园区坚持围绕主导产业招大引强，新招引功能母料、暴风科技、和泰光纤、裸眼3D、机器人等7户企业入园，新增上市公司1个。项目建设全面提速。园区坚持“保姆”服务，全程跟踪保障要素，成立项目“督察组”，严格“挂图作战”，倒排工期促进度。暴风科技、裸眼3D、新叶科技、智能机器人等4户建成投产；鑫达二期项目厂房建设即将开工，项目研发楼主体施工完成、装饰装修工程基本竣工，设备采购完成投资8.3亿元，部分研发设备已到位安装。中国重汽集团南充汽车零部件项目已完成全部厂房修建和办公楼主体工程，其中4#厂房设备安装和调试。新兴产业加快成长。目前，园区拥有中国重汽、四川泰鑫、四川鑫达、四川天喜、四川人本轴承等高新技术企业12户，占全区高新技术企业数量的92.3%。2017年，园区高新技术产业实现销售收入133亿元，占园区工业总产值的51.3%，近三年年均增速超过18%。

【安全环保】 园区完善健全了安全生产工作党政同责、一岗双责的管理制度，与园区内各企业签订了年度安全目标责任书，每月定期召开安全生产工作会议和安全知识培训，定期开展安全生产大检查和专项行动，并组织企业开展2017年安全生产应急演练，全年无安全责任事故和恶性群体事件发生。园区高度重视环保工作，积极协助环保部门开展环境保护工作。定期研究部署环保工作，定期清理园区雨污管网，积极开展环保检查督促，及时处理环境信访投诉案件等，顺利完成国家环保督察迎检工作。

【社会事务】 民生工程加快推进。经过充分准备，6月，园区启动二期还房回迁工作，2000多户居民顺利还房，部分还房户已启动装修工作。全年续缴村民居民医保资金1.8万元，发放4690人月供生活费共计1219万元。公共服务功能提升。政务中心前移园区绿地大厦，企业办事不出园，服务功能和形象迅速提升；园区卫生服务中心项目主体竣工，康养项目有序推进，南充北站九年一贯制学校开工建设；气象公园设施不断完善，体育运动场馆基本建成。社会治理不断完善。坚持依法治园，利用会议、培训、宣传栏、悬挂标语、微信等形式大力开展普法宣传活动，全体干部职工群众受到了不同程度的法治教育。积极协调相关部门开展重点领域专项整治行动4次，建立并完善信访维稳和矛盾调处工作机制，全年妥善处理华塑公司破产、欧香小镇和龙吟华府业主上访、拆迁安置等矛盾纠纷30余起，维护了园区的和谐稳定。

【党的建设】 2017年园区成立了党工委，配备了专职副书记，着力抓好党建工作，贯彻落实党要管党、从严治党的要求。强化学习教育。认真组织学习两准则四条例等党内法规，组织观看《将改革进行到底》《永远在路上》和《打铁还需自身硬》《榜样》等纪录片。组织开好民主生活会，开展批评和自我批评。工委班子坚持做好表率，带头讲好专题党课。园区党员、干部的政治思想素质水平和法纪意识不断提高，从思想上筑起拒腐防变的坚固防线。强化制度跟进。进一步建立健全各项规章制度，坚持以制度管人管事，规范权力运行。制订完善学习制度、考勤制度、会议制度、财务工作纪律制度、公务接待制度、车辆管理制度等多项制度；减少会议，清理规范文件，禁止一切形式的公费外出参观旅游，营造风清气顺工作环境和工作氛围。落实党风廉政。园区严格落实党风廉政建设党工委主体责任和纪检监督责任，严明政治纪律和政治规矩，规范并完善了工程项目建设相关制度。完善监督机制，持续开展“清风行动”专项治理、作风效能建设、交心谈心等活动，保证党风廉政建设工作落实到实处。

【脱贫攻坚】 今年园区累计投入扶贫资金13余万元，用于猫儿溪村贫困户住房“三建五改”、村基础设施建设和产业扶持，并协助村两委做好贫困户的政策保障和大病医疗救助等工作，为贫困户唐亨常身患系统性红斑狼疮疾病的孙女唐茜捐款5000余元，同时积极开展重大节日慰问等系列活动。2017年，猫儿溪村14户贫困户均实现政策保底，居住环境彻底改善，家庭收入稳定增长，顺利脱贫。

【领导名录】

党工委书记、主任：弋晓林

党工委副书记：郑绍菊

党工委成员、副主任：庞家红

党工委成员、纪检组长：何　薇

（李之虎）

城建和环保

城市建设和规划

城市建设

【概况】　顺庆区城乡规划建设局内部机构设置办公室、政工股、建管股、城建股、村镇股、行政审批股6个股室，下辖城镇建设管理大队、建筑安全质量监督管理站、住房保障中心、房屋征收办公室、园林管理中心、顺庆区建筑设计室6个事业单位。全局共有干部职工52人，其中，公务员18人，事业人员34人。

【城市基础设施建设】　2017年，顺庆区紧紧围绕“南充新未来、成渝第二城”的宏伟目标，全力实施城建项目“大会战”，全年共实施城建项目72个，总投资350亿元，其中，重大城建项目17个，总投资188.4亿元。滨江大道、西华路、玉带路城市主干道改造和高铁商务区配套基础设施建设、城市夜景光亮工程等一批大体量、高质量的城建项目全面铺开、有序实施，通过综合改造，城市形象大变样，城市品位大提升。

高铁商务区配套基础设施建设项目。项目位于潆华工业集中区，计划总投资18亿元，规划总用地面积3000亩，主要包括火车北站站前广场和地下空间开发、片区路网、排洪渠、火车北站学校、气象公园、高铁公园、212国道改线工程等9个类别23个子项。项目建成后，将极大提升高铁商务区承载能力、服务功能和形象品质，建成集创智产业、高端商务、休闲娱乐、国际社区等功能为一体的现代化产业新城，成为南充的新地标、城市的新门户、对外开放的新名片。

顺庆区滨江大道综合改造工程。项目总投资14亿元，主要对环都大道路口至桓子河大桥长约8.8公里的道路进行综合改造，改造内容包括：路面改造、沿线景观提升和立面风貌整治、强弱电迁改、给排水管网建设等。

顺庆区西华路综合改造工程。项目总投资5亿元，主要对广南高速南充北出入口至金鱼岭路口长约5公里的道路进行综合改造。改造内容包括：路面改造、沿线绿化景观提升、综合管网建设、南充北高速出入口区域综合改造提升，以及西华师大校门、下穿通道、旱喷广场等建设。

顺庆区玉带路综合改造工程。项目总投资5亿元，主要对白土坝路口至桓子河大桥5.92公里的道路进行综合改造，改造内容包括：路面改造、沿线绿化景观提升、截污干管建设、高压线下地埋设、西河大桥等桥体美化、沿线建筑风貌整治和停车场修建等。

顺庆区城市光亮工程。项目全程13.8公里，安装灯具15万余套，主要分为清泉寺、泰合中心、人民广场和上中坝大桥至下中坝大桥四大区域。其中，以泰合中心区域十二栋楼为核心的动态区，将通过楼栋整体灯光联动，动画展现南充特有的文化特色和人文风情，主要有水墨长卷、实景长卷、巴蜀文明、风水文化、南充八景、历史名人和未来发展等内容；其余建筑为静态灯光，突出“宁静、雅致”理念，注重勾勒建筑原有特点。实现动静结合，明暗交替，主次分明，展现出强烈的时代气息和庄重和谐的城市夜景效果。

集镇规划、建设

【概况】 规建局具体承担区城市规划委员会的工作。2017年，区专委会共计召开6次，审查项目29个，区规委会共计召开5次，审定了包括滨江大道改造设计方案、玉带路改造设计方案、双女石公园规划设计方案等21个重大建设项目前期规划及选址方案。协助市局先后完成了南充嘉陵江流域保护开发规划、南充市城市总体规划2020审视及2030修编、南充市城市近期建设规划、南充市顺庆中心区更新改造规划等多个重要规划的编制。完成了芦溪粮食储备库选址，搬罾、芦溪、李家、共兴等场镇污水处理厂选址及调规工作以及搬罾工业区调规及南充本土特色名小吃—川北凉粉工业园区的用地选址。协助区交通局完成了新潆仪线、顺蓬线等重要交通线路走向的选线工作。

【搬罾镇建设】 搬罾镇2013年5月被列为四川省首批“百镇建设行动”试点镇，该项目实施以来，共投入资金1000余万元，油化街面道路3.8公里，硬化人行道11600平方米，铺设下水管网1474米，安装路灯50盏，设置果皮箱40个，新建卫生院1所，新建农贸市场1个，栽植行道树1000余棵，建花池100个，改造客运码头1200平方米，建成青山湖污水处理厂1座。该镇紧紧围绕建设生态乡村旅游镇这个中心，着力建设生态乡村旅游示范区、提档升级国家现代农业园、老观庙和宠家寨片区金桔、杨梅、脆冠梨、台湾红心柚生产基地、延寿寺片区中药村生产基地、杨世坝、青山坝、小河坝片区柠檬、猕猴桃生产基地和搬罾溪片区农副产品加工转化基地，通过政策带动和土地流转，引进农业龙头企业7个，建成现代农业产业园12个，面积6000余亩，种植蔬菜总面积1.8万亩，年产值3.5亿元。利用独特的田园景观、丰富的自然资源，以打造乡村旅游和观光农业为主线，在青山湖新农村综合体周边建成了观光采摘体验园和具有普罗旺斯风情的薰衣草种植园。

【共兴镇建设】 共兴镇2015年被纳入全省第三批“百镇建设行动”试点镇，省下达项目资金500万元。项目实施以来，该镇不断做大做强特色优势产业，全镇农作物播面10934亩，粮食总产量年均达975吨，引进农业新型综合体45家，流转土地0.42亩，发展现代种植产业0.15万亩，建成畜牧养殖园区11个。基础设施方面，新改扩建乡、村、社道路累计51.5公里，全部实现村村通水泥路，完成45个社10.5公里，建设农村安全饮水工程管网15公里，小型集中供水站24个，新建维修塘、库、堰80余处，新增灌面800亩，改善灌面1600亩，整治中低田土740亩，建成各类沼气池325口，完成小流域治理360亩。科教文卫方面，全镇适龄儿童入学率达100%，全镇15个村均建有农家书屋、科技阅览室和村组两级文化活动场地，建成15个村级服务站，配备医护人员18人。

城镇民生工程

【概况】 2017年，顺庆区棚户区改造171户，其中，西山兵马堂96户、纺机厂75户，其余续建棚改项目有序推进。府荆路公租房一期500套主体工程全部完成；府荆路公租房二期项目700套正在加紧建设中。

【房屋征收】 2017年新实施项目有：和平路冉家沟棚户区、延安路米粉厂宿舍棚户区、舞凤山纺机厂宿舍棚户区、潆溪张家坝城中村改造。续建项目有：舞凤燕儿窝棚户区、舞凤清泉坝棚户区、西山兵马堂棚户区改造。新实施和续建项目共涉及居民2635户，房屋面积约36万平方米，截止10月底已签订协议1800余户，房屋面积约25万平方米。2017年下半年新增启动科苑街制药三厂宿舍等10个棚户区改造项目，涉及居民881户，房屋面积53399平方米，总投资47897万元，全部实施货币补偿，截止10月底已完成新增棚改项目的调查摸底等前期准备工作。

【保障性安居工程】 府荆路公租房一期500套主体工程全部完成；府荆路公租房二期项目700套，5号楼主体完工，4号楼已建至17层，3号楼已建至12层。

农村危房改造

【农村危房现状】 顺庆区共对23个乡镇2万余处危旧住房进行了核查、调整、锁定和剔除，将其中的15339户纳入统计对象，其中：五保户413户、低保户1908户、贫困残疾户465户、其他贫困户12107户，并及时建好了相关纸质档案资料，数据信息录入100%。

【危房改造】 2016年农村危房改造三批任务共计2029户已经全部竣工。2017年预下达第一批任务152户精准扶贫户D级危房完工100%。9月市上又下达农村危房改造目标任务1253户（含第一批任务），其中C级205户，D级428户，其余三类620户，省上拨付资金1763.2万元。目前，152户精准贫困户已组织竣工验收。2017年，顺庆区将农村危旧房改造按照目标任务及时落实到有关乡镇和涉农街道办事处，并深入乡镇、街道对报送的情况进行了核查，及时了解基本情况，坚持一线核查进度，查看分配建设情况，按照要求及时报送入库农村危旧房资料。主动开展2018年农村危房建设需求摸底工作。根据全区的实际，拟定细化相关办法，制作申请、评议、公示等申报表册，在财政资金紧张的情况，对建设资金优先保障。对农村危房及时摸底，大力给予技术支持，设计了5种户型的危房改造《施工图》，同时，提供技术指导，加强安全和质量监管。

【危改扶贫】 自扶贫工作开展后，局领导多次深入凤山乡三百梯村、老鹰寺村开展扶贫帮扶工作，重点研究寻求如何走产业发展道路、如何结合农村危房改造政策改善人居环境、如何激发群众自发参与，通过以每个村找准一至二项产业为支助，以改善现有居住条件为动力，以区、乡、村三级扶贫干部的帮扶为促进，激发和带动外出人员回乡创业，逐步改变农户无劳动力、无资金、无技术的现状，达到定期脱贫的目的。

城乡环境综合治理

【建筑工地、拆迁工地的现场管理】 要求所有建筑施工工地严格按照安全文明施工规范对施工现场采取“一硬四有”“湿法作业”等必须举措，经现场检查符合上述条件的方可发出

《建筑渣土运输处置许可证》并签订《安全文明施工协议》，区规建局会同顺庆区城管执法分局共同建设了施工工地监控管理系统，结合区政府对在建工地的施工管理措施进行管控，从而更有效的对建筑工地的渣土运输和现场施工秩序进行管理。并不定期会同城管、交警到现场检查道路污染情况，以确保道路的清洁。2017 年，共会同城管、交警到现场检查道路污染、扬尘污染情况 70 余次。

【清理整顿城乡违法违规建设】 全年出动执法力量600余人次，对全区所属街道、乡镇的违规建设情况进行了拉网式排查，制止违法建设100余起，参与强制拆除等执法活动3起，立案调查行政处罚2起，共处罚金约2万余元。其中配合顺庆城管执法分局对欧香小镇小区业主擅自搭建进行强制拆除，拆除面积达600平方米。对潆溪钰祥公司等3个单位违法违规建设的情况进行立案调查处理，取得了良好的效果，有效地扼制了违规建设的不良风气，为规范建设秩序奠定了坚实的基础。

【严格城区相关职能手续审批】 对需要办理相关手续的申请单位或个人，严格审查相关前置审批条件并及时与行政审批股进行业务对接，耐心解释相关法规条款。在手续办理后，严格履行管理职责，勤到现场检查，发现问题及时处理，保证施工现场的有序和快速恢复。全年共审批《挖掘城市道路许可证》10余份、《临时占用规划批准范围以外场地许可证》5份、《装修占道许可证》40余份。

脱贫攻坚

【扶贫机构】 成立了以局党组书记杨蓿同志为组长，分管副局长彭莉同志为副组长，其他党组成员及局中层干部为成员的扶贫工作领导小组，领导小组下设办公室于政工股，具体负责日常工作；明确工作职责和任务分工，落实专项工作经费，做到了机构、人员、经费、责任“四个到位”，为顺利开展精准扶贫工作提供了坚强的组织保障；协助凤山乡三百梯村、老鹰寺村制定了扶贫工作规划、年度计划及精准扶贫对象的帮扶措施；建立了党员干部“一对一”建档立卡定点帮扶制度，明确了每位党员干部帮扶对象和目标责任；局下派一名同志担任凤山乡三百梯村驻村工作组组员，协助村组织抓好整村扶贫推进工作。

【调查、宣传】 抓好党建促脱贫。充分发挥基层党组织在脱贫攻坚中的战斗堡垒作用：利用开展“上党课、感党恩，机关与基层干部结队行”的机会，局党组书记杨蓿同张益萍副区长到三百梯村上党课，并同驻村工作组组长李昭君共同指导帮扶村夯实党建工作基础。流动党员制度化管理，村级工作机制运行，深化“四议两公开一监督”工作办法，落实“三会一课”，党务村务公开等方面都取得了积极进展。宣传动员：为确保扶贫工作有序开展，局领导班子多次到三百梯村和老鹰寺村组织召开精准扶贫对象座谈会，向老百姓宣讲党和国家的扶贫政策、党风廉政建设社会评价工作、平安建设工作，引导全体村民齐心谋划，共同努力，打好扶贫攻坚战。深入实地调查研究：为进一步掌握贫困户的真实情况，局党组全体成员带领党员干部多次深入两个联系村实地调研，分别就全村人口结构、基础设施、农业产业发展、村民生产生活等情况进行了实地查看和详细分析，党员干部认真落实一对一结对帮扶，对自己结对帮扶对象进行了走访和交谈，对他们的家庭情况、人口状况、生产生活及致贫原因进行沟通了解。结合两学一做，做好党员示范活动：为深入开展两学一做作表率，扶贫帮困进农家活动，全局结对帮扶干部到凤山乡三百梯村、老鹰寺村开展党员示范系列活动，上党课、重温入党誓词；召开坝坝会、座谈会，宣传扶贫政策；开展“摆顺扫干净”活动；开展干农活、吃农家饭，增农家情活动；慰问精准扶贫户。

【扶贫措施】 大力支持产业园建设。扶持三百梯村建立玫瑰产业园建设，使用单位自有资金10万元用于三百梯村玫瑰产业园道路建设200米及三建五改，并引导农户签订种养协议，形成公司加农户的种养销模式。大力改善农村居住环境。围绕塑造农村新面貌、结合新村建设，改善农村居住环境，2017年我区危房改造目标任务1253户，其中精准扶贫户C级205户，D级428户，其他三类对象620户。帮扶贫困村三百梯村风貌整治84户，建成农村廉租房3套，三建五改18户，D级危房改造1户。完善水利设施建设。2016年资金支持60万元帮助三百梯村完成安全饮水工程，推进安装全村自来水到户，户均管线60米，总长度为19800米，解决全村330户1079人安全饮水问题。根据三百梯村实际情况，由凤山乡按工程建设程序组织实施，所用资金据实解决，资金到账20万元，2017年已由水务局接通主管道，完成安全饮水工程。加大了贫困户个人帮扶力度，2017年局干部全年下乡帮扶三十余次，并在春节、端午、中秋等送去米、面、油、种子、学习用品、肥料、棉絮、烤火炉等物资及现金，共计5万余元，既拉近了干群关系，又为贫困百姓送去了温暖，得到老百姓的一致认可。继续以杨友贵爱心延续资金为平台，积极争取社会爱心援助，今年使用爱心延续资金1.94万元帮扶21名困难大学生。开展“国家扶贫日”爱心募捐和“温情冬季　爱心捐衣”系列活动，共募集资金1750元，利用去年和今年募捐款购买棉絮及床上用品一百余件，干部职工捐献衣物一百余件，切实解决贫困户实际生活困难。

房产建筑

【建筑市场管理】 规范办事程序，全年依法办理了15个施工许可证，建筑面积39.9万平方米，16个项目实行了质量安全监督、监理受监。

【质量管理】 加强对全区16个质量受监工程的监督管理工作，采取抽查、专项检查和综合巡查相结合的方式，签发暂停整改通知书18份。

【安全生产】 以《安全生产法》《安全生产管理条例》为依据，加大建筑市场安全生产管理力度，与区属25家建筑施工、燃气经营企业签订安全生产目标责任书，积极开展“安全生产月”“创建文明工地”和“安全生产专项督查”等专项活动。以良好的成绩通过了国务院安全生产大检查。2017年顺庆区未发生三级及以上工程重大安全事改，得到了上级部门的肯定和认可。

【专业培训】 分别举办了消防知识安全培训、脚手架安全知识培训、农村建设工匠技能培训，由质安站专家对全区建筑从业人员进行相应知识培训，取得了良好的效果。

【建筑节能】 区规建局建管股下设节能办公室负责全区建筑节能施工的监督、管理。建筑节能施工是建筑节能工作的落脚点，是建筑节能工作的关键环节，在工程项目办理施工许可证前，严格查验其建筑节能审查是否过关，是否达标，建筑节能审查合格的项目方可办理施工图审查备案和施工许可证。在施工过程中严格按照设计图纸和施工规范进行施工监督，切实把好材料准入关、产品检验关、质量验收关，把全区建筑节能施工的各项工作落到实处。

【房地产开发】 2017年完成了2家房地产公司资质申报、6家建筑公司资质到期换证等工作。坚决杜绝无资质等级开发、无证开发、无规划开发的“三无”现象的发生，将辖区内各乡镇的房地产开发管理初步纳入了正常轨道，积极协助，提升了城市品位和档次，使全区房地产业得到了健康有序发展。完成固定资产投资110亿元。

【领导名录】

局　长：杨　菩

副局长：谢承华

彭　莉（女）

纪检组长：杨　敏

总工程师：杨应龙

总规划师：王奇志（女）

（陈　军　武婷婷）

城市管理

【概况】 2017年城市管理工作在区委、区政府的坚强领导下，凝心聚力、真抓实干、开拓创新，坚持以优化城市环境、助推经济发展、服务广大市民为目标，以“摆顺、扫干净、不拥堵”为抓手，深入推进城市管理体制机制改革，扎实开展专项整治，着力实施精细化管理，城市环境不断改善，队伍形象明显提升，城市管理得到较大改观。

【党建工作】 及时调整优化基层党组强结构，将16个党支部建立在基层执法一线，在局机关设立了“党员之家”，让党员活动有阵地，党性教育有基地。充分发挥党员的先锋模范作用，在各执法大队建立了党员先锋模范队，建立了机关党员先锋义务服务队，推行“四在先”“四规范”“四到位”制度。打造了“城管公众信息平台”“城管公共服务平台”“干部管理平台”三大平台，建立“钉钉签到”数字化办公系统、对讲定位系统和便民服务窗口，开发了党员个人信息管理系统，提高行政审批效率。

【深化改革】 根据市委城管体制改革精神，及时编制完成了我区《关于深入推进城市执法体制改革改进城市管理工作的实施方案》，已请报区委、区人民政府常委会审议通过，并完成了内设机构方案，正逐步推行城市管理和综合执法体制。目前，除区城管局机关保留适当机动力量外，其余城管执法力量和管理权限已全部下沉至街道，由街道办事处统筹管理。针对市政、园林、路灯事权移交后，维修管护任务重，设施设备紧缺的问题，积极大胆探索管理模式，成立了市政办、园林办、路灯办，分别担负城区390余街道的市政道路、园林绿化、路灯的维修管护任务。目前，已完成了铁昌路、石油南路、万年东路、模范街等50余破损街道的路面修补，抢修路灯故障1000余起。去年，成功处置了“7·28”极端天气、滨江中路现代名门、果城路、开源巷路面塌陷等重大应急抢修排危任务，得到了市、区领导充分肯定。建立“门前五包”制度，明确商家店铺主体责任，确保“门前五包”责任制有效落实，累计发放“门前五包”责任书23000余份，宣传单60000余张。

【队伍建设】 开展法制大讲堂，组织执法人员观摩法院庭审、观看法制案例视频，坚持以案说法、以身说法，规范执法程序和言行，提高干部队伍依法行政能力素质。制定出台了《执法人员行为规范》《文明执法用语规范》，进一步提升队伍整体形象。深刻汲取教训，深入反思总结，开展了“大练兵”活动和4次作风纪律教育整顿，进一步规范执法行为，端正执法态度，提升执法能力。

【日常工作】 完善中城医学街、东南文明上街、华凤惠民街、西山文村街等便民服务街（点）的示范打造；升级改造南充火车站、火车北站，实行机非隔离、车辆分道、停放分区、人车分流，进一步提升城市窗口形象。积极在中城街道办探索“街长制”“楼长制”“院长制”管理新模式，在部分街道成立了女子城管队、文明劝导队、志愿者劝导队，倡导更多市民参与城市管理，自觉维护城市形象。累计劝导不文明行为约34000余起。坚持城乡环境月考核排名评比机制，建立城市管理“牛皮癣”电话追呼系统，购置了高压水雾冲洗车，提高城区卫生机械化作业率，城乡环境有了明显改善。累计清除各类“牛皮癣”小广告17.8万余张，“地皮癣”3.7万余张，清洗或粉饰“牛皮癣”污染墙体约2000平方米。

【执法工作】 推行城管执法定人、定岗、定责、定区域“四定”管理机制，合理调整勤务，突出重点时段，提高见管率，累计完成泸州考察团来南考察46起临时线路保障任务。始终坚持“零容忍”的态度，依法加大户外大型广告的拆除力度，累计拆除大型户外违规广告113块，城区无大型单立柱广告。严格实行“持证上岗、亮证执法”，坚持用执法“五步曲”开展占道经营、车辆乱停、违法搭建、扬尘治理等专项整治行动，不断提升“服务优先、管理规范、执法公正、群众满意”的顺庆城管崭新形象。同时不定期进行明察暗访，邀请人大代表、政协委员等参与考核和量化打分，考核结果抄报党政主要领导和分管领导。

【重点工作】 针对停车“三乱”问题，严格倒排期限，逐一细化责任，将城区临时占道停车泊位交由区属国资顺美公司进行智能化管理，城区停车管理秩序有了明显规范。

秉持“抓早抓小、防患未然”的原则，加强违法建设源头防控，敢于攻坚克难，强力拆除违法建设，及时查封城北高速公路入口处违法建设，拆除华凤滑滩河、三环汽修厂、天歌石材城等违法建设498处、29.2万平方米，制止违章搭建行为300余起，全力配合清理整顿搬罾、凤山乡非法采挖沙石行为。

扎实做好中央环保督察工作，严格按照“快、严、稳、准”四个标准，坚持以法律法规为准绳，敢于较真逗硬，加大惩处力度，坚持彻查彻办，590余家露天烧烤全部被取缔，督导餐饮企业安装油烟净化装置986台，油水分离器497台；责令停业整改328家，立案查处18家，发放整改通知书1000余份，交办的102件信访案件（牵头承办69起、协助承办33起）全部整改落实，真正做到了件件有落实、事事有回音。

强力推进标美路整治。按照区委关于标美路严管工作的会议精神，坚决落实区委主要领导“顶格处罚”的要求，牵头负责车辆乱停乱放、违规占道、乱搭乱建等7个专项整治行动内容，累计出动执法人员6000余人次，出动执法车辆1300余车次，贴单处罚50000余张，拖离机动车320辆，规范劝离机动车和非机动车3500余次，暂扣共享单车1500余辆，印发城市管理宣传资料23000万余份，现场劝者纠正各类违规行为4000余起，拆除各类违法户外广告130块、面积4200平方米，取缔不规范的店招店牌和丁字招牌2000余块，清理布幅广告70余条，安装大理石圆柱球形1300余个、花厢512个、供市民休闲椅子200把，隔离人行道3000多米。整治后标美路规范有序，城市整体形象有了明显提升。

【脱贫攻坚】 紧抓扶贫工作不放松，派出1名中层干部进驻顺河乡七沟村任支部副书记负责扶贫工作，投入20余万元扶贫资金，逢重大节日组织干部职工走访慰问，组织募捐9000元和各类衣物100件（套）。2017年，经过不懈努力，完成了省下达的顺河乡七沟村整体脱贫摘帽的任务目标。

【领导名录】

党组书记、局长：何良永

机关党委书记：韩昌哲

副局长：王雪民

谢全盛

刘劲松

费兴平

纪检组长：姜建明

环境保护

【概况】 2017年，顺庆区环境保护局认真贯彻党的十九大精神，围绕建成“成渝第二城核心功能区”的目标，紧扣打赢中省环保督察“保卫战”和打赢大气、水、土壤污染防治“三大战役”，开拓创新，全区环保工作成效显著。

【环境质量】 全年优良天数为289天、重度及以上污染天数1天，较2016年分别增加1天和减少2天；全年PM10平均浓度为72.8微克/立方米，PM2.5平均浓度为45.2微克/立方米，较2016年分别下降8.5%和18.1%。全区乡镇集中式饮用水源地水质优良比例达100%，西充河、芦溪河及渔溪河常年保持Ⅲ类水质以上，潆溪河由劣Ⅴ类好转为Ⅳ类水质。

【减排指标】 全年完成COD削减3322.74吨，氨氮削减157.12吨，削减量分别为23.84%，11.46%（任务分别为：2.58%，2.6%），完成SO_2削减58.68吨，氮氧化物削减19.6吨，削减量分别为3.83%，4.83%（任务分别为：2.49%，1.6%）。

【环保督察】 2017年2月8日至2月24日，四川省环境保护督察组对南充市开展了环境保护督察，2017年8月7日至9月7日，中央第五环境保护督察组对四川省开展了环境保护督察，期间于8月23日至25日对南充市进行了专项督察，并重点督察了顺庆主城区饮用水源保护区建设和禁养区畜禽养殖场整治情况，借助中省环保督察，顺庆区环境保护工作捷报频传。环境保护考核机制建立健全。区委、区政府成立区环境保护委员会和区环委会办公室，统一领导、组织、联络和协调全区环境保护工作，印发《关于进一步落实环境保护“党政同责”和“一岗双责”责任制的通知》（南顺委〔2017〕43号），全面落实环境保护“党政同责”和“一岗双责”责任制；区编委印发《关于进一步明确各乡镇（街道）区级部门及有关单位环境保护工作职责的通知》（南顺委编发〔2017〕17号），将各单位环保职能以“三定”方案形式予以明确；区目督办首次将环保工作目标任务纳入年度目标考核，并占比15%，实现环保任务逗硬考核。交办到期信访件全部整改销号。截至12月31日，中央环保督察交办信访件137件，已整改完成125件，完成率91.24%，省环保督察交办信访件114件，已整改完成108件，完成率94.74%。牵头办理的省环保督察交办件24件，已全部整改销号，办结率100%，参与办理的中央环保督察交办案件50件，其中到期整改件43件，已全部整改销号，办结率100%。全区环境突出问题全部完成整改。圆满完成辖区32家非法砂石场查处关闭，完成禁养区179家养殖场关闭拆除，关闭拆除全区24家排污不达标屠宰场，配合市级相关部门提前完成主城区饮用水源取水口迁建工程。

【污染防治】 2017年，按照上级统一部署，顺庆区全面打响大气、水、土壤污染防治“三大战役”，战绩彪炳，成效显著。打赢蓝天保卫战：关闭拆除燃煤锅炉111台，关闭6家不达标砖瓦厂，完成全区2024辆黄标车淘汰任务，完成21家加油站合格验收，完成辖区108家挥发性有机物排放源企业排查核实上报，建筑工地扬尘治理“一硬四有”设施比例达100%，城区内道路机械化清扫保洁率达75%。打赢碧水保卫战：完成顺庆一污建设及设备安装，完成西河治理工程和农村环境连片治理工程（包括新复、华凤、西山污水收集管网和污水处理站）竣工验收，完成李家、芦溪、金台新建污水管网主体工程，完成大林、顺河、龙桂、梵殿4个新建污水处理厂主体工程及设备安装。打赢净土保卫战：完成辖区工业企业、医疗机构、汽修场所、实验室等涉危企业备案管理500余家，135家企业安全转移处置危险废物263.98吨；开展农用地土壤污染源详查，划定详查单元2个，核实农用地详查点位19个。

【环评审批】 全年共审批各类建设项目环境影响报告表40件，预审市级审批辖区项目10件，完成建设项目环境影响登记表网络备案706件，完成各类建设项目竣工环保验收38件；完成30家上报省政府违法违规建设项目清理整顿工作，完成424件2011－2016年未依法办理环评手续的政府性投资项目清理整改工作，清理整顿辖区“未批先建”违法违规建设项目42件。

【环境监管】 落实“双随机”环境监管制度，实现对系统内83家企业常态化监管；建立网格化监管体系，在各乡镇（街道办）设立环保办公室，在李家和芦溪两个中心镇设立环境监管所，全年通过环境监管所（办公室）处理各类信访投诉377件；全年立案查处环境违法案件93件，累计处罚金额820.26万元，环境违法处罚案件移送法院强制执行2件，环境违法案件移送公安机关10件，其中行政拘留案件8件，行政拘留8人，刑事立案案件2件，刑事拘留5人；全年辖区内无较大以上突发环境事件发生，无20人以上的群众因环境问题引发的越级上访。

【脱贫攻坚】 2017年，按照年初帮扶计划和上级要求，对渔溪乡铜鼓沟村开展整村帮扶，对渔溪乡作坊口村开展精准帮扶，通过打扫卫生、吃农家饭、开展感恩教育等拉近与贫困户感情，通过购买生活用品、整修房屋等解决贫困户实际困难，通过解决就业、帮助发展种养殖等增加他们的收入。全年共为贫困村落实帮扶措施资金13万余元，帮助大力实施产业园区，产业路、入户路和便民桥建设，完成文化阵地，贫困户住房“三建五改”工程和风貌改造建设，完成帮扶村渔溪乡铜鼓沟村2017年重点脱贫4户11人，并顺利通过市区考核验收。

【领导名录】

局党组书记、局长：汪勤修（6月止）
吉　磊（6月起）
副局长：周晓俊（女）
蒲　波
刘茂林
刘正阳
纪检组长：淳冬梅（女）
总工程师：杜国飞（兼局党支部书记）

（范　东）

南充市环卫处

【概况】 2017年，南充市环卫处按照“摆顺扫干净不拥堵”的要求，以“优化服务，长效管理、创新驱动”为抓手，围绕职能职责做好日常工作，狠抓环保督查所涉项目，圆满完成迎接环保督查，完成省爱卫办病媒生物防制达标复审考核。

【街面卫生质量稳中有升】 2017年新接收街道23.4万平方米，交出下中坝43.08万平方米，清扫保洁街巷共520条街（巷）810万平方米。2017年南充市环卫处实行了“三冲三扫一常态”（每天主要街道冲3次，所有街道普扫3次，街面常态化保洁）工作机制，采取人工保洁与机械作业相结合的方式开展清扫保洁，同时对重点路段重点管理，错峰延时清扫，每天最长作业时间达18小时。环卫设施每天两清洗，管理人员跟班巡回检查。通过延长保洁作业时间，实行夜间清洗及时处理街面污染等措施，确保街面环境卫生质量。全年完成街面突发污染物突击清理220余起，加大冲洗施工路段周边，协助街道办、城管部门清理社会积存垃圾60余起。着手提升机械化作业率，制定了《关于进一步加强城市街道机械清扫工作方案》，对39台大型作业车定车定街，定运行时间，规范作业要求，下沉6台大型水车及4台小水车到所，与人工作业结合实施街道及人行道夜洗，达到主要街道机械化作业率70%的标准。

【公厕公益性、服务性属性进一步增强】 市环卫处管理使用的67座公厕全部免费开放，同时配备2－3名管理人员，按“六净六无”标准进行日常管理维护，管理员每天定期巡查，加强对设施设备检修维护，2017年对指示牌，标识牌进行全部更换安置，更换维修内部设施200余座次，厕容厕貌和服务档次提高。铁欣路、石化路公厕被省市政市容协会评为“最美公厕”。

【生活垃圾日产日清】 2017年3月为配合西河景观打造，拆除了西河支路垃圾中转站，顺庆城区运行的中转站仅3座，转运压力增大。为确保顺庆城区日产450吨的生活垃圾日产日清，市环卫处结合实情，适时调整垃圾转运线路，延长运输时间，对垃圾收运处理实行全覆盖运作和管理，街面垃圾转运铺地垫，保持车容整洁。从中转站的压缩处理到李渡垃圾发电厂的运输，确保车况良好，规范运作，垃圾清运率达100%。

【医废处置有序规范】 为达到环保督察对医废处置的要求，同时推进技改扩能，市环卫处主动作为，多方协调，完善了危化运输许可证、5年期营运许可证，并申请了中省对医废厂的整体验收。规范了各项备查资料和管理，要求24小时收运，设立暂存点，打标签，签联单，建立网络平台，处置规范操作，超负荷完成每天7吨以上的医废处置。

【垃圾场管理加强】 2017年开始自查整改，对整个垃圾场进行重新覆土，撒播草种，绿化周边环境；对导排系统进行清理更换，5月加装排水阀门，防止暴雨大时渗沥液溢出；安装在线监控设施，对填埋场日常处理情况实行智能化监控；切实做好分区填埋和除臭、灭蝇、杀菌工作。填埋场管理到位，整改到位。

【党建工作】 2017年，市环卫处党总支紧扣“以抓党建促环卫发展”的总体工作思路，坚持“一岗双责、守土有责”，深入开展党风廉政建设和“两学一做”教育实践活动，深入开展“三项回头看”和“两项清查”整改活动，认真落实“三会一课”制度，抓好干部职工理论学习，主要强化习总书记系列讲话、党章党规、习总书记7·26讲话及十九大精神的学习。开展了“庆七一‘学党章、知党史、守党规’”知识竞赛；开展了十九大会议、《榜样》等专题节目的收看活动；组织党员开展济贫助困捐赠活动，捐款、捐物统计人民币5000元；开展“进农家门、吃农家饭、干农家活”；开展“学雷锋·洁净环境”志愿服务活动；开展入小区环境义务整治活动20余次。大力开展党风廉政建设社会评价工作的宣传，印制宣传海报、宣传单2000余份，做到了宣传无死角。同时，加大党员积极份子培养工作，今年发展3名同志入党，目前均通过区委组织部组织的培训考试，列为培养对象。

【安生生产全覆盖】 明确责任，一岗双责，建立完善应急预案，从细处加大管理并开展了应急演练。市环卫处工人露天街面作业，安全事故易发，为此市环卫处今年强化安全工作，查工作漏洞，着力培训，细化管理。对全处运行的各类车做全面排查，进行检测并要求定期检测。分门别类，在律师的指导下，进一步完善管理制度，积极请政府协调电动转运车上户问题，协调保险公司购买保险，并出文要求电动车驾驶人员考取驾驶资格证进一步做好车辆管理，对电动车进行建档管理，实行扣分处罚。从上而下，从细处开展教育培训，邀请交警队的专家进行授课，进一步做好安全生产痕迹管理，建好各类台账。积极按程序协助处理意外和事故，认真回复处理来信来电来访。全年共处理事故26起，认真按要求办理中环督信访19件，网上信访5起，主办2件并圆满完成。

【着力打好脱贫攻坚战】 市环卫处成立了脱贫攻坚领导小组，一把手主抓，专人专抓，制定方案，帮扶人员沉下去，同步措施落到位，打好脱贫攻坚战。2017年产业扶持走在同区域前列，购买了猪、鸡、鸭、化肥等下发到精准扶贫户，传送科学养、种植技术、知识；帮助临江寺村改善基础设施条件，硬化道路3公里，维修水渠、堰塘，规划300亩奔康产业园并解决资金3万元。坚持对帮扶对象的关怀沟通，帮扶人员每月坚持下到帮扶户家中1到2次，元旦、中秋等节假日党员干部自己出钱为帮扶户送牛奶、米、油等，同时动员全处干部党员职工捐款11700元。

【医疗废物处置技改扩能全面启动】 作为全市唯一指定的医疗废物处置场所，市环卫处承担着全市300家医疗机构的医疗垃圾收集、运输和处置，每天定线路全覆盖，日处理医疗废物超过5吨。由于超负荷运转，市环卫处从2016年开始计划利用结余资金进行技改扩能，实施方案已报区财政局审核、区政府常务会通过同意实施。已完成项目立项，年底完成基建招标。猫儿山垃圾场渗沥液处置厂购买社会化服务已全面完成。渗沥液处理厂竣工运行以来，因涉及细菌培养，渗沥液处理等专业，加之环保部门规定必须由具备环境污染防治乙级及以上资质的企业运营，而市环卫处无相关资质和专业人员，不符合环保部门要求，市环卫处积极推进购买社会化服务并于2017年报区政府，区政府常务会2017年六届第12次会议已过会研究并同意实施。市环卫处做好招投标工作前渗沥液处理厂的日常运行维护；完成渗沥液处理厂购买社会化服务的招投标技术参数认定，招投标工作推进及合同的签订；完成招投标期间的设施设备交办及维修更换；推进配套设施工程的立项、财评、招标工作；做好出水口景观池建设的前期规划设计。2017年10月中旬已经区政府采购中心完成运营招标，一家公司中标，11月完成移交并签订合同。

【迎接环保督察，加强自查整改】 开展《环保法》的学习，增加法律业务理论水平，切实指导工作开展。按“三个不放过”原则进行自查补短板：整改不彻底的不放过，不落实的不放过，群众不满意的不放过。对街面卫生、中转站、垃圾场、医废及渗沥液处置等都进行自查在前，及时整改。环督期间共接到群众投诉件19件，80%非市环卫处直接责任，市环卫处以服务群众为本，第一时间到现场进行协助或处理，尤其对主办的2个案件全面完成，为进一步达到环保要求，市环卫处主动作为，就垃圾中转站臭味重的问题，已完成提档升级方案并报区政府同意实施。协助餐厨垃圾处理，半环巷公厕改造。

【其他】 根据国家四部委《关于实行城市生活垃圾处理收费制，促进垃圾处理产业化的通知》（计价格〔2002〕872号）要求，努力拓展收费渠道，完成全年的收费任务。

完成人大、政协提案或建议的回复共4份。

【领导名录】

党总支书记、主任：曹天贵

党总支副书记：宋先旭

　　　　　　　唐　寅

纪检组长：龚燕凌（女）

副主任：梁　江

　　　　唐红波

　　　　陈智慧

（林莉华）

经济

交通·邮政

交　通

【概况】　2017年，南充市顺庆区交通运输局内设办公室、行政审批综合股、工程管理股、安全监督股和运输管理股、财务审计股、城乡公交服务中心、设立交通工程质量监督站，共有工作人员18人。其中，局长、党组书记1人，机关党委书记1人，副局长3人，纪检组长1人，总工程师1人。重点负责公路建设及养护、交通运输行业及安全管理工作。

【工程建设】　投资2.9亿元，建设顺蓬营一级公路（顺庆段），完成房屋拆迁244户，红线内青苗补偿，搬罾火龙果至搬罾大桥段近5公里拉练路段，建锦绣田园标美示范路段300米。投资2000万元改扩建灯台至桂花5公里乡道公路工程；投资550万元建城乡公交站150个及公交补贴；投资3500万元新建村道公路100公里和村道路加宽工程；投资1100万元改造危桥10座，投资1000万元安装维修波形护栏40公里。

【脱贫攻坚】　完成了顺河、凤山、渔溪、金台、梵殿、新复六个乡镇8个年内脱贫村的17.83公里产业道路，新建加宽设计。全面完成了区委交办的七坪寨沿途道路安保工程，新复乡18.4公里的脱贫产业园迎检道路，大林李家坝、辉景毛坝子等七个省级贫困村约15公里道路加宽项目，及时有效完成了区政府交办的人社局进场道路整治工程，大学生创业园U型道路修建工程，为新复乡帮扶户送去生活物资共计3万元，为长远沟村新建活动室一次性支持现金10万元，帮助19户结对贫困户实施“三建五改”。

【亮点工程】　8月，成功创建“四好农村路”省级示范县（《四川省人民政府办公厅关于认定第一批“四好农村路”示范县的通知》川办函〔2017〕156号）。10月，受邀参加省人民政府组织召开的全省“四好农村路”建设现场会，并就“管好”农村路作经验发言。5月，被中共南充市委、南充市人民政府授予“2016年全市脱贫攻坚工作先进集体”。6月，获得市交通运输局“全市交通运输系统行政执法形象大提升大比武”三等奖。3月，被中共顺庆区委、区人民政府授予“2011—2015年全区法治宣传教育先进集体”。3月，被中共顺庆区委、区人民政府授予“2016年度安全生产工作先进集体”。3月，被区人民政府授予“2016年度人大代表建议和政协委员提案办理工作先进单位”。

【公路养护】　管养县乡道路总里程283公里，其中县道9条165.47公里，乡道16条118.77

公里。清理边沟1000公里，清理塌方2000余立方米，填补路基缺口1200余立方米，整修道路边坡20000余平方米，建标美路2条，搬罾至金台7公里，灯台至芦溪5公里，栽植红叶树3000余株，投资10万元，协助元池坝村修建村道路300米，完成华兴同项目拉练村道加宽18公里，清理边沟17公里，建道路绿化边坡35000平方米。全区道路路面使用性能指标（PQI）达80，基本达到畅、安、洁、美、绿目标。

【行业监管】 路政管理：清排公路路障及弃土、垃圾、建材、抛洒砂石、砼块等堆积近300万多立方，清理洗车加水场所4处，制止破坏污染路面70多起；制止违章乱搭、私开道口及占用控制红线建设20余处，责令整改拆除违章建筑1起；参加联合执法5200多人次，共检测检查货运车辆4万多辆次，劝返超限超载2000多辆次，现场卸载近800辆次，卸载货物（砂石）3000余吨，整改取缔改装车辆100多辆，立案查处200多车次。对30多名驾驶员实施了扣分处理，联合执法各部门按各自职责对500余辆超限运输车辆实施了行政处罚。切实维护农村公路的路产路权，有效保障农村公路完好、安全、畅通，助推顺庆区成为全省首批“四好”农村路省级示范县。客运管理：圆满完成了2017年春运工作任务，春运期间，全区均投放客车613辆，开行总班次43025班，其中加班1333班，安全输运旅客655100人次（其中客运班602班，出川179500人次，学生102150人次）与2016年同比下降26%。改扩建乡镇客运站3个；修建公交站台120余处，村级招呼台40个，出动执法人员4220人次；执法用车1020台次；依法查处非法营运的“黑车”380辆。从而使非法营运得到了有效遏制，使全区客运行业得到了安全、健康、有序发展。全面维护了道路运输市场的正常秩序。货运方面：检查运输企业310家次，出动执法人员580余人次，执法车辆160余台次，超限类车辆4100余台次，各类证件5060余个，对120家运输企业进行排查：排查安全隐患26起，现场整改18起，对8家存在领导重视不够，制度不健全、投入不足，落实不到位。进行了安全约谈、停办业务、罚款处理。举办行业安全管理人员培训3期，参培人员370余人次，设立宣传点5个，印制宣传资料16500余份，做安全宣传展板8块，张贴宣传标语308余条，悬挂安全横幅60余幅，安全简报16期，发安全短信508次。在车辆运营中GPS在线率达到100%。危货应急预案、事故演练、监督管理达三个100%，召开安全例会33次，检查企业83次，下发整改通知书4份，停办公司业务4家，全区48家货运公司签订安全承诺书2302份，年审率达99%。航政管理：2017年，海事共协调相关部门联合执法检查16次，出航检查510人次，出动海巡艇70艘/次，巡航里程1500余公里，出动执法车辆300台/次，检查各类船舶1000余艘次，整改安全隐患14起，行政处罚10起，接求助电话3次，救助船舶3艘，在凤仪和小龙库区设置两处停靠点，对全区采砂船只集中停靠。全年安全运送旅客43万人次，货物108万吨，未发生一起死亡3人以上的重大水上交通事故，实现了“事故件数、“死亡人数”“经济损失”三项指标控制为零的好成绩。

【安全生产】 认真贯彻“安全第一、预防为主”的方针，努力维护安全形势稳定。一是加强目标管理，明确任务，落实责任。年初，与全区交通系统11个企事业单位签订了安全生产管理责任书，并督促各企业与班组、班组与个人签订了责任书。同时也督促乡镇与农用渔船签定安全责任书，形成了纵向到底、横向到边、上下联动、左右协调的安全管理网络。二是加大宣传力度，提高全民安全意识。在车站、码头、渡口、人流集散地坚持每天宣传安全知识，以安全生产专项活动为契机，采取定点宣传与流动宣传相结合的方式，大力宣传交通安全法律法规和安全运输、安全出行知识。全年共设宣传站11个，出动宣传车30余台次，挂拉各类安全横幅30余幅，散发宣传资料1600余份，接待咨询群众1630余人次。通过大力宣传，形成了浓厚的安全生产氛围，使安全生产意识深入人心。三是加强干部职工、从业人员培训教育。召开安全会议62次，举办安全教育专题培训班50期，对车主、驾驶员、船主、驾长、船员、管船员、签单员1300余人次，进行了安全责任意识和相关法律法规培训及交通事故安全警示教育。四是加强联合执法，形成强大合力，安全形势明显好转。水上安全全年共开展8次，出动监督艇60艘次，出动执法监督车720车次、检查人员600人次，检查各类船舶1100艘次，早查船舶300余艘次，查处违章船舶10艘次，并按相关规定给予处理，发出书面整改通知书10份，行政处罚2起，办理船舶签证1200艘次、船舶航行签证30余艘次。陆上全年共开展10次，出动执法人员500余人次，共检查安全隐患460处，签发整改通知书50份。督促客运企业，加大对超速超载车辆的处罚力度。五是开展多形式的安全专项整治行动，成效显著。按照上级的安排部署，开展了“百日安全”“春运安全”“安全生产月”“汛期水上安全整治”“道路运输安全专项整顿”“道路运输安全生产年”“道路运输客运安全生产年”“道路运输车辆超速集中整治”“道路旅客运输驾驶员安全承诺”“砂石船舶专项检查”“客运船舶专项整治”“救生衣行动”“打非治违”等专项整治行动。特别是在“打非治违”专项行动中，共检查各类车辆13200台次，纠正违章1380余台次，查处非法营运车辆120台；检查各类船舶400余艘次，早查船舶260余艘次，发出整改通知20份。在防汛抗洪抢险行动中，严格值班制度，确保水情、天气信息畅通，24小时坚守岗位，及时准确地传递水情和重要天气信息，确保洪峰顺利通过顺庆。360余艘货船、30艘客船、7艘餐饮娱乐船没有发生跑船、沉船，也未发生财产损失和人员伤亡事故，安全渡汛。

全区境内无重特大交通运输安全事故，无水上交通事故，无火灾、坍塌事故，公路养护、工程建设也均未发生重大安全事故，全区交通安全形势持续好转。

【综治稳定】 一是加大综治、信访、维稳力度。制定综治、信访、维稳实施意见，调整充实领导小组及办公室，形成主要领导负总责亲自抓，分管领导具体抓，其他领导配合抓，各职能部门协调抓，各负其责，齐抓共管，层层抓落实的工作格局。二是做好群众来信来访工作。逐步完善接访、领导包案、领导约访下访等制度，确保了群众和信访工作的及时调处。对于群众信访案件，条件成熟的立即处理，条件不成熟的耐心做好解释说服工作，同时，在全国“两会”“国庆”“十九大”会议期间，组织全局干部职工重点抓好信访专项工作，对于重复上访问题，详细排查，认真分析，涉及到相关部门协调解决的，积极与有关部门沟通联系，取得了较好效果。据统计，2017年共办理各类信访案件36余件，接待上访群众120余人次，完成领导包案4件，办结率为100%，系统内没有发生一起集访或越级上访事件。

【效能建设】 严格落实党风廉政建设责任制。印制发放了党风廉政建设宣传资料400余份、制作了廉政鼠标垫、电脑桌面及宣传手册。邀请检查院领导开展预防职务犯罪讲座2次，在签订工程承包合同的同时签订工程廉政合同。大力宣传社会评价工作，在全省交通系统10月行风政风调查中位居全省首列。

【交通环境综合治理】 成立了交通运输局城乡环境综合治理工作领导小组，明确了任务，落实了责任，制定了治理方案，组织干部职工积极开展城乡环境综合治理，同时按整治的不同阶段和区环整办的要求，开展了“除陋习，树新风”集中治理“三乱”专项行动、开展“除陋习，树新风”争做文明旅客活动和开展市容秩序环境卫生监督工作，使得县乡道路路面整洁，城市交通车辆乱停乱放、违章停车上下旅客、占道修车、抢道行驶等不良行为明显减少，车站、码头、收费站的营运秩序、清洁卫生、文明礼貌都得到明显改观，给南来北往的旅客展示了秩序良好、整洁文明的交通环境形象。共清扫路面 1800 万平米，清理路肩、边沟 980 公里，修补路面坑凼 4000 平米，清理服务区卫生死角垃圾 2.8 吨，清除路障 286 处 4888 平米，清除乱堆乱码 16 余处，摘除破烂广告牌 10 幅，补栽行道树 3800 余株。

【交通战备工作】 结合生产实践，加强对国省干线公路的养护、保畅和改造工作，以提高道路的完好率和通行率为目标，以平战结合为原则，圆满的完成了全年的战备工作任务。建立健全交通战备组织机构。多次向区委编办请示增设交通战备机构编制。积极配合消防大队工作，进行监督检查、指导，对交通安全隐患和通信线路隐患进行排查，督促施工建设单位在施工的时候做好通信线路的保障工作，对排查出来的隐患及时进行整改，确保了战备通信畅通安全。

【议案提案办理】 为了确保人大议案和政协提案的办理质量，提高办理工作满意度，该局承办的议案（提案）均由局长亲自带队到代表集中的乡镇或议案涉及的乡镇召开议案办理会议，与代表（委员）们座谈，对他们的建议和意见当场作出答复。代表、委员们对该局的办理方式十分满意。2017 年共完成区政府交办的 5 件人大代表议案承办工作，5 件政协委员提案承办工作。

【领导名录】

党组书记、局长：郑胜伟

党组成员、机关党委书记：杨秋明

党组成员、副局长：张钧波
唐兴明（9 月止）
夏易全
张传军

局党组成员、总工程师：赵建国

局党组成员、纪检组长：李启可

（朱万钦）

公路管理

【概况】 2017 年，南充市顺庆区公路管理局负责 282 公里县乡道和 40 座小型桥梁的日常养护，内设六个股（室）室，四个管养站，在编员工 44 人，其中，党支部书记、局长 1 人，副局长 2 人，纪检组长 1 人，党支部副书记 1 人。

【公路养护】 日常养护：积极推行道路养护专业发展，对道路的小维修补基本做到使用冷拌沥青环保材料，购置新型养护机械，养护水平得到了提升，至 11 月底累计完成清挖边沟 126 公里；清理塌方 2000 余立方米；填补路基缺口 1200 余立方米；整修路肩边坡 2 万余平方米。标美化建设：在总结搬金路标美化工作的基础上，全力打造党建示范点，完成了对芦灯路党建“ + ”建设，巩固了搬金路等管养道路的标美化成果。积极创新：积极探索道路养护管理方式创新，根据员工的工作路段及天气状况，实行养护职工错时上下班制度，有效提高了道路养护工的积极性与工作效率，同时规范作业，严格考核，通过建立完整的巡查机制，做到巡查全覆盖。

【环保工作】 积极投入道路环保工作，环保督查期间，坚持实行24小时值班，办理环保督察组交办的老南搬路扬尘问题，为老南搬路沿线受碎石影响村民修建防护网8处，沥青修补坑洞路面2000余平方米，洒水车每日来回洒水4次，累计出动800余台次，共计投入40余万元，确保环保督察战役全胜。

【脱贫攻坚】 开展脱贫攻坚工作，投入资金10万元协助元池坝村修建进村道路300余米；改水改厕投入3万元；继续派驻第一书记对口帮扶桂花乡白马庙村，派遣一名同志支援汶川建设，鼓励对口帮扶村发展生猪、土鸡、土鸭等养殖产业，发放给各贫困户的家禽资金等1.8万元。

【亮点工作】 顺庆区成功创建“四好农村路”省级示范县（《四川省人民政府办公厅关于第一批“四好农村路”示范县的通知》川办函〔2017〕156号）。成功完成“花好月圆”项目拉练任务。先后完成对新复乡四方寨、七坪寨等道路沿线进行路肩修整，播撒花种，修建项目拉练迎检村道18公里，弯道加宽11处，清理边沟17公里，绿化整形35000平方米。

【安全生产】 强化管理基础建设，加强队伍建设。认真落实安全生产“党政同责、一岗双责、失职追责”，并签订了《2017年安全生产目标责任书》，购置安全警示锥300个、消防灭火器30个、制作警示牌30块，安全标志服200多件套等投入经费5万余元，道路标示标牌投入8万余元，安全防护栏投入26万元，沙陀子安全防护网维修恢复投入3万余元，安全基础建设得到进一步加强。积极开展春运“安全生产百日活动”，突出重点，注重实效，以多种交流平台开展广泛宣传，营造良好的活动开展氛围。加强道路巡查和值班制度，邀请专业人员进行安全知识培训，认真组织开展安全事故隐患排查。汛期安全生产工作坚持以“防大汛、抗大灾、保安全”为工作目标，把防洪抢险与隐患排查整治结合起来，做到思想早发动，工作早布置，措施早制定、人员机具早落实，确保了汛期公路安全度汛。开展“安全生产月、安全生产大检查”。集中开展了两级安全生产大检查，覆盖全局所有部门，制作安全宣传标语300份，下发了《安全隐患排查表》和《安全工工作自查情况表》，针对安全隐患类别逐一进行排查，组织实施了李桂路、顺渔路治超站点隐患排查整治工程、老南搬路道路坑凼修补工程，共计修补道路坑凼1.5万余平方米，砍伐行道树枯死树70余棵，实施荆溪道班房排危工程及时消除安全隐患。

【领导名录】

局党支部书记、局长：刘伯军
副局长：赵济民
　　　　万应梁
纪检组长：陈　玲（女）
党支部副书记：马静怡（女）

（杜卓艺）

邮　政

【概况】 2017年，南充市顺庆区邮政分公司共有合同用工A类56人，合同用工B类55人，合同用工C类32人，劳务承揽10人，退休职工13人。设市场营销部一个市场经营部门，金融业务部、渠道平台部、包裹快递部、集邮与文化传媒部四个经营支撑部门，综合办公室一个职能部门，辖华凤、新建、荆溪等24

个邮政所。全年完成业务收入4393.80万元，完成全年预算目标的96.12%，完成进度排名全市第八。

【代理金融业务】 2017年，代理金融实现收入3184.58万元，完成年预算的98.26%，其中储蓄收入完成2665.98万元，完成年预算的100.64%；保费完成4404.4万元，实现收入183.87万元，完成年预算的116.91%。2017年年末储蓄余额达210916.98万元，同比增长13.20%，增幅名列全市第一；活期占比达24.98%；聚合支付完成1867户；新增手机银行7208户。

【包裹快递业务】 2017年，包裹快递实现收入295.16万元，完成年预算的75.68%，其中标快业务实现收入146.88万元，普包实现收入16.84万元，快递包裹实现收入131.45万元。

【电商分销业务】 2017年，电商业务完成收入483.97万元，完成年预算的92.01%，完成进度排名全市第八名。

【集邮与文化传媒创意类业务】 2017年，函件业务完成收入124.92万元，完成年预算的100.74%。集邮业务完成收入238.54万元，完成年预算的100.23%。报刊业务完成收入58.36万元，完成年预算的112.23%。

【安全管控进一步深入】 2017年，先后开展代理金融排查“百日大行动”专项活动，汇兑业务专项检查、“市场乱象”治理工作自查、“四不当”专项治理、代理金融“操作风险排查”、银监会反馈隐患问题专项排查及整改活动等专项整治活动。深入开展“强监管，控风险”竞赛活动，1－12月评分名列全市第一。开展寄递渠道安全综合整治，严格执行国家邮政局等三部门发布的《禁止寄递物品管理规定》，切实做好建军90周年、中国共产党第十九次全国代表大会、金砖国家领导第九次会晤期间寄递渠道安全服务保障工作。

【人力资源管理持续加强】 按集团、省、市公司要求完成各项远程培训工作。做好职业技能鉴定工作。制定《2017年度员工绩效考核办法》《2017年度经营单位业务发展奖励办法》，建立阶段性考核和全年考核相结合的绩效考核机制。

【强化财务管理】 继续做好了降本增效工作。开展用户欠费及存货专项治理工作。充分运用了ERP系统，不断优化企业资源配置。抓业务成本管控，严格执行“八项规定”。

【服务质量稳中有升】 加强时限管控，牢固树立时限意识、质量意识和服务意识，认真落实了邮件寄递的“三个100%”。严格落实了首问责任制，积极稳妥处理用户投诉，杜绝新闻媒体曝光事件。2017年共受理邮政服务申诉21件，申诉处理满意率100%。2017年邮政业务视察人员共出检168天，发出《邮政服务质量视察检查报告书》168份。

【企业改革有序推进】 完成经营组织架构改革，设立了市场营销部一个市场经营部门，金融业务部、渠道平台部、包裹快递部、集邮与文化传媒部四个经营支撑部门，综合办公室一个职能部门。完成邮政家属区“三供一业”摸底清查。

【能力建设持续加强】 完成网点老旧终端更新20余台，整治网点弱电及综合规范10个，CRS更换4台，免填单系统上线40台，密码键盘更新40个。完成18个网点通信商电路互备改造。完成石油大学所改委代办。完成华凤所迁址，完成北湖路所迁址更名为镇江西路所。

【党的建设进一步加强】 认真宣贯党的十九大、省十一届党代会和2017年市公司党建工作会议精神，推进“两学一做”常态化、制度化。建设基层党建联系制度、开展基层党建示范点建设。按上级要求做好党风廉政建设社会评价相关工作。切实抓好集团公司党组巡视组反馈问题整改清单自查工作。开展违规公款购买消费高档白酒问题集中排查整治。落实“三重一大”决策制度。开展了廉政风险防控工作，建立了重点岗位人员廉政风险防控登记表。认真落实“三会一课”制度。扎实开展“不作为、慢作为、乱作为”专项整治活动。按季开展员工思想动态调研。建立“两学一做”主题教育活动长效机制。组织员工收看《将改革进行到底》电视专题片、党的十九大开幕式。切实做好企业文化宣传工作。

【幸福工程建设持续推进】 广泛开展文体活动，丰富职工业余文化生活，在全市职工气排球运动会上，该分公司代表队荣获较好名次。为职工宿舍配备了电视机、空调、衣柜、天然气灶、电热水器、电冰箱等生活配套设施，改善了职工生活环境。夏季为职工购买防暑降温药品、饮料、水果，冬季为职工发放慰问品。继续推进员工医疗互助项目，多名生病员工享受互助金。为全分公司员工进行了体检，为各类员工购买了门诊医疗保险。与市公司联合建成职工食堂，为机关职工提供了生活便利。畅通职工诉求渠道，开通总经理物理信箱、工会信箱、人力资源部信箱。

【领导名录】

总 经 理：冯　林

副总经理：秦　平

（蒲梅英）

农业与农村经济

农工委

【概况】 2017 年，中共南充市顺庆区农村工作委员会坚持以党的十九大精神为统揽，以中、省、市农村工作会议精神为指针，以创新、协调、绿色、开放、共享“五大理念”为根本，以“农民增收、农民幸福”为目标，突出幸福美丽新村建设、“四好村”创建、农业产业化发展、农村精准扶贫、农业农村改革、农业村政策调研及服务等工作，积极开展党风廉政建设，以时不待我、自我加压的精神，促进了全区农业农村经济又快又好发展。2017 年，全区农民人均可支配收入增长 9.8%。

【幸福美丽新村建设】 全面实施“四好村”创建。对照“住上好房子、过上好日子、养成好习惯、形成好风气”四大创建内容的具体建设标准和考评指标，以幸福美丽新村和扶贫新村为载体，全面推进省级、市级、县级“四好村”三级联创。落实了党委、政府主要负责同志为第一责任人制度，构建了农口、宣传、财政、民政、住建、交通、统计等相关部门分工负责、高效联动的工作推进体系。落实创建专项资金 100 万，组建“四好村”创建办公室，制定了具体奖补办法，明确了奖补标准，对各级“四好村”给予一次性奖补。同时将“四好村”创建活动纳入党委、政府年度目标绩效考核，抓好经常性的督促指导、自查自评和经验总结等工作，推动了“四好村”创建工作高质量、高水平实施。2017 年全区创建区级以上“四好村”45 个。其中：省级“四好村”8 个、市级“四好村”45 个，创建工作扎实有效。统筹建设幸福美丽新村。按照扶贫解困、产业提升、旧村改造、环境整治、文化传承“五大行动”要求，坚持“以改为主，建改保结合”的建设方式，全面推进幸福美丽新村建设，夯实“四好村”创建基础。高效推进第三轮幸福美丽新村示范县建设，在辉景、桂花两乡镇的 8 个村，以基础设施建设、新村产业和公共服务配套为重点，新建和改造聚居点 3 个以上，配套公共服务 3 个以上，发展以藤椒等为主的新村特色产业 3000 亩。同时，整合区财政扶贫资金 1000 万元和产业建设资金 7000 万元，重点打造了同仁四方寨村、新复长远沟村等旅游扶贫新村、产业新村、农旅结合新村 35 个，推进了全区幸福美丽新村建设。

【农业产业化建设】 积极培育现代农业五大园区。以国家现代农业示范区和省级幸福美丽新村示范县为载体，以脱贫攻坚为引领，科学规划、分期分批实施、重点扶持，梯次推进、重点打造提升了以搬罾、金台、大林为主的万亩现代农业示范园区，以桂花、辉景为主，农旅结合的万亩幸福美丽新村园区，以渔溪为主，结合产业、休闲观光、康养体验于一体的万亩有机蔬菜示范园区，以同仁、新复为主，结合休闲观光、康养产业，打造万亩梨产业园区，以梵殿、金台为主，重点打造万亩香蒜、油菜产业园区。

积极培育10家农业新业态示范样板。深入推进产业基地“景区化、全域化”建设，针对顺庆独有的城郊自然资源，大力发展休闲度假、农业主题公园、旅游观光园区、农业科普园区、农业体验园区、农耕文化创意园和森林康养园等农业休闲景区，大力培育乡村旅游度假区和休闲农业精品线路，重点打造了大林莱达种养休闲观光农业、猕猴桃休闲观光农业、黑山羊养殖农业科普示范园区、同仁四方寨休闲农庄、狮子山生态休闲农庄、凤山中华蜜蜂文化产业园、绿城生态观光农业、菜篮农业体验园、龙腾庄园等一批农业新业态样板。

积极培育8家以上农业亿元龙头企业。围绕农产品精深加工、农机农资生产和农产品销售，积极包装农业产业化项目，招引一批省级、全国知名的农业产业化重点龙头企业，鼓励兼并重组、上市融资、集团发展，重点打造了绿科禽业、川北凉粉、锦绣田园、南充农望等8家以上亿元龙头企业。目前，川北凉粉、绿科禽业创建新三版上市工作已准备就绪，等待批复，南充农望已创建为国家级龙头企业。

积极培育100个有特色有个性优质农产品。围绕“服务城市、致富农民”的目标，精准对接需求侧变化，着力调整品种，提升品质，积极开发，有效供给充满鲜明特色，优质有机，引领消费前沿的农产品，满足人民群众对农产品的新期待。重点做精老品牌，努力挖掘、重塑川北凉粉、鼎兴酱油、顺庆米粉、同仁土鸡、蜀宝菌业等传统农产品老品牌，提升农产品品牌价值，发展相关原料生产基地；做响做大新品牌，努力培育有机蔬菜、柴鸡蛋、薄壳核桃、青峰猕猴桃，凤山中蜂等新品牌，推进品牌农业建设。截止目前，全区已创建优质农产品品牌50多个，其中不少品牌已享誉省内外，深受消费者好评。

【促进农民增收】 作为农民增收的牵头单位，区委农工委多轮驱动，多管齐下狠抓农民增收工作，取得良好效果。2017年农民实现人均纯收入同比增加9.8%，顺利实现全年目标。

夯实增收基层基础。派出四个工作组，对全区110户增收样本户进行了数据登记、抽样回答、增收来源等系统培训，对样本村社干部、乡镇统计员、乡镇干部进行了责任落实和10个必须做到，对区级相关增收部门，重新落实了增收任务，使增收的数据基础更加扎实有效益。

夯实增收主渠道。顺庆区把农民增收的主渠道放在“一输一招三加强一发展”上，即：成建制成规模输出训练有素的农民工，共计8.62万人，最远到达非洲的肯尼亚等国。派出招商小分队，宣传好政策、好举措，招引在外成功人士“引雀东南飞”回乡创业，发展现代农业，共计84家，吸引当地农民入园务工就近打工12300多人。以都市型农业为定位，以服务城市致富农民为目标，重新对城郊观光农业、城郊蔬菜产业、城郊农旅结合农民产业园进行了深化拓展，建立了集休闲、体验、康养、科普、采购、生产于一体的各类产业园80余家，年吸引各类消费者150多万人次，实现收入3.23亿元。同时，千方百计增加农民财产性收入，深化土地的有序流转和农民房屋的有序出租，全区今年共有序流转土地1.3万亩，出租农民闲置房屋18700平方米，有效增加了农民收入。

夯实脱贫攻坚，减少村集体经济“空白”。在抓好12个扶贫新村基础设施建设和配套设施建设的同时，农工委敢于担当，牵头抓好村集体经济培育和壮大。2017年，全区12个扶贫新村集体经济人均已超过10元，顺利通过了市、区验收。非贫困村集体经济已得到了有效发展，“空白”村大大降低。

【深化农村改革】 农业农村改革，农工委作为牵头部门，责无旁贷，使命光荣。深化农村产权制度改革。在巩固农村产权改革基础上，完善了区、乡、村三级产权交易服务体系，完成了确权颁证工作，加快推进农村“三权分置”试点工作，有力地推动了农村产权依法有序流转。深化农村金融制度改革。坚持“政府搭台、银保合作”的农村金融服务模式，健全全区农村小额担保机构，拓展农村特别是贫困村、贫困户融资贷款途径。设立了500万元扶贫贷款及特色农业保险风险基金，鼓励金融和保险机构加强对贫困村、贫困户产业发展的资金支持和特色农业保险支持。今年，累计实现推动抵押贷款8000万元、农业政策性保险收入305万元、特色农业保险收入55万元。加快农业新型经营主体培育。坚持把招引和培育新型农业经营主体作为农业产业化建设的重中之重，切实加大培育龙头企业、农民专业合作社组织、家庭农场、专业大户工作，进一步完善龙头企业、农民专业合作社经济组织与农户利益联结机制，大力推进农业产业化经营，促进农民快速增收。今年，全区新招引投资500万元、带动农户100户以上的龙头企业8家，新发展农民专业合作经济组织70个、家庭农场75个、职业农民经理人275人，创新农村集体资产管理，推进农村集体资金股份量化，增加农民资产股份化分红收益。今年以来，股份量化农村集体资产1.2亿元，实现农民股份分红320万元。

【其他】 牵头抓好全区农村工作目标管理及督导。年初，代区委、区政府拟定下发了《关于做好2017年全区农业农村工作的意见》《2017年全区农村改革工作要点》等文件，将农业农村重点项目及农村改革目标任务分解到相关部门和乡镇，责任落实到人，一级抓一级，层层抓落实。同时，定期深入乡镇、村第一线，现场督查指导，了解和解决困难、问题，以此确保农村工作各项目标圆满实现。

牵头抓好农村政策调研工作。为了给区委、区政府领导参好谋、服好务，区委农工委积极深入农村第一线围绕新农村、脱贫攻坚、现代农业、产业化经营、农村改革等方面进行调研，撰写了《对顺庆区龙头企业发展现状的调查与建议》《关于顺庆农业融入重庆发展的构想》《关于加快顺庆幸福美丽新村建设的对策思考》《如何加快扶贫新村建设》等调研文章。

牵头抓好四川省第五届农博会工作。按照省市部署，认真组织，周密安排，制作了顺庆三农宣传片1部，印发了顺庆宣传资料8000多册，组织了11家龙头企业专业合作社参展，展销产品涉及粮油、蔬菜、干果、畜禽等12大类、80个产品，现场销售额达到458万元，贸易签约金额达到7600万元，得到了省市充分肯定。

牵头抓好人大议案、政协提案办理工作。针对人大代表和政协委员提出的意见和建议，积极会同相关部门结合实际认真办理，直至代表和委员满意为止。全年，共办理提案和议案6件。

牵头抓好农工委及农工委系统各局党建、党风廉政建设、精神文明建设及宣传、档案、安全、信访、维稳等工作。各单位均落实了领导管、专人具体抓，做到了学习有笔记、工作研究有记录，年初有计划，年终有总结。

【领导名录】

主　任：何　平

机关党委书记：李文伦

副主任：杨　勇

纪检员：庞永林

（陈　斌）

农牧业

【概况】 2017年，顺庆区农牧业局紧紧围绕年度目标任务，结合省、市的各项工作要求，着重开展了以农业增效农民增收为核心，以农业农村综合示范区建设为抓手，以农业产业基础建设为突破口，以农业发展带动群众脱贫为重点开展系列工作。

【重点项目建设】 嘉陵江沿线现代农业开发项目。在搬罾、渔溪、大林、金台新（改）建专业蔬菜基地6000亩，其中改造提升蔬菜标准园1000亩，电力安装2.5公里。农科院科技研发中心建设项目。完成项目区370亩土地的租用，以及区域内拆迁、勘察、规划设计，启动基础设施建设。农业和综合开发区域生态循环项目。完成搬罾、金台2个镇13个村共1.82万亩的种养业及观光旅游农业建设项目，基本形成全域生态循环整体链条。重点提升了禾香有机肥料厂的相应设备，生产能力提升至4.6万吨/年；净化养殖肥水1800吨；提升三公农机合作社设施设备共45台套；建设标准化生产观光油菜基地1万亩；科技教育培训推广4000人次。西河生态乡村游项目。完成项目区域3000亩梨树栽植，对已经种植的7000余亩梨园进行日常管护。

【粮油产业】 2017年，全区粮食总产量达14.35万吨，超过目标任务0.04万吨。全年建成9万亩粮油高产示范片（其中水稻国际Ⅰ级米4万亩；优质油菜5万亩）。全区共有种粮大户35户，新培育粮油专业大户、专合社、家庭农场10户，复耕撂荒土地1万亩。生产果城牌香米5000吨。农民人均收入通过粮油产业发展增加420元。

【蔬菜产业】 大力做好蔬菜“三新工程”。引进蔬菜新品种20个，新品种和新技术示范推广面积1.5万亩。大力培育蔬菜产业经营主体。在搬罾、渔溪、大林、金台培育100亩以上生产主体15个，蔬菜产销主体3个。

【果树基地建设】 积极推进金台镇、芦溪镇、梵殿乡、顺河乡、永丰乡、双桥镇等乡镇水果产业发展，建成水果产业园12个，完成高标准特色水果基地建设0.5万亩。做好2016栽种的0.82万亩果树的日常技术指导，按季节深入各乡镇开展技术培训，培训人员300余人次。引进先进的水果种植技术和优良品种，全年共推广宽厢深沟、聚土起垄，LS地布覆盖、肥水一体化等新技术5项，引进新品种3个。全年水果产量完成1.58万吨，其中柑桔1.05万吨。

【高标准农田建设】 积极配合区财政局完成李家镇、辉景镇现代农业水稻项目基础建设和农业综合开发项目，建成“四网”配套标准农田1.2万亩。推广测土配方施肥面积20万亩。新建渠道36538米，渠系建筑1802处，整治（新建）山坪塘6座，砌筑地埂3.5万米；新建护坡1.1万米，新修生产便道1.4万米，新修机耕路3.5公里，地力培肥1万亩。

【现代畜牧业】 到2017年底，全区年底存栏生猪18.1万头、家禽350万羽、牛1.72万头、羊13.46万头，同比分别增长1.1%、5.1%、3.0%、10.1%。出栏各类畜禽714.6万头（只、羽），同比增长0.35%。畜牧产业结构更加合理，畜禽良种面更广，其中家禽良种化程度约94.8%、生猪三元杂交面92.1%、肉羊良种及杂交面99%、牛良种面77.2%，畜牧产值达19.1亿元。肉羊标准化养殖基地建设项目完成建设。完成投资1200万元，建成标准化羊舍7栋共7000余平方米，配套建成办公区、羊奶加工中心并投产使用，初步建成全区羊奶生产、加工、销售产业链。

【水产业】 通过科学划定禁养区、限养区、养殖区，大力推广稻渔综合种养模式，不断提升水产总产值。全年开展水产技术专题培训4期，培训756人次，发放资料1560份；完成水产品产量9300吨，产值1.82亿元，新增稻鱼综合种养面积1000亩，助农人均增收13元，成功创建农业部健康养殖示范场1个。

【农机装备建设】 新成立农机专业合作社2户，年末全区农机合作社总数达到10户，全年农机合作社作业面积比上年增长3万亩。新建电灌站6处242KW，改造3处、97KW；机电提灌保灌面积达到9.3万亩。在顺河、渔溪召开农机全程机械化作业示范现场会3次，共计示范机插秧、油菜机收、土豆机收、蔬菜移栽、机械化秸秆还田1500亩，带动周边群众进行全程机械化作业4000余亩。组织春耕跨区作业，面积10000余亩。全区主要农作物耕种收综合机械化水平达到51.5%，比2016年增长5.3%。

【特色产业】 顺河樱花谷原生态观光农业建设项目，完成项目规划及700亩樱花移栽以及连栋大棚建设。大林猕猴桃基地建设项目，完成1000亩猕猴桃种植基地建设以及灌溉设施和绿色防控设施配置。中信智慧农业产业园建设项目，建成了物联网系统平台，安装室外监测系统8套、气象站5个，仪器已调试完成并投入使用，500平方米产品展示馆已建设完成。同仁、灯台、永丰等乡镇发展中药材基地1000亩。金台镇包包村民意食用菌产业园建成年出菇300万袋虫草菇基地。

【农村土地承包管理】 全面完成确权登记颁证工作。全区共有农村土地承包总户数6.03万户，已颁发《农村土地承包经营权证》5.36万户，颁证率达88.98%以上。规范有序推进土地流转。全年共办理农村土地经营权证14笔，办理的经营权证流转面积0.44万亩，共带动新型经营主体业主办理抵押贷款1.6个亿。开展财政支农资金形成资产股权量化改革试点工作。将财政支农资金形成资产437.65万元量化给了2330个合作社成员和村集体经济组织成员。

【农村新型经营主体培育】 全年，新增专业合作社63个，家庭农场29个，创建区级示范场社共计8个。南充市顺庆区蜀农特种养殖农民专业合作社被评为“四川省第九批农民合作社省级示范社”，南充市顺庆区宏盛蛋鸡养殖家庭农场被评为“四川省第三批家庭农场省级示范场”。3个农业新型经营主体入驻省级农产品安全追溯管理平台。

【农技培训】 全年区农牧业局组织讲师团专家和技术员到乡镇进村开展培训200多场次，培训农民2.8万多人次，发放技术资料明白纸20多种近7万多份、科技书籍1.6万多册，协助新建农民夜校40多个，农业技术推广示范基地3个。加快进度继续开展乡镇农技推广机构条件建设、基层农业技术推广改革与建设、基层农技人员培训、新型职业农民培育等工作。全面完成农技推广体系改革工作；组建区级专家组，组成由农技、种子、果树、科教、畜牧、农产品质量安全等方面的7名中高级农艺师（畜牧、兽医师）为成员的全区科技入户专家组，围绕水稻、玉米、畜牧等生产遴选培育了720户科技示范户。

【植保植检工作】 做好农作物病虫害防治工作。全区全年主要作物主要病虫害发生面积59.55万亩次，防治面积73.63万亩次，挽回经济损失18814吨。抓好重点病虫防治。对小麦条锈病、麦蜘蛛、赤霉病、稻飞虱、稻瘟病、水稻螟虫等重大病虫加强监测，根据发生趋势及时发布了病虫灾情预报和警报，制定了防治预案和应急防治对策。搞好病虫防治示范。在同仁、搬罾、芦溪、金台等乡镇建立了重大病虫防治示范区，面积1.5万亩，通过示范区带动了全区病虫综合防治工作。加大投入构建重大病虫监控体系，建立完善村级植保专合组织。

【动物防疫工作】 开展春、秋季动物常态化防疫工作，认真做好对生猪、牛、羊、家禽、犬的重大动物疫病的免疫工作，消毒灭源圈舍面积达110万平方米，免疫率和消毒面均达到要求。不断加强对乡镇畜牧兽医站的技术指导，确保重大动物疫病的免疫工作和消毒灭源工作做实做好。扩大疫情排查和人畜共患病防控的监测范围，增加了监测数量和频率，及时掌握了疫情动态，确保全区清净无疫。

【H7N9防治专项工作】 组建5个H7N9防控工作小组，对区内活禽交易市场、屠宰场所开展了拉网式疫情普查和死禽无害化处理，强化市场监管。开展辖区内禽流感动物流行病学调查，落实预警监测。累计出动监督检查人员和村级防疫人员0.5万余人次，普查养殖场（户）4.6万个次，禽类480万羽，紧急免疫接种140万羽，及时有效处置发生的H7N9疫情，营造了良好的生产生活环境。

【脱贫攻坚】 成立了产业扶贫工作领导小组，多次组织召开党组会议研究脱贫方案，按照“村村有脱贫奔康产业园”的要求，明确责任，落实任务，狠抓特色产业培育，产业扶贫取得了阶段性成效。一是奔康产业园建设全面落实。12个省级贫困村建成产业基地4300亩，发展庭院经济134户，建成跑山鸡基地、食用菌基地各1个；4个市级贫困村产业园在原有产业的基础上进行了完善。二是产业扶贫拉练现场进展良好。重点打造新复、同仁十里长廊梨园产业带和休闲观赏农业基地，新建产业基地面积3000亩。三是贫困村精准帮扶深入开展。大力帮扶定点联系的梵殿乡徐家沟村。为推进该村产业的有效发展，区农牧业局支持产业扶持资金5万元，并发放了400亩油料基地所需的油菜种子和肥料，为贫困户发展庭院经济提供了4000株柑橘苗。全局职工开展“一对一”帮扶贫困户57户。四是大力开展“五个一”工作。区农牧业局围绕“五个一”扶贫行动，积极开展了31个建档立卡省级贫困村驻村农技员的监督、指导和培训。组建了3个农技专家服务团，协助贫困村编制了一个农业产业扶贫规划，积极推广一批主导品种和主推技术，帮助培育一批农业科技示范户，指导培育一批新型农业经营主体，助推发展一个主导产业。农业科技服务团和农业技术巡回服务小组在全区31个建档立卡贫困村和6个插花村举办技术讲座100多场，开展科技下乡20多次，发放农业科技图书800册、农业技术资料6000多份，接待咨询服务群众6000人次，现场解决技术难题60多个。五是扶贫资金和项目管理科学有序。区农牧业局参与了产业扶持基金的制度设计、管理办法制定、指导督查和监督检查，联合区财政、区扶贫移民局等召开了“四项扶贫基金”培训会，定时了解全区产业扶持基金使用情况并督促相关乡镇（街道）、村使用产业扶持资金。

【环保督查整治】 一是整治畜禽污染。2017年3月以来，顺庆区在全市率先启动了畜禽养殖污染整治工作。区农牧业局负责起草了《南充市顺庆区畜禽养殖污染整治方案》，并对全区畜禽养殖污染治理工作全程指导，协助乡镇（街道）政府关停禁养区和污染严重的养殖密集区养殖场（小区）、养殖专业户179户，169个养殖场（户）纳入监管治理。二是农业面源污染整治工作全面完成。建立秸秆综合利用示范点8万亩，全区秸秆综合利用率达83%，化肥农药零增长目标顺利实现，病虫草鼠害总损失率控制在3.2%，主要作物绿色防控覆盖率达到40%。不断强化秸秆焚烧污染治理，区、乡、村、组四级管理网络基本建成并运行；深入推广有机肥代替化肥行动；在全区设置了3000余个农业投入品废弃物回收点；集中2次清理农村白色污染，多管齐下确保环境改善。开展以果树种植企业、专合社、专重大户为主的经济作物面源污染治理工作。严厉打击“电、毒、炸”鱼活动，全力保护好渔业资源，维护好水域生态环境。通过环境整治，科学管理，加强了农产品的安全生产，全区农产品在省级质量安全例行监测中，合格率达到98%。

【农业执法】 加大对农资市场的巡查力度，实行农资产品倒查制。开展了“大春水稻玉米种子市场检查行动”“农药春夏季检查行动”“小春油菜小麦种子市场检查行动”“农药秋冬季检查行动”，共检查了3个农资城区批发点，检查门市193家次，乡镇农资市场检查涉及全区18个乡镇3个涉农街道办事处，检查种子经营户78家，检查农药经营户74家，共出动执法人员479人次，有效整顿了农资市场经营秩序。

【农机管理】 全年累计审批管理在册各型拖拉机202台、联合收割机9，43台通过年度安全检验。全年共开展农机安全检查15次，检查农业机械150余台，排查隐患10余处，纠正违章情况50余起。

【动物卫生监督】 全面落实动物检疫，严格按照农业部“六条禁令”规定，做好产地检疫和屠宰检疫工作，严禁不按规定出具检疫证明，2017年以来，全区无一起违法违纪事件发生，切实保障了群众“舌尖上的安全”。全面加强畜产品质量安全监管工作，重点对饲料、兽药等投入品的生产、经营、使用环节监管，强化畜禽生产源头防控。加大执法力度，共开展瘦肉精等违禁物、投入品“拉网式”检测2次，监管各类经营主体944次，监督无害化处理病死生猪701头，立案查处各类违法案件11起。

【水产监管】 全力搞好全区水产品质量安全监管工作。召开宣传培训会议6次，签订水产品质量安全生产责任书、承诺书各48份，发放宣传资料1460份，出动宣传车船13次，参与人员94人次，出动检查车辆30辆次，检查大型养殖场地38场次，完成监督抽样10个、风险监测抽样60个，全部检验合格。

【农产品安全监管】 全年利用网络、报刊、电视等媒体深入宣传《食品安全法》《农产品质量安全法》等，提高生产者和消费者的质量安全意识。举办培训班2期，发放宣传资料2.8万多份，咨询服务群众2000多人次，引导农民在农产品生产过程中使用高效低毒农药，严禁使用和添加违禁药物，大力提倡使用高效、无毒、绿色生物药品。对全区蔬菜产品进行了农药残留抽样化验，全年共完成农产品抽检样品3000多个，检测品种达50余种，抽检合格率达100%。大力加强标准化示范基地建设和“三品一标”认证力度，严格按标准生产，严格控制禁用农业投入品使用，全区共有10家企业获得无公害产地认证，30个产品通过了无公害认证；全年新申报了2家无公害基地与2家绿色基地，4家企业获得有机产品认证；对已到期的1家绿色基地与4家无公害基地进行了到期换证工作。

【党建工作】 局党组不断强化政治理论学习，提高政治站位。狠抓政治引领，组织全局干部职工学习宣传贯彻党的十九大、省第十一次党代会和市委、区委相关会议精神，树牢“四个意识”，增强党员干部政治定力。压实党建工作责任，定期召开支部党员大会、支部委员会、党小组会，并制定学习制度。不断强化队伍建设，凸显模范带动，积极创新党建工作机制。规范党支部建设，顺利完成局机关支部换届，并选配5名政治素质好、工作能力强的业务骨干担任支部委员。由各支部牵头，抓好组织生活制度的落实，严格落实“三会一课”制度。着力增强党员队伍素质，全年培养发展入党对象2人，组织开展专兼职党务干部培训3期15人次。

【党风廉政建设】 认真落实党风廉政建设“两个责任”，加大纪检监察工作力度，以落实“两个责任”为主体，形成齐抓共管的合力。大力开展廉洁从政教育，创新反腐败教育形式，常态化开展“约谈”，及时提醒和纠正苗头性、倾向性问题，坚决查处违反政治纪律的行为。大力推进惩防体系建设，完善监督管理长效机制。

【其他】 全年，完成了全局组织建设（含干部队伍建设、两学一做学习教育），思想建设（宣传思想及精神文明建设），民主政治建设（人大、政协、统战工作），社会稳定（维稳工作、安全工作、群众信访工作、社会治安综合治理），依法治局（依法执政、依法行政），无偿献血、信息报送、公共机构节能等工作目标任务。

【领导名录】

局　长：曹　明

副局长：贾文甫（10月止）

杜丽萍（女）

王炳林

纪检组长：马　嵬（回族）

总农艺师：黄中强

总兽医师：李刘明

（范　虎）

林　业

【概况】 2017年，区林业局深入贯彻落实各级党委政府关于生态文明建设的重要决策部署，牢固树立“绿水青山就是金山银山”发展理念，紧紧围绕“生态强区、绿山富民”建设目标，大力开展造林绿化项目和生态修复工程，扎实推进两大民生工程，大力推进林业生态扶贫工作，积极筹备青龙山森林公园建设，全区林业发展抓住了新机遇，迈上了新台阶。截止年底，全区林地保有量23.2万亩，森林蓄积量达38.6万立方米，森林覆盖率达26.85%，林业总产值达7.87亿元。

【林业重点工程】 2017年，积极开展新一轮退耕还林，通过与区国土局协调基本农田规划问题，顺利实现任务落地；抓好了巩固退耕还林成果6万亩，全面完成巩固退耕还林成果专项建设任务并通过省级验收，完成年度政策补助资金550万元打卡兑现；管护生态公益林12.7万亩，完成2017年公益林补偿资金180万打卡兑现；开展2017年大规模绿化顺庆行动，栽植彩叶树种1000亩；完成西山造林绿化项目顺利完成，栽植樱花650株；完成桂花乡环湖路绿化40km；圆满完成脱贫攻坚拉练项目，新增七彩林500余亩。

【绿化项目】

嘉陵江绿色生态长廊工程建设有序进行，完成顺庆区2017年度嘉陵江绿化方案编制与招标工作，计划在凤山、渔溪造林300亩，投资150万元，在搬罾栽植以红叶杨为主的防护林15000余株，共计150余亩；西山造林绿化项目顺利完成，完成樱花栽植650株，成活率达到99%，6月通过区级验收，整体提升了西山风景区景观档次，丰富了景区内涵；桂花乡环湖路绿化项目顺利完成，全面完成环湖路两侧共计40km绿化，并顺利通过区级验收；实施七坪寨周边山体绿化、四方湖周边绿化和华凤至同仁道路两侧及骑游道补植补造三个绿化项目，新增七彩林500余亩，脱贫攻坚拉练项目圆满完成。

【生态修复】 实施生态修复工程，开展林业火烧迹地生态修复和西河（顺庆段）森林生态植被修复两项工程，完成勘察设计单位招标，作业设计及进场施工正在加紧进行，项目涉及新复、搬罾等4个乡镇，计划栽植风景林和防护林2200亩，其中火烧迹地修复800亩，西河生态植被修复1400亩；开展2017年大规模绿化顺庆行动，筹备实施2017年秋季机关干部义务植树和2017年秋季乡镇绿化活动，在桂花、新复等12个乡镇，用3个月时间栽植栾树、红枫、红叶李、银杏等彩叶树种1000亩，投入资金1200万元；落实大规模绿化顺庆行动长期计划，区政府常委会、区纪委常委会把每年两次大规模绿化顺庆行动纳入“十三五”规划，落实专项预算资金，保证项目落实落地，通过扎实开展“机关干部带动、城乡全面铺开”的植树造林活动，广泛吸引全社会关注和参与国土绿化工作，掀起造林绿化新高潮，加快生态修复新步伐。

【资源保护】 建立健全保护发展森林资源任期目标责任制，切实抓好从区级到镇（乡）的各级领导任期发展和保护森林资源目标责任，实行奖罚等年度考核制度；全面实施禁采禁伐，经人大审议通过，发布实施《关于在全区进行封山育林并禁伐的公告》，通过划定禁伐区、限伐区和严控商品林采伐指标等具体措施，2018－2020年期间顺庆区全面实施封山育林并禁伐；严格行政审批和林地征（占）用报批，办理行政许可113件；完成林地征用报批9件，依法征收集体林地面积400余亩、征缴森林植被恢复费850余万元，印发相关制度文件，推进行权平台高效规范运行。

【资源管理】 加大林政执法力度。坚决实行凭证经营、加工制度，多次开展专项行动和联合突击检查行动，严厉打击乱砍滥伐、非法运输木材和违法经营野生动物等林业违法行为，逐步规范全区木材经营加工企业，共依法查处刑事案件1起，行政案件12起，林政处罚12人；依法监督检查木材运输车辆150余车次、流通木材80立方米，没收非法和无证木材20余立方米，收缴罚没款20000元；依法收缴国家保护二、三类动物8只（条），放归野生动物25只（条）。

积极开展森林病虫害监测防治工作。实现森林监测全覆盖，2017年林业有害生物成灾率为0，无公害防治率达85%以上，测报准确率达85%以上，种苗产地检疫率达90%。开展森林病虫害防治技术培训1000余人次，有效提高了广大林农的病虫害防治管理技能。

各项专项普查扎实开展。全面完成名木古树普查，实现登记挂牌110株，普查工作顺利通过市级验收；全面完成省森林资源清查外业调查，顺利通过林勘院的检查验收；圆满完成林业有害生物普查工作，通过6轮调查，发现有害生物110种，制作标本82种，顺利通过市局检查验收；启动林木种质资源普查，成立了普查领导小组，制定了《顺庆区林木种质资源普查工作方案》并送审，顺利启动顺庆区林木种质资源普查工作。

【脱贫攻坚】 加强走访慰问。组织全局干部职工每月走野猪沟村访帮扶对象，积极了解贫困户生产、生活近况，着力帮助解决存在的困难和问题。利用春节、端午节等开展慰问活动4次，共计捐赠24000元，送出大米440斤、食用油220斤、棉被22床、棉衣22套，图书

1套。加强技术培训。鉴于李家镇野猪沟村、永丰镇打锣山和老虎嘴等村扶贫核桃产业园区已建成，但因管护不到位而见效不佳，组织专业技术人员在扶贫村针对性开展核桃管护技术培训6场次，受惠群众达400余人。加强林业扶贫产业建设。根据全区扶贫总体规划和产业发展规划，全区整合林业、扶贫等项目资金，在桂花等乡镇集中连片发展藤椒2000余亩。创新帮扶举措，促进持续稳定增收。变“输血“为”造血，帮助李家镇野猪沟村新建脆红李扶贫产业园，同时研究制定“种护一体”帮扶措施，按300元/月标准定期向20户帮扶户发放管护资金，全年可达3600元，脆红李挂果后预计每亩增收8000元，帮扶效果显著。

【资金争引】 加大与省、市对口部门的沟通联系，加强与发改、财政等部门的工作对接，认真研究利用开发性和政策性金融推进林业生态建设政策，千方百计争取资金，全年累计到位1865万元，超额完成目标任务。

【领导名录】

局　长：尹　灏（6月起）

副局长：李仕东

付德勇

庞　博

纪检组长：张廷玉

森林公安派出所所长：李晓慧（女）

（秦雪梅）

水　务

【概况】 2017年，顺庆区水务全体干部职工不忘初心，心系水务，为建设“成渝第二核心功能区”提供了有力的水利支撑和保障。据统计，全年争取到位资金10124.95万元。完成了第一污水处理厂外管网建设、潆华高新技术产业园区污水处理配套管网临时工程的建设；启动李家镇、芦溪镇2座乡镇污水处理厂（站）厂站建设；小农水重点县建设新增有效灌面5.2万亩，四川省第二批节水型重点县（区）项目新建渠道16Km、整治渠道22Km、整治山坪塘37口；2017年脱贫村安全饮水项目建城乡供水一体化管网，延伸到2017年脱贫村；完成了金台斗渠、扶黄斗渠的节水项目改造；启动了青峰水库、永丰水库的前期工作；对辖区所有砂石堆码场进行了清理整治；完善了水政巡查制度，加强执法检查；搞好全区水利工程安全度汛工作，完成2017年度高效节水灌溉项目。

【城乡供水一体化】 初步建成桂花片区水厂、嘉陵江片区水厂、康源片区水厂，完成45个村的供水管网222.059公里。

【城乡污水治理和垃圾处理一体化】 2017年6月与南充信开水环境治理有限公司签订合同，对我区水环境进行整体规划，并编制了10个专项治理方案，计划投资13.37亿元。建设内容：提标扩建城市污水处理厂并配套管网1座，提标改造乡镇污水处理站16座，新建乡镇污水处理站3座，新建下沉式污水处理厂1座，实施城乡供水管网延伸工程（涉及257个村），部分流域治理工程等。现已启动实施项目4个，芦溪镇、李家镇污水处理站厂区土建工程已基本完成，顺庆区第一污水处理厂配套管网主体工程已基本完成，完成投资约8700万元。将18座乡镇污水处理站现状移交南充信开水环境治理有限公司运营管理。

【农田水利】 水库整治项目工作：启动青峰水库、永丰水库前期工作。永丰水库已完成《南充市顺庆区水资源配置规划报告》并批复。《工程项目坝址（渠线）选择专题报告》《正常蓄水位选择专题报告》正在加紧编制。2017年6月完成库区实物淹没初查工作。

四川省第二批节水型重点县（区）项目：在金台镇包包田村、梵殿乡董干沟村等9村共整治渠道15.39km，新建渠道9.11km。现在正交由乡镇组织实施建设。完成2017年度高效节水灌溉项目方案编制、设计及工程建设工作。

升钟灌区渠道整治项目：已于2017年4月完成了金台斗渠、扶黄斗渠的节水项目改造。9月启动华光支渠、永丰斗渠、荆溪斗渠马市铺斗渠及管理房的建设。

【防汛减灾】 在汛期到来之前，对境内的在建和已建的各项水利工程进行了汛前安全隐患大排查，对存在隐患的部位及时进行了整改。与区气象局联合推出汛期专用短信平台，在汛期通过短信平台每天向相关单位发送水情、雨情和天气信息，同时建立顺庆防汛QQ群。搞好全区水利工程安全度汛工作。今年汛期，我区无水库垮坝，未出现大的险情。

【水土保持】 完成了《南充市顺庆区水土保持规划（2015－2030年）》的专家评审、政府批复、市级备案工作；完成了龙城院小流域工程项目的决算及遗留问题的解决；完成了《南充游船服务中心及灯塔项目水土保持方案报告表》《南充东方医院门诊楼改扩建项目水土保持方案报告表》的审批备案工作；完成了《南充市顺庆区县级医院改扩建一期工程水土保持报告书》的评审、批复工作。

【脱贫攻坚】 全局分成8个小组对金台镇土垭村对口帮扶的28户贫困户进行帮扶，并对8户精准贫困户进行一对一的定点帮扶，群策群力确保了今年8个贫困户全部脱贫的任务。全力推进脱贫饮水安全工作。对新复乡长远沟村七品寨拉练项目等12个村供水管网延伸工程的建设，如期完成精准扶贫人口饮水安全任务。加快开展农村水利设施基础整治工作。

【河长制工作】 贯彻落实《四川省贯彻落实〈关于全面推行河长制的意见〉实施方案》（川委发〔2017〕3号）和《南充市贯彻落实〈关于全面推行河长制的意见〉实施方案》（南委发〔2017〕2号）精神，成立了顺庆区全面落实河长制工作领导小组，为“一江四河”设立了区级河长，并成立了区总河长办公室、区河长制办公室。要求并督促29个乡镇（街道）根据我区出台的《贯彻落实〈关于全面推行河长制的意见〉实施方案》和《全面落实河长制工作方案》编制出台了相应方案，完善了《顺庆区河长制会议制度》《顺庆区河长制工作信息通报制度》《顺庆区河长制工作督办制度》《顺庆区河长制工作考核制度》《顺庆区河长制工作信息共享制度》《顺庆区河长制工作考核问责制度和激励制度》等各项工作制度，建立了上下联动、部门协调、责任落实、同步推进的工作机制。建设完成了“区、乡、村”三级河长制工作体系，设立了各级河长，在河库岸边显著位置竖立了河长公示牌，分级分批公告区、乡、村三级河长信息，标明了河长职责、河库概况、管护目标、监督电话等内容。完成了嘉陵江“一河一策”管理保护方案编制工作，其余“四河”的“一河一策”管理保护方案基本成型。

【水政执法】 今年，水政执法大队开展了形式多样的水法规宣传活动，结合环保督促开展了嘉陵江顺庆砂石清理整治工作。自今年7月以来，结合环保督查工作要求，区委区政府高度重视，集中开展了全区砂石集中清理整治工作，按照“全面关闭、全面清理、全面规范、全面验收”的程序，对辖区所有砂石业主、所有砂石堆码场进行了清理整治。完善了水政巡查制度，加强执法检查，打击水事违法。严格按照水事巡查制度和巡查计划，采取定期巡查和不定期巡查相结合的方式进行巡查。加强了执法人员培训，开展了案卷评审交叉检查学习和交叉执法检查学习活动。

【领导名录】

党组书记、局长：赵凤伟（12 月止）
任建中（12 月起）
党组成员、副局长：陈德勇
杨成鹏
党组成员、纪检组长：张　剑
党组成员、水保办主任：刘立新

（邓碧良）

升钟灌区管理

【基本概况】 南充市顺庆区升钟灌区管理局下设两科一室，即工程科、灌溉科、办公室，在编人员 17 人，职数一正两副。升钟顺庆灌区共有干、支、斗渠 13 条 108 公里，控灌全区 18 个乡镇（街道）灌溉农田 21.9 万亩。

【渠道维护】 投入水毁和抢险资金 80 余万元。春灌前夕我们及时安排布置了升钟渠道清淤和维修抢险工作。华光支渠滑坡抢险工程和李家斗渠水毁整治工程为春灌放水工作打下了坚实基础。

【灌溉引水】 成立了以局长张坤为组长，分管领导为副组长，各科室负责人为成员的领导小组；成立 3 个放水中心站，由放水经验丰富的同志任站长；精心制定调度方案，全力强化工作举措，并积极协调与市升钟局及上游单位的衔接。2017 年春灌放水从 5 月 8 日开始至 5 月 28 日结束，历时 20 天，引入水量 1800 万方。灌区水稻实适保栽率达 100%，有力保障了农业抗旱夺丰收，同时也解决了部分乡镇人畜饮水题。

【项目实施】 节水改造项目总投资 8700 万元。2017 年完成了金台斗渠、扶黄斗渠的节水改造项目 16 公里，共计完成资金投入 1500 余万元。2017 年 10 月对华光支渠、永丰斗渠、荆溪斗渠、马市铺斗渠及管理房进行了招标，总投资约 4762 万元。

【脱贫攻坚】 成立了精准扶贫工作组，深入帮扶对象，逐户详细了解贫困家庭情况，分户制定切实可行的扶贫计划，进行结对帮扶。在扶贫过程中，为潆溪街道的灶君庙村、石燕子村碾子湾村 21 户贫困户送去猪仔、慰问品、电器等共计 5 万余元。同时为潆溪街道办事处灶君庙村修建出行便道、院坝、彩钢棚等投入资金 16 余万元。通过这一系列的实际行动，工作人员与对象户关系融洽，扶贫措施均得以实施，脱贫计划进展顺利，实现了 2017 年全面脱贫。

【领导名录】

局　长：张　坤
副局长：冯　劲
杜　江

（杨　虎）

农村经营管理

【概况】 2017 年，南充市顺庆区农村经营管理局工作紧紧围绕农村集体产权制度改革，以农村土地承包经营权确权登记颁证、农村集体资产股份合作制改革、积极培育新型农业经营主体为重点，扎实推进农村经营管理工作，为全面建设小康社会做贡献。

【农村土地承包管理】　确权登记颁证。2017年顺庆区农村土地承包经营权确权登记数据在全省首个通过省级、部级质检完成汇交。按照省、市要求，2017年5月全区《农村土地承包经营权证》制作打印完毕，颁发到乡镇，由乡镇陆续颁发到农户。全区共有农村土地承包总户数6.03万户，现已颁发农村土地承包经营权证5.43万户，颁证率达90%以上。

土地流转。规范土地流转行为，完善土地流转机制。建立土地流转市场服务体系。结合我区实际提出了《规范农村土地经营权有序流转发展农村适度规模经营的意见》，建立了区、乡镇、村三级农村产权交易平台，引导发展多种形式适度规模经营，认真办理土地经营权证工作，推广土地流转收益保证贷款。2017年，农经局收到农村土地经营权证申请20笔，经调查核实共办理农村土地经营权证14笔，办理的经营权证流转面积0.44万亩，完成市目标任务220%。截止2017年11月，农村土地流转收益保证贷款余额达到1.6个亿。

【新型经营主体】　截至2017年11月底，全区共有家庭农场272家，专业合作社384家，其中当年新增专业合作社63个，完成市目标任务630%；新增家庭农场29个，完成市目标任务193%；新创建区级示范场（社）8个；2017年新增农民专业合作社省级示范社1个，家庭农场省级示范场1个。2017年初区农经局组织区属新型经营主体参加省农业厅“迎新春优质农产品联展”，强力推出我区优质大米、糙米、特色瓜蒌等产品，受到群众好评。

争取中央财政支农资金25万元，用于顺庆区搬罾蔬菜产销农民专业合作社完善蔬菜基地基础设施建设，扶持国家级专业合作社示范社的发展；争取省级财政支农资金10万元，用于顺庆区宏盛蛋鸡养殖家庭农场养鸡场钢架棚建设。扶持省级家庭农场示范场的发展。区属新型经营主体发展逐步向规范化迈进。

【土地承包纠纷仲裁调解】　为提高区乡两级基层土地承包经营纠纷仲裁人员仲裁工作能力，2017年先后组织二次共八名区乡两级土地仲裁工作人员参加全省农村土地承包经营纠纷调解仲裁培训。同时在乡镇大力宣传农村土地承包法律、法规和政策，及农村土地承包经营纠纷仲裁法相关知识3次，发放宣传资料2000余份，受理调处纠纷90件，其中乡村调解89件，仲裁委受理调处纠纷1件。保障农民合法权益，为农村社会稳定发挥了重要的作用。2017年积极争取省农业厅拨付专项资金建成我区农村土地承包经营纠纷仲裁庭，完善软硬件设施，为土地纠纷仲裁工作规范化运作打下基础。

【集体经济】　2017年初，区委、区政府成立了全区发展壮大村级集体经济工作领导小组，下设办公室于区农牧业局，负责强化领导及工作协调、督办落实、信息综合。领导小组办公室按照区领导小组的要求，抽调人员，组建专班，稳步推进全区发展壮大村级集体经济工作，已取得阶段性成绩。4月底，区农经局会同区委组织部、区委农村工作委员会对全区253个村（社区）集体经济发展情况进行调查摸底、分类排序和工作调研。从前期调查摸底情况来看，全区村级集体经济“空壳村”占45.5%，全区大部分村集体经济比较薄弱，村集体“无钱”办事的问题相当突出。在深入调研的基础上，区委、区政府出台了《关于进一步加快村级集体经济发展的意见》，明确提出了全区村级集体经济收入的总体目标，即力争五年内实现村级集体经济收入5万元以上的村达到50%以上的目标，培植出一批集体经济实力雄厚的示范村。在全区范围内确定14个重点帮扶村，实行“四个一”的工作模式帮扶，要求发改、财政、农业、国土、林业、水利、民政、科技、扶贫开发等区直部门将涉农资金和项目向村级集体经济发展项目倾斜，用项目整合资源，用资源整合资金，并向上级部门争取对村级集体经济发展的扶持奖励资金。同时抓结对帮扶，加大部门帮扶力度，鼓励企业反哺农村，村企自愿结对，合作开发、兴建农业生产化基地、农产品深加工基地和其他配套设施，支持村级发展壮大村级集体经济。

【农村改革试点工作】 财政扶贫支农资金股权量化。根据省政府办公厅《关于推进财政支农资金形成资产股权量化改革试点的意见》（川办发〔2014〕100号）、市人民政府《南充市财政支农资金形成资产股权量化改革实施意见》（南府办发〔2015〕51号）精神，结合我区实际，2017年6月，区农经局按区政府要求及时拟定《南充市顺庆区财政支农资金形成资产股权量化改革实施意见》，选定顺庆区菜篮农业果蔬专业合作社、顺庆区大林镇石马嘴猕猴桃专业合作社、搬罾镇干堰塘村等开展财政支农资金形成资产股权量化试点工作。通过七个工作步骤将财政支农资金形成资产437.65万元量化给了2330个合作社成员和村集体经济组织成员。10月份在全市财政支农资金拉练中，区农经局根据资金性质不同采用的“三种量化方式”“七个工作步骤”得到市级领导、各县区检查人员的一致好评，拟在全市范围内推广。《南充日报》对我局总结的财政支农资金量化工作方法进行了专题报道。

农村集体资产股份制改革。全面落实中央推进农村集体资产股份制度改革精神，开展农村集体资产股份量化改革试点。搬罾镇干堰塘村作为试点村已完成集体资产股份合作制改革，该村2189名集体经济组织成员成为股东，享受集体红利。通过试点工作，区农经局拟定《顺庆区农村集体资产股份合作制改革工作方案》上报区政府，即将在我区全面推广。

【脱贫攻坚】 2017年结合精准贫困户具体情况，制定了帮扶措施，年底已全面完成各项扶贫资金及帮扶工作任务。区农经局全年募集扶贫资金共计1万元，用于贫困户的生猪养殖。节日期间，又购买了农户急需的日常生活用品和农用物资送发到了无劳动能力贫困户家中。每月专门抽出时间对所帮扶的5户精准扶贫户进行走访，一对一的和农户进行了交谈，对其家庭情况作了详细的了解，并和他们进行了思想和感情的交流，现5户精准扶贫户已达到“三建五改”要求和脱贫标准，年底全部完成脱贫。

【领导名录】

局　长：曾　红（女）

（谢　姝）

商　贸

商务·粮食

【概况】　2017年，区商务和粮食局认真学习党的十九大、十九届一中全会和区委六届五次全会精神，贯彻落实市委“155”战略部署，以建设“成渝第二城核心功能区”、奋力谱写“155发展战略顺庆篇”为奋斗目标，大力发展楼宇经济、电商产业、金融产业、现代物流等新兴服务业，始终以勇争第一的精神，攻坚克难、强基固本，紧紧扭住经济运行和重点项目用心用力，牢固树立“开局就是决战、起步就是冲刺”的意识，发扬“撸起袖子加油干”的精神，咬定目标，只争朝夕，全力推动商贸工作再上新台阶。

【经济运行】　全区商贸服务业运行总体平衡，消费品市场保持平稳增长，主要经济指标完成较好，全年实现社消零228.27亿元，增速13.3%；服务业增加值实现177.83亿元，增速10.4%，其他盈利性服务业增幅47.05%，全年成功申报新增社消零限上企业13户，服务业升规企业9户。

【内贸流通】　全力落实重要民生商品储备任务，保障春节等节日期间的市场供应；坚持供给和消费两端发力，引导大型购物综合体向城乡深耕，壮大城乡消费和农村消费；举办南充迎春购物月、餐饮美食节、啤酒节等促销会展，支持大润发、家乐福、茂业百货、新世纪百货、永辉超市、苏宁电器、王者通讯等大型商场、超市在元旦、中秋、国庆等开展节日促销及打折让利活动。全力抓好了主城区猪肉应急保供工作，确保应急保供工作顺利完成；启动《南充市顺庆区现代服务业规划（2018－2022）》规划编制工作，对接编制单位，提供有关资料，并对规划进行进一步修改。同时加强对特色商业街的规划。

【现代服务业】　大力支持中心城区转型发展，培育电子商务、跨境电商、物流配送、连锁经营等现代流通发展企业，支持总部经济、文化创意、现代金融等现代新兴业态发展。电子商务快速聚集，推进绿地智慧城建设，打造双创中心、南充高新孵化园、潆溪职教城，招引浪潮云计算、香港清华同方、阿里巴巴农村淘宝、九次方、清华大学服务外包、北京网库、甲骨文（中国）软件系统等一批知名高新技术企业入驻同方电商产业园，同方电商产业园共签约客户26家，入驻26家；农村淘宝开业至今，销售总额达3096万元，天太乳业、本地大米、本地有机肥等本土产品在服务站成功上行，销售总额达40万元。目前在运营服务站21个，服务站月均交易额4.6万元，人均收入

2100 元；建成中国丝绸产业网上线运营，已入驻企业 1053 家，4 月正式运营至今，已完成交易总额 3415.67 万元，其中本地企业 15 家，线上交易额 500 万元。

【会展经济】 积极培育消费热点，大力发展现代会展业。积极研究制定促销费稳增长政策措施，指导辖区企业充分利用节假日，开展形式各样的促销活动。鼓劲企业积极走出去，参加了“北京川货大拜年”“成都糖酒会”“广交会”“2017 中国西部国际博览会进出口商品展”“2017 中国（四川）电子商务发展峰会”等活动。组织举办了“车行南充·315 大型车展”“2017 顺庆区城市发展高峰论坛暨春季房交会”“泰合青年城时尚精品街”“2017 中国绸都·南充丝纺服装博览会”等有品质、有影响、有市场的大型活动。研究拟定《关于加强全区商贸业展销活动的管理办法》，全面加强对全区商贸业展销活动的监督管理、规范行业秩序。对会展备案进行严格控制和质量把控，对档次不高的展会申请不予备案。

【环保工作】 开展商贸流通流域节能减排、降音降噪，再生资源回收、洗染行业、汽车拆解、二手车交易市场、潆溪汽车 4S 店固体废物及电瓶转运处置等领域环保工作，配合完成中央环保督查期间信访举报案件办理工作。同时加强对辖区企业环保工作的日常检查。

【外经外贸】 加大力度培育潜在的对外出口企业，扩大出口创汇，完成市商粮局下达的的进出口目标任务；进一步规范外派劳务市场，加强对外劳务合作企业人员的出国备案工作，切实将国、省、市商务主管部门的出口融资贴息、进口贴息等政策落实到实处。

【对外交流】 积极组织本土企业开展“川货全国行、万企出国门”活动，支持企业参加西博会、西交会、渝交会、电子商务峰会等活动，鼓励本土企业拓宽销售渠道。支持川北凉粉、吉布鲁、南充杨鸭子、送包子等本土品牌入驻百度、糯米、企业、天猫通等知名网站或开设自营网店，分别在重庆、上海、贵州、陕西等省开店，数量分别达到百余家，扩大产品知名度，提升产品销量。

【粮油工作】 终坚持把储备粮管理作为确保我区粮食安全的重要基础工作来抓，认真贯彻执行“一规定两守则”，层层压实安全储粮和安全生产责任，努力夯实粮食安全的基础。以安全储粮为中心，积极推行粮食仓储规范化、精细化管理，仓储管理“三化建设”形成常态化。规范仓储管理制度。科学保粮率已实现 100%。实现储粮保管全年安全无事故，确保储备粮“存得好、调得动、用得上”。并顺利通过中储粮总公司和成都分公司组织的“四查一补” “春、夏、秋、冬季储粮安全检查”“中央事权粮食质量专项检查”等各项检查，收储公司第一季度被中央储备粮南充直属库考评为辖区中央事权粮油规范化管理第一名；顺利完成 2017 年各级储备粮油的轮换工作。我区所属粮油企业全年完成菜油轮换任务 1305 吨，其中省级菜油储备 795 吨，市级菜油储备 510 吨。轮换入数量已由市财政局、市商务和粮食局、市农发行检查验收合格，轮换质量经南充市粮油监测站检验合格；认真落实粮食安全省长责任制相关工作，严格执行国家托市收购政策，完成托市收购稻谷 4500 吨。抓好全区粮食流通统计工作，完善全区非国有粮食经营企业统计原始台账，确保统计资料上报及时、完整、准确。；认真抓好食品安全检查中的粮油质量卫生检查，杜绝不合格粮油流入市场，确保群众吃上放心粮油。大力推进放心粮油配送工程体系建设，4 月份南充市粮油购销储运公司放心粮油配送中心直营店开业，我区现已建成的四个放心粮油示范店运转情况正常。还完成了粮库智能化升级建设项目的申报材料的上报工作；进一步推进芦溪粮食储备库建设和收储公司迁建工作。积极落实芦溪粮食储备库建设项目所需土地、资金等前期工作，项目现已进入地勘设计招标程序，力争尽快开工。

【物流工作】 落实系列物流政策，联合区财政出台《顺庆区中央财政资金农产品冷链物流发展项目实施方案》《顺庆区中央财政资金农产品冷链物流发展项目资金管理办法》，为企业进行冷链物流建设工作提供政策保障。配合其它部门，对物流企业的环保问题进行排查，出台物流企业环保问题整改方案，积极引导物流货运部主动迁出顺庆主城区。加强物流企业安全管理工作，定期及不定期开展安全检查工作，及时发现物流企业存在的安全隐患，督促物流企业整改，确保行业安全稳定。继续清理整顿寄递物流，做到100%验视、100%实名、100%通过X光机督导检

查。编制与完善《南充市顺庆区城乡配送体系建设三年行动计划》。启动顺庆区城乡配送体系建设，初步形成以公共配送中心、乡镇配送节点、多个城乡末端配送网（站）点为支撑的的三级城乡物流配送网络体系；组建了27辆城乡共同配送车辆；改建了10000平方米的电商仓储中心。

【党建工作】 坚持“三会一课”制度，开展基层党组织建设活动；坚持民主集中制，增强班子凝聚力；完成机关党支部换届选举工作，优化党组织的队伍结构；认真抓好“两学一做”学习教育，细化责任主体，丰富学习内容、形式，抓好问题整改落实；扎实开展“走基层”活动，落实“双报到”制度。全年多次深入郑家沟村、高板桥村等开展帮扶；坚持送温暖、节日慰问，多次为贫困党员和群众送去生活必需品。

【脱贫攻坚】 切实做好整村扶贫，扎实开展精准扶贫，对李家镇李家村、灯台乡卢家湾村、灯台乡谷家庙村认真摸底、精细施策。汇集各方力量，通过商会搭建平台，组织商贸粮油企业开展企业扶贫。丰富帮扶手段，在技术帮扶、资金支持、政策兜底、产业发展、认亲慰问等方式的基础上，发挥部门职能作用，大力开展电商扶贫，开启“互联网+”扶贫新路径。

【党风廉政建设】 坚决执行中央八项规定，全局无公款出国（境）、超标准配备公车、公车私用、插手工程、变相收受红包等现象。认真落实“两个责任”和“一岗双责”，层层传导压力，虚心接受监督，让红脸、出汗成为常态，进一步强化警示教育，使党员干部警钟长鸣，防微杜渐。完善防控措施，印发了《局党组议事规则》《关于进一步加强机关作风建设严肃工作纪律的通知》等规章制度，加强重大事项、重大决策，关键岗位、关键环节的监督约束。认真开展规范三事补贴发放、行权事项清理优化等工作，切实挺纪在前和完善权力运行制约和监督机制。

【安全信访】 狠抓安全生产责任制的落实，与各企业签订安全生产目标责任书；完善安全例会制度，制定月安全生产例会、季度安全工作现场会制度；开展安全生产系列活动，每季度召开一次安全会，安排部署相关工作；着力抓安全生产检查和隐患整治，全年开展安全检查350次，其中开展安全生产专项整治5次，对发现安全隐患及时下达整改通知书，全部整改到位。做好系统内涉军人员的稳控工作，妥善解决企业改制历史遗留问题，处置好涉军信访案件，做好老上访户稳定工作，加强对重点人员、重点问题和重大节日及重要会议期间的监控。全年共计检查企业300余次，全年没有发生非正常进京到省上访。

【行政审批和执法】 加大“元旦”“春节”“五一”“国庆”节期间的市场监管；做好行政执法工作，规范会展秩序；加大对行权平台运行的管理；配合有关部门做好“处非”工作。

【领导名录】

党组书记、局长：赵国力

党组成员、副局长：卿　星（女）（6月止）

陈　平

陈宇航

党组成员、机关党委书记：罗勇堂

党组成员、纪检组长：何　斌

（魏　来）

供　销

【概况】 顺庆区供销社系区政府直属参照公务员法管理的全额拨款事业单位。核定事业编制13人，在职在岗9人。其中参公人员6人，工勤人员3人，领导干部职数4人，配备主任1人，副主任2人，纪检组长1人。内设：社务指导股、计财审计股、办公室。

【农资供应】 全年共组织供应化肥17657吨、农药236吨、农膜225吨，分别为年度目标计划的102%、103%、106%，确保区农资供应不断档、不脱销、价格稳、服务好。

【综合改革】 持续深入推进供销合作社综合改革，确保改革措施落实。创新联合社治理机制，按照市委关于深化供销合作社改革文件及市供销社督办要求，不断完善供销社理事会、监事会治理架构，建立健全供销社理事会、监事会，强化监事会监督职能，我社于3月中旬以南顺供组〔2017〕7号正式文件向区编委上报了《关于请求设立监事会的请示》，并将工作向区相关领导作了汇报，目前区编委会已审核通过，并已上报市编办审定。推进基层供销社的恢复重建。通过区供销社扶持、社会能人加入、乡镇合作共建等形式，加快新型基层供销社建设，全年共新建基层供销社5个。积极推进供销社经营服务创新。在灯台乡任家祠村推进土地托管试点，开展耕、种、收、销全程“菜单式”或“保姆式”托管服务；积极实施“互联网+供销合作社”农村电子商务建设，新建电商服务站（点）3个，帮助解决农产品“卖难”问题，为农民生产生活提供便捷、高效的一站式综合服务。

【服务体系建设】 新建或升级改造基层社工作。依托乡镇党委、政府与乡镇农业服务中心合作，已完成潆溪、芦溪、李家、灯台和凤山五个惠农供销合作社的建设工作，为年度目标任务的250%。新建或升级改造农村村级综合服务社工作。与村支“两委”合作，组建村级综合服务社，配送农资、日用品、收购农产品。在灯台乡任家祠村和双桥镇彭屋村建成村级综合服务社2个，建成庄稼医院2个，服务工作已全面开展，分别占民生工程目标任务的100%。新建或改造电子商务点工作。联合龙头企业合作新建电子商务点。与南充正大商贸有限公司合作已建成“南充商城”电子商务服务点1个，办公地点及商品分拣配送仓库在顺庆区金绩街，并已上线销售日用消费品；与南充市盈祺园农产品有限责任公司在川东北农产品批发市场建成农产品线上销售点；与南充农帮科技有限公司合作在农资街川北农资市场建成农资及农产品电子商务点。全年共建成3个电子商务点，占年度目标工作任务100%。发展农民专业合作社。采取项目扶持、村社共建等方式，在灯台任家祠村成立南充市顺庆区灯台乡铜钵众筹种养殖农民专业合作社，推广“党支部+专合组织+农户”的发展方式，吸纳村民特别是贫困户入社共同发展蔬菜种植、林下家禽养殖，助推脱贫攻坚；在梵殿徐家沟村扶持发展顺庆区民民养殖农民专业合作社，发展美国珍鸟特色养殖产业，促进农民增收致富。

【脱贫攻坚】 多措并举扶贫帮困，全力推进脱贫攻坚：做好大春生产帮扶。在3月上旬，为每户贫困户发放300元的大春生产帮扶资金，帮助贫困户购买农业生产资料，并针对贫困户年老多病无法干重活情况，开展水稻种植托管，出资2万多元对贫困户种植的近30亩水稻实施全托管和半托管，由区供销社组织人力、机器进行代耕代种代收，为贫困户免费提供种子、化肥、农药等农资和机耕、机插秧、机收服务，户均水稻种植收入2000多元；重点发展庭院经济，大力扶持贫困户养殖小家禽。6月底，为有养殖能力的10户贫困户送去优质土鸡苗310只、鸭苗近100只、饲料11袋，价值7000多元；11月底，认真开展“回头看、回头帮”活动，对新联系的11户2014年已脱贫贫困户和未脱贫的13户精准贫困户共送去土鸡苗、鹅苗720只，价值10000多元。并开展技术培训，指导贫困户因地制宜、因陋就简，在房前屋后用竹条和铁丝网搭建鸡舍鸭圈，采用散养方式，发展土鸡土鸭养殖。开展慰问救助，在2017年春节期间，对12户贫困户开展了走访慰问，给每户送去现金500元和200元的生活物品，帮助贫困户度过了一个欢乐祥和的节日；四是在“七一”前夕，开展“干农家活、吃农家饭、增农家情”活动，全体职工进村入户与贫困户同吃同劳动，共商脱贫事，共叙帮扶情，向贫困户宣讲省十一次党代会精神，开展感恩奋进教育，有力促进了扶贫帮困工作。

【做好信访安全维稳工作】 坚持贯彻“安全第一、预防为主、防消结合、综合治理”的方针，强化“谁主管，谁负责”的安全生产工作目标责任制，层层签订安全责任书，做好安全隐患安全排查，及时进行整改，全年共投放整改安全资金8万多元，安全生产无事故，连续多年被四川省供销合作社表彰为安全管理先进单位；认真开展矛盾纠纷排查，突出抓好系统涉军信访、社保养老等信访老案的化解、稳控工作，共接待处理职工上访5起，排查、化解信访矛盾纠纷4起，结案处理了原潆溪供销社罗艳平的信访老案。同时，积极为系统下岗职工办实事、解难事，协助办理职工养老保险、医疗保险等手续共28人次，起到了暖人心、保稳定的积极作用，确保了本系统的安全稳定。

【领导名录】

党组书记、主任：刘　铭

党组成员、副主任：张义林

王顺彬

党组成员、纪检组长：何　勇

（李中俊）

非公有制经济

个体私营经济

【概述】 2017年，全区共登记市场主体55757户，其中各类企业11827户，个体工商户43568户，农民专业合作社362户。全年新增企业、农民专业合作社2363户，实现同比增长28.21%，从业人员3428人，注册资金830612万元；新增个体工商户5575户，实现同比增长26.73%，从业人员6346人，注册资金62293万元。

【组织建设】 发挥协会优势，推进非公有制经济党组织建设。一是强化组织保障。制发了《关于认真开展小微企业个体工商户专业市场党的组织和工作覆盖的通知》，成立了非公有制经济党建领导小组，领导小组下设办公室，负责牵头开展日常工作。各分会按照属地管理原则，负责辖区内个体、私营企业和专业市场的党建工作，成立以“小个专”为重点的非公有制经济组织党（团）工作指导站，分会会长、支部书记承担所辖区域内个体、私营企业和专业市场的非公有经济党（团）建指导工作，确保工作有人抓，明确工作职责。二是强化工作保障。召开非公党建工作宣传会和工作推动会，要求各分会对辖区内非公企业底数清、情况明，力争做到有形覆盖，达到有效覆盖，从而达到党（团）组织和工作“两个覆盖”目标要求。各分会通过实地了解、电话咨询等方式，广泛进行调查摸底，摸清非公有制经济组织经营运行、职工队伍、党员队伍、负责人、建党（团）等现状。通过调查摸底，掌握了全区非公经济党组织的实际情况，已有88户非公企业建立了党（团）组织，34户非公企业拟建立党组织。

【管理服务】 根据市民营经济领导小组文件精神和区政府分管领导的批示，区个私协牵头，对全区规模以上、正在进行股份制改革、较完善的法人治理结构、争取上市的民营企业进行了筛选甄别，报区政府同意后，确定25户企业作为全市首批建立现代企业制度的民营企业。10月下旬组织这些企业实际控制人或企业高管，参加了市民营经济领导小组举办的《南充市促进民营企业建立现代企业制度培训》，进行了为期两天的民营企业建立现代企业目标途径、多层次资本市场架构及对接方法等知识的学习。12月中旬又组织召开了民营经济建立现代企业制度推进会，给企业讲清了建立现代企业制度的重要性，市政府的奖励措施，如何完善产权、权责、管理等方面的相关资料，要求企业作好迎接市诊断评审专家组的评审验收。按照全市推荐优秀民营企业和优秀个体工商户的评选条件，筛选确定11户企业和19户个体工商户作为备选，报区政府主要领导审批后，上报市民发办8户优秀企业和17户优秀个体工商户推荐先进材料。受中个私协表彰的先进个体工商户程玉华将在表彰大会上作《诚信经营、致富思源》的先进发言。同时，还按照区委办的文件精神，收集在外顺庆籍企业家和其他知名乡友，填写上报10名在外顺庆籍企业家和5名其他知名乡友个人信息资料。

【宣传教育】　一是加强法制教育，引导经营者依法经营。以国家新颁发或修订实施的工商法律法规为重点，印发了《关于开展新法进民企普法宣传活动的实施方案》，宣传活动坚持点面结合原则，既面向所有的民营企业，又着眼于扶持和培育中小微企业发展，突出以中小微企业为主。向340户企业、个体工商户宣传发放《四川省个体工商户普法知识读本》《登记制度改革相关文件资料汇编》。为全面宣传环保法律法规有关精神，提高个私经营户对环保知识的关注度和知晓率，增强环保法制观念，共同推进生态文明建设，各分会安排专门的学习时间，组织辖区个私经营户进行环保法律法规相关知识学习，通过学习，使个私经营户明确自己在生产经营中涉及的环保职责，增强环境法制意识，结合生产经营实际，查找生产经营中存在的环保隐患，自觉规范经营行为。西门分会还组织辖区内经营户召开儿童玩具法制教育警示会、市场安全及发展电商培训会等学习教育。二是加强诚信教育，促进社会诚信体系建设。积极响应中国个协理事会发出的“诚信经营，不制假不售假”倡议，在经营者中掀起抵制制售假冒伪劣商品行为，鼓励经营者积极参加“青年文明号”“文明诚信个体工商户”“文明诚信私营企业”“守合同重信用”“诚信守法企业”等创建活动，努力营造诚实守信的社会氛围。同时，引导个体企业完善信用信息档案，完善内部诚信管理制度，加强企业自律，坚持用户至上、信用至上，使诚实守信成为基本行为准则，做到守信用、讲信誉、重信义。培育、推荐四川鑫达企业集团有限公司参加省工商局开展的四川省民营企业“诚信守法企业”示范创建活动，争创“诚信守法企业”。三是加强党风廉政社会评价宣传工作。为认真贯彻落实区委办、区府办《关于认真组织召开管理服务对象恳谈会的通知》精神，提升党风廉政建设社会评价满意度，在8月召开了管理服务对象恳谈会。区纪委领导、区工质局党组成员、区个私协常务理事、服务对象代表46人参加了会议，参会代表畅所欲言，积极指出问题、提出中肯意见。为更好地宣传和推进党风廉政建设社会评价工作，实现“双升位”工作目标，区个私协高度重视、充分认识社会评价工作的重要性，印发“党风廉政建设社会评价工作我知道”宣传资料25000份，各分会讯速行动，作好个私业主社会评价工作的宣传引导，通过发放宣传资料、与街道办、乡镇党委政府衔接配合等方式，让个私业主明白社会评价工作的目的意义，知晓社会评价调查电话及评价方式。

【服务活动】　一是服务至上，关心会员疾苦。积极帮助解决会员在生产经营、生活中的困难，努力为会员办实事、解难事。把春节期间“送温暖，献爱心”活动、看望住院会员作为一项制度坚持了十多年。为了让贫困会员过一个祥和、愉快的春节，体现顺庆个私协会这个大家庭的温情，制定了《走基层送温暖慰问工作方案》，要求各分会全面了解掌握辖区贫困会员的基本情况，确定慰问人员，努力做到不缺一户、不漏一人，力争达到“慰问一人、温暖一户、影响一片”的社会效果。各分会分别采取上门走访、召开座谈会、团拜等形式开展慰问活动，向每位贫困会员拜年，并向他们送去了慰问品和新春美好祝愿。共慰问困难会员近80户，慰问金额34000元。二是引导会员关注社会公益，增强社会责任意识。为切实解决困难群众生活所需，使“万企帮万村”精准扶贫工作落到实处，春节前夕，区工质局局长、区个私协会副会长及个体工商户、企业代表带着大米、面、食用油等慰问品，来到个私协帮扶的桂花乡桂花村，对帮扶对象开展精准扶贫节前慰问活动。在走访中，个私协会领导、代表们与帮扶对象握手交谈，嘘寒问暖，详细了解他们家庭现状，认真倾听其帮扶需求，鼓励他们树立战胜贫困的信心。同时，为刚搬进安置房的扶贫户书写春联、张贴春联、送慰问品、同吃农家饭、共贺新春佳节。三是创新活动载体，举办文体活动。区西门个私协分会党支部、西门个私协分会联合组织举办了“相逢西山美丽有约”庆祝“三八”国际妇女节活动。西门市场各楼层近千名女性经营户分队集合，齐唱着嘹亮的红歌，一起列队徒步来到西山广场，活动现场被五颜六色的彩带和气球包围，10多个精彩节目逐一登场，既有大家喜闻乐见的唱歌跳舞，又有逗人捧腹的小品节目，表演者各展英姿，赢得台下观众阵阵掌声。活动中还针对西门市场的特点，穿插进行了消防安全知识抢答，让大家在欢快庆祝的同时，不忘安全工作的重要性。西门分会还与西门个私协分会党支部联合开展了庆七、一“听党课、谈感想”活动，学习总书记系列讲话暨庆祝“八一”建军节联谊座谈会等活动。

【领导名录】

会　长：刘万明

副会长：蒲　勇

程玉华

彭小平

秘书长：赵玉霞（女）

（赵玉霞）

经济管理

国民经济和社会发展

【经济形势稳中向好】 2017 年，经济发展形势总体良好，各项重要经济指标处于合理区间，经济运行稳中有进、进中向好、好中提质，增速高于全国、高于全省、高于预期，区域经济综合实力提升 2 位，跻身全省第 14 位、丘区第 4 位，保持川东北第 1 位。全年共实施重点项目 112 个，其中省市重点项目 23 个（省重点项目 5 个），区级重大项目 28 个，区级重点项目 84 个，总投资 1026.12 亿元，实际完成年度投资 235.9 亿元，超年度投资计划 23.4%。共实施 PPP 项目 5 个，融资 82 亿元。

南充市顺庆区 2017 年经济社会发展主要指标完成情况

主要指标	单位	2017 年完成情况	同比增长
地区生产总值	亿元	358.3	8.9%
规模以上工业增加值	亿元	51.3	10%
全社会固定资产投资	亿元	311.3	18.2%
社会消费品零售总额	亿元	228.3	13.3%
一般公共预算收入	亿元	16.24	21.8%
城镇居民人均可支配收入	元	35125	9.1%
农村居民人均可支配收入	元	15873	9.7%

【三次产业】 服务业转型升级。传统服务业转型发展，顺庆府特色商业街区提档升级，香港雅邦百货顺利开业。现代服务业持续发展，楼宇经济加速推进，恒河金融街、泰合文创中心、绿地智慧城等特色楼宇初具规模。启动建设万汇国际商贸城，打造全省领先的大型现代商贸中心。电商产业提效增速，清华同方等骨干电商企业入驻绿地智慧城，中国丝绸产业网正式上线运营。

工业创新发展。中国重汽南充海乐生产基地主体完工，以“新材料、高端装备制造、信息技术”三大主导产业为主的工业格局已基本形成。科技成果转化效果显著，实施技改项目 21 个，完成投资 13.78 亿元。驭云航空等 7 户企业实现“小升规”，规模以上企业达到 97 家。南充高新孵化园被认定为省级科技企业孵化器，潆华工业集中区正在创建省级高新技术产业园区。目前我区已建成双创中心加速园、南充高新孵化园、搬罾大学生创业园、欧香智慧小镇等科技型企业孵化基地，形成了“孵化器+加速器+产业园”的创新创业链条。培育科技型中小微企业102户，获得专利授权139件，新增省级企业技术中心1个，实现高新技术产值210亿元，同比增长21.3%。

农业特色发展。嘉陵江沿线现代农业开发等项目加快实施，改造高标准农田1.2万亩，新（改、扩）建特色蔬菜基地6000亩、特色经果林基地1万亩、农业产业园25个，新增专合组织63个。实施新复七坪寨、同仁四方寨农旅结合项目，西河生态乡村旅游建设项目不断推进，以特色蔬菜、生态观光、乡村旅游为主的特色农业初见雏形。

【改革开放】重点改革全面深化。供给侧结构性改革有序推进，出台现代服务业等稳增长政策，去房地产库存55万平方米。降成本惠及面广，企业用电用气成本降低1.2亿元。建立健全顺投集团公司现代企业制度，新组建市政建设、金融管理、社会服务等子公司12个。农村农业改革有力推进，“七项”产权确权顺利通过省级验收。推进行政审批制度改革，区政务服务新中心建成并投入使用，取消、调整、下放行政审批事项121项。商事制度改革稳步推进，全区新登记企业增长19.97%。

开放合作稳步推进。强化与央企省企、校地校企及金融机构深度合作，与企业共同组建产业扶持基金，支持新兴产业、高新技术发展；与西华师范大学签署全面战略合作协议，助推西南交大与天喜空调合作开发电气控制系统，电子科技大学裸眼3D落户顺庆。争取农发行、国开行等政策性贷款16.32亿元。大力发展对外贸易，实现外贸出口1.72亿元，同比增长21%。大力开展招商引资，四川铁投集团、东方园林公司等知名企业入驻发展，全年新签约亿元以上项目27个，实现百亿级项目招引“零突破”。到位省外资金72.1亿元，同比增长21.5%。

【城乡统筹】 城乡建设品质提升。潆华大道、南充站站前道路、红光路完成升级改造，滨江路、玉带路、西华路等城市主干道扩容及景观提升工程基本完工，高铁商务区配套基础设施建设项目及潆华片区路网建设顺利推进。完成棚户区改造7处，整治维修背街小巷30条、老旧小区10处，新增城市绿地3000余平方米，城市品质全面提升。芦溪扩权镇建设加快推进，李家省级特色小镇建设全面启动，搬罾、共兴百镇建设行动初见成效，建成幸福美丽新村12个。

城乡功能日趋完善。城乡医疗一体化进程不断加快，建成潆溪等城乡医联体4个，20个卫生院、203个村卫生室基础设施全部达标。大力实施城乡安全饮水一体化工程，在搬罾、荆溪、华凤、桂花等乡镇、办事处建立水源保护区，在全市率先实现城乡安全饮水一体化。大力推行城乡公共交通一体化，农村幸福公交线路增至8条，覆盖乡镇13个，城乡距离不断拉近。建成通村公路100公里，改造农村危桥10座，城乡道路基础条件不断提升。统筹优先推进贫困村路网、水网、电网、气网、讯网等基础设施配套建设，加快全域“1+6”村级公共服务中心建设，城乡基础设施更加完善。

城乡产业不断融合。大力推动城乡产业融合，搬罾镇青山湖、锦绣田园休闲区正在创建3A级景区，李家镇崇仙境森林公园正在打造市级森林公园，大林莱达种养结合休闲农业园区、珂鑫湘荷庄园休闲农业园区完成建设，新复同仁农旅结合田园综合体、西河生态乡村旅游开发项目加快建设。农村淘宝改变了城乡居民的消费方式，农村居民购物更加便捷，特色农产品、农村服务走向城市。

城乡环境持续改善。实施“小散乱污”企业整治，辖区砂石全面禁采、堆码场全部拆除，禁养区养殖场全部关闭。持续开展大气污染防治，空气质量明显改善。全面实施封山育林，巩固退耕还林6万亩、生态公益林12.7万亩，13个乡镇达到省级生态乡镇标准。全面落实“一江四河十八库”区、乡、村三级河长制，新建乡镇污水处理厂4座，提标升级污水处理站18座，实施综合治理工程23个，城乡环境明显改善。

【社会事业】 脱贫攻坚顺利推进。建成脱贫奔康产业园12个、脱贫示范村10个。实施危房改造1253户，脱贫户全面完成“三建五改”，“十三五”期间易地扶贫搬迁183户全部入住。开发农村公益岗位508个，653户贫困户就近就业。实现贫困户低保全覆盖、子女义务教育零辍学、区域内住院医疗“零支付”。脱贫年度任务顺利通过市级验收，圆满完成省级交叉考核，7个贫困村出列，2204人脱贫。

民生保障全面覆盖。全面完成十大民生工程和20件民生实事。全民参保入户登记工作圆满完成，“五险统征”全面实施，城乡居民社会养老保险、基本医疗保险参保率稳步提高。新增城镇就业1.1万人。全年民生支出达23亿元，同比增长19%。

教育发展提质增量。新（改、扩）建白土坝幼儿园、潆溪小学等各类学校10所，共新增学位1830个，新城学校开班招生。完成9所学校改薄工作。职教中心二期主体工程基本完工，潆溪职教城体育中心建成投入使用。实施名师名校培育工程，教师培训、轮岗、交流力度加大，新增国省级特色学校20所，基础教育优生面扩大，高考上线率全市第一。

医疗卫生不断提升。名医生、名专家、名科室培育力度加大，在全市率先成立国医大师工作室，引进医疗卫生专业人才123名。成功防控H7N9疫情。市中医院南院区、区公共卫生服务中心项目主体完工，县级医院改扩建项目顺利推进。

文体事业蓬勃发展。张澜纪念馆完成修缮，顺庆府署陈列布展。区图书馆、村级文化室功能不断优化，公共文化服务体系更加健全。建成区体育中心。承办国省级重要体育赛事2项，举办群众体育赛事200余场，向国省级运动队输送人才30名，全国武术之乡、全省高水平体育后备人才基地创建工作全面启动。

社会大局平安有序。大力推进法治顺庆建设，全面实施“七五”普法工作，积极开展“法律七进”活动，全民法制意识不断增强。在城市实施“天网工程”，在农村推广“雪亮工程”，实现城乡天网全覆盖。建立完善区、乡、村三级治安巡控机制，网格化管理体系不断完善。

发展和改革局

【概况】 南充市顺庆区发展和改革局（简称区发改局），为区政府工作部门，挂南充市顺庆区物价局（简称区物价局）、南充市顺庆区以工代赈办公室（简称区以工代赈办）牌子。机关行政编制28名，其中：局长1名、副局长2名、纪检组长（监察室主任）1名，机关工勤人员编制2名。管理区重点项目建设工作办公室、区信息中心等事业单位。区重点项目建设工作办公室事业编制4人，区信息中心事业编制7人，其中：主任1人。局内设办公室、国民经济及规划股（区国民经济和装备动员办公室）、产业发展股、综合投资股、社会事业股、以工代赈股、环资能源股、行政审批股、政策法规股（招标投标管理股、区投标标管理工作领导小组办公室）、价格收费管理股、价格监督检查股（区价格监督检查分局）、体制改革股、项目稽察办、项目管理股、铁路建设股。

【谋划经济社会发展】 及时做好全区经济运行的监控和预警，每季度分析国民经济和社会发展计划执行情况和项目建设推进情况，完成了《关于南充市顺庆区2017年国民经济和社会发展计划执行情况及2018年计划草案的报告》。

【投资工作】 积极推进项目储备工作，共储备项目543个，计划总投资1331亿元。申报“补短板”项目共255个，总投资1739.0741亿元。扎实开展项目资金争取工作，争取到发改系统中省预算内项目资金1542.4万元，争取到农发行政策性贷款3.8亿元。大力推行PPP模式，全年共有5个项目采取PPP建设模式，总投资82亿元。

【项目推动】 加强项目谋划，2017年实施项目112个，总投资1026.12亿元，其中省市重点项目22个（省重点项目5个），区级重大项目28个，区级重点项目84个。实际完成年度投资235.9亿元，超年度投资计划21.3%。

严格开展项目督查，实行重点项目周汇总、月通报制度，加强项目标后履约检查，督促项目实施单位加快建设。2017年顺庆区完成固定资产投资为302.8亿元，同比增长15%。

【节能环保】 积极开展“节能有我 绿色共享”为主题的节能宣传活动，严格执行节能标准规范，禁止高耗能、高污染、低产出企业的准入。组织开展石油天然气长输管网安全隐患整治攻坚战活动。牵头开展嘉陵江“河长制”工作，建立“河长制”领导小组，对嘉陵江沿线开展了河库调查，形成了四个清单（目标清单、任务清单、问题清单、责任清单），编制完成嘉陵江河长制实施方案、嘉陵江“一河一策”管理保护方案，建立了河长巡河制度、督办制度和例会制度，建立“一河一档”台账，落实“一河一策”措施。

【物价监督管理】 建立顺庆区农村居民管道天然气阶梯价格制度，继续在城乡建立价格监测网点，密切注视市场价格异常波动动态，全面落实中央、省、市取消收费许可证制度，加强事中事后监管政策，认真贯彻教育收费政策，切实加强教育收费管理。全面落实收费目录清单制度。对外公布了《2017年政府定价涉企经营服务收费目录清单》《2017年涉农收费和价格公示表》。重点针对教育收费、医药价格等开展价格专项检查，共受理价格咨询和举报140余件，对违规收费行为处罚款共计18000元，责令清退违规收费40余万元。

【体制改革】 全力以赴完成公车改革后续工作，完成市公车改革领导小组对我区公车改革的督查。及时做好深化改革工作，编写《南充市顺庆区行业协会商会与行政机关脱钩实施方案》《关于“一带一路”战略及“251三年行动计划”的实施方案》《2017年推进供给侧结构性改革工作方案》《关于完善区域发展推进机制的实施方案》《关于建立健全南充市顺庆区“十三五”规划纲要实施机制的意见》《关于深化区级投融资体系改革和发展的实施意见》《关于推进“一带一路”建设的三年（2017－2019年）行动方案》等方案。

【铁路建设】 突出重点，加快处理遗留问题。解决了龙桂乡、辉景镇道路损毁修复和辖区沿线拖欠民工工资问题。复垦弃（取）土场48座，共占地1500多亩。解决了临时用地青苗补偿、房屋炮损、水系和道路恢复等问题。处理了达成铁路营运噪声扰民问题，使长达10年的信访、上访问题得到了解决。

严格把关，确保重点工作零失误。正确处理国道212线改移工程占用南充大百合公司部分土地问题。聘请会计事务所，对专项资金的使用进行规范。充分准备，圆满完成了兰渝铁路征地拆迁项目审价工作。积极主动介入汉巴南、成南达（蓉京）高铁前期工作。

【脱贫攻坚】 2017年，按照年初帮扶计划和上级要求，对辉景镇双桂村、青平村共27户（81人）贫困户开展帮扶活动30余次，通过打扫卫生、吃农家饭等拉近与贫困户感情，通过购买生活用品、整修房屋等解决贫困户实际困难，通过解决就业、帮助发展牛羊猪养殖等增加他们的收入。全年共为贫困村给予建设资金10万元，提供有机肥料5万吨；为贫困户送去生活物资和慰问金4万余元，落实帮扶措施资金9万余元。

全面完成183户、564人的易地扶贫搬迁任务，入住率达100%。同时，同仁新复连村旅游产业、金台现代农业虫草花食用菌产业、梵殿优质油料基地产业、永丰双桥龙桂李家连片核桃产业等一批脱贫奔康产业园的建立，使搬迁贫困户通过“土地租金、入园务工、资产分红”等途径顺利增收致富。

【领导名录】

党组书记、局长：吴翰林

副局长：吴华伟

曹　纲

纪检组长：钟　洁（女）

区信息中心主任：李　海

（任　清）

国土资源管理

【概况】 南充市国土资源局顺庆分局有办公室、规划耕保利用管理股、地籍地政管理股、地质矿产管理股4个内设机构。下设城区、新区、潆溪、荆溪、芦溪、李家6个中心国土资源管理所。直属事业单位分别是执法监察大队、土地统征和整治中心、土地储备中心、地质矿产服务中心、不动产登记中心。

【耕地保护】 坚持数量、质量、生态“三位一体”的原则，严格落实耕地保护目标责任制，积极争取基本农田异地保护，实现基本农田保护面积核减2万亩；结合扶贫攻坚任务，大力实施土地整理项目及基本农田建设项目，实现耕地占补平衡，确保我区基本农田面积19118公顷，耕地保有量23367公顷。

【土地报征】 完成顺庆区土地利用总体规划调整完善，科学合理布局3802亩新增建设用地指标，组件上报各类建设用地9批次（其中城市批次6个、乡镇批次2个、独立选址1个），面积共计2219亩。

【土地出让】 公开出让土地12宗，实现土地收益191122.5196万元（其中挂牌出让国有建设用地8宗，土地面积401.346亩，成交总价款26074.0557万元；拍卖出让国有建设用地3宗，土地面积442.8135亩，成交总价款164530.38万元；协议出让国有建设用地1宗，面积14.905亩，成交总价款518.0836万元），有力保障了我区重点项目用地。

【国土资源执法】 全年共开展动态巡查260余人次，发现违法用地线索70条，其中立案查处违法用地45宗，处罚款257.3万元。通过政策宣传、耐心教育和联合执法等方式，有效制止违法用地65宗，挽回了巨大的环境资源及经济损失，有效的震慑了不法业主的违法行为。

【地质灾害防治】 常态化开展地质灾害防治宣传，做到地质灾害防灾避险宣传培训“进村入户到人头”；制定地质灾害防治相关预案，汛期初准备好大批防灾救灾物资，落实物资保管仓库，完善地质灾害应急避险配套设施，建成四处避险场所（场地）；结合茂县“6·24”垮塌事故教训和全省地灾隐患排查与防治要求，开展全区地质灾害隐患大排查，对人口聚居区、重点防灾区展开“全覆盖”“零遗漏”的专业排查，形成“一图、一表、一报告”的排查成果；积极向上争取地灾避险搬迁资金、地灾隐患点应急排危资金、地灾隐患点监测资金共计350.7万元；向上争取地质灾害工程治理资金251万元。连续九年实现地质灾害“零伤亡”目标。

【项目实施】 完成四个省级和区级土地整理项目立项、招标工作；完成地灾治理工程3处；完成地质灾害避险搬迁59户；协助凤山、同仁乡实施土地增减挂钩项目。

【脱贫攻坚】 2017年，向上争取市级新增建设有偿使用费240万元用于新复乡扶贫村土地整理和道路修建，为贫困户打水井、安装水管和抽水机、修建房屋、修筑便道、购买农资农具、节日慰问等共计投入资金9万余元。

【领导名录】

党组书记、局长：李仕华
党组成员、副局长：熊　燕（女，6月止）
杨　勤
何欣萍（女，6月起）
杨建林（6月止）
党组成员：任海燕（女，9月起）

（赵海兵）

投资促进

【概况】 南充市顺庆区投资促进合作局，是南充市顺庆区人民政府的直属参照公务员管理的事业单位，全局有干部职工12人，其中局长1人，副局长1人，纪检组长1人，在编（在岗）干部9人。

【工作成效】 2017年，全区投资促进促进工作突出主攻方向，创新工作方式，健全体制机制，抢抓机遇、招大引强、招强引优，全年新签约项目32个，实现省外到位资金89亿元，新开工项目33个，竣工投产项目21个，呈现“三个突出”：

突出精准招商。紧扣重点区域、重点领域、重点行业、重点企业、重点项目，依托重点承接平台，强化项目对接。国际商贸城、鑫达功能母料、暴风启智、西巷文化商业城、爱喜德智能机器人、裸眼3D产业园、和泰通讯光纤光棒等项目相继落户顺庆，新引进知名企业10余家，百亿级项目招引“零突破”，10亿元以上重大项目和省外到位资金额创历史新高。

突出借力招商。大力开展以商招商、乡友招商，全面落实“归雁计划”，发展“归雁经济”；大力推动委托招商、中介招商，鼓励社会力量支持参与顺庆投资促进工作，推动招商引资大攻坚、大突破；大力发展产业基金，助力招商，与金融机构共同设立产业基金撬动招商引资。

突出科学招商。完善项目谋划机制、项目论证机制、项目决策机制及项目后期跟踪服务机制“四大机制”。设立“155”发展战略重大项目服务处，建立重大项目“四联合”评审勘验、“五证合一”审批服务等制度，优化流程、简化程序，为重大项目建设提供一站式“保姆式”服务。

【重大招商项目简介】 国际商贸城项目。四川省商业投资集团有限责任公司在潆溪街道占地2139亩，总投资120亿元，建设区域会展、精品酒店、物流仓储、冷链冻库等。

功能母料项目。黑龙江鑫达企业集团有限

公司总投资7亿元，在顺庆工业集中区新建10条功能母料生产线。

商用裸眼3D显示设备产业园项目。成都汇盈利智能科技有限公司总投资10亿元，建设年产10万台商用裸眼3D设备的研发、生产、检测基地和引入产业链相关企业入驻进行研发生产。

通讯光纤光棒项目。四川和泰光纤有限公司总投资15亿元，占地150亩，建设12个光纤拉丝塔，年产1200万芯公里光纤及400T/2个单元光纤预制棒项目。

【主要活动】 全面实施“请进来、走出去”的投促工作战略，全方位、多渠道、广领域地开展投资促进工作，高位推动成效显著，与北京、上海、杭州、深圳、厦门、成都、重庆等主要城市的优质企业合作更加频繁，区域招商更加深入。充分借力北京南充投资推介会、中外知名企业四川行、中国知名企业南充行、五大千亿级产业集团和五大板块重点工程项目推介会、西部投资大会、南充市现代农业专题推介会等省、市重要活动平台，展示顺庆投资发展优势，2017年省级平台签约项目10个。

【优化环境】 为积极营造风清气正、公平正义、诚实守信、开放文明、服务高效的发展环境，成立了南充市顺庆区优化经济发展环境领导小组办公室，出台了《南充市顺庆区优化经济发展环境领导小组办公室关于进一步优化经济发展环境的实施意见》，同时对重点项目坚持细化举措、明确进度、挂图作战，确保每一个项目加快推进，按期履约。

【领导名录】

局　长：梅晓飞

副局长：张宗堃

纪检组长：奚　娟（女）

（胡志超）

住房公积金管理

【概况】 南充市住房公积金管理中心顺庆管理部位于顺庆区政务中心（顺庆区双塔街13号）。2017年在职职工8名，设归集、委贷、财务等窗口。

【职能职责】 在顺庆辖区内编制、执行住房公积金的归集、使用计划；负责记载职工住房公积金的缴存、提取、使用等情况；负责住房公积金的核算；审批住房公积金的提取、使用；负责住房公积金的保值和归还；编制住房公积金归集、使用计划执行情况的报告；承办市住房公积金管理中心决定的其他事项。

【归集业务】 年度归集住房公积金33410万。实际缴存单位642个，缴存职工30506人。缴存余额85622万。累计缴存额20855万。

【提取业务】 年度提取住房公积金20575万。累计提取125210万。

【贷款业务】 年度发放个人住房贷款15600万，共计518笔；年度回收贷款8011万。贷款余额74000万。累计发放贷款3738笔。

【支部建设】 继续认真执行“三会一课”制度，每周召开支部党员会议，每月召开支部委员会和支部党员民主生活会，每两月上一次党课。同时严格遵照进度要求，积极开展“两学一做”学习教育活动，全体党员保持每月两次的集中学习，并对笔记内容进行抽查；同时，继续贯彻全体职工每月例会制度，交流思想，总结工作，做好打算。通过上述学习和会议制度，管理部领导能及时掌握职工的工作和思想动态，更好的对工作安排做出相应调整。

深入学习贯彻执行十九大会议内容和精神。牢固树立“党的一切工作到支部”的鲜明导向，带领支部党员干部通过集中收听收看、支部学习讨论、“三会一课”、支部主题党日等多种形式，认真研读、深刻领会报告的科学内涵和精神实质，在全面深入学习领会精神上花时间、下功夫、认真学、反复学、结合实际学、带着问题学，切实做到学深学透、融会贯通，转化为实实在在的行动，真正用于武装头脑、指导实践、推动工作。

坚持以红旗管理部建设为抓手，多次利用党员专题民主生活会，开展各种形式的学习、讨论、比拼，营造了“比、赶、超”业务技能和服务态度的良好氛围。

【工作亮点】 归集。扩面：继续积极推进社区工作人员建制，全年度新增建制社区 9 个，惠及社区工作人员 50 人。截至 11 月底，全年总共新开户单位 62 个，新增开户总人数 2，903 人。在常规扩面渠道之外，还通过面谈、电话、发函等催收手段，建立催收台账，确保心里有数，有的放矢。全年共电话催收 869 人次，发出催缴函 23 份。骗提：为确保支取资金安全，做到无漏洞可钻，我们加大了支取审查力度，基本做到逐笔复核。同时，在政策范围内拉开了下账和划款的时间差，既满足了复核所需的时间要求，也对骗提人员有一定震慑。下半年按照市中心要求，我们完成了对 2017 年度大额部分支取的主动回查，并接受了市中心抽查，未发现有虚假购房支取。

贷款。贷前：牢固树立风险意识，规范发放住房贷款。严格执行贷款审核 AB 岗制度、三级审批责任制和责任追究制，对贷款要件尤其是资金用途和抵押物进行严格审核，加强住房公积金贷款档案管理，切实杜绝骗贷行为发生。贷后：通过寄发书面通知、签发律师函、司法诉讼等多种手段加大逾期贷款催收力度；通过将催收结果与职工绩效收益挂钩来督促职工积极催收逾期贷款。累计通过电话或短信催收近两千人次；严格实行“以支促贷”，对逾期还贷 3 期及以上人员面对面宣讲政策、延迟支取住房公积金，增强借款人信用意识；对逾期个人采取了“打 3 发 1”的工作办法，即每周打 3 个电话和发 1 个温情短信，有效防范资金运行风险；加强和委托行、合作楼盘联系和沟通，切实做好期转现工作。贷款管理质量进一步提升。

内控。实行承诺服务制：管理部全体职工分别就各自的工作进行了服务承诺，承诺内容包括岗位职责、目标任务、服务效果等内容。职工都能够及时履行服务承诺，热情接待来访及办事的职工，工作得到很好落实，服务质量得到进一步提高。推进服务创新：在管理上坚持四项细化服务。坚持使用“挂机短信”，短信回复内容根据各时期的工作重点而不断更新，包括有公积金存贷款政策、贷款额度和利率、中心网站地址微信公众号、电话服务热线、严查使用虚假资料套取公积金的提示等；加强一次性告知制，职工来办理业务或咨询办理有关事宜时，经办人员必须一次性告知其所要办理事项的依据、时限、程序、所需的全部资料，以及不予办理的理由。对需一次性告知的重要事项，要求必须以书面形式告知当事人；严格实行人员去向告知。员工无论外出办事或休假，都必须在岗位牌上明示人员去向原因及联系电话，方便前来办事的人员及时联系；推行“三笑服务”，即：进门一笑，办理过程中一笑、办结完毕一笑。

【脱贫攻坚】 在扶贫帮困方面，按市住房公积金管理中心的安排部署，较好地完成了管理部的精准扶贫任务。年节时，党员干部登门探访了帮扶对象，嘘寒问暖，带去了党的关怀，并送上了物资和慰问金，得到了扶贫对象的认可。积极参与区街道办安排的所有帮扶工作，坚持每年至少一次走入社区，开展爱国卫生月、打扫街道清洁、清除街道牛皮癣等，为社区群众做看得到的实事。

【领导名录】

主　任：李　涛

（宋海鸥）

财政·税务

财　政

【概况】　南充市顺庆区财政局现设有办公室、预算股、国库股、行政政法股、教科文股、基财股、农业股、经建企业股、综合股、社保股、监督股、投资股、金融债务股、人教股、采管股、财税法规会计股、国资股、综合治税办、农发办、会计学会等20个股室，下属有国库支付中心、政府采购中心、国有资产管理中心、政府投资评审中心、政府和社会资本合作项目服务中心共5个副科级事业单位。

【财政预算收支】　2017年，区财政局在组织收入上努力克服经济下行、财政收入下滑困难，着力挖掘收入潜力，强化征管调度，硬化目标考核，有力的促进了财政收入平稳增长。2017年地方财政总收入完成26.94亿元，同比增长68.5%。地方公共预算收入完成15.54亿元，同比增长16.6%，其中，税收收入8.6亿元，同比增长9.64%，非税收入6.94亿元，同比增长26.43%。基金预算收入11.4亿元，同比增长362.5%。2017年全区共完成支出44.17亿元，同比增长28.63%。其中：公共预算支出完成34.78亿元，同比增长13.66%；基金预算支出完成9.39亿元，同比增长151.07%。上级专项资金到位19.73亿元。

【收支管理】　注重协调，积极关注和主动适应税收政策的变动。面对经济下行压力较大、财政增收空间有限的严峻形势，主动掌握全区财政预算执行运行情况，加强与税务部门的沟通与配合，及时调整应对方案，进一步强化征管措施，为全区税收收入的稳定增长奠定基础。规范征管，进一步规范对非税收入的征缴和监管。按照《四川省非税收入征收管理条例》相关要求，全面推进政府非税收入管理改革。厉行节约，创新财务管理模式降低行政运行成本。认真贯彻落实《党政机关厉行节约反对浪费条例》，严格压缩公务接待费用，使其控制在公务经费的10%以内。及时编订《顺庆区区级机关差旅费管理办法》《顺庆区区直机关会议费管理办法》《顺庆区区直机关培训费管理办法》《顺庆区党政机关国内公务接待管理办法》等一系列经费管理办法，进一步规范财政支出管理。

【民生保障】　优先保障，促进教育质量和文化水平的稳步提高。认真落实国家政策，继续加大对教育事业的投入。加强中职学校免学费和发放助学金工作，规范学前教育“三儿”资助款的发放，完成城市学前教育和民办幼儿园奖补资金的申报。加大教育专项资金争取力度，用于顺庆区教育事业的重点项目建设。支持公共文化服务体系建设，推进文化体制改革，加快文化产业发展，促进文化产业更加繁荣，人民精神生活更加丰富。切实做好文化馆免费开放对接工作，清理规范“两馆”经费支出。截止目前，实现教育支出 6.65 亿元。及时、足额下拨中省免除学杂费 242 万元、免费提供教科书 618 万元、公用经费补助 4315 万元。落实好进城务工人员随迁子女各项政策，支持义务教育基础薄弱学校改造。继续完善学生资助体系，全面落实顺庆区职业教育、普高、学前教育等各项学生资助政策；规范、按时、足额安排中职助学金、免学费 4128.92 万元、普高助学金免学费 866.18 万元、学前教育“三儿资助 198 万元”。大力保障，逐步提高社会保障和医疗卫生水平。继续完善基层医疗卫生机构实施基本药物制度，推进乡镇村级卫生室建设，深化医药卫生体制改革，全面完成取消药品加成工作，加大公共卫生投入力度。加大投入，重点用于医药卫生体制改革支出，加快全区医疗卫生事业发展。协助相关部门完成新农合、新农保和城镇居民医保等中、省资金申报结算、基金征收工作，加大城乡居民医保补助，提出乡镇敬老院管理服务经费安排意见，使全区敬老院的管理更加规范。

【财政支农】 全面保障，加大财政支农力度推进城乡一体化。顺利完成辉景镇 2016 年国家农业综合开发高标准农田建设项目，共涉及辉景镇青平村、洪武沟村、马鞍山村、华光庙村 4 个行政村，建设高标准农田面积 0.47 万亩。在项目中标总价下浮近 31% 的情况下，克服材料缺乏、暴雨损毁等种种客观困难因素，紧盯施工队伍和监理单位，精心组织，周密安排，严格项目施工过程，按时保质保量完成项目工程施工，并于 9 月顺利通过省级检查验收。李家镇 2017 年高标准农田项目拟在李家镇郑家沟实施，经过前期工作，已完成项目前期准备工作和工程施工招标代理招标，施工招标已挂网。争取到渔溪乡 5800 亩蔬菜种植基地改扩建项目（省级资金 600 万元）、顺庆区区域生态循环农业项目（中省资金共计 1400 万元）和顺庆区林业项目（中省资金共计 280 万元）等上级专项项目资金共计 3285 万元，为顺庆区农发工作历史争取上级项目和资金量最多的一年。

【财政助脱贫】 区财政局在编制 2018 年年初预算时，在 2017 年脱贫攻坚专项资金安排 6600 万元的基础上，按照高于财政一般预算收入增幅的增长比例，足额预算专项扶贫资金近 8000 万元。重点支持和保障全区 2018 年脱贫奔康产业园区、贫困村道路、贫困户住房改造等基础设施建设，支持贫困户发展产业，实现全区 17 个贫困村出列，3280 人贫困人口脱贫。

【PPP 项目】 创新模式，狠抓 3P 项目。区财政局先后推动 5 个 PPP 项目顺利开展，总投资约 69.5 亿元，PPP 工作取得了多方面成效。一是入库数量及落地数量均居全省前列。顺庆区水环境治理、西河乡村旅游、城市主干道、高铁商务区和顺蓬营公路等 5 个 PPP 项目均以高标准进入财政部 PPP 项目管理库并全部落地实施，总投资约 69.5 亿元。二是缓解顺庆区财政压力。区财政局按照财政部的要求，严格控制风险，政府方以资本金形式投入约 2 亿左右，撬动、吸引社会资本达 67.5 亿，激发社会资本投资动力和活力，充分利用 PPP 模式缓解财政收入与支出的矛盾，解决顺庆区基础设施和公共服务领域的瓶颈。三是各方反响较好。从项目筛选、方案审批到入库、采购等环节，区财政局严格把关，所有已实施的 PPP 项目均采用公开招标的方式确定社会资本方，无一投诉、流标现象，严格的标准及规范化的操作确保了顺庆区 PPP 项目顺利开展，提高了社会资本方参与的积极性，实现了项目快速实施和社会示范效应的双丰收。

【财政监督机制】 日常监督，形成涵盖财政收支管理全过程的财政监督机制。做到财政监督与财政预算管理股室紧密配合，财政监督与财政资金使用实施单位及时跟进，将财政监督作为财政管理的组成部分和必要环节，通盘考虑，统筹安排，形成财政监督与财政管理的紧密融合，实现对财政资金运行全过程的动态监控。通过实施日常全程监督，推进各项财政业务管理工作的规范运行。

【专项检查】 专项检查，有针对性地解决财经领域存在的突出问题。对全区包括区本级财政，各乡镇、街道办事处，各独立核算的预算单位，各融资平台公司和各建设指挥部等共207个单位的清理盘活财政存量资金工作进行检查；对文化教育行业“义务教育阶段免作业本费”和“家庭经济困难高中学生免学费”专项资金使用情况开展专项检查；对全区23个乡镇（涉农街道）的公共服务运行维护资金进行专项检查；开展私设“小金库”及滥发钱物专项检查，重点检查了54个单位；开展2016年财政支出绩效评价和绩效监督工作，共检查12个单位；配合区委目标办、区扶贫移民局开展全区精准扶贫工作专项督查；开展预、决算公开检查。根据财政部统一部署，顺庆区要求162个一级预算单位公开2017年的决算及2018年预算，自查预、决算公开情况，并接受上级检查。

【内部监督】 内部监督，促进财政系统文明执法和依法理财。认真贯彻落实《四川省财政监督条例》和《财政部门内部监督检查办法》的有关规定，切实做到对外专项检查和对内执法监督有机结合。目前已完成对区财政局内部20个股室和5个下属中心的内部监督检查工作。

【预算编制】 刚性预算，严格规范执行部门预算确定的项目。科学编制2017年预算。在2017年预算编制过程中，严格按照新预算法要求，进一步完善部门预算从编制到执行的各项规定和管理办法，完善公用支出定额标准体系；加强预算约束，提高预算执行的科学性；加大统筹力度，保证重点项目建设；继续压缩行政事业单位公用经费，严格控制一般性支出。运用预算编制软件提高预算编制效率。10月，由预算股牵头开展本年度财政支出绩效评价工作，对2016年实施的11个项目和6个部门2016年整体收支进行绩效评价，共涉及财政资金10.2亿元。

【预算执行】 进一步完善部门预算从编制到执行的各项规定和管理办法，完善公用支出定额标准体系；加强预算支出监管，提高预算执行的均衡性、安全性、时效性；加大统筹力度，保证重点支出需要；继续压缩行政事业单位公用经费，严格控制一般性支出。加强监督，完善财政投资评审。评审中心通过细化工作流程，明确评审时限，优先服务重点项目等措施，为全区重大城市建设项目、扶贫攻坚、项目拉练等提供坚强保障。截止12月底，共出具评审报告688个，送审金额14.16亿元，审定金额12.02亿元，为项目推动战略的顺利实施做出了积极的努力；2017年，组织采购活动414次，完成各类采购项目304宗，总采购金额（含PPP项目）达96.36亿元，其中执行采购预算269474万元，实际采购金额267441万元，节约资金2033万元。深化国库集中支付制度制度改革，全区289个集中支付上线单位（其中一次性单位92个），共发生直接支付13958笔；授权支付44194笔。动态监控40953笔，纠正不按预算规定执行的开支1631笔，金额为563.29万元，暂停支出142笔，金额为459.63万元。2017年财政工资直发人员累计工资及津贴支出为45000万元，月平均发放人数10526人，发放单位197个。规范了预算执行刚性，提高了财政性资金收支透明度。

【国有资产】 强化机制，完善国有资产进行管理。严格按相关规定进行全区各行政事业单位资产配置事项的审批及相关资产处置，共完成了200多个单位的280项资产采购初审，完成50多个行政事业单位的相关资产处置，处置金额达700万左右。并对全区行政事业单位国有资产进行管理，草拟了《南充市顺庆区国有资产管理实施办法（试行）》。

【依法行政】 依法行政，认真开展法制机关建设。深入推进“七五”普法，“两个责任”，大力开展依法行政工作。坚持局党组学法制度，提高领导依法行政能力。完善规范性文件、重大决策合法性审查制度，健全规范性文件备案审查制度，适时修订规范性文件。自觉接受人大法律监督、政协民主监督和社会各界监督，认真办理人大代表、政协委员的议案、提案，定期向人大常委会报告工作，主动接受政协通报工作。反腐倡廉，着力推进党风廉政建设。认真落实中央八项规定，严控“三公”经费支出，坚持民主集中制，落实“一把手”不再分管机关财务和重点工程的要求，完善领导干部拒收红包礼金承诺、嫁娶宴请报告制度、个人财产申报制度。强化财政资金监管，完善资金管理制度和拨付流程，规范操作程序，确保财政资金安全使用。

【领导名录】

党组书记、局长：何晓文
机关党委书记：孙　建
党组成员、副局长：孙　明
党组成员、纪检组长：唐　珍
党组成员、副局长：黄　雷
　　　　　　　　　刘思俊
党组成员、总会计师：刘　杰
党组成员、国库支付中心主任：陈　源
政府采购中心主任：王　燕（女）
财政投资评审中心主任：何　英
国资管理中心主任：邓国杰
政府和社会资本合作项目服务中心
　副主任：欧阳霖辉

（肖评文）

国家税务

【概况】 2017年，南充市顺庆区国家税务局上下始终坚持“稳中求进、统筹协调”的工作思路，戮力同心，团结奋进，圆满完成各项工作任务。获得全市国税系统绩效管理优秀单位、政府目标考核一等奖等荣誉16项，地方党政领导先后4次对该局工作批示肯定。积极建言献策，编送税收收入分析报告、调研材料、工作简报等23期次，向党政主要领导汇报工作12次，提合理化建议20余条。实现各项税收163115万元，圆满完成市局下达的收入任务。完成区级一般预算收入16831万元，同比增收4311万元，增长34.43%。

【税收征管】 2017年，该局持续发力推进“营改增”各项后续工作，被表彰为“全省营改增试点工作先进集体”。一是圆满完成各项改革任务。作为全市收入最大、管户最多、业务最繁、经济结构最为复杂的大局，该局上下始终遵循“不搞变通、不打折扣、不搞选择”的改革要求，坚守“不退缩、不折腾、不懈怠”的改革态度，因地制宜，统筹推进征管改革，全面打赢“金三上线”“营改增”“转方式、提效能”等重大征管基础改革攻坚战，圆满完成与干部职工根本利益休戚相关的公车制度、职级晋升制度、津贴补贴制度等制度性改革，以改革保稳定，以改革促发展的工作态势基本形成。二是征管基础不断强化。与地税部门深度合作，开展联合办税、联合宣传、联合培训、数据清理等工作，全面加强欠税管理、发票管理、税户普查、税种管理、风险应对、个体管理、大企业管理等征管基础工作，工作质效明显提升。年末税务登记11564户，同比增长24.5%，2017年44户列名大企业入库税款9.86亿元，占收入总量的60%，年末个体双定户达到1013户，同比增加218户，增长27.42%，占全市达点户数的23.56%，全年实现个体达点双定税收1920万元，同比增长16.36%。三是多方信息共享和工作联动不断深化。清理餐饮住宿业、政府工程项目、教育培训机构等行业税收1600余万元。同时以风险管理为导向，强化风险应对和税警协作，充分发挥税收评估、检查的"铁拳头"作用，有力地整顿了税收秩序，提升了纳税遵从度，实现风险应对收入3339.76万元，同比增长79.38%，2017年南充天益资产投资管理公司案例入选全省优秀风险案例库。

【政务服务】 一是以纳税人为中心，全面提升纳税服务质量。采取多种措施推进大厅人员能力建设，认真开展好"每日晨会""每周例会""每季考试"，形成制度，长期坚持，促进工作团队能力上升；重点加强对窗口人员在办公软件、业务知识、业务风险、礼仪规范等方面的重点培训，提升了工作质量和效率，2017年度单笔业务办税时间较2015年平均缩短1.5分钟，差错率减少8个百分点。通过内部的严格管理，各类征纳矛盾得到有效化解，纳税人投诉较往年明显减少，负面舆情得到较好控制。在全市率先建立网厅业务团队、非接触式办税推广团队，开设网厅业务专窗6个，安排专人负责网上办税、掌上办税的辅导和推广，引导纳税人体验网络办税，2017年局办税服务厅共办结网厅综合业务12860户次。2017年区局纳税人满意度排名全省第79位，较2016年上升了98位，实现了历史性突破。二是落实税收优惠政策，优化地方"投资软环境"。2017年，全局享受税收优惠4487户，优惠政策受益面达100%。全年共计减免增值税税额1854.56万元，所得税额9974.72万元。

【脱贫攻坚】 打好脱贫攻坚战，助力"全面建成小康社会"。完成了首批36户贫困户的"三建五改"工程，全年共走访帮扶户700余户次，通过了上级的督查暗访检查，获得区委"脱贫攻坚结对帮扶工作先进单位"。通过加强与地方党政的工作联系。

【党建队伍】 一是强化党建基础工作。夯实党建工作领导小组责任。开展好"两学一做"教育活动，深入学习党的十九大报告精神，筹建"党建综合活动室"，新设8个基层支部，新建党建动态双月刊。二是强化廉政基础工作。认真学习习近平总书记关于党风廉政建设的新论述、新思想，主体责任和监督责任全面落实，全年共进行作风作纪通报58期，部门风纪持续好转，干部队伍总体安全稳定。三是强化家园环境建设。着力优化干部职工人居环境、办公环境，增购发票自助售票机、复印机等信息化设备，信息办税集成度进一步提升。对西河南路办公楼维修工程项目进行峻工验收，对大西街小区的消防管网、休闲设施、安全硬件、西河南路排污系统进行改造，政府打造的绿地城新政务中心办税场所即将启用。四是丰富职工精神生活。以"春风国税"文化品牌为载体，相继开展"同是国税人，共建一个家"春节文艺汇演、团支部爱心行、五四青年座谈会、党建知识竞赛等活动，在市局"自信国税文化周"活动中取得"一冠双亚"佳绩。纳服科获"市三八红旗集体"、局团支部获"市五四红旗团支部"称号，涌现了"四川好人"王昌武、"全省档案管理先进个人"韩雪、"南充市三八红旗手"赵敏、全省百名"纳税服务明星"邱龙等一批先进典型，全局呈现整体向上向好的良好发展局面。

【领导名录】

党组书记、局长：罗　彪

党组成员、副局长：杨经纬

郑咏春

任　毅

党组成员、纪检组长：邓　蓉（女）

（谢雨彤）

开发区国税

【概况】　2017年，南充市经济技术开发区国税局全面从严治党，大力组织税收收入，强化征管质量和税收法治建设，实现了收入质量提升、队伍素质提升目标，新荣获"南充市巾帼建功先进集体""南充市五四红旗团支部""顺庆区五四红旗团支部"和全市国税系统公文写作竞赛优秀组织单位等荣誉，开发国税工作得到顺庆区委副书记、区长刘松的批示肯定。

【税收收入】　坚持组织收入原则，强化主观努力，优管促收、堵漏增收、评查补收等一揽子举措落地落实，较好地完成了2017年度税收收入任务。全年税收收入累计入库130，633万元，同比增收30，506万元，增幅达30.47%，其中：中央级收入89，187万元，省级收入17，532万元、市级收入11，957万元、区级收入11，957万元。一是抓早、抓紧、抓实组织收入工作。对收入形势早分析、早预测、早研判、早准备，对各项税收早谋划、早部署、早安排，始终将主动权握在手中。自觉把组织收入担子压紧，把具体目标任务压紧，切实防止"松""闲""懒""散"和"看客""说客"作风，形成层层抓落实、人人重落实、事事都落实的组织收入工作氛围，圆满完成全年收入目标任务。二是加强经济税源调研。加强税收预测分析，加强收入管控，及时掌握经济税源变化，密切关注经济社会发展亮点，快速跟进社会消费热点，敏锐发现新增税源，把经济增长转化为税收增长，努力保持税收与经济的协调增长，提升税收收入对地方的贡献水平。三是抓好重点税源管理。依托地方政府抓收入，重点关注政府投资项目，深入分析"155"战略目标，为地方政府出谋划策，做好税收策划，获取支持。强化外来企业报验管理，对异地建安企业实行源头控制，及时登记，严格征收预交税款。抓好重点税源尤其是房地产企业税收管理，切实掌握重点税源企业生产经营状况变化情况，按规定及时组织入库，确保应收尽收。四是加强日常税收入库管理。重点抓好日常税收征期入库管理，及时提醒和督促纳税人按时申报纳税，严格执行加收滞纳金和罚款制度，确保正常申报入库率达100%，确保税款及时足额入库。同时，严格缓缴程序和严控缓缴税款审批，重点监控重点税源企业和纳税不正常企业，防范欠税产生。

【税收征管】　抓实征管建设，大力提升征管质效。一是进一步夯实征管基础工作。加强户籍管理，在商事制度改革后，积极与工商、地税加强联系，依法办理税务登记信息补录工作。认真梳理机内数据，对金三系统内信息不全的结合实名办税和户籍清理工作予以补全，对信息不符的尽量完善，对系统内大量的"僵尸户"进行清理，对无法联系、未实际经营的个体纳税人从金三系统清除，进入另册管理。扎实开展"税户普查"，按期完成了483户次的清理工作。二是强化发票管理。严控发票代开管理，严控发票配售管理，严格执行先实名后领票。对百万以上额度开票限额申请严格控制，认真履行核查约谈等程序，有风险疑点的一律不予配售。严格发票检查处理，对自然人代开普通发票核查、固定业户代开普通发票核查和大额代开普通发票受票企业三大类880条明细数据进行了核实；对日常管理发现的违规发票已处罚5户次，罚款1.47万元。三是抓好行业税收管理。高质量完成餐饮住宿业税收调研报告，建立火锅业税收定额核定模型，得到了市局相关部门的肯定。通过调研，督促餐饮住宿业纳税人补缴税款及滞纳金7.42万元。做好住宿餐饮企业的日常调查和预警管理。通过实地核查、约谈，对12户住宿餐饮企业纳税人实行营业收入预警值管理。做好餐饮行业个体户的定额调整，开展学校、医院等非企业性组织清理工作，督促业户主动办理税务登记，自觉遵从税收管理和履行申报纳税义务，完善减免税备案手续。四是有效推进国地税合作。与开发区地税局联合召开第六次联席会议，确定2017年国地税合作工作主题为：核心业务合作纵深推进，其它业务合作全面推开。国地税共同开展2017年年度个体工商户执行期定税工作和2016年度纳税信用等级评定。联合召开预防职务犯罪知识讲座和省第十一次党员代表大会精神宣讲会。通过纳税人学堂，联合举办国务院减税政策暨规范开具增值税发票培训会。双方监察部门协作成立督查小组，共同督查双方执法情况。2017年，《中国税务报》以《南充国地税合作再升级》为题，正面报道了该局国地税合作工作；顺庆区委副书记、区长刘松对该局税收征管、国地税合作、干部队伍建设等工作作出肯定性批示。五是加强税收风险管理。完善"实名办税制+分类分级+信用积分+风险管理"的闭环管理制度，加强风险应对扎口管理，健全风险管理组织体系，落实好人员配备要求，做专做强风险办，科学应用风险应对策略，构建动态信用积分和动态风险管理机制。

【税收法治】 大力推进依法行政，着力提升征管质效。一是提高法治素养。牢固树立法治是税收工作生命线的理念，坚持全面打牢法治基础、全员树立法治意识、全程落实法治要求、全域展现法治精神"四全"原则，把法治基础建设贯穿于税收工作的各方面。扎实推进"七五"普法，大力开展法治税务基地和依法行政示范单位创建，努力形成办事依法、遇事找法、解决问题用法、化解矛盾靠法的良好法治环境。严格落实执法人员持证上岗和执法资格管理规定；按月组织开展税收法律法规的学习、研讨和解读；按年组织全员法治能力考查测试，不断提高干部职工执法能力和水平。二是强化执法监督。进一步规范税收执法，严格落实税收行政执法责任制和执法过错责任追究制，严格落实减政放权，扎实开展执法监督检查，规范行政处罚裁量权。加大对虚开增值税专用发票、骗取出口退（免）税和偷逃税等行为的打击力度，施行税务"黑名单"制度，主动公开"黑名单"纳税人，建立诚信体系，营造公平公正的税收环境。全力构建"五位一体"的现代化依法治税体系，规范各类文书送达方式、执法程序，切实还权还责于纳税人。三是深入推进法治宣传。把税收法治宣传作为增强税法意识、促进依法诚信纳税的重要途径，通过组织税收宣传月系列活动、主要领导带队走访企业、发放宣传资料、集中培训辅导、积极打造"互联网+税务"平台等，多渠道、全方位向社会公众宣传税收政策法规，营造浓厚法治文化氛围。

【纳税服务】 进一步抓好"服务优、办税快、维权易"，大力提升纳税人满意度。一是强化硬件设施建设。在滨江中路租用房屋新建办税服务延伸点，增设办税窗口10个；与开发区地税局联合建起2个"24小时"发票自助超市，联合组建3个联合办税厅，"一窗双岗"统一受理纳税申报、发票领用代开、税务申请事项等，着力解决办税场地问题。目前，又规划在办公楼1楼再划出一个15平方米的办公室，单设为"纳税人自助办税办公室"，以方便纳税人。二是大力推进“非接触式”办税。拓展网上办税服务厅功能，实现五类38项功能（其中税务办理24项，税务查询6项，辅助办税8项）网上办理，努力实现网上办税为主、自助办税和其他社会办税为辅、实体办税服务厅兜底的办税模式，让纳税人多走“网路”，少跑“马路”，提升办税获得感。三是对外整合培训资源，联合开发区地税局建好“纳税人学堂”，联合制定培训计划、组建师资队伍，两局全年共举办纳税人学堂20期，参会受训纳税人2，600余人次，接受业务咨询4000余人次，共发放了25，000份税收宣传资料。四是全力提升纳税人满意度。广泛收集整理纳税人办税过程中的意见和建议，及时调整服务方式、优化服务渠道。大力开展2017年纳税人满意度调查的宣传，让广大纳税人知晓满意度调查工作相关事宜。利用税收宣传月广泛宣传税收工作，在南广高速公路口树立大型宣传牌1个，向纳税人赠送税收宣传公文包、雨伞、税收资料等物品，得到了纳税人的一致好评。五是加强税收政策宣传。充分利用门户网站、短信服务平台、纳税服务QQ群、微信公众平台等媒体扩大宣传面，通过横幅标语、电子显示屏、宣传手册、办税操作指南、掌上办税APP二维码等方式，开展多层次、全方位的税收政策宣传，为纳税人了解和掌握政策提供了更多便捷途径，确保纳税人懂政策、能开票、会申报。

【**队伍建设**】　突出严管善待，大力提升干部队伍素能。一是加强教育培训。认真开展“岗位大练兵，业务大比武”活动。制定科学的活动方案，切实做到学有计划、练有安排。2017年，在全市国税系统“岗位大练兵、业务大比武”活动中，斩获集体一等奖的优异成绩，1名职工取得全省第一名的好成绩，并被省局评为“纳税服务管理系列专业骨干”，3名职工被授予“南充市国税系统岗位能手”（纳税服务类）称号。辅导新进大学生作好职业生涯发展规划，鼓励大学生参加“三师”等专业资格考试，组织其参加省市局和区委组织的各类活动、竞赛。二是打造税务文化品牌。围绕“让生命更精彩”主题读书活动、开税青锋活动、道德讲堂活动、热点思潮辩论赛、“精彩生活”兴趣小组活动和编辑《精彩“税”月》专刊等6个重点活动项目，持续深入地开展税务文化建设。按照市局“税美南充税务文化周”活动的安排，组建了党建知识竞赛队、汽排球队和歌舞队，以青年大学生公务员为主力，充分展示其积极向上、活力四射的精神风貌。参加该文化周活动三个项目：气排球比赛获冠军，党纪知识竞赛和文艺汇演分获二等奖。开展了省级青年文明号开放周活动，制作了《醉春风》等2部微电影，入选省局青年文明号视频展示专栏。三是培塑先进典型。积极开展创先争优活动，向区文明办申报全省道德模范、省文明家庭、区文明家庭等，选树一批本单位爱岗敬业、创先争优、助人为乐、尊老爱幼的先进典型。1名职工家庭获四川省2017年“最美家庭”称号，1名职工被省局表彰为“全省国税系统纪检监察工作先进个人”。该局青年志愿者服务队被评为“南充市青年突击队”荣誉称号，1名职工被评为“四川省百名优秀志愿者”。充分发挥复转军人、“50人员”作用，做好人岗匹配，通过“传帮带”，发挥优势、补足短板。四是严格税务干部队伍管理。加强督导监督，稳步落实好公务用车补贴改革、津补贴改革等工作，制定相关工作方案，努力做好干部队伍思想政治工作，面对面与职工开展交心谈心活动，重点加强思想沟通和心理疏导。分管领导和各科室主要负责人定期与干部职工进行谈心谈话，通过谈心谈话，达到释疑解惑、化解矛盾，预防负面影响事件的发生目的。扎实开展信访风险隐患排查，有效排查车改津贴发放、纳税服务、干部职工作风纪律、违反八项规定、发票管理等方面的风险，将问题解决在萌芽状态，避免投诉信访等事件。五是激发队伍活力。完善奖励机制，进一步修订《创先争优奖励办法》，激发职工干事创业的潜力。落实职务与职级并行制度，结合推广数字人事制度，扩大正面激励效应，对表现优秀的干部职工在培养、提拔上予以适当倾斜。通过持续的、长期的思想政治工作，使大家感受到组织的关爱。积极稳妥抓好津补贴规范、公车改革等工作，全系统总体呈现“政风清、行风正、队伍稳”的良好局面。

【党风廉政建设】 全面从严治党，党建工作不断提速。一是抓实讲话精神学习。深入学习贯彻党的十九大精神，以习近平新时代中国特色社会主义思想为指导，坚决拥护习近平总书记在党中央和全党的核心地位，坚决维护党中央权威和集中统一领导。局党组精心组织，详细制定学习计划，领导干部带头学、带头讲，干部职工自觉学、全面学，深入领会习近平新时代中国特色社会主义思想的丰富内涵和精神实质。二是深化主体责任。局党组认真履行主体责任，召开党组会议认真研究制定《开发区国税局推进“两学一做”学习教育常态化制度化实施方案》和《开发区国税局推进“两学一做”学习教育常态化制度化任务清单》，为各支部做好学习教育工作提供指导。严格执行党组工作条例，提高依法科学民主决策水平。三是严肃党内政治生活。积极落实“三会一课”、民主生活会、组织生活会、谈心谈话、民主评议党员等制度，促进党员不断净化提高，保持先进性和纯洁性。学习贯彻《关于新形势下党内政治生活的若干准则》，落实“党员固定活动日”制度，每月按照计划组织开展党日活动，增强党组织生活吸引力和凝聚力，推动党组织生活的规范化、制度化和常态化。加强新形势下理想信念教育，有序组织党员干部到苍溪县红军渡开展主题党课日活动。四是积极培树党建特色品牌。确立党建特色品牌“开税青锋”，制定实施方案，全年组织开展“青春悦读”“青春扶贫”“青春公益”“青春讲台”“青春赛场”“青春微笑”“青春舞台”等七大行动。在中国共产党成立96周年前夕，举办开展一次评选表彰活动、开展一次党课教育辅导讲座、上一堂专题党课、召开一次专题学习讨论、开展一次走访帮扶活动、开展一次红色教育主题党日活动的“六个一”系列活动，取得显著成效。五是推进扶贫攻坚工作。积极开展与帮扶村的精神文明共建活动，深入结对帮扶村开展精准扶贫调研，宣讲党的政策，送去慰问金和电饭煲、食用油等慰问品；开展“百村百团”青春扶贫行动，组织青年志愿服务队先后深入被帮扶村开展“农家爱心书屋捐赠” “税法进农家”、爱心义诊等活动，为贫困户送去适合“胃口”的图书近200册，为帮扶群众免费健康体检，受到了当地村民的由衷点赞；开展精准扶贫“百日攻坚行动”，深入潆溪街道、顺河乡等8个结对帮扶村进行逐户走访，查看贫困村危旧房改造、三建五改等工程进度并现场督导，积极为贫困村争取帮扶缺口资金，顺利完成脱贫攻坚省级交叉考核。

【绩效工作】 坚持绩效统领，着力提升绩效管理水平。一是加强组织领导。认真研究和分析区委、区政府和市局目标绩效管理体系，配齐3名绩效管理专（兼）职人员，在各科室均配有绩效联络员，对各项指标进行逐项分析，坚持目标导向和问题导向，明确工作目标，围绕重点项目，抓住关键环节，找准突出问题，持续强化过程跟踪、督查督办和逗硬考核，切实加强对绩效管理工作的领导，确保上级决策部署和工作安排全面落地、执行到位。二是抓好指标制定。根据上级要求，拟定了《2017年组织绩效管理实施细则》《2017年个人绩效管理实施细则》《绩效考评结果运用办法》等绩效管理办法和举措，建立完善绩效管理5.0

版制度体系。按时分解上级指标，市局2017年绩效指标下达后，立即将各项指标分解到相应科室，明确责任科室和责任人，确保指标承接不留空档。科学合理制定指标，年初，在2016年工作基础上，结合全年重点工作，草拟了全局2017年绩效指标，由分管局领导组织分管科室负责人，结合上级考核指标进行深入研判，最终形成共性指标22个，个性指标205个。三是强化过程控制。以召开“绩效分析讲评会”为抓手，绩效管理委员会按月进行分析讨论，主要领导按季进行总评，绩效办按月通报，各科室每季进行自查，及时总结阶段工作成果，查摆工作中存在的薄弱环节，逐项整改落实，切实发挥绩效考评对工作开展的促进作用。狠抓“四项行动计划”，拟定了“四项行动计划任务书”，以“四项行动计划任务书”为引领，主抓关键指标、分档指标，结合工作实际制定了具体可行的举措，严格把控指标不失分，确保加分项目有突破。实行分组分类考评，将职能相近的科室纳入同一类，分为“业务类科室”和“非业务类科室”两组，进一步增强了指标的横向可比性，努力营造公平、公正、公开的绩效考评氛围。

【领导名录】

党组书记、局长：付　明

党组成员、副局长：樊　平（女，12月止）

廖青松

李清泉

党组成员、纪检组长、副局长（兼）：

刘　韬（12月止）

党组成员、纪检组长：

黄　蓉（女，12月起）

（陈泓羽）

地方税务

【概况】　2017年，面对税源大幅萎缩和税制改革的双重压力，面对全面完成收入任务和推进税收管理创新的双重任务，南充市顺庆区地方税务局始终坚持以组织收入为中心，以服务发展为驱动，按照“稳中有进、进中求实、实中谋新”的总基调，稳扎稳打、从严从实，坚决贯彻落实省、市局工作部署，打赢了组织收入攻坚战、打好了绩效管理翻身战、圆满完成了2017年各项目标任务。

【组织收入】　在营改增全面推行、营业税彻底退出历史舞台的大环境下，有效克服经济增速放缓、主体税种缺失、减税降负等多重因素叠加带来的组织收入压力，地税收入对地方财政收入贡献率大幅提升，得到区委政府主要领导的一致褒奖和高度赞扬。组织各项收入57294万元，同比增长32.9%。其中税收收入54736万元，同比增长33.9%，一般预算收入20296万元，同比增长71.63%。

【征管基础】　落实征管规范，推进征管科学化。继续贯彻税收征管规范，推进税收征管工作标准化、规范化、科学化。通过召开专题会议、组织专题培训、强化宣传及督导考核等措施，让“以与实际工作联系为着力点、以更好为纳税人服务为落脚点”的理念入脑入心，有力地确保规范推行工作的扎实推进和落地生根。借力“两税”清理，强化主观努力。针对自然人“两税”征管这一老大难问题，主动与市房管局进行工作协调，取得了市房管局的全力支持和主动配合。统一自然人“两税”征收标准，规范基层税务所和税收管理员的执法行为，既确保了应收尽收，也避免了执法随意性。组织征收“两税”3150万元，其中自然人房产税839.1万元，自然人土地使用税53.7万元，征收面达84.2%以上，较2016年上升30%以上，“两税”征管取得新突破。借力欠税清理，狠抓堵漏增收。由稽查、征管、税政三部门通力合作，成立欠税专项清理工作小组，集中开展欠税清缴。采取以辅导性检查为主，税务稽查为辅，通过到企业实地核查、政策宣传，结合金三软件和税务约谈等多种形式，确保检查取得实效。清理入库税款208万元，加收滞纳金151万元，对16户欠税大户采取了欠税公告，对14户法人阻止出境等措施。特别是对北湖景区管理有限公司、恒顺房产公司、洪洲房产公司、天龙房产公司等历史遗留欠税实施了清理，维护了税法尊严，理顺了税收秩序，提升了地税影响力。借力风险管理，强化信息管税。完成对归集类、非归集类数据清理、“两税”数据清理、预算科目错误、“三性”指标、纳税人基础数据清理等12批任务，清理规范基础数据3万余条。截止11月底，共接收总局推送两税（增值税与城建税）比对任务1批，涉及纳税人2户，采取纳税评估的方式应对，其中1户补缴入库税费38.89万元、滞纳金及罚款1.8万元，1户无问题；接收省局推送个人所得税和“两税”任务共2批，涉及纳税人820户，应对方式为风险提醒，入库税费61.6万元、滞纳金及罚款5.2万元；接收市局推送定额比对任务1批，涉及纳税人1525户，应对方式为风险提醒，入库税费138.1万元、滞纳金及罚款12.3万元；自建任务4批，补缴入库税费540.5万元、滞纳金及罚款189.4万元。共累计入库税费779.1万元、滞纳金及罚款208.7万元，风险管理工作取得明显成效。

【依法治税】 牢牢把握依法治税“生命线”，持续深入推进税收法治工作，积极开展法律法规宣传教育，加大普法、学法、用法力度，营造依法治税的良好环境。一是扎实开展税收法制宣传。充分利用办税服务厅、微信公众号、税企QQ群、手机APP等，多渠道多途径开展税收宣传、进行纳税政策面对面辅导，营造税收宣传氛围。持续关注供给侧结构性改革相关税收优惠和全面推开营改增等政策落实，让全局干部职工与纳税人及时通过信息平台充分知晓政策最新动态，提升了纳税人的税法遵从度，促进了税务干部与纳税人的业务交流。二是深入开展税收执法大督查和专项督察。按照“双结合”（监督执法与促进执法相结合、纠正错误与改进工作相结合）原则，加大对执法行为的事前、事中、事后监督，针对执法过程中容易出现的问题及政策法规落实情况，抓好问题发现、做好整改落实，推动行政执法工作更上新台阶。2017年无行政复议案件发生。三是修改完善权力责任清单。以顺庆区政府公布的行政权力清单为基础，坚持权责一致、有权必有责，组织专门人员认真完善权责清单：新增行政权力事项3项，修改行政权力事项6项，减少行政权力事项1项，使权力清单和责任清单共同成为本部门依法履职的准绳，做到统一规范、简明扼要。四是狠抓执法队伍建设。为进一步提高干部职工的业务素质，同步开展“线上＋线下”法制培训，成功打造“集中学习＋网络培训”的法制学习模式，有效提高了干部职工的法制理论水平和依法行政能力，“1＋1〉2”的优势凸显。

【税收环境】 在外部，进一步推动国地税合作纵深发展。一是在国地双方互设办税窗口，互派工作人员的基础上，在湖州街新设国地税合作办税服务点、开展业务合作，积极探索推行“一人一窗、联合受理、业务通办、统一出件”的合作办税新模式。二是推动建立健全国地税合作组织领导机构和协调议事机制。结合国地税两家税务机关具体工作实际，以正方文件印发了《顺庆区国地税合作实施方案》（顺国税发〔2017〕18号)，拓宽了国地税合作的深度和广度。三是共同开展各项培训。2017年，国地税联合开展纳税人信用等级评价操作培训、纳税人CA操作培训、“深化税收改革，助力企业发展”为主题的宣传培训，有效提升了纳税人的获得感。四是定期召开联席会议。总结合作工作中的阶段性成效，商讨需解决的具体事项，尤其是在征管数据质量清理工作中，多次召开专题联席会议，对国地税合作中存在的问题进行了充分讨论和沟通，对业务合作的难点进行了剖析，对进一步推进国地税深度合作提出了具体要求，并达成共识。截止11月底，联合办理设立登记2090户、变更登记6492户、协同办理注销登记4688户、联合开展信用评价488户，代征增值税4353.06万元。地税驻国税窗口征收地方各税费482.50万元，国地税合作取得明显实效。此外，与房管、国土、建设等部门进行有效协调，形成综合治税合力；在内部，按照“用好绩效、抓好风控、干好税务、带好队伍”的理念，牢牢牵住绩效管理这一牛鼻子，坚持考核不走过场、不走形式，全局上下勠力同心、卯足劲头，紧盯目标任务、严把考核节点，心往一处想、劲往一处使，获得“全市地税系统2017年度绩效管理优秀单位”称号，实现了从2016年度绩效考核排名末位到2017年度绩效考核优秀的成功逆袭。

【队伍建设】 一是始终坚持“人才是第一资源”的理念，重视干部职工专业能力培养，提高干部队伍专业化水平。通过自行组织和参加上级组织的各类培训和业务能力竞赛，加大人才培养力度，不断强化提升干部职工能力素质和业务水平。26名干部职工进入省市区局人才库，其中省局人才库人员4名，市局人才库5名。组织开展“岗位大练兵、业务大比武”活动，以考促学、以学促优。在2017年纳税大比武中，职工刘鑫鑫和饶曼作为市局代表队中的2名选手进入全省前36名。在全省组织的选拔考试中，刘鑫鑫取得办税服务厅第5名，饶曼取得12366岗位第8名；刘鑫鑫进入全省前18名。二是深入推进“两学一做”，不断深化党风廉政建设和反腐败工作，全面推进惩防体系建设，常态化推进作风建设，全局风正气和，队伍稳定安全。

【基础建设】 一是及时跟进职务与职级并行、住房公积金改革等政策的落地，切实维护干部职工切身利益，保障职工应有待遇。二是对全局消防设施进行更新，配齐消防标识，安装监控设备，安全设施更加齐全；完善车辆管理办法，整修办公用房，后勤服务更加贴心。三是组织开展“绿色办公·低碳生活”系列主题活动，有效推进节约型机关建设。在“地税是我家·节约身边行”征文竞赛中，荣获“节能减排征文竞赛优秀组织奖”，同时获得“2017年度后勤管理先进集体”称号。

【脱贫攻坚】 坚持“产业化带动、庭院化补充、集约型发展、精准化扶贫”帮扶理念，继续加大精准扶贫力度。积极跟进两个帮扶项目，11月，出资3万元为指路碑村补栽柑橘苗2000棵，并出资1.83万元购买6吨化肥，帮助其产业发展壮大。另外，出资5万元帮助“金税鸽业”购买鸽粮，同时积极帮助贫困户建立、拓宽销售渠道，破解销售难题。坚持产业帮扶、民生帮扶两手抓、两手硬。2017年，帮扶李家镇、双桥镇、顺河乡共计100名贫困户。其中，已脱贫56户，未脱贫44户。为圆满完成帮扶任务，组织召开专题会议，研究部署扶贫工作，量身制定帮扶措施。2017年，对这44户贫困户共安排帮扶资金7.05万元，切实帮助贫困户解决实际生产生活困难，广受贫困户的赞扬和当地政府的高度肯定。

【领导名录】

区局党组书记、局　长：帅　旗
区局党组成员、副局长：杜　平
蒲新光
肖　伟
区局党组成员、机关党委书记：白　勇
区局党组成员、纪检组长：张　毅

市地税第一直属税务分局

【概况】　2017年，南充市地方税务局第一直属税务分局深入贯彻党的十八届五中、六中全会、十九大、十九届一中全会和习近平总书记系列重要讲话精神，牢固树立专注发展、转型发展、集成发展理念，认真落实省、市、区经济工作会议和全市地方税务工作会议精神，坚持“稳中有进、进中求实、实中谋新”的总基调，按照“夯实基础，全面规范，稳步提升，勇于突破”的总思路，突出干好税务、带好队伍“双轮驱动”，求真务实，扎实工作，各项工作成效明显，圆满完成了年度目标任务。一是落实收入责任。依据市局下达的税收目标和区委区政府的年度计划安排，科学合理分解税收收入计划，将目标任务明确到责任单位，落实到具体个人，层层传导压力，人人压实责任。二是实施精准分析。按照分局“抓早抓实、掌握主动”的要求，及时召开税源分析座谈会，专题研究税源新变化，把握税改时点，改进征管措施，突破挖潜难点，打击偷逃痛点，确保收入平稳增长。三是坚持收入原则。强化收入统筹协调，狠抓收入质量管理，结合省局“六个更加突出”和市局“五分法”要求，主动、充分、善于利用金三系统数据集成优势，对收入变化异常的行业、企业、税种实施动态监控预警，“旬通报、月分析、季考核”，及时发现和堵塞征管漏洞，实现“稳增更稳势，量增质更优”。全年共组织各项收入71100万元（含耕地占用税9006万元，下同），同口径增长11.44%（剔除2016年同期营业税入库数和今年入库的耕地占用税，下同），其中税收收入62745万元，同口径增长4.24%，完成市局下达年度计划的90.15%，基金附加收入7606万元，同比增长22.92%；其中区级一般预算收入20829万元，同口径增长2.04%，完成区委区政府下达年度目标的109.05%（含入库区级耕地占用税4503万元），先后3次受到区人民政府主要领导批示表扬。

【征管质效】　一是开展“三大活动”。深入开展“职工大谈心、企业大巡访、工作大调研”活动，科学制定巡访方案，做到巡访工作“四结合”（与纳税服务结合、与纳税评估结合、与辅导性检查结合、与税收宣传结合）“五清楚”（纳税人户籍清楚、基本情况清楚、生产经营情况清楚、财务核算状况清楚、税费缴纳情况清楚），实现征管状况监控的制度化和常态化，提升了征管质效。全局共巡访68户，查补税款968.5万元。二是强化数据清理。针对小微企业认定错误、未如实准确登记从业人数、相关人员身份信息不准确等问题，进一步规范数据采集，加强数据维护，对不规范操作造成的数据信息及时更正和删除，清理、修正数据2000余条，确保了“金三”的平稳运行。三是推进征管评估。以税收征管评估自查为契机，确定了“认真借力，从此规范”的工作目标，端正“没有万一，只有唯一”的工作态度，发扬“不讲如果，只讲结果”的求实精神，对征管基础工作进行大摸底、大排查、大规范，全力推进税收征管规范化建设。分局接受市局征管评估复查1次，邀请市局征管科模拟评估2次，分阶段自行组织考评3次，共补充、修正、完善设立登记149条、税（费）种认定4241条、优惠备案445

条、业户注销175条、责令限期改正900条，三证合一信息132条、催报催缴3564条、行政处罚42条、不予加收滞纳金330条，并全部收集了纸质资料，进行了电子扫描，实现了纸质资料与电子档案匹配，真正做到了“入肉入骨，达肌达里”，达到了“夯实征管基础，提高征管质效”的目的，被市局以简报形式向全市系统推介。

【纳税服务】 通过网上办税服务厅、“两群”辅导平台（微信公众号辅导群、QQ涉税问题辅导群）和纳税人学堂，有效提升办税服务水平。其中，纳税人学堂培训辅导500余人次，两平台推送23期186条热点、218份税收政策文件，收集意见建议50余条，解答纳税人涉税咨询700余人次，各类下载400余人次，有效关注3300余人次。分局纳税服务厅党支部被市局机关党委评为先进基层党支部，1人被授于“党员示范岗”，在全省地税系统纳税人满意度测评中，分局位列全省第3、全市第1，为南充地税争得了荣誉。

【队伍建设】 一是学用结合提素质。立足现有条件，按照“学业务、增技能、强素质”要求，通过“两训一展”（通过市局、分局两级组织干部职工实现2轮外出集训；通过外聘专家，市局、分局领导，业务骨干实现全方位多层次在家培训；通过业务交流、参训汇报、实际运用等方式展现学习成果），根据省、市局安排，分局先后派出12人次外出培训学习，培养师资力量，与顺庆区地税局一道分两轮对干部职工进行集中培训。在市局组织的纳税服务、土地增值税专项培训考试中均取得优异成绩，1名职工在稽查业务培训考试中名列全市第3名，1名职工被聘为全省地税系统公职律师。二是绩效考核激活力。树牢“得分就是实绩，排位就是考核”理念，强化层级管理、部门职能和岗位职责，优化绩效考评指标，将考评任务分解到部门，落实到个人，形成“指标层层分解、责任层层落实、压力层层传递、活力层层激发”的管理机制，做到守住底线不失分，基础工作不扣分，争创亮点多加分。分局绩效排名暂列全市系统第4名。三是情理相融带队伍。在加强日常管理的基础上，注重感情沟通，通过“一对一”“一对多”“多对多”等形式的“大谈心”，组织干部职工谈心30余人次，切实关心职工工作生活，为1名因公负伤的职工按政策报销了医疗费用，在全局上下形成了“齐心协力一起做事情，真心关爱相互给温暖”的良好氛围；积极培养选拔专业人才、复合型人才及各类操作实用人才，完善干部选拔任用机制，形成“能者上、平者让、庸者下”的用人格局。2名群众公认、业绩突出的职工被选拔到中层领导岗位，1名同志被市局提拔到正科级领导岗位。

【依法治税】 一是深入推进依法治税。进一步落实“放管服”改革要求，开展放管服自查和权利事项匹配工作，进一步审视两权运行、纳税服务各个环节，努力提升行政效能；严格按照税收执法责任制实施办法规定，对过错行为及时追责，做好整改，让过错追究落到实处；推进执法文书说明理由制度，全年没有行政复议和行政诉讼案件。二是切实加大稽查力度。充分发挥税务稽查以查促收、以查促管、以查促查、以查促廉的作用，按照市局工求开展重点税源轮查7户，全年共立案检查及督导自查业户35户，累计查补入库税款1983万元、滞纳金361万元、罚款49万元。三是注重发挥督审作用。全面贯彻落实《全国税务系统督察审计规范（1.0版）》，开展专题培训2次，进一步强化风险应对；紧密结合“金三”系统和税源探查平台，多部门联合开展专项、重点和日常督察，保证税收执法督察职能作用的充分发挥；开展风险应对质量检查，全年对35户风险应对资料进行检查并定期通报，有效规范风险应对；组织开展内部审计，积极配合市审计局开展“三级联运动”审计，狠抓问题整改，受到审计部门一致好评。

【党的建设】 一方面，全面落实“纵合横通强党建”工作部署，实现了基层党组织转型，成立了分局总支委员会及5个基层党支部，建立健全10多项党建工作制度，把经常性的党员学习、教育、管理、监督等工作纳入制度之中，形成了党总支、支部和党员同抓同建的党建新格局。积极组织党员干部开展岗位建功、文明创建、扶贫帮困、志愿服务等系列活动，树立良好形象。在“书香盈满机关、知识丰富人生”主题读书征文活动中获得市直机关工委表彰；1名职工在“档案——我们的共同记忆”国际档案日主题征文竞赛中获全国优秀奖；分局顺利通过“省级文明单位”复查验收。另一方面，把脱贫攻坚作为当务之急，多次深入顺河乡李家湾村、灵潼山村调查走访，掌握55户帮扶的基本情况，建立了“一表一册一台账”提出“全员参与、分组划片、责任到人、确保脱贫”的工作要求，全年走访慰问326人次，采集贫困户各种信息2000余条，制定各类帮扶措施30余条，沟通交流思想扶贫50余人次，为发展庭院经济、种植养殖、农田整治、村道公路建设捐款捐物共计价值4.9万元，为8户贫困户落实“三建五改”和危房改造工作，为帮扶村修建了文化室，为村党员活动室捐赠各类书报80余册，为9名贫困学生送上了“助学信封”。

【反腐倡廉】 聚焦主业主责，找准职责定位，认真组织学习《中国共产党党内监督条例》等廉政制度规定，积极运用新媒体手段加强廉政教育；充分发挥驻所纪检监察员作用，切实履行专职监督职责，发现苗头问题及时提醒，发现触犯纪律及时处理；突出“两权”监督重点，通过工作环节流程化、纳税信息公开化，建立预防职务犯罪长效机制，强化廉政风险防控，加强内控机制建设，健全预警机制，拓宽民主监督渠道，降低廉政风险；增强规矩意识，规范内部行政管理，严格履行请销假、出差审批、公务接待度等制度，做好综治安全、信访维稳等工作，加强财务预算管理，坚持依法采购，做好车辆、食堂、物业管理，营造了清廉干事的良好环境。

【领导名录】

局　长：王阳晨

副局长：姚进平

杨　旻

卢　红（11月起）

纪检监察员：赵　勇（11月起）

（李　瑞）

市地税第二直属税务分局

【组织收入】 2017年，累计组织各项收入25864万元，提前20天完成全年收入目标任务。其中入库税收收入24405万元，同口径增长3.81%，超市局年计划12.99%；完成区级一般预算收入10932万元，同口径增长41.31%。顺庆区人民政府区长刘松先后三次批示表扬，鼓励分局“再接再励，再创辉煌”。

【税收征管】 一是夯实征管基础。全年相继出台《转变税收征管方式提高税收征管效能的实施意见》《加强税务行政审批制度改革后续管理的通知》《进一步落实商事制度改革工作的通知》等12份规范征管工作的文件，确保执法有痕、有迹、可查；完善纳税人基础信息，狠抓数据管理和应用平台拓展，对1170条问题信息进行清理，其完整性和准确性达到95%；规范省局推送的22户纳税人财务报表采集的内容、时限、口径及方式，通过QQ群、微信群和深入企业“面对面”等多种方式宣传辅导，确保纳税人熟练操作软件、正确报送财务报表；对非正常户认定管理程序、核查途径、报告格式、认定文书等进行统一规范，对非正常户的欠税，采取国地税联动方式督促其依法履行纳税义务，主动到地税部门办理纳税申报，缴清所欠的税款、滞纳金和罚款。二是加强欠税管理。出台《关于进一步加强欠税管理工作的通知》，成立欠税管理领导小组并安排专人负责欠税管理工作，加大欠税企业动态监控力度，逐户制定清缴措施，严密关注死欠户、失踪户、欠税大户，采取提醒催缴、责令改正、税务约谈、分期缴纳、税收保全等措施，稳步推进欠税清缴，清理欠税521万元，压缩率25%。三是强化风险意识。出台《关于进一步加强税收风险监控管理的通知》，明确第四税务所风险管理职责，大力推行风险分类分级识别应对管理，提高风险识别精准度和应对有效性。接收推送风险户数290户，其中对25户纳税人进行纳税评估，入库税款81.51万元，入库滞纳金4.22万元；对265户纳税人进行风险提醒，入库税款1954.44万元，入库滞纳金51.9万元；对437户纳税人进行依法处罚，处罚率100%，处罚金额12.04万元。四是强化信息管税。强化纳税人端报送数据分析，对纳税人数据信息实行流程管理和痕迹管理；运用以“金三”为主、多应用平台为辅的大平台，确定四批次CA证书纳税人共计103户，注册率和绑定率达100%；充分使用决策管理系统，下发两次决策一包测试推广任务，共测试543人次；充分利用税源探查平台，推送440户“三证合一”纳税人风险信息，其中新开业340户、变更纳税人100户，短信告知率100%；充分利用数据应用平台，确保征管考核全面达标；强化“金三”运维管理，提交运维71条，关闭运维71条，处理率100%。五是加强多方合作。与国税局联合开展纳税信用等级评定工作，辖区A级企业数量达到10户，占总评价户数5.3%，B级企业数量114户，占总评价户数60%；联合开展数据清理，积极主动与顺庆区国税局、开发区国税局互通信息、沟通交流，共同确定处理方式和方法，合作修正数据，保证数据清理工作质量。在多部门信息共享方面，与工商、财政、住建、国土等部门签订合作协议15份，依托政府部门信息共享及监管协作平台，在更大范围实现部门间信息共享。稳步推进“水资源税”和“环保税”开征前期准备工作，及时与区水务局、区环保局等单位联系，顺利完成相关资料的交接。开展“水资源税”和“环保税”相关企业“税企见面座谈会”，充分听取纳税人的意见和建议，对新税种的申报方式进行细致的讲解，为新税种的顺利开征奠定良好的基础。分局辖区内两户A级纳税人获得全市“银税互动”先进单位称号。

【依法治税】 一是加强法制业务培训。根据工作需要，重新调整配备各所法制员，采取内部业务学习、外出学习交流和参加法院涉税案件旁听等方式，加强法制员执法风险防范和业务能力培养。二是开展执法督察。围绕完成税收收入任务情况、落实税收优惠政策、全面推开营改增试点贯彻落实情况、重点行业及重点事项税收管理情况、纳税人注销清税管理情况、欠税管理工作、“放管服”改革等方面先后进行了两次督察，对存在的问题及时进行处理和整改，完善风险管理，促进税收执法管理。三是积极稳妥应对行政诉讼。针对分局第一起行政诉讼案件，多次与原告及法院进行沟通，并聘请专业律师，最后获得胜诉，较好维护了税法的权威和地税的形象。四是加强行权平台建设工作。召开行权平台业务培训会，明确部门牵头人和职责分工，保证行权平台按时启用和有序运行。

【纳税服务】 一是落实服务规范。全面落实首问责任制，明确首问责任人、办理程序、办理标准、岗位职责、处理方式、沟通协调、后台支撑和责任追究等内容。积极推广纳税人涉税资料的电子档案管理，全面实行纳税人提供资料一次报送、信息共享，受理资料 14939 份，扫描件达 67383 页。主动解纳税人需求，提供有针对性的纳税服务措施，分行业抽取纳税人 200 余户进行专项需求调查，分门别类，建立需求台账，受到纳税人的一致好评。2017 年全省第三方评估机构纳税人满意度测评，分局名列全市地税系统前茅，其中纳税人对税收政策宣传工作和办税服务厅的评价名列全市前三名。二是扩大宣传范围。通过办税服务厅电子显示屏滚动播放、政策公示栏张贴、短信平台推送和发放定制宣传资料等方式，将最新税收政策宣传到每个纳税人。加强纳税人税收法律和政策培训，按季制定纳税人学堂学习计划，通过对税收法律和对税收政策的宣讲，针对重点企业，展开税收宣传定制服务，主动为鑫达集团、宏力房产公司等企业提供了税收政策辅导、办税服务、涉税风险点梳理等个性化服务。着重强化税收宣传"回头看"，确保优惠政策落实到位，确保纳税人及时享受到税收优惠红利，为 61 户纳税人办理了税收减免，减免税额 35.8 万元。三是构建多元办税体验。分局办公地址搬迁后，严格按照纳服规范和办税服务厅建设规范要求设置功能区和硬件设施设备，统一表证单书和文书填写范本，做到设施齐全、环境整洁、秩序井然。同时加强对办税厅服务人员业务和礼仪培训，严格按照六项文明礼仪标准为纳税人提供标准服务；多途径倡导网报，提升纳税服务满意度。顺应"互联网+税务"的要求，积极引导纳税人开通网上申报和"天府 e 税 APP"申报，单位纳税人网络申报率逐月提高，网络申报率达到 97.4%。四是推行商事制度改革。强化首次办税地址和纳税义务提醒，建立一站式服务工作方式，健全信息共享应用机制，落实限时办结制度，促进商事制度改革有序推进。新增市场主体 1024 户，较上年增长 169%，其中新增单位纳税人 341 户，同比增长 49%；新增个体纳税人 683 户，同比增长 349%。

【队伍建设】 倡导快乐工作，充分结合职工爱好，设立写作、摄影、钓鱼、健身等兴趣小组，增强干部职工归宿感；在区级相关部门的审批下，重新设立团支部、妇委会，对部分职位因岗因人进行重新配备，让工作推动更有合力；大力激发干事创业热情，结合职工的专长，用足特长，在市局组织的"喜迎十九大"征文活动中三名职工获奖，在演讲活动中，两名职工分别获一等奖和二等奖，在市直机关工委组织的"我为市委'155 发展战略'做贡献"征文活动中，一名职工获三等奖，在全市地税系统 2017 年"七一表彰"中，一名职工获"共产党员示范岗"称号，分局办公室获"共产党员示范团队"称号；突出抓好新进公务员初任培训和执法资格考试，考试合格率达到 100%，4 名工勤人员通过技术等级能力考试；积极挖掘提炼税务文化建设资源，凝成"崇德、为民、尚法、清廉、担当"的理念。

【脱贫攻坚】 对标"两不愁、三保障、四个好"要求，充实强化"五个一"帮扶力量，组织村委充分利用农村土地资源，成功引进在外成功人士回村创业，在帮扶的永丰镇打锣山村建立起 500 亩"脱贫奔康产业园"和党员精准脱贫示范工程，每年贫困户用工量达到或超过企业全部用工量的 70%，实现村有脱贫产业、户有致富门路。干部职工多次上门慰问，送去棉被、毛衣、羽绒服和米面油，帮助发展庭院经济，种植蔬菜和喂养鸡鸭，改善个人和环境卫生，培养良好的生活习惯。围绕"喜迎十九大，永远跟党走"主题，组织党员干到联系帮扶村，与该村党员一起聆听"宣传贯彻党代会精神”专题党课教育，看望并慰问该村困难群众和老党员。2月，分局被区脱贫攻坚领导小组表彰为结对帮扶工作先进单位，一名职工被表彰为先进个人。

【党的建设】 加强政治建设。利用总支会、分局职工大会、支部会等专题学习党的十九大及中纪委工作报告全文，同时组织全体党员干部积极参加聆听省、市召开的相关报告会，邀请顺庆区委宣传团成员到分局举办讲座。加强组织建设。新组建成立4个党支部，配齐配强支部委员和书记，扎实推进“两学一做”常态化制度化，10月，分局组织召开工作推进会，听取各支部“两学一做”开展情况，对进一步工作进行安排部署。扎实开展党建活动。七一前后，组织开展“学党章、知党史、守党规、强党性”党建知识竞赛活动。组织全体党员到爱国主义教育基地进行革命传统教育和爱国主义教育。

【领导名录】

局党总支书记、局　长：席　勇

局党总支委员、副局长：刘嘉陵

宾凌芳（女）

杨　光

局党总支委员、派驻纪检监察员：欧佳龙

（邓超凡）

经济开发区地税

【概况】 2017年是南充经济开发区地方税务局负重前行、锐意改革、成效明显的一年。全局干部职工面对急难险重的改革任务和低迷复杂的经济形势，以迎接党的十九大召开和学习贯彻十九大精神为主线，拿出“开年就是旺征，起步就要冲刺”的拼劲，紧紧围绕“稳中有进，进中求实，实中谋新”的工作思路，上下一心、众志成城，较好地完成了各项工作任务，不断引领经开地税科学发展。

【组织收入】 2017年，该局上下不为困难找理由，只为目标想办法，在精细管理上用实招，在进度推进上出真招，继续坚持“摸清、收尽、清欠、挖潜、严责”的十字思路，夯基础、重管理、提质效，全力开展组织收入工作。立足于“严”，始终严守组织收入原则，严格执行税收政策，确保收入工作的质量；立足于“实”，做到税源调查扎实、税收分析务实、管理措施用实，牢牢抓住挖潜增收关键点，把握收入工作的主动权；立足于“变”，积极应对全面“营改增”后地税管理难点，抓住“二次创业”新机遇，大刀阔斧进行征管体制改革，在稳定收入工作局面的同时，促使单税种收入规模上了一个大台阶。2017年累计组织各项收入37,605万元，较2016年同期上升7.92%，其中：税收收入34,292万元，完成市局年计划的101.46%，较2016年同期上升8.91%；基金附加收入3,313万元，完成市局年计划的107.22%。完成区级一般预算收入10,251万元，较2016年同期上升7.16%。多个税种呈上升趋势，个人所得税、城市维护建设税、城镇土地使用税均较2016年同期上升15%以上。

【依法治税】 始终将“依法治税”作为一种思维方式和决策习惯，突出法治建设在全局工作中的重要位置。紧紧围绕依法治税的税务工作“新常态”，以“四川省地税系统法治基地”建设为载体，以基地建设评价标准为导向，打造“法治地税”特色品牌。8月，该局成功创建“四川省地税系统法治基地”，形成了示范引领、以点带面、整体推进的税收法治建设格局。一是不断增强法治理念，积极落实会前学法制度，开展法制员培训和全局职工法纪知识考试，邀请专家进行法治宣讲，利用“税收宣传月”“12.4”国家宪法日等积极进行税收普法宣传，发放宣传资料5000余份，接受纳税人现场咨询800余人次。二是不断规范税收执法行为，联合经开区国税局对行政处罚自由裁量权量化统一，做到了“一事不二罚”，杜绝了“同事不同罚”；严格按照金三流程做好税收强制工作，成功在生产环境中执行2户税收强制执行，极大地降低了税收强制方面的执法风险。三是不折不扣落实税收优惠政策，2017年共减免地方税费3593万元，其中支持金融资本市场减免1641万元，促进小微企业发展减免973万，优惠面达100%，有力地激发了企业活力，促进了地方经济转型升级。

【税收征管】 把握全面深化改革时代主题，直面“营改增”后时代管理需求，持续推进“放管服”转变征管方式、提升征管效能。作为“征管改革工作试点单位”，该局将“机构扁平化、机关实体化和基层专业化”有机结合，通过先行先试、优化完善、规范提高，多维度系统性地逐步扩大改革效应，改革成效初显。在自然人管理方面，花大力气加强自然人“两税”清缴，共计发放“两税”宣传资料20000余份，覆盖街道100余条，商铺15000余家，对13757户“两税”纳税人进行登记造册；推动顺庆区政府出台了《关于加强全区房产税、城镇土地使用税征收管理的通告》；共分四批次对辖区内500余户自然人欠缴两税情况进行公告送达；共受理自然人存量房交易环节两税申报788户，征收房土“两税”660万，同比增长220.39%。加强欠税清缴，对以前年度所有欠税企业共计53户进行全面核实，共强制执行两户，扣押标的物金额1088万元，清缴入库欠税及滞纳金共计4851万余元，压缩陈欠比例达43%。加强风险排查，对2000余户纳税人进行风控核查，下发风险任务20多批次，发送风险提醒8000余条，核查应补税款1300余万元。企业所得税汇算清缴企业871户，预缴税款13101.32万元，汇算清缴率100%；受理年所得12万元以上自行纳税申报178人次，同比增加22人次，增长14.1%，申报率和正确率均达100%。

【纳税服务】 整合培训资源，联合开发区国税局建好“纳税人学堂”，联合制定培训计划，组建师资队伍，两局举办纳税人学堂20期，参会受训纳税人2600余人次，接受业务咨询400余人次，发放税收宣传资料25000份。与开发区国税局联合建起2个“24小时”自助办税服务厅，组建3个联合办税大厅。坚持领导大厅坐席值班制度、大厅人员每月培训制度等，继续开展“纳服明星”评选活动，将文明规范行为渗透到日常的纳税服务工作中，实现了纳税人零投诉。大力推进“天府e税”、网上申报等自主办税措施，让纳税人多走“网路”、少走“马路”，提升办税获得感。保持了网报率全市第一。

【脱贫攻坚】 2017年，该局继续对凤山乡建档立卡的省级贫困村马家山村及其他6个非贫困村进行精准帮扶，实现了125户贫困户的全部脱贫。全局帮扶干部进村入户进行卫生整治、宣讲十九大精神、开展道德讲堂、赠送日常用品等，与贫困户同吃坝坝宴、拉手话家常，用心用力用情去扶贫，在扶贫中受教育、受感动。2017年，组织全局帮扶干部下乡帮扶1800余人次，班子成员下乡110余人次，投入帮扶资金28万余元，捐赠衣物300余件，图书600余册，展现了决战决胜脱贫攻坚的强大力量和信心，收获了群众的由衷点赞。

【队伍建设】 该局班子按照“精诚团结，坦诚交往，真诚对待”的思路，抓班子带队伍，让职工有存在感；抓基础强征管，让职工有荣誉感；抓人才利发展，让职工有自豪感，营造出成才创业、心齐气顺的良好氛围。结合工作要求，分类分批有序开展干部素质培训14期，以“青蓝工程”为抓手，通过“青蓝讲堂”“青蓝书屋”“师徒协议”打造经开地税生力军，努力培养朝气蓬勃、业务精湛的后备干部人才梯队。提升选人用人和评选的公信度，先后组织选拔了6名中层干部、对1名干部落实了职级晋升、评选了20名优秀公务员、3名优秀工勤人员，对全局中层干部进行了民主评议和考核。

【党风廉政】 该局始终抓住占91%的党员队伍这个关键，以深入贯彻落实十九大精神为主线，以习近平新时代中国特色社会主义思想为指导，从严从实推进监督执纪，为税收事业的全面发展提供坚强的组织保障。一是强化政治引领，党的建设坚强有力。该局党组精心组织，认真制定贯彻落实十九大会议精神学习计划，领导干部带头学、带头讲，干部职工自觉学、全面学，深入领会习近平新时代中国特色社会主义思想的丰富内涵和精神实质。积极培树该局党建特色品牌“微党校”，通过开展每日“微论坛”、每周“主题讨论”、每月“微总结”，把“微党校”建成党员干部指尖上的加油站。开展建党96周年庆祝大会，对先进基层党组织、优秀共产党员、优秀党务工作者进行了表彰。二是落实“两个责任”，从严治党深入推进。层层签订落实党风廉政建设主体责任和监督责任书，该局纪检组每月对各单位工作情况作出通报，该局党组每季度研究分析一次党风廉政建设形势，每半年听取一次纪检组工作报告，为党风廉政建设责任制落实提供了保障。抓严抓实日常督查，集中组织干部职工观看警示教育片、到川中监狱实地开展警示教育，聘请专家开展预防职务犯罪专题讲座。三是加强预防监督，纪检监察无缝覆盖。组织开展定期和随机督查，对工作纪律、工作秩序、公车管理等情况组织联合检查21次，对工作任务督查督办9次，工作状态随机抽查73次；组织廉政谈话9人次，提醒谈话8人次，切实增强党风廉政建设执行力。将机关股（室）一并纳入纪检监督范围，在全市率先实现了纪检监察工作无死角、全覆盖，派驻纪检员每月参加所、股（室）例会，组织廉政学习，督导工作任务落实，充分发挥了纪检监察员“派”的权威和“驻”的优势，实现了2017年工作目标，且连续五年无违规违纪问题发生。

【领导名录】

党组书记、局长：陈利民

党组成员、副局长：李书伟

陈　鑫（女）

党组成员、纪检组长：

刘　蓉（女，10月止）

林元忠（女，10月起）

党组成员、机关党委书记：

梁　龙（3月起）

总会计师：黄忠民（10月止）

（张　珊）

金融·保险

南充农商银行顺庆支行

【概况】 2017 年，顺庆支行在区委、区政府的坚强领导下认真贯彻落实省联社和南充办事处及南充农商银行工作会议精神，坚持普商兼容发展战略，围绕“强基固本、开拓创新、提质增效”经营管理思路，大力组织存款、发放贷款、推广电子银行业务等，服务地方经济能能力不断增强，有力助推了地方经济的发展。

【资金实力】 面对激烈的市场竞争和严峻的资金组织形势，顺庆支行坚持牢固树立“存款是立社之本”的经营理念，采取有效措施，迎难而上，攻坚克难，积极主动开展营销，抢抓客户，抢占市场，确保了存款稳步增长。立足“三早”，抢占发展先机。2017 年，班子成员坚持早动员、早行动、早见效的工作思路，提前摸清辖内机构实际情况，采取有针对性的办法和措施，确保实现了业务经营“开门红”。力求实效，开展“上门营销”。通过“进社区、进校园、进机关、进企业”及“扫街、扫楼”上门服务、预约服务等活动，达到了转变态度“稳”客户、走出柜台“引”客户、发挥优势“挖”大户的目的。充分利用信贷资源杠杆，在以贷稳存、以贷促存和以贷引存工作上做文章。强化分层维护，培育客户忠诚度。建立了分层营销及维护机制，从单位客户、个体客户，优质客户、普通客户等不同层面落实专人进行一对一的维护，明确维护责任、落实维护举措、确定维护频率。加大宣传力度，提升社会形象。大力拓展了电子银行业务，为全区人民提供了快捷、方便的金融服务。

【市场占领】 顺庆支行规模小、盘子小，做大做强是实现跨越式发展的必然要求。在营销贷款方面支行主要是抓了以下工作：一是将市场中的大客户、龙头客户为突破口，通过对大客户、龙头的资料掌握和了解，根据其资金需求情况研发金融产品，增强服务能力。二是对各类总经销、总代理等私营业主，以个人生产经营性贷款为抓手，走出与他们合作的新途径。三是稳固好支行原有的市场份额，组织各机构对存量客户做好维护工作，对公户、个人户联动，尽力将宣传工作落实到每个客户上，促使支行增加代发业务量。四是发挥出 1 加 1，大于 2 的功效。关注周边的批发市场、大卖场，加强对市场的调查，在市场筹备之初就着手合作方案，在市场上找到新的机遇，拓展业务合作空间。对楼盘按揭、汽车按揭等传统个贷业务积极争取，同时发展经营性贷款和消费贷款，做好以贷引存工作。五是利用南充农商行开业周年庆优惠活动大力营销“卡贷通”业务，共发放卡贷通贷款 384 笔，金额 10128. 5

万元。

【电子银行营销】 强化组织领导。为把宣传工作落实到位，支行成立了旺季业务拓展宣传领导工作小组，支行行长任组长，副行长、行长助理任副组长，部门负责人为成员，负责宣传方案制定、分项实施和落实以及巡回督导检查等工作。前台各机构结合本辖区实际，制定宣传实施细则，做到内容完整、要求明确、时限清楚、责任到人、落实到位。制定宣传方案。支行制定了《顺庆支行2017年“开门红”宣传营销活动实施方案》《农商为你理财养家你只负责貌美如花宣传营销方案》并制定了专门的奖惩办法、明确了宣传内容、时间、目标任务及要求。线上宣传活动。支行宣传营销活动发放银行卡操作指引50000份、蜀信e操作指引50000本，发放宣传折页100000份、投放电子银行转账免费宣传主画面X展架100个，百城迎春X展架100个、百万好礼X展架100个、海报500份、户外广告8处，LED屏滚动播放宣传标语上百条。开展形式多样宣传活动。开展阵地宣传，包括网点及自主设备区LED屏滚动宣传、网点电视及LCD立频宣传、悬挂灯笼和横幅、包裹门柱、网点发放宣传物品。开展户外宣传，包括利用LED流动宣传车宣传、利用城区黄金口岸大LED屏宣传、高档小区宣传广告、制作墙标路标、电视报纸宣传。开展主题宣传，包括召开大客户座谈会、召开社区或村头交流会、当场天设宣传点宣传、上门营销宣传。同时，支行组织各机构做好存量客户维护工作，采取主动函告、电话、短信等多形式、多渠道予以告知和宣传，确保存量客户能够正常使用并接受新平台，促进电子银行业务稳健发展。

【基础管理】 根据省联社和总行的文件精神，顺庆支行从信贷强基工程、客户结构提升工程、资产风险管控工程、金融精准扶贫工程、科技金融工程着手，切实推进各项工程建设工作，提升了该支行信贷管理水平和服务实体经济的能力，确保了该支行安全健康持续有效发展。

【信贷】 顺庆支行从信贷制度、档案、队伍建设等方面切实推进信贷强基工程。梳理信贷制度重要文件，并组织学习。支行每半个月组织信贷培训一次，组织信贷考试3次，通过省联社开展微课堂考试数次；开展信贷档案展评和客户经理技能竞赛等一系列活动，促进学习，提升了该支行涉贷队伍整体素质；实施信贷档案统一化管理，由支行专设档案室进行信贷档案管理；梳理了审查要点，明确职责边界；根据国家政策，创新发展土地承包经营权等新型抵押方式，积极探索推进南充农村产权融资新模式，结合各个机构的规模、地理位置、资源情况合理优化信贷业务授权。

【客户结构】 客户是生存之基、创利之源、发展之本，客户质量决定发展质量。顺庆支行以年轻、对公、个体、优质的客户为营销管理重点，着力夯实客户基础、优化客户质量、提升客户结构，深入推动客户结构提升工程落地工作。加强与学校这类年轻人比较集中的单位合作，开展金融知识进校园活动，通过产品吸引年轻客户，通过“7·28客户节活动”拓展医院、政府机关等工作较为稳定的群体，提高年轻及工作较稳定的客户的认可度；对公客户及相应对公存款，拓展新的增存空间，促进存款综合成本下降；抓住重要社区、商圈等区域开展如“3·8妇女节”“7·7七夕节”节日宣传活动，围绕理财、消费信贷等重点业务，拓展城区客户，搞好重点营销，拓展一批优质客户，提高优质客户占比。

【风险管控】 为确保资产风险管控工程最终目标如期实现，支行按照聚焦目标、巩固提升、狠抓落实、强化风控的指导思想开展工作。根据总行和省联社的要求，严格审查融资担保公司贷款，严格把控担保公司的担保能力，严防新增资产风险；加强对100万元以上的大额贷款风险监测和处置化解的指导督促力度。及时与本地法院联系，明确失信人员标准，及时报送违约失信人员名单。结合省联社及总行要求，全面开展信用风险排查，对排查发现的问题认真整改、严格问责。加强不良贷款的清收工作。不良贷款清收处置采用“一户一策”“逐个机构摸排”等方式，加大工作力度，提高清收处置效果；同时重点对关注类贷款、本息逾期60天左右的贷款进行实时监测，实时跟进风险变化状况，采取措施防止资产劣变。

【脱贫攻坚】 支行按照省委、省政府、省联社、总行的决策部署，重点从信贷支持、金融服务、对口帮扶三个方面，全力以赴做好精准扶贫、精准脱贫工作。顺庆支行根据顺庆区扶贫移民局提供的贫困户名单，结合贫困户的实际情况，推广“龙头企业＋基地＋农户”“专业大户＋农户”“自用”等模式发放扶贫贷款。至年底对符合条件的建档立卡贫困户评级、授信已实现了全覆盖，100%满足了授信贫困户有效信贷需求，以实际行动支持贫困户脱贫致富。

【科技金融】 根据省联社战略方针，为围绕五大高端成长型产业、七大战略新兴产业、五大新兴先导服务业和现代科技农业等领域，深入推进核心企业营销储备，顺庆支行一是根据省联社下发的各类重点项目及科技企业名单进行了营销，如对接四川鑫达企业集团有限公司，并根据客户的需求推荐适合的金融产品有效解决了企业的融资问题；二是对南充办事处下发的本地现代农业集群开展调查，全面营销，成功发放本地农民专业合作社及农业公司30笔，贷款金额4300万元。

【专项治理】 顺庆支行为认真贯彻落实银监会系列监管文件要求，规范业务行为，防范金融风险，促进业务经营回归本源、专注主业，服务实体经济，确保支行各项业务持续健康发展。根据银监会出台的系列监管文件及《南充农村商业银行股份有限公司开展“强监管、强问责”系列专项整治工作实施方案》（南农商银发〔2017〕186号）要求，顺庆支行在全辖开展“强监管、强问责”系列专项整治工作。为推动专项整治工作顺利开展，顺庆支行成立由行长任组长，副行长、行长助理任副组长，部室负责人为成员的专项工作整治小组，负责全辖系列专项整治工作的组织领导和统筹协调工作。整治小组下设办公室在顺庆支行综合部，具体负责本次工作的总体安排部署、统筹协调；各部室按业务条线具体负责牵头组织每项整治工作的自查、抽查及督促整改；各机构、部门负责人为本机构相关自查工作第一责任人，具体负责按整治内容、自查及整改时间等，全面自查自纠。整治内容为提升服务实体经济能力；开展市场乱象整治工作；做好风险防控工作；切实弥补监管短板、提升监管效能；开展“两会一层”专项检查；开展“违法、违规、违章”整治工作；开展“监管套利、空转套利、关联套利”专项治理工作；开展企业互联互保贷款风险隐患排查；开展“不当创新、不当交易、不当激励、不当收费”专项治理工作。

【队伍建设】 强化专项培训。2017年，顺庆支行开展了网点负责人综合素质提升培训12次、客户经理营销能力培训24次、会计业务培训3次，支行各条线组织考试5次，进一步提高了全行干部员工的综合素质和服务能力。丰富企业文化宣传载体。2017年以来，建立顺庆支行QQ平台，从而为支行干部员工搭建了更广泛的交流平台，进一步增强了团队凝聚力。开展形式多样的文体活动。“元旦”爬山比赛、“三八”妇女拔河比赛等活动，进一步丰富了员工业余生活，舒缓了员工的工作压力。营造良好工作生活环境，持续推进“八小工程”建设及守押外包工程，有效解决员工的后顾之忧，提高了员工幸福度。

【廉政建设】 狠抓重点环节。全面推行阳光贷款。支行对办贷流程、贷款条件、贷款利率等在全辖信用社进行公示，在营业场所醒目位置公示投诉电话号码、设立举报箱，自觉接受群众监督，强力推行首问责任制和限时办结制，提高了办贷效率。

狠抓落实“两个责任”。支行制定印发了案防工作、党风廉政建设和反腐败工作意见，全面落实了工作目标和责任。工作部署快安排。支部按季及时召开了党风廉政建设、案件防控工作分析会议，将党风廉政建设和案件防控工作融入业务工作，同研究、同部署、同检查、同考核，有力地促进了党风廉政建设和案防工作有序推进。工作推动勤督导。案件防控工作按月开展了专项排查，提高了工作的针对性和有效性。

2017 年，面对复杂多变的宏观经济形势，顺庆支行在地方党委政府的坚强领导下，以更加奋发有为的精神、求真务实的作风和锲而不舍的意志，团结带领全行干部员工攻坚克难、奋勇争先，为“服务三农、服务地方经济”做出了应有的贡献。

【领导名录】

行　长：蒋　兰（女）

副行长：谢鉴非

行长助理：饶　娟（女）

人寿保险

【概况】 中国人寿保险股份有限公司南充顺庆支公司目前是专门从事人寿保险经营业务的专业寿险公司，经营各类长期健康保险、短期意外伤害保险，并负责管理经营市辖顺庆、高坪、嘉陵三区的银行、邮政、信用社等金融机构代理保险的专业寿险公司。公司经理邓倩，经理室下设综合管理部、团体业务发展部、银保业务发展部、客户售后服务部、团体意外险业务现有专业保险人员 64 人，理财规划师 112，公司另有专、兼职保险业务人员逾百人。

【业务发展】 公司开办了简易人身保险、养老年金保险、人身意外伤害保险、分红型保险、万能型寿险、投资连结型保险、医疗大病保险等短长期 30 多个险种，以及“吉祥卡”“全家福”等短期健康保险。为方便客户我公司还代理个人理财、财产保险、机动车辆保险等业务，丰富的保险产品，充分发挥了保险的经济保障职能，并对于促进社会经济发展、维护社发定起到了积极的作用。

2017 年公司实现新单保费收入 7518 万元，趸交保费 5799 万元、期交保费 750 万元、短期险保费收入 969 万元。

【理赔管理】 理赔工作是保险业务中的重要环节，是保险业发挥经济保障的补偿职能的体现。工作的质量直接关系着公司的效益，也关系着公司的社会形象，在很大成度上影响着公司的发展。因此，公司严格按照“主动、迅速、准确、合理、”的理赔原则，深化了优质服务，不断完善报案、调查等理赔制度，健全了各项内控机制，对理赔各环节制定了严格的管理制度，建立了一套较为科学的理赔质量管理体系，取得了明显的成效，2017 年全年因伤残、疾病、死亡共支出赔款 411 万元，赔案达 12530 人次，充分发挥了社会经济发展“助推器”“稳定器”的作用，同时赢得了社会的广泛赞誉，提高了公司知名度和美誉度。

【诚信建设】 公司采用多种方式，内外联动，多措并举，构建诚信工作平台，提高社会声誉。坚持做到依法合规经营，完善公司内部管理制度，实行严格管理，规范操作，杜绝违规虚假的问题发生。做到与合作单位密切合作，在资源、信息方面共享，保持沟通的频率，形成联动势态，促进工作有效运行。做到优质服务，履行承诺，坚持客户回访制度，接受社会和市民监督，保证保险人的利益。加强员工队伍建设，创建团结奋进、艰苦创业的和谐团队，公司在搞好业务发展的经营管理的同时，并通过了社会治安综合治理工作及精神文明建设工作年度考核验收，真正实现了物质文明、政治文明和精神文明的同步发展。

【领导名录】

经　理：邓　倩（女）

（蒲亨莉）

人民财产保险

【概况】 中国人民财产保险股份有限公司南充市顺庆支公司是一家经营各类财产险、责任保险、信用保险、短期意外伤害保险、健康保险的专业财产保险公司。公司内设经理室、综合部、个代营销部、渠道部以及 6 个社区门店。公司有专业保险人员 18 人，公司另有专、兼职保险业务员逾百人。2017 年，公司实现保险业务总收入达 7786 万元，累计赔款支出 4194 万元，全年向国家上缴税金达 1050 万余元，其中代扣代缴车船使用税 637 万余元。

【业务发展】 公司开办了企业财产保险、机动车辆保险、家庭财产综合保险、货物运输保险、建筑工程保险、安装工程险、建设工程设计责任保险、个体、私营工商业财产保险、雇主责任保险、办公室综合保险、公众责任保险、餐饮场所责任保险、医疗责任保险、注册会计职业责任保险、律师职业责任保险、计算机保险、个人抵押贷款房屋保险、汽车消费贷款保证保险、校（园）方责任保险、监护人责任保险、医务人员法定传染责任保险、电话盗打话费损失保险等等各类财产保险、责任保险、信用保险险种近三十个，同时，公司还开办了人身意外伤害综合保险、人身意外伤害综合保险、学生、幼儿意外伤害保险、团体意外伤害保险、乘客人身意外伤害保险、出境人员意外伤害保险、机动车驾驶人员意外伤害保险、交通意外伤害保险、旅游观光景点人身意外保险、住宿旅客意外伤害保险、执法人员团体意外伤害保险、手术安全意外伤害保险、建筑施工人员团体意外伤害保险等 10 余个短期意外伤害保险以及“乐康险”“众安康”等短期健康保险。丰富的保险产品，充分发挥了保险业的经济保障只能，并对于促进社会经济发展、维护社会稳定起到了积极的作用。

公司业务发展实现快速增长的一年。面对激烈的市场竞争，进一步完善了对展业工作的管理，加强了个人代理营销队伍建设，同时，为适应市场竞争，根据市场的具体情况，及时调整了业务管理政策，加大了从政策上对展业工作予以倾斜的力度，保证了业务的快速发展。

2017 年，公司各险种保费收入总额达 7786 万元。其中，车险保费收入达 6415 万；非车险保费收入 538 万；政策性农业险保费收入 832 万元。

【政策性农业保险】 自 2007 年以来，受区委、区政府的重托，公司以高度的政治责任感承担了政策性农业保险工作。几年来，公司积极贯彻落实中央、省、市以及上级公司关于开展政策性农业保险工作的有关文件和会议精神，主动与区委、政府和相关部门联系并开展了多种形式的宣传工作。同时，为配合搞好政策性农业保险工作，公司建立健全了相关规章制度，还为基层农业保险服务网络配备了摄影器材、防护装备等，为全区农业保险工作的顺利开展夯实了基础。

公司搭建起了“乡乡有服务站，村村有服务点”的服务架构，并设立了办公场所，悬挂了三农保险服务的招牌，将服务的触角延伸到了老百姓身边。公司在全区建有 4 个片区农村保险营销服务部，22 个乡镇三农保险服务站，244 个村级农保点，同时为其配备了 4 台车辆（含摩托）、22 台电脑、22 部数码照相机和高清扫描仪等设备，农业保险从业人员达到 366 人。是全区唯一一个将保险服务延伸到行政村的金融机构。

在多年来的农业保险工作中，公司紧紧围绕“让政府满意、让农户受益、让公司放心”的 15 字方针，落实了现场查勘、设立农业保险索赔绿色通道、减少索赔手续、限时赔付、委托银行通过一卡通代发赔款到户等多项行之有效的服务措施。近几年来，更是充分依托农村保险服务网络，以“零距离、全方位、多角度满足客户服务需求”为目标，致力于“便捷快速、标准作业、统一服务、手段先进、功能复合、无缝联接”的一体化服务平台建设与运营，全面提供优质高效专业服务，服务水平得到了全面提升，真正实现并保持了“零投诉”，确保了党和政府强农惠农政策的落实到位，得到了各级党政和广大农户的支持和信任，赢得了民心。2017 年，公司为 2. 8 万户次农户提供了风险保障 2. 1 亿元，为 1 万户次农户支付各种赔款 472 万元。

【理赔管理】 理赔工作是保险业务工作中的重要环节，是保险业发挥经济保障的补偿职能的重要体现。理赔工作的质量直接关系着公司效益，也关系着公司的社会形象，在很大程度上影响着公司的发展。因此，公司严格按照“主动、迅速、准确、合理“的理赔原则，深化了优质服务，不断查勘、定损等理赔制度，健全了各项内控机制，同时，改革了理赔管理体制，对理赔各业务环节制定了严格的管理制度，建立了一整套较为科学的理赔质量管理体系，取得了明显的成效，也向社会充分展示了保险从业人员的风采，赢得了社会的广泛赞誉，提高了公司的知名度和美誉度。

2017 年，公司各类保险赔款支出 4194 万元。其中，机动车辆赔款支出 3529 万元、财产保险赔款支出 6 万元、意外伤害保险赔款支出 2 万元、健康险赔款支出 132 万元、责任险赔款支出 51 万元；政策性农业保险赔款支出 472 万元。真正发挥了社会经济发展“助推器”、社会“稳定器”的作用。

【团队建设】 通过一年来的个人代理营销建设工作，公司不断完善了个代营销机制，个人代理人队伍保持了相对稳定，公司个人代理营销业务也呈现出持续稳定发展良好态势。截止 2017 年底，公司专职营销员 33 人，全部取得《保险代理从业人员基本资格证书》，持证率为 100%。在多家保险公司参与市场竞争的环境下，个代营销业务全年实现保费收入 4600 万余元，为公司业务发展实现快速发展做出了很大的贡献。

由于公司个人代理营销团队规范的管理和良好的业绩表现，自 2007 年起，公司个代管理营销团队已连续 11 年被总公司授予“个人代表营销示范性标杆团队“称号，被四川省公司授予”全省系统标杆示范团队“称号。

【文明建设】 公司在搞好业务发展和经营管理的同时，也进一步加强了文明建设。公司党组、经理室充分认识到文明建设的重要性和紧迫性，把文明建设工作作为工作目标与业务工作一并纳入工作计划，一起部署，一起落实，一起检查，一起考核。公司制定了《综合治理年度计划》，并按照公司编制的《社会主义精神文明建设五年规划》和《法制宣传教育和依法治理工作五年规划》认真开展工作。同时，与各部、处签订了《精神文明建设、综合治理目标责任状》，将此项工作具体落实到了每位职工，确保了文明建设工作的顺利开展。

2017 年，公司保持了省级文明单位、市级综合治理先进单位、市级卫生先进单位、市级重合同、守信用先进单位等精神文明建设成果，并通过了社会治安综合治理工作及精神文明建设工作年度考核验收，真正实现了物质文明、政治文明和精神文明建设的同步协调发展。

【领导名录】

经　理：何　捷

（黄　黄）

文 化

SHUNQINGNIANJIAN

文化·旅游·广播影视

【概况】 2017年，南充市顺庆区文化旅游广播影视局内设办公室、文化管理股、旅游发展股、广播影视股、新闻出版股、行政审批股、外事台侨股。

【党的建设】 2017年，南充市顺庆区文化旅游广播影视局在区委区政府的正确领导下，以邓小平理论、" 三个代表" 重要思想和科学发展观为指导，认真贯彻落实党的十八届三中、四中、五中、六中全会和党的十九大精神，认真学习贯彻宣讲习近平新时代中国特色社会主义思想，坚决维护党的权威和坚决拥护以习近平同志为核心的新一届中央领导集体，全面推进党的思想、组织、作风和制度建设，为贯彻落实“155”发展战略，建设“成渝第二城核心功能区”文旅广事业发展提供了坚强保证。具体工作中，扎实推进“两学一做”常态化制度化，落实“三会一课”制度坚决执行上级规定，严格按照组织程序，坚持全面从严治党，落实好《准则》《条例》等党的规章纪律制度。

【党风廉政】 召开了党风廉政建设和反腐败工作专题会5次，学习近平总书记的相关系列重要讲话、文件和各项方针政策，签订了党风廉政建设责任书，出台了《2017年度党风廉政建设和反腐败工作方案》，组织机关干部干部及下属单位负责人开展党风廉政建设情况自查，并组织对全体党员干部党风廉政建设情况进行检查。局领导班子向区委报告了履行党风廉政建设职责情况，文化综合执法大队，顺庆区文化馆、张澜纪念馆、罗瑞卿纪念馆主要负责人向局党组开展了述责述廉。党组工作认真落实“三重一大”和民主集中制，坚决落实中央“八项规定”和省委相关规定，全系统党员干部廉政自律意识进一步加强。

【宣传思想】 2017年，把学习贯彻党的十九大，深入贯彻习近平新时代中国特色社会主义思想作为工作的重中之重，扎实开展党的十九大学习、宣讲、讨论等，就如何提高“四个意识”，开展顺庆区“三个讨论”开展内涵丰富的研讨学习，局全部干部职工人人撰写学习讨论心得，结合行业工作和个人岗位，分析存在问题，表达个人看法，提出了改进举措。

向各农家书屋发放有关书籍和资料，免费开放区文化馆电子阅览室，并在星期天、节假日免费提供场地、设备给全市中小学生开展读书活动，图书馆阅读书籍、查阅资料人次和规模有进一步提高。在全区开展了重点国产影片展映、展播活动，在农村放映了重点影片。在旅游景区景点和星级酒店、旅行社的电子显示屏和宣传栏播放党的十九大精神宣讲标语500余条。把“关工”工作与未成年人思想道德教育建设相结合，及时协调解决“关工”工作中出现的问题和困难。切实开展校园周边环境整治，结合中高考禁噪等工作，围绕中小学校园周边文化环境开展检查，全面清查了城区中小学周边的书刊摊点、小商品摊点和音像制品零售店，突出顺庆区“扫黄打非”工作牵头单位工作效能。

【综治维稳工作】 调整局长杨海峰同志任局综治维稳工作领导小组组长，副局长任副组长、各室负责人、各下属单位主要负责人为成员。及时召开局干部大会，认真传达区信访稳定安全工作会议精神和相关文件精神，坚持问题导向，随时了解掌握各部门及下属单位工作情况。重要时期实行每日排查，专人到岗到点，提高工作实效。

扎实开展综合治理工作，在高考期间加强对网吧和歌舞娱乐场所的日常监管，配合相关部门对噪音扰民的歌舞娱乐场所依法从快处理。加强了对邪教和涉藏反动宣传品检查力度，对全区书店、书摊、音像店进行了多次全面清查，联合区民宗局对宗教书籍进行检查，未发现邪教和涉藏反动宣传品。将继续深挖打击、防范监控、教育转化、宣传揭批，确保实现“三零”目标。高度重视全区文化新闻出版行业的矛盾纠纷排查，在重大节日、敏感时期和纠纷多发季节，组织开展矛盾纠纷集中排查，对重点部位、重点时间进行重点排查。调整了排查调处工作的分管领导和兼职工作人员。在重大节假日坚持实行了“零报告”制度。

【群众信访】 进一步规范信访秩序，依法保护群众的信访权利，对于重大信访事件均全力以赴、不推责任、妥善处理。健全了全区信息网络，完善了维稳情况报告制度，对可能引发群体性事件的苗头性、倾向性问题做到了在第一时间报送，对一些“问题苗子”，早发现、早解决。建立健全了领导干部节假日值班制度，强化了值班应对工作。

【人大政协】 严格执行人大常委会通过的决定、决议。先后接受了顺庆区公共文化服务体系建设工作、乡村旅游发展等情况等多项视察检查工作，受到充分肯定。特别重视执行和办理人大、政协各类议案、提案，在办理20余件议案中，严格审查把关，并与人大代表交流沟通，倾听意见，确保答复切合实际、有的放矢，推进了依法行政工作。

【党管武装】 在区内继续执行旅游风景区（点）对现役军人（军队离退休干部）、革命烈士家属、因公牺牲军人家属、病故军人家属、残疾军人、老复员军人凭有关证件给予免费参观的规定，并设置了“军人免费参观”“军人通道”标示牌，为各地军人提供免费解说。

充分发挥红色文化优势，树立国防教育的责任意识，主动把国防教育纳入工作的重要内容来落实，有效地增强了广大干部职工的爱国热情、国防观念和军事技能。把拥军爱民作为开展军民共建活动的主要内容，充分利用各种宣传阵地，采取多形式、多层次的国防教育和双拥宣传活动，形成大力弘扬拥军优属的社会风尚。

【安全生产】 组织召开了娱乐场所、旅行社、网吧等行业业主会，除对各经营业主进行相关法律法规培训外，还与200余家重点经营单位签订了《文化经营单位安全生产承诺书》等，落实了安全责任，强化了安全目标管理。

把“安全生产”放在了重要地位，继续确定全系统各单位主要领导为本单位安全生产第一责任人的制度，签订了《安全生产目标责任书》，坚持平常检查和节假日检查相结合、领导负责和专门人员负责相结合，做到了规定严格、职责清晰、突出重点。全区所有网吧和各旅游景点已全部安装了视频监控系统，并落实专人进行视频监控。各种消防、防盗设施设备也始终处于良好状态。2017 年全系统各单位、各文化娱乐点和各旅游景区均未发生消防和人身伤亡事故。参加了由区委、区政府在西山广场组织的“南充市顺庆区 2017 年安全生产月宣传活动”，营造安全工作声势。

【依法治区】 加强依法治区工作组织领导，成立了以局党组书记为组长，文化、广电分管副局长为副组长，各职能股室和下属单位为成员的依法治理工作领导小组，专门负责组织、协调、检查落实依法治理工作任务。1、坚持学法用法，不断提高执法水平。以“强化素质，提高能力”为抓手，大力加强行政执法人员的自身素质建设，努力锤炼一支政治过硬、作风顽强、业务精通的文化执法队伍。局机关工作人员坚持个人学法和集中学法，并认真撰写学习笔记，对于全局性的工作坚持做到依法决策依法办事。积极参加区委党校、省文化厅、省新闻出版局、市旅游局、市文化市场综合执法支队等单位的各种培训活动，使执法人员的政治思想素质和业务水平得到了进一步的提高。2、加强法制宣传，提升经营业主法制意识。加强经营业主法律法规培训，不断提高守法意识。年初，制定了详细的培训计划，精心组织对新闻出版、歌舞娱乐、网吧、电影、旅游等行业的经营单位进行政策法规培训，重点开展《行政处罚法》《安全生产法》《消防法》等相关法律培训，共培训相关行业人员 500 余人次。3、推行电子政务。按规定完成了行政权力平台录入工作，推进政务服务一体化平台建设。

【文化广电】 1. 重点项目建设有效推进。一是特色展馆陈展项目推进有力。张澜纪念馆提前完成陈列布展所有项目，并于 2017 年 3 月 21 日以崭新的面貌对外开放；顺庆府署陈展项目已完成 95% 以上装饰装修和陈列布展工程量，有望春节前对外开放。二是古民居保护修缮工作已全面铺开。通过前期的调查摸底，将李家禹王宫和新复罗氏祠堂作为 2017 年古民居保护修缮的对象。李家禹王宫保护修缮项目已完成实施方案编制、项目立项、项目设计和财评等前期工作，即将进行项目招标和实施作；新复罗氏祠堂已完成整体结构搭建，大门改造等，内部装饰设计已出，即将进行施工。

2. 文化广电扶贫持续实施。按照省、市宣传部等部门印发的《“千村文化扶贫行动”实施方案》中的“七个一”要求，制定了《顺庆区文化广电专项 2017 年实施方案》，并对 2017 年预脱贫贫困村文化活动阵地建设进度和广播电视信号覆盖工作进行了安排、督查和验收。顺河七沟村、盐井坝村、渔溪乡渔溪桥村等 12 个项目村绝大多数已完成文化室、文化广场的建设工作，2017 年脱贫的 16 个项目村已全部完成广播信号覆盖，通过采购 500 户电视信号“户户通”对 2017 年脱贫的贫困户通采用有线、地面卫星、IPTV 等方式完成电视信号全覆盖工作。

3. 群众文艺演出丰富多彩。通过“三下乡”和开展文化旅游活动，给当地群众带去文化盛宴。1 月，组织文艺演出前往同仁、桂花开展“送文化下乡”活动；春节、七一、重阳等节假日期间，指导辉景、永丰、潆溪、舞凤、东南等乡镇、街道举行各式各样的文化活动；除夕、大年初一、初二和正月十五，在西山广场开展文化大拜年活动，正月十五还在西河体育公园开展了猜灯谜、夹弹珠、自行车慢骑、盲人摸福等互动性闹元宵活动，吸引数万人市民朋友参与，给广大市民朋友带来了节日文化大餐；1 月 23 日和 7 月 28 日，该局承担了春节团拜会和庆祝解放军成立 90 周年的节目汇演活动，营造了浓厚的节日氛围；结合各地特色，指导乡镇创新性举办了首届梵殿油菜花节、首届双桥龙舟节，努力打造“一乡一节”“一乡一品”，为全域旅游奠定坚实基础；全力配合市文广新局完成了中国南充第二届国际艺术周在西山广场、果城会堂、人民广场、1227广场、三原实验学校、金红国际幼稚园等地的演出。

4. 广播影视工作稳步提升。一是注重广播影视项目申报。通过对全区9家城市院线的政策宣传，组织宏天瑞、华夏影院、太平洋等三家城市院线申报2017年电影专项资金补助项目；组织《公益消防知识·家电安全》《人民军队爱人民》《打给母亲的电话》《嘉陵江情歌》《南充颂歌》《仁爱无疆》等6个节目参与2017年“弘扬社会主义核心价值观共筑中国梦”主题原创网络视听节目评选活动。二是加强线路检查播出监管。采购高频头和广播相关设施设备对新复、同仁等8个乡镇的农村广播线路进行巡检和维护，对全区贫困户和地面卫星用户损坏高频头进行更换，督促天益电影放映公司完成全区236个行政村每月一场共计2382场公益电影放映工作，实现农村人与城里人共享广播影视文化成果。

5. 文物非物质保护工作成绩斐然。按照区委、区政府领导安排，收集整理了《顺庆区古民居名录》，起草了《顺庆区古民居保护办法（草案）》和《顺庆区非物质遗产保护暂行办法（草案）》；完成顺庆区文管所文物库房装修装饰工作，顺利迎接了市政协对文物保护的视察工作；完成顺庆区5处第三批、第四批市级文保单位保护范围和控制地带的划定；配合区民宗局完成了对全区宗教场所的文物鉴定；组织李氏制古琴、面塑等非遗项目代表南充参加了第六届中国成都国际非物质文化遗产节的展演，深受观展游客好评。

6. 公共文化服务体系建设更加完善。一是加强全区书屋建设。指导完成全区农家书屋的补充更新工作，争取资金为全区书屋配发了《十九大报告（单行本）》《党章》《十九大文件汇编》和《辅导读物》等党的十九大文件及学习辅导读物；二是加强活动阵地建设。重点打造西山街道群众文化活动中心、双桥文化站、镇泰路社区、延安路社区等基层文化站点建设，添齐配强文化活动设备，增强站点服务群众能力；三是组织招募文化志愿者。按照省市文化主管部门的要求，完成了全区236个行政村文化志愿者每村一名文化志愿者的招募工作。

【市场管理】 健全文化市场管理工作机制。为进一步加强文化市场的管理，加快发展文化产业，完善文化市场长效协作监管机制。认真贯彻中、省、市、区的方针政策，以党建、安全生产、扫黄打非以及娱乐场所和网吧的专项治理工作为重点，扎扎实实开展了各项工作，加强文化市场监管，打击非法、盗版等刊物，积极推进技术监管体系建设，实现和保持了对文化市场的全面有效监管。全区文化市场形势基本保持了稳定和有序发展。

以“扫黄打非”、娱乐场所、网吧和旅游、广播影视市场的专项治理等重点工作为抓手，加强对文化市场的监管力度，依法从重从快地打击各种违法经营行为，保护了守法经营者的合法权益，维护了文化市场的经营秩序。

为确保“春节”“清明”“五一”及“两会”“国庆”期间顺庆区文化市场的安全和稳定，根据区“扫黄打非”办公室先后出台的关于2016年净网、清源、秋风、“固边”等一系列“扫黄打非”专项行动的通知，积极开展“扫黄打非”工作，对全区的书刊、音像制品、电子出版物等经营单位以及印刷复制企业进行了排查和专项治理，共出动人员600次，共检查新闻出版单位36家，制止涉嫌违法经营行为5起，责令现场改正15家，共没收违法音像制品6934余件，非法出版物600余册，展示并销毁了各类违法音像制品12000件、非法出版物800册。始终对出版物市场采取“高压”态势，在突击检查和市场巡查过程中，没有发现非法政治性出版物。对文化娱乐场所的管理以清查无证经营的歌舞娱乐场所、电玩城、电子游艺厅（室）为重点。区文化综合大队分别送达了《通知书》，通知经营业主应立即停止违法经营活动等相关事项。同时做了《文化市场现场检查笔录》，并照像取证，有些还当场予以取缔，捣毁或没收了其非法设备。

对于网吧的管理始终处于“高压”态势，依法从重从快地打击网吧接纳未成年人、未对上网消费者进行实名登记等违法经营行为。截止11月中旬，区文化综合执法大队共受理网吧涉嫌违法经营的群众来信来访举报20起，查获违法经营的网吧12家（含市支队移送案件2家），立案调查12家，共证据登记保存电脑主机15台，目前已办理完结9家，其余3家正在办理中。与公安部门共同处理网吧和上网消费者之间的群众纠纷2起，有力地打击了网吧的各种违法经营行为，维护了群众的利益，受到了群众的欢迎。

全年共计新办理、审批（变更）办结各类文化企业101户（其中临时性演出许可证15个、新闻出版经营单位25个、歌舞娱乐场所14家、网吧变更17家、办理内部资料准印证11个），办理处罚案件17起、吊销《网络文化经营许可证》3家。

加强了对旅游、广播影视市场的监管。在“元旦”“春节”“端午”“五一”节以及“两会”“国庆”期间，切实加强了对全区旅游、广播影视市场的监管力度，先后3次参加了由区旅游执法支队、区路政执法支队组织的节假日旅游执法联合大检查，共查获问题车辆2辆，违规经营的旅游社2家。加强对广播影视市场的监督和管理，一是严格实行坐班值班制度，一旦“有事”，能够迅速组织执法人员赶赴现场处置；二是落实举报责任人，受理举报或者投诉的工作人员必须保持举报电话24小时畅通，确保广播影视播放的内容健康安全。截至11月中旬，全区没有发生一起广播影视安全播放事故和旅游安全事件。2017年共处理旅游纠纷2件，立案旅行社违规经营1件，已办理完结。

【旅游】 1. 2017年顺庆区旅游经济稳定增长，综合指标接待人数同比增长12.6%，总收入同比增长13.6%。2. 旅游厕所建设。截止目前，顺庆区西山风景区完成4座旅游厕所改建，张澜纪念馆完成1座改建。3. 乡村旅游发展与旅游扶贫。新复乡长远沟村已纳入西河生态乡村旅游建设，并专项规划打造七坪寨乡村旅游点，已向市一级部门申报该村为省级乡村旅游扶贫示范村；顺河乡七沟村也俱备旅游发展潜质，该村旅游扶贫规划已编制完成，将作为旅游扶贫重点村进行打造；分别完成一个精品特色业态（共兴镇龙腾庄园）和一个特色业态经营点（辉景镇海润水产有限公司）的申报。4. 景区建设。西山风景区智慧旅游建设已基本完成。视频监控系统已全面覆盖景区主要道路、重要景点、客流集中地段、事故多发等地段共建监控视频152个；利用AP为景区主要道路、景点和人流密集场所免费无线WIFI覆盖共设68处；应急广播已覆盖景区主要道路、景点和人流密集的场所，广播由景区控制中心和指挥调度中心统一控制遇灾害或紧急情况时，可立刻转换为紧急广播，共安装60个音响；微信公众号实现线上建设景区简介、景点介绍、景区外部地图、全景导览、景区内部导航、天气查询、票务指南、实时云影像、语音讲解、商家服务、营销活动、微官网、购票售票、720度全景图虚拟景区；门户网站内容实现景区基本信息浏览，景区信息查询，旅游线路推荐和行程规划，景区推介服务，交通导航，下载服务等多语言信息服务功能；景区门票能够网上预订、电话预定和网上支付、网上交易；采用了电子门票形式，售、验票信息联网，并实现远程查询。实现售票计算机化。线上线下一体化售票、取票管理、售票、财务统计；自助售取票一体机，可实现微信线上购票；与门票协同运行的道闸设备，有效门票放行，无效门票禁行；客流量数据、停车场数据、信息发布系统在一个平台上综合展示和上报，根据省旅发委要求在将平台获取的客流量分析及停车位数量统计数据实时上传至省旅游局管理平台，抽取五个摄像头图像实时上传至省旅省旅发委管理平台。创建A级景区方面，邀请专家对全区具有创A条件的各景区进行了实地调研、考察，并多次向政府分管领导专题汇报，并将文庙府衙·1227街区、青山湖·锦绣田园分别列入2017年A级景区创建项目的想法建议请示了区人民政府。

西河生态乡村旅游开发项目。该项目已采用PPP模式完成招投标开工建设，主要建设内容是项目范围内的交通道路、入口综合服务区、滨水长廊（含骑行道、步行道等）、西河水位提升及沿岸灯饰工程、七坪寨及四方寨开发。该项目开工以来，骑游道启动水稳层铺设，完成2处初具规模的景观节点、启动部分体育设施建设、骑行连接线全面施工。项目建成后，将拥有亚洲最长的夜光骑行道（约25公里）。

【文化市场监管及审批】 1. 针对文化市场行政执法管理的新格局，及时调整工作思路，除日常巡检，密切配合市文化市场综合执法支队，开展文化市场的联合检查活动，重点加强“节假日、两会”期间的文化市场的检查。分别开展了“网吧”“娱乐场所”专项整治”、中、高考期间的集中检查。共开展文化市场联合大检查68次，日常巡查2800次。其中检查网吧1600家次、歌舞娱乐场所800家次、音像零售、出租80家次、图书零售80家次、打字印刷180家次、文化演艺80家次。共查处违规歌舞娱乐场所7家、网吧28家、音像0家、图书3家。责令限期整改4家。通过联合大检查和集中整治有力地打击了文化市场违规、违法行为。2. 充分发挥“扫黄打非”办公室的职能作用，联合公安、消防、工商等部门开展“净网”“秋风”“清源”“固边”“护苗”等专项行动，对顺庆区校园周边的网吧、音像、图书和娱乐场所进行联合检查，净化了校园周边的文化环境。“扫黄打非”网格员基础数据录入完成，建成1个省级“扫黄打非”示范网格。扫黄打非五大行动方案卓有成效。3. 落实安全生产工作目标，制定了安全生产工作要点，下发了安全生产检查记录本，按期召开了文旅广新行业安全生产工作会，及时与辖区文化市场经营业主签订了《安全目标责任书》，规定经营场所法人为安全生产的第一责任人，并要求第一责任对经营场所进行日常安全检查，发现安全隐患及时排除，确保不发生任何安全责任事故。安全生产隐患百日攻坚行动中，共组织开展6次安全生产大检查活动，出动执法人员756人次，共查出各类隐患216条，当场整改186条，限期整改36条。4. 进一步规范和简化审批手续，根据《行政许可法》的要求，对现有的五项许可事项、办理程序、材料要求、收费标准等进行公示，简化审批程序、缩短审批时间，实行阳光操作、透明管理，树立文化队伍的良好形象。全年受理行政许可情况：旅行社分支机构备案登记20家；受理、筹建网吧7家；办理图书零售5家；办理电影放映许可1户；受理、审核并发出版物《准印证》78个；办理新闻出版行业年审换证100户；成功组织审批、监管大型营业性演出活动一起。

【外事台侨】 为台侨企业创造更宽松的经营环境，进一步加大台侨招商引商力度。对全区台侨企业进行了一次全面详实的走访调查；调研侨台资企业，帮助协调存在困难。积极开展慰问活动，凝聚台心侨心。重大节日前夕，到街道办、乡镇慰问重点困难台侨属，协调相关部门解决落实台侨属享受低保、重病救济、死亡赔偿、子女升学等各类困难。

【传达学习宣传贯彻党的十九大精神】 10月31日，区文旅广局召开学习党的十九大精神会议。全局在家党组成员、局机关全体干部职工、下属单位负责人参会。会议由局党组书记、局长杨海峰主持。11月3日，在区政府1号楼办公楼8楼会议室，邀请顺庆区专家程易先生，对十九大精神进行宣讲，全局干部职工认真聆听专家的分析讲解，并认真做好记录。11月5日，区文旅广局组织干部职工观看了《山谷中挺起不倒的脊梁》《为灾区群众撑起一片天》两部宣传教育片。通过观看专题片，干部职工纷纷表示要用自己的实际行动履行自己的职责、践行党的宗旨，牢固树立“四个意识”；不忘初心，砥砺前行，认真学习和领会党的十九大精神，立足本职，做合格党员。

【组织收看省第十一次党代会开幕大会】 5月24日上午9时，南充市顺庆区文化旅游广播影视局在家党组成员、机关干部在局会议室收看省第十一次党代会开幕大会盛况。

【全国政协原副主席、民盟中央原副主席张梅颖一行到张澜纪念馆视察场馆建设保护情况】 5月18日，全国政协原副主席、民盟中央原第一副主席张梅颖在民盟中央原副主席、四川省政协原副主席吴正德、四川省政协副秘书长姚其清、南充市委书记宋朝华、南充市政协主席吴小可、南充市政协副主席、民盟南充市委主委朱家媛、南充市副市长、顺庆区委书记朱华等的陪同下，来到张澜纪念馆视察场馆建设保护情况。

【张正华到张澜纪念馆指导陈列布展工作】 3月16日，张澜先生长孙、原国家核工业部副部长、原保利集团副董事长张正华一行到张澜纪念馆指导陈列布展工作。

【节日期间文化旅游活动丰富】 1月24日新春团拜会在顺庆区果城大会堂举行。正月十五游园活动，含猜谜语、吹蜡烛、摸福字、跳跃雷鸣、盲人击鼓、定点投篮、蚂蚁搬家、套圈、自行车慢骑、比比谁的眼力好、掌上明珠等10余种趣味游戏。锦绣田园玫瑰节灯光节，搬罾镇锦绣田园景区，含特色小吃、精美灯饰造型、小型互动节目。1月22日至2月11日，在西山风景区万卷楼景区举办“三国之源”迎春灯会。从北门、万卷楼东门至揽胜亭、紫云楼、讲经坛、陈寿故居、万卷楼、西门等沿线。

【罗瑞卿纪念馆接受“思想政治教育基地”授牌】 6月14日上午，南充市消防支队城北大队、南充市经济技术开发区公安消防大队在罗瑞卿纪念馆举行“思想政治教育基地”授牌仪式。

【“中国流动科技馆”在顺庆区图书馆正式进行开幕式】 5月18日“中国流动科技馆”在顺庆区图书馆正式进行开幕式活动。

【各区县党校学员到南充文庙参观学习】 6月15日上午，南充市各区县党校学员一行共60人冒雨前到南充文庙参观学习。

【领导名录】

党组书记、局　长：王国猛（6月止）
　　　　　　　　　杨海峰（6月起）
党组成员、副局长：李志清
　　　　　　　　　陈　旭
　　　　　　　　　张　黎（3月起）
区侨联主席：蒲　涛
办公室主任：谢　瑞

（谢　瑞）

西山风景区

【概况】 南充西山风景区位于南充城区西面，属省级风景名胜区、国家 AAAA 级旅游景区，是“三国文化探源游”目的地，先后荣获“大中华区最具中华文化特色旅游风景名胜区”“大中华区最富文化魅力旅游目的地”“全国十佳文化生态景区”和四川省廉政文化进景区示范景区等称号。2017 年，南充西山风景区顺利通过四川旅游标准评定委员会国家 AAAA 级旅游景区复核验收，荣获 2017 年度顺庆区“最佳文明单位”称号，接待游客 325 万人次，实现旅游总收入 4.92 亿元。

【三国文化源头】 三国文化，天下之奇观也。岁月不居，悠悠两千载而影响；流风所被，浩浩八万里而播远。气势恢弘，精核博赡；义理深厚，包罗万端。唐三千，宋八百，歌舞楼台三国戏；武侯祠，关帝庙，高风亮节天地间。可以安邦国，可以为商战；可以兴外交，可以善谋算。嗟乎，一物而兼众美，求其正，溯其源，则非陈寿之《三国志》莫属焉。后裴松之之详注，三国史之研习，罗贯中之《三国演义》及三国文化之流播，皆以之为圭臬，承其绪，扬其波，而其源盖出于陈寿之《三国志》也。本末之辨，源流之分，判然若是，不言而明。陈寿之《三国志》乃以名复实之翘楚也。三国之源，万古流芳；陈寿业绩，百代彪炳。

南充西山之玉屏峰上的万卷楼，始建于蜀汉建兴年间，迄今已有 1700 多年历史。晋代以来，历代多有毁坏和修缮。今逢盛世，国家昌明，改革开放，经济日臻，物质文明与精神文明并进，衣食丰赡则文化设施宜兴。南充市人民政府于 1990 年择址于玉屏山重建万卷楼，其地背枕山而面西溪，茂林葱翠，修篁掩映，风景秀美。现万卷楼景区有安汉城楼、谯公祠、讲经坛、昭护庙、读书台、陈寿旧居、万卷楼等，景观景点颇丰，人文内涵亦厚。

为进一步深度挖掘三国文化资源，促进文化旅游事业，推进旅游经济发展。在陈寿旧居遗址处利用西河河堤挡墙，以浮雕、圆雕等方式，创作建设《三国志》大型主题雕塑艺术长堤，重现陈寿当年以“西河为砚，河堤为卷”呕心沥血著书立史动人场面，展现三国时期的重大历史事件，为游客雅人提供观赏鉴识三国风云之画卷。深入挖掘《三国志》所记载的魏蜀吴三国君臣人物的为民情怀和廉政史实，在开汉楼景区建成“三国廉政文化长廊”，通过石刻、雕塑、崖画等形式，大力宣扬三国廉政文化思想，打造南充市党风廉政教育基地，不断丰富景区三国文化内涵，彰显“三国文化源头”特色。

【山水环境优美】 南充西山，市西郊诸山之总名、剑门山系之太霄余脉也。雄峙西河之畔，逶迤十里之远。十二峰峦，维地柱天。晨迎朝霞，夕沐余晖。四季裹绿，日披苍翠。天然氧仓，调养果城市民。绿色屏障，降解尘霾秽腥；雅静谧境，消纳尘世喧竞。自来隐者、骚客、真人、平民，咸所钟情，故和气充溢而内蕴邃深。

西山灵秀，令人神往。民女谢自然，修清法羽化升天，飞仙洞飞仙石之物犹在；李淳风埋钗，遭袁天罡指地化泉，金泉山金泉井之名依旧；张三丰云游，遇八仙铁拐纳徒，会仙溪会仙桥之称尚存。美好传说，镌刻南充大地河山，衍成果州八景美谈。古人“山不在高有仙则名”之言，即谓此欤·故邵伯温赋“果山仙果秀天香”之诗，以志流连；陆放翁咏“时时清梦到金泉”之篇，而抒眷恋。

西山和美，风采激扬。拱卫川北重镇名驰古今。驿递官道开辟，连接唐都长安。铺彩丝路，“红花”开遍：输出南充丝绸誉满海天。成南高速开凿，达成铁路洞穿。北上南下，东引西联：开放百代名城焕彩万千。历来道观若青霞、云台、甘露，佛寺若观音、金泉、栖乐，西教若天主、伊斯兰：信仰异而诸教存，信徒众而彼此安。摩崖造像，创意争奇；石刻书法，各显风范。文化多元，包容互利发展；荣衰与共，凸显和合理念。君不见，果州前贤、华夏文武才俊政商英杰，然诸君子皆结缘西山，迭代累世不曾改？禀天地灵气，承前贤风采，遂人生宏愿，抒旷世豪迈，岂能不朝此山哉！

【人文自然和谐】 三月三朝西山，十里八乡聚来，士农工商趋焉。寺观洞开迎客，法师诵经祈安。文人诗会，唱和高谈。商贾兜售，奇珍异产。梨园搭台，上演封神列国、三分江山。道士卜占，夸你喜寿福禄、百年姻缘。名医诊治，细说望闻问切、助尔康健。小贩游走，叫卖女红童玩、声声悦耳动感。业者摆摊，鬻售凉粉锅盔、处处生香扑面。亲戚聚首喧叙、男女婚谈嫁论、朋友茶饮酒酌，皆佳会之期也：历千年而盛况依然，令黎庶翘首、望断南飞鸿雁。一帧西山图景，半部民俗史传。西山人文自然，纵贯五千年；川北胜境，非此莫属焉。改革开放，风采弥艳。继往开来，续写光耀新篇；建设热火朝天，正抒炫丽画卷。长河落日远，西山万年青。文化西山！自然西山！浓浓人间乡愁，游子梦归魂牵。

【规划建设】 重点项目建设稳步推进，桂花路延长线建成通车；开汉楼景区百卉园山体排危工程、洋人湾道路排危工程全面竣工投入使用；西山广场综合体项目顺利推进，建设方案通过市规委审定。景区基础设施得到夯实，开汉楼景区供水站、栖乐山景区供水管网改造全面竣工投入使用；万卷楼景区东门入口道路、北门入口道路、开汉楼景区入口道路全面升级改造，维修景区游步道3000m。景区配套功能更加完善，景区导视标识系统全面升级改造，景区道路标示标线和安防设施全面划设和安装；大力推进景区旅游“厕所革命”，按标准升级改造4座旅游厕所，提升了景区服务质量；景区游客接待中心全面升级改造，旅游服务功能更加完善。景区人文景观保护有力，西山画廊、万卷楼展馆回廊线刻画、十八罗汉图等人文景观全面维修翻新，维护翻新景区仿古建筑40000m^2。

【智慧旅游建设】 积极实施“互联网+智慧旅游”工程，景区智能停车场管理系统建成投入使用，安全应急管理平台建成投入使用，实现景区人流、车流数据时时传输至省旅发委；自动门禁系统和电子票务系统建成投入使用，实现线上预订景区门票；开发景区官方APP，健全景区官方门户网站、公众微信号、新浪微博等旅游宣传营销平台，增添语音讲解功能，实现自助旅游，景区信息化、数字化步伐加快。

【环境保护】 认真践行“绿水青山就是金山银山”的绿色发展理念，全面加强景区生态环境保护，大力开展植树造林活动，切实塑造提升景区植物景观，建成植物景观大道3条，栽植樱花树650株，桂花、银杏、红枫600余株，补植地皮绿化植物20000m^2，栽植景观植物30000株，建成桂花、银杏等特色植物园区3个，景区呈现出四季花香、色彩艳丽的植物景观特色。

【景区营销宣传】 成功举办南充市第四届“三国之源”迎春灯会，积极参加国省市旅游主管部门组织的旅游推介会，首迎兰州—南充旅游专列，省外游客大幅增加，做大做强“三国之源、陈寿故里”旅游品牌，旅游发展竞争力得到提升。充分发挥景区爱国主义教育基地作用，会同市区中小学校、大中院校到景区开展环境保护、倡导文明旅游、“弘扬雷锋精神·争当四好少年”“绿色发展·健康成长”等主题宣传教育活动，未成年人潜移默化接受景区三国文化、忠义文化、红色文化和传统文化熏陶，提高景区文化影响力。2017年，实现游客接待人次同比增长10%。

【领导名录】

党委书记、局　长：张树柏

党委副书记、副局长：袁鹏飞

党委委员、纪委书记：周　波

党委委员、副局长：张雪妃（女）

（戚智化）

教　育

【概况】　2017年，全区有公民办中小学、幼儿园、职业中专（学）共计138所。其中，幼儿园68所，单设小学31所，单设初中6所，九年制义务教育学校19所，高中7所，中等职业技术学校7所。各级各类在校学生总数为105446名。其中，在园幼儿20552名，在校小学生41759名，在校初中生18717名，在校高中生14176名，在校职业中专生9912名。全区有公民办教师6412名。其中，公办教师4132名，民办教师2280名。

2017年，区教育局打赢三场“攻坚战”。第一场：聚焦资源新增，打好项目攻坚战。推进11个新、扩建项目和数十个民生实事项目建设，大大改善了办学条件。第二场：增进民生保障，打好脱贫攻坚战。扎实开展结对帮扶，下村到户，宣传政策，送去资金，商议脱贫办法，制订脱贫计划，落实贫困生入学保障。促进对口帮扶，选派25名优秀教师到汶川支教，安排三原实验学校接受10名汶川教师跟岗学习。第三场：激活发展动能，打好深改攻坚战。区上下达的教育深化改革项目共12项，其中，市级6项，区级6项。年底，完成深改方案的制订落实。

三场攻坚战打下来，使顺庆教育呈现八大亮点：高职单招成效显著。2017年在高职单招方面成绩突出，录取1067人，比2016年增加478人。主要做法：一是在南充一中组织全省高职单招院校的招生咨询现场会；二是加大学校的宣传力度。办学条件不断改善。投资1.8亿元，新（改扩）建新荆溪小学等11个重点建设项目，教学用房竣工面积达3万平方米，运动场竣工面积达2.2万平方米，新增学生席位2400个。投资1200余万元，全面完成15所城乡义务教育学校改薄工作、标准化和寄宿制建设。集团化办学优势进一步放大。五星教育集团新城校区高标准竣工并投入使用，新增学位1830个。12月16日，集团化办学模式刊登于《教育导报》第114期第一版。素质教育深入推进。四川省摔跤、柔道训练基地落户十二中，获得国省级奖7个；联合区体育局举办顺庆区田径运动会，城市初中组女子800米纪录被刷新。高规格举办顺庆区第十一届中小学、幼儿园艺术节，创新设置艺术工作坊，活动期间，每天组织5－10名学生进行现场创作。成功举办顺庆区校园足球联赛，7名优秀小球员与广州恒大等俱乐部签订合约，规模创历届之最。高考6645人参考，3063人上本科线，上线率为46.1%，同比提高8.5个百分点。学校特色不断彰显。成功创建“全国篮球特色学校”7所、“全国校园足球特色学校”2所、省级“文明校园”8所、省级“青少年毒品预防教育6.27工程示范学校”2所、市级“示范学校”4所、“南充市美育示范学校”2所、“南充市优秀学生艺术团”5个、区级“文明校园”22所，人民南路小学等14所学校高分通过“市级文明校园”初验。安全稳定保障有力。安全综合整治成效显著，排查重点关注人员451名，争取专项整治经费1200万元，整改安全隐患197项，摸排非法办学机构121家，下发《整改和处理意见书》和《限期取缔意见书》108份，取缔非法民办教育机构11所。组建校园110护校队，增设门岗报警电话26部、心理咨询室40个。全区93所有食堂的公民办学校实行大宗食材集中配送，从源头上控制学校食品安全风险。改革区属公办学校保安管理模式，实行统一购买服务。圆满完成“十九大”期间维稳工作任务，实现会议期间到京零非访、零通报、零影响的“三零”目标。创新督学责任区管理模式。责任区划分打破“地域划分”的传统模式，采取城市与农村、优质学校与薄弱学校相结合的办法，创设了“1+x”带动发展模式（即1所优质学校与2—3所薄弱学校划分给同一名责任督学）。

亮点8：组建教育行风督查组。开展教育行风治理和涉及群众利益的不正之风整治两大专项行动，成立3个行风督查组，邀请教育系统部分“两代表、一委员”共同参与在职教师违规有偿补课、党风廉政建设及预防职务犯罪工作、中小学违规乱收费、中小学教辅材料订购、各类拨付资金使用等问题的监督。此项工作受到区委领导高度评价，并印发全区学习参考。

2017年，区教育局荣获国家级奖励二项：由教育部颁发的第二十届全国青少年五好小公民“阳光校园，我们是好伙伴”主题教育读书活动优秀组织奖、中央电化教育馆颁发的2017新媒体新技术教学应用研讨会暨第十届全国中小学新课堂教学实践观摩活动优秀组织单位；荣获省级奖励二项：四川省教育考试院颁发的2017年空军招飞工作先进单位、教育厅颁发的四川省2017年健美操锦标赛（小学混合组）一等奖；荣获市级奖励52项，如教育工作综合考评一等奖、南充市最佳文明单位等；荣获区级奖励12项，如：扶贫攻坚工作先进集体、法制宣传先进集体等。为拓展顺庆教育发展，打造好成渝第二城教育强区建设夯实了更为坚固的根基。

【党建工作】 继续深入扎实开展“两学一做”制度化常态化学习教育活动。（一）开展“两学一做”学习教育专题民主生活会。根据“关于在两学一做学习教育中召开专题组织生活会和开展民主评议党员的通知”（南顺组通201711号）文件精神，区教育局党委认真研究，制定了《召开“两学一做”专题民主生活会方案》（南顺教委20177号）文件，于2月28日开展此项活动。并下发《关于基层学校党组织认真开好“两学一做”专题民主生活会的通知》（南顺教20178号）文件，安排全系统（城区48个党组织，乡镇23个党组织）开展“两学一做”专题民主生活会和民主评议党员活动，要求学校及时以书面的形式报送活动的开展情况。（二）具体开展教育活动情况。1、继续开展好“两学一做”学习教育制度化、常态化工作。下发南顺教委〔2017〕32号文件，要求各党支部继续学习《党章》、学习习近平系列讲话、做合格党员。2、区教育局机关和各学校党组织“七一”前，结合开展建党96年纪念活动，集中安排一次党课，学校党员领导干部要结合教育教学管理、学生思想教育等，在所在党组织讲党课。3、全系统在“七一”前，集中开展系列党建知识竞赛活动，组织全系统66名选手进行党建知识竞赛，最终选派的4名选手参加区上决赛获得了全区第二名的优秀名次。（三）在“两学一做”制度化、常态化学习教育中开展三项整改“回头看”。全面巩固提升中央和省委巡视组反馈意见整改、党的群众路线教育实践活动整改、“三严三实”专题教育对照检查问题整改三项整改成果，扎实推进“两学一做”学习教育，巩固发展来之不易的良好政治生态，区教育局党委在“两学一做”学习教育中开展三项整改

“回头看”。各学校党组织向局党委上报三项整改回头看任务清单和工作总结。7月，在迎接党建工作督查过程中，对软、懒、散、工作开展不力的基层党组织进行通报，下达整改通知书2份。（四）宣传交流学习情况。区教育局要求机关和学校制作宣传贯彻十九大精神暨落实“两学一做”制度化常态化宣传栏，并在醒目位置悬挂横幅对学习教育活动进行宣传。47所学校上传共94篇关于学校党组织开展学习贯彻十九大精神教育活动的宣传教育稿件，各学校通过此平台互相学习，取长补短，通过学校展板、LED屏、校园QQ、微信群、顺庆区教育党务工作群众中相互交流。

学习贯彻十九大工作情况。（一）开展专家宣讲团宣讲工作，进一步学习十九大精神。组织全系统集中两次听取中央宣讲团和顺庆区宣讲团宣讲，学校党组织书记组织各校党员开展宣讲工作63场次。（二）开展集中研学活动。机关为全局职工征订十九大辅导读物，共计110套，各党组织围绕学习贯彻十九大精神开展学习研讨，撰写学习心得，全系统开展学习讨论117场次，切实把学习十九大精神学深悟透。（三）开展专题教学活动。全系统各支部通过到仪陇张思德干部培训学院、邓小平城乡发展学院、长征学院等红色教育基地看展“不忘初心、牢记使命”等主题的培训活动，准确把握十九大报告对党的建设提出的新要求、新任务，自觉做到用十九大精神引领教育工作。

切实做好日常党建工作。（一）继续完善顺庆教育系统党员信息管理库。1. 印发《关于开展中小学校党建工作情况调查摸底的通知》〔2017〕4号文件，对全区包括乡镇学校的党建工作进行全面摸底，统计出最真实最详实的一手资料。2. 上半年党组办完成对所隶属学校和机关在职退休共2000余人的党员信息建库完善工作。基本实现对顺庆教育系统党员信息的数据化管理。11月组织学校党统管理员进行培训，开展2017年党员年度统计工作，共统计在职党员2019人，退休党员656人。3. 按照组织部的要求，历时4个月，完成全国党员基本信息入库工作；顺庆区党员智能卡管理系统党员信息基本完成录入工作。（二）做好教育系统党员发展工作。按照区委组织部的要求，规范党员发展程序。党委办加强对入党积极分子、新发展党员的教育培训力度，有力提升新发展党员和入党积极分子的思想政治素质，确保发展党员质量。严格按照党章要求，2017年教育系统发展党员18人，转正党员8人。（三）认真展开机关党建。1. 区教育局将“三会一课”工作与“两学一做”制度化常态化学习教育活动紧密结合，认真扎实完成各项规定动作，促进了党组织建设。局党组织中心组集中学习9场次，张应富局长上党课6次，开展讨论活动13场次，全系统收到教育党建稿件94篇，征求整改意见25条。2. 党建各项制度完善。进一步完善局党组议事制度、中心组学习制度、局党委成员联系基层学校制度、民主评议党员制度、领导干部双重组织生活会制度等。3. 组织开展党总支活动。为纪念红岩精神，结合“两学一做”学习教育活动，局党办和工会在3月3日组织了一次“展巾帼风采，重温红岩精神”教育实践活动，地点在重庆白公馆、渣滓洞等红色革命教育基地。11月9日，局党办和机关工会在泸州市原泸顺起义旧址、古蔺县红军四渡赤水太平渡陈列馆等共同组织一次“不忘初心、牢记使命”教育实践活动。4. 继续按照《进一步强化党费收缴、使用和管理工作的通知》（南顺教委〔2016〕12）文件要求，督促学校清查2008年至2016年党费收缴情况。区直机关工委返还教育系统2016年党费215700元，为支持学校党建工作的开展，区教育局返还学校党组织157589元。6月下发《中共南充市顺庆区教育局委员会关于进一步规范党费工作的通知》（南顺教委〔2017〕41号）文件，降低党费收缴基数，全系统收缴上半年党费412892.88元，下半年党费273955.50元，共计686848.38元。5.5月15日－19日，组织机关二、三、四支部的支部书记参加区基层党组织书记集中轮训。6月1日－6日，组织教育系统党员干部综合能力提升班，来自各学校的100多名党员参加培训。11月2－8日，组织第二批部分学校书记参加基层党组织书记集中轮训。（四）督促学校按规定完成基层党组织换届工作。制定《关于做好基层学校党组织按期换届工作的通知》（南顺教委20175号）文件，要求学校还没有完成换届工作的在3月底前完成学校党组织的换届工作。（五）为规范“三会一课”，全系统统一印发“三会一课”学习笔记本，围绕“学习型党组织建设”目标，严格执行“三会一课”制度。机关召开支委会12次，党员大会4次，党小组会12次，党课4次。

【党风廉政】 全面落实党风廉政建设“两个责任”，成立党风廉政建设领导小组，着力开展“三承诺、三述职、三测评”活动，层层签订《党风廉政建设责任书》，形成了分工明确、责任落实的党风廉政建设责任体系。创新宣传载体，充分发挥校园网、微信等新媒体作用，及时宣传系统反腐倡廉工作进展及成效。全面落实局党委成员分片包校，逐校与班子成员进行廉政提醒谈话制度。先后对13所学校存在的违规补课、滥订教辅资料等重难点问题，开展廉政提醒谈话。利用节假日向党员干部发送廉政短信1万余条。全系统召开党风廉政建设专题会、管理服务对象恳谈会200余场次，集中开展社会评价工作专项检查3次，印发《致家长的一封信》20万余份，发放宣传资料2000余份。坚持以“行风建设”为抓手，成立教育行风专项督查组，邀请教育系统“两代表、一委员”参与对有偿补课、乱订教辅资料、师德师风等行风等问题暗访巡察，发现问题及时曝光。从严开展“涉及群众切身利益的不正之风和腐败问题”专项整治行动，分4个批次，围绕党风廉政建设、违规收费、民办学校违规办学、工程招投标及采购等方面开展专项检查，及时整治教育乱象。全系统开展师德师风专题学习200余场次、专项检查6次。对南充九中等11所学校开展专项督查，下发《监察建议书》9份。全年约谈校级领导干部2人，立案调查5人，给予1人降低岗位等级处分、3人警告处分，1人免于处分。

在党风廉政建设中，发挥教育审计监督职能，制定《南充市顺庆区教育局2017年内部审计工作计划》，把教育内审列入局机关工作重要内容，成立内部审计工作领导小组，举办区属学校财务人员业务培训会，组织14人次专兼职审计人员到省上参加培训，强化财经纪律。组织审计人员对区属11所学校进行财务审计，发现梳理财务问题11条，提交审计调查报告11篇，提出审计建议30余条。同时，印发《顺庆区教育系统内部审计工作规范（试行）》，为教育改革和发展服务，促进区教育局和下属事业单位、学校遵守国家财经法规和廉政建设，强化内部经济管理，提高教育资金使用效益和经济效益提供了政策性指导依据。

发挥教育督导职能，使勤政廉政常态化。一是夯实督学队伍建设。按照《顺庆区兼职督学聘任管理办法（试行）》的要求，调整兼职督学队伍，聘任闵志阳同志为第二届兼职督学。组织召开2017年督学工作会，对兼职督学队伍进行培训，安排部署年度督学责任区工作。制定“事前备案—下校督导—总结汇报—跟踪督办”的工作规程。督导室根据各督学组的下校行程安排，选择部分学校进行随访，详细了解各督学责任区工作开展情况并听取学校对责任督学的工作建议。二是加强督学责任区建设。开展好过程性督导工作。组织兼职督学开展2次集中性过程督导，重点对学校常规管理和自主发展工作进行指导和督促，并向全区推广好经验、好做法，同时针对学校存在的问题进行跟踪督办，督促学校及时整改落实。组织好督学责任区自主发展交流活动。先后指导顺庆实验幼儿园、孔迩街小学、西河路小学等学校开展自主发展成果现场展示活动。12 月 21 日－22 日，举办自主发展集中展评活动，改变了以往的评价模式，有效促进了校际间学习和交流。三是加大常规督导力度。由督导室牵头，组建 5 个督导组对全区 60 所公办学校的安全、教育教学等工作进行专项检查，完成学生问卷 1200 余份，教师问卷 500 余份，电话访谈家长 435 人次，进行重点问题回访 3 校次，发现问题 400 余条，提出意见、建议 200 余条，下发《整改通知书》10 份。12 月下旬，组织 4 个综合督评组，对全区学校 2017 年度教育工作进行督导评估，并汇总股室考核、督学责任区考核和综合督评等结果，适时召开表彰大会。

在党风廉政建设中，广泛接受群众意见，认真办理好人大代表、政协委员的议案、提案也是一项重要工作。2017 年，区教育局健全信访维稳工作责任制，印发《南充市顺庆区教育局大接访工作方案》《党的十九大期间信访稳定工作方案》等文件 5 份。从局机关到学校，层层落实工作责任，层层签订《信访工作目标管理责任书》。落实局党委委员每月轮流接访，重点群体（民办代课教师、安置下岗志愿兵）实行领导包案。在学校设立投诉箱，畅通信访渠道，及时召开信访研判专题会议，有效处置各类信访，化解各类矛盾。全年局领导下访 50 余人次，解决群众实际问题近 200 件，办结各类信访件 195 件，按时办结率为 100%，反馈率达 98.3%，群众满意率达 100%。处置网络舆情 46 件，未发生网络舆情扩散事件。

2017 年度，区教育局接到人大代表议案《关于尽快建设我区中小学素质教育实践基地的提案》（第 16 号提案）等 11 件（区人大 8 件，市人大 3 件）、政协提案《关于规范小学生午托管理的建议》（第 12 号提案）等 15 件。经区政府任务分解后，区教育局及时成立人大代表建议和政协委员提案办理工作领导小组，召开专题研究会，并根据建议、提案内容分解落实到教育、项目等相关股室。各承办股室严格按照办理流程，坚持“三沟通”的原则，保质保量地完成了人大、政协议案、提案的回复工作，受到代表和委员的高度赞誉。同时，圆满完成市人大关于城市基础教育、市政协关于职教城建设、区人大关于学前教育发展和区政协关于教育产业发展的调研工作。

【教师队伍】 2017 年，全区共有公民办教师 6412 名。其中公办教师 4132 名，民办教师 2280 名。公办教师中，具有高级职称的教师有 567 名，中级职称的教师 2125 名。

为打造一支精良的教师队伍，区教育局加强了师德教育，在引进优秀教师，进行师资培训，完善师资配备，打造名师工程，改善教师福利等方面，做了大量工作，使这支队伍品德高尚、业务精良，为教育强区建设注入了新的活力。

1. 充实师资队伍。启动教师公开招聘、遴选、商调等工作，其中面向社会公开招聘教师 95 名，遴选优秀教师、教研员 81 名，商调教师 45 人。舞凤中学分流教师 41 人，潆溪职中分流教师 3 人，一中回流安置教师 5 人。同时，根据工作需要，考核招聘 20 名应届师范类专业的硕士研究生及以上学历的毕业生充实到教育教学一线工作。

2. 强化师资培训。局机关举办个性化教育. 精准教学的操作性技术、消防法治教育等专题培训 5 场次，培训校级领导干部和机关工作人员 300 余人次。教师进修学校举办心理健康教育、新教材培训、新教师岗前培训、送教下乡等 50 余场次，培训教师 4300 余人次；举办“顺庆区校级后备干部能力提升班”，培训后备领导干部 206 人；联合教仪站，选派 3500 名教师参加信息技术应用能力提升培训；完成省培短期集中培训任务，选派30名教师参加省级各类培训；组织159名教师参加第十届全国中小学创新（互动）课堂教学实践观摩活动，其中59名教师获奖。

3. 出台顺庆区“名师工程”培育方案。拟增设中学语文、中学数学、中学英语、中小学艺体名师工作室、幼儿园名师工作室共计5个，；加强对已成立的4个名师工作室的管理；按照省、市文件要求，评选出3名特级教师推荐人选（五星小学任红梅、三原实验学校赖莉辉、西河路小学尹秀月）和1名特级教师预备人选（顺庆实验小学岳莉）。

4. 做好教师职称评定工作。根据省市要求，完成全区各学校岗位设置，根据各学校岗位设置空岗情况上报正高级、高级、一级教师职称评定名额，圆满完成2017年正高级、高级、一级教师职称评定工作。

5. 开展网络评选2017年度“最美教师”活动。为弘扬广大人民教师立德树人、爱岗敬业、为人师表、严谨笃学的高尚师德，增强广大教育工作者的荣誉感和责任感，激发广大教职工工作的积极性和创造性，教师节期间，全区开展了“最美教师”网络评选活动，对得票排名在前的50名教师，评为南充市顺庆区2017年网络评选“最美教师”。对其余被提名而未进入前50名的教师颁发了“纪念奖”。

6. 搞好教师资格认定工作。完成春秋两季教师资格认定工作，春季受理中小学、幼儿园教师资格认定申请965人，经受理、资格复审、体检、测试等环节，认定通过教师资格942人，配合市教育局完成高中、中职教师资格认定53人。秋季受理中小学、幼儿园教师资格认定申请30人，经受理、资格复审、体检、测试等环节，认定通过教师资格28人，配合市教育局完成高中、中职教师资格认定33人。

7. 落实教师福利等工作。完成了在职在编教师薪级工资正常晋升工作；完成2016年新招聘教师（含考核招聘研究生30人）178人转正定级工作；完成2014年10月至2018年12月退休人员视同缴费年限认定工作；完成96名教师退休工作；做好全区教职工稳定及民办代课教师维稳工作；解决了原国企退休教师年终专项慰问金工作。

【学校安全】 2017年，区教育局始终坚持“以人为本，积极预防”的工作理念，狠抓校园安全管理，努力构建安全监管新机制，坚持进行安全排查整改，积极推动校园平安建设，常态化开展应急疏散演练活动，扩大安全教育宣传力度。经过全区教育系统广大干部和师生员工的共同努力，全区学校安全态势平稳，没有发生安全责任事故。

岗位责任落到实处。根据《南充市顺庆区教育局关于落实学校安全管理“一岗双责”的实施意见》《南充市顺庆区教育局安全工作领导小组成员岗位职责》，教育局成立以局长为组长，分管安全的副局长为副组长，各职能科室负责人为成员的安全工作领导小组。各学校、幼儿园（以下统称学校）也成立了安全工作领导小组，校（园）长担任小组长，校（园）长为安全工作第一责任人，建立了安全工作责任制和责任追究制，并层层落实到具体工作的个人，形成了自上而下齐抓共管的良好机制。

管理机制日趋完善。印发了《2017年安全工作要点》《南充市顺庆区中小学幼儿园安全管理工作规程》《南充市顺庆区中小学、幼儿园、民办学校安全管理工作日志》《南充市顺庆区中小学、幼儿园、民办学校班级安全管理工作日志》等一系列制度性文件，形成了制度管人管事的学校安全工作运行机制。

常规工作扎实开展。各校制定了一整套安全管理制度及应急预案，把安全工作列入教师、班级考核内容，实行安全工作“一票否决制”。同时，加大对校舍建筑、消防、校园安保、食堂卫生等的日常巡视和排查，发现问题并及时整改。在开展大型活动、组织学生出游时，学校制定了安全应急预案，并按要求向教育局审批报备。

在6至9月的校园安全专项整治中，成立了顺庆区学校安全综合整治领导小组，由区领导亲自挂帅，下设办公室于区教育局，负责全区整治领导工作。6月18日，召开全区各部门、街道、乡镇、学校参加的综合整治专项会议，制订出《顺庆区学校安全综合整治实施方案》，对各部门、街道、乡镇、学校工作任务和工作职责，提出了具体明确的要求。区教育局还成立了五个督查组分片督查。

开展各种安全教育活动1000余场，发放安全常识手册、致家长的公开信（或告家长安全书）10万余份，上安全教育课1500余堂，举办安全管理研讨会30余场次，召开安全主题班（队）会1000余班次，并加强对特殊学生和特殊家庭的排查、建档及心理疏导。通过三个月的整治，全区学校把“十个一”教育活动推向了深入。

一是全区排查出重点人员451名（其中，公办学校教师15人、学生422人，民办学校教师5人、学生9人），做到一校一清单、一事一记录，一类一分册。二是全区学校上报危改项目256项，已整改完成197项，没有整改的有59项，则是操场、堡坎、围墙和楼顶防水等较大的危改项目，这批项目待专项危改资金到位后将立即实施。专项整治期间，按轻重缓急分两批次对已排查出的安全隐患进行整改。第一批次投入资金476万元，对22所公办学校29个项目进行了排危；第二批次投入资金1200万元，对27所公办学校38个项目进行了排危。三是摸排出非法办学机构107家，取缔使用居民楼办学的非法机构43家。张贴整改通知书107份，下发《整改和处理意见书》102份。

积极配合疾控部门，及时印发相关传染病防控与安全卫生资料，加强卫生安全教育。3月，召开校园食品安全管理和疾病防控培训会；4月，对全区学校流行性疾病的防控工作进行检查；12月，下发《南充市顺庆区教育局关于进一步加强冬季学校传染性疾病防控工作的通知》，通过一系列举措，进一步落实了学校晨午检制度，加强了学校传染病防控工作力度和疫情报告制度。同时，结合爱国卫生运动，开展春秋两季公共卫生周和爱国卫生月活动。并认真组织实施学生体质健康监测工作，建立学生体质健康档案，合理加强学生体育锻炼，强化学生体质。

全区教育系统始终把防轻生作为学生心理教育的重点来抓，一是注重培养学生的健康心理。通过郊游、班级活动和游学等形式为学生健康心理的形成，创造出良好社会环境和文化氛围。二是成立了师生心理健康巡回宣讲队，开展以心理健康教育为主题的家庭教育活动80余场，同时选培了120名专兼职心理教师，并建立起心理咨询室40个，有针对性地开展心理健康教育，如李家小学、实验小学都有规范标准的心理咨询室。

区教育局创新实施全区公办学校保安项目统一购买服务工作，全区投入了1026万为公办学校配备285名保安，这种管理模式的改变，将实现学校保安队伍专业化，安保器械配备标准化。5月和10月，分别对学校“三防”建设情况进行专项检查，7月，对全区学校保安人员进行了专门培训，并对学校安保工作进行了巡视督查。全年，区学校共安装门铃报警电话26部，更换安保器材79件（套），增设监控17处，安装防护栏6处，加固围墙5处。出文规划并创建仪凤街幼儿园、顺庆实验幼儿园、五星小学、川师附小、顺庆实验小学5所安全示范学校。指导创建了“平安社区”示范性“平安校园”7个，组建校园110护校队63支，进一步夯实了学校安全工作。下一步准备打造一批校园安全文化窗口学校，如城南幼儿园、紫竹街幼儿园、星宇幼儿园等。

创新实施了全区学校食堂大宗食材统一采购工作，对全区93所有食堂的公民办学校（幼儿园）实行大宗食材集中配送，从源头上控制学校食品安全风险。指导创建了示范食堂6所，不断推进“视频监控”“阳光厨房”等创新型监管模式。要求各学校做好采购食品索证索票和进货验收及记录工作，并督促食堂服务人员在食品加工过程中按操作流程规范操作。四是加强监管，部门联动。4月，联合区市场监督管理局，对全区中小学食堂进行检查，对发现的问题，要求立即整改。

严格管控车辆进出校门。本校教师车辆在上下学高峰期进出校门时，需安排专人进行引导，严禁社会车辆进入校门。严禁学生搭乘“三无车”、农用车上学，严格落实“路队制”和“路途护卫制”。联合交警大队、区安监局开展校车安全专项督查活动，利用校车监控平台进行实时监控，并建立起了《学校校车台账管理制度》。在4月和11月，联合交警一大队、交警四在队、车管所，召开了由校园长、随车照管员、驾驶员参加的校车安生管理及培训会议2次，会上并对金红国际、果洲教育集团等16个校车使用先进单位进行了表彰，确保了交通安全无一例事故发生。

1月修订完善了《2017年顺庆区教育系统突发公共事件预案》，3至4月督促指导各学校开展反恐防暴和防踩踏等安全应急演练。坚持每月一主题，每月一演练，全年共举行应急演练100余场次。通过演练，学校应急管理体制不断完善，疏散演练的组织和管理水平大幅提升，师生安全意识和应急避险能力得到强化。

从5月开始对中小学、幼儿园防范学生溺水工作进行部署，要求学校加强学生防范溺水安全教育。一是让学校通过组织学生观看专题视频、开展主题班会课、发放告家长书、开家长会、LED屏展示等方式扩大防溺水宣传；二是健全校内外坠水易发地点安全警示标识，设立防溺水警示牌1287个、安装防护设施66处。同时联合街道、社区、乡镇和志愿者组成红袖标巡逻队，沿嘉陵江和水库等重点地段进行巡查。

下发防火及消防安全的相关文件，严禁住校学生乱搭电线、严禁住校学生乱用取暖器，落实校园内各种场所用火、用电、用气等方面的安全措施和工作责任。在2月和9月，分别对全区学校开展消防安全隐患专项排查。利用“119”消防宣传周，仪凤街幼儿园、果洲大道幼儿园组织部分学生走进消防队，体验军营生活，华凤二小还开展了校园安全应急演练，全年共组织学校进行消防安全演练达100场次。

【教育经费】 2017年，顺庆区各类学校固定资产总值113839.3万元，其中，中职占14491万元，普高占31874.1万元，初中占21510.73万元，小学占45963.27万元。全年教育经费总收入97422万元，比2016年增加百分比为3.13%。年总收入中，财政拨入教育事业费81763万元。全年教育总支出91765万元。其中，事业性经费支出个人部分56752万元，事业性经费支出

公用部分13503万元。统计显示，2017年顺庆区生均教育事业性经费支出情况：高中12015元，职中15571元，初中15418元，小学9987元。2017年，全区学校占地面积149550.89平方米。其中，普通中学553405.63平方米，职中248295平方米，小学393800.5平方米。全区学校校舍面积856429.71平方米。其中，普通中学占443502.53平方米，职中占186132万平方米，小学占226794.88平方米。生均占地面积：中学24.5平方米，职中46平方米，小学6.83平方米。学校拥有图书总量1774489册。其中，职中281550册，普高488654册，初中441900册，小学562385册。拥有计算机总数9719台，其中，职中2290台，普高2556台，初中1864

台，小学3009台。

2017年，区教育局积极协调相关部门，争取中省市项目资金16567.25万元（目标16000万元），其中，2017年省级义务教育均衡发展专项资金923万元；2017年扶持校园足球发展专项资金45.5万元；2017年学前教育保教费减免省市补助资金52万元；2017年普通高中教育补助资金215.64万元；2017年第二批普通高中教育补助资金67.96万元；2017普通高中国家助学金省级补助资金60.28万元；2017中职助学金省市级补助资金867.38万元；2017中职免学费省市级补助资金3284.31万元；2017年城乡义务教育中省市级补助资金4129.3万元；2017年城乡义务教育省市级补助资金212万元；2017年市级地方济困助学专项资金17万元；2017年中央支持学前教育发展专项资金573万元；2017年第二批省级学前教育发展专项资金91万元；2017年市级学前教育购买服务资金33万元；2017年中央彩票公益金支持乡村学校少年宫资金18万元；2017年中央集中彩票公益金支持体育事业资金6万元；2017年新增债券资金地方政府投资5900万元。

固定资产投资。根据《南充市顺庆区目标管理办公室关于确保完成年度固定资产投资计划的通知》（南顺目〔2017〕10号）精神，区教育局2017年固定资产投资计划数为110000万元，奋斗目标为120000万元。为圆满完成年度目标任务，区教育局主动加强与财政等部门的沟通、协调，强力推进工作，至12月底，固定资产投资金额达110410万元，超年度计划数410万元。

【基础建设】 新改扩建项目有力推进。2017年，累计投资1.8亿元，顺利实施新城学校、新荆溪小学等11个重点建设项目，其中五星教育集团新城校区、潆溪职中运动场改造项目竣工，并投入使用。白土坝幼儿园、潆溪小学教学楼主体完工，正在进行内外装饰施工。新荆溪小学教学综合楼、宿舍主体框架完工，正在进行墙体施工。五星小学南门坝分校扩建、建华中学运动场及地下车库建设项目已进入主体施工阶段。清泉小学正在进行场平施工，白土坝小学、五星小学育新校区扩建即将开工建设。

民生实事项目稳步推进。投资672万元，完成延安路小学等9所学校的“全面改薄”项目，完工面积13620平方米（目标13400）；投资275万元，完成芦溪小学和永丰小学（运动场）的标准化建设项目9000平方米；投资300万元，完成双桥小学等4所农村义务教育学校寄宿制建设，面积达5100平方米。投资1500余万元，完成和平路小学等37所学校的日常性维修项目46个，面积40000余平方米。

【脱贫攻坚】 扎实开展结对帮扶工作。组织召开脱贫攻坚布置会，制定教育系统脱贫攻坚考核办法。局机关开展帮扶工作20余次，宣传相关政策30余次，下村14次，集中慰问贫困户4次，发放总价值1.13万元的电饭煲、电热毯各29个，慰问金4万元，购买贫困户猪肉、黄瓜帮助贫困户增收2.5万元，出资0.4万元租赁收割机械、聘请人员帮助无劳动能力的贫困户抢收水稻26亩。预先启动了2018年14户脱贫户的“三建五改”工作，涉及资金约15万元。全区33所学校定点联系16个乡镇的405户贫困户，发放困难帮扶物（资）70余万元。该局的帮扶工作受到了区脱贫攻坚领导小组的表扬，授予先进集体、先进个人各一个。

稳步推进对口帮扶工作。通过派遣干部、送物资、办联谊、实施“一村一幼”、组建联盟学校等形式，助推汶川教育提升发展。选派优秀教师充实到汶川帮扶学校支教，安排三原实验学校接收汶川跟岗学习，顺利完成年度目标任务。3月，组织南充七中、十中等学校的

8名优秀教师到汶川开展送教交流活动，赢得好评。10月下旬，安排17所学校到援助对应学校开展教学交流、资助贫困学生等活动。

落实贫困生入学保障和义务教育控辍保学工作。顺庆区省市重点高中学校拿出招生计划的1%帮扶建档立卡贫困户子女入学，在报考学校录取分数线下50分以内从高到低录取，全区有8名学生享受该政策。切实开展控辍保学工作，通过送教上门、劝返就近入学和协调到特殊教育学校等方式，实现义务教育阶段建档立卡学生“零辍学”工作目标。

完善学生资助体系，实现了教育资助从学前教育到大学全覆盖。全年，为3965名学前教育家庭经济困难学生发放“三儿”资助金211.755万元；全部减免58927名义务教育学生杂费3200万元，免费提供教科书56万册，免作业本费170万元，为3600名贫困住校生发放补助235万元；为19200中职在校生免学费资金1980万元，为5185名中职贫困学生打卡发放助学金658.02万元；对7066名贫困高中学生免除学费802.82万元，为4027名普高贫困学生打卡发放助学金805.4万元；资助2016年及以后新入学建档立卡贫困家庭本专科学生32名，发放资金12.8万元；资助建档立卡贫困家庭中职学生66人，发放救助金3.3万元；地方政府济困助学项目资助贫困教师26名，贫困学生370名，发放资金64.16万元；为1446名贫困大学生办理大学生生源地助学贷款共计1153.185万元。系统工会资助帮扶困难职工（农民工）及子女入学470人，发放资金24.25万元。

【教学教研】 强化教师教学业务培训。2月，组织9个学科的高中教师到西华师范大学参加2017年新课程高考大纲解析与命题趋势研讨会。6月，组织100名中小学教师到成都参加全国中小学名师高级研修班学习。7月，开展美术学科教师提升教师核心素养培训，80余名美术教师完成百幅《中国山水画》作品。9月，举行中学语文、历史，中小学道德与法治、小学语文《新教材培训》等培训，参培教师1500余人次。9月，邀请省内6位教育专家，对2017年度招聘、考调的333名教师，分批进行了师德和专业培训。10月，举行《第三届高中语文实用类文本、议论类文本的阅读、教学、运用高端论坛》和《小学语文学科组织开展全区小学语文教师书写能力及写字教学策略培训》活动，700余人参加培训。11月，举行《音乐教师合唱指挥培训》《中学地理、历史核心素养培训》等培训活动，参培教师420人次。12月，举行《小学主题阅读教学》《小学数学学科核心素养和教学能力提升培训》《遇见经典遇见阅读－－－－－基于师生核心素养下的阅读能力提升》《中小学幼儿园体育教师户外教学培训》和《小学科学教师课堂及教学实验操作技能培训》培训会，参培干部、教师1900余人次。12月，在西南大学举办了为期5天的教研员专业提升高级研修班，培训研训员及学科兼职教研员73人次。全年为4个片区的21所农村中小学送课117节次，培训农村教师3160人次，实现了从学前教育到高中教育学科全覆盖。

深化教育教学研究工作。一是联合研训有力推进。5月，举行“南充市教科所·顺庆区教研室小学语文阅读组块教学联合教研”。9月，举行“南充市教科所·顺庆区教研室小学语文习作组块教学联合教研”。10月，举行“顺庆区·高坪区高初中联合教研”。11月，举行“顺庆区·高坪区高中历史教研”。二是学科竞教活动顺利举办。6月，组织全区中小学教师开展有效课堂教学展评活动。9月，开展顺庆区2017中小学教师论文、案例、反思评选活动，共有400篇来自中小学一线教师的论文、案例参选。10月，完成“一师一优课、一课一名师”活动的组织安排及指导、评选工作。11月，开展中学英语、地理、化学、信息技术等学科教学竞赛。全年推荐各学科教师参加各级各类教学竞赛，获得省级奖33个、市级奖31个、区级奖142个。三是加大科研课题研究力度。充分发挥教育科研的先导作用，大力开展科研课题研究工作。在南充市教育教学论文评比中，341篇教育科研论文获得市级一、二、三等奖，其中一等奖达200余篇。在教育科研课题方面，获得省市级教育科研课题阶段成果21项；区级微型课题立项330余项，成果奖180余项。

全面推进教育信息化建设。加强实验教学监管。通过顺庆区实验教学监管平台的应用，有力促进各校实验教学的正常开展，推进了城乡教育均衡发展。开展多层次教育信息能力提升培训。积极组织全区教师先后参加省市教师教育信息化能力提升培训、参与人数2000余人次，合格率98%，其余教师正在参加区级信息能力提升培训。组织局机关和学校干部教师参与教育办公平台应用培训（无纸化办公）、教育系统视频会议系统应用培训、安全监控管理大平台应用培训、录播教室应用培训等培训活动，培训干部教师1000余人次。为让信息技术和学科教学深度融合，提升一线教师的信息化教学的能力，结合顺庆区实际，制定了完善的区级信息技术教学培训方案，分初中高专家培养，逐级培训。目前，全区正在进行初级在线培训，参与人数达400余人次。以赛促学、以赛促用。组织教师积极参与全国教师信息化大赛、全国“一师一优课，一课一名师”活动、全国中小学生电脑制作活动和2017年新媒体新技术教学应用研讨会暨第十届全国中小学创新课堂教学实践观摩活动，获得国省市各级奖励376人次。南充一中、顺庆实验小学获四川省第十二届中小学校园电视节目评选一等奖。

【素质教育】 区教育局一直强调在教育教学活动中，坚持德育首位，多育并举，把社会主义核心价值观的教育贯穿于学校一切工作的始终。明确提出：教书育人——课堂教学是主渠道，守正尚雅——注重学生的养成教育，润物无声——重视教育的人文渗透，活动育人——让学生在体验中锻炼成长，合力求效——坚持“德、智、体”多育的有效整合。2017年，全区各中小学在“文明校园”创建、“平安校园”创建、“法制校园”创建、“环保校园”创建等方面取得好成绩，在开展学校体育、文艺、卫生等工作中作出了好成绩，大大提高了教育教学质量，彰显了顺庆素质教育的特色与丰硕成果。

创建“文明校园”。扎实开展精神文明创建活动。各校（园）深入开展“讲文明、树新风”宣传活动，通过精心打造文化墙，积极开展学雷锋等活动，使社会主义核心价值观深入人心。制定加强和改进未成年人思想道德建设的具体措施办法，营造有利于未成年人健康成长的良好社会文化环境和氛围。积极组织学校参与全国青少年爱国主义教育读书活动，开展中学生演讲比赛、经典诵读和“我们的节日”活动，利用中秋、国庆等节日开展丰富多彩的中华传统文化教育。与区文明办共同组织“百年追梦、全面小康”读书教育活动小学生讲故事暨中学生演讲比赛。

南充五中、五星小学等8所学校成功创建四川省文明校园；城南幼儿园等4所学校成功创建市级示范校；西师附小、涪江路小学等22所学校成功创建区级文明校园。

创建“平安校园”。围绕创建“平安校园”目标，层层签订校园安全、综合治理和“平安建设”责任书。建立健全领导机制，成立以局长（校园长）为组长的综合治理工作领导小组。完善源头排查化解机制，重点加强城区学校、矛盾多发学校调解组织建设；规范矛盾集中排查、专项排查长效机制。完善及时处理突发事件机制，制定完善“处突”预案，应对各种突发事件，有效避免矛盾激化和事态扩大。加强校园及周边环境整治，印发《2017年学校及周边综合治理工作方案》，3次会同公安、卫生、交通、城管等职能部门定期不定期开展专项整治行动，取缔校内小卖部5个，摸排非法办学机构107家并全部张贴告知书，下发《整改和处理意见书》102份。联合卫生等部门，就结核病、腮腺炎防控，艾滋病防控3+2强化工作、儿童口腔疾病综合干预项目、入托入学等问题印发了相关文件。积极参加全区综治集中宣传活动，通过展板、发放宣传资料、现场讲解政策等方式，宣传了教育政策、安全法规、健康小常识等，发放宣传资料800余份、购物袋200余个，现场解答群众疑问30余起。教育系统全年开展综合治理、平安建设宣传活动80余场次，发放宣传资料13万余份。

创建“法制校园”。坚持把“依法治教”“法律进学校”工作纳入重要议事日程，印发《南充市顺庆区教育系统深入推进“法律进学校”实施方案》，制定年度普法和依法治理工作计划。局机关充分利用政治学习时间，邀请法律顾问举办法制专题教育，推动了“法治机关”的创建。各学校除利用课堂抓好“道路交通安全”“远离毒品、珍爱生命”“网络安全与健康”“遵守社会治安，维护公共安全”等主题常规法制教育外，还积极开辟法律第二课堂，组织学生参观法制教育基地，开设“模拟法庭”，举办法制文艺演出、现场法制咨询、法制主题班会等法制教育实践活动。同时，各学校充分发挥家长在青少年法制教育工作中的重要作用，主动通过家长委员会、家长学校、家长座谈会和家长开放日活动等形式，加强对学生家长的法制教育，督促广大学生家长依法履行好第一监护人职责，密切配合学校做好教育管理工作。联合区检察院举办“法治进校园之预防校园欺凌共建和谐校园”启动仪式，发放宣传资料3000余份。各校组织开展法律知识、禁毒知识考核或演讲竞赛活动120余场次。年内，南充五中、南充一中被评为四川省青少年禁毒“6·27”工程示范学校；顺庆区实验小学获区法制教育宣传工作先进集体。

创建“环保校园”。以“改善环境质量”为主题，积极推进学校的环保教育和宣传工作。印发环保文件9份，成立由局长（校长）任组长的环境保护教育领导小组，召开教育系统环境保护教育宣传动员大会，全面启动学校的环境保护教育工作。指导西华师大附属小学等学校以全国教育科学规划课题《区域构建适合每个孩子发展的学校课程的行动研究》为抓手，积极参与环保教育相关课题研究。各学校建立健全环境管理制度，将环保教育纳入地方课程、校本课程和综合实践活动中进行专题教育。借助植树节、世界环境日等重大纪念日，各校通过升旗仪式、主题班队会、环保演讲赛、知识竞赛、环保宣传画竞赛、环保方案设计竞赛、参观污水处理厂等形式，开展校园系列环境教育活动70余场次，发放宣传资料2万余份。同时，开展了“环保微炬汇”之“环保课堂进校园”活动，特邀西华师范大学环境教育与科普基地李友平副教授走进城北小学、五星小学、涪江路小学以及乡村小学宣讲环保知识，并发放环保科普宣传手册1000余份。全区实现各级各类学校的环境保护教育全覆盖，并涌现出西华师大附属小学、五星小学等一批有特色的绿色学校。西华师大附属小学还与西华师范大学的生命科学院结成友好单位，专注于环境保护教育的开展，并获得省级绿色学校的称号。

教学质量不断攀升。制定出台《顺庆区（小学、初中、高中）教育教学管理与质量评价方案》，方案将定性评价和定量评价相结合，采用激励性原则调动教师工作的积极性，引导学校坚持以教育教学工作为中心，不断加强学校管理，改进教育教学方法，切实提高教育教学质量。学生综合素质稳中有升，合格率近100%。中考优生人数继续保持全市领先，综合成绩位居全市前列。高中教育奋起直追，2017年高考重点本科录取人数1480人，同比增加211人，上线率提高2.7个百分点；一般本科录取1617人，同比增加623人，上线率提高8.5个百分点；本科总上线率46.1%，较2016年提高8.5个百分点；学生和家长观念进一步转变，1069人通过高职单招进入大学，全区共6262人进入大学，录取率达84.9%，高中毕业生进入大学人数和比例均有较大增长，高中学生升学通道明显拓宽。

体卫教育融合发展。一是艺体工作亮点纷呈。四川省摔跤、柔道训练基地落户十二中，获得国省级奖7个。联合区体育局成功举办顺庆区田径运动会，城市初中组女子800米区级纪录被刷新。高规格举办第十一届艺术节，创新设置艺术工作坊，每天组织5－10名学生进行现场创作。成功举办顺庆区中小学生校园足球联赛，7名优秀小球员与广州恒大等俱乐部签订合约，规模创历届之最。组队参加南充市田径锦标赛、校园足球赛和排球运动会，获初（高）中组一等奖、男子（女子）团体冠军、优秀组织奖等。成功承办市级庆“六一”暨“家国情”经典吟诵活动，获得好评。南充一中、顺庆实验小学选送的三个节目，获省十二届中小学生艺术节一等奖。二是扎实开展卫生工作。联合卫计、疾控等部门，就结核病、腮腺炎防控，艾滋病防控3＋2强化工作、儿童口腔疾病综合干预项目、入托入学等问题印发了相关文件。3月，召开校园食品安全管理和疾病防控培训会。4月，组织检查全区学校流行性疾病的防控工作。11月，开展全区托幼机构心肺复苏急救演练培训会。同时，结合全国爱国卫生运动，开展春秋两季公共卫生周和爱国卫生月活动，加强对流感、腮腺炎等传染病防控工作。三是禁毒宣传教育扎实跟进。根据《南充市2017年度县（市）禁毒工作政府目标考评细则》《南充市顺庆区禁毒委员会关于完成“禁毒教育合格中学（中职）校”创建任务的通知》等文件要求，组织区属学校积极开展“禁毒预防合格中学（中职）校”创建活动。完成南充五中等7所学校的创建指导工作。着力推进青少年毒品预防教育“6.27”工程，各校积极开展丰富多彩的校园禁毒文化宣传活动，取得了阶段性成效。组织66205名学生参与全国青少年禁毒知识初赛，综合排名全省第一。

深入推进学生综合素质测评工作。组织开展中小学文明礼仪、语言、艺术、实践操作、体育与健康等类别的综合素质测评，学生综合素质不断提高。在教育部组织的中小学生综合素质抽查中，顺庆区学生成绩优异，获得较高评价。科学减负向课堂要效率。严格按照省市文件要求，落实大班额化解工作，为教学创造良好条件。同时，开展“减负万里行．回头看”活动，进一步促进了学校教育教学观念和教学方法的改变。三是集团办学优质资源进一步放大。

大力宏扬正能量，表彰先进。2017年，顺庆区受省表彰的三好学生6名，优秀学生干部6名，先进班集体2个；受区表彰的三好学生2000名，优秀学生干部200名，先进班集体102个。

【学前教育】 2017年，全区有公民办幼儿园68所，在园幼儿20852名，教学班667班，教师员工1043名。教师学历达标率为100%。2017年，全区学前教育又有新发展，新建的白土坝幼儿园正在施工，并投入大量资金进一步优化了各幼儿园的环境，成为了儿童成长的乐园。批准新办了爱的、斑鹿等幼儿园7所。幼儿入园困境大大改善。区教育局领导多次下校视导，召开多次会议，部署学前教育，提出具体的工作要求：一是幼儿为本，保教并举；二是加强措施，确保安全；三是家园结合，携手共进；四是科研兴园，不断创新。城南幼儿园通过市级验收，被命名为南充市示范幼儿园。

顺庆实验幼儿园承办了省级幼儿安全工作现场会，被评为安全工作先进单位。仪凤街幼儿园、实验幼儿园等派出优秀教师到阆中、蓬安以及区内各乡镇献课，传播了先进教育理念，起到了省示范园的带动辐射作用。在区第十一届中、小、幼学生艺术节活动中，各园100幅童趣横生的书画作品，数十个天真欢乐的歌舞节目，吸引了上万名市民的目光，迎得了雷鸣般的掌声。经过年终的教育督导评估，仪凤街幼儿园、紫竹街幼儿园、实验幼儿园、城南幼儿园评为一等奖。国际金红幼儿园、星宇幼儿园等5所评为二等奖。爱心幼儿园、绿洲幼儿园等4所评为三等奖。顺庆实验幼儿园的《互爱·园本教育课程》科研项目获四川省普教教学成果三等奖。教师陈澜、谢丹、蔡以凡、邱君、陈波等数十人，获国家、省、市、区多项教学技能大赛，多媒体教学、课堂新创意教学大赛一、二、三等奖。

附：名校简介

【南充市仪凤街幼儿园】 南充市仪凤街幼儿园创建于1951年，1991年被评为四川省示范性合格幼儿园。是一所由南充市顺庆区教育局直管的公办园，四川省幼儿园教师继续教育示范基地，西华师范大学学前教育专业、成都大学学前教育学院、成都幼儿师范学校实习就业基地，南充市贯彻实施《幼儿园教育指导纲要》试点园，南充市“以园为本教研制度建设”项目试点园，南充市《3—6岁儿童学习与发展指南》试点园，南充市示范家长学校。

该幼儿园地处南充市仪凤街70号，环境优美，富有儿童情趣。目前拥有两个办园校区（总园、北城分园）。

全园现有在职教职员工102人，教师学历达标100%。总园、分园共有21个班，设有小、中、大班。管理分白托、寄食两类。在全市率先创办了仪凤街幼儿园网站（http：//www. nc61. com）、仪幼微信公众平台，每班配备电子白板、笔记本电脑、空调、数码电子钢琴等。

幼儿园以“积淀文化、塑造品牌、体现价值”为办园目标，以“尊重生命，享受教育”为办园思想，确立了“用思想提升教育品质，用智慧书写教师人生”的价值追求，以“阳光教育”为办园特色，以“健康、快乐、发展”为幼儿培养目标，明确了“阳光、体验、传承、创造”的教育思路，营造和谐、创新、快乐、发展的校园文化。通过构建教师工作室，推行以教师为主体的参与式教研，努力打造学习研究共同体，唤起研究热情、促进自主发展，培养高素质的教师团队。通过科研引领、形成办园特色，2005年该园承担的市级课题“3－6岁幼儿创造力培养活动研究”获得省政府普教教学成果三等奖，市政府普教教学成果一等奖；2012年该园课题“幼儿自护能力的实践的研究”获南充市教育科研成果一等奖；获2012、2013、2016南充市微型课题一等奖。

行走在阳光教育的路上，仪幼努力寻求个性化、特色化、品牌化的内涵发展之路，践行“在活动中学习”的教育理念，遵循生活化、游戏化的幼儿教育原则，建构独具特色的多元有趣的活动课程：“每天一亮点”活动、“每月一主题”活动、区角游戏活动等，还为孩子们提供了丰富的户外游戏活动，让孩子们在幼儿园的每一天快乐且有价值，为孩子们播下一生幸福的种子。

☆周一：我的舞台，扬长展示

☆周二：安全环保，平安健康。

☆周三：经典阅读，陶冶性情

☆周四：趣味剪纸，智慧巧手

☆周五：欢乐舞蹈，开朗性格

悠久的办园历史，孕育了良好的园风；严格有序的管理，取得了骄人的成绩。荣获四川省人民政府普教教学科研成果三等奖，南充市人民政府普教教学科研成果一等奖、2011全国百佳优秀幼儿园、全国青少年才艺电视展演舞蹈组金奖、全国幼儿木偶录像奖、全国中小学优秀美术书法作品大赛一等奖、四川省托幼工作先进单位、南充市幼儿教育先进集体、南充市幼儿一日活动教育质量评估一等奖、南充市“模范职工之家”、顺庆区安全工作先进集体、顺庆区教育督导一等奖等逾百项荣誉称号。

【小学教育】 2017 年，全区有公民办单设小学 31 所，九年制义务教育学校 19 所，教学班 919 个，在校学生 41789 名，学龄儿童入学率 99.43%，巩固率 98.37%，教师 2383 名，教师学历达标率 100%，师生比 1：17.53，新招一年级新生 7282 名，毕业生 6231 名。

2017 年，区教育局对全区基础教育在提质增效上下功夫。推进综合素质测谰，让各校素质教育落实在实处。科学减负，向课堂要效率。鼓励集团办学，让优质教育资源不断放大。加大学校管理督查力度，组织督导室、教研室、教育股下校视导，促使学校管理科学化。进一步优化整合城乡教育资源，从三个方面入手，保证教育提速增效。一是规范招生秩序。出台《南充市顺庆区教育局关于 2017 年中小学、幼儿园招生工作的实施意见》（南顺教〔2017〕129 号），重申了“划片招生、免试就近”入学原则，牢固树立 56 人班额红线意识，严格规范转学行为，引导学生有序流动，进一步规范招生行为，避免农村生源盲目流动。二是组建联盟学校。组织城区优质学校和农村薄弱学校进行结对帮扶，组建学校联盟。部分学校主动对接、帮扶，城乡交流更加密切，为农村学校的办学理念、教学观念和方式的转变提供了较大的帮助，部分农村学校生源基本稳定，城乡共同发展的态势有了良好开端。三是重视教研活动。以“名师工作室”为契机，各室成员充分发挥头雁引领作用，积极带领本校学科教师共同学习、共同成长。区教研室采取送课下乡、同课异构等多种教研形式，开展教研活动，增加城乡教师交流机会，促进城乡教师共同成长。

年内，五星小学荣获第二十届全国青少年五好小公民《阳光校园，我们是好伙伴》主题教育读书活动先进学校；潆溪小学等被命名为全国篮球（校园足球）特色学校；五星小学成功创建省级“文明校园”；涪江路小学等成功申报“2017 年度阳光体育示范学校”；西河路小学等 5 个学生艺术社团被命名为“南充市优秀学生艺术团”；西华师大附小、西河路小学成功创建“南充市美育示范学校”并被推荐参评四川省艺术特色学校；西华师大附小、涪江路小学、西河路小学等 22 所学校成功创建区级“文明校园”；大北街小学的武术队在市级比赛中获一等奖。全区小学生在参加全国、省、市、区的音乐、美术、书法、作文、航模、摄影、剪纸等各类比赛中，获奖人数达 1000 余名。

五星小学的任红梅老师、西河路小学尹秀月老师双双被评为四川省特级教师；顺庆实验小学的岳莉老师成功入选四川省特级教师后备人选。

年终，经区教育工作督导评估，下列学校受到表彰：

一等奖（14 个）：

五星小学	涪江路小学
西华师大附小	西河路小学
大北街小学	人民南路小学
顺庆实验小学	城北小学
大林小学	共兴小学
永丰小学	双桥小学
顺河小学	金台小学

二等奖：（18 个）

五星小学南门坝分校	和平路小学
西山外国语实验学校	石油南路小学
延安路小学	仪凤街小学
孔迩街小学	华凤二小
舞凤一小	川矿学校
凤山小学	搬罾小学
同仁小学	李家小学

新复小学　　　　　渔溪小学
桂花小学　　　　　梵殿小学
三等奖（12个）：
新建三小　　华凤学校
潆溪小学　　吉庆巷小学
荆溪小学　　舞凤二小
新建二小　　龙桂小学
灯台小学　　芦溪小学
辉景小学　　鱼龙小学

获2016－2017学年度中小学教学管理与质量评价奖的有：

一、综合奖

1. 一等奖（12个）
五星小学　　　涪江路小学
西华师大附小　西河路小学
川矿学校　　　荆溪小学
共兴小学　　　新复小学
大林小学　　　顺河小学
搬罾小学　　　凤山小学

2. 二等奖（14个）：
大北街小学　　实验小学
城北小学　　　人民南路小学
华凤二小　　　华凤学校
潆溪小学　　　芦溪小学
金台小学　　　同仁小学
梵殿小学　　　李家小学
龙桂小学　　　永丰小学

3. 三等奖（8个）
五星小学南门坝分校　延安路小学
和平路小学　　　　　石油南路小学
新建三小　　　　　　舞凤一小
辉景小学　　　　　　双桥小学

二、教学质量奖

1. 一等奖（10个）
五星小学　　西华师大附小
涪江路小学　西河路小学
顺河小学　　芦溪小学
梵殿小学　　搬罾小学
川矿学校　　新建三小

2. 二等奖（14个）
大北街小学　城北小学
实验小学　　五星小学南门坝分校
荆溪小学　　潆溪小学
舞凤一小　　共兴小学
凤山小学　　永丰小学
李家小学　　金台小学
辉景小学　　十中附小

3. 三等奖（10个）
延安路小学　人民南路小学
和平路小学　西山外国语实验学校
同仁小学　　新复小学
大林小学　　渔溪小学
华凤学校　　华凤二小

三、获小学毕业年级学科教学质量奖的教师有（58名）：

张　艳　严　军　杜君君　赵小琴
周竹萱　何　娟　冯　琼　莫琼芳
郑芬芳　任　昕　贾　琴　任　敏
彭　洁　冯小芳　何　雷　雍先华
肖长春　黄咏梅　何莎莎　张　波
王启华　杨小双　任红梅　唐　静
杨秀清　陈　妍　蒲海均　唐雪梅
苟安兵　吴光跃　李腾飞　李艳敏
徐静怡　何云君　韩家尧　何春梅
唐建琼　杨冬丽　张晋娟　黄夏添
严　漪　陈　静　邓　玲　徐　露
郑　彦　苏琳杰　陈明强　陈秋余
文小华　郑志玖　郭焕兰　任　滔
李春华　周玉娟　蒲　勇　庞开国
贾和林　龚　于

附：名校简介

【大北街小学】　南充市大北街小学座落于山美水秀的嘉陵江畔，是一所有着百年历史传承和优越人文环境的巴蜀名校。清光绪三十三年（1907年），一代名儒张澜、林维干等创办私立“端明女塾”，首开大北街小学现代教育之先河。清宣统元年（1909 年）改名“端明女学”，后由曾任四川大学校长、四川省副省长的康乃尔先生任校长。民国十三年（1924 年）改为公立学校，更名为“南充县立女子中学小学部”。1949 年改为南充县立西城镇中心国民学校。1950 年，更名为南充市西城镇小学。1953 年改为南充市第一中心小学。1955 年改为大北街小学。1968 年改为兴无街小学。1978 年复名大北街小学，同年被列为市重点小学，并一直沿用至今。虽经百年风雨、世纪沧桑，却弦歌不辍。

学校现有 30 个教学班，1700 余名学生，在校教职工 91 人。拥有雄伟的教学大楼、美观的办公大楼，宽敞明亮的教室，一流的现代电教设备，先进的多功能网络教室，完善的艺术教室和练功房，独树一帜的红领巾电视台，丰富多彩的校园网站（www. dbjxx. cn www. dbjxx. com），校园文化气息浓厚，是读书求知的圣地。

学校一直坚持以创建“人文校园、科技校园、双语校园、绿色校园、健康校园、和谐校园”为办学目标；以培养“基础扎实，视野开阔，具有高尚人文意识，独立的思考能力和动手能力，强烈的爱国主义精神和强烈竞争意识，不唯书，不唯师，只求实的创新型人才”为培养目标。近百年的历史文化传承，大北街小学积淀了“求实、开拓、敬业、爱生”的教苑风范，“自律、会学、合作、尚美、创新”的校园风气，形成了“勇气、创新、进取、奉献……”这一可敬可佩的“大北街精神”，也将该校“以人为本”的生命线刻画得越益鲜明。

百载春风化雨，满园嘉木盛芳。多年来，学校以“实、活、新、趣”特色教学，通过发展学生志趣特长，丰富学生精神生活，培养学生多种能力及其主动性和创造性，以艺促智，以艺辅德，以艺健体，培养了一大批适应性强、潜力大、后劲足、综合素质好的优秀学生，他们中有奥运冠军张山、有哈佛大学博士庞红，有全国故事大王林弥忠……。特别是近年来，学校以课改为契机，以科研来兴校，先后承担了省级科研课题“教师教学风格养成”和教育部中央电教馆“十一五”时期重点课题《汉字输入与识字教学相整合及其标准化研究》的研究，使学校的教育科研、教学质量迈上了新的台阶。

学校连续多年获得“顺庆区教育督导评估一等奖”“南充市校风示范学校”、“四川省示范家长学校”“四川省体育传统项目示范学校”、“四川省科技活动先进单位”“四川省德育先进集体”、“四川省文艺汇演先进单位”“四川省小公民道德建设实践基地”“四川省首批重点学校”“四川省语言文字示范学校”“全国启发式教学实验基地”等荣誉。近几年来，该校教职工获区级以上政府表彰的先进个人达 67 人次；参加各级各类教学竞赛和论文评比获全国奖 45 人次，省奖 150 人次，市奖 75 人次，区奖 300 多人次，在各级刊物发表论文及作品 500 多篇（件）；组织学生参加各级各类比赛获区级以上奖 1000 多人次。

【中学教育】 2017 年，全区有高中 7 所，单设初中 6 所，九年制义务教育学校 19 所。有在校高中生 14176 名，教学班 262 个，招收新生 4783 名，毕业学生 4636 名，教师学历达标率为 97. 32%，师生比为 1：15. 93；有在校初中学生 18717 名，教学班 400 个，学龄儿童入学率 97. 32%，巩固率 97. 2%，新招 6291 名，毕业 6147 名，教师学历达标率 100%，师生比为 1：11. 76。

区教育局把 2017 年定为学校常规管理年，要求各校全面推进素质教育。要坚持立德树人，陪伴学生自信成长，强化教学规范，推动学生全面发展。在教学管理规范精细化上下功夫：1、更新教学观念，倡导自主、合作、探究的学习方法；2、严格教学秩序，按规程开课行课，不得以任何借口影响学校的正常教学。3、规范教学行为，上课有教案，课前有准备。4、严格课堂常规，创造浓厚的学习氛围环境，守纪律，爱学习。5、切实抓好毕业班级工作。

年内，三原实验学校被命名为全国篮球（校园足球）示范学校，南充五中等成功创建四川省文明校园及四川省青少年禁毒“6.27”工程示范学校，南充一中成功创建市级文明校园；三原实验学校的赖莉辉老师被评为四川省特级教师。

2017年顺庆区普通高校招生报名考生共7371人，比2016年增长377人。其中文科考生2818人，理科考生3828人，职教师资和对口高职考生725人。全国统考普招类全区本科上线3063人（文科833人，理科2230人），上线率为46.1%。其中一本上线1461人，一本上线率为22%。全国统考全区共录取考生6305人，录取率85.6%。本科批次共录考生2991人，占录取总数的47.4%。专科批次共录取3314，占录取总数的52.6%。

年终，经教育督导评估有下列学校获奖：

1. 获一等奖的（5个）

南充七中　建华中学

南充五中　三原实验学校

李家初中

2. 获二等奖的（6个）

南充九中　南充十中

潆溪职中　南充六中

南充二中　搬罾初中

3. 获三等奖的（3个）

南充一中　南充十二中

芦溪中学

各中学在2016－2017学年度中小学教学管理与质量评价中，下列学校和教师获表彰：

一、综合奖

1. 一等奖（3个）

南充五中　三原实验学校

南充九中

2. 二等奖（3个）

南充七中　建华中学

南充六中

3. 三等奖（3个）

李家初中　南充二中

南充十二中

二、教学质量奖

1. 一等奖（4个）

南充五中　三原实验学校

南充高中（顺庆校区）　南充九中

2. 二等奖（6个）

南充七中　南充九中

职院附中　舞凤初中

李家初中　搬罾初中

3. 三等奖（3个）

建华中学　南充六中

南充十二中

三、获初中毕业年级学科教学质量奖的教师有：

1. 语文（5名）

陈　丽　庞　亮　向文利　杜雪梅

叶春梅

2. 数学（7名）

赵　阳　弋良斌　吴　琳　谢　丹

徐　蓉　罗小刚　陈久林

3. 英语（7名）

刘春艳　赵雪琴　蒲　玲　寇　雪

陈玉方　饶　纯　何俊蓉

4. 政治（3人）

魏建军　文　静　袁正文

5. 历史（3个）

冯长虎　郭春林　罗家玉

6. 地理（3名）

杜万明　龚桂俊　张　诚

7. 物理（3个）

杜长瑛　郑春玉　王俐梅

8. 化学（2个）

林方虎　郑华强

9. 生物（3名）

阳凤丹　赵　梅　张雨薇

10. 体育（2个）

陈　昊　李　豪

四、获高中毕业年级学科教学质量奖的教师有：

1. 语文（4名）

李庆奉　易定平　段冀琨　沈文霞

2. 数学（4名）

陈　华　马仁辉　蒲友顺　杜知学

3. 英语（3名）

李　梅　郑　冲　刘春华

4. 政治（2名）

蒙长碧　罗　恋

5. 历史（2名）

李　卓　魏　玲

6. 地理（1名）

刘龙敏

7. 物理（2名）

李明强　彭小波

8. 化学（1名）

颜学林

附：名校简介

【三原实验学校】　南充市三原实验学校创建于2009年8月，位于市政新区，占地55.4亩，建筑面积2.2万平方米，有教学班63个（初中22、小学41），学生3872人（小学2539人、初中1333人），是九年一贯制公立学校。是全国青少年五好小公民“复兴中华，从我做起”主题教育活动示范学校、全国消防安全教育示范学校、全国青少年校园足球特色学校、省现代教育技术示范学校、省实验教学示范学校、省校本研修示范校、省教育厅普教科研资助金项目学校、省陶行知研究会理事单位。

强理念追求高远，明思路打造品牌。

学校坚持党的教育方针，深刻领会贯彻“三个面向”指示，以“四个全面”战略布局和“五大发展理念”为指导，抓住教育本源，紧扣“源流古今，爱满天下”的办学追求，本着“为每个孩子创造美好未来”的办学理念，全面弘扬“爱的教育”，围绕“科研兴校、特色立校、质量强校、管理稳校”的品牌构想，坚持开放办学和双学制实验，立足培育学生核心素养，积极探究“互联网＋教育”的新方式，以“三级两线”管理机制为先导，强化制度管理和精准管理，正努力创办集实验性、示范性于一体的特色浓、质量高、声誉好的省内一流学校。

铸内涵引领成长，重研修提升素养。

学校高度重视师资建设，大力实施“名师工程”，完善“业务能手→骨干教师→名优教师”的三级培训机制，通过联盟高校、专家引领、精准培训、校本研修、组团教改、论坛交流、廉政建设、师德培养等多种途径，全方位促使教师卓越成长，让教师拥有幸福。

学校重视科研平台的搭建，提倡人人参与教育科研，做学习型、创新型、研究型的教师，立项国省市区科研课题30余个，完成和已开题研究22个，获省政府科研成果奖2项，市科研成果奖3项，现有在研国家课题1项、省级课题1项、市级课题1项，校级微型课题50余项，有效促进教育理念更新、教学模式转变和专业素养提升。

8年来，168名教职工共承担区级以上的公开课、示范课近230余堂，参加国家省市区竞教获奖120余人次，已成长全国优秀教师1人、全国先进女职工1名、省特级教师1人、省教学名师1人、省优秀教师1人，国、省骨干教师11人，市、区骨干教师65人，市学术技术带头人及后备人选6人。

抓德育全面育人，扬个性自主发展

学校高举“立德树人”和“文化传承”的教育旗帜，引导学生树立远大理想，重视常规德育工作和养成教育，将培育和践行社会主义核心价值观与帮助学生健康快乐成长的实际结合，开展了形式多样的德育活动："学生执行校长""三美"教育、"靓静"行动等，着力培养学生主人翁意识、文明精神和自主管理能力。

学校深入实施素质教育，狠抓办学改革和实效；尊重学生个性发展，开展梦想教育，倡导校本特色课程建设和实践体验式教育，通过开设书法、剪纸、摄影、田径、足球、跆拳道、中国象棋等40多门校本课程，建有校园电视台、校园广播站、校园网站，"墨香苑"文学社、"顺时"摄影社、"未雨"漫画社等实践探究学习平台，促进学生自主发展，让学生享受快乐；推崇"赏识教育"和"心理关怀"，着力构建有利于学生平安健康、自由快乐、有尊严成长的育人环境和独具三原特色的师生评价体系。

承关怀励精图治，聚活力初显辉煌。

承载各级领导的关怀与厚爱，全体三原人齐心协力、共谋发展，学校各方面工作得到快速推进。建校8年多来，学校先后荣获全国书法教育百强公办校、区委"十佳"先进基层党组织等区级以上重大表彰奖励200余项，连续8年获区教育局督导评估和区教学管理与质量评价一等奖。毕业班教学连续5年获得一等奖。艺术体育教育优势相当明显，先后获省市区艺术节、健美操比赛、学生运动会等一等奖35项；3次获得全区素质测评初中组、小学组第一名。学生获区级以上各种奖励12000多人次。学校良好的发展态势得到市区领导和主管部门的充分肯定，学生以及家长朋友的一致认同，社会各界的广泛关注，先后被《四川新闻网》《华西都市报》《南充电视台》《教育导报》《南充日报》《南充晚报》《四川在线·南充教育频道》《顺庆区教育网》等多家新闻媒体报道900余次。

"三生万物爱满天下，原物穷理乐育英才。"在源远流长的嘉陵江边，勤劳勇敢、自信求是的三原人正满怀激情地阔步创业新征程，正用智慧和汗水谱写着"爱"的华章。

【民职教育】　2017年，顺庆区有各级各类民办教育学校及其非学历培训办学机构180余所。其中，区属中等专业学校7所，普通高中2所，九年制义务教育学校2所，幼儿园64所，其他非学历办学培训机构100余所。在校学生20000余名，在职教职工2000余名。

一、推动职业教育健康发展。强化职教中心统筹和管理职能。成立顺庆区职业教育培训中心，加强职教中心基础设施建设。统筹管理川东北职教城，加大学籍管理、诊改指导、学科建设、实习指导的力度。规范和支持区属中职学校健康发展，安排南充市职工大学、南充市消防培训学校入驻职教城。与川北医学院附属医院护士学校签订了入驻职教城协议。稳步推进川东北职教城建设。接收南充市职工大学新区一期附属设施设备等资产1.5亿元，房屋建筑面积5.5万平方米。积极沟通、协调，推进职大新区二期建设。中职学校管理规范有序。推动潆溪职中入驻职教中心，支持其优化教师队伍，创新招生及办学机制。新增无人机驾驶与维护专业1个，提档升级1个专业。圆满完成中职学校生源任务0.185万人，本地学校招生0.32万人，民生工程招生0.9418万人。

二、促进民办教育规范发展。建立完善规章制度。出台《南充市顺庆区民办教育管理规定》《顺庆区教育局关于印发民办学校分类设置标准的通知》《南充市顺庆区教育局关于加强民办学校工作纪律和常规工作考核的通知》和《南充市顺庆区教育局2017年关于规范民办教育机构管理的补充意见》，进一步加强民办学校审批和日常监管。在广泛征求相关科股室意见的基础上，制定了民办学校年审工作方案，进一步明确评估范围、主要内容、基本原则、方法、职责分工等。加大培训力度。结合该局召开的各类教育工作会议，对民办学校校（园）长和办学投资人进行法律法规和管理工作培训，端正办学目的，强化法制观念，促其依法办学，规范管理。规范办学行为。以顺庆区学校安全综合整治为契机，联合公安等部门和乡镇、街道对顺庆辖区内的非法办学机构进行了集中清理整治，摸排非法办学机构 121 家，下发《整改和处理意见书》和《限期取缔意见书》108 份，取缔非法民办教育机构 11 所，为顺庆区民办教育营造了良好的发展环境。

年终，经区教育工作督导评估，下列学校受到表彰：

二等奖（6 个）：

南充十中　　金红国际幼稚园

宝贝家幼儿园　新育才幼儿园

星宇幼儿园　　果州大道幼儿园

三等奖（4 个）：

南充一中　　潆溪爱心幼儿园

金海龟幼儿园　潆溪绿洲幼儿园

获 2016－2017 学年度教学管理与质量评价奖励的有：

一、综合奖

一等奖：

南充十中　南充一中

二、教学质量奖

1. 一等奖：

南充十中（高中部）

2. 二等奖：

南充一中　南充十中（小学部）

三、毕业年级教学质量奖获奖教师

1. 小学

何莎莎　杨冬丽　程秋余　龚　于

2. 初中

杨　黎　周　霞　唐灵秀　马义海

王银波　庞　庆

王　军　黄建华　许　卉　苟　莉

赵启春　冯明义　郭志强　张　龙

杨翠琴　权凌云　郭　蓉　罗　雷

刘　丹　张发平　何义普　刘　宇

郑春雷　李泉晓　陈宏伟　邓　勇

王　淼　杨　敏　龚新越　肖东旭

何晓莉　余红英

3. 高中学科

张晓初　母向阳　何小兰　袁荣跃

张继莲

附：名校简介

【南充市潆溪高级职业中学】 南充市潆溪高级职业中学位于距南充市中心约 10 公里的潆溪街道闸溪河畔，校园占地 63 亩，依山傍水，绿树成荫，花香沁脾，是一所花园式学校。

学校始建于 1959 年，前身是四川省南充县潆溪初级中学，1982 年开始招收职业高中生，1985 年改为职业中学。1991 年经省人民政府批准，国家教委认定为首批省级重点职业中学，同年 9 月被国家教委、劳动部、人事部、计委、财政部五部委表彰为“全国职业技术教育先进单位”，1994、2005 年省级重点职业中学两次复查验收都合格，2006 年被中国扶贫开发协会定为“四川劳务培训基地”，是南充市“文明单位”“职业技能技能鉴定站”，顺庆区“农民工培训基地”　“技工培训基地”“阳光培训基地”　“农村劳动力转移培训基地”。2016 年 8 月和原潆溪初级中学资源整合，师资队伍壮大，实力增强，办学效益提高。

学校现有教职工 130 人，教师 124 人，工人 6 人。在职教师中，高级教师 33 人，中级教师 42 人，本科学历 74 人，专科学历 50 人，“双师型”教师 49 人。学校现开设有电子电器应用与维修、电子信息技术、会计、计算机应用等专业，现有注册学生 1222 人，中短期培训学生 800 余人。学校有电子实训室 3 个、财会电算化实训室 2 个、计算机房 5 个、音乐室 2 个、美术室 2 个、物理实验室 2 个、化学实验室 2 个、生物试验室 2 个、劳技室 1 个、有校园绿化中心1个、校内外实习基地20个。学校有300米环形跑道的塑胶足球场、4个标准篮球场、20个乒乓球台以及其他运动设施设备，拥有全校覆盖的100M校园网，学校图书室藏书共12万余册。

学校教职工团结协作，勤政务实，敢于担当，开拓创新，全面贯彻党的教育方针，以促进学生全面发展为宗旨，加强内部管理，向管理要质量、效益，外树形象，积极展示职业教育风采，真正做到让学生成人、成才、成功，让家长放心，让社会满意。办学优势正日益凸显。

学校积极争取各级资金用于学校建设，改善办学条件。2017年7月，学校使用近500万元，完成了对学校教学楼、运动场、食堂、浴室等的维修改造，现已全部投入使用，学生学习、生活条件得到改善，学校面貌焕然一新。2017年9月，新开设电子乐信息技术（无人机原理与维修），学校投入资金60万元。2017年11月，新增1个财会电算化实训室，投入资金50万元。

近年来，学校教育教学质量稳步上升，职高升学率、就业率在南充市同类学校中名列前茅，初中质量监测、中考成绩在顺庆区同类学校中也位居前列。同时，在南充市教育局、顺庆区教育局举办的各项活动中，也多次取得优异的成绩。11月，参加南充市第七届中等职业学校学生技能大赛，该校获得“办公自动化团体一等奖”“会计电算化团体三等奖”。4月，参加顺庆区中学生田径运动会，该校代表队获2个第一名，5个第二名，3个第三名，获团体总分初中组第二名和体育道德风尚奖。5月，参加顺庆区中学生排球比赛，该校代表队获得女子组第一名和体育道德风尚奖。4月，参加南充市教育和体育局组织的“南充市中职学生田径运动会”，该校获得长绳“8字跳第五名”“男子组团体二等奖”的好成绩。5月，参加顺庆区“百年筑梦 全面小康”演讲比赛，该校获得一等奖。11月，学校承办了南充市2017年“12·1世界艾滋病日”大型宣传活动，市委市府领导到校指导，组织有序、效果良好获得一致好评。

【特殊教育】 南充市特殊教育学校成立于1986年，是南充市教育和体育局直属、财政全额拨款，为聋、盲、弱智少年儿童提供康复训练、义务教育、高中教育、职业教育的全日寄宿制特殊教育学校。是一所标准化、具有示范性的特殊教育学校，是南充特殊教育的“骨干校”“窗口校”，是川东北片区特殊教育中心校。2000年被四川省教育厅批准为特殊教育高中学校。2004年被南充市政府确定为：“服务全市并具有示范性、实验性的现代化特殊教育学校”“全市盲童教育中心”。学校先后被授予康复工作先进集体，安全示范校、安全工作先进集体、综合治理先进单位、全国第九届残运会暨第六届特奥会筹备工作先进集体、五四红旗团支部等荣誉称号。

该校新老校区占地面积30亩左右，建筑面积约为2万平方米。学校老区位于西门坝街54号，占地5亩，建筑面积约7000平方米，拟办成该校残疾学生职业技术教育及就业基地。新区位于南充市顺庆区佳华路89号，是学校十二年一贯制文化教育基地，占地25亩，建筑面积12000多平方米，拥有200米环形运动跑道，5人制足球场、网球场、篮球场、室内外羽毛球场、乒乓球场、台球室等学生喜爱的活动场地；配置了学校医务室，聋教育、盲教育、培智教育教学所需的各类功能室，以及学生食堂、学生澡堂、学生超市、学生洗衣房等生活用房。学校现有21个班，聋生部（11个班）、盲生部（1个复式班）、启智部（5个班）、职教部（4个班）四个学部，现有在校学生325名。2014年在市残联的协调下，学校与南充阳光儿童康复中心开展智障儿童“教康整合”合作办学，目前接受康复训练的学龄前儿童有100余名。是西南大学、乐山师范学院、川北医学院的教育教学实践基地。

学校现有专任教师41名（在编32，临聘9）。其中特级教师1人，高级教师3人，中级教师13人，初级教师24人；硕士研究生学历3人，本科学历26人，专科学历10人，中师学历2人，专任教师大专以上学历占95.12%；省级骨干教师3人、市级学科带头人2人和骨干教师3人。胡民拥同志被评为“九五”全国特殊教育先进工作者；李春霖同志获全国“特教园丁奖”并被授予四川省特级教师称号；在五届四川省特殊教育学校青年教师基本功大赛上10名教师获奖，其中彭静、范芙蓉、杨晓提3人获得一等奖；李春霖、杨晓提老师先后被选为四川省第六届残疾人运动会开幕式和四川省首届残疾人文化艺术节“娇子杯”挑战命运电视大奖赛总决赛现场手语翻译主持；王晓琪、杨晓提老师被确定为南充电视台新闻手语主持人；杨晓提同志参加四川省首届手语电视大奖赛获得专业组季军和最佳人气奖。多名教师在市特殊教育学校中青年教师基本功大赛、演讲比赛、课件制作比赛、风采大赛等多项比赛中屡获一二三等奖；百余篇论文在国家、省级刊物上发表。

历年来，学生参加各级美术、书法、体育、舞蹈比赛获得百余奖项。其中，聋生唐慧打破了掷铅球项目的省级记录；2011年在全国快乐宝贝少儿美术大赛上该校聋生有25人获奖；校级节目《寻找眼睛的孩子》，代表南充参加四川省首届残疾人艺术节获得了语言类节目银奖；盲生刘静参加南充市学生感恩励志演讲比赛，获市直属学校一等奖。2012年学生王晶晶参加全国聋人网球锦标赛获得女子双打亚军；8名聋生在全国第十届中小学电脑绘画版画大赛上获奖；2014年在全国特殊教育学校学生作品展上聋生徐华获得优秀学生艺术家称号，谢蕊忆获得优秀奖；学生参加南充市聋人运动会囊括了短跑、羽毛球、游泳等多个项目的冠军。2015年情景剧《美丽的女孩》在四川省第八届中小学艺术展演活动中获戏剧类二等奖并登上了南充春晚的舞台；同年42名聋生站上了全国第九届残疾人运动会开幕式的舞台用手语演绎诗歌《我心同国旗一同飞扬》。2016年舞蹈《飞上天空的蝴蝶》、情景剧《美丽的女孩》在第二届四川省残疾人艺术节上分获铜奖。从2005年起，学校先后八十多名聋生分别考入重庆师范大学、郑州师范大学、河南中州大学、北京联合大学、南京职业技术学院、长沙职业技术学院等高等院校，毕业残疾学生全部走上了不同的工作岗位。

教育教学研究与探索。1. 开展教学改革。从2016年起，该校开始对聋、盲、智障三个学部进行教学改革。聋教育方面开展翻转课堂教学实践活动。智障教育方面开展“四字”体验式教学实践研究。盲教育方面开展随班就读试行工作，因为盲生仅有15人，年龄层次较多，将盲生按学龄段，纳入聋生课堂，建立盲生资源教室，设立盲生巡回指导教师（彭静），对盲生及对应的学科教师进行支持与指导，同时给予盲生专业课的辅导。为了完成国家特殊教育提升计划的目标任务，学校在市、区残联获得了适龄残疾儿童名单，并对顺庆城区适龄却因病无法上学的残疾儿童进行了电联登记，对被送教儿童逐个家访进行测量、评估和分析后，制定了个别化教育方案，开展了“送教上门”工作。每个儿童由两位教师每周上门送教一次（每次1小时）。送教前要求教师详细备课，准备好教学具，施教中助教老师做好录像、教辅工作，施教后培训指导家长、布置训练作业、收集教学信息，回校后研究反馈资料、调整教学方案，准备下次送教计划。为解决这一部分残疾儿童上学难的问题，安排教师利用晚间、周末、假期等工作之外的时间到这些残疾孩子家里进行教育教学或康复活动，现已进入实施阶段，并得到了家长和社会的广泛认可与赞同。2. 开发了校本教材。2016年由聋生部教师根据学生职业发展需求，结合生活实际编写了《烹饪校本教材》；盲生部在南充市音乐学校二胡专业教师的协助下编写了《二胡教材》；启智部初步编写了适合脑性瘫痪儿童康复教材《游戏康复法》；学校艺体组研创编的适合三残学生的《足球操》；学校正在探索生物全息技术的医教结合，部分参与康复的有聋儿、智障类学生，仅仅一学期已初见成效，颇受家长感激和好评，医教结合小组创编的《兰图快乐拍拍操》已纳入该校大课间活动内容。3. 开设了特色课程。学校以兴趣特长和育人为导向，从 2016 年秋季学期开始，学校开展了全校学生军训课，2017 年对新入学的学生进行了军训；此外针对聋生，在 2016 年初学校引进了台湾元智科技发展有限公司，面向聋生开设了科技活动课，对 1－9 年级聋生进行科普教育，学生通过学习了飞机、火箭工作原理及模型制作，丰富了课余生活的同时，增强了学生爱科学、学科学、用科学的意识和习惯。同时开设了烹饪课、拉丁舞课、足球操；针对盲生开设了按摩课、器乐课（二胡、钢琴）、手工课、播音主持课、声乐课；针对智障学生开设了烘焙课、软式器材训练课、ABA 个训课、游戏课等等；还成立了学生各种球类专业队、舞蹈队。4. 职业教育发展多方位尝试。1999 年以后，学校尝试开办校办工厂，成立了墨水厂、观音服装有限公司，又承包了 50 亩荒山，希望学生可以在校办的职教基地学习缝纫、养殖等技术并逐步增强与外界的沟通交往能力。2003 年起，学校开始在校内开设职业技术教育课程，在学校缺少专业老师和专业教育教学设备及资源的条件下，聘请校外专业教师进校园、与手奇特、金嘉服装、滤清器材厂等企业合作开展订单式人才培养等职业教育模式开展该校职业教育工作，先后开设了缝纫、烹饪、工艺美术、计算机、美容美发、盲人按摩等职教专业。2014 年学校新区建成后，学校的重点发展方向放在了高中阶段职业教育工作上，目前学校开设有缝纫、工艺美术（陶艺）和烹饪三个职教专业，共有 6 名职教专业教师，3 名专业辅导老师，接受职业教育学习的学生有 37 名。同时为了满足学生实习操作和将来就业的需要，与社会企业南充小天使服饰有限公司签订合作协议共同培养缝纫专业学生，由该企业在校内开办服装工厂，建设缝纫专业实习实践基地。同时，为提高学校缝纫专业办学的规范性，与南充职业技术学院、四川省服装艺术学校商讨合作办学的相关事宜，以便引入高职院校的办学经验和师资力量，将学校的缝纫教育专业做大做强，办成学校职业技术教育的标志性职教专业。2016 年初，该校与乐山师范学院对听障学生职业教育发展的相关事项进行磋商，并最终签署了《乐山师范学院、南充市特殊教育学校关于举办听力障碍五年制专科联合办学协议》。7 月，省教厅发文（川教函〔2016〕377 号）同意该校举办中等职业学历教育。目前学校开设服装设计与工艺、美术设计与制作两个专业，共招收两个年级四个班。5. 学生管理模式尝试。由于学校教职工人少，从 2000 年起，学校开始倡导“学生自主管理”模式和学生“梯步教育”模式，即政教处、团委管理学生会干部，学生会干部管理班级学生干部，班级学生分自理、自律、自信、自尊、自强作为各年级段学生的奋斗目标和教师的教育目标。2015 年学校又开始尝试开展分男女生管理的连队管理模式，将全校学生按年级段，分寝室，分男女、由男女教导员分别管理的尝试，2016 年在连队模式的基础上，开展亲情 1＋1 的模式探索，1 个教师兼任 1 个寝室（8 个学生）的校园亲情家长，在生活上、心理上给予帮助和关怀。6. 开展了区域大教研组活动。该校率先提出在全市开展特殊教育学校区域大教研活动，与西南大学、乐山师范学院、四川文理学院等高校建立以高校为指导、以特校为基地的特殊教育教学研究合作框架。由西南大学、乐山师范学院在该校建立实习基地，实习教师实习期间必须完成专题个案跟踪；每次高校有关讲座和培训均邀请该校教师免费参培，同时高校定期派专业教师到该校听课调研，获取一手资料，以完善相关理论，发挥高校的引领和指导作用。教研活动除了南充市市特校外，还辐射到川东北片区遂宁、广安、巴中等特校，每所特校承担一类（或一个学科）的教研大组长，共同开展区域内该组（或该学科组）教师的教育教学交流活动。同时与普校三原实验学校开展普通融合教育长期联合教研，该校文理科教师分别在周二、周四参加三原实验学校的教研。学校艺体组教师参加顺庆区组织的教学活动。

【成人教育】 报名报考情况：2017 年，顺庆区共报名参加全国高等教育自学考试的考生总数为 1887 人（其中：本年新生报考数为 492 人，新生在全部考生中占的比例为 26%），与 2016 年相比人数增加较多，报考科次为 5150 科次。办理考生转免考和毕业证书情况：2017 年，办理了课程免考 24 科次，更改考籍 1 人次，办理考籍转出 1 人次，更改专业编码及课程编码 6 人次；为完成学业的 19 名考生审查办理了毕业证书。

2017 年，顺庆区的自考工作在组考过程中，始终以规范考试管理、试卷安全保密、严格考风考纪为重点，认真贯彻执行国家的自考方针政策，严格执行考试制度，突出重点，强化措施，服务考生，确保了国家级考试的公平和公正。1. 领导高度重视，考务工作部署周密。区委、区政府对自学考试工作非常重视，要求各单位、部门密切配合，为组考工作提供支持和保障。在召开的各相关职能部门及考点负责人会议上，区考委主任、副区长张益萍同志对工作作出了明确的要求，落实了各个相关部门职责，区考委副主任、区教育局局长张应富同志也就做好考试工作，对考点提出了明确要求。区考委副主任、区招办主任何建林对考务工作进行了详细周密的部署。考试前，区政府、区教育局的领导亲自到招办和考点检查考试工作的准备情况。考试期间，区考委及教育局的领导不定时到考点进行巡视，相关部门也派出工作人员配合管理考试事务。2. 严肃考风考纪，考试管理规范。成立考试领导小组，由区考委统一指挥。所有考务工作人员均严格按照考试规定进行审核后分派至考点。发给监考员《监考工作手册》和《监考员工作要点》，并在考点对工作人员进行考务工作培训，组织学习《培训光盘》和考务培训 PPT 中的业务操作程序和要求。安排专业人员对考试过程中各环节的操作办法和应注意的细节进行讲解和示范，使参培人员全部学懂、会做。严格按照考务手册要求，规范布置考场。考试期间实行堂堂抽签，临时确定甲、乙监考员组合及当堂监考的考场。认真落实巡考督考制度。选派熟悉考试业务、责任心强的同志参加巡考；巡考员参与考试全过程，对考场监考员的工作情况进行监督和指导并填写巡考记录。加强对试卷验收环节的督查，明确各考场试卷验收员，每场考试的验收情况都要在《试卷验收、装订责任登记表》上如实填写，如有差错，将追究验收员的责任，做到试卷的验收装订不出差错。试卷的安全保密工作是整个考试工作的重中之重，实行领导带班制，不定时检查试卷值守情况及相关记录资料。制定了严密的保密制度，在试卷的保管、领取、运送、分发和启封使用等环节中都严格按规定执行，认真履行交接手续，做到责任到人；三位公安和四位工作人员 24 小时值班守护试卷，区保密局也派工作人员参与试卷的保密工作，实现试卷安全保密无差错。从严治考，促进自考健康发展。区自考办在新考生报名确认时，将《国家教育考试违规处理办法》（摘录）印发给考生，让考生提前打消舞弊的侥幸心理，认真备考；在考生领取准考证时，将《参考须知》及刑法修正案（九）摘录打印后发给考生，促其诚信参考；

考试期间，考点醒目处张贴《考生守则》《考场规则》《国家教育考试违规处理办法》（摘录），开考前用考点学校广播宣读考试规则，营造出庄重严肃的考试氛围。每位监考员都签订了《诚信施考承诺书》，这对整个考试的考风考纪起到了很好的保障作用。考点由纪检监察、教育、公安、保密等部门的同志全程监察考试工作。对考试中的违规行为发现一起，查处一起，2017 年顺庆区共有 1 名考生受到处理。3. 大力宣传，优化服务工作。为了让考生及时了解国家的政策动向，自考办专门制作了展板、厨窗、开通了自考网络等宣传工具，考试政策一有新的变动，立即通过张贴、上传到网站等形式向考生公布，让考生提前思考自己的报考计划。自考办的工作人员向在校生宣传国家自学考试政策，讲解在校生参加自学考试的好处，并向学生印发自学考试宣传资料。以考生为主，为考生提供各种方便。工作人员主动早上班晚下班，方便了新考生报名确认的时间安排，使考生顺利报考。自考报名工作时间是严冬的 2 月、3 月和酷暑的 8 月、9 月，区自考办为考生准备了热茶水、药品等，避免来报名确认的考生受冻或中暑。分发相关纸质材料，认真负责地为考生解答关于自考的政策及问题。在办理考生转出、免考过程中，积极主动为考生排忧解难，受到考生好评。

【领导名录】

局　长：张应富

副局长：冯永平

　　　　尹　胜（9 月止）

　　　　张忠祥

　　　　何　阔

督导室主任：胡雪梅（女）

纪委书记：王　旗

政治处主任：陈　琳（女）

（袁世璋）

驻区大学

【西南石油大学】　西南石油大学是新中国创建的第二所石油本科院校，是一所中央与地方共建、以四川省人民政府管理为主的高等学校。2013 年，学校入选“国家中西部高校基础能力建设工程”，成为入选该工程的 100 所高校之一。2017 年 9 月，入选为国家首批“双一流”世界一流学科建设高校。

20 世纪 50 年代中后期，我国石油工业相当落后，远远不能满足国家建设的需要，引起党和国家高度关注，毛泽东主席亲临四川隆昌气矿视察，中共中央总书记邓小平亲自主持四川油气田勘探开发。1958 年 3 月，位于南充东观、广安武胜、遂宁大英的三口探井喷出高产油流，震动全国，石油工业部部长余秋里将军坐镇南充，打响了川中石油大会战。为了加快开发四川石油天然气资源，也为西南协作区发展石油天然气工业培养技术干部，国家决定成立第二所石油高校，校址就设在川中石油会战指挥部所在地川北重镇南充市。

1958 年 8 月，石油工业部先期在成都招收 643 名首届学生，随后委派基建司司长马载同志率领一批年轻专家和干部职工奔赴南充，筹划学院的创建工作。9 月 20 日，石油工业部会同教育部报经国务院同意，正式批准成立四川石油学院。从此，学校伴随着我国石油天然气工业的建设发展，开始了先有学生后建学校的破常规办学实践。

1970 年 7 月，学校经国务院批准更名为西南石油学院。2000 年 3 月，学校划转四川省，由中央与地方共建、以四川省人民政府管理为主。2003 年经教育部批准，学校升格为大学，2005 年 12 月正式更名为西南石油大学。2008 年 11 月 1 日，中国石油天然气集团公司、中国石油化工集团公司、中国海洋石油总公司与四川省人民政府签署共建西南石油大学的协议。

学校1978年开始招收硕士研究生，1986年获得博士学位授予权，1988年油气田开发工程（联合石油机械工程）成为首批国家重点学科，1989年油气藏地质及开发工程国家重点实验室批准建设，1991年设立博士后科研流动站。

经过50多年的建设，学校现已发展成为一所以工为主、多学科协调发展、石油天然气优势突出和特色鲜明的大学，石油主干学科专业在全国处于领先水平。

学校现有19个教学学院（部）、1个工程训练中心。学科专业涵盖理学、工学、管理学、经济学、文学、法学、教育、艺术8个学科门类，本科具有招生资格专业68个（其中2017年本科招生专业62个），有8个国家特色专业建设点，16个四川省特色专业，1个国家大学生文化素质教育基地和11个四川省本科人才培养基地。有5个一级学科博士学位授权学科，29个二级学科博士学位授权学科，20个一级学科硕士学位授权学科，88个二级学科硕士学位授权学科，7种硕士专业学位类别（包括工程硕士授权领域16个、工商管理硕士1个、翻译硕士1个、工程管理1个、法律硕士1个、社会工作硕士1个、应用统计硕士1个）和8个高校教师在职攻读硕士学位授权学科。有4个博士后科研流动站，1个国家“双一流”建设学科，有1个一级学科国家重点学科，3个二级学科国家重点学科，15个省部级重点学科。有国家级教学团队2个，国家级实验教学示范中心3个，国家级虚拟仿真实验教学中心2个，省级教学团队7个。有校级及以上科技创新团队73个，其中：教育部“长江学者和创新团队发展计划”支持创新团队（含培育、滚动）3个，四川省“青年科技创新研究团队资助计划”资助创新团队18个，四川省哲学社会科学研究团队1个，四川省“省属高校科研创新团队建设计划”资助创新团队15个，西南石油大学青年科技创新团队（含培育）41个。石油与天然气工程一级学科在国家第三轮学科评估中排名全国第二，石油与天然气工程博士后科研流动站在2005年评为“全国优秀博士后科研流动站”。现有全日制在校学生33198人，其中普通本科生28211人，硕士研究生4049人，博士研究生792人，外国留学生138人。另外有在职攻读硕士学位的研究生1993人。

学校现有教职工2411人，有正高级专业技术职务人员230人，副高级专业技术职务人员593人。专任教师1669人，其中有中国工程院院士2人，国务院学位委员会学科评议组成员2人，教育部科学技术委员会学部委员1人，教育部教学指导委员会委员3人，国家杰出青年科学基金获得者2人，“长江学者奖励计划”特聘教授4人，四川省“塔尖”人才培养工程人选2人，“新世纪百千万人才工程”国家级人选10人，国家“万人计划”入选者3人，国家“千人计划”入选者3人，孙越崎能源大奖获得者3人，四川省学术和技术带头人40人，享受国务院政府特殊津贴专家54人，四川省“千人计划”入选者31人，国家和省部级有突出贡献的优秀专家58人，中国青年科技奖获得者2人，国家自然科学基金优秀青年基金资助获得者1人，教育部新世纪优秀人才支持计划入选者7人，博士生导师134人，四川省学术和技术带头人后备人选141人，全国优秀教师6人，全国优秀教育工作者1人，全国优秀科技工作者1人，全国师德先进个人1人，全国“五一”劳动奖章获得者1人，全国教育系统职业道德建设标兵1人，全国化工优秀科技工作者1人，四川省科技杰出贡献奖1人，省杰出创新人才奖1人，四川杰出人才奖1人，省教学名师9人，省优秀教师9人，省师德标兵1人，省“五一”劳动奖章获得者3人，省“十佳”青年教师1人，霍英东青年教师奖获得者、青年教师基金资助获得者11人次，孙越崎科技教育基金奖获得者20人。

学校现有各级各类科研基地（平台）150个。其中：国家重点实验室1个（油气藏地质及开发工程国家重点实验室），国家工程实验室、研发中心（协作）5个，国家大学科技园1个，国家技术转移示范机构1个，国家产业技术创新战略联盟4个；国际科技合作基地（平台、中心、实验室）4个；教育部重点实验室（工程研究中心）3个；国土资源部重点实验室（中心）1个；四川省重点实验室（研究院、基地、中心、产学研创新联盟）16个；四川省“2011计划”协同创新中心4个；中石油（重点）研究室12个；中海油（重点）实验室、研究院3个；行业、地方产业联盟2个；厅级（重点）实验室（研究室）9个；校级研究院（实验室、中心、所）16个；横向合作科研基地52个；“十三五”横向合作战略（框架）协议16个。

“十二五”以来，先后承担国家杰出青年科学基金、优秀青年科学基金、自然科学基金，国家“973”计划、“863”计划、科技攻关（支撑）计划、科技重大专项、重点研发计划，教育部重点项目、新世纪优秀人才计划、博士点基金、霍英东基金，四川省杰出青年学术技术带头人基金等自然科学类纵向项目2349项；国家社科基金，教育部，四川省规划、科技厅软科学等人文社会科学类纵向项目967项；与企事业单位签订横向合作项目4176项；获得包括国家科技进步特等奖、国家科技进步一等奖、国家技术发明二等奖、国家科技进步二等奖在内的省部级以上奖励186项；发表论文11627篇，出版专著377部；获准授权专利2394项，其中发明专利1311项，实用新型专利1083项。2017年学校新增项目合同经费5.6亿元，实到科研经费4.29亿元。

学校拥有国家级大学科技园。该科技园是全国高校学生科技创业实习基地、四川省博士后创新实践基地、成都市大学生创业示范基地、成都市中小企业孵化基地。科技园将依托学校的科技资源优势及西部地区资源优势，逐步建成以石油勘探开发技术研发、石油装备与石油化工核心技术产品孵化为主，集新能源、新材料、电子信息技术与办公服务等为一体的、西部地区首家以石油天然气为特色的大学科技园。

学校在教学成果评奖中，获省部级及以上教学成果奖励92项，其中获国家教学成果奖8项（含一等奖2项、二等奖5项、优秀奖1项）。有国家级精品课程1门，省级精品课程36门。2010年以来学校教师主编出版各类教材167部，其中获评国家级精品教材1部，21部教材列为国家级“十一五”“十二五”规划教材，24部教材列为省级“十二五”规划教材。

学校建有成都、南充两大校区，校园总面积3000余亩；教学科研仪器设备2.58万台（套、件），总价值4.42亿元；图书馆纸质图书196.36万册、数字资源量（含电子图书）45332.85GB。在四川峨眉和重庆北碚建有两个野外地质实习专用基地，在四川南充市建有占地近百亩的高新技术产业基地和学生实习基地，在成都市建有科技交流中心。

学校重视国际交流与合作，已与美、俄、英、德、日、法、加等10多个国家和地区的高等院校和相关学术研究机构建立了密切的交流与合作关系。

学校具有高度重视党建和思想政治工作的光荣传统，多次被评为四川省先进基层党组织和党建思想政治工作先进集体、四川省高校领导班子开展“四好”活动先进单位。教职工党员比例达到70%，2008年以来毕业生党员比例保持在45%以上。

建校50多年来，学校坚持以不断提高育

人质量为核心，以不断深化内部管理体制改革为动力，以富有特色的党建和思想政治工作为根本保证，各项工作蒸蒸日上。学校先后被授予“全国高校毕业生就业50强”“全国普通高等学校优秀教务处”“全国学位与研究生教育管理工作先进集体”“全国普通高等学校科技管理先进集体”“全国优秀博士后科研流动站”“全国普通高等学校毕业生就业工作先进集体”“全国模范职工之家”“全国学生军事训练工作先进单位”“全国贯彻《学校体育工作条例》优秀高等学校”“全国引进国外智力先进单位”“全国学校及周边治安综合治理工作先进集体”“全国大中专学生志愿者暑期三下乡社会实践活动先进单位”“全国深化创新创业教育改革示范高校”“全国高校实践育人创新创业基地”等称号。2010年，《西南石油大学学报（自然科学版）》获得“教育部中国高校优秀科技期刊奖”（第三届）。2001年，学校接受教育部本科教学工作随机性水平评估，结论为优秀。2008年，学校接受教育部本科教学工作水平评估，再次被评为“优秀”。

学校毕业生思想素质好、团队精神强，扎根基层、踏实肯干、基础扎实、勇于创新、上手快、后劲足、业绩突出，受到用人单位广泛赞誉，就业率多年保持在94%左右。建校以来，学校为国家培养了16万余名毕业生，他们之中涌现出了一大批杰出的科技专家、教授、学者，一大批各级党政领导干部、优秀企业家和各条战线的技术和管理骨干。

今日的西南石油大学将继续秉承“实事求是，艰苦奋斗”的优良传统，弘扬“为祖国加油，为民族争气”的精神，践行“明德笃志，博学创新”的校训，实施“质量立校，人才强校，学术兴校，突出特色，科学发展”的二次创业发展战略，全面深化改革，为建成以工为主，石油天然气及其配套学科世界一流、多学科协调发展的高水平能源大学和百年名校奠定坚实基础而不懈奋斗！

【西华师范大学】 西华师范大学是四川省属重点大学。学校创建于1946年，发轫于抗日战争时期的国立东北大学。抗战初期，东北大学内迁至四川省三台县办学。抗战胜利后，东北大学迁回沈阳，在川北三十六县十盐场及各界有识之士支持下，部分东北大学的川籍师生在三台原校址创建了私立川北农工学院。1949年私立川北农工学院与著名墨学专家伍非百先生创立的西山书院合并组建私立川北大学。1950年学校迁至南充市，与川北文学院合并组建公立川北大学。1952年学校合并川东教育学院（原乡村建设学院）、四川大学和华西大学部分专业组建四川师范学院。1956年学校一分为二，留在南充的部分为南充师范专科学校。1958年学校升格为南充师范学院。1989年学校恢复“四川师范学院”校名。2003年学校更名为“西华师范大学”。经过70余年的发展，学校积淀形成了“勤奋、求实、敬业、创新”的校训，“铸魂励教、陶冶化育”的育人理念，“质量立校、人才强校、特色名校”的办学理念和“从严治校、严谨治学、艰苦奋斗、开拓进取”的校园精神。目前已经发展成为一所学科门类齐全、办学条件优良、师资力量雄厚、教学科研成果丰硕的综合性大学，是四川省基础教育教师培养基地、在职教师培训基地、基础教育和高等教育研究基地，被誉为“读书的好地方、选才的好去处”。

学校是一所教师教育特色鲜明的高水平综合性大学，现有71个本科专业，有文学、历史学、教育学、理学、工学、农学、管理学、经济学、法学、艺术学等10个学科门类。学校学科实力和优势突出，生态学、政治学、中国语言文学、化学、马克思主义理论、教育学、天文学、中国史等学科在国内有重要影响，生态学与生态治理学科领域、政治学与社会治理学科群纳入四川省一流学科建设。学校1979年开始招收硕士研究生，现有17个硕士学位授权一级学科，8个硕士专业学位授权类别，9 个学科联合培养博士研究生，1 个博士后创新实践基地。现有教育部重点实验室 1 个，四川省重点实验室 1 个，四川省高校重点实验室 4 个；拥有省级高水平社会科学研究团队 3 个，四川省青年科技创新团队 2 个。建有国家淡水渔业工程技术中心西南分中心、国家林业局竹资源培育工程技术研究中心大熊猫主食竹保育示范基地，四川教育发展研究中心、四川大学生思想政治教育研究中心、区域文化研究中心、落下闳研究中心、国家体育总局体育文化发展中心体育文化研究基地、四川省区域和国别重点研究基地巴基斯坦研究中心、四川省落下闳研究会、四川省昆虫学学会等省部级重点研究基地；建有国家环保科普基地、国家级大学生校外实践教育基地、川北历史文化社科普及基地、四川省中小学环境教育社会实践基地等科普教育和社会实践基地。拥有四川省组织修复材料工程技术协同创新中心、省级大学科技园和生态研究院、公共政策研究院、乡村振兴战略发展研究院等科技转化与社会服务科研机构。

学校先后汇聚了一大批名师大家。著名墨学专家伍非百，著名古代文学专家郑临川、周虚白、傅平骧，哲学专家李耀仙，国际公认大熊猫生态生物学研究的奠基人胡锦矗等为代表的一大批知名专家学者为学校发展积淀了浓厚的学术底蕴。学校现有教职员工 2500 余人，具有高级专业技术职称教师近 1000 人，具有博士、硕士及以上学位教师 1400 余人。现有国家级突出贡献中青年专家、享受国务院政府特殊津贴专家、国家“万人计划”、教育部新世纪优秀人才、中宣部文化名家暨“四个一批”人才工程、四川省“千人计划”、四川省学术和技术带头人和后备人选、四川省突出贡献的优秀专家等各级各类优秀人才 77 人；有全国师德先进个人 1 人，四川省教学名师 6 人；特聘中国工程院院士 1 人、诺贝尔奖获得者 1 人。

学校现有全日制本专科学生、硕士研究生 33000 余人。“十二五”以来，承担国家级“本科教学质量与教学改革项目”245 项、省级 554 项；有国家级特色专业 7 个、国家级精品课程 1 门、国家级教学团队 1 个、国家级卓越农林人才培养计划 1 项、国家级卓越新闻传播人才培养计划 1 项、国家级专业综合改革项目 1 项、国家级“十二五”规划教材 1 部、国家精品视频公开课 1 门、国家级大学生创新创业训练计划项目 210 项、教育部产学合作育人项目 20 项；获得国家级、省级教育教学成果奖 62 项，其中国家级教学成果二等奖 2 项。70 年来，学校为社会培养了各级各类人才近 30 万，他们在各自的岗位上勤奋工作，为经济和社会发展做出了重要贡献。

“十二五”以来，学校共承担各级各类科研项目 3015 项，包括国家社科基金重大招标项目“清代南部县衙档案整理与研究”“5－11 世纪中国文学写本整理、编年与综合研究”等国家社会科学基金、国家自然科学基金及其他国家级项目 168 项，省部级项目 251 项；在国内外学术期刊上发表科研论文 15621 篇，其中 SCI 收录论文 707 篇（42 篇论文入选 ESI 高被引数据库，4 篇论文入选 ESI“热点论文榜”），CSSCI、CSCD 来源期刊论文 1024 篇；出版学术专著 238 部，2 项科研成果入选《国家哲学社会科学成果文库》；获国家科技进步一等奖 1 项，农业部中华农业科技奖二等奖 1 项（合作），四川省科技进步一等奖 1 项、二等奖 3 项（其中 1 项为合作）、三等奖 1 项，贵州省科技成果转化一等奖 1 项（合作）；教育部人文社会科学优秀成果二等奖 1 项，四川省社会科学优秀成果荣誉奖 2 项、一等奖 4 项、二等奖 8 项（其中 1 项为合作）、三等奖 38 项（其中 1 项为合作）；国家发明专利 35 项，实用新型专利 40 项。

学校坚持开放办学，注重校地、校企、校校合作，积极为地方经济社会发展提供人力资源支持和科技创新服务。先后与南充、绵阳、德阳、巴中、阿坝等地市州签署校地合作协议；与重庆机场集团有限公司、四川省商业建筑设计院有限公司等签署校企合作协议；与法国兰斯大学、丹麦 VIA 大学等签署校校合作协议；组建“西华师范大学附属巴中实验中学”“西华师范大学德阳附属中学”；与中国大熊猫研究中心和四川省大熊猫生态与文化建设促进会，卧龙、蜂桶寨、唐家河等国家级自然保护区签署了合作协议。发挥学科优势，与中科院水生生物研究所、平武大熊猫国家公园等研究机构搭建技术研发平台，多次牵头承担了国家林业局大熊猫全国调查研究项目；与地方政府就基层治理、川陕苏区党史研究与宣传、清代南部县衙档案整理与研究、地方立法等方面进行深度合作；投资建设了唯一一所由高校参与建设的 50BiN 中国节点望远镜，建立了与中国科学院国家天文台、紫金山天文台等天文学研究机构的科研信息数据共享机制。学校先后与美国、英国、法国、丹麦、韩国、台湾等国家和地区的高等院校或科研机构建立了合作关系，开展双向学术交流、教师互派访学、学生交流等项目。近年来，学校通过国家留学基金委“西部项目”“优秀本科生国际交流项目”“国家建设高水平大学公派研究生项目”等各类项目选派师生分赴美国、英国、加拿大、德国、新加坡等多个国家或地区攻读学位、访学或科研合作，形成了对外交流合作的良好局面。学校重点面向“一带一路”沿线国家招收语言生和学历留学生，近两年累计招收来自美国、尼泊尔、老挝、巴基斯坦等 16 个国家留学生来校学习，来华留学生教育初具规模。

学校环境优美，教学基础设施完善、功能配套齐全。学校建有北湖、华凤两个校区，占地面积 2600 余亩，校舍建筑面积 100 余万平方米，绿化面积 69 万平方米，运动场地面积近 12 万平方米。图书馆是四川省古籍重点保护单位，现有纸质图书 300 余万册，电子图书 220 余万册，中外文数据库 63 个，珍藏古籍 5000 余种、7 万余册，图书馆向社会免费开放。

站在新的历史起点上，学校将以习近平新时代中国特色社会主义思想为指引，深入学习贯彻党的十九大精神和习近平新时代中国特色社会主义思想“四川篇”，积极投身中华民族伟大复兴和治蜀兴川的生动实践，不断深化学校综合改革，扎实推进一流学科建设，全面提高教育教学质量，为实现人才培养质量更优、科技创新能力更强、开放办学水平更高、教师教育特色更加鲜明的高水平综合性大学目标而努力奋斗。

广播电视记者站

【概况】 2017 年，南充市广播电视台驻顺庆区记者站以党的十九大精神和习近平新时代中国特色社会主义思想为指导，按照区委、政府和台党委安排部署，结合工作实际，扎实推进“两学一做”学习教育，认真落实各项工作措施，创新宣传方式，形成“多层次、全方位”的“大外宣”格局。

【新闻舆论】 该站在中央电视台用稿 1 条，四川电视台用稿 13 条，南充电视台《南充新闻》用稿 351 条、《三区报道》用稿 928 条、新闻资讯频率《南充新闻》用稿 151 条；开设《推进环境整治，建设美丽顺庆》《打赢三场攻坚战，推动顺庆大发展》《深入学习宣传贯彻党的十九大精神》等 3 个栏目；拍摄制作了《治理污染刻不容缓》《顺庆，你我共同的家园》《为顺庆点赞，党风廉政建设宣传》《文明之花处处开》等 4 部专题片，为顺庆区经济社会发展提供了强有力的舆论支持。经区委同意，从 2018 年度起，《顺庆播报》由 5 分钟增加至10分钟。年底开始，该站就从设备、人员、资金等方面全力准备，确保2018年《顺庆播报》保质保量播出。

【脱贫攻坚】 走访慰问已脱贫贫困户，继续进行鸡苗及饲料帮助，做好脱贫攻坚回头看工作，防止已脱贫贫困户再度返贫。

【设备更新】 争取资金购买了一套高清摄录一体机，升级一套非编系统。

【领导名录】

主　任：林勇军

副主任：何红柳（女）

（杨建平）

档　案

【概况】 2017年，顺庆区档案馆馆藏118个全宗，档案52504卷，85684件，资料6700余（册）。

【法制建设】 2017年，南充市顺庆区档案局根据国家、省、市档案局等相关文件精神，结合顺庆实际，制定了一系列文件，并严格执法。一是以档案行政执法检查为主要抓手，建立制度化、经常化的档案执法监督检查的工作机制，严格依法行政，加强档案行政执法；二是认真落实《档案法》和《档案管理违法违纪行为处分条例》等文件精神，对部分档案管理不达标的单位出具行政执法文书共17份，并要求其限期落实整改；三是按《档案法》的要求，督促指导机构变革单位原区药监局、区接待办等4个单位，做好档案收集整理和移交进馆；四是深化推进行政权力依法规范公开运行，认真清理并明确了档案行政许可、行政执法的十七项内容，指派专人和分管领导做好相关信息的登记和及时公开；五是9月22日组织了全区档案专（兼）职人员及各部门乡镇、街道的分管领导进行了档案法律法规和业务专题培训；六是精心组织，稳妥实施，配合区政府办全面完成了建区以来规范性文件清理工作。

【规范化管理】 继续加强业务指导力度，推进档案规范化管理复查工作顺利进行。积极选派专业人员深入各机关、事业单位进行业务指导，推进档案规范化管理建设工作，先后安排对区政协、区商粮局、东南街道办、李家镇等23个单位进行指导，通过现场培训、手把手教学等方式，及时指出在归档过程中存在的问题，并综合业务指导情况开展档案执法检查。

【新农村档案】 继续抓好新农村档案建设工作，继续贯彻落实农业部、国家档案局《农村土地承包经营权确权颁证档案管理办法》，进一步加强对乡镇、村（社区）档案工作的监督指导力度，在搬罾镇开展土地确权颁证档案试点示范的基础上，逐步向其他乡镇全面推开。贯彻实施《四川省扶贫开发工作档案管理细则》，联合区扶贫移民局举办了专题培训，制发了相关指导性业务文件，并切实围绕贫困县（区）摘帽、贫困村退出、贫困人口脱贫，监督和指导各乡镇、村、户建立精准脱贫档案。

【重点建设项目档案】 深化“项目档案工作提升行动”，一是年初主动与市区相关部门联系掌握省、市重点项目责任单位，编报填写省市重点项目登记表5份；二是建立重点项目责任单位联系卡，定期到鑫达30万吨生物复合材料、南充绿地智慧城、火车站站前广场等项目单位检查项目档案，指导项目档案的收集整理，督促业主和承建单位建立项目档案管理的规章制度；三是组织重点项目责任单位和业主单位30人到省档案校参加项目档案专业培训；四是以每年定期安排档案执法为契机，与市档案局的领导和专家对重点项目档案进行再检查，通过看现场、看实物、听汇报，与业主单位交换意见，落实整改措施，全年完成凤仪电站项目档案的收集整理进馆并完成“数字化”。

【完善民生档案资源】 积极指导区人社局、民政局、卫计局等相关部门建立完善民生档案，重点对与人民群众切身利益密切相关的劳动就业、社会保障、医疗卫生、新型农村合作医疗等民生档案的收集、整理、归档进行指导，年内完成2964卷、18759件社保、计生等民生档案的规范整理。全年为单位（个人）提供查询服务5890人（次）。

【档案信息化建设】 稳妥推进数字档案馆（室）建设工作，继续做好顺庆区数字档案馆日常管理、维护、异地备份工作，对部分库存档案及新进馆档案继续开展数字化扫描利用，建立了准确、安全、规范的档案目录数据库和全文数据库，实现档案目录与全文计算机查阅；认真贯彻落实《电子文件管理暂行办法》等档案信息化规范要求，加快研究和制定电子文件和数字档案管理的规章制度；同时结合顺庆档案工作实际，建立健全数字档案整理、著录、鉴定、存储、移交和安全性保证、原始性保证等管理规范建设。

【领导名录】

区档案局局长：青文中
副 局 长：汪　洋（女）
纪检组长：苟兴国

（宋柯蔓）

地方志

【概况】 2017年，南充市顺庆区地方志办公室在区委、区政府的领导和省、市地志办的指导下，认真学习贯彻党的十八届六中全会和四川省第十一次党代会精神，紧紧围绕区委、区政府的中心工作，按照省、市地志办关于做好地方志工作的新要求，切实抓好《顺庆年鉴》（2017卷）、《顺庆城乡文化志》《四川省乡镇简志·南充篇·顺庆章》《顺庆区地方志志》的编纂工作，认真做好党建工作，深入推进“精准扶贫”工作，继续抓好党风廉政建设和反腐败工作。

【年鉴编辑】 印发《关于报送〈顺庆年鉴〉（2017卷）图文资料的通知》（南顺府办发〔2017〕27号）。组织指导全区各乡镇街道、各部门及相关企事业单位编写《顺庆年鉴》稿，及时收齐《顺庆年鉴》（2017）卷的图、文资料，完成汇总审校、编辑工作，于2017年12月公开出版。

【志书编修】 2017年7月起，进一步充实和完善《顺庆城乡文化志》的图片、文字资料，年底已完成《顺庆城乡文化志》“地名”部分的收集、整理和审改工作。

【《四川省乡镇简志·南充篇·顺庆章》的编纂】 印发《关于做好〈四川省乡镇简志·南充篇·顺庆章〉编纂工作的通知》（南顺府办〔2017〕28号），对顺庆区乡镇、街道简志的撰写和编纂提出明确要求。区财政安排了专项工作经费，区政府成立《乡镇（街道）简志》编纂领导小组，下设办公室于区地志办，由区地志办主任文义泽兼任办公室主任，具体负责《乡镇（街道）简志》的培训指导、检查督促和志稿审定上报工作。各乡镇、街道明确分管领导和撰写人员。

同时，区地志办印发了《乡镇（街道）简志》编纂的具体实施方案。3月中旬至4月底，区地志办全体干部分组分别到每一个乡镇、街道逐一检查指导督促志稿的撰写工作。6月底前组织人员对文字和图片进行了修改、充实和完善，如期按质给市地志办交稿，圆满完成了此项工作。

【《顺庆区地方志志》的筹备】 2017年9月起，对《顺庆区地方志志》的资料进行了收集、整理、审改和编辑工作，年底已形成初稿。

【资料报送】 2017年，组织专人认真撰写《四川年鉴》（顺庆部分）、《南充年鉴》（顺庆部分）和顺庆工业园区年鉴材料并按期向省、市地志办交了稿，得到了省、市地志办的充分肯定和好评。

【服务地方经济文化建设】 区地志办抽排专人积极参与区委、区政府项目攻坚工作。该办主编卿远明以顺庆府衙布展工作负责地方文史审核考察专家在参与“顺庆府衙历史与现状课题研究小组”中，多次外出考察学习后，撰写了考察报告，拟定了“顺庆府衙布展方案”，保证了府衙布展工作顺利开展。该办作为滨江路改造人文景观文化创意小组成员单位，派主编卿远明赴武汉、柳江、泸州等地进行滨江风景区考察，撰写了嘉陵江顺庆段的文史资料2万余字，多次参与滨江路人文风景改造方案、滨江路灯光秀文案、垂线公园设计方案、滨江路人文雕塑小样的审查会议，并提出了修改意见，得到了区委、区政府领导的充分肯定和一致好评。

【信息服务】 积极为部门、个人提供相关信息资料查阅，2017年为区人大、区公安分局、区经科局、区地税局、区文旅广局、西华师大、北城街道、李家镇等30余个单位、部门和个人提供了资料查阅和咨询服务40人次。

【党的建设】 建立健全和充实党支部，充分发挥党支部的两个能力和号召力，深入学习党章、党规和习近平总书记系列讲话精神，积极开展“三项整改回头看”活动，继续深化“两学一做”专题学习教育活动，按要求开展“民主生活会”“交心谈心”等活动。

【脱贫攻坚】 成立了以主任文义泽为组长、纪检组长冯先波为副组长、其余干部为成员的“精准扶贫”工作领导小组，针对张家沟村4户贫困户的实际，与村社干部一起制定了因人制宜、因户施策的帮扶计划，2017年筹措资金2.0万元，为贫困户发展鸡、鸭、鹅、猪等养殖业，人均增收1500元。11月3日，组织全体党员干部职工深入到芦溪镇张家沟村结对帮扶的4户贫困户家中开展了走访和算账工作。为帮助贫困户改善居住条件和提高生活水平，区地志办干部与镇、村干部一道对每户贫困户的居住环境和2017年的收入进行了具体深入调查和算账，重点对贫困户的厨房、厕所、水井等进行具体勘察和现场规划，并征求他们的意见，倾听他们的诉求。按照“三建五改”的要求，区地志办当场表态将在资金上全力支持和行动上积极协调配合芦溪镇、张家沟村对他们的厨房、厕所做到统一标准、统一改建、统一验收，力争年底前完成改建工作，并将大力支持每户贫困户发展种养殖业等庭院经济，为2018年顺利脱贫打下坚实的基础。同时在元旦、春节、端午等传统节日为张家沟村4户贫困户、东南街道桑园路社区10户帮扶户送米、面、油等生活慰问品和现金共1万余元。

【党风廉政建设】 2017年，区地志办领导班子把党风抓廉政建设、反腐倡廉工作始终当作重要工作来做，提到重要的议事日程。年初，重新成立了党风廉政建设领导小组，制定了《2017年度党风廉政建设和反腐败工作计划》，严格执行中央八项规定和省委十项规定，认真落实党委“主体责任”和纪检“监督责任”，坚持“一岗双责”，把党风廉政建设和反腐败工作落到实处。同时，制定了《财务报销制度》《严禁用公款请客送礼、消费的规定》等一系列规章、制度，发扬民主，不搞一言堂、家长制、个人说了算，凡事讲民主，增加办事的透明度，不搞暗箱操作。加强廉政教育，通过组织干部职工观看反腐倡廉影视片，用正反两方面的经验教训，教育干部职工增强拒腐防变能力。

【领导名录】

主　任：文义泽

纪检组长：冯先波

（王　敏）

社　会

SHUNQINGNIANJIAN

管理与监督

工商和质量技术监督

【概况】 2017年，顺庆区工商质监局坚持以践行“五大发展理念”为引领，把人民满意作为核心价值取向，紧扣全区发展定位，充分发挥工商质监职能作用，为全区经济社会发展提供了良好的市场经济秩序保障，。

【服务发展】 优化投资创业环境，倾力服务发展提质提速。商事制度改革有序推进。2017年全区新登记企业2363户（累计11827户）、同比增长19.97%；个体户5575户（累计43568户）、同比增长26.73%；农民专业合作社20户（累计362户）、同比增长5.5%。各类市场主体总数达55757户，年增长率达16%；新增注册资金共计892905万元，实现新增就业9774人；企业年报率91.29%、个体年报率99.12%、农专社年报率93.96%，圆满完成年报目标任务。开展先照后证登记信息双告知，告知市场主体并承诺5744余户次，推送覆盖前置改后置审批事项的登记信息5744余户次。

质量品牌战略深入实施。以质量提升、商标强企、商标富农、打造服务商标为抓手，深入推进质量强区、品牌兴区战略，全年新增注册商标153件，总量突破1500件，新申报四川省著名商标4件、中国驰名商标2件，推荐2家企业参评市政府质量奖，指导市级诚信计量示范单位创建8家，组织辖区内天喜、新原、泰鑫、康新铝业、美之家5家企业编写并公布了《企业质量信用报告》；成功创建泰鑫·玛柯中国驰名商标1件、2017年度市级诚信计量示范单位4家，成功申报顺庆区搬罾镇中药材种植综合农业标准化示范区项目。

支持民营经济加快发展。全面落实创业就业优惠政策，支持大学生、城乡困难户、退役军人和残疾人等重点特殊人群创业就业2200余人次；与“南充市创业孵化软件园”“南充双创中心加速园”达成战略合作协议，实现工商质监职能入园服务创新创业发展。全年共办理股权质押42件、动产抵押10件，助企融资10亿元。

【市场监管】 优化市场竞争环境，履职尽责维护市场秩序。行政执法工作成效明显。以深入开展红盾春雷行动2017为引领，以投资理财、传销、网络商品交易、合同格式条款、反不正当竞争作为重点，扎实开展了双打（打击侵犯知识产权和制售假冒伪劣商品）、红盾网剑、质检利剑等一系列专项执法行动，全年开展行政指导95次、协作执法51次；共立案查处各类违法案件185件。区局荣获全省“红盾春雷行动2017”先进集体。

无照经营清理力度加强。以开展无照经营清理、年报抽查为重点，强化了市场主体资格监管，立案查处无照经营20件，规范办证办照580余户、注销登记个体357户、企业45户（含简易注销12户），行政处罚吊销企业312户；圆满完成1368户市场主体抽查任务，并根据抽查结果依法进行了及时处理；列入异常名录共1387户，市场主体申请移除异常名录642户，恢复个体工商户异常状态32户；恢复清吊已销案企业开业状态165户。

质量综合监管有力推进。完成辖区内“3C”企业巡查任务，统计了20余家企业的现用标准，指导新增加食品相关产品获证企业2家，帮助8家企业新加入中国商品条码系统；对辖区内机动车检验检测机构（南充同创机动车尾气检测公司）和区环境监测站等10家机构进行了监督检查。对辖区内4家有机产品生产企业进行了监督检查，对3家企业的3个产品进行了抽样检验。开展计量专项检查，共抽查经营户234户、餐饮业26家、商场（超市）12户、加油站6家，检查计量器具共计300台，定量包装商品12批次；对辖区内25家集贸市场的在用的计量器具进行了免费检定。

农贸市场整治深入开展。与各市场业主、管理方签订了市场管理年度目标责任书，督促城区农贸市场业主（管理方）强化市场经营秩序管理。积极配合城管、街道办等部门，先后对校园周边区域农贸市场开展了中高考环境综合整治、迎接环保督查相关整治行动、农贸市场节日整治，共检查市场400余人次，发出《责令整改通知书》30余份。对大北街市场、第一市场、第二市场、第三市场等10个市场的老旧设施进行升级改造。

网络交易监管扎实推进。健全网络经济户口数据库，利用各搜索引擎，对辖区网络市场经营主体的网站进行搜索浏览，对有效网站实施日常检查；对消费者、经营者和媒体反映的网络商品交易突出问题进行了重点整治。全年共发放发放行政建议书155份、行政约谈通知书20份，共查办涉网案件7件，罚没入库1.3万元。

H7N9禽流感防控举措有力。2017年3月，南充发现H7N9疫情后，区工商质监局及时启动紧急预案，按照“1110”制度要求，严格落实活禽市场一日一清洗、一周一消毒、一月一休市、过夜零存栏等管理措施，严格执行禽类市场动物检疫、进货查验、索证索票和进货台账等制度，重点开展了以清除病媒生物孳生地、清除卫生死角为主要内容的环境卫生整治活动。防控工作期间，全局共出动执法人员6000余人次，车辆1000余台次，做好了H7N9禽流感农贸市场及周边宰杀点关闭及市场内禽类暂停交易工作，积极推行“规模养殖、集中屠宰、冷链运输、冰鲜上市”生产消费新模式，为全区禽流感有效防控作出应有贡献。

重点市场监管全面加强。积极开展了机动车市场、农资市场、旅游市场、成品油市场、塑料购物袋、野生动物保护专项整治行动，对七类经营户证照信息等进行了全面清理，并建立健全了动态监管台账。全年共监管农贸市场经营户300余户次，机动车经营户80余户次，农资经营户100余户次，成品油60余户次，旅游中介18户次，对经营不合格成品油的2家加油站依法进行了立案查处。筹备建设西山街道办栖乐娅村、搬罾镇干堰塘村（青山湖）、桂花乡新桥村等合同帮农指导站3个，推广水、电、气、通讯等重点行业合同示范文本6种。监管拍卖活动4次，监管拍卖合同4份，成交确认书17份，成交金额76.72万元；共办理中环督交办案件23件，其中牵头办理3件、协办20件。

特种设备安全无事故。加强特种设备日常安全监察，积极组织开展了清明、端午、五一、十一等假日节前重点场所和省党代会、中考、高考、党的十九大等重点时段及各类专项检查，共出动检查613人次，检查特种设备使用单位101家次、627台次，发现安全隐患74处，发出特种设备监察指令书48份，现场立即整改26处，责令停止使用4家；协助相关部门淘汰每小时10蒸吨及以下燃煤锅炉80台，注销燃煤锅炉使用登记7台，提前完成辖区燃煤锅炉淘汰工作；办理特种设备使用登记414台件。全年处理举报和投诉36起；编制《顺庆区特种设备应急救援预案》，开展特种设备安全宣传3次、特种设备安全事故应急救援演练活动4次，今年全区特种设备没有发生一起安全事故。

【消费维权】 优化市场消费环境，强化维权促进和谐稳定。消费教育宣传深入人心。围绕"网络诚信、消费无忧"年度主题，315期间组织金融、水、电、气、消防、保险行业协会、律师协会等单位召开了"3.15"消委维权新闻发布会，发布了《南充市2016年十大消费维权案例》；发放网络消费类宣传资料1500余份、消费维权类宣传册1500余份。

质量抽查力度明显加强。对消防器材、手机、成品油、石油液化气、电动自行车、箱包、机顶盒、油漆、塑料购物袋、木工板、木地板等等54个批次的商品依法进行质量抽检，立案查处不合格案件24件；对果山街30余小家电经营户经营的小家电进行了抽样检查，共抽检46组，其中不合格产品20组。组织西城辖区30余小家电经营户召开了规范行业指导会，着力打造小家电质量放心示范一条街。

消费纠纷处理调解快速。全年共受理消费者申投诉805件、局转办投诉25件、市长热线27件，接待消费者咨询103人次，为消费者挽回经济损失60万余元。

【队伍建设】 优化干事成业环境，展现清廉为民良好形象。队伍作风建设切实加强。以深入开展"两学一做"为引领，以整治"不作为、慢作为、乱作为"为抓手，从"明责、履责、问廉、问效"出发，修订完善了干部职工考勤请假管理、执法执勤车辆管理、财务管理、行政效能监督管理及问责等管理制度，积极采取了清单工作法、钉钉考勤、公车互联网+管理、政务服务窗口规范化建设等新措施加强了内部规范化建设。与党组成员、各股室队所负责人层层签订了《党风廉政建设和政风行风建设责任书》；强化了周五例会学习，深入开展了党章党规、法律法规、业务知识等学习教育，严格践行《廉洁自律准则》，贯彻落实八项规定、做到"十个严禁"；不定期组织干部观看警示教育片，在内网刊发了《廉政警示》教育专刊6期，5月中旬与省工商干校联合举办了一期46名干部为期5天的集中业务能力提升培训。组织干部职工到嘉陵监狱进行了预防职务犯罪专题教育；邀请辖区46名各个层面的企业和个体工商户代表召开了"管理服务对象恳谈会"；对10名违反上下班纪律和着装规定的干部进行了通报批评，并按相关规定进行了处理。

依法治局稳步实施。制订出台区局《法治宣传第七个五年规划》，健全完善中心党组学法计划、干部会前学法制度案、审会工作制度，积极开展"法律七进"活动，充分利用报纸、网络、微信、QQ、电子显示屏等各类媒体平台，并深入公园、市场、商场、学校、乡村，广泛开展普法宣传咨询活动。全年共开展领导讲法12次，干部会前学法22次，开展各种大型宣传活动25次，发放宣传资料20000余份、接受咨询投诉150余件，开展干部培训活动30余次。聘请法律顾问肖飞，为区局依法决策工作作出指导50余次。全年清理规范性文件共35份，在法制政府建设评价工作中推送信息100余条，行权平台共录入办件1656条，名列全区前列。

【脱贫攻坚】 定点帮扶桂花乡桂花村、辉景镇五龙桥村2个行政村、帮扶贫困户涉及桂花乡的新桥、东山观、桂花、龙潭沟、蒲家沟、卷洞门、庙沟7个村和辉景镇的五龙桥村共73户。按照“一把手负总责，划片分组负责、责任到组到人，实行多帮一、以产业脱贫为抓手、一村一户一策包脱贫”的帮扶思路，细化了帮扶措施。每名帮扶干部每月下乡不低于2次，每户贫困户每年划拨帮扶工作经费1000元。全年发放粽子、食用油、牛奶等慰问品近2万元，送去发展生产化肥、饲料等3000元；全局干部职工扶贫日捐款1.6万元。培育顺庆特色产品：顺庆黄精、顺庆米粉、顺庆卤鸭子，给顺庆精准扶贫、经济发展起到积极推动作用。

【领导名录】

党组书记、局　长：邓　登

党组成员、副局长：杨　黎（10月止）

蒲　勇

李立忠

党组成员、纪检组长：范　勇

党组成员、质量总监：母力丹

党组成员：张　斌（11月起）

（胡成俊）

安全生产监督管理

【安全目标】 2017年，全区安全生产形势平稳，发生生产经营性事故6起，死亡5人，安全生产各项指标控制在市政府下达范围内，连续12年辖区未发生较大以上安全事故。

【机制建设】 用制度监管安全、用机制推进工作落实，做到监管无漏点、责任无盲区。健全了安全生产书记区长“双主任制”、区政府政务常务会议专题议安全等制度，建立定期开展安全生产大巡查、定期组织安全暗访、定期开展学习教育、定期研判安全形势等工作机制，与区委编办联合编制印发了《南充市顺庆区行政事业单位安全生产监督管理职责规定》，厘清党委政府、部门、乡镇（街道）之间安全生产责任，与区委组织部在全市率先建立了科级领导干部安全实绩考核档案，建立完善区委政府、区级部门、乡镇（街道）、村（社）及企业“五位一体”的责任体系，使安全监管责任纵向到底、横向到边、全域覆盖。

【宣教培训】 注重搭建平台、发挥群众监督作用。以“全国安全生产月”活动、职业卫生宣传周、宪法日为主体载体，通过有奖知识竞猜、文艺节目等形式，运用电视、通讯平台、微信群等媒体，大力推广三原实验小学“大手牵小手”活动，广泛宣传安全生产和事故自救知识常识，发放安全宣传单20万份，宣传车巡回宣传69车次，群众安全意识和知识明显提升；建立顺庆安全生产QQ群、微博万微信群，及时公开安全生产信息，增加了安全生产工作透明度；建成VR安全体验中心、“安全示范一条街”、安全主题公园，让群众亲身感受安全危险。顺庆区安监局被区委区政府评为“六五”普法法治宣传教育先进集体。特别在2017年“三场攻坚战”现场拉练中，市委宋朝华书记亲身体验VR各种安全模式后讲道：“非常具有冲击力，感受非常深。”

【基层基础】 安全生产工作重点在基层、关键在基础。从严落实安全生产目标责任，与乡镇（街道）、区级相关部门、非煤矿山、烟花爆竹、危险化学品签订安全生产目标责任书达100%。坚持横向到边、纵向到底，全面推进“安全网格化”管理，建成了区委、区政府为中心网格，乡镇（街道）为二级网格，村（社区）、企业为三级网格的安全监管网络体系，聘任村（社区）安全协管员，做到安全监管、安全宣传、安全隐患排查等工作责任有落实、事事有人管。采取以点到面，以街道带动乡镇，大力推进安全社区建设，华凤街道、共兴镇成功创建省级安全社区，和平路街道、潆溪街道、荆溪街道顺利通过复评。加强安全事故应急救援能力建设，完善了全区安全生产应急预案体系，有计划开展大型森林火灾、水上交通、危险化学品、公共场所安全事故应急救援演练活动23次。建立规范交通、建筑、地质灾害等28类台账，实现部门、属地、企业“三位一体”的“痕迹化”管理台账。明确了Ⅰ、Ⅱ、Ⅲ级应急值班值守单位职能职责，严格落实领导带班、干部值班制度和督查检查通报制度，确保上传下达迅速快捷，应急处突快速反应。

【隐患整治】 牢牢固树立“安全隐患就是事故”理念，扎实推进隐患排查治理体系建设，建立完善了安全隐患排查、整治、督办、验收、销号“五本台账”管理制度，实行了“一隐患一台账”，做到了行业主管部门、属地乡镇街道常态化检查，督查考核部门定期抽查，一月一通报、一季一挂牌、半年一验收，整改情况纳入年终目标考核内容，实行动态化、闭环式管理。全年录入企业1137家，开展隐患排查企业1089家，排查一般安全隐患4462处，整治完成率100%；挂牌较大以上安全隐患34处，整治完成率100%；省市挂牌督办西门市场火灾隐患及大林镇李家坝桥安全隐患整治率100%。

【打非治违】 认真组织开展危险化学品、非煤矿山、烟花爆竹、消防、建筑领域、城镇燃气等重点行业专项整治，按照“四不两直”工作方法，定期组织暗访暗查。坚持重大隐患、受伤、死亡三必处的原则，给企业安上了“紧箍咒”，有效防范和减少了生产安全事故发生。2017年共端掉危化品非法储存窝点3个，依法查处隐患整改不到位企业7家，处罚金130余万元，对企业起到了较好的震慑作用。

【事故信访】 从严落实案件回签、案审会等制度，及时赶赴安全事故（事件）现场组织应急处突，协调善后。建立生产安全事故举报制度，发动群众参与安全工作监督，做到事故不遗漏、隐患不放过。2017年，受理群众信访、举报和投诉等问题236起，奖励举报人员45人、发放奖励经费近4.5万元，做到件件有回音、事事有落实；按“四不放过”原则，依法查处了生产安全受伤死亡事故6起。

【领导名录】

局　长：何思明
副局长：任海坤
　　　　李书堂
　　　　李　婷（女）
纪检组长：蔡　勇

（吕唐勇）

审　计

【业务工作】 2017年，区审计局共完成审计项目和上级交办事项191项，其中，财政预算执行审计项目完成3个；财政决算审计项目完成3个；财务收支审计项目完成3个；经济责任审计项目完成7个；固定资产投资审计项目完成165个；投资项目财务决算审计项目完成4个；医保基金和顺庆区2016年度扶贫资金专项审计2个；专项调查审计4个；上级交办事项3件。组织参与国家审计署宏观政策措施落实情况跟踪审计4次、正在进行跟踪审计重大项目21个，总投资582400万元。累计审查资金超过90亿元，查出违规资金1222.2332万元，纠正管理不规范资金256194.3249万元，追缴及促进收回财政资金5033.93万元，审减固定资产投资 7138.32 万元。财务、专项审计项目数量超额年初目标 3 个，全年获得市局好评项目 2 个。

聚焦财政财务收支审计，促进财政资金效益最大化。2017 年，我局对区财政局、区地税局、区环保局、区教育局和中城街道办事处预算执行情况和其他财政财务收支情况进行审计，共查出管理不规范金额 236668.99 万元，提出审计建议 15 条，促进收回应缴资金 5018.76 万元。对比 2016 年审计单位增加 1 个。对第四人民医院、顺庆区人民医院进行了财务收支审计，审查资金超过 41 亿元，审计共查出违纪违规金额 766.140 万元、管理不规范金额 930.6072 万元。

聚焦固定资产投资审计，促进投资宏观调控合理化。2017 年年初计划完成投资结算审计项目 92 个，涉及金额 104386 万元，实际审计项目 192 个，送审总金额 106515.84 万元，其中已完成 165 个，送审金额 64010.10 万元，审减金额 7138.32 万元，平均审减率 11.15%；正在审计的项目 23 个，送审金额 13706.42 万元；因资料不完善退件整改 4 个项目，送审金额 28799.32 万元。投资项目财务决算审计已完成大林乡土地整理、2015 年南方现代草地畜牧业发展推进行动等 4 个项目，送审金额 8805.07 万元。

2017 年出台年了政府投资项目审计要求规范性文件《南充市顺庆区政府投资建设项目审计办法》（南顺府发〔2017〕10 号），对项目审计报告完成质量、时限及廉政纪律都作了详细要求，对虚报工程量做了执纪问责规定：未按审批文件建设，建设造价超过合同价 10%，审减率超过 20%，将进行移送处理，该制度降低了工程送审虚浮计价，提高了工作效率和工作质量。

聚焦经济责任审计，促进权力运行制约规范化。按照区委组织部安排，完成了对顺庆区教育局党委书记、局长张应富同志，顺庆区环保局党组书记、局长汪勤修同志，顺庆区中城街道办事处党工委书记黄俊同志，同仁乡原主要领导青靖、邹权经济责任审计的经济责任审计，查出违规资金 257.022 万，管理不规范资金 3649.68 万元，罚款 4.9 万元。对比 16 年，查出管理不规范资金增加 2874.69 万元。以上同志通过审计查出的问题，主动纠正了自身在行业内部行政决策方面的问题。

聚焦专项审计，促进民生资金使用透明化。派出审计组于 2017 年 4 月 25 日至 8 月 10 日对全区 2016 年度扶贫政策措施落实、扶贫资金分配管理使用、扶贫项目建设以及 2015 年度未完成项目情况进行专项审计，涉及 2016 年度各类财政专项扶贫资金 8052.2952 万元，共查出违纪违规资金 112.97 万元、管理不规范资金 1616.56 万元。对区推动扶贫政策落实、规范扶贫资金管理、维护扶贫资金安全、提高扶贫资金绩效，保障脱贫攻坚目标如期实现作出了巨大贡献。

【制度建设】 健全经责审计制度。2017 年 3 月，完成了对顺庆区经济责任审计联席会议成员单位的调整，并于 4 月出台《南充市顺庆区经济责任审计工作联席会议议事规则》（南顺经责联〔2017〕1 号）。加强对经济责任审计的组织领导，完善经济责任审计制度。

规范投资审计制度。起草了《南充市顺庆区政府投资建设项目审计办法》并于 6 月正式颁布《南充市顺庆区人民政府关于印发〈南充市顺庆区政府投资建设项目审计办法〉的通知》（南顺府发〔2017〕10 号）。同时，按照《南充市顺庆区审计局关于投资审计三权分离职能职责界定意见》要求，建立了投资审计项目协审机构库，并拟定《南充市顺庆区审计局协审机构参与审计项目业务管理考核办法》，进一步规范政府投资审计行为。我局草拟了《南充市顺庆区审计局行政执法错案和过错责任追究制度》，进一步规范审计执法行为，推进规范执法、文明执法、公正执法，塑造良好的审计执法队伍形象。从完善审计人员从业考核责任制入手，以审计准则、审计项目质量控制办法等制度了内部考核办法。

强化内部审计监督。代政府起草和拟定《顺庆区内部办法》，将进一步加强和改进行业主管部门对本单位及下属单位的财政、财务收支、固定资产投资项目、经营、管理和效益等情况进行审计监督，充分发挥内部审计在规范管理、防范风险、完善治理等方面的“免疫系统”作用。对推进审计全覆盖、推进各部门（单位）规范财经秩序、维护经济安全、推进依法行政、促进廉政建设具有重要基础性作用，对构建完善的国家审计、内部审计、社会审计三位一体的审计监督体系具有重要意义。

【领导名录】

局　长：张箐莉（女）

副局长：蒋大川

　　　　廖自新

纪检组长：张　艳（女）

总审计师：兰　涛

经济责任审计分局局长：何素梅（女）

（龙　游）

统　计

【概况】　2017年，区统计局实有工作人员19人（其中：行政人员7人，机关工勤人员1人，参公管理人员5人，事业单位人员6人），内设4个机构：办公室、综合法规股（挂区统计执法队牌子）、城市经济统计股、农村经济统计股、管理区社会经济抽样调查队（挂区普查中心牌子）、区社情民意调查中心。

【党的建设】　以深入开展“两学一做”为契机，紧抓局内党员队伍的思想建设、组织建设、作风建设和制度建设，不断提高局内党员干部的素质。坚持推进“两学一做”常态化制度化工作；坚持落实好“三会一课”制度；坚持开展好民主生活会；加强党的作风建设，提高拒腐防变的能力；全面落实党建工作责任制；继续开展“走基层”工作，积极与农村基层党组织开展结对工作；做好抓党建促脱贫工作；抓好党员教育培训工作；做好党组织换届工作；做好党费收缴工作；开展“三升级三分类”工作，做好机关党建“灯下黑”整治。年内，组织“两学一做”集体学习教育合计40余次；深入群众开展进村入户100余次，收集意见、建议40余条；班子成员集中参观川中监狱进行警示教育1次；开展违规公款购买消费高档酒问题集中排查整治工作；严格公车使用管理，严格民主集中制、党内组织生活制度。

【常规统计】　按时、按质完成农业、工业、全社会固定资产投资、房地产业、建筑业、批零住餐业、服务业、城乡一体化、文化产业、能源、科技、劳动工资等专业2016年年报和2017年定期报表工作，生产国民经济主要指标数据配合上级统计机构做好规模以下工业、规模以下服务业、限额以下批零住餐业、资质以下房地产业、资质以下建筑业、全面建成小康社会监测、民营经济监测、劳动力调查、企业创新调查、小微企业跟踪调查等各项统计抽样调查和监测工作。做好全区基本单位名录库日常管理维护工作，并积极指导行业主管部门加大规下企业的培育扶持力度，组织完成全区企业升规入库工作。2017年，完成73家企业入库，其中新增入库57家，四下转四上16家，完成35家企业变更，39家企业退库。加强统计服务水平，建立完善主要经济指标运行监测预警汇报机制，为党政领导科学决策提供数据基础。2017年，向区委、区人大、区政府、区政协、相关部门、社会各界、个人等提供数据资料1800多批次，编印《顺庆统计年鉴2017》150本、《顺庆统计》11期、《顺庆统计分析》7期。依法做好统计数据信息公开，依托统计信息（内）外网、政府网、"顺庆统计"微信公众号等媒介，及时对外发布统计信息资料、国民经济社会发展数据。

【统计改革】 加快改革脚步，大力推进统计管理体制改革在顺庆落地生根。内部传达学习。召开局班子会议、职工大会，深入学习国、省、市关于深化统计管理体制改革的文件精神，明确改革方向和改革内容，完善工作重点。加强汇报。就我区深化统计管理体制改革工作向区委区政府、深化改革领导小组作了书面汇报，建议区委区政府出台文件成立全区深化统计管理体制改革领导小组。制定方案。为加快推进全面深化统计管理体制改革，进一步提高统计数据质量，成立了全面深化统计管理体制改革领导小组，制定了我区的具体实施方案，形成重点工作任务清单和详细时间表。积极沟通协调。积极与人社局、组织部、编办等相关部门沟通协调，计划成立普查中心、执法大队，并通过公招招考1人，选调2人，充实统计队伍，加大动作推进统计管理体制。

【农业普查】 2017年，切实发挥在顺庆区第三次全国农业普查工作中的牵头作用，攻坚克难、精密部署，最终严格按照上级的要求完成了我区三农普正式入户登记、数据采集、审核、验收上报以及错误数据修正等工作。2017年3月16日，完成PDA登记上报普通农户75274户、规模农业经营户80户、农业经营单位543个。2017年4月9日，完成311个普查区、1401个普查小区的75094份普通农户表、85份规模户表、565份经营单位表乡级、区级农业普查数据审核验收工作。

【经济普查】 做好第四次全国经济普查前期准备工作：成立以党组书记、局长为组长的领导小组。深入学习四经普各项文件精神。组织全体职工参加国家统计局举办的全国第四次经济普查视频会议，班子成员先后学习传达四经普各项文件精神3次，开展了2次专题讨论，全局干部职工思想上高度重视该项工作，初步掌握工作重点和工作流程，为2018年的第四次全国经济普查打下良好基础。落实工作保障。根据市统计局关于贯彻落实《国家统计局关于做好第四次全国经济普查经费保障相关工作的通知》的通知（南市统〔2017〕135号）精神，编制了我区第四次全国经济普查经费保障经费预算，并报相关部门审批。针对我局人员偏少的实际情况，通过社会购买服务共招聘5名专业人员参加普查工作，确保第四次全国经济普查工作有条不紊进行。

【人口抽样】 2017年全国人口变动抽样调查工作，我区抽中舞凤街道油院路社区002调查小区和渔溪乡作坊口村委会001调查小区两个调查点。该项工作历经3个月圆满完成了调查员业务培训、期中督导检查、社区表填报、数据质量验收等各项工作，为国、省两级掌握人口变动情况提供了基础数据。

【社情民意】 区社情民意调查中心受部门委托，2017年组织开展了党风廉政建设群众满意度测评工作2次、政风行风社会评价工作2次、平安建设社会评价工作1次，累计接触有效样本93601个，成功样本16302个。为收集民情民意连续开展调查工作不停歇，实实在在反映了我区取得的成绩和问题。积极配合部门进行宣传并提供技术指导，尽最大努力拉高我区排位，为整体建设做贡献。

【统计基础】 进一步夯实街道（乡、镇）统计基层部门规范化建设，确保统计站的建设、人员的配备、物资的配套、网络的连接维护等工作有序进行，确保大型的普查工作、常规统计工作如期开展。同时推进了名录库建设维护工作，通过网格化建设，打通街道、社区的最后一公里，达成每月定期完善、更新企业资料的任务，为普查工作、入库工作及部门信息共享工作打下坚实基础。

【依法统计】 全面统一法制思想。坚决贯彻落实中、省、市领导同志的重要指示批示精神，坚决防范和惩治统计造假、弄虚作假。加大加深法制宣传。2017年以来，国家制定颁布了《中华人民共和国统计法实施条例》、出台了《统计违纪违法责任处分处理建议办法》，局内及时召集干部职工进行了专题学习和解读，并加大对服务对象的宣传力度，同时充分利用“12·4”宪法宣传日、“12·8”《统计法》颁布纪念日等重要节点对群众进行统计法治宣传，在社会上营造了良好的依法统计氛围。严把数据质量关口。建立主要领导亲自抓、分管领导直接抓、相关专业具体抓的数据质量责任体系，配合省、市统计局坚决贯彻执行数据质量管理年活动。严格统计督促检查。始终坚持问题导向，针对重点工作、目标任务开展督查督办，严厉统计执法检查，查处统计违法行为。年内组织专人参加省统计局举行的执法证考试。

【数据质量】 认真开展2017年数据质量年管理活动。出台文件。各专业相继转发或出台了《关于印发〈南充市顺庆区统计局商贸统计数据质量控制办法〉的通知》（南顺统〔2017〕18号）《关于转发〈南充市商贸企业（个体户）统计工作规范（试行）〉的通知》（南顺统〔2017〕19号）《关于转发〈南充市商贸统计数据质量责任追究制度（试行）〉的通知》（南顺统〔2017〕42号）《关于转发〈南充市商贸统计工作全程留痕制度（试行）〉的通知》（南顺统〔2017〕51号）《关于转发〈南充市建设领域统计数据质量责任追究制度〉的通知》（南顺统〔2017〕45号）《关于转发〈南充市建设领域统计工作全程留痕制度〉的通知》（南顺统〔2017〕57号）等一系列文件，进一步加强对数据的规范性管理。开展数据质量检查。2017年，工业、固投、商贸、建筑业、服务业等各专业多次进行了数据质量检查工作。通过开展自查摸清情况，共检查工业企业85家，固定资产投资项目452个，限上商贸单位152家，房地产企业70家，建筑业企业67家，服务业企业46家；配合省市统计局检查工业企业15家，固定资产投资项目9个，限上商贸单位9家，服务业企业5家，着力提升统计基础工作规范化，从源头上管控数据质量。

【脱贫攻坚】 坚决打赢脱贫攻坚战，处理好点和面、建档立卡贫困户和临界状态群众、“输血”和“造血”、物质和精神、制度安排和压实责任、继续攻坚和防止返贫的关系，落实扶贫机制，扎实开展“回头看”。紧抓对口帮扶村贫困人口脱贫工作。通过走访，了解村内贫困户、脱贫户、非贫困户有关于致贫原因、当前生活状况、政策落实情况、帮扶意愿等信息，并及时将情况向当地政府反映，切实巩固扶贫工作成效。同时，局内根据每户贫困户的实际情况共同商量拟定帮扶计划，切实解决贫困户生活、生产问题。主动服务全区脱贫攻坚工作，结合统计职能职责，扎实抓好第三次全国农业普查工作，全面查清“三农”新家底，找到发展差距和短板，利用农村统计调查体系和农村统计数据，深入分析扶贫开发取得的成效，为区委、区政府脱贫攻坚科学决策提供数据支撑。

【领导名录】

局　长：唐学亭

副局长：廖　霞（女）
　　　　袁　瑛（女）
纪检组长：杜　鹃（女）
总统计师：饶声富
经调队队长：王茂君（女）

（刘月玲）

食品药品监督管理

【概述】 2017年，在区委、区政府的坚强领导下，我局紧紧围绕建设“成渝第二城核心功能区”的发展定位，以确保顺庆“食美药安”为目标，坚持“两加快、两促进”，通过科学监管、精准监管、效率监管等方式使我区食品药品安全呈现稳中向好态势，荣获2017年度全市食药系统目标考核一等奖。其中，“明厨亮灶”电子监管工程、举报投诉处置、药械不良反应监测、化妆品专项整治等工作受省、市领导充分肯定和高度评价，“火锅类餐饮专项整治”“食品快检进市场”等活动广获市民好评。

据统计，全年共出动执法人员24532人次，检查指导食品生产经营单位13986户次，药品经营单位1985家次，医疗器械生产经营使用单位1356家次，化妆品经营单位768家次。全年共办理食品药品违法案件929件，是目标数的4倍，同比增长29.4%，其中，立案查处559件，超额完成300%，同比增长71.5%，当场处罚370件，超额完成300%；处罚没款265万元（收缴罚款262.6万元）；取缔无证经营户4户；向司法机关移送案件8件，协助公安机关抓获犯罪嫌疑人10人；销毁255个品规的假冒伪劣食品药品6吨，货值总额50万元。全年完成食品抽检3599批次，超额完成33.3%；药品抽检109批次，医疗器械抽检15批次，协助市局完成市级抽检9批次，化妆品抽检150批次。快速检测水果、蔬菜、肉类等食品1900批次，抽检结果全部公开。累计上报药品不良反应428例，其中新的、严重的药品不良反应为213例，比例占报告总数的50%；完成医疗器械不良事件219例，化妆品不良反应监测报告50例。受理行业行政审批许可2060件，发证1852家，变更31件，注销83件。针对行业突出问题扎实开展了“百日会战”“百日攻坚”“亮剑行动”等三大执法整治行动，对白酒、火锅、医疗美容机构和进口化妆品、进口食品、保健食品非法会议营销及虚假宣传、中药材、中药饮片等开展专项行动38次。圆满完成市“两会”、中高考、党代会等重大活动食品药品安全保障52次。受理投诉举报704件。上报市区简报、信息371篇，发放宣传资料3.2万份。2017年，区食药监局通过广泛宣传、严惩重罚、示范引导、公开曝光等措施，使辖区内食品药品生产经营行为得到有效治理，全年未发生一起食品药品安全事故。

【机构设置】 南充市顺庆区食品药品监督管理局内设办公室、综合协调股（应急管理股）、行政审批股（政策法规股）、食品生产监管股、食品流通监管股、餐饮服务监管股、药品医疗器械监管股、化妆品监管股8个职能股室，下设10个派驻街道食品药品监督管理所，下辖参公管理事业单位食品药品监督稽查大队1个。全局总编91个，其中行政编制33个，参公57个，工勤1个，现有在岗干部职工81人，其中行政编制33人，工勤编制1人，事业编制57人。空编10个。

【食品、药品、医疗器械、化妆品安全监管】
推行溯源机制。食品生产环节建立了食品质量安全授权人制度和质量安全溯源机制，加强食品生产企业食品安全关键控制点电子监控和电子追溯系统建设，在重点企业大力推广原辅料采购使用、生产过程控制、出厂检验、销售等纸质和电子记录并行制度，实现食品生产质量安全可查询、可控制、可追溯，今年新增9家企业有意愿建立电子追溯系统，达到了在产食品生产企业数的40%。在食品流通环节推行食品经营“一本通”管理制度，要求食品流通环节经营者学会用好“一本通”，严格落实索证索票制度，严格审查供货商许可证和相关证明文件，拒绝向无资质供货商进货，已对全区123家食品批发企业集中开展培训，免费发放1255本“一本通”模本。在药品监管环节落实药品生产、经营、使用单位主体责任，严查供应商审核制度，有效落实进货查验、索证索票制度，积极构建药品电子处方运用系列。加大对药品医疗器械计算机使用系统检查，杜绝非法购销行为，深入推进全品种、全过程追溯体系建设。严格风险管控。将风险监测制度、风险评估制度和风险交流制度落到实处，刚性实施风险管理“两单制”和风险分级管理办法，准确研判辖区内食品安全风险点、风险等级、主要问题等，定期召开食品药品安全风险研判会议，制定风险管控措施，落实风险管控责任人。全年组织召开食品安全风险研判会12次，药品安全风险研判会4次。在食品药品安全生产大检查暨隐患排查整治“百日攻坚”行动中共组织执法检查438次，督导检查企业1218家，企业自查一般安全隐患85项，我局执法人员查出一般安全隐患231项，整改278项。落实食品生产加工企业的诚信和风险分级管理，按照分级管理要求建立档案，并实施分级监管，对问题产品企业实施约谈机制，并对我区2720家大中型餐饮单位进行了量化分级，完成率100%。加强“三小”管理。结合《四川省食品生产加工小作坊和食品摊贩监督管理条例》的实施，在全区实行食品生产加工小作坊备案制，分行业分片区建立了电子档案和纸质档案，并于10月27日全面启动小作坊备案工作。加强食用农产品零售和批发市场监管。以“231”（2，即追溯体系、检测体系；3，即标准化、规范化、常态化；1，即信息化综合监管平台）建设为统揽，加强市场准入体系建设，城区大型超市、农贸市场和批发市场农产品销售准入达到100%，重点集镇达50%以上。大力推进食用农产品快速检测体系建设，督促各农贸市场规范建设快速检测室，配备至少1名专兼职检测人员，根据市场销售品种，相应配备果蔬、畜禽水产品等快速检测设施设备和试纸试剂。目前共有辖区内所有农贸市场和1个农产品批发市场建设了快速检测室，配备了快检设备，同时为辖区内农贸市场免费安装电子显示屏10块，用于公示抽检样品的基本信息及检测结果。五是火锅类餐饮专项整治成绩显著。本次整治共出动执法人员937人次，检查火锅类餐饮店450家次，快速检测罂粟碱120批次，食品抽检200批次，出具责令整改通知书73份，督促办理《食品经营许可证》40家。立案查处46件，罚款20万元，涉嫌销售有毒有害食品罪移送公安4件，刑拘7人，市局《关于食品药品执法“亮剑行动”6–8月工作情况的通报》（南食药监〔2017〕125号）对此项工作进行了表扬。重点整顿药品和医疗器械经营秩序。大力开展药品流通领域和医疗器械专项整治“回头看”，强化药品动态监管、风险控制，确保各经营企业持续符合GSP要求。通过交叉检查、日常检查、跟踪检查、专项检查和飞行检查等多种检查形式，对辖区600余家药品经营企业、使用单位开展检查，当场处罚224件，一般程序234件，罚没款28.7万元，移送公安机关3件，取缔无证经营2家，下达责令整改通知书458份，建议撤销药品GSP证书3张，建议收回药品GSP证12张。化妆品监管力度空前。全年检查化妆品经营企业146余家，抽检染发类、烫发类、美白类、祛斑类、面膜等化妆品共计150批次，其中对顺庆区的“遵妮”“小山东”知名美容美发店进行了专项整治，在整治过程中共查获案件11件，货值金额15万余元，罚款金额16.5万元、没收假冒的“欧莱雅”“施华蔻”洗发水500余瓶，有力地净化了顺庆化妆品经营市场。2017年化妆品罚没款总计30万元，占全市70%。

【党风廉政建设和干部队伍建设】 局党组认真贯彻落实党风廉政建设主体责任，与各股室、队、所分别签订了廉政责任目标，严格落实“一岗双责”要求，推进作风督查，确保工作落到实处。在党员干部中开展“两学一做”学习教育活动，召开专题组织生活会，全体党员查找自身存在的问题，深刻剖析原因，提出整改措施，增强了党员干部大局意识。开展了党风廉政建设社会评价满意度评价，向210名监管群众报告工作，收到群众意见和建议58条。

为打造一支懂法律法规、懂专业知识、懂业务技能，会现场检查、会执法办案、会计算机基本技能、会做群众工作的食品药品职业化队伍，开展了执法能力、食品快检、食品生产、食品流通、餐饮服务、药品生产、化妆品流通等各环节执法技能培训。2017年举办了进口食品药品、酒类鉴别、“三小”条例、法律法规等各类培训8次，集中培训60个学时，派出10名干部职工分别参加了国家、省、市食药系统组织的理论与业务讲座，进一步提升执法人员工作能力。

【领导名录】

党组书记、局长：龙　涛

党组成员、副局长：肖红英（女，11月止）

吴　洪

吴　平

张　春

党组成员、纪检组长：黄兴文

党组成员、食药总监：邹　希

（范　萍）

人民生活与社会保障

人力资源和社会保障

【概况】 2017年，区人社局紧紧围绕市委、市政府“155发展战略”和区委、区政府“成渝第二城核心功能区”发展目标，牢牢把握“民生为本、人才优先”的工作主线，主动作为，挂图作战，合力攻坚，各项工作取得明显的成效。区人社局被省人社厅评为全省人社系统先进集体，并通报表扬；市人社局综合考核，区人社局位居全市第一，并获得5个单项第一、1个单项第二。

【就业创业】 充分就业有新进展。全年新增城镇就业12973人，完成133.7%，城镇登记失业率控制在3.94%以内，同比下降0.36个百分点。采取“载体建设、职业培训、岗位开发”等措施，成功打造了绿地城双创加速园、石油大学创新孵化园和欧香智慧小镇。小西街社区成功创建为国家级充分就业社区，舞凤山社区创建为省级充分就业社区。职业技能培训不断扩展。采取定单、定向、定岗等形式，全年辖区内开展各类职业技能培训2万余人次，其中享受职业技能培训补贴3744人。成功举办南充市首届“工匠杯”技能大赛，组织参加全市“工匠杯”技能大赛决赛，取得较好成绩。就业创业优惠政策全面落实。全年发放创业补贴122.6万元，发放创业担保贷款250万元，贴息67万元，新开发公益性岗位222个。就业服务不断增强。在西南石油大学创业孵化园和顺庆区大学生创业园建立“就业创业服务中心（站）”，实现“零距离”就业创业服务；基本完成搬罾大学生创业园争创国家级大学生创业园的创建任务；芦溪大学生创业园提档升级为市级大学生创业园。

【平台建设】 按照“三级联创、四化同步”的思路，实施“一二三四”工程（即一通二有三上墙四到位），全力打造人社基层平台，全区基层人社平台公共服务体系全面建成，人社部、省人社厅领导视察后给予充分肯定。2017年我区平台建设总投资3000万元以上。建成人社平台监管中心。在全区35个基层人社办事大厅安装了视频监控系统、语音喊话系统和投诉报警系统，对窗口人社服务进行全程监控管理；开发建成基层人社服务大数据库，将基层平台工作人员、设施设备、日常工作和绩效考核全部数字化、信息化，实现平台网络地图查询、日常工作积分打卡和绩效考核自动评估，促进了基层人社平台运行规范高效。建成“一庭五中心”。仲裁庭建设达到省级验收标准，五险统征服务中心、医保中心、居保中心、人力资源服务中心和劳动监察接访中心全面完成改建、扩建，其中，1600m^2的医保服务中心整体搬入区政务服务中心。建成基层平台人社所、站。按照“六个统一”的标准，建成29个人社所、93个人社站，专（兼）职工作人员达255人，设施设备达标率100%。人社所、站阵地建设达标率分别别达90%、80%以上。对群众相对集中、相对直接的17项人社服务全部下沉到人社所、站。

【基金征缴】 基金征缴超额完成。五险统征全面实施，社保基金征收均超额完成年度目标任务。克服重重困难，完成被征地农民参保6890人，征缴保险费6.87亿元，全面实现应保尽保。社保参保扩面取得实效。2017年，社保参保人数净增4591人。全民参保登记提前完成。依托三级人社基层平台，提前全面完成38540名登记调查对象的入户调查，动员183名群众完成主动登记，率先将准确无误的38723条全民参保登记信息上传数据库，圆满通过省厅评估验收。

【监管执法】 严密开展基金监管。2017年我区重点围绕医保基金安全运行开展了严密的监督管理，全年对定点医疗机构开展了5次大型专项检查，日常监督巡查387次，涵盖全区400余家定点医药机构，梳理问题24条，暂停医保协议7家、约谈30家、扣减总控15万元，拒付违规医疗费用357万元（不含外伤拒付）。经过及时全面整改，我区医保秩序进一步规范。严格实施监察执法。坚持“送法到基层、送服务到工地”，劳动者的维权意识明显增强。全方位开展主动执法检查，重拳查处拖欠农民工工资案件。全年受理各类劳动投诉案件182件，结案179件、依法移送司法机关25件。依法办理仲裁案件。全年受理劳动争议仲裁申请167件，已处理166件，案内调解116件，调解率达70%。在12月7日的全省劳动人事争议案例研讨会上，我区案例《如何认定用人单位未依法缴纳社会保险情形》被省厅选入会议典型案例并代表南充市在会上作了交流发言。

【脱贫攻坚】 行业扶贫落实落地。持续落实“三大政策”，兑现各类补贴。为精准贫困户办理医保参保13098人，基金住院支出373万余元，兜底近26.7万元。为3340名精准扶贫对象代缴城乡居民养老保险费174.95万元。新开发农村公益性岗位135个。创建了1个省级就业扶贫示范村、2个市级就业扶贫示范村和3个市级贫困劳动力安置基地。部门帮扶工作成效明显。人社局机关和各二级部门分别对口帮扶1个贫困村，年度帮扶工作顺利通过全省交叉检查验收。对口援助工作获得好评。在对口援助的汶川县举办了2场就业扶贫专场招聘会，提供就业岗位3068个，涉及573个工种；与汶川县人社局、就业局共同举办4期就业创业培训班，得到当地政府和群众的一致认可。

【信访维稳】 严格实行“专班工作制”“领导包案制”和“分片督导制”，全面落实信访维稳工作责任，积极化解了一批，稳控了一批。全年参与接访118次，开展信访维稳专项督导60余次，受理群众信访案件17件，全部按时或提前办结。特别是党的“十九大”期间，动员全系统干部80余人，专班值守、专班稳控、专班劝返，取得了明显成效，实现了“十九大”期间零到市、零到省、零进京的“三零”目标，信访维稳工作受到市、区党委的充分肯定和表杨。

【党的建设】 牢牢抓住党建工作这根红线，以迎接十九大和学习贯彻十九大精神为主线，把党建工作贯穿业务工作始终；全面落实党建工作责任制，细化党建工作目标，大力推行党建工作“一二三四”工作法，党建工作取得明显成效；坚持把党风廉政建设责任制落到实处、落到细处，加强学习教育、风险防控和作风建设，人社系统干部职工政治立场更加坚定，工作作风更加过硬，全年没有发生一起违法违规事件。

【人事人才】 全年通过公招、考聘商调以及转业士官安置等方式进入我区机关事业单位人员 498 人，全年实现“零投诉”；工资福利、职称等工作顺利完成。

【领导名录】

局　长：罗维成

机关党委书记：简晓彬

副局长：袁　洪

许尔富

杜　标

纪检组长：周　明

公务员管理办公室主任：任光富

区社保局局长：刘晓娟（女）

区医保局局长：罗存胜

就业局局长：张建雄

区居保局局长：任志平

区机保局局长：涂春晖（女，7 月止）

区人事劳动争议仲裁办公室主任：蒙　丹

（李　帆）

扶贫和移民工作

【脱贫攻坚】 全面完成目标任务。2017 年按照“一低五有”退出标准完成省上下达的 7 个贫困村退出任务，分别是金台镇包包田村，新复乡长远沟村，同仁乡四方寨村，顺河乡七沟村、盐井坝村，梵殿乡徐家沟村、董干沟村。按照“一超六有”的退出标准，对全区预减贫人口进行全覆盖验收，完成了省上下达我区贫困人数减贫任务 2204 人。区政府出具了同意 2204 人退出的批复，区脱贫办在国家子系统完成了脱贫标注。

脱贫攻坚工作。聚焦精准识别。2017 年，根据省市工作安排，扎实开展建档立卡贫困户比对、“再识别”工作，对贫困户进行了动态管理，坚持实事求是的原则，做到了“应进则进、应退则退”。比对清退不符合条件的贫困户 1008 户、3611 人，通过精准“再识别”后，我区系统现有建档立卡贫困户 4216 户、13395 人。

积极筹措资金。2017 年，向上多方争取资金，共计到位 1034 万元，（省、市扶贫专项资金 902 万元，争取到移民资金 132 万元）。区本级财政扶贫专项资金投入 6600 万元，同时整合各方资金共计 1.1 亿元用于脱贫攻坚工作，全面保障了全区脱贫攻坚和移民后扶工作的开展。

夯实基础设施。2017 年，全区投入 4600 余万元，用于脱贫奔康产业园和示范村配套基础设施建设。新建通村道路 20 公里、文化阵地 10 处、提档升级 2 处、村卫生室 12 个。全区 12 个预出列村的基础设施按照“一低五有”标准，已全面达标，并于 11 月 4 日通过市验收组初步验收。

督促落实政策。对标贫困户“两不愁、三保障、三个有”，我局牵头卫计、规建、教育、民政、文旅广、水务、发改等行业部门，全面落实各项保障政策，由民政部门实现精准贫困户低保的“两线合一”，100% 全覆盖。由教育、卫计、规建部门牵头，实现贫困户子女“零辍学”，为 1601 名学生发放教育扶贫救助基金 475 万余元；为全区系统现有 13293 名贫困群众代缴医疗保险，实现贫困户医疗县域内“零支付”；对今年预脱贫的 763 户预脱贫户全面实施 C、D 级危房改造和“三建五改”，完成 633 户安全住房保障工作；实现全区所有预脱贫户水、电、广播电视信号及入户路全覆盖；全区共开展贫困户技能培训 2000 人次，专场招聘会 2 场，实现贫困户转移就业 800 余人，确保贫困户稳定增收。已经完成对全区预脱贫户的实地验收，确保能够完成省下达“2204人”的减贫任务。

加快产业发展。围绕顺庆区的区位特点，对全区贫困村产业发展进行了全域整体规划。在同仁、新复连村发展赏花采果、骑游露营近郊乡村旅游产业；在金台包包田村发展现代农业虫草花食用菌；在梵殿乡徐家沟、董干沟发展“优质油料基地”，引导发展农业景观乡村旅游；在顺河七沟村、盐井坝村发展“订单式”农业；在凤山、渔溪发展优质杂柑、专业蔬菜、花卉产业。通过“土地租金收益、小额信贷入股、入园务工增收、资产量化分红”等多种途径建立贫困户与产业园的利益联结机制，最终实现贫困户的稳定增收致富。目前全区12个奔康产业园已全面完成，贫困户利益联结机制全面建立，12个预脱贫村集体经济收入达到人均6元以上，集体经济全面达标。

强化扶贫宣传。为了让群众知晓脱贫攻坚相关政策，加大了宣传力度，取得明显成效。制定并印发脱贫攻坚政策明白卡。我局认真梳理脱贫攻坚相关政策，制定脱贫攻坚明白卡，挨家挨户发到贫困户家中，保证了户户有卡。开展了多次业务培训，制作了扶贫宣传手册和脱贫攻坚短片，并利用下乡督查时机，耐心向群众宣讲党的扶贫政策。利用扶贫日为契机，积极组织部门单位、社会各界开展捐款捐物活动，共募集资金500余万元用于贫困村、贫困户基础设施建设及产业发展。

严格督查推动脱贫攻坚。压实部门、乡镇责任，年初按照“部门开清单，乡镇做填空”的模式，压实了各行业部门、乡镇年度工作任务；压实督查责任，由目标办、纪委、扶贫移民局联合组成了暗访督查组，实行每周通报，目前已经出督查通报14期，制作暗访短片2部并公开曝光；对于督查中发现的问题及时召开协调会专题研究，做到问题整改“不过夜”；压实干部帮扶责任，区乡换届后，及时调整了联系县级领导，配强“五个一”帮扶力量。4000余名干部走村入户，特别是9月以来，要求我们的县级干部没半月到必须到自己所帮扶的贫困村开展工作，帮扶单位、第一书记、驻村工作组及农技员要求每天在村上，帮助贫困群众发展产业、算好收入账及开展群众思想教育。通过全区干部群众的共同努力，全区实现了贫困村“村村有产业”，贫困户“户户能增收”，达到脱贫标准。

为使扶贫开发和移民工作良性有序开展，通过调查研究，积极探索，与有关部门协调，进一步完善了小型水利、农机提灌等项目建设规定，完善了区级报账制有关规定，进一步明确了项目资金报账、工程招投标、施工监理、政府采购、和预留责任金等相关原则和要求，方便了项目乡镇、村人员报账，确保了我区扶贫开发项目的社会效益、经济效益、生态效益四、自身建设进一步加强，各项工作取得新成效。

【移民后扶】 2017年，区有大中型水库后期扶持人数553人，区内工程移民320人，接收安置区外移民233人（其中三峡移民189人）。严格落实移民后扶政策，着力改善民生：做好移民动态管理。根据省、市有关文件要求，坚持对直补移民实行动态管理，通过认真调查、实地走访、人人见面等方式，详细掌握移民现实生活状况，为准确发放移民直补资金提供了可靠依据；按季度按时下发移民直补资金，截止10月，我区以“一卡通”形式下发放2017年度全部移民直补资金24.885万元；为基层排忧解难。2017年主动为移民社区解决工作经费2万余元；为移民疏理下水道，解决打井费、大病救助等实际生活问题花费5万余元；加强实用技能培训。9月份，组织期移民实用技术培训，通过理论讲解与实地察看等方式，使移民学有榜样、做有标杆、干有力量，收到良好效果，受益移民达300余人；扎实做好信访工作。新立社区移民姜支金渔船被扣、车辆被擦，滑滩河社区三峡移民居住点被洪水淹等事件，有效地把问题控制在萌芽状态，防止各类上访事件发生。

【党的建设】 坚定政治站位，抓好党的建设。进入新时代，局党组坚持着眼于党赋予脱贫攻坚的历史使命，坚持以习近平新时代中国特色社会主义思想为指导，始终把加强党的政治建设放在首位。提高政治站位、坚持学深悟透。把学习贯彻党的十九大精神和习近平新时代中国特色社会主义思想，作为当前及今后一个时期的首要政治任务，作为党组学习、党员干部培训的核心内容，以集中学习、集体讨论为主，个人自学和边学边改为辅的学习方式，加强党员干部学习教育，原原本本学，带着责任学，联系实际学，确保学深悟透。严明政治纪律，强化规矩意识。以党的十九大精神武装头脑，始终牢固树立“四个意识”，牢记党的宗旨，对党绝对忠诚，厚植群众基础，坚持“一岗双责”，严格要求自己及家人、身边工作人员，做好表率局党组书记与分管领导、各股（室）签订2017年党风廉政建设责任目标书。狠抓宣传教育引导，使核心价值观入脑入心。加强集中宣讲，形成宣传声势。采取群众喜闻乐见的形式，因人施教，因材施教，因事施教，把“讲党课、吃农家饭”与宣传十九大精神有机结合起来，组织党员干部深入所联系帮扶乡镇村讲党课、宣传党的政策和国家法律法规，现场解答群众疑难。狠抓内部管理，严明工作纪律。制定完善了干部考勤制度、财务制度和用车制度，规范了办公室值班和办文制度；严格干部上下班纪律，落实了首问窗口；干部干事创业劲头更足，工作推进有序有力。

【领导名录】

局　长：熊　红

副局长：杨光辉

　　　　青政东

　　　　李　红

（贯代光）

气　象

【气候特点】 气温偏高，总降水量偏多，夏旱一般，伏旱较重，秋绵雨偏轻，全年光热条件丰富。

气温　平均气温17.5℃，比历年偏高0.1℃。年极端最低气温0.6℃，出现在12月20日，年极端最高气温40.1℃，出现在7月27日。

降水量　总降水量1204.5毫米，与历年偏多20%。冬季降雨量偏多；春季降雨量偏多；夏季降雨量偏多；秋季降雨量略偏多。

7月6日日降水量达219.3毫米，为今年日最大降水量。

全市降水日数153天。与历年相比偏多16天。

日照　全市总日照时数1352.9小时，与历年相比偏多。从年内日照的分布来看，秋季偏少，其余三季偏多。

【主要气象灾害】

干旱　进入7月后降水量持续偏少，7月7日~8月7日出现伏旱天气过程。入冬后（2016年12月）降水持续偏少，但由于冬前降水较充沛，仅出现了一般性冬干。

暴雨　今年暴雨以上降雨过程次数较少，仅2次。5月2日到3日，出现暴雨天气过程，降水量为51.5mm；7月6日，出现今年最大一次暴雨天气过程，达到大暴雨，降水量为219.3mm。

高温　出现高温天气22天，其中7月29

日 -8 月 6 日，出现连续 9 天的高温天气。

秋绵雨　10 月 10—18 日出现连续 9 天降雨天气。

寒潮　年内仅出现 1 次强降温天气过程。2 月 19 ~ 22 日出现寒潮天气，过程降温（72 小时）6.6℃。

大风　5 月 3 日、7 月 28 日、7 月 29 日、8 月 16 日均出现大风天气，极大风速分别达 18.5m/s、26.1m/s、18.1m/s、19.0m/s。

【领导名录】

局　长：张潇予（女）

（龙　裔）

体　育

【项目建设】　以四季度项目拉练为目标，严格按照工期倒排时间节点，全力推进项目建设。一是由“一把手”总牵头，分管业务的副局长具体衔接区发改、建设、财政等部门，落实1名经办人员专门负责项目立项、财评等工作，1名经办人员专门对接落实水、电、气等安装工作，为项目施工奠定了基础。二是实行区派纪检员和局纪检组长双重、全程监督，确保了项目实施过程依法依规、阳光廉洁。三是主动衔接市公共资源教育中心，10个工作日完成项目招标代理机构招标，50日历天完成项目施工单位和监理单位招标。同时，主动对接区工业集中区管委会，限时完成施工场平，为项目顺利开工创造了条件。四是针对项目建设结构跨度大、标准高、专业性强，我局特设1名建筑安全管理人员岗位，负责项目施工安全监督，确保项目施工安全、高效。截至9月底，顺庆区体育中心项目正式开工建设，正全速推进工程建设，年底主场馆建成投入使用。

【资金争取】　积极向省、市体育主管部门汇报衔接，成功申报了大型体育场馆免费低收费开放补助资金，补助资金为100万元/年，以4年为一个周期，共400万元。积极争取省、市体彩公益金支持。2017年，市级体彩资金较往年增加100万元，共320万元。

【全民健身】　坚持把开展群众性体育活动作为推进全民健身事业发展的助推器，始终做到体育馆对外开放，区老体协、区老年大学、区太极拳协会、区游泳协会等区级体育社团组织的各类群众性健身活动广泛开展。区级机关干部职工免费太极拳培训3000余人次，协助双桥镇党委政府办好了端午节民俗活动，指导区游泳协会等体育协会举办“端午节”抢鸭子活动等协会活动；成功举办8月8日“全民健身日”系列活动暨全市“全民健身日”武术与太极拳展演、顺庆区首届“交通杯”干部职工篮球联赛，14支参赛队200余名机关和乡镇街道的干部职工参赛；组队参加南充市第三届篮球联赛。截至9月底，金世纪体育馆对外开放8万余人次，完成年度目标任务的90%。创建全国“武术之乡”完成前期资料申报。

【业余训练】　高度重视业余体育训练工作，狠抓业训基地和体育后备人才培养，积极抓好2018－2021年“四川省高水平体育后备人才基地”创建工作。突出抓好后备人才梯队建设，年内已向国家集训队输送运动员1名，向省高水平运动队输送运动员人才超过20名。加强青少年运动队竞技能力建设，大力促进青少年竞技交流，选派运动员20余名参加四川省青少年篮球竞标赛、四川省青少年乒乓球竞标赛，8月还将组队参加四川省青少年羽毛球比赛，不断提高青少年竞技水平。

【学校体育】 指导各学校体育课和课外体育活动，圆满举办全区小学生田径、足球、排球、篮球比赛，参赛学生运动员首次超过万人次，1 项赛会纪录被打破，学生参与体育锻炼的热情进一步激发，推动了全区学校素质教育的发展，增强了学生体质。

【健身设施】 不断加大群众性体育健身设施投入和城乡体育基础设施建设力度，持续推动群众性健身设施向社区和自然村延伸，建成五人制足球场和七人制足球场各一片，在同仁乡四方寨村、灯台乡字库碑村建成“农民体育健身工程”（乡镇项目）各 1 个，在潆溪街道板凳垭村建成标准篮球场 1 片，完成项目投资 230 余万元，群众体育健身场地特别是农村群众健身场地供给能力进一步增强。

【行业安全管理】 游泳是唯一开放经营的高危体育项目，我局大力加强源头管控，严格按照有关法律法规的要求，对照审批条件及程序，认真做好资料审核；严格做好游泳场所体育设施实地审查，对照标准严格检查游泳场所硬件设施、救生员和社会体育指导员配备、安全生产责任制等制度的落实。在管理过程中，我局认真履行告知义务，对新申请经营高危体育项目的企业和个人，热情耐心地告知所需材料清单；认真履行提醒职责，对许可即将到期的提前提醒；及时做好发证、咨询、走访等其他服务工作。2017 年，我局对辖区游泳池进行了实地审查，指导 15 家游泳池对标整改并颁发许可证，对 2 家游泳池在实地审查的基础上完成了到期换证，切实保障了游泳健身人群人身安全。同时，成立工作组，聘请行业专家，对辖区内中小学校体育设施和场馆进行了安全大检查，确保了校园安全。

【环保监管】 多次召集区游泳协会负责人专题研究嘉陵江顺庆段饮水水源区保护工作，要求全体会员远离嘉陵江取水口下江游泳。同时，会同北城街道办事处在取水口一带多次设立严禁下江游泳的警示标识，拉设围网、设置禁游区域，全力保障饮用水源安全。

【领导名录】

局　　长：刘世忠
副 局 长：唐志刚
　　　　　田　书
纪检组长：龚　萍（女）

（蒋欣汶）

卫生事业

卫生和计划生育

【概况】 2017年，辖区共有医疗机构743个，其中医院48个（公立医院省驻区1个、市驻区3个、区属3个，民营医院市驻区14个、区属27个），公共卫生机构8个（妇幼保健机构2个、疾病预防控制2个、卫生计生监督执法机构2个、市采供血机构1个、市急救中心1个），基层医疗卫生机构686个（社区卫生服务中心8个、社区卫生服务站40个、乡镇卫生院20个、村卫生室248个，诊所、门诊部、医务室370个），其他卫生机构1个。卫生机构总量较2016年增加23个，增加3.19%。2017年，全区卫生人力资源总数13525人（含村卫生室总人员数376人），与2016年相比，增加880人，增长6.96%。顺庆区每千人拥有执业（助理）医师5.01人，每千人拥有注册护士6.51人。

【项目建设】 科学编制"十三五"中央投资项目计划，建立项目储备库，积极向上争引资金；引导区属公立医院在中心卫生院或有条件的一般乡镇卫生院组建分院；加快落实建设项目的实施进度，具体包括县级医院扩建项目基础施工，区公共卫生服务中心建设项目、南充市中医医院南院区建设项目、潆溪社区卫生服务中心建设项目主体竣工，北城社区卫生服务中心建设项目已正式启动建设，双桥、顺河、新复、梵殿、渔溪5个乡镇卫生院建设项目和20个村卫生室建设项目已投入使用。完成固定资产申报10.271亿元。

【医药卫生体制改革】 继续巩固县级公立医院取消药品加成成果。2013年6月1日我区启动实施取消公立医院药品加成，2017年公立医院药品收入减少共计1126.15万元，2017年区财政补助285.04万元，财政补助实际比例达25.3%。

全面深化县级公立医院改革。以"三医联动"为重点，开展法人治理结构、补偿机制、人事薪酬等改革。制定出台了《顺庆区深化医药卫生体制改革综合试点方案》和《顺庆区2017年深化医药卫生体制改革工作要点》，建立起为巩固完善改革成果、解决存在的问题以及积极推动落实公立医院经营自主权保障可持续运行的新机制。

推进基层综合改革。推进基层综合改革。在基本实现基层医疗卫生机构标准化建设的基础上，推进基层医疗卫生机构规范化建设。新复、搬罾、桂花、共兴、灯台、大林6个卫生院荣获国家卫计委"2016－2017年群众满意的乡镇卫生院"称号，新建社区卫生服务中心王幻苏家庭医生团队获"2017年四川省优秀家庭医生团队”称号。

强力推进分级诊疗制度建设。在构建基层首诊、双向转诊、急慢分治的分级诊疗模式的基础上，大力推进医疗联合体、城市医院对口支援、远程医疗服务、签约服务等，着力提升基层医疗机构服务能力。县级医疗机构门诊增幅6.53%、住院诊疗量增幅5.31%、床位使用率达到86.29%。乡镇卫生院门诊和住院诊疗量增幅分别为16.77%、3.53%。（社区卫生服务中心）县域内就诊率达91%，县级医院开展远程会诊占院外会诊比达40.5%。

推进药械保障机制改革。一是巩固基层医疗机构基本药物制度。2017年，全区共计上网采购药品9千余万元，其中基药占比61.98%；国家基药占比31.31%；省补基药占比30.66%。超过国定最低基药占比标准，基层医疗卫生机构网上采购药品国家基药占比61.10%，省补基药占比30.96%；基层医疗卫生机构药品阳光积分1－12月平均约108.95分，区属县级医疗机构药品阳光积分1－12月平均约112.53分，全市排名靠前。全区高值耗材网上采购，均未超过全省加权平均价。

【公共卫生】 开展传染病防控。全区共报告法定传染病2类20种，发病总数2404例，无甲类传染病报告，报告发病率338.30/10万，死亡12例，死亡率1.69/10万。其中乙类传染病报告发病15种1432例，发病率201.52/10万；丙类传染病报告发病5种972例，发病率136.78/10万。突发公共卫生事件报告未分级事件1起，报告发病数5例，无死亡病例，事件类别为食物中毒事件；报告一般事件1起，报告发病数1例（人感染H7N9流感），无死亡病例，事件类别为传染病事件。

开展重大传染病防控。一是全新型结核病防治模式初见成效。定点医院结防工作的有效实施，是“疾控机构负责规划协调、定点医院负责确诊收治、基层公共卫生服务机构负责患者全程管理”结核病防治新模式的核心环节。为更好服务患病群众，突破常规指定了川北医附院、市中心医院两所省、市级三甲综合医院为我区定点医院，各专项领域工作有序开展。结核病2017年发病率44.33/10万，较去年同期相比，发病率下降9.73%。驻区医疗机构报告结核病434例，追踪到位413例，总体到位率95.16%，免费治疗结核病患者252例，免费拍摄胸片65例，免费查痰196例，筛查涂阳密切接触者94例。二是全面落实艾滋病综合防治措施。通过区重传委组织领导建立了以定点医疗机构、疾控中心为技术支撑、基础卫生服务机构为服务平台的艾滋病基层综合防治网络；利用和整合高校师资和大学生草根组织，在青年学生人群中开展艾滋病宣传教育；借助男同自愿者组织的男男同性性行为人群干预项目，建立中老年男男性行为者干预中心，每月至少完成对160名男男性行为者的干预工作，全年对不少于150名中老年男男性行为者提供艾滋病抗体检测服务，同时对已感染的患者进行检测后咨询，提高随访率；通过南充广播电视报等平面媒体以及微信、微博等新媒体，向全区群众提供艾滋病防治宣传教育，打造艾滋病防治宣传品牌。全区各级医疗机构完成艾滋病病毒抗体筛查216969人，行为干预女性性工作者、男男同性恋者4055人次。

免疫规划工作。我区儿童常规疫苗报告接种率均达99%以上。适龄儿童基础免疫92196人次，接种率99.92%；加强免疫35635人次，报告接种率99.08%；新生儿建卡建证6806人，0—6岁儿童建卡率100.00%；麻疹监测48小时完整调查率100%，血标本及时送检率100%；AFP48小时个案调查率100%；麻疹查漏补种接种率95.22%。全区范围内推广使用具有接种提醒预约、疫苗知识宣传、未种通知等功能的“小豆苗”APP。全区15个接种门诊均启动了“家长课堂”预防接种知识培训班，全年开展90余期培训班，参会人员达

1000多人次。

强化妇幼健康服务。全力推进妇幼保健机构能力建设，切实加强医疗保健机构产儿科危急重症急救能力建设，提高区、乡产儿科服务能力，规范产儿科质量安全管理。全区出生缺陷预防网络体系和工作机制基本形成，免费婚前医学检查与免费孕前优生检测常态开展。2017年，我区住院分娩率99.9%、孕产妇死亡率16.33/10万、婴儿死亡率2.94‰、5岁以下儿童死亡率3.59‰。

卫生监督执法工作。全年依法完成各类卫生监督3534户次，平均监督频次2.6次/户，监督覆盖率达到100%，最大限度做到了卫生监督工作的横向到边、纵向到底。依法办理各类卫生行政处罚案件104件，共处罚金26.33万元。实施不良行为记分56家，依法取缔各类无证经营、游医、游摊、黑诊所等90个次。受理群众投诉举报37件，协助处置医疗纠纷3件，及时处置率100%。全年实行卫生监督片区管理、公共场所量化分级管理实施率100%，医疗机构服务信息公示实施率达100%。完成各类卫生监督监测44户次，集中培训管理相对单位（户）1950人次，开展对外法制宣传5次。全年辖区内无一例食物中毒及介水传染病等突发公共卫生事件发生；无一例卫生行政执法错案、复议、诉讼案件发生；无一例因行政执法工作不当而引发的纠纷及上访事件发生；卫生监督服务群众综合满意率100%。

突发公共卫生事件应急处置。积极响应，科学处置我市首例人感染H7N9禽流感疫情，使该疫情得到有效控制，确保我区无新发及疑似病例发生，防控措施得到省、市疾控中心高度评价。一是建立健全应急处置工作领导小组，加强人员配置，完善专项防控预案和技术方案。二是迅速开展流行病学调查、密切接触者追踪隔离工作，做好疫点内人居住和聚集场所的消毒处理工作，落实病例早发现、早诊断、早报告、早隔离等措施，及时处置疫情。三是加强疫情与舆情监测，关注疫情动态，维护社会稳定。四是加强对各医疗机构督导指导，加强对流感样病例和不明原因肺炎患者的筛查能力。五是开展活禽市场外环境监测全覆盖，对检出阳性市场及时进行消毒防控工作指导。六是及时更新卫生应急储备物资，针对人感染高致病性禽流感专项物资定期进行检查和补充，确保卫生应急物资充足。七是加强健康教育工作，提高群众自我保护意识和防病能力，搞好群防群控。

【医疗服务】 医疗服务情况。2017年，全区医疗机构总诊疗人次625.14万人次，比2016年增加58.47万人次，增长12.96%。其中，医院总诊疗人次416.69万人次，比2016年增加59.15万人次，增长16.54%；基层医疗卫生机构总诊疗人次189万人次，占总人次的30.23%，其中：社区卫生服务机构总诊疗人次38.3万人次，增长14.64%；乡镇（中心）卫生院总诊疗人次28.56万人次，占诊疗人次总数的4.56%，比上年增长诊疗人次4.82万人次，增长20.3%；村卫生室总诊疗人次18.19万人次，占总诊疗人次的3.23%，增长10.29%；诊所、医务室总诊疗人次108.84万人次，占总诊疗人次的17.41%，较去年下降7.36%。

切实改善医疗服务。启动建立康复、妇产、儿科、骨科、护理、药事等医疗质量管理质控站，加强市中医医院骨伤科、区妇孺医院妇产科、区人民医院针灸和康复医学科等重点专科建设；深入开展“三好一满意”“优质护理”等活动，改善群众的就医感受，辖区二级及以上医院100%的病房均开展优质护理；推进医疗纠纷第三方调解工作及医疗责任保险制度，我区4家公立医院均参加了医疗责任保险，95%以上的医疗纠纷调处转入市医疗纠纷调解委员会处理。全年共受理医疗纠纷投诉68起，行政调解达60余次，调解成功32起，转入司法途径11起。

全面完成2017年医疗机构从业人员培训及执业许可证效验工作。全年组织了7次大型卫生技术人员培训，内容涉及基层医务人员急诊急救知识、内儿科技术、中医护理、中医药诊疗、基层口腔、中医药健康服务等，培训人次累计1000余人次。对全区1307名执业医师进行了定期考核，对全区400多家医疗机构开展了年审校验工作。

【计生工作】 2017年，全区共出生4668人，其中一孩2974人，政策内二孩1653人，政策内三孩8人，计外39人，人口出生率为7.29‰，人口自然增长率3.44‰，符合政策生育率99.16%，完成市级下达指标。全区出生男孩2424人，女孩2244人，性别比为108.02。我区总出生性别比控制在市下达的指标范围内。

高度重视，形成计划生育工作合力。年初，我区制定下发《2017年计划生育目标考核细则及奖惩办法》，继续实施计划生育"一票否决"制度。2月召开了全区人口计生工作会议，区政府与乡镇（街道）签订了目标责任书，细化任务，明确责任，形成了区、乡、村三级人口计生工作合力，保证人口计生各项工作顺利开展。

创先争优，成功创建省妇幼健康优质服务示范区。召开启动会统一各级各部门思想认识。充分利用新闻媒体、专栏、标语等宣传形式，为整个创建工作营造了良好的氛围。定期召开专题会协调解决创建工作中的新情况、新问题。强化督导检查，完善了定点包片帮扶制度，2年来共督查近20余次。9月，我区成功通过四川省妇幼健康优质服务示范区验收工作，全区妇幼工作进入了新的时期，迈上了新台阶。

关注民生，落实计划生育奖励扶助和特别扶助政策。免费婚前医学检查目标任务2800对，完成3520对。免费对农村妇女进行"两癌"筛查为主的妇科疾病普查目标任务550名，完成920名。实施扶贫解困工程，对目标人群的申报、录入、审核、入户调查等各个环节进行了严格把关。进一步加强独生子女死亡伤残家庭的帮扶，政府投入300多万元从多方面解决失独、伤残家庭的生活困难，并建立长效关怀扶助机制。

广泛宣传，计划生育"全面两孩"政策家喻户晓。牢牢把握正确的舆论导向，积极营造实施二孩政策宣传舆论氛围。全年印制、发放"全面两孩"宣传资料、通稿28000份，制作宣传展板80余张，标语150余条，乡镇卫生院、社区卫生服务中心LED电子显示屏滚动播出新政策；打造搬罾青山湖生育文化园，突出抓阵地建设规范化、宣传活动经常化，全年约3万余人次到文化园参观、学习、咨询。

【中医药工作】 进一步巩固"全国基层中医药工作先进单位"创建成果，继续推行基层中医服务能力提升工程工作，100%的乡镇卫生院、社区卫生服务中心能提供10类以上中医药技术方法，100%的村卫生室、社区卫生服务站能提供7类以上中医药技术方法。建立健全中医药服务体系，规范建设中医药综合服务区，对新复、永丰、渔溪、同仁、桂花卫生院中医药集中服务区进行规划指导，建设60个中医角（覆盖37个贫困村及城区附近村卫生室）。

【人事人才工作】 人才队伍建设。积极招聘卫生专业技术人才，采取公开招聘和考调等方式，增加专业技术人员近40人。系统空编率控制在9.8%。确定了51名系统后备干部，73名递进人才培养对象。

年内完成全区309名护士、128名初级士、518名初级师、299名中级，37名西医副高、11名中医副高的职称考试的申报工作。对全区

35个医疗卫生单位进行岗位设置，对取得资质的专业技术人员按要求聘任到新的岗位工作。

全科医生转培训。积极申报区人民医院为培训基地，完成全区42人，为期一年的全科医生转岗培训工作。

继续医学教育和对口支援工作。全区各医疗卫生机构继续医学教育覆盖率达100%，区属各公立医院继续教育对象获取继教学分达标率达95%，基层医疗卫计单位继续教育对象获取继教学分达标率85%。区直属医疗卫生单位派出医护人员28人对口支援我区乡镇卫生院、16人支援民族地区、25人参加省卫计委对口支援传帮带支援民族地区、23人卫生专业技术人员到三级医院进修。

“项目”人才工作。特岗全科、乡镇执业医师项目人才资金如数如期下拨，积极引导乡镇卫生院根据项目人才工作实绩予以额外奖励，尽力留住人才。安置好2名“9+3”项目生，落实了6名订单定向医学免费生的就业安置。

【脱贫攻坚】 摸清家底。年初，组织医护人员深入群众家中，对贫困家庭中因发生因病致贫的情况进行摸排，共掌握因病致贫群众6184人。

强化兜底保障。一是强化组织、明确责任。局党委及系统各单位“一把手”挂帅，成立系统及各单位脱贫攻坚领导小组，局机关抽调3名人员，成立扶贫办，各单位也相应地设置了专门窗口和功能科室。班子成员对贫困村、贫困户实行分片包干、对基层扶贫工作蹲点督导。每月至少召开1次扶贫工作专题研讨会。二是制定计划、落实任务。结合省、市出台的医疗卫生计生脱贫攻坚政策措施，将扶贫工作纳入年度目标考核，出台了《顺庆区2017年健康脱贫专项实施方案》《顺庆区脱贫攻坚“一病一例”特殊医疗救助办法》《南充市顺庆区卫生和计划生育局关于开展2017年贫困人口免费健康体检的通知》《顺庆区卫生扶贫救助基金使用管理办法》《南充市顺庆区卫生和计划生育局健康扶贫工作“回头看”“回头帮”实施方案》等指导性文件，对工作进行再安排、再部署。

深入基层做好服务。各贫困户实行一户一册、一人一卡、一户一个家庭医生签约团队、一个送医送药医疗服务小分队。各县级医疗单位分片包干指导医疗救助工作，各乡镇卫生院明确专人负责联系每个村社。系统成立了7个医疗小分队定期深入社区、乡镇，分片开展巡诊、义诊，送医送药活动。累计完成巡诊义诊1110余次、诊治3.7万余人次，送医送药价值约60万元。各医疗卫生机构均开通了医疗卫生计生扶贫绿色通道，对在区内各医疗卫生单位就诊的困难群众全面实施“一站式服务”。

【党风廉政建设】 进一步落实了党风廉政建设和反腐败工作责任。印发了系统《2017年惩治和预防腐败体系建设工作方案》《关于开展收受回扣红包专项整治活动的实施方案》《2017年党风廉政建设工作方案》，层层签订《党风廉政建设责任书》35份，把党风廉政建设和反腐败工作责任制考核结果作为衡量领导班子、领导干部工作能力和工作实绩的重要依据，并纳入年度目标管理进一步提升行风建设水平。严格落实医疗卫生行风建设“九不准”，开展规范医药购销行为、大型医院巡查、医务人员收受回扣和“不作为、慢作为、乱作为”专项整治行动，强化行业自律，切实维护行业风清气正的良好形象。深入开展服务对象恳谈会，持续展开党风廉政建设社会评价工作，制作并发放《顺庆区卫计系统党风廉政建设社会评价工作宣传手册》20000余份。

【健康教育和宣传工作】 制定了宣传工作要点及健康教育工作实施方案。及时做好官方政务微信公众号“健康顺庆”的信息更新工作。

全年，刊发《顺庆卫计要情》23期、信息208条；系统各单位积极向国、省、市、区有关刊物报送信息，被刊用200余条。同时积极加强计生政策宣传。结合“5·15国际家庭日”“5·29协会会员日”“7·11世界人口日”等主题宣传日，开展集中性社会宣传活动5场次。开展“体验式、理解式、互动式”宣传报道，组织新闻媒体深入医院门急诊、医疗急救、社区服务、疾病防控、卫生监督、无偿献血等医疗卫生工作第一线。按要求完成了2018年党报党刊征订工作。

【获奖情况】 2017年度成功创建四川省妇幼健康优质服务示范区，荣获四川省实施全面两孩政策表现突出单位，四川省基层流动人口卫生计生服务管理工作先进单位，四川省第二届“传承光荣守护生命”微电影评选展播活动最佳组织奖、入围奖。

【领导名录】

党委书记、局　长：罗锦昆
党委委员、副局长：谭　勇
　　　　　　　　　蒋荣政
　　　　　　　　　张向阳
党委委员、纪委书记：陈志彬
党委委员、区流管办主任：何　媛（女）

（黄　涛　陆沿竹）

区属医院

顺庆区人民医院

【医院简介】 南充市顺庆区人民医院坐落于川东北经济文化重镇南充中心城区，始建于1953年，历经60余年的发展，是顺庆区唯一一所集医疗、教学、科研、预防、保健、急救为一体的二甲综合性医院。

医院开放床位300张，在岗人员320名，其中卫生技术人员251人，医院硕士、学士等共计70人。设职能部门15个，各类专业学科20余个，其中针灸康复科是南充市重点学科，也是南充市“脑瘫儿康复基地”定点医院。

医院占地13亩。现有高级职称医师14名，中级技术职称47名。设有内、外、妇、儿、五官、口腔、中医、针灸康复等临床医技科室，近年来引入西门子双排螺旋CT，先后购置平板DR2台、直接数字化X射线摄影系统、胃肠血管减影X光机、全自动生化分析仪、彩超、胃镜、经颅彩色多普勒、电视腹腔镜等多种设备。

医院领导班子谨记“以病人为中心，以质量为核心”的宗旨，以“依法治院、科技兴院、民主管院、专科强院”为办院方向，创新管理、提升内涵，努力提供高品质的医疗服务，在赢得患者的同时，实现了自身的稳步发展。

【中心工作】 在核心理念的引领下，提高中层干部的综合素质和管理能力，强化医疗队伍建设，使全体职工各施其职，各尽其责。同时，大力扶持特色专科，促进专病诊治水平的提高。2017年门诊工作量11万余人次，比上年增长24%；住院7730人次，增长37%；病床使用率126%以上；危重病人抢救成功率82%；手术前后诊断符合率85%。业务总收入7000余万元，医疗服务质量满意度为98.5%，全年未发生医疗纠纷。

【医院管理】 2017年，我院以提高医疗水平和服务质量为主线，明确岗位职责，规范工作程序，落实目标责任，使医院管理工作迈上了新的台阶。

加强制度建设，健全和完善急诊抢救制

度、会诊制度、首诊医师负责制、病例讨论制度等医疗质量和医疗安全管理核心制度；修订和完善现行的诊疗规范、医疗工作程序和医疗服务流程及各项管理措施等，使医院的服务方式、服务内容、服务程序体现人性化、规范化、科学化。

2017年，顺庆区人民医院继续秉承“以病人为中心”的理念，合理调整布局、优化流程、完善结构、规范管理、美化环境。在“大专科、小综合”的办院模式下，积极推广应用新技术、新项目，同时以“争创更优更好的‘二甲’综合医院”为目标，在开展医疗质量管理、规范医疗行为、改善服务态度、提升服务质量、医德医风教育、党风廉政建设等方面取得了一定成效。

【职能业务】 加强医德医风建设 继续贯彻落实中央关于开展治理商业贿赂专项工作指示精神，建立治疗商业贿赂的长效机制，抑制商业贿络的蔓延，树立良好的医德医风，构建和谐医患关系。我院在过去的经验上不断积累，不断完善，不断修改，认真执行国家有关价格规定，依靠组织监控、健全监督机制、设立意见箱、举报电话。采用公示上墙、医院向社会、科室对医院、个人对科室的三级承诺制，制定服务承诺书，实行病人费用一日清单制，坚持药品价格和收费项目的公示制，成效显著。

党风廉政建设、政风行风建设提升明显 乘着全国“正风肃纪”的顺流，医院积极组织开展了医德医风教育实践活动、治理行业“潜规则”工作、严肃查处发生在群众身边的“四风”和腐败问题等，力求使医院的党风、政风、行风建设不断完善，从而提升辖区群众对我院医疗服务的满意度。同时确保每个活动阶段务实求真，不走过场，保证教育活动取得实效，提升医院的综合服务能力。

狠抓医疗护理质量，确保医疗安全 全年进行“三基三严”培训8次，核心制度培训7次，培训人员共计900余人次；组织完成了全院性的病历书写和无菌技术操作培训及考核工作；加强基本理论、基本技能、基本知识的学习，努力提高医护技能，促进全院职工专业知识的全面提升。

积极开展各类讲座，规范继续教育管理工作 继续教育是医院不断提高医务人员医学知识、人文素养、业务能力的重要手段，开年以来医院高度重视该项工作，截至年底共举办、开展各种继续教育知识讲座十多场次，培训人次达三百余人，主要涉及急诊急救知识、内外科常见病治疗常规及新进展、外科急腹症知识、培训抗菌药物规范应用、合理使用等内容，多方面多角度地提升我院医务人员的业务能力。

重视医院文化建设 坚持以病人为中心，紧紧围绕医院发展大局，以“质量、服务、和谐”为主题，以提高医务人员素质，改善服务态度，优化服务流程，提高医疗质量，保障医疗安全，构建和谐医患关系为重点，以改革创新为动力，以患者和社会满意为标准，将优质服务活动与医院等级复评有机结合起来，进一步提高服务质量，树立优质服务品牌形象。

【领导名录】

代院长：谭　勇（7月起）
副院长：杨国斌
付索宇
陈运龙
林　杨

南充市中医医院

【概况】 南充市中医医院（川北医学院附属南充市中医医院）始建于1979年，历经三十八年的艰苦创业，现已发展成为由市、区共建的集医疗、预防保健、教学科研、配制生产等于一体，中医特色突出、功能齐全、多学科并举的国家“三级乙等”中医医院。

医院是国家中医重点专科协作组成员单位、国家药品不良反应监测哨点医疗机构定点单位、全国“百倍珍膝关节倍益”骨关节病患者规范化管理公益项目基地等；是四川省骨伤骨病中医药防治技术协作中心、中医住院医师规范化培训基地、中医类别全科医师临床实践培训基地、高校毕业生就业见习基地；是四川省数字化医院，四川大学华西医院（远程）、成都中医药大学、达州中医学校教学医院，四川省中医药高等专科学校、川北医学院、南充卫校实习医院；是四川省骨科医院骨伤专科联盟医院、成都中医药大学附属医院医联体联盟成员单位、川北医学院附属医院医疗集团成员单位；是南充市“120”急救分中心、南充市干部保健基地医院、南充市继续医学教育培训基地、南充市中医护理质量控制中心、南充市医疗卫生机构中药制剂调剂使用推广单位等；是南充市农村居民重大疾病定点救治医院等；为我省、市首批公立医院改革试点单位。

医院占地面积16亩，建筑面积2.23万平方米，分设“两院一部”：金鱼岭院区、南院区、中药制剂部。医院开设住院病区13个，开放床位605张；开设有内科、外科、骨科、妇科、儿科、急诊科、重症医学科（ICU）、针灸、推拿、康复、肛肠、老年病科、治未病中心等20个一级临床科室，医学检验、医学影像等10个医技科室以及手术室、中药制剂室、消毒供应中心等15个辅助科室。其中，骨伤科、针灸科、肛肠科为省级中医重点专科，中药制剂室为省中医药管理局能力建设科室，创伤骨科、针灸科、肺病科为市级中医重点专科，并有国医大师工作室1个，有中医“治未病”等国家和省级项目建设科室5个。医院现有在岗人员524人，其中，副高及以上卫技人员61人；有省基层卫生拔尖人才、拔尖中医师、拔尖中青年中医师、中医药学术和技术带头人、中医临床优秀人才等6人，省、市、区名中医、名专家、名医生20人，国家、省级专委会委员50余人，并有硕士研究生40人。医院拥有美国GE1.5T核磁共振成像仪（MRI）、美国GE16层螺旋CT以及DR、C臂、彩超、全自动生化仪、电子腹腔镜、关节镜、椎间孔镜等各类大中型诊疗设备。

医院在各级领导的关心和大力支持下，以党和国家大力扶持和促进中医药事业发展政策为契机，以公立医院改革为主线，以充分满足人民群众对中医药的服务需求为切入，着力医院综合管理，不断加快基础设施、人才队伍和学科建设，医院综合服务能力不断提升，业务服务总量持续保持了快速增长态势，且各项主要工作指标尤其是中医药特色指标均位居全市公立医疗机构前列。

2017年，医院紧扣年度国家医药卫生工作重点，坚持并遵循“创新、协调、开放、共享”的发展理念和改革发展方向，以“技术升级、学科上位、项目攻坚”为抓手，以突出“发展质量、效益和特色”为着力点，以提升医院可持续发展能力为目的，认真按照年度医院整体工作计划，理性务实，高位求进，全力推动医院持续快速发展，。

业务服务总量稳中有进。全年医院门（急）诊人次290995人次，同比增长7.64%；出院人次15839人次，同比增长7.27%；业务收入2.13亿元，同比增长12.7%。其他各项指标均实现年度目标预期。

【医改工作】 “两均”费用有效控制。年门（急）诊次均费用同比增长2.91%；住院人均费用同比增长1.25%。

药械指标持续优化。年药占比13.59%（不含中药饮片和院内中药制剂），门（急）诊抗菌药物处方比例5.98%，住院患者抗菌药物使用率35.16%，“基药”金额使用比例70.84%。药品、高值医用耗材上网阳光采购率100%。

分级诊疗务实推进。上转率0.16%、下转率33.04%。

临床路径管理有效实施：年实施中医临床路径管理病种19个。

医联体建设成效明显：建立了南充市中医医院—汶川县中医医院医院联盟、南充市中医医院—潆溪中心卫生院医联体；并建成成都中医药大学附属医院医联体联盟单位。

【薪酬制度改革试点】 对口支援工作全面完成：年参加援边21人次、服务基层13人次。

医院信息化建设上位升级：建立了中医移动护理、区域远程中医会诊、微信全流程服务等信息系统（平台）8个；完成居民健康卡应用环境改造、中国医院药物警戒系统（CHPS）接口开发、医院信息系统第三级安全保护测评并备案、“三医监管”平台建设等工作。

各项社会公益项目圆满完成：年完成各类医疗救援保障35次。

【重点工作】 圆满完成四川省大型中医医院巡查工作，并获省专家组充分肯定。

成功建成南充市干部保健基地医院及南充首家“肿瘤体腔热灌注治疗中心”、全市首家中国医院药物警戒“哨点医院”等，并建成省级中医重点专科2个、国医大师工作室1个。

积极申创“川北医学院附属中医医院”，并挂牌落户。

完成中药颗粒剂剂型配制许可；年研发中药制剂新品种20个，目前正在申报备案；开展中药饮片临方加工及4种中药新剂型配制服务。

【项目建设】 全面完成“四川省2016年省级财政补助健康服务业重点项目—中医‘治未病’中心建设”“中医药老年病科建设项目”“市县级中医医院诊疗设备补助项目”“中医药人才培养项目”“中医药科技专项”等项目建设，其各项工作均获省督查组的高度好评。

稳步推进医院南院区改扩建项目建设，目前，工程主体结构已完工。其工程建设达到规定进度。

顺利完成潆溪新院区建设项目用地预审批复等基础性工作，现已进入补偿安置与拆迁工作程序。

编制《南充市中医医院建设规划方案（2018—2022年）》，并主动而为，全力推进医院建设用地置换工作（南充市职业技术学院金鱼岭校区地块）。

【创新驱动】 年成功开展“反关节置换术”“胃镜下行食管气管瘘支架植入术”“动静脉吻合术”“腹腔镜下结肠癌根治术”“肿瘤体腔热灌注治疗”等新技术、新项目26项；成功研发“紫丹润肤淡斑粉”“香丝润肤祛斑膏”“朱兰焕颜散”“蒲黄祛痘散”等中医“治未病”健康产品6个。与此同时，全区首家开展临床药学服务、中医护理质量管理品管圈活动以及中药饮片配方快递配送服务。

【队伍建设】 年招、引各级各类专业技术人才64人（其中，硕士研究生11人）。

年选派专业进修学习18人、住院医师规范化培训34人（其中，结业4人）、在职学历教育22人（其中，攻读硕士研究生学历3人）、短期培训（含中医专科专病培训）及参加各类学术会议385人次。

选培国医大师传承人1人、省第五批老中医药专家学术经验继承9人。

推荐并成功评选为“省中医药工作先进个人”、四川省“杰出中医医院院长”、四川省“杰出中医名家”“省中医药管理局第五批学术和技术带头人”及省、市、区各类先进个人38人。

【科教】 年组织申报省、市级科研课题18项，开展科研课题研究10项（省级3项、市级7项）；申报科技专利9项（发明专利6项、实用新型专利3项）。

年组织申报并开展国、省、市级中医药继教项目21项，培训人员2500余人次。

组织开展院内业务培训31次，培训人员2524人次。

完成“省第五批老中医药专家学术经验继承工作”年度考核工作，其考核合格率100%。

完成“国家针灸临床医学研究分中心”“四川省骨科临床医学研究分中心”“四川省针灸推拿临床医学研究分中心”、四川省肛肠临床医学研究分中心”“四川省中医药适宜技术推广基地”“四川省中医药产业创新团队”等申报工作。

完成“2016年中医类别全科医师岗位培训”结业考核17人，其考核合格率100%。

年接收并培训进修生34人、实习生103人、见习生155人。

【对外宣传】 创办南充“中医健康大讲堂”电视栏目，已录制播出24期。

举办南充“首届膏方节暨中医养生文化节”。

开设《南充晚报》“健康视点”栏目48期。

开展“世界高血压日”“中医药‘薪火传承’关爱健康行”“全国卒中宣传周”“联合国糖尿病日”等各类大型义诊、宣传活动7场次。

开展“进基层、进社区、进机关”健康宣讲等活动20余场次。

撰写各类稿件230余篇，在各类媒体宣传报道680余篇（次）。

党建工作扎实推进，各项中心、指令性任务圆满完成。

本年度，党建工作成效显现，党风、政风、行风持续好转，年行风测评综合满意度99.2%，医院党总支成功升级为党委；“脱贫攻坚”有质推进，深度贫困县对口医疗援助到岗到位；安全维稳、法律进医院和平安医院建设严抓不怠。医院无一例违纪违规违法行为、重大安全和上访事件发生。医院相继荣获“四川省中医药工作先进集体”“四川省药品不良反应监测工作先进集体”“四川省医疗器械不良事件监测工作先进集体”、四川省“杰出中医医院”“四川省中医医疗机构第一届护理品管圈竞赛二等奖”、四川省中医药职业教育协会（集团）中医病历评比“团体二等奖”“南充市精神文明单位”“南充市双拥工作先进集体”、市卫计委“2017年度先进志愿服务小分队”“顺庆区法制教育先进集体”；区卫计系统“‘建设健康顺庆，我们在努力’主题演讲比赛一等奖”和首届职工运动会团体总分第一名、区财政局“财政部门决算先进集体”等荣誉称号。

【院领导班子】

党委书记、院长：何光宏

党委委员、副院长：蒲　跃

副院长：李　多

院党委委员、副院长：魏照洲

院党委委员、院长助理：黄云川

（谢凡前）

南充市第四人民医院

【概况】 医院现有职工383人，开放病床200张，专业技术人员324人。门诊量256701人次，出入院8249人，；手术人数2364人，比去年同期增长-1%；总收入100，197，417.03元（其中业务收入99，208，497.03，医疗收入98，721，612.73万元，药品收入23，212，493.42元），医疗收入比去年同期增长0.41%。

总支出105，495，693.17万元，比去年同期增长8，357，945.80元，增长8.60%；药品收入占总收入的23.17%，比2016年增长0.37%；资产总额达到45，171，870.55元，万元以上医疗设备334台/件。

【强化管理】 完善院科两级质量控制组织，加强医院各环节的质量控制。医院启动了二甲复评工作以来，复评各项工作稳步推进，为了进一步加强医院质量管理和控制，医院成立了医院质量与安全管理委员会，下设质量管理办公室，专职管理医院质量安全，统一领导和协调各专业管理委员会工作，质量管理委员会紧紧围绕“重质量，讲安全”的原则开展医疗工作。医院不断完善各项规章制度，建立健全技术规范、操作规程、工作质量标准、管理方案、管理办法，使医疗活动有章可循，有规可依。通过一系列措施加强医疗质量控制，规范医疗行为，确保二甲复评顺利过关。

【技术创新】 加强产科重点专科建设，突出特色专科优势。加强了产科急救中心建设，提高应急抢救能力，有效控制孕产妇死亡率，保障母婴安全。创新引进先进的助产方式，使我院助产技术方面达国内先进水平，以适应国家全面二胎政策和高龄产妇的趋势。加强了产前检查工作，加强高危产妇的管理，利用我院产前检查优势，体现我院特色，加强产后康复科建设，做强盆底康复以及孕产妇和更年期妇女的骨密度和检测与治疗工作，做好不孕不育专科，提高妇科的诊治水平。

普通儿科、新生儿科充分利用现有新的设备，不断开展新疗法和新技术，提高了我院儿科的危急重症的救治能力。

提高专科特色，保障医疗水平。各功能科室围绕我院妇儿专科特色，充分利用现有设备，开展新业务、新项目，保障诊疗水平和医疗安全，提高设备使用率，确保质量不断持续改进。

【公立医院改革】 医院全面完成落实公立医院改革的各项工作。完成了控费目标，推进按病种付费工作相关准备，医疗费用增长控制在9%以内。完成与四川省保健院、南充中心医院、各乡镇卫生院的双转诊协议的签订，确保双向转诊工作落到实处。不断改善服务态度，提升服务质量，以优质服务为导向，不断解决百姓就医感受。

【信息系统】 2017年医院逐步完善和改进了信息系统功能。完成了信息系统的升级，开展了自动叫号、自助挂号、缴费，微信挂号、缴费，完成了健康四川、三医监管平台动态接入和居民健康卡的使用调试。充分利用医院信息系统的优势，做好流程优化，增加效率，提高病人满意度。

【优质服务】 进一步提高患者就医感受和服务水平，提高医院管理效能，提升医务人员职业素养，进一步规范职工的职业行为，2017年优质服务活动覆盖全院，主要以提高服务质量、营造温馨、安全、舒适的就医环境，构建和谐的医患关系，提高患者满意度为目的，达到技术领先，服务一流的目标。

【人才建设】 为保障新院区建成后有人可用，因此医院不断加大人才培养力度和加强人才储备。

加大了人才培养力度。医院高度重视专科人才培养，积极鼓励职称晋升。通过理论研修、临床实践、学术交流及科研工作提升人才能力。鼓励外出进修，结合本人的学术特色和专业，提高本专业解决疑难病症的能力。在学术交流和科研上，提倡跨省、跨地区交流，鼓励与上级和同级医疗机构合作，进行基础和临床课题研究。2017 年举办省级继续教育项目 2 项，外出培训进修 50 余人次。

做好新进医务人员培训工作。新进医师采取院外培训和院内轮训相结合的办法，院外培训使新进医师熟悉和掌握临床各科的基本知识和基本技能，院内培训重点掌握医院的各项医疗核心制度、“三基三严”、基本医疗流程以及门诊和住院部管理的相关知识。2017 年进行骨干医师培训 1 人，住院医师规范化培训 3 人。

积极引进人才。引进临床高层次人才是加快医院发展的一项重要举措，引进人才的重点是医院临床急需并在短期内又难以培养的具备专业特长的副主任医师以上职称人员或高学历人才充实医院的重点科室，切实保障妇产科、儿科始终具备有一定的人才优势。2017 年共招聘专业技术人员 34 名，编制内专业技术人员 4 名。

【科研教学】 医院创新发展离不开科研工作，临床科研既可取得成果，更能服务于临床工作，可相互推动、相互促进，开展科研工作对个人、学科、医院都有积极的帮助。2017 年医院积极开展科研教学工作，积极鼓励医务人员带教和开展临床科研工作，并与协作医院开展经常性协作，请专家教授给予指导，以提高科研水平，更好地为病人服务，也为建三级妇女儿童中心医院打好基础。目前医院开展国家卫生与计划委员会科研项目一项——维生素 A、E 与妊娠期子痫前期相关性研究，现正在临床开展，收集实验数据。

【项目工作】 2017 年完成了北部新城新院区开工建设前期准备，医院专门招聘人员管理项目建设，本着高标准，超前谋划，着眼未来的思路，按照工程进度有序推进。一所科室齐全、功能完善、环境优美、设施完备、服务规范、技术精湛，在川东北地区领先的三级妇女儿童中心医院即将建成。

【扶贫攻坚】 根据省、市、区脱贫不脱手的要求，2017 年医院继续做好精准扶贫工作，不断巩固扶贫成果，广泛征求精准贫困户的意见掌握了解贫困户的真实愿望，从贫困户自身实际出发提出发展经济的思路，不断增加贫困户家庭收入。在扶贫工作中，我院将加大资金支持力度，预计投入万元对贫困户进行三建五改，积极配合上级相关部门实施整村扶贫攻坚推进工作，带领村民脱贫致富奔小康，在规定的时间内完成我院精准扶贫工作。

【医风教育】 充分认识到行风建设是一项长期而艰巨的任务，它直接关系到党和政府在人民群众中的形象。卫生行业是窗口行业，是联系党和人民的纽带，我院坚持行风建设与业务工作同安排、同布置、同监督。首先加强学习，不断提高全院职工综合素质，我院组织党员干部和医护人员认真学习《党员干部十不准》《医务人员十不准》《执业医师法》《医疗事故处理条例》《医务人员职业道德规范》等法律法规，增强法制观念和纪律观念，不断强化医务人员的医德医风教育。

严格执行药品耗材、设备的购销和使用规定，加强临床用药监控和处方点评，预防购销过程的商业贿赂和腐败发生。逐步建立完善我院预防医药购销领域商业贿赂的长效机制，营造风清气正的行医环境。

【领导名录】

党总支书记、院长：庞光枢
副院长：张启容
副院长、工会主席：陈积兰（女）
党总支副书记：蒲明顺

（伍恒学）

顺庆区妇幼保健院

【概况】 我院创建于1953年，是一所国家一级甲等妇幼保健院，承担着辖区56万多名妇女儿童的健康保健工作，负责指导基层20个乡镇卫生院、42个社区卫生服务中心（站）、232个村卫生站的妇幼保健计划生育工作。是辖区内婚检唯一定点单位，南充市城乡居民医疗保险定点单位，被国家卫生部、联合国儿童基金会、世界卫生组织授予“爱婴医院”。

我院技术力量雄厚，医疗设备先进。现有在职职工138人，其中高级职称12人，中级职称27人，初级职称74人。现门诊设置12个临床科室，住院部开放病床30张，院行政设置13个职能科室，拥有四维进口彩超、全自动生化分析仪、血凝仪等万元以上先进医疗设备80余台。年门诊量11.58万人次，年住院病人1273人次，年业务收入2463万元，固定资产1567万元。承担着妇幼保健、“降低孕产妇死亡率、消除新生儿破伤风项目”“预防艾滋病、梅毒、乙肝母婴传播疾病项目”“农村孕产妇住院分娩补助项目”“农村育龄妇女增补叶酸预防神经管缺陷项目”“农村妇女宫颈癌、乳腺癌防治项目”、免费婚检及孕检、计划生育技术服务等妇幼健康公共卫生项目。

院领导班子开拓创新，锐意进取，坚持以保健为中心、以保障生殖健康为目的，保健与临床相结合，面向群体、面向基层和预防为主的妇幼卫生工作方针，坚持“以保健为主导，以医疗为支撑，以服务为特色，打造妇幼品牌医院”的办院方向，坚持“科技兴院、人才强院、特色办院、民主管院”的办院方针，以“诚信、厚德、博学、创新”为院训，不断深化改革，加快医院发展，全院干部职工精诚团结，务实奉献，医院物质文明、精神文明、政治文明建设成效显著，优美的环境、温馨的病房、热情的服务、细心周到的人文关怀，给妇女儿童提供达到国家规范的优质医疗保健服务。成功创建成“四川省妇幼健康优质服务示范区”；获中国妇女发展基金会“母亲健康快车—妇幼健康促进项目优秀实施奖”；获四川省“公共卫生先进集体”；市级“最佳卫生先进单位”“综治模范单位、平安单位”“三八红旗集体”“巾帼文明岗”、区级“最佳精神文明单位”“先进基层党组织”、妇幼计生工作“先进集体”等荣誉称号。

【妇女保健】 一是住院分娩率：全区户籍活产数6122人，住院分娩活产数6116，住院分娩率99.9%；二是孕产妇系统管理：孕产妇产前检查5947人，产前建卡5771人，孕产妇建卡率为95.09%，全区全年筛出高危妊娠2853人，所有高危孕产妇均进行了专案管理，高危孕产妇住院分娩率为100%。不定期到乡镇卫生院开展孕妇学校7次和免费高危孕产妇筛查100余人；三是孕产妇死亡监测：孕产妇死亡1人，死亡率为16.33/10万。

2017年举办了全区孕产妇死亡评审工作会，评审结果为不可避免死亡。

【儿童保健】 一是儿童保健服务：全区有7岁以下儿童36538人，其中：5岁以下儿童26895人，3岁以下儿童15660人。接受7岁儿童保健管理的有34999人，儿童保健管理率为95.79%；二是儿童系统管理：全区各医疗保健机构均开展了儿童系统管理服务，3岁以下儿童系统管理人数15001人，系统管理率为95.79%；三是儿童死亡监测：全区新生儿死亡12人，死亡率1.96‰；婴儿死亡18人，死亡率为2.94‰；5岁以下儿童死亡22人，死亡率3.59‰；新生儿破伤风0例。

2017年举办了全区新生儿死亡评审工作会。

【“新筛”】 2017年组织了全区“新筛”工作培训会。全区机构活产数是14309人，“新筛”采血总人数是 13672 人，筛查比率是 95.55%。全年筛查出 TSH（先天性甲状腺功能减低症）阳性患儿 7 例，高 TSH 血症 5 例，苯丙酮尿症 1 例，均已接受治疗，南充市妇幼保健院在进行专案管理随访。

【免费婚前医学健康检查与孕前优生健康检查】 进一步加大了婚前医学健康检查与孕前优生健康检查宣传力度，提高健康教育和咨询服务质量，加强婚检孕检工作人员业务培训，优化服务流程，免费发放婚检礼包（避孕套、叶酸、健康教育资料等），全年免费婚检 6428 人次，婚检率 78.2%。免费孕前优生健康检查 1598 对，两项均超目标完成任务。

【计划生育技术服务】 2017 年，全体服务队工作人员分上年和下年对辖区 20 个乡镇的农村育龄妇女、9 各街道办事处的流动人口育龄妇女进行了免费计划生育技术服务。活动出动宣传车 29 车次，工作人员 300 余人次，张贴宣传标语 30 余条，发放宣传资料 5 万余份、避孕药具 10000 余套，查出妇科疾病 3000 余人，免费送药 1000 余人，并进行了生殖健康的指导和干预。筛查出高危孕产妇 100 余人。该项活动让辖区的绝大部分育龄妇女，均免费享受到该项惠民政策。

【重大妇幼卫生】 一是预防艾滋病、梅毒、乙肝母婴传播项目。2017 年 3 月、11 月组织了全区该项目工作培训会。全区共接受艾滋病检测的孕产妇 14133 人，阳性病例 3 人，不确定病例 2 人，区疾控转入 HIV 阳性孕妇 1 人；梅毒检测 14133 人，阳性产妇 30 人；乙肝检测 14133 人，乙肝表面抗原阳性产妇 720 人。并给予阳性患者指导服药和出院后一系列的随访管理工作。2017 年中央补助资金到位，已分发各筛查单位；二是农村孕产妇住院分娩补助项目。2017 年 7 月国家将农村孕产妇住院分娩补助项目取消，剩余资金用于贫困孕产妇救助。住院分娩补助 1295 人，补助资金 64.75 万元，做到了应补尽补。2016 年中央补助资金 100 万；三是农村育龄妇女增补叶酸预防神经管缺陷项目。2017 年组织了全区叶酸工作培训会，并大力宣传和实施，全区共发放叶酸 5971 人份，做到了应发尽发；四是农村妇女“两癌”普查项目。共免费检查农村妇女 800 余人，无阳性病例。

【群体保健】 进一步强化了幼儿园群体保健工作，2017 年 11 月举办了托幼机构园长和保健医生儿童预防性伤害及心肺复苏急救技能操作演练培训会。并到多家托幼机构内进行急救知识和急救技能演练，免费为多家托幼机构进行现场指导消毒等卫生保健工作，成立了专门的体检队伍，常年对辖区幼儿园进行健康体检，建立健康档案。全年共完成幼儿新生入园体检 4000 余人，完成在园幼儿体检 20887 人次，对体检有缺陷的儿童均进行了健康指导，对所有托幼机构进行了保健知识辅导。到托幼机构现场指导卫生保健工作 10 余次。

【妇幼卫生信息管理】 进一步加强全区各医疗卫生单位妇幼保健信息化网络管理，规范儿保、孕保“一卡通”、推广母子健康手册的使用。2017 年组织了全区信息工作培训会，信息统计工作仍实行分级管理、逐级指导、定期考核、层层抓落实的工作方法，在妇幼保健工作中发挥了参谋助手作用。

【出生医学证明管理】 2017 年对辖区内助产机构相关工作人员进行了统一培训。目前网络管理正常运行，全区各助产机构均能严格按照出生医学证明管理要求签发、补发、换发出生医学证明。做到了轻易不浪费、严格不乱办。

【健康教育工作及基层培训】 继续坚持妇幼卫生保健工作例会制度，基层培训督导工作扎实开展，开展了社区卫生服务中心和乡镇卫生院标准化建设，全年召开妇幼专干例会7次，项目工作培训会11次，培训乡村医生200余人次，妇幼专干600余人次。坚持每半月在医院开展一次孕妇学校，不定期将孕妇学校开办到乡镇卫生院，让孕妇、家属在家附近就能听课让村医也能丰富相关知识；坚持到社区卫生服务中心、乡镇卫生院和基层医疗卫生单位指导、督促和检查落实妇幼卫生工作，全年指导基层70天。各单位利用“世界人口日”“母乳喂养宣传周”“出生缺陷日”“避孕日”“早产儿日”“艾滋病日”，积极开展健康教育宣传活动，组织全区健康教育培训20余次，制作健康教育宣传资料13种，发放健康教育宣传资料50000余份。

【避孕药具】 成立了全区计划生育避孕药具科，于2017年11月组织了全区避孕药具知识与药具管理发放流程工作培训。药具已下发到各社区卫生服务中心和各乡镇卫生院，并逐级下发。6月迎接省上药具工作督导检查获好评。

【领导名录】

党支部书记、院长：杨大志
　　　　　　　　　李秋菊
副院长：汪　强
　　　　邓纪恩

疾病预防控制中心

【概况】 2017年，全区疾病预防控制工作在区委区政府的高度重视下，在卫计局的坚强领导和上级业务部门的支持指导下，紧紧围绕年初确定的工作目标，立足实际，突出重点，强化措施，狠抓落实，各项工作稳步推进，顺利完成了各项目标任务，先后参加国家碘缺乏病实验室质控考核、省地矿局水中铁和锰考核、省疾控中心HIV抗体检测外部质控考核、市疾控中心结核病、疟疾、麻疹、风疹、市质监局水中硝酸盐氮、砷、铜项目质控考核，均获得国、省、市优异成绩，全市预防接种知识宣讲比赛获得一、二等奖，全市卫生应急技能竞赛中获得突发中毒事件处置组个人二等奖。

【传染病疫情】 2017年，通过国家疾病监测网络直报信息系统报告，全区无甲类传染病报告，乙丙传染病报告2类20种，发病总数2404例，报告发病率338.30/10万；死亡12例，死亡率1.69/10万。乙类传染病报告发病15种1432例，发病率201.52/10万；丙类传染病报告发病5种972例，发病率136.78/10万。突发公共卫生事件报告未分级事件1起，报告发病数5例，无死亡病例，事件类别为食物中毒事件；报告一般事件1起，报告发病数1例（人感染H7N9流感），无死亡病例，事件类别为传染病事件。

【结核病防治】 新型结核病防治模式初见成效。定点医院结防工作的有效实施，是“疾控机构负责规划协调、定点医院负责确诊收治、基层公共卫生服务机构负责患者全程管理”结核病防治新模式的核心环节。我区为更好的服务于患病群众，突破常规指定了川北医附院、市中心医院两所省、市级三甲综合医院为我区定点医院。区疾控中心指定专人指导两医院构建结核病免费诊治管道，定期督导指导，多次召开协调会，积极推进结核病定点医院建设，目前全区新型结核病防治体系得以初步建立，各专项领域工作有序开展。结核病2017年发病率44.33/10万，较去年同期相比，发病率下降9.73%。驻区医疗机构报告结核病434

例，追踪到位 413 例，总体到位率 95.16%，免费治疗结核病患者 252 例，免费拍摄胸片 65 例，免费查痰 196 例，筛查涂阳密切接触者 94 例。

【艾滋病防治】 建立基层防治网络。通过区重传委组织领导建立了以定点医疗机构、疾控中心为技术支撑，基础卫生服务机构为服务平台的艾滋病基层综合防治网络。特别是将宣传教育和病人管理多方面的综合防治工作融为一体，建立基层工作平台，定人定岗，明确职责任务，逐步形成了适合于我区实际情况的艾滋病病人管理随访新模式。强化学校艾滋病防控。利用和整合高校师资和大学生草根组织，在青年学生人群中开展艾滋病宣传教育，既充分利用了大、中学校便于集中开展宣传教育这个最好的平台以及高校师资和大学生队伍这块优质而丰富的资源，又锻炼培育了未来的防治队伍，更扩大了青年学生接受宣传教育的覆盖面，为遏制艾滋病对我区青年学生人群的威胁探索一条新路。加强重点人群干预。借组区男男性行为人群自愿者组织申请的男同自愿者组织男男同性性行为人群干预项目，建立中老年男男性行为者干预中心，每月至少完成对 160 名男男性行为者的干预工作，为其提供针对性和有效性的健康教育，全年对不少于 150 名中老年男男性行为者提供艾滋病抗体检测服务，同时对已感染的患者进行检测后咨询，提高随访率，对已进行抗病毒治疗的患者进行依从性教育，减少耐药情况的发生，以此来扩大对我区男男性行为人群的干预覆盖率，降低男男性行为人群感染率，探索了一套针对中老年男男性行为人群的艾滋病有效防治模式。四是创新宣传手段。通过南充广播电视报平面媒体以及微信、微博都新媒体，向全区群众提供宣传教育，同时将我区的艾滋病防治工作开展信息、国内外艾滋病领域的科研进展、有关艾滋病性病防治知识推广给微信用户，减少宣传成本，提高宣传的针对性和有效性，打造出更具影响力的预防艾滋病防治宣传品牌，提升了宣传覆盖面。全区各级医疗机构完成艾滋病病毒抗体筛查 216969 人，新增艾滋病新增感染者和病人共计 93 例，行为干预女性性工作者、男男同性恋者 4055 人次。通过区重传委组织领导建立了以定点医疗机构、疾控中心为技术支撑，基础卫生服务机构为服务平台的艾滋病基层综合防治网络，进一步提升了我区艾滋病防治工作能力，巩固了全区艾滋病低流行态势。

【免疫规划】 适龄儿童基础免疫 92196 人次，接种率 99.92%，加强免疫 35635 人次，报告接种率 99.08%。新生儿建卡建证 6806 人，0—6 岁儿童建卡率 100.00%。麻疹监测 48 小时完整调查率 100%，血标本及时送检率 100%；AFP48 小时个案调查率 100%。麻疹查漏补种接种率 95.22%。全区范围内推广使用“小豆苗”APP，该软件的接种提醒、疫苗知识宣传、接种预约、未种通知等功能受到家长一致好评。对辖区 15 家产科机构出生的儿童进行信息化管理，各产科机构将本单位出生的儿童信息和接种信息录入系统，各接种单位通过“预防接种信息系统”直接获取相应儿童资料，从源头杜绝了儿童漏卡、接种信息丢失、责任归属不清等情况。全区 15 个接种门诊均启动了“家长课堂”预防接种知识培训班，共计开展 90 余期培训班，参会人员达 1000 多人次，促进了接种医生和监护人的和谐互信，提高了儿童监护人预防接种知识知晓率和儿童疫苗接种率。

【慢性病防治】 一是口腔卫生干预模式日臻成熟。我区作为全省口腔卫生综合示范区，口腔防治工作走在全省前列。随着口腔干预工作的长期实施，卫计部门、教育部门分工合作的防治模式有效运转，干预模式日臻成熟，全区学龄儿童患龋率呈下降趋势。二是慢病监测多部门信息共享机制建立。死因监测、肿瘤监测、人群慢病高危因素监测、脑卒中高危人群筛查与干预均为慢病监测的组成部分，随着我区各项监测工作的深入开展，召开多部门工作协调会，多次与相关部门面商，全区公安、民政、卫计多部门信息共享平台得以建立，指定了信息报送员，签订了部门间隐私保密协议，形成了定期交换死亡人口数据的工作机制，全区慢病监测报告质量得到进一步提升。

【卫生监测与卫生检验】 中心实验室资质认定2017年复评审及扩项评审顺利通过，获得省质监局颁发的检验检测机构资质认定证书，批准检测能力11大类299个参数，较复评前增加检测参数4个，检测能力和实验室管理水平得到提高。主要工作情况：贯彻落实国家政策调整，全面取消预防性健康体检及卫生监测收费，实现公益服务惠民利民。免费完成从业人员健康体检共计18955人次；公共场所共抽样监测88家，采样475件，检测项目5225项；医疗机构消毒监测487家采样1507件，检测项目4503项。城市二次供水监测20件，游泳池水监测39件，检测项目953项。全面开展农村饮用水安全监测项目工作。对全区18个乡镇及所属学校的生活饮用水枯水期、丰水期各开展一次卫生监测，共采样72件，检测项目2520项。认真做好大型活动卫生防疫工作。参加2017年普通高考考点、食宿点卫生防疫工作12人次；参加2017年嘉陵江合唱团食宿点卫生防疫工作5人次。积极协助，处置环保投诉事件6起。针对投诉问题逐一开展了卫生学调查及现场采样监测。

【健康教育】 主题健康宣传日间，开展健康教育宣传活动。全年共开展了结核病宣传日、计划免疫宣传日、全国疟疾日等宣传活动15次，印制发放《乙脑预防知识》《预防卒中，你我同行》等健康教育宣传材料10万余份，制作宣传展板20余块，为近万人提供现场健康咨询服务。组织学校传染病防控专题健康教育巡讲。邀请南充市首批健康教育巡讲专家主讲，分别对传染病的概述、学校传染病防控政策依据、学校传染病防控具体措施、重点传染病防治知识进行讲述，南充一中180余名教职工参加了巡讲活动。开展主题为“提高健康素养水平，时不我待”的健康教育知识培训。18个乡镇、11个街道办事处的分管领导、爱卫办主任和区环保局、区教育局、区工商和区质监局、区食药局等13个区级职能部门的爱卫工作人员参加学习。扩大健康教育宣传阵地。在南充晚报、南充广播电视报、美丽顺庆等主流媒体上刊发预防艾滋病、口腔疾病健康教育知识，利用手机短信、微信公众号及时发布艾滋病、禽流感防控知识，并邀请电视台对全国爱牙日等宣传活动进行宣传报道。

【突发公共卫生事件应急处置】 积极响应，科学处置我市首例人感染H7N9禽流感疫情，使该疫情得到有效控制，确保我区无新发及疑似病例发生，防控措施得到省、市疾控中心高度评价。建立健全应急处置工作领导小组，加强人员配置，完善专项防控预案和技术方案。迅速开展流行病学调查、密切接触者追踪隔离工作，做好疫点内人居住和聚集场所的消毒处理工作，落实病例早发现、早诊断、早报告、早隔离等措施，及时处置疫情。加强疫情与舆情监测，关注疫情动态，维护社会稳定。加强对各医疗机构督导指导，加强对流感样病例和不明原因肺炎患者的筛查能力。开展活禽市场外环境监测全覆盖，对检出阳性市场及时进行消毒防控工作指导。更新卫生应急储备物资，针对人感染高致病性禽流感专项物资定期进行检查和补充，确保卫生应急物资充足。加强健康教育工作，提高群众自我保护意识和防病能力，搞好群防群控。

【寄生虫病防治】 2017年10月10日至11日，南充市卫计委组织消除疟疾考核评估小组对我区开展了消除疟疾现场考核评估，通过现场镜检技能考核、疟疾诊治知识考核、血片复核及查阅相关资料等评估内容顺利通过了消除疟疾市级验收。监测食用盐及尿样碘共600件，碘盐覆盖率100%，碘盐合格率99%，8—10岁儿童尿碘及孕妇尿碘均达国家相关指标要求。

【领导名录】

主　任：蒲　跃（11月止）
　　　　孙先胜（1月起）
副主任：冯俊林
　　　　冉　萍（女）

（杜云鹤）

卫生和计划生育监督执法

【概况】 2017年，紧紧围绕“内练素质，外树形象”的目标要求，依据《医疗机构管理条例》《传染病防治法》《生活饮用水卫生监督管理办法》等卫生法律法规，全面做好公共场所卫生、饮用水卫生、医疗卫生、学校卫生、放射卫生、传染病防控等监督工作。

【十组工作数据】 全年依法完成各类卫生监督：3534户次（实际应监督户数1374户），平均监督频次2.6次/户，监督覆盖率达到100%，最大限度做到了卫生监督工作的横向到边、纵向到底。

全年依法办理各类卫生行政处罚案件109件（其中：医疗案件87件，公共场所案件22件），共处罚金29.70万元；实施不良行为记分56家；依法取缔各类无证经营、游医、游摊、黑诊所等90个次。

全年受理各类卫生行政许可478件，按时办结率100%；完成本级卫生监督稽查18次，定期稽查通报6篇。

全年完成国家、省、市、区各类卫生监督专项整治12项。

全年妥善处置群众来信、来电、投诉举报37件，协助处置医疗纠纷3件，及时处置率100%。

全年实行卫生监督片区管理、公共场所量化分级管理实施率100%；医疗机构服务信息公示实施率达100%。

全年完成各类卫生监督监测44户次；集中培训管理相对单位（户）1950人次；开展对外法制宣传5次。

全年集中业务培训12次；案卷、文书评讲、案卷评析3次，案卷、文书合格率达80%；外出培训10人次。

全年编发各类信息稿件116篇次。其中：《四川省卫生监督网》48篇，《四川在线》1篇，《南充日报》1篇，南充市卫计委网4篇，《南充晚报》1篇，《南充卫生监督网》58篇，《今日顺庆》3篇。

全年辖区内无一例食物中毒及介水传染病等突发公共卫生事件发生；无一例卫生行政执法错案、复议、诉讼案件发生；无一例因行政执法工作不当而引发的纠纷及上访事件发生；卫生监督服务群众综合满意率100%。

【四大重点工作】 严厉打击非法行医，规范医疗市场秩序。2017年，我大队完成非法行医案件28件；罚款11.02万元，没收非法所得1.7万元和药品、器械42箱。一是抓宣传，营造群防群控浓厚氛围。我大队开展了以“整顿规范医疗市场秩序，保障人民群众健康权益”为主题的打击非法行医集中宣传月活动。先后在李家镇、芦溪镇、搬罾镇和潆溪街道及西山广场、果山公园等农村和城区相对集中的地方开展了宣传活动，共发放宣传单（册）2.8万余份，接待咨询群众2300余人次，为打击非法行医群防群控营造了浓厚氛围。同时，充分利用“3·15”消费者权益保护日、“职业病防治法宣传周”“12·4法制宣传日”等节日，多形式地宣传《执业医师法》《传染病防治法》和《医疗机构管理条例》等法律法规知识，不断提高了医患双方的法律意识。二是划区域，关口下移明确工作职责。进一步完善了分工协作、相互制约的公正执法制度。以内部监督制约为着力点，狠抓规范管理和责任落实，实行“网格化”管理责任到人。按照“因地制宜、统筹规划、合理划网、网内履职、层层落责”的工作方针，坚持“谁监督、谁负责”的原则，实行分片包干制，做到合理划分、任务包干、责任到人。片区划分后，各科室全部沉入一线，逐家逐户进行走访，对医疗机构进行全面摸底，摸清了监督的户数、办证情况以及所存在的问题，对存在问题的单位全部下达整改意见书，实现了电子化及清单化管理，为强化医疗机构监管，打击非法行医行为打下了坚实基础。三是强监督，严厉打击非法行医行为。大队始终以高压态势打击非法行医活动。从去年11月起，大队结合前期的打非宣传和摸底情况，启动了代号“清网行动”的打非专项活动，短短2个月时间，打掉了以文一针、杨金泉为代表的33家城区和农村的非法行医点，在全社会起到了较好的震慑作用，有效遏制了违法执业行为。今年，大队还采取回头看的方式，对全区非法行医进行一次全面的拉网排查，对死灰复燃和顶风作案的予以深入彻底的打击和清除，不断加大惩处力度，查办一批典型案件，整顿医疗市场，还广大百姓一个安全健康的医疗环境。四是严执法，巩固打击非法行医成果。为全力保障人民群众就医安全，巩固打击非法行医成果，防止非法行医行为死灰复燃。大队针对一些非法行医者和游医与执法人员“躲猫猫”打“游击战”的行为，充分利用周末、逢场天，采取蹲点、回访的方式，严厉打击非法行医的嚣张气焰，辖区内的非法行医行为得到了有效遏制。

推进脱贫攻坚工作，确保扶贫任务完成。为确保脱贫攻坚任务的园满完成，按照区委、区政府脱贫攻坚会议精神要求，2017年，深入到帮扶村开展脱贫攻坚工作。

加强组织领导。成立了脱贫攻坚领导小组，把脱贫攻坚工作作为大队的中心任务来抓，进一步明确工作职责和任务，力求抓好、抓实、抓出成效。调整充实帮扶人员，确保高质量地完成脱贫攻坚工作任务。强化工作措施。不定期深入到帮扶人家中，认真听取他们对脱贫的需求与愿望，并一户一策，对症下药，做到“按需施策”，落实责任；同时，对去年的脱贫户进行全面回访，了解他们的近况和存在的困难，以达到扶贫动态的跟踪管理；还深入到帮扶村（七里沟村）进行产业规划和整村帮扶，目前收到了令人满意的效果。拓展帮扶思维。通过吃农家饭、干农家活、义诊咨询、交心谈心、卫生法律法规宣讲等形式进行健康扶贫、法制扶贫，使大队的脱贫攻坚工作收到了实实在在的效果。大队共走访帮扶户120户次；捐款2200元；出资3万余元完成“三建五改”项目6个及屋前房后整修；开展义诊咨询服务2次；发放卫生健康和扶贫宣传资料2000余份，顺利通过了区委组织的“精准扶贫”脱贫验收，获得了验收组成员的一致好评。

加强医疗三废管理，确保环督圆满完成。为进一步强化辖区内医疗机构监管，加强医疗废物管理，规范医疗废物无害化处置，防治疾病传播，保护环境。按照省、市、区环保督查工作要求，开展了一系列专项监督执法检查，收到了明显效果。树立意识，加强培训。认真贯彻执行《医疗废物管理条例》和《医疗机构水污染物排放标准》，先后组织召开了“顺庆区医疗机构三废处置管理工作培训会”“顺庆区医疗机构三废处置管理工作推进会”“顺庆区学校卫生暨环保督查工作推进会”和“顺庆区医疗卫生机构安全生产暨三废处置管理工作推进会”等各类专项培训会推进会12场次，区属各类医疗机构410余家共1千余人参加了会议。通过不定期的培训、开会和学习，进一步明确了工作任务和职责，使各医疗机构负责人充分认识到了医疗“三废”处置管理的重要性，从而规范医疗废物的收集、处置和管理。

制定措施，明确职责。针对医疗废物的监督管理，大队制定了相应的措施，进一步明确医疗机构的管理职责。医疗机构为医疗废物管理的第一责任单位，其法人为第一负责人；区卫计局与各类医疗机构签订了《顺庆区医疗机构医疗废物处置管理责任书》共计439份，进一步明确了工作职责；医疗机构所产生的医疗废物，应交由有资质的机构处置，并签定处置协议；小型医疗机构（诊所）应将医疗废物向大型医疗机构转运并签定转运协议；医疗废物应先行在医疗机构内按照相关法律、法规进行毁形、消毒、分类包装处理，以确保医疗废物处置安全；对19张床位及以上的医疗机构建立了“三废”分户档案，并将日常监督检查结果与年度校验管理和等级评审挂钩，从而实现动态管理，目前已建三年期档案66份。加强监督，规范管理。进一步落实省、市、区环保督查会议精神，大队不定期对辖区医疗机构的“三废”处置和放射卫生管理进行了全覆盖的监督检查。2017年2－6月，共检查各级各类医疗机构454家，出动执法人员1362人次，车辆340台次。查处医疗“三废”案件11件，处罚金1.73万元，下达监督意见书454份。在今年9月的中央环保督查工作期间，我大队完成上级交办涉及医疗三废信访件6件，公共场所案件4件.

开展医疗机构校验，完善更新档案资料。大队按照《医疗机构管理条例》《医疗机构管理办法》等相关法律法规，积极开展医疗机构校验工作。摒弃以往医疗机构现场审查陋习，变被动为主动，将长达半年的审查时间缩短为2个月，工作效率明显提高；执法人员在规定时间内，必须完成医疗机构的现场审核，及时反馈相关信息，更新档案资料；对个别医疗机构未在规定时间内申请校验的进行约谈，并组织学习《医疗机构管理条例》《执业医师法》等相关法律法规。全面完成了辖区内380余家医疗机构的现场审查工作，完善更新了所有医疗机构信息、人员资质，强化了电子档案的重要性.

【两项常规工作】 以“两学一做”为抓手，紧抓党建工作不放松。抓学习，提高党员干部综合素质。不断深入学习贯彻党的十八届六中全会和十九大精神，紧紧围绕“两学一做”和“三会一课”教育实践活动，把每月12日定为支部党员集中学习日，通过领导上党课、开展红色和爱国主义教育，不断提升党员干部的思想政治素质。4月，大队组织全体党员到贵州赤水开展红色教育。通过到烈士陵园纪念先烈、参观红色文化纪念馆、重走长征路等方式，进一步增强党员干部的使命感和责任感。6月30日，大队支部利用党员活动固定日，走进了爱国主义教育基地－－张澜纪念馆参观学习。大家纷纷表示，将以张澜先生言行一致、生活简朴、毫无自私自利之心的高尚品德为标杆，全心全意为人民服务，争做一名合格共产党员。2017年，大队支部开展“两学一做”和“三会一课”学习教育和党员固定活动日活动24次，集中学习讨论13次，开展党的知识竞赛1次。促活动，增强基层党组织凝聚力。为丰富职工文化娱乐生活，倡导“每天锻炼一小时，健康生活一辈子”理念，促进干部职工之间相互了解，在和谐中树立团队精神。今年1月，大队工会在市城北小学开展了“迎新春”趣味运动会。运动会设“抢种抢收”“滚雪球”“团体跳绳”三个比赛项目。5月19日，在西华师大运动场开展了“迎端午职工趣味体育竞技”活动。大家积极踊跃参与，比耐力、拼智慧，彼此团结协作、默契配合，经过紧张激烈地角逐，决出了团队一、二、三等奖。通过不定期地开展健康有益的活动，进一步增强了党员干部职工之间的凝聚力，展现了大队职工文明向上的精神风貌和良好的工作氛围。抓廉政，树立良好行政执法形象。邀请区检察院法律专家，为全体干部职工进行预防职务犯罪、规范行政执法专题讲座。从杜绝“吃、拿、卡、要”做起，廉洁从政，秉公执法，切实维护大队形象。组织全体干部职工到川中监狱开展廉政警示教育活动，进一步深化反腐倡廉教育，增强拒腐防变能力，增强党员干部廉洁意识。四是做表率，发挥党员先锋模范作用。大队领导班子以身作则，经常深入到执法一线开展工作。特别是在打击非法行医和医疗“三废”的专项整治活动中，他们总是身先士卒，走在前列，带领大队卫生监督员深入到乡镇、街道、医疗机构进行督导检查，出色地完成了各项目标工作任务，充分发挥了共产党员的先锋模范带头作用，在医疗卫生、公共场所卫生和打击非法行医的监督中，多次得到了区委、区政府及上级主管部门充分肯定和表扬。

以强化管理为抓手，紧抓自身建设不放松。为建设一支业务精、素质高、忠诚敬业的卫生监督执法队伍，增强行政执法能力，提高行政执法水平，大队狠抓内部管理。强化法规培训，规范行政执法。为提高依法行政能力，大队通过专题讲座，业务辅导等形式，对卫生监督人员进行法律知识强化学习。1 月 20 日，大队邀请市支队专家针对“两法衔接”工作进行了专题讲座，并以真实案件为例，以案说法，详细讲解了“两法衔接”工作的重要性。5 月 15 日，四川省普天律师事务所何林洪律师，来到大队对卫生监督人员进行了业务知识辅导。他结合当前行政执法现状和卫生行政处罚案件，围绕《医疗机构管理条例》等卫生法律法规，向大家讲解了法律法规的运用规范；重点对行政执法中的送达、时限、询问笔录的问询方法、法律文书撰写等关键问题进行了解读，并给予了详细的指导。通过培训学习，进一步规范了行政执法行为，增强了监督人员的法律意识。完善规章制度，规范内部管理。今年以来，大队相继出台了《科室考核实施办法（试行）》《车辆使用管理办法（试行）》《顺庆区专职卫生监督协管员绩效考核办法（试行）》和《顺庆区专职卫生监督协管员竞聘上岗管理办法（试行）》4 项管理制度。通过制度的建立，进一步规范职工工作行为，提高工作效率，树立“文明执法、规范执法、严格执法、公正执法”的良好队伍形象。同时，大队还配备了 4 台执法车辆和执法记录仪，硬件设施进一步提升，为推进卫生计生执法工作的规范化、法制化建设打下了坚实基础。加强业务学习，提升综合素质。大队结合当前卫生监督工作实际，不断探索新模式，创新新方法，注重新实效，采取“走出去、请进来，内部讲”的方式，对全体卫生监督人员进行多层次地业务知识培训。今年共派出 11 人参加省内省外卫生监督专题知识培训；请上级相关部门到单位进行法律法规知识讲座 5 次；内部轮训 11 次，培训人员 352 人次。通过多样化的培训学习，大队监督人员的综合素质明显提高。

开展竞聘上岗，锤炼协管队伍。为建设一支业务精、素质高、忠诚敬业的卫生监督协管员队伍，大队本着“公开竞聘、平等竞争，择优聘任、严格考核”的原则，对大队卫生监督协管人员实行竞聘上岗管理。在充分体现“过程公开，结果透明，全员参与，全程监督”的民主、公开的竞聘原则下，建立起了平等竞争、择优聘用、合理流动的用人机制和岗位管理机制，充分调动了卫生监督协管人员的工作积极性和创造性，为推动大队卫生监督协管工作的开展提供了有力保障。

【领导名录】

党支部书记、大队长：蒋昌宏

副大队长：袁　林

（范吉涛）

乡镇街道

SHUNQINGNIANJIAN

北城街道办事处

2017年，南充市顺庆区北城街道党工委、办事处按照中共顺庆区委、区政府确定的全年目标任务要求，紧紧围绕区委建设“城渝第二城核心功能区”的发展定位，开拓创新，凝心聚力，攻坚克难，全力打造“向上、幸福、和谐”北城，圆满完成了2017年区委、区政府下达的各项工作目标任务。

【政区概况】 办事处位于顺庆区城区东北部，嘉陵江西岸，有上中坝大桥与高坪区相联，以果城路为界，南接中城街道办事处，西以人民北路、金鱼岭路为界与和平路街道办事处毗邻，北沿水郡路接石油南路南下沿五里店街到滨江中路与舞凤街道办事处接壤。南北长3.7公里，东西宽2.05公里，面积7.6平方公里。辖区有滨江中路、果城路、人民北路、西藏路、长征路、胜利路、延安路、金鱼岭路、金鱼岭正街、正阳路、水郡路、龙吟路、石油南路、五里店街、天工街、江天美食街等25条街巷。

常驻辖区单位有武警8740部队、中共顺庆区委、顺庆区人民政府、南充市环卫处、四川水电设计院，南充六中、省建十五公司、四川省南充蚕种场、中石油南充市天然气公司、四川省新华文轩发行南充分公司、南充市中医院，南充市顺庆区妇幼保健院等。

2017年，街道设4办3中心，分别为党政办公室、经济发展办公室、社会事务办公室、群众工作办公室；社会事业服务中心、劳动和社会保障服务中心、民政救助中心。街道2017年有行政编制18人，事业编制17人。下辖7个社区，7个社区分别设立党委，设党支部41个，党小组80个，居民小组104个，总人口8.2万，办事处驻长征路90号。

【经济概况】 北城是顺庆区较大的房地产开发基地之一，主要以第三产业为经济主体，以商贸、餐饮、休闲娱乐、房产开发等项目为主。是顺庆区老工业基地，也是南充棚户区最多的辖区，城区内无工矿企业。

随着餐饮业的迅猛发展，办事处正在打造和完善滨江中路、延安路、正阳路、江天美食街、天工街等5条餐饮、娱乐特色街区，已逐步形成了餐饮娱乐一条龙的发展模式。泰合青年城楼宇经济犹如雨后春笋，现已成功引进商家近百余家，预估2020年产值将达20亿元，其产业链带动就业人数将达万人以上。以江天美食街、泰合青年城为经济圈的发展，已成为北城街道新的经济增长点。

【组织建设】 坚持以党建为龙头，强化创新发展理念。1、创新“136”工作法，以标准化推动规范化。围绕党的建设这1核心，打造“向上、幸福、和谐北城”3大目标，实施“党建引民、文化惠民、安居宜民、经济富民、德法育民、平安卫民”6项重点工程，得到市区相关领导充分肯定和表扬，胜利路社区被列为全区2017年重点党建示范项目。2、推进党建示范点建设，打造多元主体融合新型社区。一是按照“全面开花、竞相发展、重点突破、以点带面”的方式，围绕街道“136”工作法，打造胜利路社区党建示范点，组建胜利路社区大党委；二是建设江天“法治广场、廉政广场、百姓舞台、北城之窗”；三是建设行政、党群、文化服务3个中心，为百姓办好事、让百姓好办事、把百姓事办好；四是以党建带社建，以党员志愿者服务队建设为抓手，实施一月一主题，周周有活动战略。成功举办“粽叶飘香、邻里守望”、顺庆区“七五”普法讲师团成立暨进村入户宣讲系列活动启动大会等大型公益活动12场。3、组建楼宇支部、建立泰合中心党群服务中心。成立全市第一个楼宇党支部，泰合党群服务中心建设稳步推进中。

坚持以学习型党组织为抓手，狠抓思想政治建设。1、抓日常学习。一是按照“三会一课”要求，定期召开支部党员大会、支部委员、党小组会，学习《中国共产党章程》《中国共产党廉洁自律准则》等政治理论、政策法规30余次。二是结合“两学一做”学习教育常态化制度化建设，围绕党的十九大精神、党的十八届六中全会、省委十届九次全会、市第六次党代会、区委六届五次全会等会议精神，采取专题研讨、集体学习等方式，集中开展全街道范围内谈心谈话、党建述职等活动。全年开展集中学习36余次，参与谈心谈话120余人次，党建述职2次，民主生活会6次。2、学系列讲话。通过集中学、自主学、专家讲、专题讨论等形式，学习习近平总书记在十九大四川代表团、十九大报告、习近平总书记治国理政新理念新思想新战略等10余次，参与学习人数达600余人。街道派出7个宣讲团奔赴7个社区、小区广泛宣讲，全年宣讲20余次，实现宣传覆盖率达95%以上。3、开展外出学。组织街道、社区党建干部到成都锦江牛沙路、五福桥、洛带镇八角井社区、宝胜村及镇泰路社区观摩学习党建、党群服务、项目建设等先进工作经验；街道党工委书记、副书记参与由区委组织部组织到重庆国贸大厦党群服务中心学习楼宇经济建设先进经验，共撰写学习心得14篇。

【党风廉政建设】 强化责任压实。一是构建党风廉政建设权责对等的责任分解体系，压实“两个责任”。重点实施“书记抓、抓书记”责任制，将“街道、社区、支部”三级书记列为主要责任人，厘清街道党工委、办事处领导班子成员和社区党组织主体责任内容，签订主体责任书48份，形成上下贯通、层层负责的工作格局。二是制定落实主体责任工作方案。重点落实“谁主管、谁负责”，强化“一岗双责”，倒逼领导干部扛起主体责任，印发《2017年度党风廉政建设和反腐败工作的意见》，47个小项目标任务落实到了9个党工委班子领导、8个部门、7个社区，实行责任到人分头抓。三是健全专题研究党风廉政建设工作制度和党工委书记听取案件工作汇报机制。重点建章立制规范立行。全年，党工委专题研究党风廉政建设和听取工作汇报12次。出台《北城街道社区党委书记、部门负责人向街道纪工委述责述廉实施细则（试行）》《工程项目管理操作办法》《财经管理制度》等13项，确保责任制落实到位。四是推行党风廉政建设责任制台账管理平台。明确党风廉政建设的目标任务、工作措施、完成时限，并实行动态管理、跟踪监督、量化考核。

强化氛围营造。一是以“两学一做”学习教育常态化为抓手。结合“两学一做”学习教育，街道党工委召开廉政会议10余次，集中学习《准则》《条例》6次，组织收看警示教育片《镜鉴》《打铁还需自身硬》《警钟长鸣》25场次。二是充分依托信息化平台开展宣传。依托街道门户网、LED显示屏、短信、QQ群等载体，广泛宣传《准则》《条例》和换届纪律规定要求，把党纪党规刻印在全街道2088名党员干部心上。三是扎实开展谈心谈话。对干部的日常谈话、任职谈话、提醒谈话和诫勉谈话，党工委书记与党工委班子成员、社区书记、主任、副书记70多名干部进行廉政谈话，实现了全覆盖。街道其他班子成员定期深入分管部门听取汇报、个别谈话，及早咬耳扯袖，拧紧纪律“螺丝钉”，打好“预防针”。四是坚持传统与现代媒体相结合。利用街道多媒体和自媒体qq群、微信群发布反腐倡廉信息386条。五是强化党风廉政社会评价提档升位。为引导辖区群众积极参加党风廉政建设社会评价，设立宣传站点20个、大型广告标语3处，组织文艺演出14场，发放党风廉政建设12个问题调查问卷4万张，印制致居民一封信6万张，门型挂画架海报60副，收集问题20个，解决18个，群众知晓和参与党风廉政建设社会评价积极性得到大幅提升。

强化阵地建设。一是建好党风廉政宣传墙。分别在西藏路、江天美食广场修建党风廉政建设宣传150米。二是认真开展党风廉政建设进小区院落。实行街道领导包片，分管领导包社区，干部配合社区包户工作机制，开展地毯式走访宣传，收集意见，建立台账、记入民情日记。三是认真开展评比党风廉政建设的人和事。充分挖掘辖区党风廉政建设先进典型，以典型塑造，引领党员干部争优创先，涌现出了区党代表、团结社区独臂党支部书记朱晓惠、全国道德模范、全国敬老孝亲模范杨友贵等一批先进典型。四是认真实施党风廉政建设示范岗。以街道民政所为基点，以点带面在街道便民服务中心、社区便民服务站推行党员先锋示范岗，通过示范引领，涌现出了马帅、杜会林等群众认可的党员先锋模范。

着力民生改善。一是强化监督。围绕民政资金的发放使用、项目实施、低保享受等，开展对发生在群众身边的不正之风和腐败问题，专项督查10余次。二是强化检查。配合区安监局对辖区安全生产进行检查，对香榭春天3期游泳池、绸厂上院等3处重大隐患进行了销号整改。三是专项整治。集中开展针对涉医、涉学、拆迁安置等5个领域集中整治，对群众反应强烈的延安巷162号棚户区水、电、气安装问题，协调主管部门予以解决。四是开展“三问”。把群众关心的项目投资、就业、就医、救助、住房等民生领域重、难点问题作为监督、执纪、问责的着力方向，开展问政于民、问需于民、问计于民“三问”活动。聚焦辖区群众关心的问题，发现并反馈整改5大类130个。完成米粉厂片区棚户区162户居民中21户D级危房758平方米搬迁方案的制定、审批、协议签订，搬迁工作进入实质性阶段。五是建立接访机制。多措并举收集查找问题线索4次，广泛收集群众意见168条，领导集中接访15次，接访群众来访40批，183人次，解决群众诉求25件。

突出案件查处。一是加强党委保障。充分发挥街道反腐败协调小组职能，定期召开联席会议，2017年共收转党风廉政信息10条，批示重要问题线索5件，听取街道纪工委工作汇报4次，亲自过问案件查处3件。二是狠抓纪工委履职。全年受理群众来信、来访、电话及网络举报20件次、区纪委转交办件5件次，其中立案查办4件，给予党纪政纪处分2人，党内严重警告处分1人，重点查办了候某在境外网站和媒体发表攻击党和国家制度及苏某、张某在休闲会所打麻将严重违纪案件，已移交区纪委处理。三是强化结果运用。把落实党风廉政建设主体责任情况作为干部表彰奖励、选拔任用、年度考核的重要依据。对群众反应的问题不整改、整改不及时、低于平均分值的，按有关规定进行严肃问责。对群众反应的强烈问题不回应、不解决、慢解决的进行警醒谈话，警醒谈话效果不佳的进行严肃问责。2017年对1个社区取消向区推荐表彰奖励资格，对主体责任落实不力的五里店社区书记、主任进行了职务调整。

【宣传思想】 加强理论学习，精神文明进一步提升。注重抓好干部理论学习，坚持每周五下午集中学习，突出对习总书记系列重要讲话精神、“两学一做”制度化常态化、公民道德教育、先进经验及法律法规、区委区政府领导重要讲话、街道各项规章制度部门工作职能等方面学习。

强化压力传导，外宣工作取得新成绩。将宣传报道任务分解到7个社区、8个部门；将采用情况纳入年终考评，实行奖惩制度。在顺庆区新闻媒体发表稿件53篇。其中，今日顺庆8篇，美丽顺庆10篇，南充日报24篇，南充晚报6篇，南充新闻网1篇，南充电视台4篇；在顺庆区纪委宣传部用稿3篇，区委要情4篇，顺庆区人民政府网1篇，区迎接中央环境保护督查工作指挥部3篇，顺庆区党的“十九大”期间信访稳定及安全生产应急工作指挥部4篇。

建设载体搭建，文化活动精彩纷呈。开展丰富群众生活的文体活动。举办“粽叶飘香，邻里守望”端午系列趣味活动、“党风廉政建设与平安建设社会评价”文艺汇演暨知识问答等活动16场次；多渠道宣传关心下一代工作，组织辖区留守、孤残儿童前往蓬安动物园开展夏令营活动2次；弘扬尊老爱幼传统美德。由金彩虹公益协会北城志愿服务队、“胜友家”爱心理发志愿者服务队对辖区老年人、残疾人、儿童定期开展了“义务理发献爱心”活动10余次；充分挖掘辖区独臂党支部书记朱晓惠、全国道德模范、全国敬老孝亲模范杨友贵先进典型。

保障重要节点宣传。充分利用重要会议、重大活动、重大节日等节点进行宣传，投入30余万元，重点对环保督查、党风廉政、平安建设社会评价、建党96周年、建国68周年等进行了宣传，印制宣传资料10万余份，制作展板80余张，印制宣传横幅400余条。国庆期间营造氛围在长征路、胜利路等重要交通路天桥设立大型宣传造型2处，悬挂国旗1300余面。让辖区群众充分感受到国家传统节日的浓厚氛围，激发大家爱国爱家的热情。

【城市管理】 强化宣传引导，着力提升市民素质。组建了8支环保宣传队伍，在重要交通道口、人员密集场所、小区设固定宣传站点12处，向发放征求环境保护和城市管理调查问卷2万余份，收集到群众意见110条；对辖区40余个小区张贴环保举报电话牌245块，利用36处LED显示屏播放宣传标语236条；利用街道自媒体微信公众号推送信息64条。通过文明劝导，召开坝坝会、大手拉小手等活动，着力提升居民素质。

加强城市化管理，推进垃圾分类处理。通过开展“大手拉小手”活动，在香榭春天、建委宿舍楼开展垃圾分类示范小区建设，教育群众环境保护从娃娃抓起。2017年为老旧小区、公共区域新增设垃圾桶35个，修复垃圾池30余个。

加大环境保护力度，实施饮用水源重点保护工程。投入20余万元，严格落实“河长制”，在嘉陵江沿岸设置了河长制公示牌，设置环境保护标识标牌36处，对饮用水源进行了重点保护，在一水厂嘉陵江取水口设置隔离栏，成立饮用水源保护巡逻队伍12支，采取全天候不间断巡逻，劝离到饮用水源保护地游泳人员6000余人，从源头上保证了市民饮用水的安全。

着力提高执法力度，向顽疾开刀。充分发挥网格员作用，实现“三级联动”，建立环保问题信息处理快速机制，对排查出的问题，第一时间报告、处置、督办。一是大力推进“摆顺、扫干净、不拥堵”工作，重点对背街小巷、烧烤夜啤酒摊点等环境脏乱差、对小货车占道停车下货、摩托车、三轮车乱停乱放、占道经营等顽疾进行集中整治。二是解决金鱼岭、延安路、五里店3个社区内农贸市场的摊位乱摆难点问题，规范车辆停放120余处，消除乱停乱放现象90余处，取缔烧烤夜啤酒摊点12处。三是严格落实“四排查”。通过全面与专项、街道与社区、工作日与节假日、定期与敏感节点排查，实现排查全覆盖。对排查出的问题进行梳理分类，对噪音和油烟扰民的井口火锅等20处，罗曼歌城、马栏山歌城等噪音扰民24处进行了整顿和取缔。四是推进“两项清查”落实落地。制定分类处置方案，依法取缔聚义堂火锅经营，对涉嫌违建的川北凉粉进行立案调查。四是对居民向中央环保组投诉的德泰市场车辆夜间下货问题进行了规范管理，投入6万余元设置了警示标识标牌，对群众投诉的江天一色小区车库垃圾乱堆、江天美食街油烟扰民等问题协同区级相关部门责令对其进行了整改，对环保督查期间群众在市、区诉的23个问题进行了全部整改，做到了投诉件件有落实，事事有回音，实现了城区在中央环保督查期间投诉最少的目标。

强化网格管理，加快舆论回访。一是将辖区7个社区划分为40个网格，网格内环保问题的举报和交办在12小时内受理、办结完毕；拓宽信访诉求渠道，开通“0817－－5083299”环保投诉24小时热线，设置环保匿名投诉信箱8个。中央环保督察期间，接访群众7批次30人，处置施工现场噪音扰民、扬尘污染问题3处，对群众投诉的德泰市场等5宗环保问题全部办结，办结率100%。二是建立信访问题回访制度。对举报投诉信访案件，第一时间联系举报人，并征求举报人意见，向社区发布告知书，对群众不满意的案件重新办理，直至满意为止。处置网络投诉72件，12345市民热线16件，12380环保投诉44件，96960效能投诉5件，中央环保第五调查组交办举报案件7宗，办结率达100%。三是强化执纪问责。成立由纪工委书记牵头的执纪问责员队伍，对群众举报的环保案件执行不到位和慢作为的干部进行执纪问责。迎接中央环保督查期间，6名干部被纪工委约谈，2名干部被诫勉谈话，从源头上避免了不作为、慢作为的情况发生。

【项目推进】 一是制定米粉厂片区棚户区162户居民中21户D级危房758平方米搬迁改造方案、补偿方案送区政府审定，完成90%住户模拟拆迁协议签订。二是完成团结大院125户水、汽户表改造。三是完成固定资产投资4.03亿元。四是完成市重点项目光亮工程滨江大道沿线泰合尚渡、滨江首座等小区968户7950米、防护栏334户508个雨棚及防护栏拆除工作。四是稳步推进北城社区卫生服务中心建设。4户东风公司工作企业职工占用集体资产搬迁取得实质进展，目前已完成两户搬迁。五是圆满完成胜利路社区全区党建示范点5大板块、3个中心建设，验收达标。

【民生工程】 计生工作开展有力。一是计划生育工作进一步落实。2017年辖区新生儿人数共计567人，其中二孩生育201人，符合政策生育率达100%；发放生育服务证422个，补办和核实独生子女证57个，办理流动人口婚育证231个，死亡人数289人；免费为辖区居民义诊、义治、免费体检、四查4275余人次；免费发放避孕套3箱，避孕药品151盒，对流入人口的验证率达90%，对流入人口进行生产、生活服务达85%。二是强化计生法律法规培训。全年举办对计生干部法律法规政策的培训班3次，培训专兼职干部107人次，发放宣传资料3417份。三是认真做好计划生育惠民政策工作。全面宣传、登记、兑现城镇纯居民未满18岁的独生子女1831户的奖励金发放；核实上报2017年新增“特别奖励扶助家庭”11户，其中独生子女死亡9户，伤残2户，年底将分别享受到国家的优惠政策；完成2018年新增特扶对象的调查、核实及申报11人次。中秋、国庆节时对全街道151人的特扶对象进行了慰问3万余元。2017年街道卫生、计生工作无一人到京上访。

民政工作持续用力。一是进一步落实最低生活保障。为辖区贫困家庭新办理低保19户，发放低保金388.5万元，取消低保84户；二是救助工作保障到位。大病救助15人共10.77万元，发放临时低保慰问金30万元，享受爱心购药卡15人，尿毒症透析卡救助31人，发放圆梦工程金5.4万元，救助流浪乞讨人员10人，发放慈善爱心超市卡350张，折合现金28万元；三是实施老人关爱。为年满80岁以上老人老龄补贴72万元，发放率100%，为辖区老年人办理老年证289个。四是开展拥军优属活动。“八一”建军节，慰问军烈属8000元，慰问老复员军人、伤残军人、老退伍军人、参战涉核、下岗失业志愿兵困难户400人共10万元。五是残疾服务进一步优化。办理残疾人证1120个，申办一、二级残疾人重残护理补贴290人共16万元；申报残疾人家庭子女助学补助6名共8000元，全年办理精神服药、护理补贴及康复救助432人共28.22万元，为6名白内障患者提供免费手术，免费申领轮椅6辆，申请残疾人创业直补金28人共14000元，发放残疾人机动燃油补助9人共3285元，2017年共接访残疾人信访案件15人次。六是保障性住房补贴进一步强化。全年新申请住房补贴14人，203户享受租房补贴，发放资金48万余元。

劳动保障扎实领先。一是完成区下达街道参（续）保数1.3万人目标任务数。征收城乡居民社会养老保险缴费人数412人25万余元，缴费率达到100%；二是开展全民参保入户登记。全民参保录入系统3171人。三是强化保障。为40、50人员办理灵活再就业申请800余份，办理失业证750余份，配合协助区人社局开展现场招聘会3场，成功介绍就业岗位50余个，组织社区50余名居民进行劳动技能培训，为6名涉军人员办理公益性岗位续签手续及为14名涉军人员提供公益性岗位。四是开展生存认证。对辖区13000余名享受及472名已领取的城乡居民养老保险待遇人员进行资格认证，认证率达100%，并超额完成2017年度顺庆区城镇居民医保任务。

【处非工作】 年内对涉及处非人员达8000余人的7家非法集资公司实现已自主清盘两家。2017年为出借人共追回4000千万元的资金和财物。力争在春节前对富民投资理财公司进行清盘；对资产处置困难、项目建设进度缓慢的双鸿公司力争在春节前进入司法审判程序；对盛友、慧星两公司各个项目建设进行跟进、监管，力争2018年在两个公司之间实现一家自主清盘。

【综治维稳】 全力做好信访维稳、“七五”普法、平安建设、社会治安重点点位整治、打击传销、反邪教及特殊人群管理等工作，确保辖区社会治安秩序。一是强化信访案件办理。协调处理群众信访事项200余件，处理信访交办件24起，处理网上信访件53起，行政效能投诉件9起，环保督办件39起，办结率100%，居民满意率100%；党政主要领导接待群众来信来访400人次，办理回复率100%；推行联合办案，对挂牌案件实行包保，年内省市挂牌案全部办结，办结率100%。二是加强社区治安管控。建立辖区治安乱点、“三无”小区、铁路汛期问题台账，并限期挂牌整改；充分利用网格化资源管理，更新网格员信息公示牌341板，将64名邪教1、2类人员、34名社区戒毒康复人员、26名刑释解教社区矫正人员及200名精神病人纳入网格化管理，切实提高应对社会治安管控的能力和水平。三是落实处突时间处置。落实领导干部“一岗双责”，对辖区失独、涉军、涉稳等重点人员、群体，按职能进行分工分组，成立23个群众工作专班，24小时待命，对群体性事件、敏感事件、项目工程实施风险评估，提前预警预判，做好预案、注明防控措施和风险等级，规避突发事件、领避事件发生。全年处理突发事件11起，成功处置以文君、袁顺贤为代表的买断士官越级进京事件，贾良贵、赵仕祥等下岗失业志愿兵越级上访事件；成功拦截欲异地进京的2名六合改制人员，实现了“三零”目标。

【安全生产】 一是落实安全生产责任制。年初与下辖7个社区及重点单位签订安全生产目标管理责任书。二是抓好宣传教育工作。围绕“全国安全生产月”“百日攻坚行动”“安全稳定保卫战”，开展培训会20次和消防应急演练活动3次，利用标语、横幅、宣传专栏等形式进行广泛宣传，发放5000余份宣传手册，设安全专题宣传栏8处，悬挂横幅76条，上报信息20余篇。三是狠抓排查、整治工作。每月开展一次小检查，每个节假日开展一次联合大检查，会同工商局、食药等职能部门联合行动，切实抓好整治工作。共排查安全隐患51处，整改学校安全等隐患51处，整改完成率100%。

【依法治区】 一是强化领导，周密部署普法工作。街道党工委、办事处高度重视，将普法依法工作纳入街道重要工作议事日程。研究制定了《北城街道创建“法制街道”工作实施方案》《推进“法律七进”工作实施方案》，认真规划部署“七五”普法工作，全年集中学习《宪法》《民法通则》等法律10次以上，始终坚持党工委会、干部职工会前学法，将学法用法贯穿到工作始终。二是强化重点，开展普法特色宣传。充分利用网格化管理，在“12·4”“3·15”“6·26”等专门法律法规纪念日、宣传周、宣传月，采取驻社区领导包干负责的方式集中开展宣传法律知识15次；在辖区主干道悬挂横幅40余条、标语100余条、散发普法宣传资料2000余份、法治专栏黑板报8块；在大润发、金鱼岭花园、江天美食广场开展“七五”普法等群众喜闻乐见的法制宣传文艺节目8场次；在西藏路、胜利路广场打造150余米的法治文化长廊。三是抓好重点，打造“法治示范社区”建设。通过现场说法、法制讲座、法律“七进”文艺演出等方式将法律知识宣传到辖区每个中小学校、企事业单位，创建“平安社区”，打造“法治示范社区”。

【领导名录】

书　记：任宇平
副书记、主任：文　林（女）
人大联络工委主任：胡　萍（女）
副书记、纪工委书记：付　春
副书记（信访维稳）：任　海
副主任：胡碧珍（女）
　　　　曾正胜
　　　　李　明
　　　　敬正东（兼武装部长）
纪工委副书记：杨汝杰

（陈春成）

西城街道办事处

【概况】 2017年，西城街道在区委、区政府的正确领导下，紧紧围绕建设“成渝第二城核心功能区”的目标，以党的建设、民生服务、棚改攻坚、信访维稳、城市管理为工作重点，以团结奉献、创新图强为工作理念，不断促进社会各项事业持续、平稳、健康发展。

【党的建设】 从严从实履行党建、基层组织工作责任制。不断加强基层服务型党组织建设，开展了“党建+互联网”“党建+就业”“党建+综合治理”等系列活动，落实党建联述联评联考制度，党员发展、教育、管理不断规范，2017年新发展党员8名，建立健全网格党小组23个，党员服务站7个，党代表工作室8个；落实管党责任，召开党建工作部署会13次，对社区、非公企业开展党建工作调研督查5次；严格执行“三会一课”、民主生活会、组织生活会、谈心谈话、党费收缴等制度，坚持每月12日开展固定党日活动；配优配强社区党组织书记队伍，8名党组织书记中大专以上学历8人，45岁以下3人，8名书记从事党建工作都在5年以上。

始终把思想建党摆在首位，筑牢思想堡垒。深入推进“两学一做”学习教育活动制度化常态化，全面履行意识形态工作的主体责任。制定了《西城街道“两学一做”学习教育常态化制度化学习计划》《西城街道党工委中心组学习计划》和意识形态党工委主体责任清单、党工委班子成员“一岗双责”责任清单、相关职能岗位责任清单三张责任清单。重点学习党章党规、习近平总书记系列重要讲话，省市区领导重要讲话精神、省十一次党代会精神，采取集中学习和分散自学的方式，组织党员干部群众开展学习，坚持利用每个周五组织党员干部集中学习，开展书记讲党课2次，邀请市委、区委党校专家学者讲课5次，参与人数1500多人次。

时刻绷紧党风廉政建设这根弦不放松。加强反腐倡廉教育，严惩党员违纪违规，制定下发《党风廉政建设制度》《工作人员教育管理监督制度》等规定；加强自查督查，开展“四风”检查和机关作风建设督查12次，做到每月有督查、每月有谈话，2017年全街道给予党内警告处分3人。通过小区院落会、流动宣传车、微信平台、上门入户、设置站点、引入第三方宣传团队等六措并举，深入开展党风廉政建设社会满意度评价入户宣传，发放宣传资料10万余份，实现宣传全覆盖。

全面推进依法行政，加快法治政府建设。建立和落实街道中心组会前学法制度，定期举办法治大讲堂，聘请法律顾问参与街道行政事务。不断推进果山法治公园提档升级，投入资金45万元，建成大型多功能法制宣传LED一处，更换更新宣传橱窗、宣传标语，新增宣传区域两处，社会法治宣传效果切实提升。全力推进法律“七进”活动，大力开展普法和法制宣传教育工作，通过讲法制课、设立法律法规咨询点，发放宣传资料，办法治宣传栏等措施，推动形成崇尚宪法、遵守宪法、维护宪法权威的良好氛围，法治理念逐步深入人心。

【城市建设】 居住环境日益改善。以中央环保督查为契机，对市容市貌开展集中整治，共受理中央环保督查交办案件24件，省环保督查交办案件24件，区环保督查交办案件31件，所有案件均按时处理按期销号。拆除临街伸缩棚500余个，拆除支棚搭架50余处1600m^2，清理垃圾200余车，清除河道垃圾10余吨，整治夜间烧烤噪音、油烟扰民100余起，辖区餐饮业全部安装油烟、油水分离设施，取缔噪音扰民货运部、废旧回收站点20余家。开展小康巷集中整治，取缔了几十年来形成的以街代市现象，深受上级和居民的关注和高度评价。

城市治理成效显著。充分发挥市民城管协会千余名会员的力量，组织开展大扫除、文明劝导等公益活动50余次；扎实推进“两项清查”工作，开展联合执法，拆除天歌、果山公园周边、嘉陵江四桥下等违章搭建9处，共拆除面积14000余m^2；强力稳控H7N9疫情，按照“三个一”的标准规范农贸市场管理，加强疫源地管理，整治市场周边秩序5000余次，确保H7N9疫情在辖区得到有效控制，维护了群众生命安全；全年清洗“牛皮癣”、小广告280万处，开展健康知识教育活动20次，发放各种宣传资料20000余份。扎实开展“缓堵保畅”行动，组建义务交通劝导队伍，32名义务劝导员定人定点负责值守辖区8个堵点，在早晚高峰时段协助交警指挥疏导行人、非机动，劝阻行人、非机动车闯红灯、越线等交通违法行为。

市政建设步伐加快。积极配合玉带路、滨江大道改造工程，按时拆除沿线防护栏296个、雨棚306个，在大北街、青年街、西门坝街等街巷增设路灯26盏，维修、填补西门坝街、府街路面1000米，完成大北街、大西街169号老旧小区下水管网改造500m^2，完成对全区重点建设项目冯家大院的调查摸底、意见征求、勘丈核对产权、立项和草拟征收补偿方案等工作。

【社会综合治理】 创新社会治安管理。组建日间、夜间两支动态巡控队，运用手机 APP 平台，设置 27 个动态巡控点位，采取定点、定时、定线路的“三定”方法实现了对巡逻勤务的科学管理，辖区高发案率区域发案同比下降 50% 以上。不断完善社区网格体系，配备网格管理员 42 名，基层网格员 123 名，建强社区网格力量，开展“社区 & 警务”试点，投入 10 万余元，在府苑社区高标准建设了 $50m^2$ 的警务室，任命派出所民警为社区党委副书记，组建起“一标三实”、巡控、巡逻、矛盾调处等 5 支队伍，常态化开展综治工作，至今已调解纠纷 12 起，化解群众矛盾 20 件，开展拉网式安全检查 6 次，走访群众 425 户，群众治安满意度明显提升。

社会大局平安稳定。顺利完成了“两会”“省十一次党代会”“十九大”等重要节点的维稳执勤，全年共接待群众来信来访 78 件（次），上级交办件 32 件，为群众办实事好事 38 件，信访办结率 100%，全年未发生赴省市集体上访和赴京个访事件，信访总量明显下降，同比下降 32%；组织开展安全生产培训 10 余次、各类安全检查 24 次，发现整改各类安全隐患 40 多处，全年未发生重大生产安全和食药安全事故。

【民生服务】 社会民生持续改善。认真落实民政优抚救济各项政策，扶贫帮困成绩显著。走访、审核、办理全街道低保评定工作，实施动态管理，2017 年新增低保 89 户，其中 60 户已上报民政局审批，目前全街道低保在册户数为 1371 户，2286 人。办理医疗救助、临时救助、高龄津贴等社会救助，全年申请并发放住房租赁补贴、临时救助金、涉军人员困难救助金等社会救助金 808162 元。落实辖区孤老、孤儿、特困户、重点优抚对象等特殊困难群体政策，节日期间开展走访，慰问 430 人次，慰问金额 118600 元。不断提升社区养老服务水平，先后在果山街、红花街社区建成总面积约 $3600m^2$，床位共 70 张，专业工作人员 45 人，集休息、康复等于一体的社区养老中心，入住率达到 100%；全面协调推进养老、医疗等社会保险和企业离退休人员养老金领取验证工作，办理居民医疗保险 15310 人次，居民养老保险续费 650 人次，网络生存认证企业退休人员 9800 人次，完成全民参保登记 3082 人次。注重社区就业服务能力提升，积极推动社区就业平台标准化建设，其中小西街社区成功创建为第四批国家级充分就业社区，是南充市唯一一个获得该荣誉的社区。

【领导名录】
书　记：彭　珊（女）
主　任：段成刚
人大工委主任：冯建明
副书记：胡定华（兼纪工委书记）
　　　　徐永伟（综治维稳）
副主任：唐东兵（兼武装部长）
　　　　明　钢
　　　　王永会（女）
　　　　张　林
党工委委员：杜怀树

（赵伟君）

中城街道办事处

【概况】 中城街道位于南充市经济、文化、商业中心地带，东与嘉陵江相连，南与西城相邻，西与新建相近，西北与和平路相近，北与北城相接。办事处机关驻北湖路 408 号。辖区东西最大距离 2.25 千米，南北最大距离 1.74 千米，总面积 4.5 平方千米，辖区总人口 87388 人，其中常住人口 66165 人，流动人口 21223 人。辖医学街、稻香路、体育场、合众街、平城街、滨江6个社区居委会，93个居民小组，149个居民小区，710幢居民楼。建立有党委6个，党支部24个，共有党员1495名。

辖区驻有市人大、市政协领导机关、省蚕研所、市委党校、等重要部门，川北医学院、川北医学院附属医院、南充中专、南充五中、五星小学等知名院校，家乐福、天赐名店、茂业百货、北湖宾馆、南充大酒店、北湖公园、西山运动场等商贸名店和休闲场所。辖区经济以第三产业为主，城区区域商贸极其发达。主要有服装、金融、餐饮、娱乐、酒店、零售等行业。2017年末共有商业网点4089个，金融网点20家，有农贸市场2个，建材市场1个，家具城4个。

2017年，中城街道党工委、办事处在区委、区政府的正确领导下，紧扣发展主题，践行为民宗旨，恪守稳定职责，坚持依法行政，全力推进宜居和谐城区建设，顺利完成了区委、区政府下达的各项目标任务。2017年，街道荣获省2016年度基层统计工作先进单位、全区2016年度安全生产工作先进集体、全区2016年城乡环境综合治理先进集体、区全民参保试点工作先进单位。稻香路社区被国家减灾委、民政部评为全国综合减灾示范社区。计生、统计、劳保工作多次评优获奖。

【城市管理】 一是攻坚克难，圆满完成中央环保督察迎检工作。联合工商、环保等部门，出动执法力量700余人次，控制小歌城、小酒吧经营时间；督促餐饮店安装油烟净化器装置83台；关停吉庆巷印刷厂2家；规范钟家巷废品站合法经营。接到办结督办件15件，办结率百分之百，督查顺利通过迎检。二是统筹发力，夯实城市管理工作基础。统筹创新推动城市治理。落实“三包四定”，强化“门前五包”，成功处置劳动巷活禽宰杀、钟家巷毛肚店污水乱排事件。三是指导电力公司小区成立业主委员会及换届工作，提高物业管理覆盖率与规范性。四是项目工作稳步推进，北湖公园片区改造完成前期摸排，规划方案进入调整。滨江大道灯光工程临街防护栏、雨棚全部拆除，灯光改造完成。五是在主城区实行智慧停车，有效解决停车乱象。

【安全维稳】 一是多措并举，社会大局和谐稳定。扎实做好“两会”“十九大”时期的维稳，妥善解五星现代城房屋延期交付、人民中路下穿维稳处突、滨江109号危房住户搬迁、13家投资理财公司清盘挽损及“9596”中专生、涉军群体、义务兵安置人员化解与稳控等工作，实现十九大期间维稳工作双零目标。二是整体联动展开平安建设。推进网格现代化、信息化建设，建立立体化防控指挥平台，完善社区监控平台。探索建设“1+3”模式，推行“街长”制。联合辖区“红袖标”、城管、党员志愿者共120余人组成18支队伍开展治安巡控。深入开展平安建设社会评价宣传活动，干部带头深入小区召开坝坝会，收集问题建议50余条。三是依法行政，依法治区工作深入开展。建成稻香路社区法治文化街区、医学街社区法治文化墙、体育场社区法治书画室、合众街社区法治大讲堂等一批法治文化阵地，促进普法惠民。四是深入推进大调解工作，上报大调解信息440条，不稳定因素37条，依法受理、调解滨江大道立面改造政府要求拆除居民家中晾衣防护栏居民不愿引发阻拦施工等矛盾纠纷440起，调解成功率达100%。

【社会事业】 一是搭建平台，广开就业创业渠道。城区新增社会就业3218余人，为13名高校毕业生申请创业补贴13万元，为16名微利经营个体户申请小额担保贷款160万元，举办SYB创业沙龙2期、技能培训2期，参加人数270人；办理就业失业登记证349人、就业困难认定317人，办理“4050”人员社保补贴

950人，办理城乡居民医保16337人，补充保险6230人，征收医保费用249.38万元；为581人办理了城乡居民养老保险参保续保业务，征收养老保险金92.5万元；为10172人办理了企业离退休人员资格认证，发放慰问品9600份。二是倾心为民，强化民政救助职责。坚持低保动态管理，清查取消不符合条件低保户176户；为1711户低保户发放低保金192.8万元，对98名特殊困难家庭解决临时救助金36万元；为79人申报医疗救助；新增廉租住房补贴人员36人，调标8户、取消32户，发放补贴61万元；完成1840名残疾人“量服”录入工作；为城区15名贫困家庭子女申报圆梦工程资金7.2万元；建成合众街社区养老服务中心；为2382名高龄老人办理高龄津贴补助，审批金额91.1万元；看望慰问退伍老兵、军烈属326户，发放慰问金12万；争取民政资金55万解决74名涉军、参战人员的困难补助。三是阳光计生，助力流动人口社会服务均等化。城区符合政策生育率为100%，自然增长率3.4‰；办理换发《流动人口计划生育证明》361人，签订外出务工或经商流动人口计划生育管理合同820份，落实节育措施230人，新登记外来人口663人；完成身份证姓名与公安不符修正2349人，公安身份证数据库内无PIP系统身份证名单修正21624人；录入单独夫妇信息156人。建成稻香路人口计划生育宣传征地，发放公开信及宣传资料20000余份，张贴宣传标语及墙报1300余份，制作宣传专栏50余期。

【党建工作】 一是强力推进，“两学一做”常态化制度化开展。在“学”中筑牢思想根基。依托“互联网+党建”推进“线下学”与“线上学”深入融合。在“做”中践行合格标尺。以“迎接十九大，做合格党员、当中城先锋”为主题组织活动10余次。在“领”中发挥示范作用。发挥领导干部示范带动作用，把学习教育引向深入。在“改”中突破深层问题。深化拓展三项整改“回头看”，精准聚焦民主生活会及专题组织生活会查摆问题，深化整改落实。二是多方推动，加强基层党组织建设。严格党内组织生活。完善并坚持“三会一课”、组织生活会等制度。发展预备党员6名，转正11人。打造人民花园商圈非公经济党建，激发基层党建工作活力。在服务大厅推出上门办理、预约服务等党员服务岗。建党96周年表彰了一批先进党组织和党员。开展结对帮扶先后帮助党员家庭解决困难60多件次。三是正风肃纪，狠抓党风廉政建设。组织党性警示教育8次。从严从实抓好换届选举工作，圆满完成社区“两委”换届。深入开展党风廉政建设社会评价工作，干部下访累计2000人次，走访群众3000人次，收集意见130条，协助处理问题74个。四是活动支撑，宣传思想工作亮点纷呈。坚持办好市民学校、社区大讲堂、我们的节日、主题志愿服务等特色市民教育品牌，积极开展“百姓大舞台”系列文化活动，成立十九大宣讲团，班子成员带队进社区宣讲15次，参与人数2000余人次，推进十九大精神全面贯彻、落地落实。五是凝心聚力，群团文化工作成效突出。积极推进党内民主建设，充分发挥人大代表、政协委员参政议政的优势和作用，组织人大代表对3个单位6个社区进行了评议；组织政协委员对辖区城市管理工作进行调研，收到了很好的效果。坚持党管武装工作，为部队输送新兵31人。积极支持共青团、关工委、妇联、各协会组织工作，形成凝心聚力，共谋发展的良好氛围。街道荣获区“三八”红旗集体，街道老体协多次在全区获奖，街道关心下一代工作经验多次在全区交流发言。

【领导名录】

书　记：黄　俊

副书记、主任：刘海洋（6月起）

副书记、纪工委书记：杨　岚（女）

人大工委主任：费基础

副主任：何泓春

　　　　刘　岚（女）

副主任、武装部长：贾建民

信访维稳副书记：赵崇发

组织（统战）委员：赵大斌

（邓晗晞）

东南街道办事处

2017年，东南街道在区委、区政府的坚强领导下，深入贯彻党的十九大精神，以抓党建、带队伍、强基础为总揽，以建设“平安东南、美丽东南”为目标，凝心聚力、真抓实干、开拓创新，为建设“成渝第二城核心功能区”接续贡献东南力量。

【党建】　一是社区“两委”换届圆满完成。充分发挥党的领导核心作用，对党员干部谈心谈话300余人次，签订换届承诺书近200人次，组织观看《镜鉴》等警示教育片9次，参与人数1000余人次。二是常态化制度化开展“两学一做”教育活动。严格落实中心组学习、三会一课、双重组织生活等制度，制定年度支部学习计划、个人学习安排，把每月15日定为党员示范行动日，覆盖13个党支部，800余名党员，把学习教育融入日常、抓在经常。三是探索建立区域“大党委”。通过“党课共上、文化共建、阵地公用、活动共搞、安全共管、环保共行、民生共帮”七共措施，深化党组织建设。6月以来，召开专题会议7次，组织各类活动10余次，参与党员500余人。四是深入开展党组织书记党建述职。按照“纵向到底、横向到边”“全覆盖、满辐射、无遗漏”的原则，对照党建工作时间表、任务书、路线图，组织辖区10余名党组织书记开展党建述职。五是稳步推进桑园路党群众服务中心建设。紧扣“多维联动、智享桑园”建设，先后引进社区医院、日间照料中心、志愿者协会等机构入驻，集多功能于一体的“东南小哥”APP正在全力开发。

【廉政教育】　一是认真贯彻中央“八项规定”、省委省政府“十项规定”及市委政府“九项规定”等相关要求，切实开展纪检干部“进村入户”工作，整合街道社区干部、党小组长、居民小组长、志愿者200余人，分片包干、全区域走访，开展宣讲活动40余次，走访居民6000余户，宣传党的路线方针政策，收集和解决群众关心的热难点问题。二是严格落实党风廉政责任制，层层签订党风廉政建设目标责任书96份，促进党员干部主动担责。三是积极开展党风廉政建设社会评价工作，张贴宣传画1000余幅，发放宣传册1.5万册，宣传扇1.2万，确保宣传工作横向到边、纵向到底、家喻户晓。四是开展“不作为、乱作为、慢作为”问题专项整治活动，支持街道纪工委聚焦主业，提高履职能力，执好纪、问好责、把好关。

【安全工作】　一是安全隐患排查。开展安全隐患排查30余次，排查出安全隐患122处，整改111处，对辖区30余艘渔船进行了年审。二是安全生产意识有效提升。年初与7个社区签订《安全生产目标责任书》《防汛减灾目标责任书》，制作宣传广告20余幅、展板30余块、标语100余条、警示牌60余块、宣传资料1000余份，联合辖区物业公司开展消防演练3次，防汛演练10余次，参与群众人数1000余人次。三是开展了“安全生产月”“平安校园”“食品安全示范街道”“中、省、市安全大检查”“安全隐患排查治理体系”“防汛减灾”“老旧小区和高层建筑消防安全”等活动，为老旧小区配备灭火器215具，填充灭火器1000具。

【信访稳定】 一是处理好旧城改造遗留问题，对辖区重点人员及重点案件采取领导包片、干部包户的办法，实行“一对一”稳控，通过耐心细致的群众工作，保证了辖区总体稳定。二是做好非法集资群体稳控工作，全年接待投资人过千，召集投资人代表、投资公司法人召开研判会上百次，建立了三方共管账户，追回资金近3500万元（含保证金）。三是妥善解决农民工讨薪问题，以“发现得早，化解得了，处置得好”为原则，对症下药、多方协调、依法处置，为农民工追讨薪资3000余万元。四是建立网格化管理体系。在7个社区下科学划分34个网格，142个子网格，确定并公示183名责任人和责任范围，发挥网格员在民情收集、矛盾化解、为民服务上的作用。五是创新推出“三百三红三治”（即：百姓大舞台、百姓大讲堂、百姓小茶社，红袖标、红马褂、小红帽，德治、法治、自治）社会治理新模式，依托“三百”载体凝心聚力，开展“三红”活动守护平安，推行“三治”共管促进和谐，全面构建多方共促、立体共管、全域共治格局。

【助民增收】 一是就业信息提供及时。以文丰街社区就业和人力资源信息网络平台为依托，定期采集和反馈就业对象与用工单位的需求信息，及时提供便捷的就业信息。二是就业岗位推荐有力。联系辖区内企事业单位，多方寻求就业岗位，根据辖区群众就业需求，全年举办大型招聘活动3次，解决了100余名群众就业。三是特色经营渠道放宽。在不影响市容市貌的情况下，通过划时段、划区域、划项目的方式，开展小商品经销、卤菜售卖、特色小吃经营等活动，鼓励下岗人群自主就业。四是教育培训力度增大。帮助失地农民掌握一技之长，扩大就业门路，实现失地农民和富余劳动力的有效转移。

【卫计工作】 一是禽流感稳控得当。在H7N9流感疫情出现苗头时，及时成立专抓指挥部，关闭3个活禽交易市场，10余个活禽宰杀点，取缔流动商贩活禽交易，加强对辖区餐饮熟食店、自养户的检查监管，督促医院、诊所的消毒、清理、登记；二是“全面二孩”政策宣传到位。开展优生促进工程、民心工程，落实计生奖励政策，举办健康讲座3次，将原有3项生殖健康免费检查增值5项，为辖区1104名妇女免费检查，兑现计生奖励1123户，特别扶助对象110人。

【民政工作】 一是低保工作覆盖到位。清理156户320人，新增27户54人，增标22户增人7人，减标68户减人28人，1901户3537人全部录入全国最低生活保障系统；二是社会救助发放到位。发放“爱心救助卡”350余张，通过“圆梦工程”帮助困难学生11人，大病救助19人，尿毒症专项救助18户，发放慰问品慰问资金30余万元；三是社会事务管理到位。廉租房上报新批5户，取消10户，做好123户29万余元资金发放工作；四是老龄工作开展到位。高龄津贴年审认证833人，新报115人，取消97人，免费体检1100余人，免费白内障手术8人，办理老年证285人；五是双拥优抚工作开展到位，年审39名优抚对象慰问12万余元，对16名下岗转业志愿兵进行公益性岗位补助；六是特困人员救助到位。集中供养1人，分散供养13人，新增3人，发放金额3.6万元。2017年3月该单位被评为省残联量服先进单位。

【劳动保障】 养老保险完成目标524人36.4万元，验证439人，上报死亡8人，重复领取3人；医疗保险参保9337人，2016年补充征收6.7万元，2017年征收200.7万元；办理失业登记180本，认证180本，认证130本，办理灵活就业人员335人，实现就业215人，超额完成目标任务。

【城市管理】 一是城市管理有法。加强流动人口、特殊人群服务管理及社区巡控队伍和网格化体系建设，推进“摆顺扫干净不拥堵”，全面提升辖区城市形象；继续按照“门前五包”管理标准，全面推行红光路严管街管理经验，健全监管考评机制，开展逐月评比活动；继续开展卫生顽疾集中整治，加强对辖区野垃圾的监管和问责力度；加强对背街小巷的集中整治，对占道经营6年的文峰街二段临时市场进行了取缔，城市面貌整体好转。二是环境治理有效。采用“问题+责任制清单”模式，依托街道、社区、网格员三级网格管理体系41名人员，强化对嘉陵江和西河流域综合治理，落实河长制职责；采用“目标+权力清单”模式，构建了街、区、路、段四级环境治理体系，绘制了“三图两表”，即：商家分布图、污染面源动态图和重点区域整改图，目标任务分解表和问题线索整改表。对辖区280余户商家进行了巡访督查，发现解决问题3200余条；对320件群众投诉件、17余件网络舆情件、35件环保督查件（中央督导组交办12件）进行了快查快处。

【领导名录】

书　记：王向东

副书记、主　任：唐　凯

人大工委主任：石　华（女）

副书记：唐　凯

李云峰（兼纪工委书记）

欧大军（综治维稳）

副主任：杜先春

李　辉

武装部长、副主任：王　江

副主任：杨明文

（谭文生）

和平路街道办事处

【概况】 2017年是党的十九大召开之年，是努力贯彻落实十九大会议精神，深入学习贯彻落实习近平总书记系列讲话精神，奋力拼搏，全面开创核心区建设新局面的一年。和平路街道党工委、办事处在区委、区政府的正确领导下，务实创新，锐意进取，街道工作取得全新成果。

【社会治理】 积极探索社会治理新模式，努力破解社会治理难题。紧紧围绕“区域统筹、网格治理、快捷便民”这一定位，以破解物业纠纷、社会治安、信访维稳、流动人口以及特殊人群管理等社会治理难题为切入点，夯实群众工作、安全生产两大基础，着力强化社会治理取得显著成效。充分利用综治宣传月、“6·26”“12·4”等法制宣传日，先后在火车站、城北汽车站、居民院落等人口密集地段，通过悬挂标语、横幅、发放宣传资料、现场咨询等形式开展依“法治进社区”“三电”设施安全保护、严厉打击非法集资、打击传销组织，创建无毒安全社区宣传教育活动12场次，有效地提高了辖区居民的法律意识和责任意识；积极开展平安创建活动，严格落实“属地管理、分级负责，谁主管、谁负责”和“一岗双责”的原则，坚持每月、每季度定期召开平安建设及信访工作研判分析会，研究部署街道信访及平安创建工作。

对辖区内的社会矛盾纠纷排查化解工作实行网格化管理，坚持每月对不稳定因素进行摸底排查，建立台账，明确工作责任、明确化解时限、明确稳定措施，并实行领导包案制，对人和事实行了动态管理，切实做到将不稳定因素和苗头处理在萌芽状态，化解在基层。共开展矛盾纠纷集中排查12次，排查出不稳定因素80余条，梳理重点人员44名；受理和办结中央、省、市区交办件25起，办结回复网上信访52起，成功调处物业纠纷等各类矛盾纠纷112起，调处率达100%，成功率达98%，确保了省市区“两会”期间及重要节假日我辖区无一人到省进京非访事件发生。

抓好安保稳定预防整治。积极借鉴西城街道府苑社区巡控模式，以社区为单元，组建以片区民警、社区干部、网格员、治安积极份子、辖区单位安保力量为骨干的“红袖标”巡防队伍6支，由街道牵头，西河所民警带队，科学规划路线，每天定点、定人、定时、定线路，统一着黄马甲，佩戴“红袖标”标识，对辖区重点场所、重点部位开展治安大巡防。截至目前，“红袖标”巡逻队共排查各类问题86起，现场调处矛盾纠纷53件，协助警方破获刑事案件4起，制止打架斗殴6起。

【安全生产】 以“安全生产月活动”为重点，切实抓好安全生产宣传教育培训工作。年初，街道开展了“百日安全生产活动暨春运活动”的宣传工作。以“强基础、明责任、查隐患、压事故、保安全”为主题，用三天时间集中宣传。5月8日，街道组织开展消防安全知识专题教育培训会。参会人员有街道、社区干部、辖区生产经营单位主要负责人，物业管理负责人、居民代表、安全网格员共80余人参加，会议主要以消防安全知识、家庭火灾预防、应急处置及逃生和典型案例剖析为重点，培训收到良好效果。6月，街道开展了以“全面落实企业安全生产主体责任”为主题的第十六个安全生产月活动。6月27日在街道办事处大门前设立了安全生产宣传站，期间在主要街道悬挂安全生产宣传标语6幅，制作展板8块、办简报3期，发放安全生产各类宣传教育资料1000余份。现场接受群众咨询200余人次。10月23日，街道联合市、区消防部门在辖区川北批发市场开展119消防宣传活动及应演练。参加活动人员有街道、社区、派出所、消防官兵、企业单位及经营业主100余人参加，活动主要以宣传消防安全知识、家庭火灾预防、应急处置及逃生演练为重点，培训收到良好效果。

【环境卫生】 结合“摆顺扫干净、不拥堵”和“环境保护”工作，全年召开各种会议30余次，出动宣传车100余台次，设置宣传站点30余个，发放宣传资料5万余份，处理“12345”“12369”及环保热线150余件，接受群众咨询1000余次，受理群众投诉300余件次。继续完善和推行网格化城市管理，努力实现居民小区、辖区单位自我管理，在街面探索建立街道领导包社区、包一条路、一个重点区域，街道干部、社区包一条街巷，网格员包小区院落，街道城管队员包日常巡查和集中执法和夜间管理；建立完善小区院落清扫保洁长效机制。做到全天候保洁，垃圾日产日清，做到垃圾入池，保持小区院落二楼以上雨棚立面无白色垃圾，院内无乱堆码、乱晾晒、乱停乱放；落实专门人员清除“牛皮癣”，清除率达95%以上；建立完善城中村及火车沿线卫生管理机制，定期清除铁路沿线的白色垃圾和拆除乱搭乱建，禁止焚烧垃圾和秸秆；保持环境整洁卫生；制定迎接中央环境保护督察工作方案，确保发现一处整改一处，建立问责机制，确保迎检工作落到实处；建立健全河长制工作，制定了河长制的管理办法及巡查制度，定时定员对辖区西河段全方位清理，保持河面整洁，河水清澈流畅。

【民生改善】 搭建“一门受理、协同办理”工作平台，设立了统一的救助申请受理窗口，扩展窗口服务功能，积极帮助办理或者转介其他社会救助管理部门办理，率先开展了救助对象主动发现工作。实施阳光、动态管理，开展低保专项治理以来，共取消低保33户，设置低保常年公示栏12处；医疗救助12人，临时救助207人次；廉租住房补贴享受77户141人，2017年新增1户，取消3户；及时掌握了辖区内的优抚对象情况。对于困难的优抚对象以低保、节日慰问等形式给予重点关照，在春节期间，对优抚对象全面进行了慰问。涉军维稳工作主要和各社区建立互动机制，每个社区均设立了涉军维稳工作领导小组，每月为单位对涉军上访人员进行摸底调查，认真落实维稳工作的各项措施，建立健全排查制度，值班制度，对涉军上访重点人员建立了个人信息档案，做到一人一档，特别是特殊时段的涉军维稳工作（如十九大期间，对涉军重点人员做到一日三见面，24小时进行稳控）。在北京涉军维稳以及在飞机场、火车站值守，都圆满完成了上级交给的任务，春节对优抚对象进行“解三难”慰问活动153人、金额45900元，八一慰问187人，金额56100元，对三类涉军人员（下岗失业志愿兵、参战涉核、复员干部）发放困难补助达471140元，发放双拥画册3000册。在八一期间，街道领导到辖区部队进行了走访慰问。

【领导名录】

书　记：王小冬（女）

副书记、主任：何　平

人大工委主任：何　刚

副书记、纪工委书记：胥明敏

副主任：王　忠

陈德君

张　慧（女）

李志军（武装部部长）

（袁　野）

舞凤街道办事处

2017年舞凤街道在区委、区政府的坚强领导下，在广大党员干部的辛勤工作下，在辖区居民的大力支持下，紧紧围绕全年工作目标任务，突出抓项目、保民生、保稳定等重点工作，攻坚克难、埋头苦干，为建设大美舞凤谱写了新篇章。

【概况】　南充市顺庆区舞凤街道办事处位于市政新区，东邻嘉陵江，南靠北城街道办事处，西连华凤街道办事处，北接潆溪街道办事处、荆溪街道办事处，幅员面积18.9平方公里，下辖13个社区居委会，总人数169726人。其中居民167457人，村民2269人，现有耕地面积54.5公顷。境内铁路、国道、城市交通贯穿东西南北，水、电通迅电视网络覆盖每个角落，有红色旅游景点：全省青少年教育基地—罗瑞卿（故居）纪念馆、川北佛教圣地—清泉寺等名胜古迹。

【党建工作】　一是政治建设不断加强。扎实深入开展“两学一做”“三会一课”等活动，对党的十九大、省第十次党代会和区委六届五次全会精神全面抓好贯彻落实。街道成立党员突击大队和13个社区（指挥部）党员突击中队，全面参与项目攻坚、应急抢险、环境整治等中心工作。二是队伍建设不断加强。顺利完成12个社区“两委”换届，选优配强新社区领导班子，社区队伍显著增强。三是阵地建设不断加强。2月，建筑面积6000多平米的清泉寺社区综合服务大楼正式建成并投入使用。通过积极协调，将仁和、鹞石子、将军路等社区阵地建设纳入全区基层阵地建设计划。四是作风建设不断加强。先后开展警示教育15次。

全年共查处党员违纪案件5起，立案审查5人，给予开除党籍2人，严重警告1人。

【项目工作】 一是重点项目保障有序。滨江路沿线拆除房屋116处，面积2.38万平方米；沿江线完成5个小区1260处雨棚防护栏清理拆除；双女石公园范围拆迁房屋141户；基本完成了将军路社区1、2、3、4组房屋拆迁，确保了主干道改造、光亮工程、双女石公园等市区重点工程。二是拆迁攻坚高效推进。2017年，清泉坝棚户区改造完成房屋拆迁336户，拆除房屋面积8.2万平方米；燕儿窝棚户区改造二期签定协议84户，拆除农房28户，拆除面积2500平方米；舞凤中学和金融大道片区，79户、1.6万平方米房屋全部拆除。三是还房回迁全面完成。五里店和任家沟2处、1217户、2044套还房顺利完成回迁。

【民生工作】 一是劳动保障进一步加强。新增登记就业1065人。居民基本养老保险完成763人，征收金额完成78万，领取居民基本养老金资格认证578人。2017年城镇居民基本医疗保险参保3万余人，涉及资金483万元。二是贫困救助进一步加强。2017年上报新增低保32户，低保户信息录入1430户，3826人。发放临时救助2363人，救助金额570万元。三是脱贫攻坚进一步加强。按照“一超、两不愁、三保障”要求，对16户脱贫户开展“回头看”，巩固脱贫成果。四是卫计工作进一步加强。办理农村独生子女奖励扶助8人，办理独生子女家庭特别扶助6人，发放农村独生子女家庭奖励扶助资金和特别扶助资金67万余元。建成生育文化基地一个。五是文体工作进一步加强。2017年1月成功举办2017新春文艺晚会；在全区第三届老年运动会中取得了团体优胜奖；成功承办城乡互动文艺汇演活动。

【环境保护】 一是抓宣传，营造良好氛围。发放宣传资料20000余份，悬挂宣传横幅50余幅，30余个LED电子显示屏滚动播放宣传标语，组织城管志愿者、市民城管协会等社会力量开展坝坝会宣传、文明劝导活动16次。二是抓排查，全面摸清家底。累计开展120余次分类排查，排查存在环境污染隐患的畜禽养殖企业6家、汽修企业126家、露天烧烤42家、小歌城酒吧26家、餐饮业130余家、违规排污口3处和其它环境污染隐患30余处。三是抓整治，严处环保问题。组织街道干部、公安、城管、工商、食药、党员群众1000余人，开展大型联合执法整治50余次，专项整治1000余次，集中整治畜禽养殖、汽修企业、油烟噪音、乱排乱放等环境污染2000余例。

【两项清查】 一是无死角抓排查。摸排社区资产120处，建筑面积合计7.3万平方米，无产权资产建筑面积5.1万平方米。自然人、私营企业违章搭建共79处，建筑面积8.9万平方米。二是全方位抓整治。全年累计清理拆除违章建筑和违法用地2万余平方米，得到区委政府高度赞扬，并将舞凤街道作为全区“两项清查”工作现场会唯一点位，全区200余名领导干部参观视察。三是不懈怠抓监管。进一步严肃纪律，纪工委牵头会同经发办等部门多次对社区“两清”工作开展督察，问题发现一起、通报一起、处理一起，形成强力的震慑作用。

【综治安全】 一是平安建设扎实推进。组建了1500人的正能量队伍和12支治安巡逻队，实行“全天候”治安巡逻，提高了街面见警率，维护了辖区平安稳定。自筹资金50万元购置30辆专用两轮电瓶巡逻摩托、6辆四轮巡逻摩托，每天定时巡逻。二是矛盾纠纷有效化解。街道在环都路社区探索建立“1+1+1+N”的“法德并举”管理新模式，扎实开展普法教育活动。同时，党的“十九大”期间，实现“三零”目标。三是安生生产持续加强。层层签订安全工作目标责任书，召开安全生产专题会议18次、开展了安全教育培训6次。摸排处置企业安全隐患21起，查处非法储油装置1处、违规存放危化品3起。

【领导名录】

书　记：涂开美

副书记、主任：文　琴（女）

人大工委主任：任立国

副书记、纪工委书记：李云峰（12月起）

副书记：梁光雨

副主任、武装部长：赵朝勇

副主任：寇　春

汪艳玲（女）

罗四维

组织委员、统战委员：彭尚贤

新建街道办事处

【概况】　南充市顺庆区新建街道办事处位于顺庆区丰登路34号。紧邻西山风景区，东起科苑街，西至西山风景区，南临西河，北至富春花园，总面积4.2平方公里。处顺庆区中心城区，生态环境良好，位置优越，交通便利，有西河南路、丝绸路、玉带北路、金泉路、镇泰路等主要街道穿行辖区。现辖5个社区居委会，58个居民小组，法人单位37个，个体商业网点819个。2017年常住人口5.2万人，流动人口1.12万人。

【经济发展】　2017年固定资产投资3亿元。引进老船王、彩虹春、福祥酒楼、鼎盛食府、龙川半岛等多家企业。农贸市场3处。实现失地农民和居民再就业700余人次，安置就业困难人员300余人次，新增就业实体13个，社区公益性岗位及实体就业183人。2017年完成丝绸路22号、柳林路86号、西门巷33号等老旧小区的路面维修、下水管网改造和协调完成了315户表改造。招引入驻新影响等11家公益性社会组织，以柳林路社区、镇泰路社区为核心，将专业化服务辐射全辖区，整合资金20多万元，零距离服务群众2.5万余人次。

【社区管理】　全年召开出动宣传车50余次，设置宣传站点15个，发放宣传资料5万余份，接受群众各项咨询10000余人次，受理群众投诉120余件次。在老旧小区和改制企业宿舍推广以党员为主体的物业自治管理，实现3个小区试点自管，化解各类矛盾纠纷150余起。成功化解老信访户张华伟、李有权等信访难题及投资理财群众集访等重大信访案件及稳定工作。在全市率先成立人民调解员协会，建立矛盾纠纷调解“居民代表”评议制度。全年处理矛盾纠纷253件次，被省委政法委评为多元化解工作省级优秀创新项目，依法治理工作受到省市好评。实行党员分类管理，推行“三个一”活动，成立各类服务队伍10余支，走访慰问300余人次，劝导400余人次，红袖标巡逻200次。组织安全大检查73次，共查出事故隐126处，落实整改措施、督促整改隐患126余次，整改率达100%。与各社区、企事业单位签订了2017年度安全生产目标责任书82份，签订率100%。全年无重大安全事故发生。

【城市管理】　落实环境整治工作，创新城管队员下沉到社区的工作机制，整合城市管理力量，将专项整治活动转变为日常工作，累计整治游商走贩近2500例、拆除违章搭建4800余平米、整治违规广告店招350个。让辖区城市管理工作彻底改头换面。落实“门前五包”责任，强化“十乱”治理。继续完善和推行网格化城市管理，努力实现居民小区、辖区单位自我管理，全年与商户签订《“门前五包”责任书》1000余份，坚持每月定期检查“门前五包”工作落实情况；加大背街小巷整治和老旧小区整改工作。大力宣传环卫工作，着力于除“四害”，清理卫生死角，加大背街小巷的环境卫生整治，开展党员干部义务清扫大街活动5次，有效改善辖区环境；建立健全环保工作网格化管理责任体系，设立环保问题投诉举报平台。全面排查收集居民反映的问题，重点整治餐馆油烟污染、小区卫生、施工燥音污染等环保问题。环保督查期间共处理中、省、市、区、街道本级环保信访案件330余件、清理“牛皮癣”80000余张、清运垃圾300余车、各类宣传1000余次。加大重点区域的整治力度，对南充九中、十中进行了校园周边环境专项整治，在整治工作中，劝导和制止违法搭建11起，强制拆除200平方米；在整治机动车辆停放秩序中，贴罚单322张、劝导1400余起。广泛开展爱国卫生运动，积极开展居民健康教育问卷调查活动，共发放健康教育知识调查及卫生知识调查问卷8000余份，组织开展健康教育知识讲座12期，聘请知名专家对群众自我保健防范以及慢性疾病、控烟等相关知识进行了讲解，并设置健康教育宣传展板12期、发放宣传资料6000余份、开专题会议12次。

【惠民政策落实】 全年累计发放低保金560多万。对重点优抚对象、困难户、贫困残疾人、贫困党员及涉核参战人员进行慰问315人次，发放物资180件，送慰问金40万多元。同时对92户困难家庭进行帮扶，发放物资42000元。落实“4050”人员就业政策，在政策和培训上予以倾斜，促进再就业。为101名大学新生办理助学手续，为22名大中小学新生提供助学帮扶。办理《就业失业登记证》50人，提供社区公益性岗位20人，推荐就业286人次。落实贫困重度残疾人生活特别救助金、“白内障复明工程”、贫困精神病人药费补贴、残疾儿童抢救性康复等民生政策。在4个还房小区新安装休闲桌椅健身器材50套，在全辖区新安装阅报栏13个。建成柳林路社区、镇泰路社区城市社区日间照料中心。

【文化体育】 各社区均有5支文体志愿者队伍。以社区文化、广场文化、家庭文化、社区体育、楼院文化、商业文化、公园文化、市民文化为主，广泛开展了一系列群众性文化活动，在辖区广场、居民小区举办了春节、重阳节、元旦等假日文体活动20场次。

【教育】 辖区内有南充广电大学1所，私立中学1所，公立中学1所，公立小学1所，私立幼儿园2所，办学条件明显改善，教育质量明显提高。

【驻地单位】 辖区有37个驻地单位。主要有南充市人社局、南充市民政局、南充市教育和体育局、南充市审计局、南充市地税局、南充市商务和粮食局、南充市中级人民法院。

【领导名录】

书　记：王东平
副书记、主任：何　杰
人大工委主任：何　钦
副书记：何　志
　　肖知华（兼纪工委书记）
　　易　可（综治维稳）
副主任：何文蘅（女）
　　彭孝勇
　　刘　鹏
　　王太宣（兼武装部长）
党工委委员：任　平

（田　烈）

华凤街道办事处

【概况】 华凤街道位于顺庆区西北部，幅员面积21.2平方公里。辖区区位优势得天独厚，东临舞凤街道，南接和平路街道，南与西山街道毗邻而居，西与嘉陵区西兴街道接壤，西北与顺庆区新复乡相交、北靠潆溪街道。辖照壁沟、胡家沟、王家沟、江家山4个行政村，滑滩河、潆华路、何家观、磨响滩、张关垭、白土坝、杜家嘴、望天坝8个社区。

2017年，在区委、区政府的坚强领导下，华凤街道党工委、办事处一班人以党的十九大精神为指引，围绕"建设成渝第二城核心功能区、谱写155发展战略顺庆篇"目标，团结带领全街道广大干部群众，以科学发展为主题，以服务民生为导向，以维护稳定为前提，较好地完成了年度各项任务。

【党的建设】 一是夯实基层基础。全面足额落实村社区办公经费。对办事处干部、村（社区）三职干部进行量化考核。完成11个村（社区）换届选举工作。全年发展党员7名，培养入党积极分子11名。落实何家观社区、潆华路社区阵地用房。二是加强学习教育。抓好"两学一做"学习教育常态化制度化，全年开展集中学习100余次，讲座5次，进行专题学习讨论6次，开展主题活动3次，讲党课40余次。三是加强宣传引导。全年向上级部门报送信息100余条，围绕环保督察、十九大召开等各项中心工作开展氛围营造、集中宣传60余次。

【党风廉政建设】 一是开展专项整治和检查8次，全年共办结上级交办件4件，查处违法违规党员3人。二是组织学习党纪法规10余次，8次召开会议安排部署和强调、推进，层层签订责任书46份。三是召开院坝会、农民夜校集中学习等130余次，引导干部群众客观、理性参与电话测评。组织办事处、村（社区）干部走访群众2万余人次，发放宣传单10000余份，梳理群众反映的问题约120件，处理解决108条，解决率达90%以上。

【项目工作】 一是征地拆迁。完成了西河景观打造、广南高速南充北出口景观打造、原纺机厂34、35幢等四个项目的用地拆迁工作，共拆迁居民户143户，经营户（含企业）32户，面积41000m^2。二是还房建设。潆华二期、三期还房均已完成回迁工作，共回迁居民789户，房屋1320套，片区还房主体已完成，正启动回迁工作。三是固定资产投资和资金争引等工作。完成固定资产投资4.6亿元；争取市财政局基层政权建设补助资金50万元。

【脱贫攻坚】 成立以党工委书记为组长的扶贫工作领导小组，坚持"一帮一、多帮一"结对帮扶机制，制定了扶贫工作责任清单，开展了"结对亲、助脱贫"等系列活动。全年共整合各方资金267100元，用于脱贫攻坚工作，实现辖区贫困人口全脱贫。一是实施产业脱贫。实施"一户一策．一户一业"帮扶措施，共为贫困户发放鸡苗1050只，给有条件和饲养能力的6户贫困户购买仔猪12头。二是实施"三建五改"工程，加强贫困户人居环境改善。完成了16户的"三建五改"工作，区8户急需危房改造的贫困户新建住房340平方米，投入资金60余万元对2014、2015年34户住房不达标的已脱贫户进行三建五改。三是实施能力扶贫。聘请了区农牧业局高级农艺师为辖区近50名贫困群众进行农业种植技能培训，为6名贫困户提供公益性岗位，增加了贫困户的工资性收入。四是全面落实各项政策兜底保障措施。将辖区38户精准识别户78人全部纳入最低生活保障，全面落实精准贫困人口门诊、住院等医疗救助政策。五是扎实开展扶贫慰问系列活动。全年为贫困户发放临时困难救助金、特殊生活补贴、节日慰问金2.2万元。街道30余名党员走入贫困户家中，帮助贫困户打扫卫生、清洁环境，引导帮助贫困户摒弃生活陋习，养成文明健康生活习惯。

【换届选举】 严格按照政策规定和程序，严把推荐对象基本素质，严把人选资格条件，全程正面宣传引导，严控各类风险隐患，圆满完成11个村（社区）换届选举工作，换届选举实现全胜目标。

【城乡环境综合治理】 拆除辖区违章搭建40000余平方米；对辖区环境进行了6次集中整治；完成中央环保督察组督察期间12批次52件信访件的回复和整改；对12个小作坊下发整改通知；关停拆除辖区14家畜禽养殖场，面积4664m^2；摸排辖区86家企业环境保护和排污情况；摸排243家餐饮油烟净化情况，逐一下达整改通知；全年协调解决物业管理纠纷20余件；深入推进“河长制”工作，全年清理西河沿线水葫芦等漂浮物近200余吨，及时清理白色垃圾10余吨；八是整顿西河沿线污染企业9家。

【安全生产】 以创建安全社区和“安全生产月”活动为抓手，举办宣传咨询活动3次，开办安全法规、消防知识课2次，全年共走访生产经营企业35家，协助企业整改隐患26处；全年专项治理非法经营、储存烟花爆竹劣质产品2起，消除安全隐患4处。整治检查各类违法行为128起，治理道路交通事故多发地段共13处，完善道路交通安全设施和警示标志80余处，排查建筑业隐患39处，确保行业安全生产秩序良好，创建省级安全社区已通过验收。

【信访稳定】 以深化平安华凤建设为载体，大力开展“七五”普法及依法治理工作；全年来共接待来访群众186批，546人次，现场为群众解决问题143件，处理解决12345市长热线28条；排查各类矛盾纠纷389件，有效化解378件，对排查出的18件重要信访问题全部有效化解。建立五级矛盾纠纷调处工作网络，设立18个网格，全年收集信息5000余条，处理问题、解决困难4100余次。

【民生工程】 一是人社工作。全年完成城镇新增就业、农村劳动力转移、就业失业登记等3696人次，完成养老金资格认、社会养老保险业务等业务6640人次。二是民政工作。发放低保137万余元；发放重点优抚对象补助资金123万余元；全年发放特困人员生活补助金共计19.98万元，发放高龄补贴13.77万元，为566人残疾人开展个性化服务。认真开展助学、助医、助困等工作，发放慰问金45.76万元。三是卫计工作。全年共出生人口372人（其中二孩135人），出生性别比控制在100：91；年度生育登记357人次，农村计划生育奖励扶助申报27人，发放独生子女费10.61万元，在辖区进行卫生监督50余次。

【领导名录】

书　记：张潜文
主　任：马　川
人大工委主任：王　勇
副书记：蒲军麟
　　　　赵　鑫
副主任：陈志勇
　　　　杜秀玲（女）
武装部部长：莫　骄（6月止）
党工委委员、组织委员：肖　宇

（冯薇儒）

潆溪街道办事处

【概况】 南充市顺庆区潆溪街道办事处地处南充市北大门，距市政府新区3.5公里。兰渝铁路，南成高速、南广高速，国道212线和潆新红色旅游专线穿境而过，交通四通八达。辖区21个行政村和10个社区；幅员面积64.8平方公里，城市面积增至15平方公里顷，耕地面积1187公顷；总人口14000余人。街道办事处办公大楼于2017年12月，搬迁至职教城社区两河口街职工大学。

【项目攻坚】 街道党工委对重大项目采取“一事一议”的办法，及时有效破解项目建设过程中遇到的困难和问题，着力建立规范有序的项目建设秩序。板凳垭、窖卦山两个省市级贫困村道路、水利及产业项目全面完成，贫困村发展环境得到进一步改善。完成鑫达二期、国际商贸城、火车北站广场扩建、污水处理厂、国道212线及潆新线改道、无人机等项目的农房拆迁及相关工作，有力地保障了鑫达、和泰光纤、智能产业园、火车北站、PPP水环境治理、潆溪污水处理厂等重大项目加快建设。

【脱贫攻坚】 对市级贫困村窖卦山村、省级贫困村板凳垭村连片打造，建成10公里乡村旅游观光走廊。新建、改扩建乡村道路10公里，村卫生室、村民文化活动室、村民广场建成投入使用，互联网、手机机站等服务设施功能齐全。建成800多亩的核桃、莲藕和香梨等脱贫奔康跑产业园3个。流转土地近2000亩，投资1000余万元打造农旅结合的孔雀观光园、康养钓鱼谷、千亩藤椒等产业园区。扩建观景平台、观光风车、迷你菜园、法治文化长廊等一批旅游观光设施。对列入2017年预脱贫计划的精准贫困人口量身定做脱贫计划，围绕打造潆溪三绝（即土鸡、土鲫鱼、生态鲜菜），加快庭院经济发展，努力实现户户有产业，就近能就业。制作增收动态卡，及时准确跟踪反馈贫困户增收情况。组建脱贫政策文艺宣传和乡风文明劝导队伍，加强脱贫政策宣传和乡风文明引导，帮助贫困群众熟知和享受相关政策，同时树立爱清洁、讲卫生等良好生活习惯。2017年度实现精准贫困户脱贫91户，265人。

【畜禽养殖关停拆除】 按照市、区总体安排和部署，主动作为，早安排、早落实、早行动。围绕7月底全面拆除关停这个时间节点，落实领导包片、干部包户工作责任机制，对辖区禁养区畜禽养殖情况进行全覆盖摸排并建立台账，在辖区醒目位置和各养殖场周边张挂宣传横幅和标语，编印《畜禽养殖污染治理法律法规宣传手册》，出动宣传车，充分发扬“5+2”“白+黑”精神，深入禁养区养殖场全方位宣讲政策法规，发放《限期关停拆除通知书》，全面签订关停协议，动员养殖户提前清空或尽早处理存栏畜禽减少损失，同时想方设法利用微信、网络、亲朋好友等信息平台，帮助他们联系销路并主动做好相关服务。截至7月底，共关停拆除禁养区畜禽养殖105户，拆除面积96000平方米，提前2个月完成目标任务，工作成效得到省市区相关领导的表扬并进行经验交流发言。

【环保督察】 中央环境保护督察组督入驻四川专题工作会召开后，党工委、办事处高度重视中央环保督察工作，将之作为一项重要的政治任务和改进工作、改善民生的重要契机，切实站在政治高度，第一时间进入“战时状态”，以超常的力度和举措，对辖区范围内各类污染源点位开展拉网式检查，确保对辖区范围内重点环境问题早发现、早处置，重点督办案件早解决，确保问题整改不过夜。截至9月5日，中央环保督察仅转交2件，市区23件，党工委、办事处严格按照“立行立改，办结销号”的要求，及时研究部署，落实具体责任人，明确整改目标、整改时限。特别是针对群众反映强烈的医疗废弃物等危险污染物乱堆乱放、黑臭水体、私搭乱盖、清理扰民鸽笼等问题点位，坚持立整立改，下大力气加快治理进度，确保整改到位，并全部办结并回复，取得了显著的工作效果和良好的社会反响。

【环境治理】 加强城管执法大队人员、装备配备和经费保障，利用女子城管中队，柔情劝导与严格执法互动成为潆溪街头城管新亮点。突出示范街区创建，着力打造212线城管示范街区，全面取缔临街墙面大型商业喷绘广告，在依城郡至何家观收费站及职教城职工大学打造文化走廊，用党建、安全、法治等宣传景观扮靓潆溪街头。科学规划街区功能，取缔了闹溪河多年来以街代市乱象，在肖家河边设置便民服务街区，将各类游商走贩全部引入便民摊区合法经营，有效治理了以街代市占道经营的多年沉疴。在“百日会战”集中整治行动中，开设社区环境问题及市民不文明行为“曝光台”，将辖区在“百日会战”集中整治行动暨环境综合整治大提升专项行动中做得不够好的地方进行曝光，督促整改。在潆兴南街等城市管理难点部位成立城管中队，设置多功能值勤岗亭，实行全时段蹲点值守，有力保障了重点部位清爽有序。加大潆新线、212线、潆溪河沿线日常保洁，加强对鑫达集团、火车北站、川北凉粉等重点部位常态整治工作，做到整洁、规范、有序，有力保障了省市现场会及各级领导调研活动。组织开展“摆顺扫干净不拥堵，党员干部在行动”“牛皮癣清除大行动”“环保信访投诉问题大整治”“露天烧烤、餐厨垃圾专项整治”等大型活动10次，不断掀起全民参与城市管理热潮。在城乡环境治理月度排位中，一改过去经常倒排末位的窘状，稳步迈入中等以上行列。

【社会大局】 充实信访维稳力量，坚持以主动工作争取工作主动，开展“理旧账、找病根、化积案”活动，查清矛盾纠纷源由，对症下药，因案施策，对10多个群访、20多个信访老案逐一明确化解措施，明确包案人员。出台信访老案化解奖励办法，提升包案人员工作责任心和积极性，包案人员坚持以情化怨，以真心关怀换来信访群众的信任认可，信访问题实现有减无增，整体可控。全力维护群众合法权益，积极争取资金，按时兑现落实群众拆迁补偿款、过渡安置费、土地租金近（ ）亿元。加强中省市重要会议、禁养区畜禽养殖关停、中省市环保督察及十九大期间稳定保障力度，全面落实对重点人员的“3+1”稳控工作机制（即1名街道领导干部、1名街道工作人员、1名村社区干部联系1名信访重点人员），牢牢将重点人员稳控在当地，年内未出现一起赴京进省信访事件，工作成效也得到市区相关领导的好评并刊发专题简报。

【依法治理】 强化机关、城区街头、村居活动阵地法治氛围营造工作，加强干部学法用法，坚持用法治方式破解困难问题。板凳垭村被市依法治市办纳入法治扶贫“十百千万”示范村，在该村建成了村民法治文化广场、大型电子显示屏、精美实木宣传栏，完善十公里法治文化长廊，推行“民事代办”服务。在新立社区、冯家寺社区及职教城社区组织村民群众自编自演法治文艺节目，在街头显眼位置及社区活动阵地设置“法治漫画墙”，用“图解”向市民宣传依法治理、平安顺庆及平安建设民调工作，其相关成效得到市依法治市办、市政法委等相关领导批示，根据市委领导指示，市委政法委、市依法治市办、顺庆区委等相关领导亲临潆溪作专题调研并刊发专题简报。

【安全社区】 10月17日，四川省安全社区专家组一行，莅临潆溪街道开展省级安全社区复评验收工作。专家组一行分别对交通、消防、社会治安、学校及儿童、居家、老年人及公共场所、防灾减灾及环境、涉水、食品药品等项目10余个现场点进行了现场走访和核查，通过一系列检查评定，专家组对潆溪街道创建省级安全社区工作给予肯定，认为潆溪街道自创建省级安全社区工作以来，广大党员干部群众安全意识不断增强，安全生产生活方式不断改进创新，生产事故与人身伤害率持续降低，持续改进目标明确、措施得力、宣传发动到位，安全氛围好，安全基础强，项目促进有特色，一致赞同潆溪街道通过省级安全社区复评验收。

【党的建设】 高要求、高标准、高质量推进"两学一做"学习教育常态化，执行规定动作不打折扣，探索自定动作注重创新，探索党建助力脱贫攻坚，在村社区党组织中积极推行每月"三个一"活动，要求每名党员每月必须参加一次组织学习、每月必须参加一次"摆顺扫干净"义务劳动、每周必须参加一次综治巡控活动，实行年初承诺、半年通报、年底评议，不断强化党员的宗旨意识、责任意识、奉献意识。进一步落实党风廉政建设主体责任，严肃查处违纪违规行为，先后对违反八项规定的一个社区书记、主任分别给予党纪处分，对1名违法党员开除了党籍；同时对机关干部上班迟到早退、上班时间玩手机、值班不到位和村（社区）干部坐班"溜号"、党务不公开等情况开展督查，口头教育批评干部5人，约谈街道、村（社区）干部15人，书面通报2期，形成了强有力的震慑力。深入推进党风廉政建设社会评价工作，充分依托和利用"百姓舞台""潆溪大讲堂""廉政文化墙"等平台，结合召开村（居）民大会、干部职工会议、进村入户座谈等方式，加大对"两个责任"的宣讲，让党风廉政建设社会满意度评价工作入户入耳更入心，做到家喻户晓，进一步提高群众知晓率和参与度。充实调整后进党组织冯家寺社区班子成员，规划打造功能完善、设施齐备的社区活动阵地，创新开展社区党组织活动，不断提升社区党组织凝聚力和向心力。围绕决战全胜换届选举要求，做细做实选举各阶段各环节的工作，顺利完成了村居换届选举任务。

【领导名录】

书　记：费舜俊
主　任：尹　波（6月起）
　　　　蒙　东（6月止）
纪工委书记：李小平
副书记：彭　彬
人大工委主任：庞　勇
武装部长：周治宇
办事处副主任：李　焱
　　　　　　　宋友铭
党工委委员：庞春梅（女，9月起）

（莫仙琴）

荆溪街道办事处

【概况】 南充市顺庆区荆溪街道办事处位于南充市北部新城核心区，东与高坪区小龙街道隔江相望，南与市政府新区及清泉寺旅游区相连，西与潆溪街道办事处、金台镇毗邻，北与搬罾镇接壤，顺蓬营公路横穿其境，交通便捷，地理位置优越，区域位置明显。办事处辖4个行政村、7个社区，幅员面积21.7平方公里，人口2.1万人，其中非农人口1.1万人，农业人口1万人，2017年农民人均纯收入9800元。

【党建工作】 抓好政治思想建设，深刻学习领会十九大精神、习近平新时代中国特色社会主义思想，切实提高党员干部政治站位，增强四个意识，坚定四个自信；抓党风廉政建设，层层签订《党风廉政建设责任书》，坚持责任明细化、问题公开化、宣传亲情化、考核刚性化，全年共查处违规违纪案件5起11人次，发放党风廉政建设社会评价宣传资料6000余份，整改问题78件；抓好村居党组织建设，加强服务型党组织建设，健全完善制度体系，建立考核奖惩激励机制，创新村务管理模式，全面实施“四议两公开”工作法，深入开展“三分类三升级”活动，加大软弱涣散基层党组织整顿提升力度；抓好党员队伍建设，认真落实“三会一课”、民主生活会、党员承诺践诺等制度，无职党员设岗定责，加强对党员的教育管理，进一步增强党员的先进性。努力培养积极分子，吸纳新鲜血液，全年新发展党员6名，转正4名，举办党员干部培训班4期，培训618人次，培养后备干部28名。

【脱贫攻坚】 着眼内在动力，抓好“三扶”。扶“志”激发群众主观致富的内生动力，扶“智”破解增收致富技能难题，扶“制”建立助贫增收长效机制。着眼脱贫增收，发展“三业”。一是发展产业，为31户贫困户发放小家禽、小牲畜2800只（头），创建“小型庭院经济种养殖园”，促进产业增收；二是提供就业，安排适龄人员到附近工地、工厂上班，坚持劳动力劳务输出；三是鼓励创业，发展种养殖大户，帮助贫困户做小生意，12户贫困户发展渔业养殖，8户贫困户在市场摆摊卖菜。着眼新风塑造，实现“三好”。一是创建好家园，危房改造19户、异地搬迁1户、“三建五改”11户，改善饮水、道路和居住附属设施等31户；二是拥有好环境，新建、维修水井12口，解决贫困户饮用水问题；三是创造好条件，修建便民路12公里，方便群众出行，整治维修电网线路，解决场镇及周边1100户居民饮用水问题统一纳入康源水务管网。

【项目攻坚】 大力实施项目攻坚工作，为北部新城建设贡献力量。坚持阳光拆迁、明白拆迁、人文拆迁、依法拆迁。攻克兰渝铁路、箱涵建设项目2户多年未拆除的难题，拔掉市人民法院审判庭、四医院等项目5户“钉子户”，拆除市污水处理厂剩余23户，完成桑树坝岛上长达10年之久未拆除的25户拆迁任务，快速拆除双女石公园项目民房142户，做好了宏基公司整体拆除搬迁工作，全年完成拆迁任务346户。确保了箱涵、四医院、市中级人民法院审判庭、市污水处理厂、双女石公园、二期还房、大合置业、逸合中央公园等建设项目施工顺利。

【城乡环境治理】 一是突出“清”，落实河长制，加强水源污染治理。迅速关停辖区9家规模畜禽养殖场，打捞嘉陵江及内河漂浮物12吨，白色垃圾3吨，清除内河沿线130亩水葫芦，整治关闭5个污水直排口，修建中小型化粪池12处，购买社会服务对荆溪河进行常态化保洁，进一步改善了水域水质。二是突出“新”，加强空气污染治理。搬迁环境污染严重的宏基商混公司，对华标家具厂、灯泡厂等5家企业技术升级，查处40余起秸秆焚烧事件，减少废气废物排放。三是突出“净”，加强面源污染治理。清除各类垃圾120余吨，增设18个垃圾箱，修建129个农村垃圾池，购买农资废弃物回收桶50余个，对辖区21家餐饮店的餐厨垃圾进行专门收集，对3家环保不达标的汽修商户责令关停。四是突出“序”，加强街道环境治理，签订“门前五包”责任书，规范摆摊设置，不得冒口经营，营造良好生产生活环境。

【民生实事】　破解“饮水难”，对场镇及周边群众1100户群众饮水管网进行了改造，统一纳入康源水务公司管理；破解“用气难”，为荆溪845户群众安装天然气，终结荆溪（商业楼盘除外）没有天然气的历史；破解“居住难”，实施危房改造19户，整治荆宏佳苑（一期）还居小区墙体漏水、下水管网堵塞、安全隐患，确保人民群众安居乐业；破解“行路难”，新建、维修村道公路12.8公里，修建便民路2500米，方便群众出行。

【安全维稳】　认真落实部门监管责任、村（社区）属地责任和企业主体责任，加强源头治理，加大隐患排查整改力度，建立矛盾纠纷、信访稳定、安全隐患排查整改台账，利用“红袖章工程”“天网工程”等人防、技防手段，多方协调荆宏公司、大合置业、金乐府，督促按期施工，扩大融资渠道，充实企业、施工方资金，保持二期还房、金乐府、国际华联3个楼盘复盘，涉访群体及事项在可控范围，按期兑付民工工资。排查安全隐患38件，整改37件，化解矛盾纠纷54件，稳妥处理信访件26件，稳控并化解集体性事件3件，安全社区复评通过省级验收，实现安全事故0死亡，赴京到省0上访，确保荆溪安全稳定。

【领导名录】

书　记：尹安林

主　任：冯　振

人大工委主任：何华芳（女）

副书记、纪工委书记：邓裕国（6月止）

副书记：胡英华（综治维稳）

副主任：杨　成（兼武装部长）

冯雪梅（女）

王知明

组织统战委员：祝新民（6月起）

（祝新民）

西山街道办事处

【概况】　西山街道办事处于2014年1月28日挂牌成立，位于顺庆区城区西部，东临西河，南靠嘉陵区，西接老318国道西兴镇段，北以西华师大新校区围墙为界，辖区面积9.297平方千米，下辖兵马堂、伍家垭、环峰路、牌坊湾四个社区，栖乐垭村和父子桥村两个行政村；常住人口7.8万，其中户籍人口45289人，流动人口56047人；共有街道21条，其中一类街5条，二类街4条，三类街7条，新增街道5条；共有小区42个；共有学校7所，其中大中专院学2所，中学2所，小学3所，幼儿园1所；驻辖区单位共12个。

【党风廉政建设】　认真解决群众身边的“四风”和腐败问题，严肃查办“四风”和腐败问题案件。今年来共查办辖区党员作风案件6件，给予党内警告处分2人、党内严重警告1人、开除党籍处分2人。做好党风廉政社会评价工作。1. 实现宣传全覆盖。印发《西山街道民生实事暨党风廉政建设工作概述》《党风廉政社会评价方式、内容》、干群联系卡等宣传资料近4万份，制作大小展板20个、LED25个、宣传横幅100条，并利用微信、QQ等媒体平台宣传党风廉政建设的意义、测评电话接听回答方式等。通过宣传车、坝坝电影、播放录音等形式广泛宣传市、区、街道为民办实事的音频视频资料，增进群众的获得感、幸福感；2. 实现进村入户全覆盖。实行党工委班子成员包片，街道村（社区）干部包户的工作机制。确保进村入户100%，收集意见100%，建立台账100%；3. 实现为民办实事全覆盖。对收集的问题建立责任清单100%，对解决的问题回复100%，对暂时不能解决的解释

100%。确保群众满意度上升，为顺庆党风廉政建设点赞打满分。

【民政】 脱贫攻坚连战连捷，顺利完成5户贫困户易地搬迁、6户贫困户“三建五改”，成功迎接市区交叉检查，圆满实现10户贫困户脱贫，在全区率先完成所有贫困户脱贫。“走基层”活动深入人心。组织干部职工深入村（社）访民情、听民声、解民难。全年走访群众6277户，慰问困难群众千余人，办实事1019件，完成惠民实事233件，收集意见建议306条，办理反馈信访（诉求）352件。全年组织开展大型义诊活动20余次，受益群众近万。全年累计发放慰问物品和资金近40万元，惠及群众1300多人。

【劳保计生】 一是新农保缴费任务1659人，完成843人，占任务总数的57%；到龄享受养老保险待遇办理62人，终止享受养老保险待遇32人。二是参加城镇医疗保险缴费任务基本医疗10000余人、补充医疗6100人，完成基本医疗9500人，基本医疗超额完成16%；全年办理失业276人/次。三是全街道劳务输出共计3310人，行业主要分布在建筑业、餐饮业、交通运输业等，人均年收入2.8万元。四是《计划生育服务证》《独生子女父母光荣证》《流动人口婚育证明》办理；社会抚养费征收，共计办理1640余件。

【民生】 环保治理措施有力，妥善处理信访件25件、整治中环督交办案12件、关闭养殖场18家，西河治理卓有成效，顺利通过中环督复核验收；关闭景区内宰杀场4家，强力整治景区周边环境，确保了西山风景区检查验收摘牌。安全饮水工程顺利完成，有效解决父子桥村、栖乐垭村、牌坊湾社区3000多户群众饮水问题。民政救济帮扶到位，顺利完成低保清理工作，

【城乡环境综合治理】 推行城市管理数字化。完成了辖区3个省级卫生先进单位、2个省级卫生村、3个省级无吸烟单位、2个市级最佳卫生先进单位、2个市级卫生先进单位和1个市级卫生村的复核。在环保督查期间，街道关闭在2013年未关闭的养殖场16家，整治中环督交办案12件，关闭小散乱污企业1家，拆除违章搭建5800平方米。“两项清查”全面实现建档立册，清查集体资产17950.93平方米，清查土地41834.13平方米，清查农户1614户，有效拆除违章搭建4万余平方米。

【安全稳定】 一是调整充实了安办工作人员，主要领导带队检查安全生产工作80余次，亲自参与安全隐患排查整治工作；二是街道党工委做到逢会必讲安全生产工作，街道领导主持参加街道安全生产会议达30余次。年初印发了《西山街道关于认真做好2016年安全生产工作的意见》《2017年安全生产目标管理考核办法》，对2017年街道的安全生产工作进行了安排部署，明确了各安全生产监管单位、部门的职责，落实了具体的措施和考核办法。三是形成各个安全生产领域有具体部门管，有具体人员抓，形成齐抓共管，横向到边，纵向到底的书面，街道与相关部门村（社区）签订了安全生产目标责任书和消防安全目标管理责任书，与重点企业签订了企业安全生产目标管理责任书。四是安全宣传进居民院落。印发《安全生产生活常识》等宣传资料3000余份，发放《市民应急避险知识》3000册，发放食品安全资料1500余份。五是狠抓各类各级人员的安全教育培训。每季度召开一次安全教育培训，组织危化品，烟花爆竹经销商，特种作业人员到市参加安全培训。六是抓实开展了“安全宣传月”活动。街道成立了安全生产月活动领导小组，通过召开培训会，分发资料，张贴标语，收看安全教育片等多种形式，在街道群众中广泛宣传。

【综治维稳】　成功打赢安全生产、信访稳定、缓堵保畅这“三场保卫战”。安全生产注重细节保平安，全年累计开展各类安全检查500余次、整改安全隐患50余个，未发生一例安全生产责任事故；信访稳定注重疏导促和谐，全年累计开展治安巡逻、信访值守等近500人次，办理反馈群众信访诉求295件，妥善化解栖乐垭村隧道拆迁遗留问题，妥善处理涉军群体、“95－96”中专生等遗留问题，牌坊湾1－3组还房、桂苑小区等遗留问题正加紧解决，圆满实现党的十九大等重要时段和重要节点“三零目标”；缓堵保畅注重引导强服务，累计组织干部群众开展交通劝导200余人次；圆满完成兵役登记、新兵征集、民办组建、应急抢险等武装工作；圆满完成区委、区政府抽派街道干部3人开展城市主干道、脱贫迎检、信访维稳等重点项目工作督查任务。

【领导名录】

书　记：尹　灏（6月止）
主　任：蔡　强
人大工委主任：梁仕芬（女）
副书记、纪工委书记：刘恩群（女）
副书记：王雄飞
副主任：胡斌权
　　　　李　勇

（吴海艳）

芦溪镇

【概况】　芦溪镇地处南充市顺庆区正北方向，距离南充市区23公里，南临潆溪街道办，北连李家镇，西靠顺河乡及西充张澜故居，东接高坪凌云山，潆新公路纵贯南北，连接仪陇朱德故里景区，幸福2、3、5路乡村公交直达市中心，群众外出十分便利。境内河流自北向南蜿蜒流过，永丰水库、万佛桥水库、梨树垭水库分布其中，水资源充沛、丰富。全镇辖13个行政村，合计129个村民小组，1个社区居委会，4个居民小组，共有4892户，合计17547人，耕地面积12950亩。2017年末，人均纯收入14680元。芦溪镇幅员面积24.3平方公里，是南充市首批扩权强镇试点镇。首建于唐朝开元年间的老君山道观坐落该镇，具有较强的区位优势和旅游资源优势。

【党建工作】　优中选优，严把党员发展入口关。在新党员发展中，注重在先进典型、致富能手、退伍军人中发现、培养入党积极分子，坚持“推优”制度，建立起了一支数量足、质量优的入党积极分子队伍。同时以“书记讲党课”“七一”表彰等活动为契机，运用身边的典型和模范人物激励、引导入党积极分子向党组织靠拢，为发展党员工作奠定了坚实的基础。发展新党员7名，大专以上学历4人，其中6人均在35岁以下。2017年，建立健全“专人管、足额收、及时缴、定期查”的工作机制，全镇共有588名党员，按标准足额缴纳党费共计44026.2元。

切实落实党建责任。全年组织专题研究党建工作10次，将抓党建促脱贫攻坚、强化干部队伍管理、扎实推进“两学一做”教育等12项重点任务分解落实，认真开展学习党的各项会议精神、习近平总书记系列重要讲话。

继续深入推进“两学一做”教育活动常态化制度化，党委会专题研究4次，认真制定学习计划，将党的十九大、省十一次党代会精神纳入重点学习内容，班子成员到基层讲党课17场次，组织集中学习32次；以知识竞赛、红色根据地教育等为载体，利用QQ、微信工作群，及时推送学习内容，将集中学与个人学相结合。确保学习教育全覆盖、常态化。

大力夯实基层党建基础。足额落实每村3万元的工作经费、不少于5万元的服务群众专项经费和远程教育站点运行维护经费；按上级规定标准严格落实村（居）干部各项待遇。新建大岔山村便民服务综合体1个，维修村级活动阵地1个，活动阵地达标率为100%；修复了3个村的远程教育设施设备，开展300余人次的远程培训。

严明党的纪律，常态化抓好党风廉政，作风建设。以深入开展“两学一做”学习教育实践活动为契机，认真学习贯彻党的十九大精神，狠抓党员思想政治教育，党委班子成员带头参加理论学习，提高自身素质。全年集中学习48次，党员固定党日活动开展12次，观看警示教育片5次，县级领导讲党课2次，专题民主生活会、研讨会6次，举办警示教育讲座2场，组织党员干部参加廉政警示教育实践活动1次，制作党建宣传展板24块，利用QQ、微信平台发送学习资料信息90余条，发放宣传资料4000余份。严格执行党内政治生活制度，坚决落实民主集中制和“三会一课”制度，开展基层党组织书记述职活动，大力营造以廉为荣、以贪为耻的良好环境。

【脱贫攻坚】 全镇共有建档立卡贫困村2个，建档立卡贫困户131户474人，还有未脱贫67户230人，在2017年无脱贫村及脱贫户。针对2014年至2016年已脱贫户开展“回头看、回头帮”，已脱贫户中无返贫现象。对未脱贫户实施完成住房改造共29户，“三建五改”35户，全部实现了“两不愁、三保障、四个好”工作目标。大力完善贫困村基础设施建设，建成顾家店村杨家湾新村聚居地一处，修建雍家沟村村道公路4.8公里。提前做好贫困村整村脱贫规划，积极争取招引企业到贫困村发展脱贫产业，为2018年整村脱贫打下坚实的基础。

【平安创建】 一是狠抓党风廉政建设，进一步转变干部作风。坚持“标本兼治”的原则，认真抓好党员干部的党性、党风、党纪教育，建立健全党员干部学习教育制度，强化民主监督机制，促进党风廉政建设。二是加大宣传党风廉政建设及平安建设力度。联合派出所、司法所、芦溪法庭等单位成立平安创建工作宣传小组，干部包村分片逐户宣传讲解，通过悬挂宣传横幅标语、LED、宣传车、举行文艺汇演等多种形式宣传党风廉政建设和平安建设工作。做好进村入户巡防、宣讲“两项评议”工作，组织全镇村干部分组分区域完成入户走访，联合“两所一庭”开展安全隐患集中整治、矛盾纠纷排查、“红袖标”巡控行动、网格化服务管理工作，切实推进平安乡镇创建工作。

【集镇建设】 一是扩权强镇试点镇工作有序推进，新建政务分中心投入运行使用，承接上级下放权力84起。二是聘请专业团队高标准设计完成全镇镇域规划，明确芦溪镇未来发展定位方向和建设规划。三是高标准完成潆新路场镇段风貌改造项目。四是完成公交换乘站建设项目征地拆迁工作，协助区交通局完成场地建设和管理房建设。五是协助区水务局完成芦溪场镇污水管网改造工程。

【环保工作】 通过广泛开展宣传教育活动，利用横幅喷绘、发放传单、集中宣讲及入户宣传等多种方式开展环境保护宣传活动，提高群众的环保意识。建立环保工作信访举报监督机制，设立了群众举报电话专线、举报箱，聘请环保监督员开展日常监督工作，处理本级举报10余件，妥善处置1件中环督信访交办件，关闭养殖场10家，共计处置鸡17万只、猪1300余头、羊370头。对辖区11家限养区养殖场进行规范整治。

深入开展河长制工作，全面摸清辖区河库情况，建立管理台账，明确镇村两级河长，设置河道警长、巡逻员、保洁员等专人分段负责，同时定期开展督查屏蔽活动，督促问题及时整改到位。

加强城乡环境综合治理工作。全面开展农村环境大整治，新购买分类垃圾箱、垃圾转运箱、手推垃圾车及垃圾桶等多种设备。全力维护垃圾中转站的正常运转，确保承担北部9个乡镇的垃圾压缩转运任务，日压缩垃圾约50吨。

【产业发展】 在抓产业发展上，解放思想，大力倡导现代农业发展模式，采取“专合组织+大户+农户”的模式，坚持走一村一品或数村一品的路子，从传统种粮向发展特色产业迈进，积极带动群众共同发展，共同增收致富。全镇引进种植优良品种、特色蔬菜，共培育种养殖大户50余户，先后发展李家祠村食用菌基地100亩、发展李家祠村、张家沟村小龙虾水产养殖基地200亩、发展董家沟村经果林种植200亩、发展大岔山村清鲜源经果林产业200余亩；发展农业专合组织5个，带动群众人均增收660余元。投资总额近1800万，涉及5个村、7个标段近2000亩土地的综合改造；退耕还林2300亩，公益林7277亩，建成干果林160余亩。芦溪小微产业创业园创办以来，先后引进鑫华通电力成套设备有限公司投入3000余万元，现项目投产运营，年创税收200万元，年内计划再招引2－3家知名企业入驻园区；引进3万吨粮食储备库，投资总额300z0万元，项目已完成规划调整，高压线迁改和征地工作同步启动；市农科院科研基地落户该镇，2017年度已完成项目涉及用地的兴阳山村全部拆迁及土地租赁工作、完成猫儿沟村大部份的土地租用及房屋拆迁的前期工作。这些项目的落地实施，形成了工业、农业相互协调同步发展格局，进一步夯实了该镇产业发展基础。老君山综合旅游开发项目，计划投资加强基础设施建设、老君山周边农房风貌打造以及康养中心建设。市农科院科研基地项目，大力发展农业观光产业，创建“4A”级旅游景区，紧紧围绕近郊旅游休闲加快发展。

【民生工作】 2017年，全镇农村低保675户、1126人，累计发放低保金240余万元。城镇低保51户、90人，累计发放低保金29万。享受定补优抚对象110人，累计发放10万余元。60岁以上退伍老兵59人，累计发放近9万元，全年发放解三难资金近14万元。累计临时救助750余人次，发放救助金50余万元；医疗救助80余人次，救助资金40余万元。圆梦工程帮助11人次，圆梦资金5万余元。解决困难精神病人免费拿药200余批次，为有暴力倾向，家庭极度困难的精神病人提供免费治疗服务。救助遭受自然灾害人员15余人次，慰问孤老、留守儿童、退休干部、优抚对象等200余人次，发放资金物资21余万元。全年，民政类各类资金使用近250万，惠及困难人群达1000余人次。

【文化体育】 更新充实“农家书屋”，新增藏书1万册；投入50余万元完成打造村级党群服务中心1座；参与四镇联谊演出活动2次，支持和培育纯群众文化团体3个，支持纯群众文化活动21台次，镇老体协和群众文化团体参与镇中心工作和阶段性工作文艺宣传12台次，镇老体协在市、区参加老体协文艺演出比赛荣获奖励。积极组织开展了丰富多彩的节日文体活动和群众喜闻乐见的文化活动，进一步促进全镇文化事业的发展。芦溪镇文化体育事业发展，一直位居顺庆区乡（镇）前列，多次受到市、区领导和主管部门的好评及表彰。

【领导名录】

书　记：彭松林
镇　长：陈军华
人大主席：文　学
副书记、纪委书记：石　花（女）
副书记：苏明剑

副镇长：罗　渊
　　　　杨　辉
副镇长、武装部长：苏　春

（曹荣春）

金台镇

【概况】　南充市顺庆区金台镇位于区境中部，距城区14公里。潆新公路贯穿全境，全镇面积23.8平方公里，人口1.73万。辖董家院、肖家庙、万佛桥、包包田、梨子园、金寺院、打石厂、土垭、蒙承宫9个行政村。镇属企业有机砖厂、酿酒厂和商贸、运输业。农业主产水稻、玉米、红薯、小麦、花生、油菜子，兼产蚕茧、柑橘。

2017年，镇党委、政府在区委、区政府的正确领导下，深入学习贯彻党的十九大精神和习近平总书记系列重要讲话精神，以服务改革、服务发展、服务民生、服务群众、服务党员“五服务”为重心，紧紧围绕“建设生态小镇、产业重镇、精品新镇”的目标定位和“一点两湖三线”的发展思路，因地制宜，务实推进。

【党建工作】　加强基层组织建设，构筑坚强战斗堡垒。党委、政府一班人，高度重视基层组织建设，以科学发展观、群众路线教育活动、三严三实为载体进一步完善党建工作机制，强化自身建设，坚持科学决策，务实创新，与时俱进，形成了政治坚定、思路清晰、作风扎实、精诚团结、富有战斗力的坚强领导集体。制定和完善了干部出勤住勤制度、请假销假制度、学习会议制度、财务制度、党风廉政责任制等一系列规章制度，坚持用制度管人管事。举办镇、村干部培训班3次，学习党的路线方针、政策，培训工作业务，提高依法行政水平。举办农村党员培训班2期，培训党员600人次。认真开展反腐倡廉宣传教育，履行主体责任和监督责任，党政干部以廉政警言作为座右铭，组织党员干部收看廉政警示片，开展了廉政文化“六进”活动。

【新农村建设】　加速新农村建设，建设和谐秀美家园。投资10万元建农村书屋9个，共有各类图书30000多册；投资10万元建文化活动中心1个，并成立了镇文艺宣传队，共有队员50多名，结合学习实践科学发展观活动，送文艺下村演出15场次；深入开展环境综合治理，加大人力、财力、物力投入，新建垃圾池200个，垃圾场1个，配备了30辆清洁车和30余名保洁员，完善镇、村、群众责任体系和运行机制，环境卫生整洁有序，成功迎接了各类检查和视察，彻底改变了“脏”的印象；投资100万元维修村级公路10条，近10千米；投资近200万元铺设简易村社级公路和机耕道；投入水利建设资金160万元，整修塘坝10余处，疏浚渠道2000余米，衬砌渠道600米，实施标准农田改造300亩。

【改革创新求发展】　开展民怨搜集活动。直面矛盾听怨言，地毯式收集矛盾问题，建立台账销号整改，设置公式墙接受群众监督，新华网、新闻网等10多家媒体给予了高度评价。开展干群换位体验。镇村干部先后5次，除草、种玉米、栽秧、打谷、扫街、除牛皮癣、当茶馆老板卖茶、卖农资；部分群众及村干部当镇干部，逢场天接待群众。通过换位体验，干群换出理解、换出体谅、换出信任，极大的缓解了干群关系，信访老户由2017年的60多名减少到了6名，效果明显。

【领导名录】

书　记：刘大海
镇　长：罗双全

人大主席：孙双全（9 月起）
副书记、纪委书记：王　林
维稳副书记：张　彪
武装部部长、副镇长：王建伟
副镇长：谢蝉屹（女）
　　　　郑艳君（女）
　　　　周荣建（11 月起）

（张晓梅）

搬罾镇

【历史沿革】　南北朝时，后魏曾在此设南宕渠郡，筑有郡城。清嘉庆年间爆发白莲教农民起义，起义军由达川（今达州）、渠县等处直逼顺庆，并占领过嘉陵江以东地区。顺庆官府为抵挡农民起义军，在此溪上下沿嘉陵江岸的将军滩、磨垭口、老官庙等处设防。起义平定后，称这些隘口为搬罾溪。因场北有溪入嘉陵江，入江口上下 200 米的回水沱河段多鱼虾，常有人在此搬罾捕鱼而得名。

此地又有“石狗坝”和“石笱坝”之名。“石狗”是此地民间传说中，农民用在耙子上的压石。这块奇石之奇，在于压耙轻重随土而变，既能省力又耙地平整，而且平时不现，要时方有。后来被盗，此地乡民怀念此物，故名“石狗坝”。“石笱坝”的“笱”是用竹编制的捕鱼工具。捕鱼人常在江河中砌拦水石梁，中开几处缺口，将笱放于缺口处，以捕顺水流入的鱼虾。

【基本概况】　搬罾镇 1990 年改建为镇，位于顺庆区境东南部，嘉陵江西岸，距市政新区 9.7 公里，幅员面积 27.6 平方公里，集镇面积 2.1 平方公里，人口 2.6 万余人。辖庞家寨、老鹳庙、杨世坝、康家店、凉水井、石庙子、小河坝、青山坝、延寿寺、干堰塘、竹林寺、搬罾溪 12 个村和石狗坝、绢纺 2 个社区。境内南（充）搬（罾）线、搬（罾）大（林）线、搬（罾）渔（溪）线、搬（罾）金（台）线和顺蓬营公路等干线穿境而过，幸福 1 路公交车直达市区。

【集镇建设】　搬罾镇先后被评为“全国重点集镇”“四川省百强镇”“四川省乡村旅游示范镇”“四川省民主法治示范乡镇”等荣誉称号，2016 年创建为“四川省安全社区”。

规划先行。精心编制《搬罾镇总体规划（修编）》《搬罾镇控制性详细规划》《搬罾镇城市重点地段规划设计》等规划，构建起了较为完善的试点镇规划体系；建设全面推进。近年来，投入 1100 余万元，加强集镇建设，新建卫生院 1 所、农贸市场 1 个、消防站 1 个、青山湖污水处理厂 1 座，改造客运码头 1200 余平方米，新建街道 200 米，油化街面道路 6 公里、50400 余平方米，整治硬化人行道 11600 平方米，栽植街道行道树 1000 余棵，建花池 100 个，铺设下水管网 1474 米，安装路灯 50 盏，设置果皮箱 40 个。

【基层党建】　加强党员教育。依托“三会一课”等载体，采取“红色”教育、警示教育、远程教育、重温入党誓词等形式，加强党员培训教育。强化党风廉政建设。打造党风廉政教育培训基地，建设廉政法制广场，召开市、区现场会各 1 次，警示教育大会 4 次；加强党风廉政建设社会评价工作，通过群众大会、院坝会、农民夜校、入户宣讲等方式，加大宣传力度，引导群众积极参与，公正理性作出评价。深入学习贯彻党的十九大精神。强化宣传，大力营造十九大氛围，安装道旗 100 余面、悬挂宣传横幅 20 条、投入 LED 屏 5 块；深入学习，采取中心组学习会、“三会一课”、干群大会、坝坝会、集中宣讲、农民夜校等形式，深入宣传学习党的十九大精神，集中宣讲 20 次。扎实开展党员服务。成立党员先锋队、青年志愿服务队，以扶贫帮困、环境保护等为主题，开展“清凉一夏”“月满中秋”“请跟我来 天天环保”等主题活动。狠抓农民夜校工作。建成农民夜校13所，创新采取“星级导师+星级学员”培训机制，培训学员5000余人次。2017年干堰塘村农民夜校被市委组织部评为南充市农民夜校示范校。

【经济发展】 近年来，搬罾镇按照打造一流乡村旅游示范镇的目标定位，发展现代农业、乡村旅游业。

现代农业：搬罾镇有国家现代农业产业园区1.2万亩，总投资约23亿余元，总体布局为现代农业展示、农产品储存、科技培训、花卉展示和休闲游乐等五大功能，是一个集现代农业与乡村旅游为一体的大型现代农业产业园。园区内有四川康健农业投资开发股份有限公司、四川菜篮农业有限公司、四川农望农业开发有限公司、南充市励业蔬菜有限公司、南充香玲生态农业开发有限公司等果蔬生产基地。

科技引领现代农业发展。园区内建有大型智能温室大棚40亩、蔬菜钢架大棚6000余个，引进名、优、特、新品种200余个，配备智能自动控制设施设备30多套，推广无土栽培、水培、雾培、LED人工光、工厂化育苗、大棚蔬菜生产等新技术30余项，基本实现了农业生产现代化。

产业经营促进农民增收。采取“企业+园区+农户+超市”的运行模式，实现统一种苗供应、统一技术培训、统一农资采购、统一产品回收的“四统”办法，自建蔬菜放心直销超市和气调库，推行农超对接，实现蔬菜生产销售一体化，带动3000多户农户从事蔬菜生产，每户年均增收3万余元，吸纳1000多名农民入园务工，人均年增收1.5万余元。

乡村旅游：搬罾镇有乡村旅游从业人员1200余人，年接待游客200余万人次，旅游总收入1.25亿元。镇内有青山湖乡村文化酒店等农家乐、乡村客栈80余家，有锦绣田园、果乐园、菜篮农业、大学生创业园等农庄4个，有“中华韭苔王”“半分闲”系列无公害有机蔬菜品牌20余个，有水果公园、老刘草莓基地、果乐园等采摘基地8处，有青山湖等垂钓场所11处，有锦绣田园赏花展1处，有全国航模赛会1个，有水果公园葡萄采摘节1个，有锦绣田园灯光展1个，有“青山湖环湖骑行”体育赛事1个，有“青山湖七夕鹊桥会”传统节会1个，有延寿寺等古迹传说3个。

【脱贫攻坚】 探索“金融+扶贫”模式，助力脱贫攻坚。在菜篮农业专合社推行“政府搭台、银保合作”的农村金融扶贫新机制，28户贫困户贷款入股园区，每户年分红不低于3000元。推行“集中供养”模式，解决住房问题。打造“搬罾镇青山坝村精准扶贫户廉租房聚集点”，实现6户生产、生活困难的贫困户集中居住。推行“党支部+园区+基地+农户”和“支委+党小组+党员+农户”机制，发展脱贫产业。组建脱贫产业合作社2个，建成脱贫奔康产业园2个。开展“回头看、回头帮”活动。按“一超、两不愁、三保障、三有、四好”标准，对已脱贫的41户贫困户房屋进行整改维修。全镇148户精准扶贫户已脱贫147户。

【重点项目】 挂图作战，加快四水厂建设。实行“重点突破、整体推进”制度，确保工作顺利推进，截至12月，已安置人口125人，拆迁房屋25座，约5519平方米，原水管道和清水管道已全线贯通。坚持“5+2”“白+黑”，抢攻顺蓬营公路建设。全年共计召开工作会10余次，坝坝会6次，政策解答300余人次，化解群众阻工40余次，按时完成拆迁任务，为顺蓬营公路建设提供了良好的施工环境。真抓实干，启动顺庆区第二污水处理厂建设。完成场地苗木移植、养殖大棚拆除和地堪、设计等前期工作。

【环境保护】 强化宣传，营造全民参与环保氛围。开展“呵护绿水青山 共创最净搬罾”万人在行动誓师大会，制发环保扇5000把，发放宣传手册5000份，投入宣传LED屏11块，制作宣传牌130余块，出动宣传车1辆。加强巡查，强力整改存在问题。出动环保执法车辆420台次，执法人员1300余次，检查各类企业80余家，发放整改通知书31份，发现整改环保问题200余个。查漏补缺，开展“回头看”活动。在辖区进行再排查，对查出的问题立即整改。同时，对完成整改并销号的环保问题开展“回头看”，防止问题反弹，确保工作实效。全面做好饮用水水源区保护。建设隔离防护设施、截流过滤沟，设置界标、警示标识牌、宣传牌130余块，成立河道专业打捞队1支，定期打捞河道漂浮物。彻底整治拆除砂石码头。召开综合整治大会，与砂石场业主签定整改责任书、告知书、承诺书；强化巡逻检查，严查砂石运营车辆，环境整治巡逻队24小时巡逻；安装监控，设置限高梁，防止业主偷运砂石；配备环保垃圾桶、加装砂石堆防尘网，对堆砂场洒水保湿；责成业主按期清场，限期拆除设备。在区委政府领导下，在区公安、城管、水务等相关部门的共同配合下，通过2次大型集中整治拆除活动，拆除辖区22家非法砂石场。加强整治畜禽养殖场。关闭拆除禁养区养殖场（户）6家，整治限养区养殖场（户）16家，关闭搬罾屠宰场，畜禽养殖污染得到了彻底根治。积极防治农业面源污染。成立秸秆禁烧工作领导小组，组建15支巡查小队，发放农资废弃物回收桶40个。

【精神文明建设】 加强社会主义核心价值观宣传教育，开展“讲文明、树新风、争做文明村民”活动，举办“文明家庭”等评选活动，不断强化精神文明建设。2017年，干堰塘村被中央文明办授予第五届全国文明村镇称号。

【平安建设】 创立“1553”工作法，加强平安建设。以党委为核心，实行镇、村、社、院（院落）、户五级联防，每五户为片推选1名负责人，成立党员先锋巡逻队、警民联合巡控队、纠纷调处队3支队伍，确保辖区综治维稳、平安建设、安全生产等各项工作的顺利推进。落实巡控制度，组建“红袖标”巡控队伍14支，摩托车巡逻队1支、自行车骑巡队1支，实行24小时巡逻，辖区治安良好。

【教育事业】 搬罾镇设有初级中学、小学各1所。

初级中学占地近50亩，建筑面12000多平方米，电脑室、多媒体教室、校园网络、理化生实验室等现代化教学设施设备齐全，有在校学生400余人，教职工52人，其中高级职称4人，中级职称19人，本科学历34人，学历达标率为100%。学校始终坚持“德育为首，育人为本，和谐发展”的办学理念，全面实施素质教育。至1996年以来，升省、市、区重点高中近300人。同时，学校强化教育教学过程管理，办学效益初见成效，教育质量稳步提高，连年中考成绩居全区同类学校前列。

小学占地约50余亩，设施齐备，有卫星教学资源接收室、网络教室、优课教字教室、音乐室、演播室；有藏书万余册的图书阅览室；有城域网、闭路电视和网络班班通，建成了校园广播网和光亮工程。全校在校学生1200余人，教职工70人，其中中学高级教师3人，小学高级教师38人，大专以上学历51人，中师学历18人，学历合格达标率100%。近年来，搬罾小学先后荣获区教育教学管理一等奖、教学管理与质量评估综合一等奖、教学质量一等奖、教学工作管理与研训工作一等奖、年终督导评估一等奖、信息化管理示范校奖、区十佳少先队组织奖、第十届 PHE 国际中小学生幼儿美术大赛艺术教育成果集体二等奖、中小学生艺术节一等奖、金色阳光全国中小学生习作大赛集体一等奖、顺庆区环境卫生综合治理示范校、四川省心理健康实验学校、南充市现代教示范学校、南充市安全示范校等殊荣。

【医疗卫生】 搬罾镇有卫生院 1 所，现有病床 9 张，职工 12 人，其中副教授 1 名，执业医师 4 名，执业助理医师 1 名，执业护士 2 民，工勤人员 6 名，达到一级甲等综合性卫生院标准。全镇有村卫生站 12 个，乡村医生 15 名。

【领导名录】

书　记：谭四成

镇　长：王　宁

人大主席：唐　剑

副书记：王月圻（女，兼纪委书记）

　　　　何　斌

副镇长：赵永鑫

　　　　蔡恒军

　　　　唐昌斌（兼武装部长）

（苏　刚）

李家镇

【概况】 李家镇位于南充市顺庆区北部，距南充市区 30 余公里，潆盘公路、潆新公路纵贯全境，与南部县龙庙乡、蓬安县高庙镇接壤，全镇辖鸦雀沟村、李家村、三金庙村、万家沟村、岳家沟村、郑家沟村、野猪沟村、金环井村、高家沟村、庞家庵村、檬子沟村、回龙沟村、郑家坝村、水观音村、杨柳湾村、指路碑村等 16 个行政村，1 个农村社区，117 个社，幅员面积 28 平方公里。农业人口 17900 人，耕地面积 11000 亩，森林覆盖率达 30%，主产水稻、小麦、玉米、红苕等农作物。李家镇是顺庆区农业特色乡镇之一。历史悠久，人杰地灵。有禹王宫、庞家庵佛教庙宇 2 座，李家锅盔享誉川东北。

2017 年，李家镇在区委区政府的坚强领导下，抢抓机遇，科学谋划，开拓创新，全面完成了各项工作任务。始终坚持以项目建设为抓手，以改善民生为根本，以确保稳定为基础，不断攻坚克难、开拓进取。

【党建工作】 一是扎实抓好党建的基础工作。通过学习教育，使党员素质能够明显提高，干部作风进一步转变，使党的基层组织建设进一步加强。抓好支部班子的学习，每月学习一次，做到带头抓、带头学、带头用，形成良好的学习氛围。把支部班子的学习，作为加强支部思想建设的首要任务来抓，以支部班子的学习带动全体党员、干部的思想政治学习，使该镇支部班子努力成为学习型、务实型、创新型、和谐型的战斗集体。坚持“三会一课”制度，注重加强党的会议精神的学习和贯彻。组织学习“十九大”精神，在党员中深入开展学习，展开讨论，并将活动上升为全镇范围，在全体党员、干部和群众中广泛开展，通过演讲、座谈会等形式，扩大并巩固教育成果。二是切实加强党员干部队伍建设，结合深入学习实践“群众路线”活动，不断创新方法，通过培训、座谈、组织参观等多形式，多渠道抓好党员学习、教育、锻炼，努力提高党员干部思想政治素质。三是加强党风廉政建设，积极实行党务公开制度，与各党支部签订党风廉政建设责任书。通过各种座谈会了解我镇工作中存在的问题、隐患及职工关心的热点、难点，以及存在的重大事项，及时沟通和解决。

【项目工作】 李家镇属浅丘宽谷带坝地貌，地势西北高，东南低，高程在281—481米之间，镇域内有升钟水库干渠通达全镇，灌溉农田面积达90%，有小型水塘19个。截止至2017年末，全镇有9个村形成了产业园区或支柱产业，指路碑村园区柑桔产业300亩，水观音村葡萄产业园区600亩，杨柳湾村产业园区李子300亩，三金庙村建养鸽基地1个，养殖规模达到5000对以上，檬子沟村水产养殖基地1个。李家镇成立金税鸽业养殖、红艳鲜水果种植等专业合作社6家，并向工商部门申报注册商标，为今后农民增收打下坚实的基础。加强交通设施建设，郑家沟村、檬子沟村各修建村道公路3公里，全镇村道公路网络全面建成。农业基础设施大力发展，完成了万家沟村、岳家沟村、回龙沟村的现代农业水稻项目工程，整治农田1500余亩。升钟水渠贯通全境，排灌渠系46000余米，提灌站1座，塘、库、堰及蓄水池共54座。

【社会事业】 一是就业保障持续完善，为辖区居民办理《就业失业登记证》13个；灵活就业人员社保补贴申报办理28人；居民基本养老保险征收完成率达100%，位列全区第6；城镇居民基本医疗保险征收金额1751010万元。二是救助兜底基本生活教育，全年上报新增农村低保68户，城镇低保1户；发放临时救助166220元；办理上报大病医疗救助79人，救助金额348610元；上报办理低保户困难残疾人生活补贴16人13440元。

【乡镇管理】 在教育方面，李家镇场镇建有中、小学校各1所、幼儿园2所（公立、私立各一所），其中，李家中学占地面积15亩，分别开办初中1—3年级；中心小学占地面积10亩，分别开办小学1—6年级；公立幼儿园幼儿园占地面积约5亩，开设有大、中、小班。在医疗方面，李家镇建有中心医院1家，占地面积约7亩，有门诊科室25个，住院床位90个；私立医院1家，占地面积约4亩，有门诊科室20个，住院床位50个；村级卫生服务站（村级卫生保健站）17所，保证了全镇人民的治病就医。同时，李家为百年古镇，现有清代古墓及古建筑20余处，保存完整的有禹王宫、庞家庵佛教庙宇2座；黄果树等百年古树30余棵。李家锅魁、凉粉、水饺、凉面等极具特色，特别是酥脆香的锅魁，享誉川北，令过往食客流连忘返。目前，李家镇能源、通讯、金融业发达，建有电管所1个、天然气公司1家、液化气加气站1家、自来水厂1座。有电信、移动、联通3家通讯运营商，移动通讯工具13000余部，金融网点有农业银行、邮政银行、农商银行3家。2017年，李家镇共投入资金120余万元实施场镇建设，完成锅盔商贸特色街打造工程。

【领导名录】

书　记：周大勇
镇　长：刘大斌
人大主席：鲜志荣
副书记：许　剑（兼纪委书记）
副镇长：罗　强（兼武装部长）
　　　　蔡　凤
　　　　万　荣

（邹长春）

双桥镇

【概况】 双桥镇位于顺庆区最北端，距市中心39公里，东连龙桂乡，南靠永丰乡，西与西充县岱林乡毗邻、北与南部县马王乡接壤。全镇幅员面积15.8平方公里，辖10个行政村，73 个社，总户数 2725 户，总人口 9350 人，其中农业户数 2310 户，农业人口 8290 人，有耕地面积 6970 亩，其中田 3000 亩、地 3970 亩；林地面积 8500 亩，其中退耕还林面积 1700 亩，森林覆盖率达 40% 以上。全镇主要以种养植业为主，其中柑橘产业是传统支柱产业，是市级柑桔生产基地。2017 年有柑橘栽植面积达 2200 亩，年产柑橘达 3000 余吨。外出务工也是全镇群众收入的主要来源，全年外出人数达 6000 人，外出收入约 2.5 亿元。2017 年全镇实现工农业总产值 1.21 亿元，全镇人均纯收入 9100 元。

2017 年，在区委、区政府的正确领导下，双桥镇全面贯彻落实党中央“四个全面”战略部署，坚持发展为第一要务，全力抓建设、保增长、惠民生、聚民心，实现了全镇经济和社会各项事业持续健康协调发展。

【产业结构】 全面落实区委实施乡村振兴战略和全域旅游发展战略，利用双桥的自然资源禀赋，打造以“龙舟节”等民俗文化为亮点的新名片。一是抓好农业产业。发展蘑菇产业基地 50 亩，规划产业基地 1500 亩，栽植优质李树、柑橘树、薄壳核桃 2 万株。开展传统柑橘种植基地养护，保持产业发展的连续性。二是抓好渔业产业。引进业主 3 户，在黄楝沟村、膏子沟村租赁闲置水田 150 余亩，在不破坏土地耕作层的情况下，进行稻田养鱼，打造休闲垂钓，度假观光之地。三是推进农旅产业。在袁家沟村引进旅游业主，投资 200 万，租用土地 50 亩，发展亲子体验、观光农业、体验农业等新兴产业；引导花果山、开心农村业主完善配套设施，发展特色产业，招引人气，招引商机，造福双桥。四是举办农旅活动。举办首届“双桥龙舟节”，开展农货节活动，吸引 5 万人到双桥游玩，切实提升了双桥名气，增加了群众收入。

【项目建设】 坚持“抓项目、促发展”的理念，积极向上争取政策、资金和项目。全年争引产业项目 4 个，基础设施项目 5 个，教育项目 1 个，环保项目 3 个，文化旅游项目 2 个，招引资金 2500 万元。全力抓开工、抓进度、抓保障，制定任务书、时间表、路线图，全面推进项目落地落实，为双桥经济社会发展提供了有力支撑。

【基础设施】 农村基础设施得到较大改善。一是完善场镇配套建设。完成了场镇人行道整治 1200 米，新修景观大道 600 米，安装路灯 120 盏，栽植行道树 360 棵，维修下水管网 1300 米，修建集污池 11 口，拆除老旧公厕 1 个，新修功能完善公厕 1 个，规划选址规范农贸市场 1 个，规范更新商铺店招 38 处。二是加快农村交通网络建设。整合资金 500 万元，在乔家湾村、白鹤沟、官二沟、村新修公路 8.5 公路，基本实现全镇社社通公路。维修、拓宽公路 2.2 公里，修建袁家沟村环线公路 2 公里，在黄楝沟村修建重型桥梁 1 座。三是维修加固升钟渠系 1000 米、山坪塘 6 口、石河堰 2 处；整治袁家沟村河道 1500 米；在袁家沟村、乔家湾村、膏子沟村、黄楝沟村整治土地 410 亩；在黄楝沟村、乔家湾村建设提灌站 2 处。

【民生工程】 民生工程推进有力。一是脱贫攻坚成效明显。规划脱贫奔康产业园 1200 亩，发展庭院经济 95 户，严格落实医疗、教育、住房、社保保障政策，认真开展帮扶工作，扎实做好“回头帮、回头看”，确保 2018 年决战全胜。二是惠民政策落地落实。大力开展计生服务工作，全面落实二孩政策，积极推进计生奖扶；深入推进城镇居民医疗保险、养老保险政策，彻底解除群众后顾之忧；优化教育环境，认真落实“两免一补”，积极开展贫困生结对帮扶和“圆梦”工程，确保全镇每一个孩子都能读好书、上好学；关注、关爱、关心弱势群体，充分发挥救助资金雪中送炭作用，发放五保金、低保金、临时救助金等各类救助资金180万元。三是美好家园携手共创。深入宣传环境保护，大力整治环境突出问题，严格落实河长工作制，深入开展大气污染防治，积极推进面源污染治理，关闭小、散、乱、污企业（业主）11家，让双桥的水更清、山更绿、天更蓝。完善基础设施，开展专项整治，积极创建国家卫生乡镇，顺利通过初验，双桥人民的家园更加美好。

【社会管理】 一是安全生产平稳顺利。认真落实安全生产监管责任，认真开展安全生产检查，强化安全隐患排查，积极整治各种安全隐患，有效处置了地质灾害、防汛抗旱、道路交通、消防等各种安全隐患67处，全年没有发生一例安全生产事故。二是综合治理安定安宁。大力开展“七五”普法，深入推进依法治镇工作，进一步提升社会法治意识；全面提升“人防、物防、技防”水平，完善调解、安保、巡控、信访工作机制，加强综治物质配置，安装场镇监控16处，大力整治黄赌毒及其他违法行为，社会大局和谐稳定；开展“最美家庭”“最美婆媳”“诚信人家”等先进典型评选活动，倡导向上上善社会能量。引导群众移风易俗，牢固树立社会主义核心价值观，积极开展社会评价活动，双桥社风、民风淳朴友善。

【计划生育】 进一步完善计生工作责任制，切实抓好基层基础工作，规范收费项目，加大经费投入，认真落实计生奖扶政策，加强流动人口管理，抓好计划生育工作队伍建设，做好中央关于全面放开二孩政策的宣传工作。

【领导名录】

书　记：杨　军

镇　长：王徐雅行（6月止）

　　　　邓裕国（12月起）

党委副书记、纪委书记：马　军（9月止）

党委副书记：王　波（综治维稳）

副镇长、武装部长：张　静

副镇长：袁　浩

（王翊帆）

共兴镇

【概况】 共兴镇地处顺庆区北大门，距南充市区17公里，幅员面积34.8平方公里，辖15个行政村，118个社，总人口13920人，其中农业人口13316人，有17个党支部，中共党员607人，耕地面积11099亩。2017年，共兴镇在区委、区政府的正确领导下，全面贯彻党的十八大和十八届六中全会精神及习近平总书记系列重要讲话精神，进一步统一思想行动，转变工作作风，紧紧围绕经济建设这个中心，认真履行管理职能，积极推进各项工作顺利开展，通过上级的大力支持和全体干部群众的共同努力，取得了经济稳步发展和社会各项事业的全面进步的成绩。2017年末，全镇人均纯收入达8560余元。

【党建工作】 突出“三个坚持”，落实党建主体责任。一是坚持用心用力抓党建。全年主持召开党委会12次，党建专题会5次，听取并收集意见建议45条，解决党建实际问题15个，主动讲党课6次。二是坚持严格问责抓党建。年初与17个党支部签订了党建目标责任书，坚持定期到村督导党建工作，发现问题及时整改，对4个抓党建不力的村支书分别进行了批评教育和党纪处分。三是坚持直面问题抓党建。全年走访村社和企业200余人次，解决突出问题12件，兴办实事60件，化解矛盾纠纷13起。

注重“三个着力”，夯实党建基层基础。一是着力党员队伍建设管理。完成村委换届选举，村干部结构更加合理；重点培养村级后备干部30名，向区人才库推荐年青优秀干部4名；加强党员干部学习培训，干部综合能力不断提升；修订完善干部管理制度，干部管理更加规范。二是着力基层基础保障。投入资金10万元完成五洞桥村200m²党群服务中心的改扩建；投入资金13万元新建七里沟村文化室90m²、硬化文化休闲广场1000m²；投入资金14.25万元统一规范制作15个村级公开栏，公示内容800余条，全镇各村的基层阵地建设功能更加完善。三是着力提升农民夜校功能，15个村“农民夜校”师资齐备、制度完善、运转有力，成为村级“三会一课”“两学一做”和农技培训的重要载体。

紧扣“三大重点”，深入助推党建发展。一是重点利用“会前学纪学法”“每周五例行学习日”制度，深入宣传贯彻党的十九大精神、中央大政方针和省市区决策部署，让习近平新时代中特社会主义思想武装头脑、指导实践、推动工作。二是重点深化农村党员关爱机制。走访慰问贫困党员和老党员43人次，解决具体问题11件，发放慰问金2.6万元，让其感受到组织的温暖，增强归属感。三是重点培树示范典型。运用“三分类三升级”机制，实现五洞桥村、金称沟村2个党支部挺进先进范畴，其他15个党支部持续向好发展；11月主办“展巾帼风采助力脱贫攻坚”主题活动，评选出最整洁农家2户、最勤劳农家2户，充分激发了广大群众勤劳致富的激情，全镇社会风气持续好转，麻石沟村被评为“省级四好村”。

【党风廉政建设】 一是持续打好“三场持久战”。斩断伸向群众的黑手，有效治理村社“微腐败”。二是通过排查隐患风险点，制定针对性防范措施，降低了干部犯错风险。三是积极推进政务、村务公开，按照统一规格建设了公示墙，及时公开群众关心的热点、难点问题；加强“三资”管理和村级债务的化解，规范“一事一议”程序。四是大力开展党风廉政建设社会满意度评价社会宣传工作，积极将顺庆区、共兴镇的党风廉政建设成果在群众中广为宣传，提升了党风廉政社会满意度。

【农业产业】 一是七里沟村黄金梨发展规模迅速壮大。完成七里沟扶贫新村新增经果林种植面积400亩。二是产业结构调整上档升级。积极引进业主，以农业+旅游模式，引进业主在五洞桥村修建农腾庄园、生态农业蔬菜基地200余亩。三是积极鼓励农民工返乡创业。积极引导外出农民工返乡创业，成功引流1名青年返乡创业，欧松涛的东泰碳素有限公司在1－9月份产值为500万元，上交税金80余万元，充分发挥了示范引导作用，为农民工返乡创业引流工作开了个好头。

【项目建设】 紧扣发展这一主题，加大项目争取力度，重点项目建设取得重大突破。一是创建省级安全示范镇。已投入资金200余万元对存在的安全隐患进行整改，包括公共场所安全、消防安全、道路交通安全、社会治安安全、校园安全、居家安全、食品安全、老年人和残疾人安全等各个方面建设。二是完成七里沟村文化活动室建设。8月份开始修建七里沟村文化活动室90m²，内设农家书屋，藏书两万册，文化活动室内安装有电视机、音箱、功放等音乐器材和文化会议室等功能，硬化文化休闲广场1000m²，安有篮球架一幅、乒乓台一个、休闲健身器材5个。三是集镇农贸市场升级改造正在有序展开。四是完成了场镇控制性总体规划和详细规划，即将开工建设，拟投入493.62万元。五是完成了基层公共服务平台建设。为方便群众办理相关业务，结合便民服务中心整修，镇政府投入3万元建设基层服务平台，目前已经按步骤、分重点、分阶段实施，完成了基层平台标准化建设。六是完成91户贫困户C、D级危房改造工作。七是完成了“两项清查”工作，对共兴镇集体企业、私营业主建设用地和全镇宅基地进行了清查，摸清了全镇土地使用管理情况，加强212沿线巡查，确保了不新增一处违法建（构）筑物。八是为保障群众安全用气和生活更方便，212国道沿线的3个村年底将全部安装天然气。

【基础设施】　镇党委政府始终把山、林、水、田、路作为镇基础设施建设的重点，围绕道路建设、水利整治、土地整理各个方面，大力争取项目资金投入，取得了可喜成绩。一是加强了水利设施建设。向上级争取资金110余万元，新修8口蓄水池，维修7口病险山坪塘，新修和维修升钟水渠共1500米，使粮食生产的旱涝保收能力得到保证，确保了山塘、渠道的安全运行。二是加强了交通设施建设。完成共兴小学桥梁建设，有力地改善了师生的安全通行环境；新修村道路3公里；新建五洞桥村、麻石沟村便民桥2座；投入18万元在通村道路的危险地段安装了安全防护设施和警示标识标牌，对部分垮塌路面进行了整修，实现了村村通水泥路。

【脱贫攻坚】　按照上级脱贫攻坚安排部署和“六个精准、五个一批”要求，全镇干部扶真贫、真扶贫，扶贫工作实行“一户一策、一户一业”，“1+1”结对帮扶。2017年将实现贫困户脱贫36户，脱贫人口93人。在七里沟村新建便道700米，渠系600米，安装路灯40盏，新建垃圾池4个，便民桥1座，风貌整治21户。

【环境整治】　一是广泛宣传城乡环境综合治理知识，全镇群众环卫意识大幅提高。二是对镇养殖场点进行全覆盖摸排，掌握第一手资料，根据区政府要求，在规定时间内，拆除了污染严重的五洞桥村、石院坝村和棕树沟村共19家养殖场，确保了顺庆区养殖场拆除任务完成。三是在迎接中环督环保工作督查期间，高度重视环保问题的信访回复，对信访反映问题能在第一时间到现场处理，由于信访问题处理及时、得当，环保督查期间，没有一例问题反映到中环督。四是完善“河长制”各项管理制度，加强各河段长管理，坚持定期巡查督查，沿河各村不定期清理、打捞杂物垃圾30余次，镇政府组织专项清理2次，全年清理淤泥、水葫芦以及飘浮物等30余吨，投资经费8万余元。

【社会保障】　一是临时救助。及时解决受害群众、特困户等弱势群体困难，发放救灾、临时救助等款28万余元。二是春节慰问。2017年春节期间开展“送温暖”走访慰问活动，走访慰问各类对象73人，发放维稳资金21900元。三是五保工作。向上申请资金1万元，购买风扇、配置消防工具，改善集中供养人员的居住环境。对分散供养生活费严格执行上级标准使用和发放，并对其住房摸排检查，对存在安全隐患的，逐步修缮。四是优抚对象。开展端午维稳、庆祝八一等活动，关心关怀优抚人员，千方百计帮助他们解决生产生活中的实际困难和问题。加强高龄老人和孤儿工作，切实维护孤儿和高龄老人的合法权益，让惠民政策落到实处。五是农村医保。认真落实农村医保征收工作，2017年全镇医保参保人员达到13142人，参合率达到90%以上。六是结合民政救助、医保、城乡居保等工作，认真摸排，积极上报，对全镇310名残疾人的医保进行兜底，为91名低保重度残疾人办理重残补贴金，加强康复工作，切实做好残疾人量服工作。七是按时完成全民参保登记工作。为扎实做好全民参保登记这项惠国利民工作，镇党委政府高度重视，在5月底完成471户入户调查，6月13日前完成数据采集工作。

【安全维稳】 一是综治维稳工作。全镇围绕“全面推进社会管理创新，全力以赴保平安、促发展”的工作目标，成立了综治、维稳、调解、平安创建等领导小组，并与驻镇单位，行政村签定了相关目标责任书，全方位落实工作责任。全年制作展板6张，悬挂宣传标语12张，发放宣传资料3000余份，发放禁毒宣传资料1000余份；自筹资金15万元打造共兴派出所警情指挥室，实现场镇24小时无死角监控；组建以镇、村、组三级干部和派出所全体干警为成员的治安巡逻队，在每周一、三、五和逢场天开展治安巡逻；深入开展网格化管理工作，网格员信息公示到户，建立专属微信群，实现网格员与群众的动态联系。二是依法治区工作。该镇依法行政工作坚持以人为本、执政为民的理念，以加强法制宣传教育，增强干部群众的法律意识和法制观念，推进依法治理为根本出发点，进一步规范自身行为，建立了干部职工学法制，落实了科学民主决策制，完善了依法行政财政保障制和行政监督制，强化了行政执法责任追究制，有针对性地自查了镇直各单位行政执法、涉农、涉访等方面的贯彻执行情况，确保全年无一起越级上访或民转刑案件的发生，依法行政工作取得了长足的进步。三是安全生产工作。本着“安全第一、预防为主、综合治理”的原则，重点做好镇内道路交通、烟花爆竹、建筑施工、森林防火、食品安全等工作。15个行政村成立了由村委会主任任组长的安全生产领导小组，与镇上干部职工一道检查各类商家90多次，学校2所，卫生院1所、敬老院1所，整改事故隐患12处，道路交通事故件数比去年下降90%，事故受伤人数比去年下降86%，一般安全生产事故总量下降82%，每季度开展安全隐患排查面达100%，整改率达98%，宣传教育面达96%，协助区安监局查处一处非法石化品存储仓库，协助区食药局查处一处非法食品生产企业。四是群众信访工作。搭建信访平台，畅通“下访”渠道，建立信访调处保障机制，严格信访责任人，实行首问责任制，认真贯彻执行“信访条例”，采取积极主动的策略，把问题和矛盾解决在萌芽状态，加强人民调解员的培训和完善村级调所室的建设工作，开展普通矛盾纠纷“随手调”，疑难纠纷“三级联动”的调解工作，全年接待上访群众诉求共300余人次，共化解普矛盾纠纷51例，疑难纠纷8例。全年无人到市、省、京上访，各类治安和刑事案件呈梯次下降，全镇有一个和谐稳定的大环境。

【文化教育】 协助区教育局完成镇教育扶贫攻坚工作，教学阶段有：学前班、小学、初中、高中和大学大专总计30人，教育扶贫资金32600元，让精准扶贫户的孩子上学有了保障，安心学习，为个人的梦想在书海中自由的翱翔。在村新建了15个农家书屋和15所农民夜校，丰富了群众的文化生活。

【计划生育】 计划生育工作常抓不懈，奖抚政策全面落实。全面贯彻落实二孩生育政策，进一步完善了基层基础工作，加大计划生育经费投入，加强了流动人口的管理及计划生育工作队伍建设，提高依法行政水平和服务水平，并为在1933年1月1日后出生的男满60周岁、女满58周岁符合农村计划生育奖励扶助对象的人群完成了计划生育奖励扶助工作。

【其他工作】 镇人大组织驻镇区人大代表和镇人大代表积极为党委政府的发展建言献策；镇工会通过开展各类节庆活动，不断提高职工素质、完善职工维权、解决干部困难，不断增强工会关爱能力，开创共兴工作工作新局面；团镇委积极开展向上活动，专题讲座，对新入校困难学生进行资助，同时加强团组织的自身建设，加大学生团员发展力度，竭诚为广大青年服务；镇妇联完成全镇15个村的会改联工作，组织开展三八节庆祝活动，五好家庭评选、整洁家庭评选等活动，团结带领全镇广大妇女积极探索致富渠道，广泛参与社会主义经济、文明建设，充分发挥妇女半边天作用。

【领导名录】

书　记：任彦东

镇　长：柯　军

人大主席：陈胜俊

副书记、纪委书记：曾光松

副镇长、人武部长：张茂林

副镇长：王若兰（女）

杨　静（女）

赵恒平

（郑　靓）

永丰镇

【概况】　1950年建永丰乡，1992年并入双桥乡，因乡政府设在永丰村而得名，1993年区划调整，永丰乡划入顺庆区双桥镇，成立办事处，1994年重新恢复建乡，2015年撤乡建镇，成立永丰镇。海拔高度：334米，位于区境西北部，距城区36公里，与芦溪、辉景、龙桂、双桥、顺河、梵殿和西充华光七乡镇接壤。全镇辖区面积28.1平方千米，辖永丰、作坊嘴、玉皇岭、黄土观、庙山岭、太阳山、打锣山、芙蓉寺、临江寺、老虎嘴、桑树湾、李朝沟、长桥13个行政村，133个村民小组，3936户，14392人，其中农业人口14185人，耕地面积14950亩。镇办企业以运输、酿酒、粮油加工等为主。农业主产水稻、小麦、红薯、玉米、油菜籽，兼产中药材、柑橘。养殖业以蚕、生猪为主。

【党建工作】　2017年，全镇共有15个党支部，429名党员。镇党委顺利完成以下工作：

协助党委抓好党委自身建设。一是修订和完善了党委的各项议事制度，同时要求班子成员自觉遵守各项规章制度；二是加强学习，坚持党委中心学习组学习制度，理论联系实际，更新观念，理清思路，提高班子整体战斗力；三是促进班子成员自觉维护班子团结，树立大局观念，工作互相支持。

抓队伍建设，增强整体素质。根据我镇实际情况，采取以会代训和“农民夜校”相结合的形式，上党课、培训实用技术、学习政策法律，从而提高党员素质，今年镇党委评选了一批先进党支部、优秀共产党员、培养入党积极分子3名，新发展预备党员1名。并全面完成了上级分配的党报党刊任务。

【脱贫攻坚】　2017年，全镇高标准、高质量完成打锣山、临江寺、老虎嘴三个省级扶贫村，庙山岭等一个“插花村”扶贫工作，通过国土土地整理、产业扶贫资金等项目，全年总投资1500万元，其中财政投入1380万元，群众筹资筹劳120万元，分别完成了以下基础设施项目：在三个省级扶贫村新建水泥路8公里，新建优质核桃基地500亩，新建便民道4585米，新建果树套种中药材基地500亩，桑树套种中药材基地500亩。

在扶贫工作上我们严格按照“两不愁”“三保障”“四有”的要求，对全镇原有396户扶贫户于今年8月中旬开展了再识别，共清退199户569人，对现有全镇197户547人进行产业扶贫、政策兜底人居环境整治等工作，将197户547人全部纳入低保，财政资金购买了居保、医保、人身意外保险；全年共发放产业扶贫资金124万元，其中财政拨付49万元，向省、市及帮扶单位争取资金75万元，为贫困户购买了鸡、鸭、鹅等小家禽及牛、羊等致富牲畜，我镇还自筹资金聘请了专业畜牧师走村串户为养殖农户指导养殖技术，为农户提供了免费防疫，有效地促进了养殖业健康快速发展。同时投入65万元对2015、2016年脱贫的60户做到扶持政策不变，对住房再次进行了“三建五改”。提档升级，对贫困户进行“四风”及感恩教育培养，对非贫困户的问题做到一视同仁进行解决，使我镇群众满意度不断提升。1月3日，我镇作为全区首个被省级扶贫交叉检查的镇，永丰村、庙山岭村两个非贫困村共走访50户贫困户及非贫困户，群众满意度达100%，顺利通过了检查。

【农业生产】 2017年，全镇巩固庙山岭村、芙蓉寺村、长桥村、老虎嘴村、打锣山村1500亩优质薄壳核桃产业基地；在临江寺村新栽500亩核桃产业园；在永丰村、作坊嘴村新建优质油菜基地2400亩；在永丰村、玉皇岭村、黄土观村、太阳山村、芙蓉寺村推广高产水稻基地2500亩；在打锣山村、玉皇岭村、桑树湾村新发展蚕桑套种中药材基地1500亩，其中打锣山村新发展500亩成规模中药材基地及回乡创业园得到市、区领导一致好评；在芙蓉寺村、太阳山村、作坊嘴村、打锣山村、老虎嘴村发展良田改造鱼塘，养鱼基地1100亩；并回引外出务工人员，培育了以李朝沟村青志强为龙头的小家禽养殖，庙山岭村曾玉林为龙头的养羊大户，打锣山村袁鹏为龙头的蚕桑套种中药材基地等种养殖大户180户；分别在芙蓉寺村形成了稻田养鱼、打锣山村以中药材种植、庙山岭村养羊，老虎嘴村、临江寺村为主的核桃树，李朝沟村小家禽养殖等为特色的基地村9个。

【民生工作】 2017年，全镇镇争取整合各种项目资金200余万元投入集镇基础设施建设；投入资金85万元硬化小学场镇处街面500米，在场尾伍家垭段新铺油面400米，打造了1000米法治长廊，使群众法治意识得到了加强；新铺设污水管网2100米，使场镇污水得到了有效治理；新安装路灯18盏，投入资金126万元；并对场镇农贸市场进行了彻底整治，新铺设瓷砖3000m^2、新建市场公厕一座，取消封存生猪屠宰点一个，彻底改变了以街代市和市场脏、乱、差的形象。

【安全信访工作】 2017年，全镇围绕“查隐患、抓整改、强宣传、防事故”扎实地开展工作，以预防为主，抓住排查、整治两个关键。全年共接待来访群众380次458人次，成功调解群众纠纷96件121人，实现零上访。

【基础设施建设】 2017年，全镇积极争取区财政和各部局加大对基础设施的投入，同时通过召开乡友会、群众会等方式多方争取各项目资金和群众投资投劳。分别在长桥村、李朝沟村、老虎嘴村、庙山岭村、桑树湾村新建硬化村道公路6.7公里；在打锣山村、黄土观村、庙山岭村、永丰村4个村完成道路加宽15.8公里；在永丰村、作坊嘴村新建通社泥碎现已全部完工，并已通过交通局验收。在永丰村、黄土观村、作坊嘴村、庙山岭村、太阳山村等5个村完成村道路防护栏安装8500米，对这5个村道路标识牌进行了完善。同时还新建整治桥梁5座；其中新建老虎嘴村桥梁一座；整治芙蓉寺村、临江寺村、庙山岭村桥梁各一座；并通过公共服务与“一事一议”资金在全镇整治堰塘20口；梁系3500米；整治公路堡坎5处320米；铁路“三顺”7处。

全面完成打锣山村“幸福美丽新村”建设，总投资147万元，群众投资投劳资金47万元，争取省级资金50万元，争取市、区级资金50万元，完成了村道路硬化3公里，便民道路新建8500米，升钟渠系整治2500米，文体广场、廉租房集中供水站等建设，现已全面竣工。

【领导名录】

书　记：李正刚（兼人大主席）

镇　长：蒙　聪
党委副书记、纪委书记：王　琦（女）
维稳副书记：弋　川
副镇长：蒋剑东（兼武装部长）
　　　　吕焕清（女）
　　　　刘高润

（吕东岳）

辉景镇

【概况】 辉景镇地处顺庆区北部，潆（顺庆潆溪）新（仪陇新政）线穿境而过，距市中心32公里，交通便利，地理条件优越。东邻灯台、桂花乡，北接李家镇，西连龙桂、永丰乡，南靠芦溪镇。全镇辖草坝场村、桥坝沟村、毛坝子村、岳家山村、大堰沟村、五龙桥村、双桂村、强家嘴村、青平村、马鞍山村、野鸭滩村、洪武沟村、华光庙村13个行政村，共99个社，镇政府驻地在清平村七社。机关干部现共有31名，其中行政编制干部13名，行政工勤1名，事业编制干部11名，事业工勤6名。辉景镇职能部门包括镇党委、镇人大、镇人民政府、镇人民武装部、镇党政办、镇财政所、镇综治办、镇农业服务中心、镇民政所、镇计生办、镇社会事业服务中心、镇文化站、镇交管办等部门。全镇总人口12657人，其中农业人口12023人。全镇耕地面积7925亩，退耕还林3409亩，主要种植小麦、稻谷、玉米、油菜等农作物。

【学习党的十九大精神】 提前谋划、精心组织，浓墨重彩地推出了多系列、大容量的党的十九大精神宣传活动。举办“贯彻落实十九大精神，不忘初心，牢记使命，永远跟党走”的主题大型文艺汇演，700余名群众享受这场令人欢欣鼓舞的歌舞盛宴；通过聘请党校专家授课、党员大会、专题讨论会、微信公众号、QQ群和展板、LED、横幅等多种方式在全镇范围内掀起了学习党的十九大精神的良好社会氛围。全体镇村干部共集中学习10次，参训党员干部300余人次，各支部召开专题讨论会、集中学习15场次，参训党员群众达500余人次，共挂宣传横幅50幅，宣传资料5000余份，活动展板4个，在微信公众号、QQ群推送十九大精神10期。

【党建工作】 以“两学一做”学习教育常态化制度化贯穿“三会一课”，制定学习计划，抓好学习教育，开展丰富多采党员日活动，切实做到真正把党的思想政治建设抓在日常、融入经常、形成常态。镇属各支部累计学习近100余次，开展专题讨论30次，走访慰问党员群众300余人次，困难家庭100余户，帮困资金及物品共计5万余元。

投资近50万元的青平村群众服务中心暨村级活动阵地年底前将投入使用；投资近10万元结合在大堰沟村打造的区级党建工作示范点建设，创新提出“党建+”模式，丰富了脱贫攻坚工作内涵，全面提升支部带动作用。目前，全镇建立专业合作社3个，带动68户贫困户年户均增收2000元以上。

加大党员和后备干部发展力度，夯实组织基础。严格按照发展党员十六字方针，严把“入口关”，2017年培养入党积极分子13名，发展党员10名，村级后备干部达26名。

在“三分级三升类”活动中，利用打好两张牌，强化责任约谈问责工作思路，开展了“下深水，找路子；分类定级，阳光整改”活动，顺利实现了软弱涣散党组织的全部转化升级。

13个村村支“两委”换届工作中，镇党委坚持正确的用人导向，大胆使用善于抓项目、熟悉经济工作的实干型干部，严格按照有关法律法规做到步骤不减、程序不省、要求不降、进度不赶，确保选举工作有序推进、依法依规、公开公正，取得了全面胜利。

【党风廉政建设】 区委第三巡察组对辉景镇党委进行了常规巡察，巡察组客观中肯指出五大类11个问题，镇党委对此极度重视、态度鲜明，完全赞同和诚恳接受区委巡察组的巡察反馈意见。镇党委经多次讨论、多次完善，形成了《关于区委第三巡察组反馈意见的整改方案》。根据巡察“问题清单”，领导班子成员主动辨析问题、挑实责任，部门负责人主动认领问题、划定责任，全镇上下层层带动，深入分析查找问题的根源，逐项制定整改落实的举措，明确了完成目标和时限，要求不回避立行立改、不敷衍改出成效，确保一件一件落实、一条一条兑现。全部镇村干部以从严治党的政治自觉和壮士断腕的责任担当打赢整改“攻坚战”，受到上级部门的充分肯定。

通过上党课、专题讲座、法院旁听等多种形式加强党员干部廉政教育。全年举办培训讲座5场次，参训党员干部500余人次，党员干部受教育面达95%以上。

制订完善干部管理制度，严格要求党员干部做出示范和表率作用，管住亲属和分管的工作人员，加强监督检查，切实转变了干部工作作风，密切了干群关系。

通过开展“进村入户”“正风肃纪”等专项活动，走访群众2000余人次，收集和解决问题192件，社风民风持续好转。加大案件查办力度。全年共查办案件3件，立案1件，给予党内警告处分1人，诫勉谈话4人。

【产业发展】 结合扶贫和幸福美丽新村示范县项目，吸引企业和社会各方面的力量参与投资，依托项目，因地制宜，加速土地向示范区集中、向大户集中。雨田农业开发公司在五龙桥村300亩优质藤椒项目现已完成土地租用平整和藤椒栽植，整合资金16万元在省级扶贫村毛坝子村连片新栽植优质薄壳核桃200亩的产业扶贫项目；整合资金20万元在岳家山村、大堰沟村新栽植“不知火”柑橘250亩；整合资金24万元在市级扶贫村五龙桥村新栽植“脆红李”300亩的产业扶贫项目。

【脱贫攻坚】 “五个一”形成合力，帮扶工作有效推进。认真落实镇与帮扶单位衔接、第一书记谈心谈话机制，联系领导、驻村工作组成员充分发挥主观能动性，制定脱贫计划、落实脱贫措施，任劳任怨，融洽统一，确保了扶贫帮到点上、扶到根上、落在实上。落实好“两不愁、三保障”。多措并举争取帮扶单位补助资金50余万元，用于贫困户改水、改厨、改厕等基础设施建设。年底前可完成易地搬迁6户、C级危房改造49户、D级危房改造31户，“三建五改”84户的目标任务，确保贫困户住上好房子，过上好日子。充公利用农民夜校、远程教育、专家知识讲座等资源平台，广泛开展农业种养殖等农村实用技术培训和就业技术培训，提高经济效益和拓宽就业渠道。现已在贫困村开展6期培训会，培训人数达200人次以上。该镇双桂村4户8人顺利脱贫，圆满完成今年脱贫任务。

【村道公路】 新建村道公路5公里，扩宽草坝场村、桥坝沟村、毛坝子村村道公路4.3公里；改建毛坝子村、马鞍山村危桥工作正有序推进。

【场镇建设】 投资近100万元的集镇230米街道建设项目、改建场镇公厕项目、新建河道堡坎项目已完成财评、招标等工作，目前正在紧张施工，即将完工。

【新村建设】 该镇幸福美丽新村示范县建设有序推进。投资10余万元的桥坝沟村新建排水渠1000米，蓄水池1个，并完善提灌站配套设施已完工。五龙桥村新建藤椒产业园的配套设施建设（修建产业路3公里，蓄水池3个，引、排水渠2500米，设置路灯51盏，修建停车场1处，购置垃圾设施6套）年前可完成。

【民生工程】 顺利完成易地搬迁6户、C级危房改造49户、D级危房改造31户，“三建五改”84户的目标任务；全面开展低保清理工作，实施低保动态管理；建立完善农村留守儿童、妇女、空巢老人、残疾人关爱机制，定期开展低保核查工作，按时足额发放民政救助资金。全年低保清理共取消低保139户268人，增加109户304人，为生活困难户发放临时救济款20万余元，发放大病救助款近9万余元。2017年度新农合参保资金109万元，参保率98%以上；新农保投保额130万元，参保率90%以上。

【重点项目】 按照“合理搭配、梯次递进、集约发展”的工作思路，突出区域特色、整合优势资源，集中规划了重大项目——野鸭滩村现代农业观光园。目前业主已投资1000余万元，完成了土地租赁、道路扩宽、产业园道路、钓鱼城项目、度假酒店场平等工作。爱老疗养院三期工程已投资100余万元，完成了堡坎修建、场平、道路硬化等相关工作。

【生态环保】 贯彻落实河长制。成立河长制工作领导小组，设立镇、村级河长，强化组织领导；建立完善河长制管理机制、落实巡查机制，签订目标责任书，层层落实护河责任；设立河长制公示牌，公示管理人员，公开群众监督举报电话；筹集资金10余万聘请13名保洁员定期对河面的白色垃圾、水葫芦等漂浮物进行打捞清理。

彻底整治迎接环督“大考”。中央环境保护督察组入驻四川期间，该镇坚持“统筹全局、靠前指挥、归口管理、规范运作”的工作思路，在短短的31天里，治理督促污水处理厂的运行，关停养殖场1家、整治养殖场5家，受到上级的充分肯定。

【宣传文化】 全年发放宣传资料5000余份，并利用逢场天设宣传站16次，接受宣传群众4000余人次，乡风文明宣传队表演12场次，顺利完成环境卫生和乡风文明、“十星级农户”评选活动。按时完成党报、党刊及其它重要报刊的征订工作；结合国家公共文化服务体系示范镇建设，进一步完善城镇文化建设布局，充分发挥示范点带动作用，促进全镇文化事业蓬勃发展；2017年举办大型综合性文化活动3次，包括元旦期间举行广场舞表演，“端午”期间组织健身队展演，特别是举办了以《贯彻落实十九大，不忘初心跟党走》为主题的大型文体汇演，观众达700余人，受到上级文化部门的充分肯定；组织参加区老体协举办的太极拳、健身球等比赛，取得了集体优胜奖；农家书屋建设按照规范统一的标准，重新对贫困村按3万元、1500册图书，非贫困村2000元、增加60余册的标准进行配备，解决了农民买书难、借书难、看书难的问题，活跃和丰富了农村文化生活，成为广大农民朋友的“精神乐园”和“致富加油站”。

【社会治理】 全年利用逢场天共开展大型法治宣传活动5次，在场镇、大堰沟村活动室等地制作大型宣传长廊50余米，发放宣传资料6000余份，宣传横幅100余条，为促进辉景镇经济又好又快发展、社会和谐稳定营造良好的法治环境。

利用平安建设社会评价工作，全体镇村干部共走访群众达1000余人次，“红袖标”义务巡逻队巡防53次，为平安建设满意度的提升奠定了坚定的基础。建立镇内信访重点人员和特殊群体台账，落实各项应急管理工作预案和工作经费，加大信访案件调处力度。全年共受理接待来访群众53人次，排查各类矛盾纠纷32件，调处化解31件，确保了我镇在党的“十九”大期间，无一人赴省进京上访。

实行定员定点管理，13个村全部配备网格员，并由镇网格管理中心统一进行协调管理，专人负责日常信息维护管理。

对镇内信访重点人员登记造册，建立重点人员和特殊群体台账，落实各项应急管理工作预案和工作经费。全年共调处化解镇内信访案件6件，及时化解矛盾纠纷28件。如：为草坝场村四组刑释人员任良贵新建50m^{2}的廉租房，解决临时救助金1000元，引导其自食其力；解决临时救助金1000余元妥善处理襄渝铁路民工周朝益、郭登宇信访事件。

【安全生产】 始终将安全生产摆在重要议事日程，坚持党政同责，一岗双责，属地负责的工作机制并建立了安全事故应急处突机制。严格落实每月例会和定期安全隐患大排查。凡镇内存在安全隐患的建筑施工、车辆营运等均要与镇政府鉴定安全生产责任书。积极支持镇派出所的工作，配齐协管人员，每年向镇派出所拨付工作经费不低于2万元。全年共开展隐患排查整治专项活动12次，整改隐患80余处，设置安全标识56处，塘、库、堰安装护栏（网）1000余米。真正做到了排查面达100%，整改率100%。全年未发生重特大安全事故。

【固定资产投资】 结合发展实际，加大招商引资力度，全年社会固定投资达3.593亿元，超额完成全年目标任务0.593亿元。

【项目资金争取】 为全面抓好重点项目的落地投产，围绕现代化农业、生态旅游开发、基础设施、民生改善，主动与市级单位衔接，全年共从市财政争取资金73万元。

【第三次全国农业普查】 严格按照上级部门相关要求，认真开展宣传发动、摸底调查、入户统计等工作，切实做到不漏登、不错登，扎实做好普查工作的录入、审核等，按质按期完成了辖区农业普查任务，受到业务主管部门的充分肯定。

【人大政协】 镇政府把人大经费纳入财政预算，按照硬件标准化，软件规范化的要求加大人大、政协工作资金投入，保证“人大代表之家”接待选民工作常态化。全年共组织人大代表、政协委员集中培训2次，对政府工作开展评议1次，组织代表考察重点项目建设2次。

【特色亮点】 以种植瓜蒌、黄精、白芨，饲养竹鼠、中华黑豚、蚯蚓等为支撑的蜀农合作社，一直是该镇带动周边农户脱贫致富的生力军。2017年，其规模进一步扩大，业主李和桂投资300余万元，建立面积3000余平方米的大型瓜蒌烘干房，带动34户农户户平增收3000元以上，也为2018年带动该镇90余户精准扶贫户户平种瓜蒌2亩、户均增收6000元以上打下了基础。2018年，该镇将结合脱贫攻坚工作，与蜀农合作社紧密合作，进一步动员辖区贫困户通过发展扶贫产业，实现增收脱贫。

【领导名录】

书　记：杨爱明
镇　长：曾晓玉（女）
人大主席：田　林
副书记：曾晓玉（女）
　　夏韬（兼纪委书记）
　　冯文斌（综治维稳）
副镇长：赵友超（兼武装部长）
　　赵红碧（女）
党政办主任：刘洪星

（王璟煜）

大林镇

【概况】 顺庆区大林镇位于南充市顺庆区北部，东邻凤山乡，北连芦溪镇，西靠金台镇，南依搬罾镇，距市区21公里，南距顺庆区政府23公里，幅员面积18平方公里，辖大林寺村、饶家墙村、石岭村、南田寺村、油房村、昌宫村、文家沟、石马嘴村、李家坝村9个行政村，81个村民小组。2017年，全镇有2972户，11465人，实有劳动力7763人。

2017年，镇党委、政府在区委、区政府的领导下，围绕“强基础、调结构、保稳定、促发展”的工作目标，进一步提升和拓展“大林模式”，大力发展现代农业产业，坚持“以项目促发展、以发展促和谐”的工作思路。团结和带领全镇干部群众抓机遇、团结奋进、开拓创新，以提升农业产业化水平为重点，以园区建设为抓手，以项目推进为突破口，保持了全镇经济和社会各项事业又好又快的发展势头，较好的完成了年度工作任务。

【作风建设】 抓责任，促基层两个责任制落实。与9个村签订党风廉政建设工作目标责任书，并抓好检查督促、责任考核、责任追究三个环节；抓教育，促反腐倡廉宣传教育落实。组织全体镇村干部72人次开展廉政警示教育活动。开展专题学习，查找存在问题，认真落实整改措施，确保作风建设目标得以实现；抓纪律，促领导干部廉洁自律落实。严格落实廉洁自律各项规定，深入开展读廉、思廉、诺廉和述廉工作，进行廉政谈话60人次；抓制度，促惩防体系建设工作落实。把反腐倡廉工作作为工作重心，对班子成员履职情况进行及时督促检查，开展对民生工程、直发资金和民政资金发放等的督促检查，全面完成惩防体系建设。建立健全各项制度，全面推进党务、政务、村务公开；抓查处，促群众诉求工作落实。多渠道收集意见，进村入户全覆盖，办实事51件，收集群众意见建议29条。加大对群众诉求的办理力度。共办理群众诉求19件，办结率达100%，群众满意度达100%。

【经济发展】 2017年全镇共有企业57个，2017年全镇总产值达到了4.0002亿元，年均递增18%，粮食总产6100吨，生猪出栏量18600余头，存栏蛋鸡23万只，禽蛋产量4744余吨，劳务输出收入2259万元，农民人均纯收入12912元，比2016年人均增收172元。在加快发展中注重转变发展方式，注重调整产业结构。创新推广“大林模式”，促进农民增收致富。在蛋鸡、生猪、食用菌等优势产业的基础上，引进了柠檬、猕猴桃、黑山羊、大闸蟹、花卉、核桃、中药材、水产等种养结合的现代农业产业，建成产业园区31个，全镇主导产业增加到11大类，一村一业、一村多园、一园多业的发展格局初步形成。

【脱贫攻坚】 对2017年要脱贫的12户精准贫困户，在之前的帮扶措施基础上，结合实际，落实帮扶措施，确保精准贫困户在年底如期脱贫。利用每月开课2次的“农民夜校”对所有精准贫困对象开展宣传教育，引导贫困户转变观念，树立志气，切实改变等、靠、要的思想，真正实现扶贫的目的。大力发展“短、平、快”的庭院经济。2017年为贫困户送鸡780只，送猪35头，并下派镇农技员送技到家，指导贫困户发展庭院种养殖业。“廉租”“改造”，实现安全保障。完成22户易地搬迁，49户危房改造、60户三建五改，精准贫困户已相继入住，为精准贫困户提供了安全的住房保障。产业联盟，提供就业途径。为了给因家庭原因不能外出务工的贫困户提供就业岗位，镇党委政府和产业园区形成联盟，专门为精准贫困对象（包括已脱贫的）提供就业岗位50个。目前“幸福怡家家庭农场”用工（精准贫困对象）8名，青峰猕猴桃产业基地用工（精准贫困对象）30名，李家坝村脱贫奔康产业园用工（精准贫困对象）1名，人均月增收1000元。针对有劳动力但学习技能较弱的20人，为其安排公益性岗位，人均年增收6000元。部门协同，增加各方保障。为68户135人新增了低保标准由80元调至150元；为5户申请了大病救助，为60名精准贫困户残疾人申请了生活补贴，帮助贫困户66名学子申请了教育扶贫基金，介绍2名青年人到技校学习技能。通过各方努力，大林镇2017年预脱贫的12户40人，在年底都会实现如期脱贫。

【民生工程】 新建村道路2公里，便民路5.8公里，产业道6.2公里，加宽村道路5.5公里，切实解决了群众出行难的问题；维修水渠800米，施城乡饮水一体化工程，现已完成供水管网施工，实现了场镇供水，铺设饮水管3500米，使群众生产生活用水得到充分保障；市级项目“搬罾220KV开关站”建设，大林境内全面开工推进。大力实施农网改造工程，改造老旧线路，新增变压器，新安路灯10盏，原来安全隐患大，送电不畅，农户用电难的现状得到彻底改善；各方筹集资金安装了便民垃圾桶40个，建设规范垃圾池25个，修建垃圾中转站1个，聘请专门清扫保洁员，推进农村生活垃圾治理，美化街道环境。新建污水处理厂1处，主体工程正在加紧施工中，3条管网已铺设好1条。全面改善大林小学基本办学条件和硬件环境，推进素质教育。中小学教育教学成绩名列全区农村学校前茅。认真落实创业带动就业政策，建立返乡农民工创业园，吸纳返乡农民工80余人。公益性岗位安置20人。城乡居民养老保险、新型农村合作医疗持续推进，城乡居民养老保险续保率达100%、新型农村合作医疗参合率达96%。社会治安综合治理深入推进，成立“红袖标”巡逻队，禁毒防艾工作深入开展，严格落实属地管理责任，切实做好矛盾纠纷排查化解，妥善化解信访突出问题。认真做好群众来信来访工作，真诚回复群众的合理诉求，实现了全年无群体性事件，全镇社会政治和谐稳定。加强防灾减灾和安全生产工作，成立巡逻小分队，强化安全生产源头治理，安全生产“党政同责、一岗双责”全面落实，安全生产态势总体保持平稳，全年无一起安全事故发生。按照政府主导、群众自愿、量力而力、分类实施的原则和“人畜分离、厨卫入户”的标准在文家沟村和省级贫困村李家坝村实施易地搬迁项目。目前完成了文家沟村5户、李家坝村8户的安置点建设，群众已陆续入住；对现有低保对象进行全面细致的筛网排查，进行重新认定，及时调整保障类别和标准，共清理出不符合条件28户77人。

【集镇建设】 坚持以加快集镇新区建设为重点，以强化集镇管理为抓手，着力完善集镇配套功能，努力提高集镇品味。立足该镇产业状况和资源特色，依托该镇区位优势，积极创造条件，扎实做好服务，促使一批项目顺利落户并开工建设。村容村貌、乡风文明逐渐改善，大林寺村、石岭村获得“省级四好村”称号；昌宫村、石马嘴村，获得“省级卫生村”称号；李家坝村获得区级“文明村”“健康村”称号；饶家墙村正在创建省级“四好村”。文化体育基础设施持续改善，新建文化广场1处，文化室1处，并安装健身器材。加大各村业余文艺队的资金扶持力度，改建镇文化站，认真组织春节、元宵节、“七·一”建党节、文化三下乡等节庆活动的文艺演出，群众精神文化生活日益丰富。建成400平米党建示范综合体1处，已装修完成，即将投入使用。

【政府工作】 2017年以产业结构调整为主线，加快现代农业建设步伐。坚持以转方式调结构为主线，进一步深化“大林模式”内涵，加快推进规模化、标准化、集约化的现代农业产业基地建设和园区建设，大力扶持发展龙头企业，积极发展专业合作社和家庭农场，不断加快土地流转步伐。以保障民生为根本，促进社会事业新发展。全面改善大林小学基本办学条件和硬件环境，推进素质教育；国家公共文化服务体系示范区创建工作稳步推进，文化体育基础设施持续改善；加强计生服务人员的业务培训，与镇卫生院业务衔接，资源共享；全面落实各项惠农政策，严格兑现低保、新农合补贴。全面推进法治政府进程，政府机关严格按照“权力清单、责任清单”行使职权，自学接受人大依法监督，社会公众监督，法治政府、责任政府、阳光政府、效能政府建设取得了实效，重视人大代表议案，建议办理工作。

【领导名录】

书　记：张　进（6月起）
镇　长：张　进（6月止）
　　　　赖小英（女，11月起）
人大主席：胡　进
副书记、纪委书记：赖小英（女，11月止）
综治、维稳副书记：黄开羽
副镇长、武装部长：李　中
副镇长：彭　青

（王冬梅）

顺河乡

【概况】　顺河乡地处顺庆区东北角，距南充市区38公里，东临顺庆区永丰乡，南接顺庆区梵殿乡，西与顺庆区共兴镇和西充县多扶镇接壤，北同西充县扶君乡毗邻，辖区面积24..4平方公里，辖10个行政村，102个社，共3181户，总人口10257人，耕地面积9501亩，其中：水田面积4055亩，旱地面积5446亩，退耕还林面积2411亩。全乡属丘山地带，水源充沛，土地肥沃，物产丰富，以生产粮食为主，主产小麦、水稻、玉米、红苕等农作物；经济发展以蚕桑、生猪等其他种养殖业为支柱，产业优势明显，具有良好的人文投资环境。

【基础设施建设】　大力实施交通建设，全乡新建村社公路17.5公里；投入资金50余万元，新建街道“连心桥”1座，维修公路桥3座，极大地方便交通运输和群众安全出行，为助推经济发展发挥积极作用。大力实施水利建设，新建山坪塘7口，维修5口，顺河乡属升钟渠系顺庆首端，有独特的取水优势，全乡整治农毛斗渠31.4公里，升钟自流灌溉面积达87%，为保障农业增收提供良好的水利资源。全力整治电力设施建设，2017年新添置变压设施7台，整治输电线路10公里，对七沟村实行全网改造，提高群众用电需求，也为全乡用电安全提供保障。大力实施文化事业建设，实现有线电视、互联网“村村通”工程，彻底解决用户收看难问题。新建高标准村级文化中心2座，硬化文化广场2000平方米，打造文化墙40余米，举办文化演出10余场次，在七沟村、盐井坝村安装无线广播，方便村级事务的宣传和上级相关政策的传达，文化设施的投入，为乡村文化搭建了平台，乡村文化氛围逐渐浓厚。大力实施乡村美化、亮化、清洁化工程，在扶贫村新增太阳能路灯120盏，铺设七沟村新村聚居点，青家山村“美丽乡村”地下管网400余米。为乡村美化、亮化、清洁化打下坚实的基础。

【党建工作】　全乡共有12个党支部，村级党支部10个，党员总数336人。着力抓班子、带队伍。一是落实主体责任，形成凝心聚力的合力，始终把抓人的思想工作放在首位，通过制度管人管事。二是强化问题导向，落实整改任务清单，对于述职述评评议中存在的问题，分别从思想教育、制度约束、强化督查三方面进行整改。着力深入调研，拓思路。深入调查研究，与村级党组织进行谈心谈话，注重村级党组织提出的意见困难，现场加以解决，全年开展支部党建调研不少于30次，与党组织负责人谈心谈话不少于40人次，投入资金20余万元，维修活动阵地4个，增设村级办公设施70台套。在新一轮“三分类三升级”工作开展中，后进党组织得到明显转化，一定程度上增强基层党组织的服务能力。二是注重党员发展，积极培育后备人才，建立人才资源信息，全年培养积极分子12人，发展党员9人，为基层党组织储备新的力量。着力抓发展，促稳定。乡党委认真学习贯彻党的十九大和习近平总书记系列讲话精神，以党建促发展，强力推进区域经济建设，借助自身优势，明确方向，找准定位，以脱贫攻坚抓项目、产业的契机，大力实施乡村振兴战略，取得显著成效。

【党风廉政】 认真落实党风廉政建设责任制，切实加强党员干部廉洁自律，建立健全教育、保护、监督并重的惩治和预防腐败体系，从源头上防止腐败。一是抓制度建设，修订完善《顺庆区顺河乡党风廉政建设责任制》内容，拓宽党员干部廉政建设各方面注意事项，完善修订《干部考勤制度》和《干部请销假制度》，加强了干部纪律性制度建设，强化了干部日常管理，促进干部作风大转变，有效治理了“慵懒散奢软”现象，服务效能得到大幅提升。二是抓惩治监督，在项目招引过程中，严格实行招投标制度、程序，实行阳光操作。对“三重一大”事项提交班子会集体决策研究，并通过干部职工大会或其他形式听取干部群众意见建议，充分征求不同意见，从源头上遏制腐败。严格执行中央八项规定，坚持厉行节约、勤俭办事，坚决反对铺张浪费。加大群众身边“微腐败”惩治力度，年内，查处干部乱作为2人。给予党纪政纪处分2人，在党员干部中起到较强的震慑作用。三是落实“一岗双责”，抓好责任分解，切实担负抓好党风廉政建设责任制度落实，有效提升党风廉政建设工作。

【农业产业】 加快农业产业化进程，培育奔康产业园，采用“业主+集体+贫困户”的模式，在七沟村打造柑橘产业园130亩，打造“李子园”100亩；在盐井坝村打造“跑山鸡”产业园，年出栏土鸡5000只以上；打造蔬菜基地，新建大棚蔬菜10个，蔬菜基地总面积达200亩。调整产业结构，实行土地流转，在七沟村流转土地200余亩建樱花基地；在金观音村流转土地120亩建“猕猴桃”基地，在五显庙村流转土地150亩建珍稀果园。转变传统耕种模式，实行机械化耕种，在五显庙村实行土地集中经营耕种，降低生产成本，提高农业产业效率。大力实施“庭院经济”和产业合作社，全乡建立“家庭农场”20余户，成立种养合作社19家。通过农业产业调整，有效解决农村土地撂荒问题，提高农业附加值，增加群众收入。

【脱贫攻坚】 大力实施项目攻坚，顺河乡共有省级贫困村2个，建档立卡贫困户307户993人，2017年脱贫贫困村2个，脱贫贫困户69户226人。面对攻坚拔寨的关键时期，全年投入贫困村项目资金500余万元，贫困村基础设施建设得到全面改善，村集体经济收入人均达20元。贫困户按照“一超六有”的脱贫标准，为63户贫困户实行低保兜底。在贫困村投入产业周转金80余万元，七沟村36户、盐井坝村27户建档立卡贫困户全部入园分红。全乡投入资金362万余元，新建D级危房67套，C级维修70套。投入资金134.8万元，实现“三建五改”217户。投入教育扶持资金14

万余元，资助贫困学生121人次。全面实现贫困户医疗保险财政代缴，适龄人员养老保险金全覆盖，贫困户医疗报账自付金额不超过10%。安全用电、电视收视、安全饮水惠及到所有建档立卡贫困户，2017年省级验收全面达标合格。

【环境整治】 深入开展城乡环境综合治理，全力打造优美人居环境，脏乱差现象得到全面整治。一是建立制度责任，落实乡村两级互抓互动共管机制，二是加大人力投入，按照扶贫公益岗位设置，每个行政村至少有2人，全乡设置环卫岗27个，新增场镇保洁员3人。三是加大资金投入，投入资金50万元，新建垃圾中转站1座。投入资金30万元，改造集镇公厕1座，添置垃圾清运斗车4个，新建垃圾池11个。四是严格落实河长制，实行属地负责，划段管理，保持河道清理清洁。

【安全信访维稳工作】 扎实开展安全、信访稳定工作，严格落实属地管理责任，强化重点时段、重点部位，重点建设项目安全稳定监管，2017年全乡排查安全隐患13件，查处道路交通违法行为73件，整治烟花爆竹销售商家2家，全乡安全生产态势总体平稳。2017年，通过干部下访，领导接访，调处信访案件17件，回复网上信访咨询反映41件，移交纪委立案2件，回复率、满意率均达100%。

【各项事业稳步推进】 关爱农村留守儿童，留守妇女、空巢老人，形成平时过问，逢节慰问关爱机制，让他们感受到党和政府的温暖。关心社会弱势群体，对低保、五保、残疾等群体给予政策关心和关怀，让他们感受生活幸福，更有尊严。

【领导名录】

书　记：曾青松

乡　长：漆　俊

人大主席：何志平

副乡长：黄　全（汶川县挂职锻炼）

吴　桦（女）

冯光容（兼武装部长）

（苟乾学）

凤山乡

【概况】 2017年，凤山乡牢固树立“创新、协调、绿色、开放、共享”五大发展理念，围绕“生态旅游凤山、民主法治凤山、幸福和谐凤山、廉洁公信凤山”的规划定位，深入挖掘凤山底蕴，大力发展产业经济，努力调整产业布局，加快改善环境风貌，引领全乡人民快速致富奔小康。

【脱贫攻坚】 凤山乡有两个省级贫困村：马家山村、三百梯村，2017年均全部出列，全年全乡共减贫119户397人。

严格按照“一低五有”标准，扎实推进贫困村脱贫出列。一是产业园发展提速增档。在三百梯村建设脱贫奔康产业园，引进三百梯生态农业专业合作社管护经营。目前已栽种玫瑰300亩、果桑100亩，新建跑山鸡养殖场50亩、鱼塘30亩。在马家山村建设脱贫奔康产业园，业主为丰源种植农民专业合作社，产业园占地150亩，采用柑橘套种无花果模式。二是基础设施建设全面完成。在三百梯村新建文化室90m^2，硬化广场1500m^2，新修厚0.2米、占地300m^{2}的停车场一座，新增错车道8处，新修采摘道2公里，整治山坪塘2口。在马家山村新修入户便道6.7公里。给全村253户老百姓全部安装自来水管，整治山坪塘两口，C、D级危房改造28户，“三建五改”10户，修建廉租房2户。三是确保群众增收持续增长。

三百梯村由村集体购买打孔机两台，租借给玫瑰园业主，租金作为集体经济收入，为全村农户每人带来10元收入。马家山村鱼塘养殖产业利益联结模式为：集体经济组织成员（贫困户除外）占60%，贫困户占20%，村集体经济收益占20%，已经实现全村人均收入11元。

严格按照“一超六有”标准，扎实推进贫困户脱贫出列。在就学保障方面：共出具贫困证明137份，精准扶贫户就学子女学费实现全免。在基本医疗保障方面：为全乡319户精准扶贫户共计1123人全部购买了新型农村合作医疗保险，精准扶贫户在乡卫生院看病治疗实现费用全免。在住房安全保障方面：共投入近226万余元，为2017年预脱贫户D级危房改造25户，C级危房改造48户，三建五改74户，易地搬迁3户。在安全饮水保障方面：全乡所有贫困户均实现户户有安全饮水，其中：场镇地带的6户贫困户通有自来水，其余313户贫困户均实现了户户有压井。在生活用电、广播电视方面：全乡319户贫困户已经全部达到有电用的标准，贫困户家家有电视机。

【基层组织建设】 以党建为引领，党风政风明显好转，党委指挥棒作用不断加强。落实党委主体责任，年初制订了凤山乡2017年度党建工作计划和党建责任清单并予以落实；出台了《凤山乡党委议事规则》等8项规章制度；认真整改区委第三巡察组反馈的4大类13项问题。落实党委书记党建工作第一责任人，全年主持召开党建专题党委会5次，研究解决各类事项200余件，讲党课4次，开展交心谈心40余人次。落实班子成员一岗双责，督促班子成员抓实抓强抓牢自己分管系统内的党建及党风廉政建设工作。基层组织规范化建设方面：“三会一课”按照会议通知、会议签到、会议记录、会议图片的顺序规范化建档。在三百梯村、马家山村、黑塔沟村的3个农业合作社中分别成立了党组织，实现了党建全覆盖。投资21万元，为9个村配齐了电脑、投影仪等远程设备，增强了服务功能。2017年度全乡新发展预备党员6名，转正2名。其中乡青年人才党支部新发展预备党员2名，建立村级后备干部人才库，吸收储备人才20名，并进行了培训。村支“两委”换届中，调整支部书记7名，引入2名大学生回村任职，干部“老龄化”问题进一步改善。党风廉政建设方面：全年对乡村干部开展警示教育4次，共计160人次，诫勉谈话2人，立案1件，对2位涉案村干部给予党内严重警告，进一步营造风清气正的政治环境。投资4万元，设立纪委谈话室、陪护室、监控室，共占地60余平方米，为乡纪委办案创造良好的硬件条件。

【基础设施建设】 大力实施安全饮水工程。投资37万余元，依托嘉陵江水厂在该乡黑塔沟村修建主管网分水闸阀井取水，解决该村9个组240户960人的饮水问题。继续加强全乡各村的村社道路建设。全年共新建村道公路2公里。

【产业发展】 建成伍家沟村脱贫攻坚产业园，该产业园共种植枇杷20亩、葡萄15亩、梨子50亩、李子200亩，配套附属设施有产业观光园接待中心等，目前处于前期培育阶段。三百梯村玫瑰园依托三百梯村生态农业合作社，在整合现有土地资源的基础上，通过流转该村7社100亩土地，建成了集柑橘采摘、玫瑰观赏、玫瑰精油体验、休闲垂钓等多种娱乐方式为一体的大型生态观光产业园。该产业园共栽种玫瑰300亩、果桑70亩，新建跑山鸡养殖场30亩（蓄养跑山鸡3000只），在园区山坡地带还种植有油茶树（丰产期亩产值将达到2000元以上）。马家山村柑橘产业园以南充丰源农民种植专业合作社为依托，种植有柑橘150亩，共计7500株；无花果150亩，共计2500株。目前果树正处于前期培育阶段。沙坨子村种植园：种植有蜂糖李子树、五月醉李子树、清脆李共计450亩，投产后将会极大的促进该村乡村旅游、农家乐的发展。

【惠民工程】 一是完成低保的发放工作。坚持低保全程透明、阳光作业、动态管理，第一季度发放571户791人，共计377250元；第二季度发放569户786人，共计375750元；第三季度发放550户800人，共计354720元，第四季度发放551户1234人，共计409380元。二是加强双拥工作。全乡现有优抚对象36人，60周岁以上退伍军人47人，新入伍两年内在役军人5人，按照民政局要求，及时、足额发放各种定补和抚恤金，认真为优抚对象解决三难问题。同时还积极开展退伍军人的社会养老保险的宣传，认真做好各退伍军人的政策解读工作。

【综治维稳工作】 在信访稳定工作中，该乡在做好规定动作的同时，深化“矛盾纠纷日报送制度、信访稳定月汇报制度、信访督办制度、责任追究制度”四项制度的建设，筑牢“村支‘两委’、联系领导及驻村干部、党政一把手”三道防线，坚持“一把手负责、一条线包案、第一项研判、第一线处理”四个一工作方法，全乡信访稳定工作成效显著，信访积案得到有效化解。2017年共化解各类矛盾纠纷300余起，调处并结案“三瓣嘴”兔场欠薪、蒋开娇占房索赔等信访积案3件。特别是在十九大等特殊时段，该乡坚持党委书记、乡长轮班在乡值守，坚持有较大影响的事件一把手第一线处理，并对有上访经历的12名人员安排专人进行24小时监控，圆满完成了严重精神障碍患者监控工作，成功稳控了综合体农民工讨薪群访等事件，实现了十九大期间全乡越级上访为零的目标。

【环境整治工作】 重点治理垃圾乱扔、摊位乱摆、车辆乱停、广告乱贴、房屋乱建等乱象，切实做到座商归店、行商归市、摊点归区、垃圾归箱、车辆归位。中央环保督察期间共收到督查组反馈案件3起，均在第一时间予以解决，群众反馈较为满意。对嘉陵江沿岸砂石码头厂和凤山乡加油站依法全部予以关闭，确保境内二级水源保护区的水质安全。

【领导名录】

书　记：苏兴旭（9月止）
　　　　蹇森国（9月起）
乡　长：孙双全（9月止）
　　　　尹　胜（9月起）
人大主席：庞春梅（9月止）
　　　　　马　军（9月起）
副书记：李昭君（兼纪委书记）
　　　　张　瑜（综治维稳）
副乡长：明照杰（兼武装部长）
　　　　彭洪舟（9月起）

（王牧昆）

渔溪乡

【概况】 渔溪乡位于嘉陵江西岸，地处顺庆区东北部，与蓬安县正源镇、三坝乡、高坪区江陵镇、顺庆区凤山乡相邻，距市区政府26公里。全乡幅员面积18.26平方公里，辖8个行政村，61个村民小组，耕地面积7162亩，2017年度总人口12368人，其中非农业人口281人，农业人口12087人。场镇常住人口628人。

2017年，渔溪乡在区委、区政府的坚强领导下，紧紧围绕区委区政府提出的经济社会发展目标任务，团结带领广大干部群众，埋头苦干、开拓创新、积极进取，坚定不移实施“项目强乡、产业强乡”战略，大力推进精准扶贫，人民群众生活水平得到显著提升，全乡经济社会持续健康发展，各项目标任务得到较好完成。

【农业】 加快发展现代农业，大力实施产业工程。在“两坝”种植蔬菜6000亩，在集凤寺和渔溪桥村种植各类花卉200亩，在渔溪桥村种植莲藕220亩。作坊口村鱼塘养殖，年产成鱼约15万斤。

【基础设施】 投资60万元，完成扶贫道路硬化1公里；完成全乡8个村30口塘库堰的维修工程，修整沟渠10余公里；投资80多万元，完成猫儿溪村、铜鼓沟村、渔溪桥村安全饮水项目。顺蓬营公路建设稳步推进。顺篷营一级公路建设涉及该乡共有158户房屋拆迁，目前拆迁协议共签定144户。

【财政金融】 2017年，全乡认真贯彻落实中省市区相关规定，紧缩开支，开源节流，加大财务管理力度，强化财政收支监督管理，严肃财经纪律，规范财务运行。对粮食直补、退耕还林、五保低保等各项惠民政策，进行清理规范，在规定的时间内，严格将资金打卡到人到户，坚决杜绝中途截流，确保民生资金专款专用。做好政府内控机制建设工作，完善制度，抓好培训，努力提高工作质量，提升管理水平，保证干部队伍廉洁高效。

【民生事业】 强农惠农政策全面落实。积极倡导“全民创业”，充分利用小额担保贷款政策，为群众创业搭建平台，发放贷款20万元。兑现各种惠农补助资金125万元，其中：粮食直补105万元、退耕还林及生态补助20万元。

扶贫脱贫工作成效明显。一是在贫困村率先开通天然气、电信光纤和自来水，实现社社通水泥路、户户通便民道、家家有庭院经济（每家种植葡萄、梨子、桃子、柚子、柑橘等果园及菜园半亩以上），全村除了山地外，建成渠网、路网、水网、电网四网配套的高标准农田1500亩。二是认真做好扶贫对象清理上报工作，共清退33户136人、新增3户13人。三是鼓励在家123户农户，其中110户贫困户，参与庭院种养殖。其中82户发展黄金梨、香桃、血橙柑橘等果园半亩以上，家庭年纯收入3000元以上，41户发展日本密本南瓜、辣椒、番茄等菜园1亩以上，户均养鸡鸭等小家禽20只以上，家庭年纯收入4000元以上。四是沿一江三坝（嘉陵江沿线、黄伞坝、元坝子、张家和姜家坝）5个村集中成片规模发展万亩露地蔬菜基地。蔬菜产业全部是由本地的家庭农场经营，有效破解了无门路、无资金、无技术、无市场、无效益的“五无”难题，被省委农工委誉为边远乡镇产业扶贫增收的“渔溪经验”，并在《四川农村工作通讯》上作专题推广介绍。五是实施贫困户“三建五改”32户，危房改造50户。全乡2017年共脱贫73户221人。

社会保障体系不断完善。认真做好农村养老保险日常工作和农村养老保险续保、参保工作，进一步加大城乡医保宣传和收缴力度，全乡新农保参保率达90%以上，医保参保完成任务100%。强化农村最低生活保障工作，清理不符合条件的42户、新增13户。

【社会事业】 教育教学稳步发展。继续实施教育强乡战略，巩固“两基”成果，全面推行义务教育，入学率、巩固率不断提高。高度重视校园安全及周边环境的整治工作，加强对学校校舍安全、周边环境监督检查，做到措施具体，责任明确，营造了良好的教育教学环境。

宣传文化工作扎实开展。乡党委、政府始终把宣传思想和精神文明建设工作作为大事来抓，抓好舆论引导，及时报送简报、信息，及时收集舆情信息。

卫生事业健康发展。积极配合区卫计局开展打击非法行医专项整治行动，净化了农村医疗市场和药品市场。人口计生稳步发展。健全完善人口计生工作新机制，认真落实农业人口独生子女“奖优免补”政策。全年兑现独生子女父母奖励、农村计划生育家庭奖励扶助和独生子女死亡伤残特别扶助近12万元。

【生态环保】 认真落实中央环保督查要求，以高标准、严要求完成环境整治，顺利通过中省市区的环保督查。一是畜禽养殖整治。共关停非法畜禽养殖场5处，确保水流污染的源头治理。嘉陵江饮用水源保护区的治理，成功打响环保第一枪。二是河长制管理。全面落实该乡“一江两河”的河长制要求。自中央在全国实施河长制以来，该乡成立以党委书记牵头的乡级河长制领导小组，层层落实责任，切合实际建立长效工作机制。全年出动400余人次巡河巡江，打捞江河漂浮物80余吨。三是环卫工作开展。结合环保督查整治，加大了全乡垃圾的收集和清运工作，做到了日产日清。对场镇的垃圾死角、各村的垃圾堆放点、公路两侧白色垃圾等地方进行了集中大清理，彻底清除积存垃圾，乡村环境面貌得到了极大改善。四是砂石码头整治。2017年度关停了属地所有码头，并基本实现了生态复耕。

【党的建设】 按照“围绕经济抓党建，抓好党建促经济”的工作思路，“两学一做常态化”主题教育活动为契机，全面推进党组织思想建设、组织建设、作风建设、制度建设和执政能力建设，形成了抓党风促政风带民风的良好局面。

注重六个结合，加强党的基层组织建设。一是注重把乡、村两级党建结合起来。乡党委与村支部签订党建工作目标管理责任书，重点抓基层、抓基础，通过提高基层工作，促进全乡整体工作水平。二是注重把组织建设与党员发展结合起来。按照“坚持标准、保证质量、改善结构、慎重发展”的十六字方针，严把党员入口关，保证党员质量。2017年，发展新党员3名。三是注重发挥基层党组织战斗堡垒作用，加强了村组织建设。投入资金150万元，新建3处高标准多功能党群服务中心。四是注重把现代教育设备配置与村级活动场所建设结合起来。全乡每个村级组织均覆盖了现代远程教育网络和农民夜校。五是注重把村级组织换届与村干部平时工作实绩结合起来。2017年是村两委换届选举年，乡党委、政府切实加强对村干部平时工作实绩、群众满意度、廉洁自律等方面进行考核，并将结果作为换届选举工作的重要依据，顺利完成了村两委换届工作。

积极开展“两学一做常态化”主题教育活动。一是有序组织。制定了《“两学一做”常态化学习活动日程安排表》《“两学一做”常态化学习实施方案》等，大力组织开展“两学一做”专题辅导，辅导内容包括《党章》《准则》《条例》、习近平系列重要讲话、上级重要会议精神、市区领导重要讲话等，以进一步提高全乡党员干部党性修养，强化为民服务意识，营造“人人争当合格党员”的良好氛围。二是方式灵活。全体党员干部在学习的同时认真做好学习笔记，积极撰写心得体会；在全乡组织集中专题辅导的同时，由各部门自行开展小组学习讨论，并形成学习讨论报告。三是以学促干。将“两学一做”活动与2017年全乡重点工作有机结合，学以致用，切实发挥党员干部的先锋模范作用，推动全乡工作再上新台阶。

党风廉政建设责任制全面落实。建立完善管理制度，严格执行领导干部廉洁自律建设各项规定，深入推进效能建设，制定了渔溪乡推行效能建设实施方案及细则，全面提升政府执行力和公信力；完善便民中心服务平台，提高政务服务效率。认真做好案件查办工作。

【领导名录】

书 记：陈红平（兼人大主席）

乡　长：唐馨蕾（女）
副书记、纪委书记：蔡　博
副书记：彭　青（4月起）
副乡长、武装部长：王雪松
副乡长：陈　英（女）
　　　　杨　林（4月止）

（唐雪梅）

梵殿乡

【概况】　梵殿乡地处顺庆区北部，距离市中心25公里，东接芦溪，西临顺河，南与潆溪、金台交界，北接永丰；行政区域面积23.2平方公里，下辖10个行政村。梵殿乡自然资源丰富，有着丰富的森林资源，耕地肥沃，全乡有耕地面积15327亩。全乡有2732户、10226人。2017年，农村经济总收入17542.589万元，人均纯收入13006元。2017年，梵殿乡党委、政府立足梵殿乡情和发展趋势，以"向上梵殿"为总定位、以"天天向上、砥砺前行"为主旋律、以"一点两线三延伸"为发展战略，提炼形成"勤奋、善良、开放、向上"的梵殿精神，有力推动了各项事业的发展。

【党建工作】　从严履行主体责任。全年召开党建工作专题30余次，为党员干部讲授党课20次；通过制作党建工作责任清单、任务详单，将党风廉政建设工作任务层层分解、层层落实、层层传递，形成狠抓党风廉政建设整体合力。坚持党建、工作同步抓、同步走，全年开展谈心谈话80人次，督促开展各类学习培训70余次。严格执行各项纪律规定，对侵害群众利益的干部严肃处理，并通过定期开展暗访督查，听取工作汇报，开展阶段性总结等方式，保障党建工作落地生根，营造了风清气正的工作环境。

从实抓好思想建设。坚持长效化建设，常态化管理，旗帜鲜明地把政治建设摆在第一位。狠抓学习培训，让中、省、市、区党建精神在干部当中入脑入心。通过定期学、专题读、相互帮等多种形式，推进党委责任意识形态迈向深入，形成了"班子内部一条心，干部上下一条绳"的干事创业局面；严格执行新形势下党内政治生活若干准则，讲团结、讲民主，坚持民主集中制，让班子成员和党员干部畅所欲言、畅谈心声，增强班子凝聚力；先后组织党员干部前往罗瑞卿故居、顺泸起义纪念碑等革命纪念场馆接受党性锻炼、提高党性意识；对部分软弱涣散的典型村支部下狠心、出狠招、用狠劲实施整治；以"天天向上、砥砺前行"、励志"四问"激励干部，增强"四个意识"和行动自觉。

从重做好全年工作。明确工作重心，抓好工作重点。开展帮扶贫户做农活、帮困难户插秧等活动，以学与行的有机统一推进"两学一做"常态化制度化开展；细化学习内容，创新学习方式，以"向上微课堂""三会一课"为载体，学深悟透党的十九大、省第十一次党代会、市区第六次党代会精神；扎实开展"三个如何"大讨论，大力推进基层组织建设，圆满完成10个村"两委"换届；认真落实"三会一课"，推进党员档案标准化、规范化、精细化管理。突出抓好党建促扶贫工作，打造党建扶贫新亮点。通过农民夜校、技术培训等确保"五个一"力量真帮真扶、落地见效，185户精准扶贫户从中受益；4名先锋标兵引领乡村庭院经济发展，村集体经济不断壮大，特别是董干沟村、徐家沟村人均达到30元以上；抓好阵地建设，严家沟村活动阵地修缮一新，董干沟、徐家沟村活动阵地完成提档升级；

从细开展探索创新。从细节着力，从细处着手，探索开展党建创新工作。一是创新推行"党建+爱心+扶贫"模式。通过协同归雁扶贫济困协会等组织开展"爱心+孤儿""爱心

+五保老人”“爱心+精准扶贫户”等系列活动，帮助扶贫户、困难学生等110余人，发放爱心资金100余万元。《四川农村》《决策与务实》等刊物对“爱心+”系列行动予以专题报道。二是率先开展“城乡结对党旗红”活动。通过与城区街道党工委结对，开展社区干部深入农村、让乡村干部走进社区活动，增长了干部见识，强化了干部能力。三是探索开展“民事代办”模式。通过乡村两级代办站点，2017年共代办各种民生事项235件，做法在《顺庆调研》刊载，全区民事代办工作推进现场会在该乡召开。四是党建成效体现“三敢”。敢想，无中生有举办油菜花节，目前2000亩油菜基地已经成型，正全力筹备第二届原生态山地油菜花节；敢干，千方百计争取到深圳前海置富金融控股有限公司200万元用于修扩建村道公路；敢改，逗真碰硬改作风，形成了“行动快、措施准、效率高”的良好工作局面，开展“三讲四美”好家风创建活动，养成了勤劳、善良、开放、向上的梵殿精神。

【基础建设】 新建村道公路3公里；场镇道路油化500米，新增太阳能路灯45盏。协和聚居区一期均已入驻，二期场平工程有序推进；新建乡卫生院一栋，有效解决群众看病住院难问题。

【产业发展】 产业发展规模品牌效应彰显，着力打造2000亩油菜基地，并以此为依托，举办2017年首届原生态油菜花节；培育香桃基地500亩，西瓜基地200亩；发展梵殿香蒜1000亩、莲藕800亩、建有川东北最大养蛇基地，目前已达10000尾，建有藏香猪养殖基地，年出栏2000多头；建成徐家沟村、董干沟村两个脱贫奔康产业园。

【民生工程】 配合完成危房改造及三建五改，着力改善群众住房条件。重点落实好低保、医保、惠农补贴兑付等惠民工作。扎实抓好信访和安全工作，辖区和谐稳定。深入推进“摆顺、扫干净、不拥堵”活动，组建专门的环卫清理机构，配备20辆清洁专用手推车和30名保洁员，拆除禁养区内两家养殖场，保障群众有一个整洁、清爽的生活环境。

【干部队伍建设】 坚持严管厚爱干部，一方面强化各项纪律的执行，促进干部作风根本好转，另一方面加大关爱力度，开展经常性干部交心谈心活动，关心家庭困难、身患重病的干部，组织工会适时开展活动，打造以“讲政治、讲团结、讲服务”为主题的机关文化，让干部切实感受到组织的温暖。

【领导名录】

书　记：曾松林

乡　长：成政绰

人大主席：袁开政

党委副书记：雍　芬（女）

武装部长、副乡长：青　山

副乡长：侯志林

　　　　白　洪

（陈　鹏）

新复乡

【概况】 新复乡地处顺庆区北部，与火车北站为邻，距华凤城区仅7公里10分钟车程，交通便利，地理条件优越，全乡辖10个行政村，86个社，总人口8632人，幅员面积18.4平方公里，总耕地面积1.1万亩，其中退耕还林2900亩，基础建设初具规模，100%的村、95%的社通水泥路。西河贯穿3、4、5、6村，总长6.5公里，西河骑游道一期初步形成，七坪寨景区一期建成。

【党的建设】 严格按照法定程序和上级党委要求，精心谋划筹备，圆满完成党委、政府、人大的换届任务。2017年，分层面开展谈心谈话60余次，快速掌握了思想动态，有效疏导了情绪压力，进一步严明了换届纪律，换届工作均实现代表到会率100%、人选得票率100%的最佳结果。以支部建设规范提升为主线，扎实筑牢战斗堡垒。加强班子队伍建设，利用村“两委”换届契机，对村干部进行优化调整；加大年轻干部培养力度，2名30岁以下年轻干部走上中层岗位。争取各类资金110万元，在贫困村新建500平米高标准党群活动中心、修建2处文化娱乐广场，解决了支部无办公阵地、群众无休闲场所的困局。

【基础设施建设】 新复乡长远沟村新农村综合体建成，七坪寨景区建成并投入使用，现接待游客40余万人次。新修了9个村的村污水处理站，并分别投入使用。新修通了直到火车北站的道路2.5公里。硬化村级道路8公里，火车北站到回龙场村旅游景区道路全面升级改造成泥青路面。元池坝村、天生桥村、水池坝村、西河边村、长远沟村全面贯通南充自来水，吃上放心水。

【农业产业化建设】 完成高阶沿村、谢村河村、回龙场村、半截沟村2000余亩土地的翻耕去杂调型、油菜播撒移栽、梨树栽种修枝施肥等繁重工作；与西河沿线3个村1000余户村民签订租地补偿协议，保障西河骑游道项目快速顺利推进。西河生态乡村旅游开发项目取得新突破，骑游道、步行道、滨水景观等相继建成，有力带动乡村旅游业发展，沿线农民增收明显。

在全乡推行“种羊寄养+梨园分包”扶贫模式，年底，13名贫困村民领到分红3万余元，人均增收2400余元，该帮扶模式在《南充日报》头版头条刊登，市脱贫攻坚领导小组在全市范围内表扬通报、推广经验。同时，大力开展贫困学生帮扶工作。联系四川箴言公益基金会、南充爱童会等多家社会公益组织，先后为贫困学子送来近十万元的助学物资。

顺庆区脱贫攻坚现场在新复圆满完成，完成全乡8个村400余户房屋安全整治和风貌提升工作，新复乡七坪寨花好月圆景区及2000余亩脱贫奔康产业园建成，带动全乡基础设施建设突飞猛进，农业产业形成规模，乡村旅游业迅猛发展，农民增收成效显著。

新复乡省级贫困村长远沟村顺利脱贫出列，并圆满完成省级交叉检查验收。采用“党支部+合作社+基地+农户”机制，栽种300余亩具备药用观赏价值的万寿菊，村民以土地入股，享受“租金+务工+股份分红+小本生意”等多种收入来源，为当地群众创造就业岗位30余个，该村集体经济收入突破2.5万元。

【领导名录】

书记：雷志勇
乡　长：宋　静（女）
人大主席：陈明亮
副书记：宋　静（女）
　　　　王永越（兼纪委书记）
副乡长：李晓燕（女，兼武装部长）
　　　　李　伟

（冯国勇）

桂花乡

【概况】 桂花乡位于顺庆区东北部，东邻蓬安县群乐乡、正源镇，西南与灯台乡接壤，西邻李家镇，北与南部县回龙乡相邻，幅员面积20.53平方公里，全乡12个行政村，85个社，

2545 户，总人口 10727 人（其中农业人口 10582 人）。人均耕地面积 0.7 亩。主要民族：汉族。乡人民政府驻地龙凤场，距顺庆城区 42 公里。

【经济】 经济作物有油菜、花生、柑橘、黑桃、生猪和山羊和鸡鸭鹅。产业项目有优质香米、天府花生、紫薯、茼蒿。2017 年全乡粮食收入 3364 万元，生猪出栏 2191 头，经济作物收入 2148 万元，全乡工农总产值 6000 万元。

【基础设施】 2017 年，有学校 1 所，有派出所、广播站、卫生院、粮站、信用社、食品站、兽医站、邮电所、水库管理所等 10 个单位，新建成了库区村社硬化公路 50 公里。2017 年 3 月，全长近 10 公里的顺庆区桂花乡至灯台乡道路改建项目开工建设。桂灯路改建项目是顺庆区 2017 年实施的 86 个重点项目之一，总投资 4636 万元。按照规划设计，该路全长 8.9 公里，起于桂花乡场镇，止于灯台乡场镇，全线按三级公路标准建设，设计时速 30 公里，路基宽 8 米，拟于 2018 年建成通车。桂灯路改建后，有助于完善农村路网结构、加快城乡一体化进程、加强桂花乡、灯台乡与周边县区的联系、开发沿线旅游产业，最终将直接惠及沿线广大群众。

【水利】 乡内有小型水库 1 座，占地面积 1000 亩，山平塘 60 口，石河堰 20 座，桂花水库提灌站 6 座，总控灌面积 3000 亩。新修建了大型水厂一个，方便将桂花水库水源为李家、辉景、桂花、龙桂、永丰、双桥六个乡镇提供主要优质饮用水源，大大解决了 70000 人饮水问题。

【交通】 桂花乡每天有 4 趟/次公交车直达南充。乡内建有桂花—卷洞门村、桂花水库环库公路 60 公里水泥标美路两条主要干道公路。

【脱贫攻坚】 认真贯彻落实决战全胜脱贫攻坚工作部署，紧紧围绕全乡两个省级贫困村退出以及 128 户贫困户 475 人脱贫销号工作，统筹推进产业扶持、住房保障、低保兜底、医疗救助等工作，完成 38 户精准扶贫户房屋易地搬迁安置，90 户三建五改工作。招引业主在白庙村、桂花村流转撂荒土地近 1000 亩，规模发展花椒、柑橘等现代农业，为群众找准找好了一条脱贫奔康致富产业，有效解决了贫困群众脱贫后再返贫的根本问题。

【党建】 有党支部 14 个，其中村党支部 12 个，机关党支部 1 个，小学支部 1 个，共有党员 349 人。2017 年新发展党员 3 人，建有党员义务服务队、建有党员干部远程教育村 12 个，同时建党员服务站一个，新建村级活动室一个；在龙凤村建起了 500 平方米的综合性群众文化娱乐活动中心。深入开展了“两学一做”主题教育，学习十九大精神和习近平新时代中国特色社会主义思想等活动。

【旅游胜地】 2017 年，区委区政府决定打造占地 1300 亩的桂花湖湿地公园，围绕桂花水库周边发展脱贫攻坚农业产业和乡村旅游业，政府投资建设道路、路灯、水、电、气、视、讯等基础设施，引入社会资本建设脱贫奔康产业园以及民俗渡假屋、农耕文化园、休闲游乐园、泥水乐园、水上乐园、亲子耕种、垂钓基地、骑游登山、特色餐饮、瓜果采摘等项目，以及停车场等配套设施。围绕桂花湖风格各异的特色岛屿，进行了风格塑造和特色产业培育，分别布局现代观光产业，形成独具特色的“八花岛”，最终实现“春赏花、夏纳凉、秋品果、冬踏雪”，让每一个岛屿都各具特色，成为全市一百万市民休闲娱乐和度假观光旅游胜地。

【领导名录】

书　记：李　阳

乡　长：莫裕平
人大主席：岳永胜
副书记、纪委书记：张玲玲（女）
副乡长：彭松柏
　　　　张文平
　　　　余　萍（女）

（何沁宇）

灯台乡

【概况】　灯台乡位于南充市顺庆区东北部，距南充市中心35公里，与顺庆凤山乡、桂花乡、辉景镇、芦溪镇及蓬安县正源镇接壤，幅员面积22.8平方公里，属典型的丘陵地区，海拔高度459米，常年缺水，是顺庆区典型的“旱山乡”。全乡耕地面积7449亩，退耕还林面积2777亩，有效灌溉面积3750亩，水田960亩，水浇地2790亩。共辖9个行政村72个社，2596户9320人。乡党委、政府下设“三办两中心”，即党政办公室、社会事务办公室、经济发展办公室和社会事业服务中心、农业服务中心。驻乡单位6个，分别为灯台派出所、小学、信用社、卫生院、畜牧站、邮政所。乡场镇面积1.0平方公里，群众文化广场、环山公园、农贸市场、污水处理厂等配套设施齐备。

【党的建设】　2017年着力打造字库碑村“儿童农业欢乐村”，积极协调上级部门投入资金600余万元，并招引业主投入100余万元，采用“党建引领＋龙头公司＋农户股东”的模式，以党建带动党员，党员带动群众，群众带动发展的形式，推动产业旅游发展。目前农耕文化纪念馆、亲子厨房、火车主题餐厅以及黄葛岭观景台等项目已基本完工，整体项目即将建成，届时将通过远郊旅游、“灯台人家”电商公司以及火车主题餐厅推出的佛手鸡、佛手青菜果、晒熏香猪肉等具有灯台特色的主打菜品，带动全乡农业产业与农业服务业务的整体发展。

建立党委班子成员分片包村抓党建工作制度。每名党委班子成员挂钩1—2个村，实现每月全覆盖到村督导党建工作，各班子成员每季度至少向党委书记作一次党建工作情况汇报，全年共接受党建专题汇报24次，发现问题18个。抓实党风廉政建设。组织党员、干部集中开展4轮党风廉政社会评价大宣讲，3轮满意度提升大走访，化解群众矛盾200余起，解决实际问题500余个。同时抓好党员干部纪律作风问题，开展警示教育5次，约谈党员干部8人。利用党政综合信息手机短信平台向广大党员干部发送法制学习、党建服务短信1600余条。全乡建立1个官方微博，1个官方微信、9个村级党建工作微信群，2个党政工作微信群和1个党建工作QQ群，营造浓厚的党建工作氛围，畅通联系党员干部的信息渠道，进一步提高党建宣传教育的效果。加强党员干部教育培训。积极开展“两学一做”和“三会一课”，通过学习交流，促进基层党员干部思想素质、知识能力的大幅提升。

投入8万余元对全乡的远程平台及农民夜校进行硬件升级，并借此开办学习教育培训班24次，十九大精神宣讲会18次，通过高质量的学习培训，极大地提高了党员干部的整体素质。

严格执行上级规定，村办公经费3万元、公共维护经费足额拨付到位。积极争取资金60万元，在尹家祠村新建190平米文化活动室。对各支部活动室进行维修，更换破损门窗，配齐办公及会议桌椅。完善基层干部待遇，激发干事激情。村干部的工资在信用社按月足额打卡发放，村干部的“三险一金”按期如数缴纳，并统一购买人身意外险。落实在职三职干部10元/届、退职三职干部20员/届的生活补助、节日慰问等政策待遇，全年投入老党员、困难党员慰问资金，老党员、村干部体检费用，党员逝世慰问金等共计6万余元，确保基层党建保障到位，不断完善基层干部生活保障和政治激励机制，激发干事创业的热情和服务群众的内在动力。

【基础建设】　由区交通局牵头的灯桂路建设项目，总投资5000多万元。为确保项目顺利实施，乡党委统一发力、整体动员，并分村成立了3个工作专班，全程下沉化解群众矛盾、推动征地拆迁工作。在乡境内近6公里的建设线路和弃土堆放中，共征地244亩、拆房5座、迁坟14座、打井46口，所涉资金200余万元。在整个拆迁过程中，未发生一例群体性事件，未发生一例恶性阻工事件，未发生一例群众上访事件，切实保证了项目建设按期开工、顺利推进；贫困村连片村道公路扩宽建设项目，该项目共投入100万元左右，旨在改善贫困村的交通条件，推动贫困村的产业经济发展。项目实施以来，为做好群众工作，化解相关矛盾，乡、村两级干部在前期做了大量工作，协调并完成了青苗补偿，土地征用等相关工作，确保了项目建设的顺利完成；新建一座“公安连心桥”，为推动尹家祠村的脱贫产业发展，提高基础设施建设水平，前后投入40多万元，顺利建成“公安联心桥”，极大地改善了尹家祠村的交通状况；新建一条场镇市场到乡政府的水泥道路，乡党委政府顺排工序，倒排工期，切实保证了项目建设按期开工及顺利完成。截至2017年，全乡已建成改造村道公路近120公里，通村率达到100%，社道公路完成硬化率达到97%，水泥路直达老百姓家门口；水利建设卓有成效，升级污水处理厂一座，改造、加固山坪塘3口，储水池2口，增强了农业灌溉能力。

【农业和农村经济】　对高板桥、任家祠、字库碑3个村进行了国土整治，建设标准化农田400余亩，新修产业便道6公里。同时乡党委政府规划着力打造字库碑村、任家祠村、高板桥村、樟木湾村、尹家祠村、谷家庙村、袁家庙村依靠“一河（桐溪河）一路（字谷路）两库（五星水库、小桐沟水库）”七村连带发展，因地制宜种植桃树、李子树和梨树，建设“十里花果长廊”，推动乡村旅游业和水果产业同步发展。现有农业专业合作社和家庭农场10个。

【民生工程】　围绕保障基本民生、维护群众权益、促进社会和谐、推动经济发展的目标，准确把握民政工作的性质和特点，解决事关群众切身利益的问题。规范申请低保条件及流程，做到“应保尽保、应退尽退、分类施保”的动态管理，2017年现有低保255户983人，并且重点解决大病救助等问题；为203名残疾人实行了“量服”工作，开展精神病筛查工作，重度精神病人送医10人次。实地走访全乡140名五保老人，对五保老人的住房问题进行调研，将有意愿的18人纳入集中供养，符合危房改造条件的纳入改造范围。邀请专业的医务人员到乡政府广场坐诊，为全乡的老百姓免费诊疗。并着力完善社会保障体系，突出抓好扩面增量，不断提高社会保障水平。完善劳动力转移调查登记体系，实现养老金100%社会化发放，新农合参保率达到95%以上。完成城乡居民医疗保险参保8900余人次、农保续保累计6000余人。全年完成危房改造36户，有力的确保了群众的住房安全。

【科教文卫事业】　投大力开展农村环境综治治理工作。在各村公路沿线新建垃圾池12个、发放垃圾转运车50余个，制定村规民约1000余套，发放垃圾桶600余个，安排专人负责垃圾转运，各村成立河长制巡河队伍，对全乡范围内的河道、水库、堰塘进行定期巡逻，整治水体污染，提高水质，投资10万余元对城镇污水处理厂进行升级改造，极大地提高污水厂的处理能力，引导广大群众纠正农村生活垃圾乱丢乱扔的现象，为广大群众提供舒适、宜居的生活环境。打造公共文化服务体系示范点。各村都建有专门的文化活动室和图书室，还新建户外乒乓球台等体育设施；投资600多万元在字库碑村打造“党建+”儿童农业欢乐村项目，整体工程现已完工，正在完善配套绿化设施。该项目以党建为引领，着力发展乡村远郊游，并结合儿童食育教育进行综合性打造，此举不仅带动全乡经济的整体发展，而且能更好的推动全区远郊旅游的发展。

【计划生育工作】 作为全省计生监测点，开展计生统计3000余户9000余人，严格规范实施计生政策，尤其是“全面两孩”政策；着力稳定低生育水平，各项人口指标均在顺庆区下达控制线以内；推进惠民政策落实，提高出生人口素质和流动人口管理水平，健全利益导向机制，切实提高计生整体工作质量。

【安全生产】 一是强化领导干部“一岗双责”制度，健全书记负总责、乡长为第一责任人、分管领导具体负责的安全生产责任体系。二是加大宣传、排查、处罚和整治力度。2017年举办大型安全演练1次，开展安全生产宣传活动7次，发放警示图片160幅，发放宣传资料2300余份；开办安全法规、消防知识专题讲座5次；进行安全生产检查30次，整改隐患18处。辖区安全生产工作呈现良好态势，安全生产指标全部达标。

【综治维稳工作】 开展综治、平安建设、禁毒、非法集资等宣传8次，制作宣传海报9块，宣传标语46块，宣传橱窗3个，发放宣传资料3000余份。接待来访群众约4000人次，掌握各类不稳定因素120件，及时更新维稳大平台信息450余条。认真做好省十一次党代会、党的十九大、省委督导组、节假日等重要节点的稳定工作。

【干部队伍建设】 一是党风廉政建设和反腐败工作深入开展。深化廉政风险防控机制建设，推行风险警示制度，建立健全权力运行监控机制，从源头上预防和减少干部腐败行为的发生。做好乡村、村级两级党务事务公开的规范化工作，推行“目录化”管理机制和“公开日”制度。坚持村级财务村账乡管制度，切实提升农村集体“三资”管理水平。二是加强干部转变作风和素质提升工作。努力提升班子成员谋事能力，每月安排一次班子成员谋划月度（季度）工作，倒逼班子成员深入思考、认真谋划。注重班子协调和抓落实能力，明确班子成员的职责分工，驻村蹲点。对分管领导职责和日常事务，要求限期办理，期满后对办理结果进行检查。提升乡干部服务能力，要求撰写民情日记，促使住村干部真正深入农村、深入农户、掌握实情。实行“政治、经济、责任”捆绑奖惩兑现的绩效管理制度，提高乡干部的责任意识。

【领导名录】

书　记：张丽君（女）
乡　长：李　好
人大主席：王　宇
副书记：李　好
　　　　冯　涛（兼纪委书记、武装部长）
　　　　柯　鹏（综治维稳）
副乡长：文　豪
　　　　罗山力

（张　潇）

同仁乡

【概况】 同仁乡地处顺庆区西北部，距城区18公里。东依顺庆区共兴镇，南靠嘉陵区石楼乡，西连西充县金山乡，北接西充县多扶镇，与金山一街相连，属鸡鸣三县之乡，乡政府驻青木桥村六组。全乡现有乡干部20人，其中行政编制12人，事业编制8人，有基层党组织11个，党员总数305人。幅员面积23.5平方公里，全乡有常住人口2205户7068人；非农业人口95户380人；实有劳动力3168人，外来人口862人。耕地面积9035亩，常用耕地6382亩，水田1572亩，退耕还林3700亩，森林覆盖率达35%，主要民族为汉族。全乡辖送火垭、青木桥、四方寨、石佛寺、红岩、印钟寺、白蜡坝、龟石坝、泥屋垭9个行政村79个社，有信用社、卫生院、畜牧站、学校、茧站、车站等驻乡单位。

【基础设施】 基础设施完善，出行便捷。中卫天然气管道4.5公里，广南高速3.7公里，绵西高速0.6公里，国道212线穿境而过，18公里国家三级乡道华同公路30分钟进入城区，辖区道路村村相通，社社相连。广播、电视、电信等网络覆盖全乡，省二级敬老院和360吨污水处理场投入使用；该乡率先在乡镇中实现路灯照明，也是较早使用天然气的乡镇之一。全乡集镇绿化面达5000平方米，马市铺斗渠、大村沟斗渠、共兴斗渠贯通全乡，斗、农、毛渠共长25公里，升钟水自流灌溉面积达76%；完成康源水务管网干线铺设，场镇居民用上了干净卫生的自来水，达到城乡同水同价；电力实行了农网二期改造工程，达到城乡同网同价；有线电视入户率达99%；场镇新安装路灯28盏。2017年全乡共硬化社道路13.5公里，投入58万元整治山坪塘3口，修建便民公路桥10座，维修升钟主干渠3.8公里，建停车场4处1200平方米，建文化广场1000平方米，建蓄水池13口，建集中供水站3处，新建升钟农渠2.6公里。

【党的建设】 利用“草根文化艺术团”“民间金钱板”“村友会”“和事佬”协会等群众自发组织多元化服务教育群众，利用廉政文化长廊、微信、QQ群上灯笼、“同仁盼你回家”等集法制宣传、教育为一体氛围营造助推创建“全区法治示范乡”，全乡党风正，民风纯，风气好。无一例到市、到省、进京上访事件，无一例刑事治安案件发生，群众安居乐业，在三区县交界处彰显了同仁特色，树立了顺庆形象，连续9年目标考评位列全区同类乡镇前三名。

【文化旅游】 同仁乡历史悠久，人杰地灵。位于境内的四方寨是明末清初大西王张献忠的巴蜀大本营，南充丝绸之父乔子余墓葬四方寨山顶；清陕甘提督徐占彪出生于泥屋垭村徐家大院；千年名树红豆树长于青木桥村四社川祖坝；该乡于10月28日在四方寨村成功举办首届“田园西河之四方寨风情”音乐帐篷节，上千名游客前来休闲观光。引进三方机构，吸引民间资金3千万元，新建民俗客栈900平方米，打造十里垂钓长廊、百亩果树博览园、千亩张献忠快乐大本营，四方寨已成为社会骑游组织、徒步协会、摄影协会、有氧运动组织等系列活动的重要节点和终点站，努力打造集种植、养殖、观光、旅游、休闲于一体的乡村旅游。

【农业产业】 加大土地流转力度，注重产业发展与扶贫工作的有机结合。2017年按照精准扶贫对象“两不愁、三保障、四个好”的标准，57户152人精准贫困户脱贫摘帽。在送火垭村建优质葡萄采摘体验园100亩，在四方寨村建双节桃200亩，柑橘100亩，石榴200亩；在石佛寺村建汶川青脆李120亩，黄金梨600亩，柑橘100亩，油菜100亩；升级改良“跑山旧院黑鸡”孵化基地300余亩，全乡年出栏土鸡24余万只；大力发展莲藕种植800余亩，发展白芷、丹参和川佛手中药材600亩，新建大棚蔬菜基地380亩，栽植珍稀水果200亩，优质黑米、珍珠香稻300亩，全部实行“支部+专业合作社+基地+农户”管理模式，切实形成产业互补、业主群众双受益，破解了土地撂荒和群众增收无门的难题。

【社会事业】 2017年全乡养老保险覆盖率达70%，医疗保险参保率达98%。清理不符合政策的低保175户，新增低保110户。全年为32户无房群众修建新房，新建农村聚居点1处，修建廉租房4套，危房改造100户，医疗救助10万元，发放临时性救助20万元。学校成绩持续在全区农村学校中名列前茅。派出所、医院、信用社、兽防站等部门各司其职，管理有序，服务三农。

【环境整治】 场镇共栽植行道树120棵，场镇街道绿化200平方米，添置果皮箱35个，栽植行道树120棵，对街道进行了彩混硬化。投入25万元修建垃圾中转站25处，整治河道10公里，清理公路背沟3.5公里。2017年投入30余万元对场镇老街进行了硬化、风貌整治，将场镇2000余米明渠改成了暗沟，将车站内旱厕改建为卫生厕所，提升了集镇品位。全年共投入配套资金80万元对四方寨和石佛寺两个贫困村的人居环境进行了提档升级，安装了太阳能路灯250盏、添置了果皮箱38个，提升了群众的幸福指数。2017年1月该乡被全国爱国卫生运动委员会评为“国家级卫生乡镇”。

【领导名录】

书　记：邹　权
乡　长：曹　鹏
人大主席：赵本明
副书记、纪委书记：何东风
副乡长：宁　伟
　　　　胡明春

（张　敏）

龙桂乡

【概况】 2017年，龙桂乡围绕“建设幸福美丽新龙桂”的主题，以农民增收为目标，以美丽乡村建设为抓手，以脱贫攻坚为重点，以和谐平安创建为基础，积极创新工作方式，落实“第一责任”，从严管党治党，脚踏实地开展各项工作，实现了社会稳定、经济发展的目标。

【基层组织建设】 一是按照“举旗帜、强堡垒、带铁军”的要求，严把新任、继任入口关，13个村班子配备齐全，组成了“一支招之能来、来之能战、战之能胜”的村支两委干部队伍。二是抓好干部的思想教育工作。目前，全覆盖谈心谈话村“两委”成员30余人次，参加民主生活会党员200余人。三是整合项目，加强阵地建设。利用公共运行维护等资金70余万元，完成三河口、五通山等5个村级活动室的维修，并新建乡党员活动室30平方。四是注重后备人才培养，按程序发展党员。选拔后备人才25名，举办培训班1期，培养入党积极分子28名，发展和转正党员6名。五是完善修订了“龙桂乡2017年管理制度”等相关制度，新建乡便民服务中心20余平方、村民事代办点5个。六是开展党员清理和党组织关系排查，查找到失联党员24人。七是以“两学一做”学习教育常态化制度化为契机，全面加强党员干部教育管理，开展党员活动已达 11 次，参加党员干部 1000 余人次。八是表彰先进党员，发挥模范作用。“七一”，共表彰先进基层党组织 4 个，优秀共产党员 32 名，脱贫攻坚优秀支部书记 2 名。九是建立龙桂乡党员微信群，加强在外流动党员管理，收集流动党员对家乡发展和组织发展的意见建议 20 余条，解释和宣传相关政策 30 余人次。十是探索落实了“定期党委现场坝坝会议”制度，将党委会开到村社，开到田间地头，开到脱贫攻坚现场。

【产业发展】 产业发展是该乡农民增收致富的短板，为此该乡把产业发展作为工作的重中之重来抓。在何家店村原有 500 亩核桃基地的基础上新扩 500 亩，达到 1000 亩规模的核桃产业园，在五通山村 6、7 社两个社建立 100 余亩瓜蒌基地脱贫攻坚产业园，在九岭山村建立生态音乐野猪养殖基地产业园、在锣打山村建立 300 余亩龙虾养殖基地脱贫攻坚产业园，在田家坝村建立土鸡蛋生产脱贫攻坚产业园等 5 个产业园区。现 5 个园区生产按照标准化、规模化的要求正在有序进行，并建立起了与当地农民的利益联系机制，带动了该乡产业的稳步发展。

【基础设施建设】 全乡新建村道路 6 公里，启动实施了九岭山村至田家坝村公路的招投标，通过建设将彻底改变 5、6、7、8、9、10、12 等 7 个村的群众通行难问题。衬砌垮塌升钟渠道隧洞 3 处，维修升钟渠道 4000 米，整治危险山坪塘 5 口。新建生产便道 6 公里，改建人行桥、公路危桥等 4 座，建成公共文化广场 1 处，兴建路渠一体灌溉系统 1.5 公里，解决安全饮水 28 户，建集中供水站 2 处，解决 67 户贫困户安全饮水问题。

【综治维稳】 一是扎实开展平安建设工作，增强了群众的安全感。二是积极解决兰渝铁路遗留问题。完成 5、6、7、8、9、10、11、12 等七个村兰渝铁路建路损毁道路的立项指标工作，针对兰渝铁路拆迁中群众反映账目不清、分配不公的问题，乡党委已落实专人专班对涉及村社账目进行了清理，并张榜公示。三是确保十九大期间越级零上访。党政主要领导轮班值守，对 5 名重点人员安排专人 24 小时监控，十九大期间全乡无一例越级上访。

【环境整治】 为认真贯彻“绿水青山就是金山银山”的新发展理念，增强群众的幸福感和获得感，在环保工作中，一是发放宣传资料 5000 余份，张贴永久性标语 130 余条，召开院坝会 300 余次，受教育人员达 5000 余人。二是认真落实河长制，投入 20 余万组织专人对母亲河进行全面清理。三是整治了场镇的排污口 4 处、对场镇安全饮水保护地进行了隔离处理、改建了场镇垃圾处理场、整改养殖企业 4 户，共计投入 40 万元，全面达到环保标准。四是针对该乡田家坝村反映的环保问题，乡村干部昼夜兼程整改，从而达到环保标准。五是组织区乡两级人大代表对环保问题的视察督查，通过全乡干部的凝心聚力，该乡环保迎检圆满通过验收。

【脱贫攻坚】 由于龙桂乡地处偏远，产业发展条件差，基础设施较为薄弱，贫困程度较深。经过 7 月份的精准再识别后，该乡共有建档立卡贫困户 248 户 835 人，贫困发生率 8.5%，贫困人口排在全区前列。有两个建档立卡贫困村，其中省级贫困村（何家店村）一个，市级贫困村（田家坝村）一个，两个未脱贫户数在 20 户以上的非贫困村（五通山村、九岭山村）。在区委、区政府的正确领导和帮扶单位的全力协助下，经全乡干部群众共同努力，2014、2015、2016 年分别脱贫摘帽 10 户 28 人，11 户 31 人和 64 户 212 人。2017 年预脱贫户 31 户 117 人。已实施完成异地搬迁 4

户12人，完成“三建五改”77户，利用国土部门地质灾害避险搬迁11户，结合建设部门落实D级危房重建2户、C级危房改建10户，新建廉租房4套。在区人大常委会的牵头下，组织市区两级人大代表在该乡九岭山村开展了“脱贫攻坚人大代表再行动”爱心捐赠活动，募集善款27.6万元，有力的推动了脱贫攻坚的进程。

【领导名录】

书　记：温　科

乡　长：陈林海

人大主席：青维东

副书记：张秀碧（女）

　　　　刘清建

副乡长：王拥华（女）

武装部长、副乡长：朱营杰

（张舒瑶）

人　物

SHUNQINGNIANJIAN

领导名录

区委：

书　记：陈泽斌（8 月起）
　　　　朱　华（8 月止）
副书记：刘　松
　　　　曹　健（4 月止）
　　　　尹成平（5 月起）
常　委：秦水平
　　　　胡文骥
　　　　张　勇
　　　　李建中
　　　　邱跃峰
　　　　任洁平
　　　　李兴贵（12 月起）

区委办：

主　任：伍建春
副主任：彭志成（12 月止）
　　　　陈　威
　　　　莫　骄（12 月起）
纪检员：任　慧（女）

区人大常委：

党组书记、主任：陈　琳
党组副书记、副主任：缪　红（女）
副主任：王润生
　　　　贺　频（女）
　　　　韩大平

常委会机构设置：
人大常委会办公室
主　任：涂　进
副主任：冯俊谦
　　　　姚姝汶（女）
　　　　袁国志（3 月起）
纪检组长、机关党委书记：张　燕（女）
人事代表工作委员会
主　任：胡英华
副主任：刘于果
人民群众来信来访办公室
主　任：李黎明
副主任：伍志凡

专委会设置
法制委员会
主任委员：冯金伟
副主任委员：唐余林
　　　　　　张学军
财政经济委员会
主任委员：邱　玲（女）
副主任委员：王泗安
教育科学文化卫生委员会
主任委员：张先奎
副主任委员：蒲　忠
　　　　　　张光祥
农业与农村委员会
主任委员：刘明雄（12 月止）
副主任委员：文　林
城乡建设环境资源保护委员会
主任委员：于文全
副主任委员：刘俊柏
　　　　　　吕　刚
民族宗教外事侨务委员会
主任委员：张华德
副主任委员：巫俊芳（女）

区政府：

区　长：刘　松
副区长：秦水平
　　　　李洪长（7 月止）
　　　　李兴贵（12 月止）
　　　　张益萍（女）

刘向阳（7月起）
李献丰
杨　菅（12月起）

区政府办：
主　任：高彬郎
机关党委书记：于小菊（女）
副主任：邓鸿娟（女）
田　黎
杜小涛（1月起）
纪检组长：佘　岭（女，彝族）

区政协：
党组书记、主席：吴　斌
党组副书记、副主席：张　霞（女）
副主席：李天祥
杨小虎
党组成员、机关党组书记、秘书长：
杨忠国
党组成员、机关党委书记：赵俊怡
副秘书长：颜　瑛
办公室主任：任建中
副主任：寇灵通
魏　谦
城市经济委主任：林国莹
副主任：伍行果
唐洪霞（女）
提案工作委主任：李茂云
副主任：郑金芬（女）
教科文卫体委主任：高兴春
副主任：朱兴安
学习文史联谊委主任：周学比
副主任：杜欣玉（女）
谭泽兴
人口资源环境委主任：谢爱平
副主任：吴红海
王志敏
农村工作委主任：魏进成
副主任：蒲正平
蔡　勇
法制工作委主任：罗兴凯
副主任：颜　瑛（11月止）
张信东（11月起）

区委组织部：
部　长：张　勇
副部长：任利民
罗维成
白亚军
青　靖
唐健波
蹇森国（9月止）
纪检员：周剑兰（女）
人才办主任：唐健波
副主任：易春晖
党建办主任：蹇森国（9月止）
“两新”组织党（工）委副书记：卢河东
远程办主任：彭　湘

区委老干局：
局　长：青　靖
纪检员：李文化

区委宣传部：
部　长：邱跃峰
常务副部长：杨海峰（7月止）
副部长：欧维佳（女）
机关党委书记：罗冠斌（12月起）
机关支部书记：任志伟
纪检员：岳云臻
文明办主任：胡良荣
新闻办主任：孙先胜（12月止）
社科联主席：董清文
文联主席：张　筠（女）
干部秘书股股长（办公室主任）：李邦华
新闻办副主任：陈钧先

区文明办：

主　任：胡良荣

区委党校：

党校校长：张　勇

行政学校校长：秦水平

常务副校长：唐维林

副校长：苏兴旭（9月起）

　　　　张　丽（女）

区委统战部：

部　长：李建中

副部长、区工商联党组书记：王国猛（6月起）

副部长、区民宗局局长：荀安勇

纪检员：蒲　娟（女）

区委政法委：

书　记：任洁平

副书记：郑　毅

　　　　曹　帆（女）

　　　　王中红

区综治（维稳）办主任：吉小虎

　　　　　　　副主任：廖志瑛（女）

机关党委书记：贾正林

区矛盾多元化解中心主任：武文强

政治处主任：张壹宇

执法监督室主任：王晓彪

区直机关工委：

书　记：张　勇（6月起）

　　　　李碧昌（3月止）

副书记：姚　勇

　　　　杨　伟

纪工委书记：邬　谨

区纪委监察局：

区纪委书记：胡文骥

区纪委副书记、监察局局长：庞　军

区纪委副书记：高　艳（女）

区纪委常委：吴　斐（女，兼案件审理室主任）

　　　　　　朱　雨

　　　　　　杨　龙（兼监察一室主任）

　　　　　　牛　宁

区监察局副局长：何　政（女，5月止）

　　　　　　　　朱　华（女，5月止）

　　　　　　　　朱　雨（3月起）

机关党委书记：曾广州

办公室主任：汪　健

案件监督管理室主任：李　震

招监室主任：于　萍（女）

党风政风监督室主任：杨铃铃（女）

预防腐败工作室（法规室）主任：赵小松

纪检监察二室主任：熊　挺

执法和效能监察室主任：杜　雄

信访室（举报中心）主任：王永明

干部管理室主任：梁　茵（女，6月止）

区委群工部：

部　长：冯勇刚（6月止）

　　　　郑绍平（6月起）

副部长、副局长：郑绍菊（女，6月止）

　　　　　　　　冷　虹（女，12月起）

　　　　　　　　何小平

纪检员：韩　刚

区群众来访接待中心主任：冯光红

区政务中心：

主　任：王　波

副主任：朱　伟

区机管局：

局　长：杨建伟

副局长：申小红（12月起）

　　　　张科林

纪检组长：徐　彬

区民政局：

局长、党组书记：唐俐斌

机关党委书记：李　军

副局长：潘朝福（12 月止）

　　　　吴晓嘉（女）

　　　　邓斌豪

纪检组长：赵　云

民盟顺庆总支：

主　委：潘菊英（女）

民革顺庆基层委员会：

主　委：覃瑜莉（女）

民进顺庆区基层委员会：

主　委：张益萍

民建顺庆区基层委员会：

主　委：杨小虎

九三学社：

主　委：李　剑

农工民主党顺庆支部：

主　委：陈　玉（女）

区团委：

书　记：文　琴（女）

副书记：杜亚宇（女）

总工会：

主　席：秦水平

党组书记、常务副主席：况定山

党组成员、副主席：王　琴（女）

党组成员、纪检员：李正春

妇联：

主　席：申　敏（女）

副主席：杨　蓉（女）

工商联：

主席（会长）：李天祥

党组书记：王国猛

副主席（副会长）：侯清梅（女）

　　　　　　　　　彭晓惠（女）

科协：

主　席：杨小虎（5 月止）

　　　　汪勤修（6 月起）

残联：

党组书记、理事长：唐　玲（女）

副理事长：钟　武

纪检员：赖小清（女）

红十字会：

常务副会长：朱　华

区人武部：

部　　长：王　华（7 月起）

　　　　　喻　新（7 月止）

政治委员：马　勇（5 月起）

　　　　　李伟明（3 月止）

副 部 长：李　平

军事科长：谢　力

政治科长：蒋长治（7 月起）

　　　　　许　刚（7 月止）

保障科长：杨　陶（7 月止）

军事科参谋：谭　忠

区法院：

党组书记、院长：邹九九

党组副书记、副院长：张少龙

党组成员、副院长：庞冬云

　　　　　　　　　粟含敏

党组成员：全　亮

党组成员、政治处主任：何冰冰
党组成员、执行局局长：席　涛

区检察院：
党组书记、检察长：何晓荣
党组副书记、副检察长：龙　敬
党组成员、副检察长：孙　林
　　　　　　　　　　席章勇
党组成员、反渎局局长：王　康（12月止）
政治部主任：唐红兵
党组成员、纪检组长：许　锐

区公安分局：
党委书记、局长：李洪长（7月止）
　　　　　　　　刘向阳（7月起）
党委副书记、政治委员：方树生
党委副书记、副局长：杨勇刚
党委委员、副局长：王　勇
党委委员、副局长：赵　晋
党委委员、纪委书记：李俊伟
党委委员、政治处主任：张　强
党委委员、副局长：张　波
　　　　　　　　　舒　斌
　　　　　　　　　兰　耀
党委委员、机关党委书记：吴　忠

区司法局：
局　长：王定华
纪检组长：王荣光
副局长：唐富兵
　　　　邓　敏
　　　　曹向阳

区经科局：
党组书记、局长：孙　鹏
党组成员、机关党委书记：席文波
党组成员、副局长：曹　林
　　　　　　　　　张　宇
党组成员、纪检组长：杨泳淑（女）

区工业集中区管委会：
党工委书记、主任：弋晓林
党工委副书记：郑绍菊
党工委成员、副主任：庞家红
党工委成员、纪检组长：何　薇

区城乡规划建设局：
局　长：杨　蕾
副局长：谢承华
　　　　彭　莉（女）
纪检组长：杨　敏
总工程师：杨应龙
总规划师：王奇志（女）

区城管局：
党组书记、局长：何良永
机关党委书记：韩昌哲
副局长：王雪民
　　　　谢全盛
　　　　刘劲松
　　　　费兴平
纪检组长：姜建明

区环保局：
局党组书记、局长：汪勤修（6月止）
　　　　　　　　　吉　磊（6月起）
副局长：周晓俊（女）
　　　　蒲　波
　　　　刘茂林
　　　　刘正阳
纪检组长：淳冬梅（女）
总工程师：杜国飞（兼局党支部书记）

市环卫处：
党总支书记、主任：曹天贵
党总支副书记：宋先旭

唐　寅

纪检组长：龚燕凌（女）

副主任：梁　江

唐红波

陈智慧

区交通运输局：

党组书记、局长：郑胜伟

党组成员、机关党委书记：杨秋明

局党组成员、副局长：张钧波

唐兴明（9 月止）

夏易全

张传军

局党组成员、总工程师：赵建国

局党组成员、纪检组长：李启可

区公路管理局：

局党支部书记、局长：刘伯军

副局长：赵济民

万应梁

纪检组长：陈　玲（女）

党支部副书记：马静怡（女）

邮政分公司：

总经理：冯　林

副总经理：秦　平

农工委：

主　任：何　平

机关党委书记：李文伦

副主任：杨　勇

纪检员：庞永林

区农牧业局：

局　长：曹　明

副局长：贾文甫（10 月止）

杜丽萍（女）

王炳林

纪检组长：马　嵬（回族）

总农艺师：黄中强

总兽医师：李刘明

区林业局：

局　长：尹　灏（6 月起）

纪检组长：张廷玉

副局长：李仕东

付德勇

庞　博

森林公安派出所所长：李晓慧（女）

区水务局：

党组书记、局长：赵凤伟（12 月止）

任建中（12 月起）

党组成员、副局长：陈德勇

杨成鹏

党组成员、纪检组长：张　剑

党组成员、水保办主任：刘立新

区升钟灌区管理局：

局　长：张　坤

副局长：冯　劲

杜　江

区农村经营管理局：

局　长：曾　红（女）

区商粮局：

党组书记、局长：赵国力

党组成员、副局长：卿　星（女，6 月止）

陈　平

陈宇航

党组成员、机关党委书记：罗勇堂

党组成员、纪检组长：何　斌

区供销社：

党组书记、主任：刘　铭

党组成员、副主任：张义林

王顺彬

党组成员、纪检组长：何　勇

个体私营经济协会：

会　长：刘万明

副会长：蒲　勇

程玉华

彭小平

秘书长：赵玉霞

区发改局：

党组书记、局长：吴翰林

副局长：吴华伟

曹　纲

纪检组长：钟　洁（女）

区信息中心主任：李　海

市国土资源局顺庆分局：

党组书记、局长：李仕华

党组成员、副局长：熊　燕（女，6月止）

杨　勤

何欣萍（女，6月起）

杨建林（女，6月止）

党组成员：任海燕（女，9月起）

区投促局：

局　长：梅晓飞

副局长：张宗堃

纪检组长：奚　娟（女）

市住房公积金管理中心顺庆管理部：

主　任：李　涛

区国税局：

党组书记、局　长：罗　彪

党组成员、副局长：杨经纬

郑咏春

任　毅

党组成员、纪检组长：邓　蓉（女）

开发区国税局：

党组书记、局长：付　明

党组成员、副局长：樊　平（女，12月止）

廖青松

李清泉

党组成员、纪检组长、（兼）副局长：

刘　韬（12月止）

党组成员、纪检组长：黄　蓉（女，12月起）

区地税局：

党组书记、局长：帅　旗

党组成员、副局长：杜　平

蒲新光

肖　伟

党组成员、机关党委书记：白　勇

党组成员、纪检组长：张　毅

开发区地税局：

党组书记、局长：陈利民

党组成员、副局长：李书伟

陈　鑫

党组成员、纪检组长：刘　蓉（女，10月止）

林元忠（女，10月起）

党组成员、机关党委书记：梁　龙（3月起）

总会计师：黄忠民（10月止）

市地税一分局：

局　长：王阳晨

副局长：姚进平

杨　旻

卢　红（11月起）

纪检员：赵　勇（11月起）

市地税二分局：

局党总支书记、局长：席　勇

局党总支委员、副局长：刘嘉陵
宾凌芳（女）
杨　光
局党总支委员、派驻纪检监察员：欧佳龙

南充农商银行顺庆支行：
行　长：蒋　兰（女）
副行长：谢鉴非
行长助理：饶　娟（女）

人寿保险顺庆支公司：
经　理：邓　倩（女）

人民财产保险顺庆支公司：
经　理：何　捷

区文旅局：
党组书记、局长：王国猛（6月止）
杨海峰（6月起）
党组成员、副局长：李志清
陈　旭
张　黎（3月起）
区侨联主席：蒲　涛
办公室主任：谢　瑞

市西山风景区管理局：
党委书记、局长：张树柏
党委副书记、副局长：袁鹏飞
党委委员、纪委书记：周　波
党委委员、副局长：张雪妃（女）

区教育局：
局　长：张应富
副局长：冯永平
尹　胜（9月止）
张忠祥
何　阔
督导室主任：胡雪梅（女）

纪委书记：王　旗
政治处主任：陈　琳（女）

市广播电视台驻顺庆记者站：
主　任：林勇军
副主任：何红柳（女）

区档案局：
局　长：青文中
副局长：汪　洋（女）
纪检组长：苟兴国

区志办：
主　任：文义泽
纪检组长：冯先波

区工商质监局：
党组书记、局长：邓　登
党组成员、副局长：杨　黎（10月止）
蒲　勇
李立忠
党组成员、纪检组长：范　勇
党组成员、质量总监：母力丹
党组成员：张　斌（11月起）

区安监局：
局　长：何思明
副局长：任海坤
李书堂
李　婷（女）
纪检组长：蔡　勇

区审计局：
局　长：张箐莉（女）
副局长：蒋大川
廖自新
纪检组长：张　艳（女）
总审计师：兰　涛

经济责任审计分局局长：何素梅（女）

区统计局：

局　长：唐学亭

副局长：廖　霞（女）

袁　瑛（女）

纪检组长：杜　鹃（女）

总统计师：饶声富

经调队队长：王茂君（女）

区食药局：

党组书记、局长：龙　涛

党组成员、副局长：肖红英（女，11 月止）

吴　洪

吴　平

张　春

党组成员、纪检组长：黄兴文

党组成员、食药总监：邹　希

区人社局：

局　长：罗维成

机关党委书记：简晓彬

副局长：袁　洪

许尔富

杜　标

纪检组长：周　明

公务员管理办公室主任：任光富

区社保局局长：刘晓娟（女）

区医保局局长：罗存胜

就业局局长：张建雄

区居保局局长：任志平

区机保局局长：涂春晖（女，7 月止）

区人事劳动争议仲裁办公室主任：蒙　丹

区扶贫移民局：

局　长：熊　红

副局长：杨光辉

青政东

李　红

区气象局：

局　长：张潇予（女）

区体育局：

局　长：刘世忠

副局长：唐志刚

田　书

纪检组长：龚　萍张　春

区卫计局：

党委书记、局长：罗锦昆

党委委员、副局长：谭　勇

蒋荣政

张向阳

党委委员、纪委书记：陈志彬

党委委员、区流管办主任：何　媛（女）

区人民医院：

代院长：谭　勇（7 月起）

副院长：杨国斌

付索宇

陈运龙

林　杨

市中医医院：

党委书记、院长：何光宏

党委委员、副院长：蒲　跃

副院长：李　多

院党委委员、副院长：魏照洲

院党委委员、院长助理：黄云川

市四人民医院：

党总支书记、院长：庞光枢

副院长：张启容

副院长、工会主席：陈积兰（女）

党总支副书记：蒲明顺

区妇幼保健院：

党支部书记、院长：杨大志

李秋菊（女）

副院长：汪　强

邓纪恩

疾控中心：

主　任：蒲　跃（11 月止）

孙先胜（1 月起）

副主任：冯俊林

冉　萍（女）

卫计监督执法大队：

党支部书记、大队长：蒋昌宏

副大队长：袁　林

北城街道：

书　记：任宇平

副书记、主任：文　林（女）

人大联络工委主任：胡　萍（女）

副书记、纪工委书记：付　春

副书记（信访维稳）：任　海

副主任：胡碧珍（女）

曾正胜

李　明

敬正东（兼武装部长）

纪工委副书记：杨汝杰

西城街道：

书　记：彭　珊（女）

主　任：段成刚

人大工委主任：冯建明

副书记：胡定华（兼纪工委书记）

徐永伟（综治维稳）

副主任：唐东兵（兼武装部长）

明　钢

王永会（女）

张　林

党工委委员：杜怀树

中城街道：

书记：黄　俊

副书记、主任：刘海洋（6 月起）

副书记、纪工委书记：杨　岚（女）

人大工委主任：费基础

副主任：何泓春

刘　岚（女）

副主任、武装部长：贾建民

信访维稳副书记：赵崇发

组织（统战）委员：赵大斌

东南街道：

书　记：王向东

副书记、主任：唐　凯

人大工委主任：石　华（女）

副书记：唐　凯

李云峰（兼纪工委书记）

欧大军（综治维修）

副主任：杜先春

李　辉

武装部长、副主任：王　江

副主任：杨明文

和平路街道：

书　记：王小冬（女）

副书记、主任：何　平

人大工委主任：何　刚

副书记、纪工委书记：胥明敏

副主任：王　忠

陈德君

张　慧（女）

李志军（兼武装部部长）

舞凤街道：

书　记：涂开美

副书记、主任：文　琴

人大工委主任：任立国
副书记、纪工委书记：李云峰
副书记：梁光雨
副主任、武装部长：赵朝勇
副主任：寇　春
　　　　汪艳玲
　　　　罗四维
组织委员、统战委员：彭尚贤

新建街道：

书　记：王东平
副书记、主任：何　杰
人大工委主任：何　钦
副书记：何　志
　　　　肖知华（兼纪工委书记）
　　　　易　可（综治维稳）
副主任：何文蘅（女）
　　　　彭孝勇
　　　　刘　鹏
　　　　王太宣（兼武装部长）
党工委委员：任　平

华凤街道：

书　记：张潜文
主　任：马　川
人大工委主任：王　勇
副书记：蒲军麟
　　　　赵　鑫
副主任：陈志勇
　　　　杜秀玲（女）
武装部部长：莫　骄（6 月止）
党工委委员、组织委员：肖　宇

潆溪街道：

书　记：费舜俊
主　任：尹　波（6 月起）
　　　　蒙　东（6 月止）
纪工委书记：李小平
副书记：彭　彬
人大工委主任：庞　勇
武装部长：周治宇
办事处副主任：李　焱
　　　　　　　宋友铭
党工委委员：庞春梅（女，9 月起）

荆溪街道：

书　记：尹安林
主　任：冯　振
人大工委主任：何华芳（女）
副书记、纪工委书记：邓裕国（6 月止）
副书记：胡英华（综治维稳）
副主任：杨　成（兼武装部长）
　　　　冯雪梅（女）
　　　　王知明
组织统战委员：祝新民（6 月起）

西山街道：

书　记：尹　灏（6 月止）
主　任：蔡　强
人大工委主任：梁仕芬（女）
副书记、纪工委书记：刘恩群（女）
副书记：王雄飞
副主任：胡斌权
　　　　李　勇

芦溪镇：

书　记：彭松林
镇　长：陈军华
人大主席：文　学
党委副书记、纪委书记：石　花（女）
党委副书记：苏明剑
副镇长：罗　渊
　　　　杨　辉
副镇长、武装部长：苏　春

金台镇：
书　记：刘大海
镇　长：罗双全
人大主席：孙双全（9 月起）
副书记、纪委书记：王　林
维稳副书记：张　彪
武装部部长、副镇长：王建伟
副镇长：谢蝉屹（女）
　　　　郑艳君（女）
　　　　周荣建（11 月起）

搬罾镇：
书　记：谭四成
镇　长：王　宁
人大主席：唐　剑
副书记：王月圻（女，兼纪委书记）
　　　　何　斌
副镇长：赵永鑫
　　　　蔡恒军
　　　　唐昌斌（兼武装部长）

李家镇：
书　记：周大勇
镇　长：刘大斌
人大主席：鲜志荣
副书记：许　剑（兼纪委书记）
副镇长：罗　强（兼武装部长）
　　　　蔡　凤
　　　　万　荣

双桥镇：
书　记：杨　军
镇　长：邓裕国（12 月起）
党委副书记、纪委书记：马　军
党委副书记：王　波
副镇长、武装部长：张　静
副镇长：袁　浩

共兴镇：
书　记：任彦东
镇　长：柯　军
人大主席：陈胜俊
副书记、纪委书记：曾光松
副镇长、人武部长：张茂林
副镇长：王若兰（女）
　　　　杨　静（女）
　　　　赵恒平

永丰镇：
书　记：李正刚（兼人大主席）
镇　长：蒙　聪
党委副书记、纪委书记：王　琦（女）
维稳副书记：弋　川
副镇长：蒋剑东（兼武装部长）
　　　　吕焕清（女）
　　　　刘高润

辉景镇：
书　记：杨爱明
镇　长：曾晓玉
人大主席：田　林
副书记：曾晓玉（女）
　　　　夏　韬（兼纪委书记）
　　　　冯文斌
副镇长：赵友超（兼武装部长）
　　　　赵红碧

大林镇：
书　记：张　进（6 月起）
镇　长：赖小英（女，11 月起）
　　　　张　进（6 月止）
人大主席：胡　进
副书记、纪委书记：赖小英（女，11 月止）
综治、维稳副书记：黄开羽
副镇长、武装部长：李　中
副镇长：彭　青

顺河乡：

书　记：曾青松
乡　长：漆　俊
人大主席：何志平
副乡长：黄　全（汶川县挂职锻炼）
　　　　吴　桦（女）
　　　　冯光容（兼武装部长）

凤山乡：

书　记：苏兴旭（9 月止）
　　　　蹇森国（9 月起）
乡　长：孙双全（9 月止）
　　　　尹　胜（9 月起）
人大主席：庞春梅（9 月止）
　　　　　马　军（9 月起）
副书记：李昭君（兼纪委书记）
　　　　张　瑜（综治维稳）
党委委员、副乡长：明照杰（武装部长）
　　　　　　　　　彭洪舟（9 月起）

渔溪乡：

书　记：陈红平（兼人大主席）
乡　长：唐馨蕾（女）
副书记、纪委书记：蔡　博
副书记：彭　青（4 月起）
副乡长、武装部长：王雪松
副乡长：陈　英（女）
　　　　杨　林（4 月止）

梵殿乡：

书　记：曾松林
乡　长：成政绰
人大主席：袁开政
党委副书记：雍　芬（女）
武装部长、副乡长：青　山
副乡长：侯志林
　　　　白　洪

新复乡：

书　记：雷志勇
乡　长：宋　静（女）
乡人大主席：陈明亮
副书记：宋　静（女）
　　　　王永越（兼纪委书记）
副乡长：李晓燕（女，兼武装部长）
　　　　李　伟

桂花乡：

书　记：李　阳
乡　长：莫裕平
人大主席：岳永胜
副书记、纪委书记：张玲玲（女）
副乡长：彭松柏
　　　　张文平
　　　　余　萍（女）

灯台乡：

书　记：张丽君（女）
乡　长：李　好
人大主席：王　宇
副书记：李　好
　　　　冯　涛（兼纪委书记）
　　　　柯　鹏（综治维稳）
副乡长：文　豪
　　　　罗山力

同仁乡：

书　记：邹　权
乡　长：曹　鹏
人大主席：赵本明
副书记、纪委书记：何东风
副乡长：宁　伟
　　　　胡明春

龙桂乡：

书　记：温　科

乡　长：陈林海
人大主席：青维东
副书记：张秀碧（女）
　　　　刘清建
副乡长：王拥华（女）
武装部长、副乡长：朱营杰

人物传记

蜚声世界的南充顺庆画家常玉

杨小晋

常玉（1901 年 10 月 14 日—1966 年 8 月 12 日）本名常有书，名延果，字玉，号幼书，四川顺庆（南充市）人。他与徐悲鸿、林风眠等一道，同属中国早期旅法画家。由于常玉绘画成就斐然，身后画名随时代发展而愈重，在中国近现代美术史上具有重要的地位。

常玉之父常书舫为顺庆有名的画师，其母为富商之女，二人家境殷实，共育十二名子女，常玉排行第六。大哥常俊民创办了当时四川最大的丝绸厂——“德合”丝厂。二哥常必诚早年留学日本，归国后在上海创办了中国最早的牙刷厂——“一心”牙刷。他们为常玉留学法国学习艺术提供了巨大的经济资助。常玉早年在巴蜀宿儒赵熙处学习书法和绘画。20 世纪 20 年代，常玉“勤工俭学”前往法国。20 世纪 30 年代，他短暂回国继承了父兄遗产，后定居巴黎。此后，常玉与潘玉良一样，成为一生创作、生活并终老在巴黎的中国画家。

常玉的艺术成长是以中国早期现代艺术启蒙思想与欧洲现代主义运动为背景的。他以良好的中国传统文化素养直面西方最先锋的艺术思潮，接受现代艺术叛逆精神的洗礼，兼收并蓄了西方野兽派的抒情与表现派的张力，在巴黎艺术界形成了独特的绘画风格——“东方风范”，声名一度在旅法日本画家藤田嗣治之上。常玉去世后，巴黎著名的画廊西尔德画廊、东方画廊、巴黎吉美博物馆还举办其作品专展，使他在欧洲的影响更加宽阔深远。

在艺术创作中，常玉用中国传统书画线条般的勾写作为主要造型手段，通过简约抽象的图式与色调形成独特的“写意”形式。他将中国传统民间工艺、图象植入绘画、版画、雕塑创作，让人物、静物花卉、动物风景作品形成了西方视野中的“东方韵致和异国情调”，被誉为“东方的马蒂斯”。常玉一生都进行着革命性的绘画探索，加之个人生活经历了从富裕到落魄的变故，其艺术也经历了“粉色时期”和“黑色时期”的风格变换。

据《艺术市场通讯》2017 年 3 月刊文《常玉：如今中国油画价格指数最高的艺术家》统计：常玉去世时，其作品售价仅数百法郎；20 世纪 80 年代，单张作品售价涨至数万法郎；2016 秋拍常玉最新的油画价格每平方尺已达 874 万元。2016 年他的专场在香港苏富比以 100% 的成交率赢得了白手套专场。他的油画单价是雅昌艺术家价格指数排行榜连续多届的冠军。不少台湾画商都因他的遗作而暴富。在当今华人画界，他和徐悲鸿的画作并插云际，各领风骚，一度交替刷新中国油画拍卖纪录。但是对于国人而言，徐悲鸿尽人皆知，而他，既便是在业内也鲜少被提及，这不能不说是一个令人唏嘘的现象。

纵观常玉一生，他的伟大在于他与他那一代人用叛逆的方式继承了传统文化的根脉，是连接中国传统艺术和现代艺术的重要代表。嘉陵江水不会忘记，这个在异国他乡孤独高飞的游子。我们深切的怀念，是要还常玉一个历史的公道，是要张扬求索打拼的先人为故乡带来的声誉！常玉，顺庆先贤堂中一颗耀眼的星星！

附：常玉年表（参考顾跃《常玉》［M］河北教育出版社，2007）

1901　10月14日出生于四川顺庆一个书香世家。（常玉的出生尚有争议：1. 1932年8月9日，常玉给法兰寇的信中提及自己生于1901年10月14日；2. 法国1932年出版的《1910－1930年当代艺术家生平大辞典》记载为1900年10月14日；3. 常玉的死亡证明上出生为1907年。三种版本，第一种应该更准确）。

1913　12岁。初露艺术才华，随父习书画。其父以画狮子与马闻名南充。

1914　13岁。常玉艺术天赋过人，尤擅书法，父兄请川籍名人赵熙教其书画。

1918　18岁。赴日本东京，寄宿从事贸易的二哥常必诚家。常玉得以观摩国际性现代艺术活动（如野兽派、表现派等），并结识王季冈（后一起赴法留学），次年回国。

1921　20岁。随王季冈等"勤工俭学"计划到巴黎留学。（其侄女冯秀葵回忆常玉留学巴黎好像与逃婚有关）。8月9日加入巴黎成立的艺术团体"天狗会"。同年因巴黎物价高于柏林，常玉与孙佩昌赴德国柏林，常与徐悲鸿夫妇、谢寿康、江小鹣聚会。

1923　22岁。自柏林返回巴黎，在巴黎"大茅屋画院"开始素描与速写的长时间训练，作写实风格的《抱膝裸女》等系列作品。

1928　27岁。4月10日常玉与在"大茅屋画院"结识的法国人马素·夏绿蒂·哈祖尼耶结婚（1931年7月24日结束婚姻）。同年，常玉作品在巴黎秋季沙龙展出。8月18日《上海漫画》刊登常玉的人体速写。

1929　28岁。家道中落，常玉经济陷入困境。同年结识大收藏家亨利·皮而·侯谢（Henri－PierreRoche），受其赏识，作品被收藏（1932年，两人结束合作关系）。经侯谢介绍，常玉结识毕加索，成为好友，毕加索为常玉画像。同年，国内《上海画报》第九期介绍常玉及作品。常玉艺术也开始进入第一个高峰期"粉色时期"

1930　29岁。常玉掌握几种版画技术，为法译《陶潜诗集》作"中国山水"三幅插画。年底托陈雪屏捎画给徐志摩，其风格被徐称为"宇宙大腿"。

1929－1930　发明"乒乓网球"。

1931　30岁。常玉长兄常俊民去世，常玉失去家庭资助。同时期，常玉记录入由巴黎MARCELSCHMIDT出版发行的《法国艺术家名人录》（Annuaire　"TOUS LESARTS 1931"）。

1932　31岁。常玉名列由Edouard joseph编撰的《1910－1930年当代艺术家生平大辞典》第三册。获悉长兄去世。10月，约翰·法兰寇为常玉在荷兰哈林的J·H·de　Bois画廊举办个展。受庞薰琹邀请，参加上海"波澜社"画展。

1934　33岁。创作《盆中白莲》等油画。在荷兰阿姆斯特丹凡莱画廊举办第二次个展。

1937　36岁。因丧兄回国继承父兄遗产。作品展于法国独立沙龙。

1938　38岁。在荷兰阿姆斯特丹市立博物馆（Amsterdam Municipal Museum）及历史博物馆（Amsterdam Historical Museum）先后举办展览（包括素描、水彩、版画、油画、雕塑等）。

1941　40岁。战时缺乏绘画材料，用廉价石膏制作雕塑。创作《花豹》等动物石膏泥塑作品。

1946　45岁。在巴黎女性俱乐部（Paris Club Feminin）举办展览。12月25日，巴黎评论家皮耶·祖弗在《巴黎解放日报》撰写《"本位主义"的发明者，常玉，一个在蒙巴纳斯的中国艺术家》一文。侯谢策划毕加索、常玉（4幅）、杜尚、勃拉克（2幅）、莫迪里阿尼、巴斯珊（1幅）在纽约现代美术馆的联展，未果。创作《圣诞及新年贺卡》蚀刻版画。

1948　47岁。常玉与美国摄影家罗勃·法兰克交换纽约与巴黎的工作室。

1950　49岁。在纽约巴萨多画廊（Passedoit Gallery）举办画展，同年返回巴黎。创作《三裸女》等油画作品。

1956　55岁。与尚·克劳德·祖彦一起推广"乒乓网球"。由于经济拮据，常玉不得不在仿古中国家具店绘制漆品、屏风和柜桌维持生活。油画开始涉及民间家具图式符号。作品展于法国独立沙龙。结识钢琴家张易安。

1957　56岁。创作《有动物的风景》《中国盆景》系列，以小动物暗喻自嘲，表达寂寞思乡的心境。静物花鸟作品色彩愈发简化，画材廉价，"黑色时期"风格形成。

1960　59岁。酷爱悲剧文学家哈辛作品，绘画作品《黄色裸女》中线条粗黑，造型简化，风景画日趋抽象。

1962　61岁。创作《鱼》之二等油画作品，具表现主义色彩，抽象意味。创作《圣诞新年贺卡》水彩。获准在巴黎郊区巴格迪运动会所教授"乒乓网球"。同年，常玉在修理工作室时不慎摔伤。

1963　62岁。与巴黎"春秋画会"成员熊秉明、朱德群、席德进等聚会常玉画室。同年接受原台湾"教育部长"黄季陆的邀请，欲去台湾师范大学任教，积极准备在台湾的个展。

1964　63岁。将42件具有代表性的油画作品寄往台湾。同年，去埃及旅游并访问旧友法鲁王。回到巴黎后，因"护照"问题最终未能赴台，原因不详。

1965　64岁。12月17日，在巴黎友人勒维的别墅举办个展，赵无极、潘玉良、朱德群、席德进等人参加。作品《金瓶梅彩漆屏风》由潘玉良男友购藏。

1966　65岁。好友贾科梅蒂去世，加上身无分文，常玉心情很糟。带病完成最后一幅油画《荒野中小象》，并自喻自嘲。8月12日晨，因煤气中毒，逝于巴黎寓所。8月23日，法中社区服务协会会员尚·陶恩在巴黎市郊的潘桐墓园租借墓地30年，将常玉葬于此。

1997　罗勃·法兰克为常玉续租墓地至2026年2月6日。

人物简介

【王　华】　男，汉族，四川省蓬安县人，1976年1月生，1993年12月入伍，1995年5月加入中国共产党，大学文化。2009年荣立三等功一次，2017年荣立三等功一次。1993年12月西藏昌都军分区特务连战士，1994年9月西藏52旅炮兵团指挥连战士，1995年9月解放军电子技术学院昆明大队学员，1997年7月任阿坝军分区独立营正排职机要参谋，1998年8月任巴中军分区正排职机要参谋，1998年8月任巴中市平昌县武装部正排职参谋，2000年6月任南充市高坪区人武部正排职参谋，2000年12月任南充市高坪区人武部副连职参谋，2003年12月任南充市高坪区人武部正连职参谋，2005年2月任南充市顺庆区人武部正连职参谋，2006年3月任南充市顺庆区人武部副营职参谋，2009年3月任南充市顺庆区人武部后勤科科长，2013年4月任资阳市安岳县人武部副部长，2015年2月任资阳市简阳市人武部副部长兼任军事科科长，（2016年6月任资阳市乐至县人武部代理部长），2017年6月至今任顺庆区人武部部长。

【马　勇】　男，汉族，重庆市璧山人，1976年2月生，2000年7月入伍，2001年5月加入中国共产党，大学文化。2009年13集团军表彰为“优秀机关干部”，荣立三等功一次，2016年13集团军表彰为“优秀党务工作者”。2000年7月任13集团军37师装甲团装步营3连排长（副连），2003年3月任13集团军37师装甲团装步营2连副连长，2004年3月任13集团军37师装甲团装步营2连指导员，2005年3月任13集团军37师装甲团政治处干部股干事，2006年4月任13军37师装甲团政治处干部股股长，2006年11月任13集团军政治部纪检处干事，2012年2月任13集团军特战旅政治部副主任，2012年6月任13集团军37师炮兵团副政委，2013年4月任13集团军37师司令部直工科科长，2014年6月任13集团军37师政治部干部科科长，2015年2月任13集团军后勤部直政处处长，2017年6月任四川省南充市顺庆区人武部政委。

【汪　涛】　男，汉族，四川省南部县人，生于1973年10月，中共党员，大学本科文化，二级警督，副科级，1990年12月参加工作，从军4年余，1994年11月从事公安工作，先后在顺庆公安分局巡警大队、中城派出所、刑侦大队三中队任民警、副队长，现任顺庆公安分局情报指挥大队大队长。工作中先后被评为全市公安机关“破案能手”“打黑除恶先进个人”“政法工作先进个人”“十大优秀教官”，荣获个人三等功2次，二等功1次，连续4年被评为优秀公务员，现系四川省公安厅信息运用与技战法课题研发及教官组成员之一。2017年11月荣获四川省公安厅全省理论教官二等奖，同年12月4日在中央“十九大”安保工作中被四川省公安厅荣记个人二等功。

【阳　涛】　男，汉族，四川省西充县人，生于1980年9月，中共党员，大学文化，三级警督，科员，2002年6月参加，工作从军三年，2005年9月从事公安工作，现任公安分局同仁派出所副所长，分局“一标三实”采集办专班成员。工作中他勤奋努力，积极使分局近年来开展的“一标三实”工作，取得了一类地区、2014年全省第四、2015年全省第九、2016年多个单项全省前十的优异成绩。从2012年至今，他全程参与了分局“一标三实”工作的政策研究、方案制定，具体负责全局信息采集的数据分析、质量把关、进度掌握、民警培训、部门考核、成效宣传等工作，做出了显著成绩。2017年7月13日被四川省公安厅荣记二等功。

【杨　帆】　男，汉族，四川省射洪县人，1985年11月出生，中共党员，大专文化，一级警司，科员，2009年4月毕业于四川警察学院。先后在南充市顺庆公安分局巡（特）警大队任民警，任四川省公安厅南充战训基地驻训教官。2015年3月18日被四川省公安厅嘉奖1次，2015年3月30日被南充市公安局荣记个人三等功1次。2017年11月在全省公安机关第四届教官教学技能大比武中被四川省公安厅授予一等奖。

【文新波】　男，汉族，湖南省常德县人，生于1981年8月，中共党员，大专文化，一级警司，科员，2000年9月至2002年在中国人民解放军乌鲁木齐陆军学院指挥专业学习，2007年12月转业到顺庆区公安分局荆溪派出所任民警，2010年调分局经侦大队工作，2014年至今在分局治安大队工作，2017年1月被四川省人力资源和社会保障厅、省林业局授予“十二五打击破坏生态资源违法犯罪工作”先进个人荣誉称号。

名人轶事

李继隆不唯上

宋太祖乾德年间（963—967），不满二十岁的李继隆在平定后蜀的战争中军功卓著，被任命为果州监军。后来又奉命参加了平定江南的战争，因功被提升为镇州都监。当时北方的契丹兵时常侵扰边疆，烧杀掳掠，百姓不得安宁。

有一年，宋太宗赵义义派李继隆、崔翰等带兵抗击契丹侵略者。照大宋王朝当时的规定：每次对外作战，皇帝都要先画好行军作战的布阵图。出征的将军们，只能完全照图行事，打了败仗要被重处，打了胜仗也要追究欺君之罪。李继隆等带着图到达前线时发现情况已经变化，若以图布阵必招致惨败。可是谁又敢冒“欺君”之罪改变作战部署呢？正当大家为难之时，年轻的李继隆挺身而出。他对大家说：“军情本来是千变万化，作战指挥也要顺应其变而相机改变。怎么能不顾实情，只按原先的设想去作战呢？假如因为适应变化调整作战部署而获罪，那么违背圣意的罪责就由我一人承担吧！”接着就同众将领按实际调整了部署，宋军在徐河一带把契丹军打得惨败。李继隆胜利班师回到朝廷。李继隆等不是向皇帝报功，而是请求皇帝“定罪”处罚。幸好直销我义因为胜利而高兴，不仅没有责怪，还为李继隆和诸将加官进爵。不过朝廷要求将军们依皇帝画好的阵图打仗的制度，仍然没有改变。

敢讲真话的崔立

嘉陵驿道是宋王朝的主要交通干线之一。官家物资多从陆路或水路运送。北宋前期有位进士名叫崔立，被朝廷派到果州作了团练推官，类似于军事法官。他到果州汐，遇到这样一桩公案：有一队负责运送官家物资的役卒，原定计划从陆路到果州。因为道路险峻，加上天气不好，车辆行进迟缓而且时时都有发生车毁人亡的危险。还会误了规定的到达日期。押运的三个军校一起合计，为了安全，只有弃陆路走水路。接着就向役卒们有了情况，要求大家各出一些钱，雇船把这批物资平安送到了果州。知州姜从革为此就把三位军校抓进了监狱。并以非法索取士卒钱财定罪，要一律处斩。推官崔立则坚决不同意。他向姜知州说：“这些军校虽向士卒收了钱，但不是为了肥私，也不浊向部署勒索，而是大家共同出钱，雇佣船只运送官家物资。论其过错最多不过杖责几下也就可以了，罪不当死。”州官姜从革不听，坚持按处斩上报。崔立就把此事的原委写成奏章上报朝廷。朝廷采纳了崔立的主张，没有处斩也没有定罪关监，只按处置失当，责罚了军校。崔立此举给皇帝宋真宗留下了深刻印象，很赏识他的胆气和执着。事后便提升他做了大理寺丞。

大中祥符年间，不少地方官迎合宋真宗的心意，不断上报天降“吉祥”的奇事、“瑞兆”。朝廷中许多大臣虽然明知这些奇事、“祥瑞”全是假的，因为皇上高兴听，所以谁也不愿说明真相，反而齐声附和，一个劲地歌颂“皇上英明，所有举措皆合天意，故天降祥瑞”。得意洋洋的宋真宗真认为自己有胜过尧舜的美德、才华和功劳，就想登泰山封禅大典，以夸耀“太平盛世”。当时崔立官虽不大，却敢向皇帝说真话。为阻止劳民伤财的封禅大典，他上奏章说：“徐州发生水灾，江淮一带连片天旱，暴风成灾，金陵发生大火灾。天降灾羿是在警告当政者，不要骄奢淫佚，懈怠政事啊！小小符瑞吉兆，怎么可以作为治理国家的根据呢？”由于讲真话而又不合众议，又扫了皇上的兴，没多久崔立就被调出了汴梁。先后到汉州、相州、兖州等地做地方官。

陈咸为民减赋

《南充县志·民宦》中有一位南宋时的县令名叫陈咸。此人在宋孝宗淳熙二年（1175）中进士。初授内江县尉。当时内江县官吏收受贿赂，县内赋税负担极不合理民怨沸腾。陈咸查得实情上报。户部派使者前往内江，听民众陈述了赋税不均种种情况，然后上报朝廷，令陈咸负责全县均赋。经过逐户核查，依法划定各家赋税，使平民赋税大大减轻，社会随之安定。继后陈咸升任果州南充县令。到任不久，转运司又征召他兼任主管文字。那一年北川一带天旱，税司下令免征贫穷农家“两税”。可又没有同时减少向朝廷转运钱粮的数额。转运使安节找来陈成商议，打算暂不实行免征令。陈咸说：“只要是对老百姓有利的事，我们就不能对着干。减征了两税，我们的钱粮收入当然要减少，不过也有力法补救。朝廷下发的楮钱（纸币）在四川流通了多年，损坏了的有三百多万。如果我们增印一百万投放市面，既方便民间流通，又可补免征税的缺欠。”安节采纳了他的建议，在减征“两税”的情况下，依旧按原先的数额向朝廷转输钱粮。后来他又向安节建议，向朝廷上疏，请求减征老百姓的办输绢钱。他把在民间查访得到的实情写成奏折，陈述了果州等地百姓的沉重负担。安节把奏折呈送朝廷，获得允准，全州每年减少民众输绢钱二十多万缗。此后陈咸升任资州知州，后改任普州知州，总监四川财税。不论在哪里做官，他都多方设法减轻百姓赋税。他还兴工疏通嘉陵江航道，为稳定南宋西线抗金基地发挥了重要作用。

附　录

SHUNQINGNIANJIAN

2017 年大事记

1 月

3 日，六届区委常委会第 9 次会议召开。会议传达学习市委六届二次全会和市委经济工作会议精神、南充市出席党的十九大和省第十一次党代会代表推选工作部署及培训会精神、《中共南充市委组织部关于转发〈中共中央组织部关于做好与党组织失去联系党员规范管理和组织处理工作的通知〉》，通报区委经济工作会筹备情况，研究解决南充市顺庆区国有资产经营管理有限公司专项资金有关事宜。

同日，区委书记朱华主持召开专题会研究城区交通秩序整治相关工作。区领导刘松、曹健、李洪长参加会议。随后，召开专题会研究征地拆迁及土地出让工作。区领导刘松、曹健、秦水平、李兴贵、李献丰参加会议。

4 日，区委经济工作会议召开。会议传达学习中央、省委和市委经济工作会及相关会议精神，对 2017 年全区工作进行再安排、再部署。区委书记朱华主持会议并作重要讲话。他强调，各级各部门必须紧紧围绕全年目标任务，把项目工作抓紧抓实。要经常深入到一线了解情况、研究工作、解决问题，做到工作重心下沉、服务窗口前移，为项目顺利实施扫清障碍。全区上下必须率先起步、抢先发力，要以“大抓项目、抓大项目”为基调，强化督查考核，持续推进项目攻坚，确保 2017 年“项目年”开局全胜。在家县级领导出席会议，各乡镇、街道和区级部门主要负责人参加会议。

同日，市人民政府副市长林建国带队到搬罾镇竹林寺村，督导农业普查入户登记工作。

10 日，区归雁扶贫济困协会“协会帮村、会员帮户”活动启动仪式在万泰大酒店举行。区领导刘松、陈琳、吴斌、曹健、张勇、李洪长、李献丰参加仪式。

11 日，六届区委常委会第 10 次会议召开。会议传达学习市“两会”会议精神，研究推荐顺庆区出席党的十九大和省十一次党代会代表候选人推荐人选情况，审定区委书记抓党建责任清单。

同日，区委六届三次全体会议召开。会议传达学习市委书记宋朝华同志在市人大六届一次全会和市政协六届一次全会上的讲话精神，审议通过党的十九大代表候选人推荐提名人选。市人民政府副市长、区委书记朱华主持会议并作讲话。他强调，顺庆要敢于担当，在南充发展中“打主力”、做贡献。要通过具体的实实在在的项目，谋定而动，高举高打，建设一批城市会客厅、地标建筑、标美街道、特色街区，真正实现让老城旧城变新貌、新区新城展新颜。要坚持优势优先、发挥主城优势、夯实基础优势、放大辐射优势，发展大房产、大商贸、大总部经济，在现代服务业上取得突破，确保产业发展走在全市前列。要继续放大优势，在项目建设、产业培育、投资拉动等方面打好主力、挑起大梁，为建设“成渝第二城”贡献顺庆力量。

13日，全区2016年度乡镇（街道）党（工）委书记抓党建工作述职评议大会召开。会议听取乡镇（街道）党（工）委书记抓党建工作述职，对乡镇（街道）党（工）委书记履行党建工作第一责任人职责情况进行满意度测评。市委组织部副部长夏永国，区领导刘松、陈琳、胡文骥、张勇、邱跃峰、任洁平、李献丰参加会议。

同日，全区脱贫攻坚领导小组2017年第一次会议召开。会议总结2016年脱贫攻坚工作，安排部署2017年脱贫攻坚工作。区领导刘松、曹健、李献丰参加会议。

同日，2017年老干部迎春座谈会在万泰大酒店举行。区领导刘松、陈琳、曹健、秦水平、张勇，全区离休干部，副县级以上退休老干部，老红军和离休干部遗孀出席会议，区级相关部门负责人参加会议。

16日，全区污染防治“三大战役”暨迎接省环境保护督察工作会议召开。会议贯彻落实中、省、市关于生态文明建设和环境保护的重要决策部署，对迎接省环境保护督察工作进行安排部署。区领导刘松、曹健、李献丰参加会议。

21日，省纪委十届六次全体（电视电话）会议召开。会议传达学习中国共产党第十八届中央纪律检查委员会第七次全体会议重要讲话精神，进一步研究全区党风廉政建设和反腐败斗争工作的深化问题。区四大家及区纪委领导班子成员参加会议。

22日，市人民政府副市长、区委书记朱华，市政协副主席文剑英一行先后到南充火车站、南充火车北站，检查春节前安全生产和春运保障工作。朱华强调，各级各部门要高度重视春节期间的安全生产工作，时刻绷紧安全生产这根“弦”，切实增强安全生产意识；要消除隐患，预防到位，进一步健全、完善安全生产应急预案；要认真做好应急值守工作，加强对重点部位、人员密集场所的监控，确保广大群众度过一个平安、有序、祥和的新春佳节。区领导刘松、曹健、李洪长、李兴贵、李献丰陪同检查。

同日，全市2017年春节团拜会暨联欢晚会在南充大剧院举行。区四大家主要领导参加。

23日，区委常委班子“两学一做”专题民主生活会召开。市人民政府副市长、区委书记朱华主持会议。朱华通报区委常委班子专题民主生活会整改情况，代表区委常委班子和个人作了对照检查，各位常委分别作对照检查，并开展了严肃认真的批评与自我批评。市委常委、市人民政府副市长李正元出席会议，市纪委、市委组织部相关负责人到会指导，区领导刘松、曹健、秦水平、胡文骥、张勇、邱跃峰、任洁平参加会议，区人大常委会主任陈琳、区政协主席吴斌，党员副区长、区法检两院主要负责人列席会议。

同日，六届区委常委会第11次会议召开。会议通报2016年度全省农业农村年度目标考核情况。

同日，市委常委、市人民政府副市长李正元到潆溪街道赵家沟村看望慰问低保户、留守儿童等困难群众。

24日，全区2017年新春团拜会在果城会堂举行。四大家在职县级领导，四大家离退休老领导，区级各部门、各乡镇（街道）负责人等参加。

2月

5日，区委书记朱华主持召开专题会研究

项目工作。区领导刘松、曹健、秦水平、邱跃峰、任洁平、李洪长、李兴贵、张益萍、李献丰参加会议。

6日，全区政法工作会议召开。市委常委、市委政法委书记、市国资委党委书记单木真出席会议，区领导任洁平、李洪长参加会议。

7日，市委常委、市总工会主席贾德华，市人民政府副市长、区委书记朱华到北部新城调研教育布点工作。区领导刘松、曹健、邱跃峰、张益萍陪同调研。

同日，六届区委常委会第12次会议召开。传达学习《中共四川省委关于印发四川省贯彻〈中国共产党问责条例〉实施办法的通知》，审定《中国共产党南充市顺庆区第六届纪律检查委员会第二次全体会议上的工作报告》和区委书记在中共南充市顺庆区纪委第六届纪律检查委员会第二次全会上的讲话，研究干部违纪处理事宜。

9日，市人民政府副市长、区委书记朱华召开会议研究滨江大道和玉带路规划方案。区领导刘松、曹健、李兴贵参加会议。

10日，市人民政府副市长、区委书记朱华召开专题会研究PPP项目工作。区领导刘松、曹健、李兴贵参加会议。

12日上午，市人民政府副市长、区委书记朱华召开专题会研究舞凤山公园及万汇国际中心规划设计方案。区领导刘松、曹健、秦水平、李兴贵、张益萍参加会议。

14日，市人民政府副市长、区委书记朱华到渔溪乡渔溪桥村督导检查“一对一”脱贫攻坚工作。区领导李献丰陪同。

16日，全区重点项目规划研讨会召开。市人民政府副市长、区委书记朱华，区领导刘松、曹健、秦水平、李兴贵参加会议。

17日，中共南充市顺庆区第六届纪律检查委员会第二次全体会议召开。会议学习贯彻党的十八届六中全会、十八届中央纪委七次全会、省纪委十届六次全会和市纪委六届二次全会精神，总结2016年全区党风廉政建设和反腐败工作，研究部署2017年反腐倡廉建设任务。市人民政府副市长、区委书记朱华出席会议并讲话，他强调，要突出关键环节、重点领域，切实加大专项整治工作力度，完善科学制度的建设，铲除权力寻租的土壤。同时，针对工程建设、政府采购领域以及国有资源和经营性国有资产管理方面提出了相关要求。在家县级领导参加会议。

18日，市人民政府副市长、区委书记朱华先后到玉带路、西华路、滨江路调研城市主要干道缓堵保畅、路面改造、景观提升等工作。区领导刘松、曹健、秦水平、李兴贵陪同调研。

20日—21日，汶川县党政代表团到我区考察经济社会发展和脱贫攻坚工作。考察团先后到南充文庙、顺庆府署片区特色商业街、西山风景区、罗瑞卿故居、锦绣田园等地考察学习城市建设、特色街区、旅游开发、现代农业、脱贫攻坚等工作。区领导刘松、曹健、胡文骥、张勇、邱跃峰、李兴贵、张益萍、李献丰陪同考察。

22日，市人民政府副市长、区委书记朱华主持召开会议研究西华路四段改造工作。区领导刘松、曹健、李兴贵参加会议。

23日，市委副书记、市人民政府市长吴群刚，市委常委、市总工会主席贾德华，市人民政府副市长、区委书记朱华到南充火车北站高端商务区项目、国际商贸城项目、四海街隧道项目、金融中心项目等选址地调研选址规划情况。

同日，全区2016年度脱贫攻坚总结表彰暨2017年工作推进大会召开。会议表彰先进集体55个，先进个人79人，脱贫致富能手11人，学习大林镇李家坝村原支部书记李和林的先进事迹，乡镇、部门、帮扶单位、第一书记、贫困户代表分别作了交流发言，会议并对

2017年脱贫攻坚工作进行再安排、再部署。区四大家在家县级领导参加会议。

27日，四川省2017年第一季度重大项目集中开工仪式（南充分会场活动）在鑫达二期项目建设现场举行。我区共集中开工重大项目25个，项目总投资达236.2亿元。市委书记宋朝华出席南充分会场开工仪式，并通过视频连线向主会场报告南充重大项目建设和集中开工项目有关情况。市委副书记、市人民政府市长吴群刚，市人大常委会主任袁险峰，市政协主席吴小可，市委副书记古正举，市委常委、市人民政府副市长潘国华，市人民政府副市长唐燕，市人民政府副市长、区委书记朱华等领导出席开工仪式，区领导刘松、陈琳、吴斌、曹健、秦水平参加开工仪式。

同日下午，全区项目推进、信访稳定暨城乡环境综合治理工作会议召开。在家县级领导出席会议，各乡镇（街道）党政主要负责人、分管信访稳定和城乡环境综合治理负责人，区级各部门主要负责人、分管信访稳定负责人参加会议。

28日，市人民政府副市长、区委书记朱华主持召开专题会研究西河生态乡村旅游开发项目相关工作。区领导刘松、曹健、秦水平、邱跃峰参加会议。

3月

3日，六届区委常委会第15次会议召开。会议审议《南充市顺庆区关于全面推行河长制的实施方案》及高铁商务区、交通、水务、西河生态乡村旅游PPP项目相关事宜及西山文化商业街区等5个项目招商协议相关事宜，研究一季度开门红工作，传达学习全市安全生产工作会议暨安委会第一次会议精神、全市宣传部长会议精神、市委政法工作会议精神。

6日，省委办公厅信息处处长田刚一行到鑫达新材料项目基地调研产业发展情况。区领导秦水平陪同调研。

7日，市人民政府副市长、区委书记朱华主持召开会议研究H7N9禽流感舆情处置工作。区领导邱跃峰、李洪长参加会议。

8日，市人民政府副市长、区委书记朱华主持召开专题会研究H7N9禽流感防治工作。在家县级领导参加会议。

9日，市委副书记、市人民政府市长吴群刚到我区调研H7N9禽流感防控工作。区领导秦水平陪同调研。

10日，全区机关干部义务植树活动在西山开汉楼风景区举行。区四大家在家县级领导参加。

12日，市人民政府副市长、区委书记朱华主持召开专题会研究玉带路、西华路、滨江路改道方案。区领导秦水平、李兴贵参加会议。

13日，市委副书记古正举率市委稳增长督导组到我区督导经济稳增长工作。督导组一行先后到中国重汽王牌兴城液压件厂区、四川日上金属有限公司等工业企业察看企业当前生产经营情况，并到高铁商务区、1227特色商业街区等城建项目现场督导城市规划建设、形象提升等工作进展情况。市人大常委会副主任徐远火，区领导刘松、曹健、秦水平、李兴贵参加。

14日，全区经济工作“开门红”调度会议召开。会议传达全市经济工作“开门红”调度会议精神，通报一季度25个开工项目进展情况，逐一梳理存在的问题，并就确保我区经济工作“开门红”进行了安排。在家县级领导参加会议。

16日，省发改委项目稽察组一行到鑫达新材料项目现场开展省重点项目专项跟踪稽察。稽察组一行听取了鑫达二期30万吨生物复合材料项目情况汇报，重点稽察了项目建设内容、规模、资金管理使用是否规范等情况，并就加快项目建设进度、加强项目管理、确保工程质量等方面提出了具体要求。区领导刘松陪同。

21日，区委中心组学习会议召开。会议邀请市委宣传部常务副部长赵东专题讲解《中国共产党党内监督条例》。

22日，六届区委常委会第16次会议召开。会议传达学习全国“两会”精神、全市脱贫攻坚工作会议精神、中省市组织部长会议精神，听取全面实行“河长制”工作情况汇报。

24日，市人民政府副市长、区委书记朱华先后到高新孵化园、“双创中心”加速园等地调研招商项目选址工作及双创工作。区领导刘松、曹健陪同调研。随后，主持召开会议研究项目招引工作。区领导刘松、曹健、邱跃峰、张益萍参加会议。

26日，市人民政府副市长、区委书记朱华先后到1227广场、三铃大金、科特阀门等地调研城市商贸和企业发展相关工作。区领导刘松、曹健、李兴贵、张益萍陪同调研。

3月27日，区委六届四次全体会议召开。会议审议通过了《顺庆区下中坝行政区划调整方案》。区委常委会主持会议，26名区委委员，7名候补委员出席会议。市政府副市长、区委书记朱华作了讲话和说明。

会议认为，下中坝行政区划调整是实施“155发展战略”、推进“成渝第二城”建设的重大举措，是优化区域布局、持续改善民生的有效途径，对推进区域统筹协调、科学发展具有重要意义，会议一致同意《顺庆区下中坝行政区划调整方案》。

会议要求，全区上下要进一步统一思想、凝聚共识，通力协作、全力配合，有力有序地推进下中坝行政区划调整各项工作，确保辖区社会稳定、群众安居乐业、顺利交接过渡。

28日，市委书记宋朝华到北部新城调研高铁商务区建设推进情况。市委副书记、市人民政府市长吴群刚，市委副书记古正举，市委常委、市总工会主席贾德华，市人民政府副市长、区委书记朱华陪同调研，区领导刘松、李兴贵参加调研。

30日，省人力资源和社会保障厅副厅长吴琦一行到和平路街道舞凤山社区、新建街道镇泰路社区调研人力资源和社会保障工作。区领导张勇陪同调研。

同日，市人民政府副市长、区委书记朱华主持召开会议研究一季度开门红工作。

31日，市人民政府副市长、区委书记朱华主持召开专题会研究项目推进工作。区领导刘松、曹健、李兴贵参加会议。

4月

1日，全区项目工作推进会召开。会议听取一季度项目工作推进情况和2017年工作安排情况，与会县级领导分别就各自分管工作作了发言。市人民政府副市长、区委书记朱华主持会议并作讲话，他强调：要压实项目工作责任，坚持挂责问效，做到天天有汇报，周周有评比，月月有督查，年度有考核；要牢固树立项目第一、发展第一的思想，以项目扩大招商引资，以项目优化经济结构，以项目增强发展后劲，实现全区经济社会的协调、持续、健康发展。在家县级领导参加会议。

同日，区委中心组学习（扩大）会议召开。会议学习贯彻中共中央办公厅、国务院办公厅近期印发的《领导干部报告个人有关事项规定》《领导干部个人有关事项报告查核结果处理办法》。

同日下午，市人民政府副市长、区委书记朱华主持召开会议研究项目推动工作。全体在家县级领导参加会议。

5日，市人民政府副市长、区委书记朱华主持召开专题会研究人民中路下穿火灾善后处置工作。区领导李洪长、李献丰参加会议。

同日，市人民政府副市长、区委书记朱华主持召开专题会研究滨江大道改造工程。区领导刘松、曹健、李兴贵参加会议。随后，主持召开会议研究棚改工作。区领导刘松、任洁平参加会议。

6 日，市人民政府副市长、区委书记朱华到北湖片区调研片区改造工作。区领导吴斌陪同调研。

同日，全区重点基础设施建设项目工作会召开。在家县级领导参加会议。

10 日，市人民政府副市长、区委书记朱华到川北医学院调研影像中心建设工作。区领导张益萍陪同调研。随后，到西山街道调研安汉故城项目选址及周边交通工作。区领导李兴贵陪同调研。

13 日，市人民政府副市长、区委书记朱华主持召开专题会研究西华路、玉带路改造方案。区领导李兴贵参加会议。

19 日，南充市“腾计划”高峰论坛暨中国丝绸产业网南充总部运营中心启动仪式在金鸿大酒店举行。市人民政府副市长、区委书记朱华出席启动仪式并宣布中国丝绸产业网南充总部运营中心正式启动。南充市丝绸协会会长李伟，网库集团董事长王海波，区领导刘松、秦水平、张益萍参加活动。

26 日，全区重点基础设施项目建设工作调度会议召开。会议听取全区 19 个重点基础设施项目推进情况、存在的问题和建议，区委、区政府主要领导逐项进行点评。市人民政府副市长、区委书记朱华主持会议并讲话。他强调，项目工作时间紧、任务重，各级各部门一定要统一思想，履职尽责，采取强有力措施，攻坚克难，千方百计解决好存在的困难和问题，要加大协调力度，提升办事效率，坚持质量进度并重，保障项目建设全面快速推进。区四大家在家县级领导参加会议。

27 日，北部新城规划对接会召开。市人民政府副市长、区委书记朱华出席会议，区领导刘松、李兴贵，上海明泉集团副总裁张斌一行参加会议。

同日，市人民政府副市长、区委书记朱华主持召开会议研究审定滨江大道综合改造规划设计方案。区领导刘松、李兴贵参加会议。

28 日，全区 2017 年第一次安委会（扩大）会议召开。会议总结 2016 年安全生产工作，通报表扬 2016 年度安全生产工作先进集体和先进个人，安排部署 2017 年安全生产工作。区领导刘松、李兴贵、张益萍、李献丰参加会议。

5 月

6 日，市人民政府副市长、区委书记朱华主持召开区委工作会议。会议对全区项目推进、人事财经纪律、“两项清查”、信访维稳和环保等工作进行统一安排部署。朱华强调，当前正值“大战红五月，奋战二季度”的关键期，压力大、任务重，全区上下要再鼓干劲、再添措施、再加压力，坚持“问事问人问责、查深查透查清、依规依纪依法”，把各项工作干好，把区委、政府的安排部署落地落实。在家县级领导参加会议。

8 日，市人民政府副市长、区委书记朱华到潆华工业园区调研产业发展工作。区领导秦水平陪同调研。

9 日，市人民政府副市长、区委书记朱华召开会议研究驭云航空总部回迁相关工作。区领导秦水平参加会议。

14 日，市人民政府副市长、区委书记朱华主持召开会议研究红光路商圈建设发展相关工作。区领导刘松、李兴贵参加会议。

15 日，市人民政府副市长、区委书记朱华主持召开专题会研究了西顺嘉线路规划工作。

区领导刘松、秦水平、李兴贵、李献丰参加会议。研究了土地出让工作。区领导刘松、秦水平、李献丰参加会议。研究了绿地1#地块4号楼装修设计相关工作。区领导刘松、秦水平、张益萍参加会议。研究了城市生活物流配送中心建设工作。区领导刘松、秦水平、张勇、张益萍参加会议。

18日，六届区委常委会第21次会议召开。会议研究区委领导分工调整事宜，传达学习全市深化领导班子思想政治建设工作推进会暨县处级主要领导干部读书班、一季度经济形势分析会、脱贫攻坚工作总结推进会、南充市信访暨矛盾纠纷排查化解工作会议精神，听取六届区委第一轮巡察工作汇报。

19日－，全区领导干部读书班举行。市人民政府副市长、区委书记朱华出席开班式并讲话。他强调，各级领导干部要结合“六个已经确定”认真思考“怎样看、干什么、如何干”三个问题，要结合自身工作、自身所在区域、自身职责，理性思考位置在哪里、定位是什么、优势是哪些、短板在哪里、重点是什么、难点是什么。同时，以此次读书班学习为契机，认真学习、学有所获，将学习成果落脚到顺庆的发展上来。在家县级领导参加开班式。

21日，市人民政府副市长、区委书记朱华到潆溪街道板凳垭村、同仁乡四方寨村开展脱贫攻坚督导调研。区领导张勇陪同。

23日，区委全面深化改革领导小组第12次会议召开。

传达学习中省市深改领导小组会议精神，听取区委改革办工作汇报，审议专项改革方案，安排部署今年全区全面深化改革工作。区委深改领导小组成员，各专项小组、正副组长参加会议。

28日，市人民政府副市长、区委书记朱华主持召开专题会研究环保督察问题整改工作。区领导刘松、尹成平、秦水平、李兴贵、李献丰参加会议。随后，研究城市主干道改造工程施工及交通组织方案审查工作。区领导刘松尹成平、秦水平、邱跃峰、李兴贵参加会议。

29日，市人民政府副市长、区委书记朱华到荆溪街道、潆溪街道、共兴镇调研潆溪河沿线面源污染情况。区领导李献丰、张益萍陪同调研。随后，到顺河乡调研产业发展及道路建设。

30日，市人民政府副市长、区委书记朱华到李家镇调研崇仙境森林公园规划建设情况。随后，到双桥镇调研节假日重大活动安全保障情况。区领导李献丰陪同调研。

6月

1日，六届区委常委会第22次会议召开。专题传达学习中国共产党四川省第十一次代表大会精神和朝华书记在六届市委常委会第36次会议上的讲话精神，安排部署环保督察、脱贫攻坚、“双过半”等工作。

同日，市人民政府副市长、区委书记朱华召开会议研究土地利用总体规划调整完善工作。区领导刘松、秦水平、李兴贵、李献丰参加会议。

同日，市人民政府副市长、区委书记朱华主持召开专题会研究西顺嘉道路规划工作。区领导刘松、尹成平、秦水平、李兴贵、李献丰参加会议。随后，研究环保督察整改工作。区领导刘松、尹成平、邱跃峰、李献丰参加会议。

2日，市人民政府副市长、区委书记朱华召开会议研究城市主干道改造相关方案审定工作。区领导刘松、尹成平、秦水平、李兴贵参加会议。

6日，市人民政府副市长、区委书记朱华召开会议研究桑树坝－大营山策划方案相关事宜。区领导刘松、陈琳、李兴贵参加会议。随后，研究气象公园规划工作。区领导朱华、刘松、李兴贵参加会议。

7日，市人民政府副市长、区委书记朱华主持召开专题会研究聚宝堂相关事宜。随后，研究环保督察整改工作。区领导刘松、李献丰参加会议。

同日，市人民政府副市长、区委书记朱华召开会议研究土地利用总体规划调整完善工作。区领导刘松、秦水平、李兴贵、李献丰参加会议。

8日，市人民政府副市长、区委书记朱华主持召开专题会研究西河片区综合开发项目招商工作。区领导刘松、邱跃峰、李兴贵参加会议。

12日，市人民政府副市长、区委书记朱华主持召开与西华师大校地合作座谈会。区领导刘松、邱跃峰、李兴贵、张益萍参加。

13日，市人民政府副市长、区委书记朱华主持召开专题会研究机器人手臂项目对接工作。区领导刘松、张益萍参加会议。

14日，市人民政府副市长、区委书记朱华到什字下街调研路面塌陷情况。

同日，市人民政府副市长、区委书记朱华召开会议研究政务中心装修暨放管服工作。区领导刘松、秦水平、胡文骥参加会议。随后，召开与杭州城市学研究会考察座谈会。区领导刘松、尹成平、秦水平参加。

同日，市人民政府副市长、区委书记朱华主持召开专题会研究畜禽污染整治工作。区领导刘松、尹成平、秦水平、邱跃峰、李献丰参加会议。

15日，中国节能环保集团副总经理余红辉一行到潆华工业园区调研产业对接相关工作。市人民政府副市长、区委书记朱华，区领导刘松、秦水平陪同。

17日，市人民政府副市长、区委书记朱华召开会议研究畜禽污染整治工作。区领导李献丰参加会议。随后，研究“双过半”工作。区领导秦水平参加会议。

18日，六届区委常委会第23次会议召开。

同日，全区畜禽养殖污染综合整治动员会召开。全体在家县级领导参加会议。

21日，省文明办专职副主任张峰带领省委意识形态工作专项督查组一行到我区督导检查意识形态工作。市委常委、宣传部部长何迎晓，区领导刘松、邱跃峰参加会议。

22日，市人民政府副市长、区委书记朱华主持召开会议研究环保督察整改工作。区领导刘松、李献丰参加会议。

同日，市人民政府副市长、区委书记朱华到凤山乡、灯台乡督查调研脱贫攻坚工作。

同日，全区项目工作推进会召开。市人民政府副市长、区委书记朱华主持会议并讲话，他强调，要加快推进项目建设工作，确定未开工项目的开工时间；要将城市改造项目与城市改造升级建设紧密结合，加强改造中的城市治安管理；各相关项目负责人在项目推进过程中要站好位置，守好底线，严格要求自己，助力我区重点项目建设又好又快实施。全体在家县级领导参加会议。

23日，市人民政府副市长、区委书记朱华主持召开专题会研究北湖片区改造项目规划工作。区领导刘松、陈琳、吴斌、尹成平参加会议。

24日，市人民政府副市长、区委书记朱华召开会议研究垂线公园规划设计工作。区领导刘松、张勇参加会议。

27日，市人民政府副市长、区委书记朱华召开会议研究潆华片区防洪渠相关工作。区领导刘松、尹成平参加会议。

同日，六届区委常委会第24次会议召开。会议审议《顺庆区人民政府与西华师范大学战略合作框架协议》，听取学习公共资源交易工作汇报。

同日，市人民政府副市长、区委书记朱华主持召开专题会研究环保督察整改工作。区领导李献丰参加会议。

30日，市人民政府副市长、区委书记朱华主持召开专题会研究审定跨线桥设计方案。区领导刘松、尹成平、李兴贵参加会议。随后，研究滨江大道建筑立面改造及地下管网规划设计工作。区领导刘松、尹成平、秦水平、李兴贵参加会议。

7月

3日，市人民政府副市长、区委书记朱华主持召开会议研究西河生态旅游综合开发项目推进工作。区领导邱跃峰参加会议。

4日，市人民政府副市长、区委书记朱华主持召开会议研究顺蓬营公路顺庆段设计方案、府荆大道改造方案。区领导尹成平、李献丰参加会议。

7日，市人民政府副市长、区委书记朱华召开会议听取区委巡察工作汇报。区领导刘松、尹成平、胡文骥、张勇参加会议。

8日，市人民政府副市长、区委书记朱华主持召开会议研究畜禽养殖综合整治工作。区领导李献丰参加会议。

13日，全区环保问题整改工作推进会召开。区领导尹成平、胡文骥、张勇、李献丰参加会议。

17日，市人民政府副市长、区委书记朱华召开会议研究火车北站广场地下空间、铁路生产生活用房及气象公园方案相关工作。区领导刘松、尹成平、秦水平、李兴贵参加会议。随后，主持召开会议研究"城管冲突事件"舆情处置事宜。区领导刘松、胡文骥、刘向阳参加会议。

19日，市人民政府副市长、区委书记朱华带领市环保督察组一行到我区督察畜禽养殖污染综合整治工作及市第四水厂项目建设情况。区领导李献丰陪同。

20日，市人民政府副市长、区委书记朱华和川北医学院相关领导考察调研川北医学院新校区选址工作。区领导尹成平陪同。

25日，全区安全稳定环保督查暨国资国企工作会议召开。区四大家在家县级领导参加会议。

同日，市人民政府副市长、区委书记朱华主持召开会议研究康达公司土地收储有关工作。区领导刘松、秦水平、李兴贵、李献丰参加会议。随后，召开会议研究潆华工业园区污水处理厂有关工作。区领导刘松、秦水平、李献丰参加会议。

28日—29日，市委六届六次全体（扩大）会议暨2017年第二季度全市"三场攻坚战、三场保卫战"工作推进电视电话会议召开。区在家县级领导参加顺庆分会场会议。

28日，2017年顺庆区庆祝中国人民解放军建军90周年"军民鱼水情"文艺演出在果城大会堂举行。区在家县级领导、驻区部队团级以上领导、正处级以上离退休老领导出席晚会，驻区部队官兵代表，各乡镇（街道）、区级各部门、各民主党派主要负责人参加。

31日，六届区委常委会第25次会议召开。会议传达贯彻市委六届六次全体（扩大）会议精神实施意见、市委关于"三场保卫战"的通报精神、全省基层党建工作会议精神和全市推进"两学一做"常态化制度化工作会议精神，研究迎接中央环保督察筹备工作、全区重大项目工作情况、党风廉政建设社会满意度测评工作，审议《关于报请审定华阳塑料等3宗土地收储协议的请示》《报请审定南充市顺投集团有限公司和厦门优传供应链有限公司合作协议的请示》《南充市顺庆区关于开展乱告状乱炒作乱上访"三乱"治理的实施方案》《南充市顺庆区"三乱"治理部门联席会议制度》《顺庆区推进"两学一做"学习教育常态化制度化的实施方案》。

8月

3日，市人民政府副市长、区委书记朱华出席四川鑫达2017汽车专用材料发展研讨与产学研交流会暨四川鑫达企业开放日活动。区领导秦水平参加。

4日，全区环保、“两学一做”暨党风廉政建设社会评价工作推进会召开。会议传达学习市委六届六次全体（扩大）会议暨2017年二季度全市“三场攻坚战、三场保卫战、三场持久战”工作推进电视电话会议精神，并对全区环保督察信访问题整改、“三场持久战”、党风廉政建设社会评价工作、“两学一做”学习教育常态化制度化暨基层党建工作进行安排部署。区在家县级领导参加。

同日，区委中心组学习（扩大）会议召开。会议传达学习习近平总书记在省部级主要领导干部专题研讨班开班仪式上的重要讲话精神。

7日，中央第五环境保护督察组督察四川省工作动员会在成都召开。随后，南充市迎接中央环保督察工作动员电视电话会议召开。区在家县级领导组织收看。随后，全区环保督察工作工作领导小组（扩大）会议召开。区在家县级领导参加会议。

8日，市委副书记、市人民政府市长吴群刚到我区督导中心城区饮用水源迁建工程和市荆溪污水处理厂建设工作。市委常委、市人民政府副市长林建国，市人民政府副市长朱华，区领导刘松、李兴贵、李献丰陪同调研。

17日，全省边督边改提高环保整改质量电视电话会议召开。随后，南充市边督边改提高环保整改质量电视电话会议召开。区在家县级领导组织收看。

同日，全区领导干部大会召开。会议传达省委关于顺庆区委主要领导调整变动的决定，陈泽斌同志任中共南充市顺庆区委委员、常委、书记，免去朱华同志中共南充市顺庆区委书记、常委、委员职务。市委书记宋朝华出席会议并作重要讲话，市委常委、市委组织部长贾德华，市委常委、市纪委书记伍定，市人民政府副市长朱华出席会议，区在家县级领导参加会议。

18日，省迎接中央环境保护督察工作领导小组案件督办组组长、省纪委副书记、省监察厅副厅长贾瑞云一行督导潆溪屠宰场环境信访举报问题整改工作。市委副书记、市人民政府市长吴群刚，市委常委、市纪委书记伍定，市人民政府副市长朱华陪同，区领导陈泽斌、刘松、胡文骥、李献丰参加。

19日—20日，区委书记陈泽斌先后到鑫达30万吨生物复合新材料、高铁商务区配套基础设施、中国重汽集团南充汽车零部件生产基地等16个重点项目现场调研建设进展情况。区领导刘松、陈琳、尹成平、秦水平、邱跃峰、李兴贵、张益萍、刘向阳陪同调研。

21日，区委书记陈泽斌调研饮用水源保护、环保督察案件整改情况。区领导李献丰陪同调研。

同日，六届区委常委会第26次会议召开。会议传达学习中央印发《关于建立资源环境承载能力监测预警长效机制的若干意见》的通知、省委关于印发《四川省环境保护党政同责工作目标绩效管理实施细则（试行）》和《四川省安全生产党政同责工作目标绩效管理实施细则（试行）》的通知，审议《关于报请审定2017年度全区目标绩效管理工作实施意见的请示》、2016年度目标考核等次及目标奖发放办法、2016年度市管干部年度考核结果，听取六届区委第二轮巡察工作汇报。

同日，区委书记陈泽斌主持召开专题会研究嘉陵江顺庆段砂石码头整治工作。区领导刘松、尹成平、胡文骥、张勇、邱跃峰、任洁平、刘向阳、李献丰参加会议。

22日，全区嘉陵江砂石管理集中整治工作动员大会召开。区领导刘松、尹成平、胡文骥、张勇、邱跃峰、任洁平、李献丰参加会议。

24日，省政协主席柯尊平带队调研督导市第四水厂环境保护工作推进情况。市委书记宋朝华，市政协主席吴小可，市委常委、市人民政府副市长林建国，区领导刘松、李献丰陪同调研。

同日，区委书记陈泽斌主持召开专题会研究滨江大道和人民广场灯光工程设计工作。区领导尹成平、邱跃峰、李兴贵参加会议。

25日，区委书记陈泽斌到西南石油大学调研新建学生公寓用地有关工作。区领导秦水平陪同。随后，主持召开专题会研究人事调配工作。区领导刘松、尹成平、秦水平、胡文骥、张勇参加会议。

同日，全区城市规划委员会第8次会议召开。区领导陈泽斌、刘松、陈琳、尹成平、秦水平参加会议。

26日，区委书记陈泽斌到渔溪乡调研脱贫攻坚和农村产业发展工作。区领导尹成平陪同调研。

27日，区委书记陈泽斌主持召开专题会审议灯光工程设计方案。区领导刘松、李兴贵参加会议。

28日，市委常委、市纪委书记伍定先后到搬罾镇、华凤街道调研纪检监察和党风廉政建设开展情况，随后并调研鑫达集团、南充火车站站前广场等重点项目。区领导陈泽斌、胡文骥陪同调研。

29日，区委书记陈泽斌主持召开专题会研究“聚宝堂”案件判决工作。区领导刘松、尹成平、张勇、邱跃峰、任洁平、李献丰参加会议。

30日，市委副书记古正举在君颐尚渡酒店会见汉能控股集团董事局副总裁于德嘉一行。区领导陈泽斌、尹成平、秦水平参加会见。

同日，全区信访工作联席会议召开。区在家县级领导参加会议。

同日，区委书记陈泽斌主持召开专题会研究全区2017年项目攻坚工作。区领导刘松、尹成平、秦水平、张勇、邱跃峰、任洁平、李兴贵、张益萍、刘向阳、李献丰参加会议。

31日，全省依法治省工作推进电视电话会议召开。区领导陈泽斌、刘松、尹成平、秦水平、任洁平、刘向阳参加顺庆分会场会议。

9月

1日，全区城市规划委员会第9次会议召开。区领导陈泽斌、刘松、陈琳、尹成平、秦水平、李兴贵参加会议。

同日，全区脱贫攻坚领导小组会议召开。区领导陈泽斌、刘松、尹成平、秦水平、张勇、邱跃峰、张益萍、刘向阳、李献丰参加会议。

同日，全区招商引资领导小组会议召开。区领导陈泽斌、刘松、尹成平、秦水平、张勇、张益萍参加会议。

2日，市政协副主席王翠花到梵殿乡调研脱贫攻坚工作。区领导吴斌陪同调研。

3日，市委书记宋朝华先后到西山街道、舞凤街道调研拟出让经营性用地工作。市委副书记古正举，市委常委、市委组织部长贾德华，市人民政府副市长李在伟，区领导陈泽斌、刘松、李献丰陪同调研。

同日，区委书记陈泽斌主持召开专题会研究脱贫攻坚、土地出让相关工作，听取依法治区工作推进会、深化改革领导小组会筹备情况。区领导尹成平参加会议。

4日，区委书记陈泽斌主持召开专题会研究2018年棚改项目申报工作、房地产领域风险楼盘处遗工作、错时上下班工作。区领导刘松、尹成平、李兴贵参加会议。

同日，区委书记陈泽斌先后到新复乡、同仁乡调研脱贫攻坚工作。区领导尹成平、邱跃峰、李献丰陪同调研。

5 日，全区依法治区工作推进会召开。区领导陈泽斌、刘松、尹成平、刘向阳参加会议。

同日，区委全面深化改革领导小组第 14 次会议召开。区领导陈泽斌、刘松、尹成平、胡文骥、张勇、邱跃峰、李兴贵、张益萍、李献丰参加会议。

同日，区委书记陈泽斌主持召开专题会研究五星教育集团新城学校（暂定名）文化建设设计审定工作。区领导刘松、尹成平、邱跃峰、张益萍参加会议。

6 日，全区脱贫攻坚“百日攻坚”动员会召开。区领导陈泽斌、刘松、吴斌、尹成平、秦水平、胡文骥、张勇、邱跃峰参加会议。

同日，六届区委常委会第 27 次（扩大）会议召开。会议传达学习中省近期关于脱贫攻坚工作重要会议精神、王东明同志在省全面落实河长制工作领导小组第二次会议上的讲话精神、全市四川历史名人文化传承创新工程现场推进工作会和全市“推动移风易俗，树立文明乡风”现场推进会精神，研究项目拉练筹备工作、建设领域重点楼盘挂牌督办工作、城市综合体有关工作，通报市委市政府近期交由我区实施的市区共建项目情况，审议《中共南充市顺庆区委关于彻底肃清南充拉票贿选案余毒进一步巩固和发展风清气正良好政治生态的实施意见》（征求意见稿）和《贯彻落实〈中共南充市顺庆区委关于彻底肃清南充拉票贿选案余毒进一步巩固和发展风清气正良好政治生态的实施意见〉责任分工方案》（征求意见稿）。

8 日，全省脱贫攻坚全覆盖督导和信访维稳专项督查培训动员电视电话会议召开。区领导刘松、尹成平、任洁平、刘向阳、李献丰参加顺庆分会场会议。

同日，全区迎接省脱贫攻坚、信访维稳专项督查暨党风廉政、平安建设社会评价工作推进会召开。区领导刘松、尹成平、胡文骥、任洁平、刘向阳、李献丰参加会议。

14 日，全区 2017 年第三次安委会（扩大）会议暨信访稳定、环保督察工作推进会召开。区在家县级领导参加会议。

18 日，南充市 2017 年国家网络安全宣传周启动仪式在西山广场举行。市委常委、宣传部长何迎晓，区领导陈泽斌、邱跃峰出席启动仪式。

同日，区委书记陈泽斌主持召开专题会研究七坪寨规划方案审定工作。区领导刘松、尹成平、邱跃峰、李献丰参加会议。随后，主持召开专题会研究 1—8 月经济运行情况。区领导刘松、尹成平、秦水平、张勇、张益萍参加会议。随后，主持召开专题会研究平安建设攻坚行动推进工作。区领导任洁平、刘向阳参加会议。

19 日，区委书记陈泽斌先后到中国重汽、日上金属、泰鑫管材、人本轴承、天喜空调等企业调研。区领导秦水平陪同调研。

同日，全区“两项清查”工作推进会召开。区委书记陈泽斌出席会议并讲话，他强调，要加强“两项清查”力度，切实维护社会公平正义，不断提高人民群众的满意度；要依法依规坚决打击侵占国家、集体利益和资产的人；要严肃问责，清理彻底，严厉打击顶风作案者。区领导刘松、胡文骥、刘向阳参加会议。

20 日，区委书记陈泽斌先后到五星教育集团新城校区、顺庆实验幼儿园、川东北职教城调研教育工作。区领导邱跃峰陪同调研。

同日，区委书记陈泽斌到新复乡督导脱贫攻坚工作。

23 日，全省维护社会和谐稳定电视电话会议召开。区领导陈泽斌、任洁平参加顺庆分会场会议。

24日，区委书记陈泽斌先后到雅邦百货、仁和春天、川北农产品批发市场、阿里巴巴农村淘宝、南充国际商贸城调研商贸工作。区领导张勇陪同调研。

27日，区委书记陈泽斌到滨江大道、玉带路、西华路调研道路改造工程。区领导李兴贵陪同调研。

同日，六届区委常委会第28次会议召开。会议传达学习《四川省党政主要负责人履行推进法治建设第一责任人职责实施办法》、王东明同志在全省新型城镇化建设经验交流暨工作推进会上的讲话、《省委关于加强党内法规制度建设的实施意见》，研究干部工作，审议《关于报请审定顺投集团公司成立全资房地产子公司的请示》《关于报请审定南充高铁商务区配套基础设施建设等3个PPP项目增加相关建设内容的请示》《关于送审通讯光纤及光棒生产项目投资合作协议及投资补充协议核心条款的请示》《中共南充市顺庆区委巡察工作实施细则（试行）》，通报省、市违反中央八项规定精神典型问题，听取对口帮扶汶川县工作汇报。

28日，区委书记陈泽斌先后到西门市场、万卷楼景区、马市铺车站调研安全生产工作。区领导刘松陪同调研。

同日，区委书记陈泽斌主持召开专题会研究滨江大道灯光秀及五星花园改造方案。区领导刘松、李兴贵参加会议。

29日，南充市反邪教系列宣传活动启动仪式在北湖广场举行。市委常委、政法委书记单木真，区领导陈泽斌、任洁平、刘向阳参加启动仪式。

同日，四川和泰光纤有限公司通讯光纤及光棒生产项目签约仪式在君颐尚渡酒店举行。区领导陈泽斌、刘松、秦水平出席签约仪式。

同日，市委副书记古正举在君颐尚渡酒店会见厦门新页科技有限公司董事长林桂江一行。区领导陈泽斌、刘松、秦水平参加会见。

30日，区委中心组学习（扩大）会议召开。会议学习贯彻市委书记宋朝华在8月17日全区领导干部大会上的重要讲话精神，并围绕“保住全市第一、冲进全省前十”作专题研讨。

10月

9日，全区学校安全综合整治工作推进会召开。区领导陈泽斌、刘松、邱跃峰、张益萍、李献丰参加会议。

同日，全区人事调配领导小组会议召开。区领导陈泽斌、刘松、尹成平、秦水平、胡文骥参加会议。

11日，区委书记陈泽斌主持召开舞凤山片区改造项目和国际商贸城项目座谈会。区领导尹成平、秦水平参加会议。

12日，区委书记陈泽斌到川北凉粉餐饮公司调研产业工作。区领导陈琳、秦水平、张益萍陪同调研。

同日，全区重点项目工作推进会召开。区委书记陈泽斌主持会议并作重要讲话，他强调，要勇于正视问题，继续全力以赴推动各项工作落地落实，加大督导和问责力度，抽响鞭子，形成良好的干事创业风气。区领导陈琳、吴斌、秦水平、邱跃峰、李兴贵、张益萍、李献丰参加会议。

13日，六届区委常委会第29次（扩大）会议召开。会议传达学习市委《关于加强预防腐败工作的二十条措施》，审议《关于提请审定〈在全区开展封山育林并禁伐的决定（送审稿）〉的请示》《关于报请审定启动2017年度“雪亮”工程建设的请示》《关于报请审定将南充市将军路嘉陵江大桥及引桥工程、滨江路北路互通及石油东西路改造工程采取PPP模式实施的请示》《中共南充市顺庆区委六届五次全体会议报告》，听取党风廉政、平安建设、信访、维稳、安全生产工作汇报。

同日，区委书记陈泽斌主持召开专题会研究S206线顺庆段项目工作。区领导尹成平、秦水平、李兴贵、李献丰参加会议。

同日，区委书记陈泽斌主持召开专题会研究脱贫攻坚工作。区领导陈琳、吴斌、尹成平、秦水平、任洁平、张益萍、李献丰参加会议。随后，听取水环境综合治理PPP项目工作汇报。区领导尹成平、秦水平、李献丰参加会议。

16日，区委书记陈泽斌到华凤街道、新复乡调研西河生态旅游开发项目。区领导邱跃峰陪同调研。

17日，区委书记陈泽斌到西华路调研道路综合改造项目。

18日，中国共产党第十九次全国代表大会在北京人民大会堂隆重召开，习近平总书记代表十八届中央委员会向大会作报告。区在家县级领导集中收看。

同日，区委书记陈泽斌会见中国五冶集团总经理朱永繁。区领导尹成平参加。随后，主持召开专题会研究兰渝铁路审价工作。区领导尹成平参加会议。

19日，南充市重大城建项目“百日会战”誓师大会在南充北站站前广场举行。市委副书记、市人民政府市长吴群刚，市委副书记古正举，市委常委、市人民政府副市长潘国华，市委常委、政法委书记单木真，市人民政府副市长刘作鸿，区领导陈泽斌、刘松、尹成平、李兴贵参加。

同日，区委书记陈泽斌到梵殿乡、顺河乡调研脱贫攻坚工作。区领导尹成平、李献丰陪同调研。

22日，区委书记陈泽斌到北城、舞凤、和平路街道督导安全维稳工作。区领导张勇、任洁平、刘向阳陪同。

26日，区委书记陈泽斌到新复乡调研七坪寨项目。

27日，全区招商引资领导小组会议召开。区领导陈泽斌、刘松、尹成平、秦水平参加会议。

同日，区委书记陈泽斌主持召开专题会研究七坪寨道路建设工作。区领导刘松、尹成平、秦水平、邱跃峰、李献丰参加会议。随后，主持召开专题会审定2018年拟申报全市重点项目。区领导刘松、尹成平、秦水平、邱跃峰、任洁平、李兴贵、张益萍、李献丰参加会议。

同日，区委书记陈泽斌主持召开专题会研究全区1－9月经济运行情况。区领导刘松、尹成平、秦水平、张勇、李兴贵、张益萍、李献丰参加会议。随后，主持召开专题会听取南西蓬一体化空间布局规划工作汇报。区领导刘松、尹成平、李兴贵、张益萍、李献丰参加会议。随后，主持召开专题会听取西山光亮工程规划工作汇报。区领导刘松、尹成平、李兴贵、张益萍参加会议。

30日，区委六届五次全体（扩大）会议暨传达学习党的十九大精神大会召开。下午，第一次全体会议召开。会议传达学习党的十九大精神、安排部署四季度工作，区委书记陈泽斌代表六届区委常委会作工作报告。报告客观分析了当前我区面临的发展形势，确立了今后一段时期的发展愿景和发展目标，强调要紧紧围绕“两加快、两促进”的方向引领，着力“八个坚持”，朝着“十强县”目标久久为功、善作善成。晚上，第二次全体会议召开。区委书记陈泽斌主持会议并作了题为《新气象　新干劲　新作为　不断开创顺庆工作新局面》的重要讲话，他强调，要坚定信心，奋勇前行，不断形成团结奋进的坚强保障和强大合力，奋力书写建设“成渝第二城核心功能区”的崭新篇章。

31日，区委书记陈泽斌主持召开兰渝铁路

审价工作通报会。区领导刘松、尹成平、秦水平参加会议。

同日，六届区委常委会第30次会议召开。会议传达学习党的十九大、十九届一中全会精神，省、市传达学习党的十九大精神大会精神，审议《关于报请审定南充国际商贸城投资合作协议的请示》，审议届中增补区人大代表、区政协委员人选建议名单。

同日，南充国际商贸城项目签约仪式在君颐尚渡酒店举

行。区领导陈泽斌、刘松、尹成平、秦水平、张勇、张

益萍，四川省商业投资集团有限责任公司负责人出席仪式。

11月

1日，区委书记陈泽斌到滨江路调研道路改造项目推进情况。随后，到凤山乡调研脱贫攻坚工作。

同日，区委书记陈泽斌到市政新区调研光亮工程。区领导李兴贵陪同调研。

2日，市委书记宋朝华到西华路调研城市主干道改造项目推进情况。市委副书记古正举，市委常委、组织部长贾德华，区领导陈泽斌、刘松、李兴贵、刘向阳陪同调研。

同日，区委书记陈泽斌主持召开与重庆百货大楼股份有限公司项目对接洽谈会。区领导刘松、秦水平、张勇、张益萍参加。随后，主持召开与重庆对外经贸（集团）有限公司项目对接洽谈会。区领导刘松、秦水平参加。

3日，区委书记陈泽斌到西华路、滨江大道调研城市主干道改造项目推进情况。区领导刘松陪同调研。

6日，区委书记陈泽斌到潆华工业园区调研体育中心项目推进情况。

同日，区委书记陈泽斌调研嘉陵江顺庆段生态保护情况。区领导李献丰陪同调研。

7日，全省脱贫攻坚工作电视电话会议召开。区四大家在家县级领导集中收看。

同日，市委书记宋朝华到市政府新区调研城北公园建设推进情况。市委常委、副市长潘国华，市委常委、组织部长贾德华，区领导陈泽斌陪同调研。

8日，四川省学习贯彻党的十九大精神中央宣讲团报告会在成都举行。区在家县级领导集中收看电视直播。

同日，区委书记陈泽斌到搬罾镇等地调研川北医学院选址工作。区领导邱跃峰、张益萍，川北医学院党委书记张勇参加。

9日，区委书记陈泽斌到西华路、滨江路、玉带路调研城市主干道改造项目推进情况。

13日，六届区委常委会第31次会议召开。会议邀请市委党校常务副校长党忠解读《党章（修正案）》，传达学习宋朝华同志在市委中心组学习会议上的讲话精神，审议《关于推荐报送市委市政府十九大安保维稳先进集体和先进个人的报告》，听取脱贫攻坚工作情况汇报。

同日，市委书记宋朝华到西华路督导南充北高速出口风貌整治工作。区领导陈泽斌、刘松、李兴贵陪同。

14日，区委书记陈泽斌到西山参加秋季植树活动。区领导刘松、陈琳、吴斌、邱跃峰陪同。

同日，区委书记陈泽斌主持召开专题会审议城建项目有关设计方案。区领导刘松、尹成平、李兴贵参加会议。

同日，区委书记陈泽斌到滨江车站、川剧团调研地块规划利用情况。区领导刘松、李兴贵陪同。

15日，区委书记陈泽斌到桂花乡调研脱贫攻坚工作。

16日，全市脱贫摘帽工作推进大会召开。

区在家县级领导集中收看电视直播。

17日，市委副书记、市政府市长吴群刚到中心城区水源迁建项目现场等地督导中、省环保督察问题整改落实情况。市政府副市长朱华，区领导陈泽斌、尹成平陪同。

同日，区委书记陈泽斌到阆中市调研城市道路绿化工作。

20日，全区优化经济发展环境工作推进会召开。区领导尹成平、胡文骥、邱跃峰、任洁平出席会议，各乡镇（街道）、区级各部门主要负责人参加会议。

同日，顺庆区现代农业发展规划座谈会在搬罾镇召开。市政府副市长、市扶贫和移民工作局局长向贵瑜出席会议，区领导刘松、尹成平、李献丰参加会议。

21日，六届区委常委会第34次会议召开。会议传达学习《关于落实党风廉政建设党委主体责任和纪委监督责任的意见（试行）》文件精神、推开国家监督体制改革试点工作动员部署电视电话会议精神，审议《关于报请审定〈南充市马市铺路商业综合体项目投资合作协议〉的请示》《关于报请审定成立南充北部新城发展有限公司相关事宜的请示》《关于进一步激励干部干事创业的二十条意见》，听取2018年重点工作谋划、2017年经济指标分析、“两清”工作情况汇报。

22日，区委书记陈泽斌到市第四自来水厂督导环保问题整改工作。

同日，区委书记陈泽斌主持召开与中国水环境集团公司座谈会。区领导尹成平参加会议。

同日，六届区委财经领导小组第1次会议召开。区领导陈泽斌、刘松、尹成平、秦水平、李兴贵参加会议。

24日，市委副书记古正举到西华路督导改造扩容及景观提升项目。区领导李兴贵陪同。

24日－25日，区委书记陈泽斌带队到汶川县考察脱贫攻坚和对口帮扶工作开展情况，并召开座谈会。陈泽斌要求，要继续拓展帮扶项目，加大帮扶力度，建立起全域性、长效性交流合作机制，鼓励全体援藏干部用心用情做好对口帮扶工作，为汶川的经济建设、扶贫开发、民生改善等方面做出更大贡献。区领导张勇陪同。

25日，区委书记陈泽斌到新复乡七坪寨村调研项目拉练工作推进情况。

27日，六届区委常委会第35次会议召开。会议传达宣讲党的十九大精神，审议《关于报送〈顺庆区区属国有企业监督管理办法（试行）的请示〉》《南充市顺庆区深化国家监察体制改革试点工作实施方案》《关于成立南充市顺庆区深化监察体制改革试点工作小组的通知》，听取中省环保督察办理情况、六届区委第三轮巡察工作、2018年度党报党刊发行工作情况汇报。

同日，全区深化监察体制改革试点工作小组第一次会议召开。区领导陈泽斌、刘松、胡文骥参加会议。

28日，区委书记陈泽斌到潆溪街道板凳垭村调研脱贫攻坚工作。

29日，六届区委常委会第36次会议召开。集中观看专题片《信仰》，传达学习习近平总书记带领中央政治局常委瞻仰上海中共一大会址和浙江嘉兴南湖红船时的讲话精神，重温入党誓词，听取全区各领域党建工作汇报，围绕党的十九大精神及南湖讲话开展讨论。

29日，区委书记陈泽斌到西华路督导道路改造项目推进情况。

30日，区委书记陈泽斌主持召开专题会研究2018年春节氛围营造工作。区领导邱跃峰参加会议。随后，主持召开专题会研究筹备2018年农业农村工作。区领导尹成平、李献丰参加会议。

12 月

1 日，全区第 25 届区级机关和乡镇街道职工运动会开幕式在金世纪体育馆举行。区领导陈泽斌、陈琳、吴斌、邱跃峰、张益萍出席仪式。

同日，区委书记陈泽斌主持召开与施曼特单轨列车（中国）有限公司项目洽谈会。区领导刘松、秦水平，企业负责人参加会议。

同日，区委中心组学习（扩大）会议召开。会议邀请省委宣讲团成员、省委党校科研处处长李翔宇作十九大精神专题宣讲报告。

4 日，市委副书记古正举到华凤街道督导违章建筑拆除工作。区领导刘向阳陪同。

同日，区委书记陈泽斌主持召开广南高速座谈会。区领导刘松参加。随后，主持召开与四川商业投资集团座谈会。区领导刘松、尹成平、秦水平参加。随后，到滨江大道调研道路改造项目推进情况。区领导刘松陪同。

5 日，区委书记陈泽斌主持召开专题会研究主城区缓堵保畅工作。区领导刘松、尹成平、张勇、李兴贵参加会议。

同日，市委副书记、市政府市长吴群刚调研道路改造和鑫达二期项目建设推进情况。区领导刘松、秦水平陪同。

同日，市委常委、市政府副市长李正元到顺河乡作学习贯彻党的十九大精神宣讲报告。区领导邱跃峰陪同。

6 日，区委书记陈泽斌到火车北站调研南充高铁商务区建设情况。

8 日 –9 日，市政府副市长朱华到天工街口、人民路下穿等地督导缓堵保畅工作。区领导李兴贵陪同。

8 日，六届区委常委会第 37 次会议召开。会议传达学习市纪委《关于六起违反中央八项规定精神典型案例的通报》，审议《南充市顺庆区脱贫攻坚工作问责暂行办法》《顺庆区易地扶贫搬迁工作自查方案》《关于报请审定顺庆区 2018 年重点项目计划表的请示》《顺庆区 2018 年及本届任期内“十件大事”》《关于深化人才发展体制机制改革促进全面创新改革驱动转型发展的实施意见》《关于实施“果城·菁英人才计划”加快高层次人才聚集的若干政策（试行)》《关于推进顺庆区名师（名校长）名医名家工作室建设的实施意见（试行)》。

9 日，深圳客商助力脱贫攻坚捐赠仪式在梵殿乡举行。区领导陈琳、吴斌出席。

11 日，区委书记陈泽斌到新复乡调研西河生态乡村旅游项目建设情况。区领导邱跃峰陪同。随后，到高铁公园、绿地智慧城、欧香小镇等地调研项目建设情况。

12 日，区委书记陈泽斌到西华路调研道路改造项目建设情况。区领导刘松、李兴贵陪同。

13 日，六届区委常委会第 38 次（扩大）会议召开。会议传达学习习近平总书记关于进一步纠正“四风”、加强作风建设重要批示精神和省委十一届二次全会精神，审议《关于召开南充市顺庆区第六届人民代表大会第二次会议有关问题的请示》《关于召开政协第六届南充市顺庆区委员会第二次会议的请示》，听取全区脱贫攻坚迎接省上交叉考核筹备工作汇报。

同日，区委书记陈泽斌召开会议传达全省深度贫困地区脱贫攻坚推进会精神。区四大家在家县级领导参加会议。

同日，区委书记陈泽斌主持召开全面落实河长制工作领导小组第二次会议。区四大家在家县级领导参加会议。

14 日，市委书记宋朝华到人民路下穿、玉带路、滨江路、西华路等地调研安全抢险救灾工程和道路改造项目推进情况。区领导陈泽斌、刘松、李兴贵陪同调研。

15 日，全区深化监察体制改革试点工作小组第二次会议召开。区领导陈泽斌、胡文骥、张勇、任洁平参加会议。

19 日，区委书记陈泽斌到五星花园、顺蓬营公路等地调研风貌提升工程和项目建设情况。区领导刘松陪同调研。

同日，区委书记陈泽斌到新复乡调研西河生态旅游开发项目及七坪寨脱贫攻坚项目建设情况。区领导邱跃峰、李献丰陪同调研。

同日，区委书记陈泽斌主持召开城市主干道改造项目推进会。区四大家在家县级领导参加会议。

21 日，区委书记陈泽斌到潆华工业园区调研项目建设及消防安全工作。区领导刘向阳陪同调研。

同日，区委书记陈泽斌主持召开与北京星光影视集团座谈会。区领导邱跃峰参加会议。

同日，区委书记陈泽斌主持召开主干道城市家具设计方案审查会。区领导刘松、李兴贵、杨蓓参加会议。

同日，区委书记陈泽斌主持召开专题会研究安全生产工作。随后，主持召开专题会研究经济运行工作。区领导刘松、秦水平、胡文骥、张勇、邱跃峰、任洁平、李兴贵、张益萍、刘向阳、李献丰参加会议。

22 日，市委书记宋朝华到市政府新区、滨江大道将军路口等地督导“四馆一中心”、道路改造项目推进情况。市政府副市长朱华，区领导陈泽斌、刘松、李兴贵陪同。

同日，中央环保督察四川省反馈电视电话会议召开。区领导陈泽斌、刘松、胡文骥、张勇、邱跃峰、任洁平、张益萍、刘向阳、李献丰集中收看。

25 日，六届区委常委会第 39 次会议召开。会议传达中、省、市网信工作会议精神并提出我区贯彻意见，审议《关于贯彻落实党的十九大精神完善专门委员会和常委会办事机构设置的请示》《关于报请审定顺投集团公司新建西南石油大学（南充校区）学生公寓相关事宜的请示》《南充市顺庆区环保督察暨“十九大”维稳安保总结表彰大会方案》，听取关于征地农民社保缴费工资、顺庆区 2018 年及本届任期内“十件大事”情况汇报。

26 日，全区脱贫攻坚领导小组专题会召开。区领导陈泽斌、刘松、吴斌、尹成平、张勇、邱跃峰、任洁平、李兴贵、张益萍、刘向阳、李献丰参加会议。随后，全区全面深化改革领导小组第 15 次会议召开。区领导陈泽斌、刘松、尹成平、张勇、邱跃峰、任洁平、张益萍、刘向阳参加会议。

28 日，市委书记宋朝华到人民路下穿、市第二人民市场等地调研安全生产和节日物资供应工作。市委副书记古正举，市政府副市长、公安局长刘作鸿，市政府副市长朱华，区领导陈泽斌陪同调研。

29 日，全区安委会 2017 年度第四次全体（扩大）会议召开。区四大家在家县级领导参加会议。

重要文件辑录

中共南充市顺庆区委南充市顺庆区人民政府 关于落实环境保护“党政同责”和“一岗双责”责任制的通知

南顺委〔2017〕26 号

各乡镇党委、街道党工委，各乡镇人民政府、街道办事处，区级相关部门，有关单位：

为进一步加强环境保护工作，落实环境保护工作职责，提升生态环境监管水平，推进我区生态文明建设。根据《中华人民共和国环境保护法》《中共中央办公厅国务院办公厅关于印发〈环境保护督察方案（试行）〉的通知》（厅字〔2015〕21 号）、《中共中央办公厅国务院办公厅关于印发〈开展领导干部自然资源资产离任审计试点方案〉的通知》（厅字〔2015〕32 号）、《中共四川省委四川省人民政府关于印发〈四川省生态文明体制改革方案〉的通知》（川委发〔2016〕16 号）、《中共四川省委办公厅四川省人民政府办公厅关于印发〈四川省环境保护工作职责分工方案〉的通知》（川委厅〔2016〕8 号）、《中共南充市委南充市人民政府关于落实环境保护“党政同责”和“一岗双责”责任制的通知》（南委〔2017〕17 号）等有关规定，按照“依法保护、职责法定”和“属地管理与分级管理相结合，以属地管理为主”等原则，区委、区政府决定建立环境保护“党政同责”和“一岗双责”责任制，现将有关事项通知如下。

一、提高认识，切实增强责任感和使命感

党中央、国务院高度重视生态文明建设，先后出台了一系列重大决策部署，推动生态文明建设取得了重大进展和积极成效。党的十八届三中全会明确提出，对领导干部实行自然资源资产离任审计，建立生态环境损害责任终身追究制。省委、省政府印发了《四川省党政领导干部生态环境损害责任追究实施细则（试行）》，明确了各级党政主要领导、分管领导和有关部门领导在生态环境和资源保护方面的责任及责任追究情形。各级领导干部要牢固树立尊重自然、顺应自然、保护自然的生态文明理念，切实增强保护生态环境、发展生态环境的责任意识和担当意识，严格落实环境保护“党政同责”和“一岗双责”责任制，认真履行环境保护职能职责，共同抓好各项环境保护工作，形成齐抓共管的良好局面。

二、明确职责，细化监管工作要求

（一）各乡镇党委、街道党工委，各乡镇人民政府、街道办事处环境保护工作职责

1. 加强环保法律法规政策宣传，督促指导辖区内企事业单位和个体工商户落实环保法律法规和政策措施。

2. 加强环境隐患排查和治理，实施网格化环境管理，发现环境违法问题及时制止并向区委、区政府和有关部门报告，配合有关部门查处环境违法行为。

3. 组织本行政区域内企事业单位和居民开展城乡环境综合治理，强化辖区内秸秆焚烧、畜禽养殖等面源污染防治和集中式饮用水源地保护。

4. 会同有关部门调解辖区内环境污染和生态破坏纠纷，协助处理突发环境事件。

5. 负责监督辖区内企事业单位环境污染防治，组织实施社区、集中安置区污水处理，农村垃圾收集和转运，指导农村合理使用农药、化肥。

（二）区委有关部门环境保护工作职责

1. 区纪委（区监察局）

（1）负责对各乡镇（街道）、区级相关部门、有关单位及其工作人员履行环境保护职责情况实施监督。实行通报、约谈和公开曝光制度，对工作不力、失职、渎职的依纪依规追究责任。

（2）根据环境保护监管部门移送的生态环境损害问题和线索，依纪依规对相关责任人员进行调查核实并追究党纪政纪责任。对涉嫌犯罪的，依法移送司法机关处理。

2. 区委组织部

（1）将生态环境损害责任追究纳入干部日常监督管理，作为干部提拔、交流的重要依据。

（2）将负有环境保护监督管理职责的各乡镇（街道）、区工业集中区管委会、区级相关部门、有关单位的环境保护考核结果，作为干部实绩考核的重要依据。

（3）加强环境保护人才培养与使用，将环境保护政策和法律法规纳入干部教育培训内容。

3. 区委宣传部

（1）把环境保护宣传作为一项重要任务，列入年度工作安排。

（2）组织新闻媒体，配合有关部门共同开展环境保护宣传教育活动。

（3）妥善做好环境保护重大舆情引导和处置工作，维护社会和谐稳定。

4. 区委政法委

（1）督促区法院、检察院和区公安分局对移送的环境违法案件及时调查处理。

（2）监督、指导环保部门推进依法行政工作。

5. 区委编办

协调推进环境保护行政管理体制改革，落实中省市编制部门关于环保工作机构及人员编制的相关规定，强化基层环境保护机构队伍建设，适应生态建设和环境保护工作需要。

6. 区委群工部（区信访局）

负责指导、协调、督促行政机关处理涉及环境保护方面的信访事项。

7. 区委目标办

（1）负责把生态建设和环境保护工作纳入区委、区政府对各乡镇（街道）、区级相关部门、有关单位目标考核内容，对环境质量下滑、变差、恶化或发生生态环境污染事件的，实行"一票否决"。

（2）督促检查有关部门落实区委、区政府环境保护决策部署情况，对工作推动不力的进行专项督查，并适时通报。

8. 区委农工委

统筹推进农村生态环境保护，指导、督促农业、林业、水务等部门做好农村面源污染、畜禽养殖污染、秸秆焚烧整治，强化绿化及自然保护区环境保护工作。

（三）区政府有关部门环境保护工作职责

1. 区环境保护局

（1）认真贯彻国家环境保护方针政策和法

律法规，落实上级部门的工作安排。

（2）负责文理彴 作。分解和下达环境质量目标、主要污染物总量控制目标和环境保护重点工作任务，会同有关部门组织开展目标考核。负责大气、水、土壤、噪声、固体废物、危险废物、化学品污染防治的监督管理和环境统计、污染源普查等工作。

（3）指导、协调、监督生态保护工作，划定生态保护红线。协调、督促有关部门加强自然区、重点生态功能区、生态环境敏感区和脆弱区、生物多样性保护优先区等区域的环境保护工作，负责生态文明建设示范区（包括生态乡镇、生态村）创建工作。

（4）负责核辐射安全及辐射环境保护工作的统一监督管理。负责电磁辐射装置和电磁污染防治的监督管理和检查。负责 辐射事故的应急响应和调查处理。参与核辐射恐怖事件的防范和处置。

（5）组织落实环境影响评价、环保“三同时”、主要污染物排放总量控制、排污许可证、排污费征收等制度。

（6）负责组织建设夂一态环境监测网络，负责生态环境质量监测和重点污染源监督性监测、饮用水源地水质监测、环境执法监测、环境应急监测与预报预警等。负责环境监测工作的监督管理，统一发布环境质量信息。

（7）落实环境监管“双随机”制度，严格环境执法，依法查处各类环境违法行为。加强环境应急管理和环境风险防范，制定突发环境事件应急预案并组织实施。

（8）开展企业环境信用评价工作，配合有关部门推进生态补偿。

（9）加强环境保护宣传教育，推动环境公益诉讼。

（10）与卫计等部门共同开展环境与健康监测、调查、风险评估。

（11）承担区环保委员会办公室、环境保护督察工作领导小组办公室和区大气、水、土壤污染防治“三大战役”领导小组办公室日常工作。

（12）履行法律法规规定的其他环境保护职责。

2. 区发展和改革局

（1）将生态文明建设和环境保护纳入国民经济和社会发展规划，落实国、省、市主体功能区规划，合理确定发展布局。

（2）承担节能减排、应对气候变化、生态文明建设日常工作。

（3）组织拟定并协调实施能源资源节约和综合利用、发展循环经济、清洁生产、应对气候变化规划和政策措施。组织协调重大节能减排示范工程的实施和新产品、新技术、新设备的推广应用。

（4）组织实施固定资产投资项目（企业技术改造项目除外）节能评估和审查工作。

（5）推进产业结构调整，优化能源，发展节能环保产业。会同有关部门组织推进环境污染第三方治理、合同能源管理。

（6）深化资源环境价格改革，贯彻落实城镇污水垃圾处理收费等有利于资源节约和环境保护的价格政策。

（7）探索建立资源环境承载能力监测预警机制，推进在满朝地和河湖休养生息，会同相关部门开展生态补偿工作。

（8）依汉依规开展固定资产投资项目审批、核准、备案，严格落实国家产业政策和环保要求。

（9）组织开展生态文明建设、节能降碳目标责任考核和监督监察工作。

（10）负责在组织编制有关综合性规划和专项规划时，应依法开展规划环境影响评价，充分考虑规划实施对环境的影响。

（11）履行法律法规规定的其他环境保护职责。

3. 区教育局

（1）负责全区各类学校环境保护监督管理

工作，督促指导全区各类学校开展环境教育和环境宣传浩劫，将环境教育纳入教学计划，鼓励中小学开办各种形式的环境教育课堂；环境保护教学浩劫和社会实践浩劫，积极创建“环境友好型”和“节水型”学校。

（2）负责督促全区学校我积极推广使用清洁能源，大力实施学校食堂燃煤锅炉（大灶）煤改气（或清洁能源）工程。督促学校按环保要求规范处置实验室废水及各类污染物。

（3）在重污染天气条件下，负责组织对污染区域内学校实施保护性措施。

（4）履行法律法规规定的其他环境保护职责。

4. 区经济和科学技术局

（1）将环境保护科技进步纳入科学技术发展计划，并组织实施。

（2）加大对环保科研创新的投入，支持科研机构和有关单位开展环境保护科学技术研究，牵砂开展污染防治科技攻关，发挥创新驱动作用，加快科技成果转化，推动环境保护科技进步。

（3）协调指导环境保护重大技术的研发、开发与示范。

（4）负责工业和信息化领域节能降耗、资源综合利用、清洁生产、循环经济、低碳发展等工作。

（5）按照国家产业政策、节能环保等有关规定，负责工业技术改造项目审批、核准、备案工作。

（6）负责工业技术改造项目节能评估审查工作。

（7）会同有关方面开展淘汰化解落后和过剩产能工作。

（8）配合环保部门开展工业企业污染防治工作。

（9）负责组织编制工业专项规划时依法开展规划环境影响评价，充分考虑规划实施对环境的影响。

（10）负责监督淘汰城区工业企业10蒸吨及以下燃煤小锅炉，加快推进城区“煤改气”“煤改电”工作，严控和淘汰高污染、高耗能建设项目。负责取缔“10+1”小企业专项整治工作，合理确定发展布局、结构和规模。负责推行工业领域清洁生产。

（11）负责指导石化行业企业开展油气回收治理和油品升级工作。负责制定方案并实施完成加油站、储油库的油气回收治理。

（12）负责制定实施能源节约、循环经济、资源综合利用和促进清洁生产的有关规划和政策措施；推广应用新技术、新工艺、新产品，指导和督促企业进行技术改造。制定工业节水方案并组织实施，推进中水回用和工业节水减排。负责工业技术改造项目节能评估审查工作。

（13）履行法律法规规定的其他环境保护职责。

5. 区司法局

（1）负责将环境保护法律法规纳入公民普法重要内容，会同有关部门审传普及有关环境保护法律法规知识。

（2）履行法律法规规定的其他环境保护职责。

6. 区民政局

（1）负责所属单位（企业）落实环境保护安全主体责任，协助解决环境污染事件或纠纷，并对所造成的损害依法承担责任。

（2）协助有关部门开展环境宣传教育浩劫，普及环境保护知识，提高环境保护意识。

（3）履行法律法规规定的其他环境保护职责。

7. 区财政局

（1）加大财政投入力度。统筹安排生态建设、污染防治专项资金，保障涉及大怕了、水、土壤环境保护监管资金及监测、监察能力建设等所需经费。

（2）落实有利于环境保护的财政政策，将

环境保护指标完成情况作为财政有关资金分配的重要依据。

（3）加大环境保护财政资金监管力度，强化财政资金使用绩效，确保资金使用效益。

（4）履行国有资产出资人职责，督促所出资企业贯彻落实环境保护法律法规，建立健全环境保护责任制。

（5）督促所出资企业加强环境保护工作，加快环保工程项目建设，负责将环境保护工作作为管理绩效考核重要内容，纳入企业负责人经营业绩考核内容，并与企业负责人的酬薪管理挂钩。

（6）负责开展对所出资企业环境保护工作的监督检查，督促企业认真落实环境保护、污染治理措施，对违反环境保护法律法规的企业负责人依法依规给予处理。

（7）履行法律法规规定的其他环境保护职责。

8. 区人四等奖涛社会保障局

（1）负责 环境保护责任履行情况作为行政机关、事业单位工作人员奖惩、考核的重要内容，将环境保护法律法规纳入行政机关、事业单位工作人员培训内容。

（2）履行法律法规规定的其他环境保护职责。

9. 区城乡规则建设局

（1）负责把好建筑工程新建项目环保审批和验收关；对建筑工程建设项目环评文件未经批准、款经环境保护部门出具验收认可文件或准许使用文件的，不得办理工程竣工验收备案手续。

（2）负责开展村庄环境整治，组织编制村庄整治规划，推进农村环境综合整治和优美城镇建设，改善村庄人居环境。

（3）积极推行绿色建筑，推广使用环保、节能建筑材料。制定本部门环境污染防治计划，大力推行低碳以建筑，积极推动环保建材的使用。

（4）负责将环境保护纳入城乡总体规划，将近期环境保护重点项目纳入城区近期建设规划。

（5）编制和调整城乡规划时应严格保护生态红线，加强城区生态空间保护。

（6）编制城区总体规划时应同步开展规划环境影响评价，编制环境保护章节。

10. 区交通运输局

（1）负责将环境保护纳入交通专项规划。负责组织编制交通专项规划时依法开展规划环境影响评价，充分考虑规划实施对环境的影响。

（2）负责对与水源保护区相邻事故多发公路路段防撞等防护措施实施监管，依法关闭和搬迁饮用水源保护区内码头、船舶停靠点。

（3）负责道路扬尘防治。负责危险化学品公路、水路运输安全监督，防止危险化学品在运输过程中造成环境污染；负责对危险化学品运输引发的突发环境事件的预防和应急工作实施监督管理。

（4）负责客、货运输船、餐饮娱乐船、工程作业船、游船、加油船、后脑鱼船污染监督管理工作，督促船舶业主落实环境污染防治设施并确保正常运行，增强港口码头污染防治能力，积极协助开展水上污染事故、违法排污案件的调查处理。

（5）负责做好城乡客运车辆的污染防治工作。

（6）履行法律法规规定的其他环境保护职责。

11. 区水务局

（1）负责保障水资源合理开发利用，组织编制重要江河湖泊的流域综合规划、防洪规划等重大水利规划。

（2）实施水资源统一监督管理，拟定全区水中长期供求规划、水量分配方案并监督实施，组织东资源调查评价工作。

（3）组织编制水资源保护规划、拟定重要

江河湖泊的水功能区划，核定水域纳污涌力，提出限制排污总量建议，指导地下水开发利用。

（4）严格用水总量控制、用水效率控制、水功能区限制纳污三条红线管理，会同有关部门加强对各地区水资源开发利用、节约保护主要指标落实情况的管理和考核。

（5）指导水利设施、水域及其岸线管理，指导辖区内江、河、湖、库治理和开发。

（6）负责防治水土流失。拟定水土保护规划并监督实施，组织实施水土流失综合防治、监测预报并定期公告，负责有关重大建设项目水土保护方案的审批、监督实施及水土保护设施的验收工作。

（7）负责辖区内饮用水水源保护规划、调配、监督的统一管理工作。对饮用水水源污染防治实施统一监督管理。严格执行国家集中式饮用水水源地管理有关法规，负责依法查处饮用水水源地及保护区河道管理范围内采砂、开山采石、围水造田、开垦种植农作物行为；负责查处将饮用水水源保护区河道范围内土地、建（构）筑物及其他设施出租或转让他人从事法规禁止的生产经营活动的行为。

（8）组织编制河道采砂规划，负责河道可采区和禁采区的划定，规范采砂场管理。查处河道违法采砂、违规建设倾倒垃圾、设置入河排污口等行为。负责江河湖泊新建、改建、扩建排污口的监督管理，负责监督河道漂浮物清理工作。

（9）负责组织编制城区供水、污水处理、污泥处理处置专项，并依法进行规划环境影响评价。

（10）负责全区范围内污水处理厂和污水管理网建设和运营。负责全区实施城乡雨污分流工程，督促污水处理厂加快落实设备改造、管网履行、提标升级改造，做到污水全收集全处理。

（11）负责督促供水部门对环境违法企业依法采取限水、停水、断水等措施。

（12）履行法律法规规定的其他环境保护职责。

12. 区农牧业局

（1）负责拟订农业生产对农业生态环境造成污染、破坏的预防治理计划和实施方案。负责组织编制农业、畜牧业等专项规划时依法开展规划环境影响评价，充分考虑规划实施对环境的影响。

（2）负责农用地、渔业水域、宜农湿地以及农业种植资源保护和管理。

（3）根据辖区实际，拟定水域生态保护规划，按照职责权限对涉渔项目进行审查和审批。

（4）加强农业面源污染防治，指导农民及农业企业科学使用农药、化肥和农膜等生产资源，指导做好农作物秸秆、畜禽粪便等农业废弃物资源化利用。

（5）负责畜禽养殖废弃物综合利用指导和服务，负责病死动物及动物产品无害化处理监管工作，会同有关部门划定畜禽养殖禁养区、限养区，负责依法关闭或搬迁禁养区内的畜禽养殖场和养殖专业户。督促规划化养殖场开展污染治理。负责对各类屠宰场的定点监督管理，防止对生态环境造成污染。督促指导散养集区开展环境整治。

（6）加强在满朝地污染防治与修复，加强地和农业外来入侵有害生物调查与评价，建立农业产地环境监测评估与预警体系。负责在满朝地质量和农产品及产地土壤安全监测。

（7）有效防范农业野生植物资源丧失和农业外来入侵有害生物扩散。

（8）负责对农业系统自然保护区、产种质资源保护区的监督管理。

（9）负责对渔业水体污染事故的预防和应急工作实施监督管理，负责鱼类死亡事件的调查并参与处置工作。负责严厉打击非法电、毒、炸鱼行为。

（10）负责江河生物多样性和江河生态环境保护。负责江河水生生物、水生野生动植物保护工作和水产养殖区的环境整治。

（11）依法查处违规采用向河流水体投放化肥、粪便、动物尸体（肢体、内脏）、动物源性饲料等污染水体的水生养殖行为。

（12）履行法律法规规定的其他环境保护职责。

13. 区商务和粮食局

（1）负责将环境保护纳入现代服务业发展规划，规划的建设项目严格执行环境影响评价。

（2）推进流通领域资源节约，对全区商铁证如山企业进行节能减排宣传，倡导绿色环保。

（3）配合区城管局进行城区禁烧燃煤专项整治，取缔城区建成区范围内散煤经营和经营性炉灶。

（4）履行法律法规规定的其他环境保护职责。

14. 区文化旅游广播影视局

（1）负责对营业性文化娱乐场所环境污染尤其是噪声污染的监督管理。

（2）负责文物保护及开发过程中生态环境监管。

（3）将环境保护纳入旅游发展规划、景区建设及运行中。

（4）负责指导监督景区落实生态环境保护措施，防止环境污染和生态破坏。

（5）负责旅游活动中的环境保护宣传工作，推动生态旅游健康发展。

（6）负责加强旅游从业机构和工作人员环境保护知识培训，提高其环境保护意识。

（7）履行法律法规规定的其他环境保护职责。

15. 区卫生和计划生育局

（1）负责医疗机构内医疗废物收集、运送、贮存处置活动的监督管理，督促医疗卫生机构设置医疗废物的暂时贮存设施设备，不得露天存放医疗废物。

（2）负责开展生活饮用水卫生监督和出厂水、末梢水的水质监测工作。

（3）配合有关部门做好医疗机构放射性同位素和射线装置防护监督管理工作。

（4）履行法律法规规定的其他环境保护职责。

16. 区审计局

（1）负责加强对环境保护财政督和支出情况的审计监督，监督有关专项资金专款专用，提高资金使用效益。

（2）按规定开展领导干部自然资源资产离任审计，配合有关部门做好对乡镇（街道）和区级腾部门生态环境保护工作的绩效考评。

（3）逐步开展相关部门环境履责合规性审计、环境履责绩效审计以及环境履责财务审计。

（4）履行法律法规规定的其他环境保护职责。

17. 区城管局

（1）落实《南充市城区管理相对储中行政处罚实施办法》（南充市人民政府4号令）要求，加强城区环境违法行为的监管执法，对社会生活噪声污染和建筑施工噪声污染，建筑施工扬尘污染，向大气排放有毒有害气体和烟尘，饮食服务业油烟污染，在公共场所烧烤食品、散烧原煤、焚烧杂物，焚烧沥青塑料垃圾等烟尘和恶臭、露天焚烧秸秆落叶等烟尘等，在城区建成区内排放生活污水，向城区河道、水面倾倒工业废渣、城区垃圾和其他废弃物，未采取防尘措施在人品集中地区存放煤碳、煤矸石、煤渣、煤灰、砂石、灰土等物料，不按规定倾倒、堆放、贮存、清运、处置城区生活垃圾，未按规定随意堆放、倾倒工业固体废物或者随意丢弃、倾倒畜禽饲料、屠宰加工过程中产生的固体废物，施工单位不及时清运、处置建筑施工过程中产生的垃圾以及运输过程中沿途丢弃、遗撒固体废物等行为依法实施监管和处罚。

（2）负责对全区城镇生活垃圾清扫、收集、贮存、运输和处置的监督管理；推进生活垃圾分类处置；负责餐厨垃圾收集、运输、处置的监督管理；负责统筹推进城区粪便收集和无害化处置工作。负责监管运输煤碳、垃圾、渣土、砂石、土方、灰浆等散装、流体物料的车辆，对未采取密闭或者其他措施防止物料遗撒的依法实施处罚。

（3）负责建立政府、社区、企业和居民协调机制，通过分类投放收集、综合循环利用，促进垃圾减量化、资源化、无害化。建立村庄保洁制度，推进农村生活垃圾治理。强化废氧化汞电池、镍镉电池、铅酸蓄 电池和含汞荧光灯管、温度计等含重金属废物的安全处置。减少过度包装，鼓励使用环境标志产品。

（4）负责对垃圾处理场、垃圾中转站的规范化管理，加强垃圾渗滤液收集处理工作，监督生活垃圾无害化处理场正常运行。整治不规范垃圾填埋场。负责城区生活垃圾填埋场的污染防治、纠纷调处和监督管理；负责建筑弃土堆场运行管理，取缔非法弃土场。

（5）负责对政施工、规划区内各类工地和城区道路扬尘污染的监督管理，负责防止道路清扫过程中产生的二次扬尘污染，督促对扬尘污染严重路段进行加密冲洗清扫和吸尘作业，城区主次干道全面实施机械化清扫作业。负责扬尘示范道路创建和巩固工作。组织实施城乡规划区内已征地裸露地面绿化或采取其他措施防止扬尘污染。

（6）负责对排放油烟的餐饮服务业经营者未安装油烟净化设施、不正常使用油烟净化设施或者喜气洋洋 采取其他油烟净化措施，超过排放标准排放油烟的，依法实施处罚。负责牵头制定禁止限制燃放烟花爆竹政策措施，确定禁止的时段和区域。负责对在居民住宅楼、未配套设立专用烟道的商住综合楼、商住综合楼内与居住层相邻的商业楼层内新建、改建、扩建产生油烟、异味、废气的餐饮服务项目的监督管理。负责城区规划区内焚烧废弃物和生物质监督管理；负责对城区内人品集中区露天烧烤食品等行为的监督管理。

（7）负责建筑垃圾及工程取、弃土密闭运输监管，严格审批发放建筑垃圾处置许可证，依法查处抛撒滴漏、带泥上路、无建筑垃圾准运证和不按规定线路行驶等违章行为。依法查处建筑垃圾及工程取、废土运输车辆违法行为。负责督促渣土运输车辆采取密闭措施。负责对拒不执行停止工地土石方作业或者建筑物拆除施工等重污染天气应急措施的，依法实施处罚。

（8）负责城区流动摊点环境卫生的监督管理。

（9）负责整治城区餐饮店店外占道经营的监督管理。负责城区禁烧经营性燃煤专项整治，查处建成区焚烧废弃物污染大气的违法行为。

（10）履行法律法规规定的其他环境保护职责。

18. 区安全生产监管局

（1）负责非煤矿山安全生产综合监督管理，防止因安全事故导致环境污染事故发生。负责危险化学品安全监督管理综合工作，对新建、改建、扩建生产、贮存危险化学品（包括使用长输管道输送危险化学品）的建设项目进行安全条件审查，在受委托范围内核发危险化学品的安全生产许可证、安全使用许可证及经营许可证。负责砖瓦生产企业的监督管理。

（2）在行政审批时充分考虑监管行业生产建设项目或生产经营单位生产安全事故引发环境事件造成的环境影响。

（3）负责在安全生产突发事故处置时采取措施并监督监管行业事故责任单位防止、减轻和消除环境污染危害。

（4）履行法律法规规定的其他环境保护

职责。

19. 区统计局

（1）负责将环境保护有关数据纳入国家经济和社会发展统计指标体系，并定期公布。

（2）负责做好环境保护指标体系中所需能源、国民经济和社会发展统计数据，为污染减排考核提供依据。

（3）负责协调公众对环境满意度的调查统计。

（4）履行法律法规规定的其他环境保护职责。

20. 区食品药品监督管理局

（1）负责督促餐饮经营单位建立餐厨垃圾管理台账，并送交具有相关资质的单位处置。

（2）协助相关部门开展餐饮油烟、有机废气及废弃油脂污染控制工作。

（3）履行法律法规规定的其他环境保护职责。

21. 区工商和质量技术监督局

（1）负责对因违反环保法律法规被责令停业、关闭的各类市场主体，依法责令其办理变更、注销登记手续；拒不办理的，可依法吊销营业执照。

（2）负责对销售的经环保部门抽样检测、污染物排放标准为不合格的机动车、非道路移动机械实施处罚。

（3）负责依法对流通领域销售不符合国家相关标准的塑料购物袋等违法行为进行查处。

（4）负责依法查处集贸市场为违法销售野生保护动物提供交易服务的违法行为。

（5）负责依据相关部门的许上件核发危险化学品的生产储存、运输企业营业执照。

（6）负责在办理锅炉等高耗能特种设备使用登记时把好节能安全关，督促城区 10 蒸吨及以下属于特种设备目录内的燃煤小锅炉淘汰。对生产、进口、销售和使用不符合规定标准或要求的锅炉，不予核发特种设备使用登记证，并依法实施处罚。

（7）负责对机动车排放检验机构的排放检验情况进行监督检查，负责协调做好机动车安全技术检验单位的资质认定工作，协助有关部门做好对机动车尾气检测的监督管理工作。

（8）负责对生产领域的环保产品实施监督。

（9）负责对区内生产的危险化学品包装物、容器生产企业和产品质量进行监管。

（10）负责对销售不符合质量标准的煤炭、石油焦的生产、销售挥发性有机物含量不符合质量标准或要求的原材料和产品的生产、销售不符合标准的机动车船和非道路移动机械用燃料、发动机油、氮氧化物还原剂、燃料和润滑油添加剂以及其他添加剂的，在禁燃区内销售高污染燃料的，依法实施监督管理和执法处罚。

（11）履行法律法规规定的其他环境保护职责。

22. 区政府法制办

（1）负责对制定有关环境保护方面规范性文件进行合法性审查。

（2）负责承办申请区政府裁决的有关环境保护行政复议案件，指导监督全区环境保护行政复议工作。

（3）履行法律法规规定的其他环境保护职责。

（四政法单位环境保护工作职责

1. 区人民法院

（1）发挥审判机关职能作用，促进环境执法和司法有效衔接。

（2）受理环境行政案件及非诉执行案件，依法审判执行。

（3）对可能造成重大环境污染后果或严重侵害人民群众合法环境权益的案件，根据环境保护部门或其他负有环境保护监督管理职责部门的申请，结合案件实际情况，决定是否采取保全措施或建议环境保护部门依据相关法律规定采取行政措施，及时罅环境违法行为。

（4）加强环境污染民事案件审理，维护相关主体合法权益。

2. 区人民检察院

（1）加强对涉嫌环境刑事犯罪案件的法律监督。

（2）加强对环境领域民事、行政案件检察的监督，推动环境司法公正。

（3）查办环境保护领域涉嫌职务犯罪行为。

3. 市公安局顺庆分局

（1）负责剧毒化学品公共安全管理，核发剧毒化学品购买凭证、准购证和运输通行证，负责危险化学品运输车辆的道路交通安全管理。

（2）负责侦破放射源丢失、被盗案件，参与放射性污染事故应急工作。

（3）依法侦办“两高”司法解释涉嫌环境刑事犯罪案件和因环境违法需给予行政拘留处罚是的治安管理案件。

（4）对违反烟花爆竹燃放有关规定的行为依法实施处罚。

（5）负责做好环境污染事故和环境信访事件的维稳工作。对阻碍执行环境保护法律法规构成违反治安管理行为的，依法予以查处。

（6）履行法律法规规定的其他环境保护职责。

（五）驻区单位环境保护工作职责

1. 交警一、四大队

（1）负责在已划定的机动车禁鸣区域内，协同区城管部门完善禁鸣标识。

（2）负责加强信息联动和执法，与环保部门实行机动车辆监管信息交换，对无标车上路行驶和“黄标车”闯禁（限）进行查处。

（3）负责监管机动车排放检验机构定期对在用机动车进行排放检验，经检验合格的，方可上道路行驶；未经检验合格的，不得核发安全技术检验合格标志。

（4）负责对机动车排气污染防治实施监督管理。负责淘汰“黄标车”和老旧车工作，对未达到现行国家阶段性机动车污染物排放标准的机动车不予办理注册登记，对不符合环保要求的机动车依法强制报废和注销。严查机动车冒黑烟上路行驶和“黄标车”标识违法行为，制定“黄标车”限行政策，完善“黄标车”限行标识，逐步禁止货车无序进城行驶。

（5）负责规划区内机动车、非机动车以及滑轮车、手推车等机具排放噪声的监督管理。

（6）协助相关部门依法查处运输土石方、砂石车辆和混凝土搅拌车的违法违规行为，配合做好禁止赃车入城执法管理工作。

2. 区国税局、开发区国税局、区地税局、开发区地税局、市地税直属一分局、市地税直属二分局

（1）认真执行国家关于控制高耗能、高污染产业发展的税收政策，落实节能环保、新能源、资源综合利用等方面税收优惠政策。

（2）研究支持有利于环境保护的税收政策措施。

（3）履行法律法规规定的其他环境保护职责。

3. 市国土资源局顺庆分局

（1）负责将环境保护纳入土地利用总体规划，依法开展环境影响评价，推进国土开发空间优化、基本农田保护、资源集约节约利用工作。负责组织编制土地利用有关规划和区域、流域建设一发利用规划，依法开展规划环境影响评价，充分考虑规划实施对环境的影响。

（2）按照职责做好扬尘污染防治工作。组织加强政府储备土地管护，禁止任何单位和个人向政府储备土地倾倒建筑弃土和生活垃圾。

（3）负责矿产资源勘查、开采监督管理，对未经环保审批的项目不得发放采矿许上。负责组织划定禁止采矿区，加大对非法开采、盗采各类矿产资源等违法行为的打击力度。

（4）负责加强土地开发整理过程中的环境保护工作，督促建设单位落实生态环境保护

措施。

（5）合理调整土地利用规划，保证生态功能区、自然保护区用地；严格水域岸线用途管制，采取措施防治地下水污染。

（6）负责将符合条件的优先保护类耕地划定为永久基本农田，实行严格保护，确保其面积不减少、土壤环境质量不下降，除法律规定的重点建设项目选址确定无法避让外，其他任何建设不得占用。

（7）负责严格用地准入，将建设用地土壤环境管理纳入城区规划和供地管理，土地开发利用必须符合土壤环境质量要求，合理确定土地用途。

（8）负责建立污染地块名录及其开发利用负面清单，合理确定土地用途，分用途明确管理措施。暂不开发利用或现阶段不具备治理修复条件的污染地块，划分管控区域，设立标识，发布公告。

（9）履行法律法规规定的其他环境保护职责。

4. 区气象局

（1）负责重大灾害性天气的监测、预报、警报工作，及时发布天气预报、预警信息，及时提供重大环境事件气象信息。负责提供重染污天气过程的天气趋势预测，配合完善环保、气象会商研判机制，实时共享气象监测数据。

（2）按照《南理污染天气预警预报工作方案》，加强与环境保护等部门的联合会商，开展重污染天气情况预测及气象状况趋势分析，并配合做好空气质量发布工作。

（3）负责开展雾和霾天气的气象条件研究分析。

（4）履行法律法规规定的其他环境保护职责。

（六）区直有关单位及其他单位环境保护工作职责

1. 区供销社

（1）负责所属物资仓库废弃农药等废弃物的环境监督管理。

（2）履行法律法规规定的其他环境保护职责。

2. 区林业局

（1）负责将生态文明建设纳入林业专项规划，规划的建设项目严格执行环境影响评价。

（2）依法对森林资源保护实施监督管理，负责加强对水源涵养林、水土保持林、防风固沙林、农田防护林、护岸林、睡林和其他防护林的监管；负责加强对国防林、实验林、母树林、环境保护林、风景林、名胜古迹和革命纪念林、自然保护区林等特种用途林的监督管理。

（3）负责监督落实生态公益国林建设和保护。严格执行林木采伐限额审批制度，采伐后应督促林主及时更新造林。

（4）负责对辖区内林地保护利用实施监督管理，严格执行建设项目使用林地实行总量控制和定额管理制度。

（5）负责对辖区内湿地保护实施监督管理。

（6）负责加强对辖区内陆野生动物和植物保护实施监督管理。

（7）负责制定生物多样性保护措施，加强对自然区的保护和监督管理。

（8）负责依法查处破坏森林资源、乱砍滥伐盗伐林木、违法使用林地、破坏湿地资源、乱捕滥猎野生动物、乱挖滥采野生植物等行为。

（9）履行法律法规规定的其他环境保护职责。

3. 其他单位

认真贯彻执行各项环境保护法律法规和政策规定，依法依规或按政府赋予的环保职能，履行职责范围内的环境保护监督管理工作职责。

三、强化保障，全力推动工作落地落实

（一）落实责任，形成工作合力。由区委、

区政府负总责，党政主要负责同志是环保工作的第一责任人，对环保工作负全面领导责任，分管环保工作的班子成员负直接领导责任，其他班子成员对分管领域的环保工作负相应领导责任。各相关单位主要负责人对本单位的环保工作负主要领导责任，其他班子成员负相应领导责任。相关单位要按照职责分工，各司其职，各负其责，密切配合，推形成环境保护工作的强大合力。

（二）健全机构，完善制度体系。成立区环境保护委员会，由区委、区政府主要负责同志任主任，区委、区政府分管负责同志任副主任；区委、区政府有关领导及区级腾部门主要负责同志为成员。区环境保护委员会领导全区环境保护工作，负责研究制定环保工作目标、重大政策和措施，协调解决全局性重大环境问题，部署全区环保督察工作。区环境保护委员会下设办公室（设在区环境保护局），由区环境保护局主要负责同志兼任办公室主任，负责区环境保护委员会日常工作。建立环境保护工作联席会议制度，由区环境保护委员会办公室根据环保工作需要适时提出建议，区委、区政府分管环保工作的领导及其他相关区委、区政府领导不定期组织召开联席会议，及时研究和协调解决全区环境保护工作中的重要事项和突出问题。

（三）强化考核，严肃问责追责。把环境保护纳入目标考核，将落实环保监督管理责任情况纳入领导干部年度考核，作为领导班子领导能力、领导干部评价的重要依所。区委、区政府每年把环境保护纳入目标考核，将落实环保监督管理责任情况纳入领导干部年度考核，作为领导班子领导能力、领导干部评价的重要依据。区委、区政府每年向各乡镇人民政府、街道办事处、区工业集中区管委会和区级有关部门下达环境保护目标责任和考核指标、区委目标办要加强跟踪，定期督查，严格考核奖惩。各乡镇（街道）、区级相关部门，有关责任单位每年底要向区委、区政府进行环保工作述职，其中在区环境保护委员会会议上公开述职的单位不少于20%。对未完成年度环保工作目标任务或发生重特大环境事件并造成恶劣影响的，实行“一票否决”，严肃追究相关责任单位和责任人的责任。

中共南充市顺庆区委

南充市顺庆区人民政府

2017年4月17日

索　引

说　明

1. 本索引按内容主题性质分类，以关键词首字按英文字母排序排列；

2. 本索引收录词条字体、字号设定和疏密安排均以方便读者查阅检索为要。欢迎读者使用中提出宝贵意见。

A

B

C

D

F

G

H

J

K

L

M

N

Q

R

S

T

W